LAIFENG YEARBOO 2020

来凤年鉴

（2020）

来凤县地方志编纂委员会 编

方志出版社
Publishing House of Local Records

图书在版编目（CIP）数据

来凤年鉴．2020 / 来凤县地方志编纂委员会编．--
北京：方志出版社，2021.7

ISBN 978-7-5144-4685-2

Ⅰ．①来… Ⅱ．①来… Ⅲ．①来凤县—2020—年鉴
Ⅳ．①Z526.34

中国版本图书馆 CIP 数据核字（2021）第 153645 号

来凤年鉴（2020）

编　　者：来凤县地方志编纂委员会
责任编辑：张　颢

出 版 者：方志出版社
地址　北京市朝阳区潘家园东里 9 号（国家方志馆 4 层）
邮编　100021
网址　http://www.zgfzcb.cn
发　　行：方志出版社图书经销中心
电话　（010）67110500
经　　销：各地新华书店
排　　版：北京纺印图文设计制作有限公司
印　　刷：北京中科印刷有限公司

开　　本：889mm × 1194mm　1/16
印　　张：22.25
字　　数：600 千字
版　　次：2021 年 7 月第 1 版　2021 年 7 月第 1 次印刷

ISBN 978-7-5144-4685-2　**定价**：260.00 元

·版权所有　翻印必究·

序

贫困问题一直是困扰人类社会发展的重大问题。中国作为世界上最大的发展中国家，为解决贫困问题进行了长期不懈的努力。改革开放以来，特别是党的十八大以来，以习近平同志为核心的党中央把脱贫攻坚作为全面建成小康社会的底线任务和标志性指标，纳入“五位一体”总体布局和“四个全面”战略布局，以前所未有的力度推进精准扶贫、精准脱贫，扶贫开发成就举世瞩目，显著改善了贫困地区和贫困群众生产生活条件，具有重大的现实意义和深远的历史意义。身处中华民族几千年发展历史上将首次整体消除绝对贫困现象的伟大时代，如何更好地发挥地方志的存史、育人、资政的作用，是新时代全国地方志系统必须深入研究和着力解决的重大课题。

党的十八大以来，在党中央国务院的正确领导下，全国地方志系统深入学习贯彻习近平新时代中国特色社会主义思想，紧紧围绕党和国家事业发展需要，深入推进地方志改革创新发展，凝心聚力，稳扎稳打，勇于担当，主动作为，全国地方志形势和地方志工作者的精神面貌发生了深刻变化，取得了优异成绩。其中，为贯彻落实《全国地方志事业发展规划纲要（2015—2020年）》，经中国地方志指导小组领导批准，中国地方志指导小组办公室于2015年、2017年先后启动民族地区与贫困地区志书、年鉴出版资助工程（以下简称“志鉴出版资助工程”），对国家级贫困县（区、旗、县级市），中西部地区、少数民族边疆地区面临出版经费困难的志书和综合年鉴给予出版资助。实施志鉴出版资助工程是紧扣时代脉搏、坚持创新发展、传承弘扬中华优秀传统文化的一项创举，不仅有力推动了“两全目标”的实现，而且数十部资助出版的志书、年鉴及时记述了民族地区与贫困地区在全面建成小康社会伟大征程中取得的新成绩和新经验、出现的新情况和新问题、涌现的优秀人物和典型事迹，留住地方文化的“根”和“魂”，为这些地区的经济社会发展、地域文化传播、爱国主义教育、精神文明建设等提供了历史借鉴和智力支持，对全面提升民族地区与贫困地区文化建设水平、确保民族地区与贫困地区和全国其他地区同步全面建成小康社会具有重要意义。

尤为可喜的是，志鉴出版资助工程促成了一批扶贫志书的编纂出版，在文化脱贫攻坚中发挥了独特的作用。例如，《贵州省减贫志》全面系统客观记述了从1978

年至2015年贵州省扶贫、减贫工作的历程及取得的经验，为贵州省实施大扶贫战略提供了有力的资政辅治参考，集中体现了地方志工作因时而动、顺势而为的新作为。前不久，由福建省地方志编委会和人民网共同编纂的《闽宁扶贫协作图志》，是全国首部扶贫协作图志，图文并茂、直观立体、全方位地展现闽宁扶贫协作波澜壮阔的历程，弘扬“闽宁一家亲”“携手奔小康”的深厚情谊和滴水穿石、久久为功的精神，是贯彻落实习近平总书记扶贫工作重要论述精神，服务国家精准扶贫、精准脱贫战略的有力举措。希望各地以此为鉴，编纂出版更多、更好的扶贫志书、年鉴，助力国家精准扶贫、精准脱贫战略的实施，充分展现地方志的独特价值和作用。

当前，我国脱贫攻坚已进入全面决战决胜的关键时期，尚未脱贫的贫困地区集中分布在中西部深山区、极端干旱山区、高寒阴湿地区等，文化建设还比较薄弱，文化产品还不够丰富，文化精品更是少之甚少。同时，这些地区往往是民族文化、历史文化、红色文化、生态文化富集区，具有发展文化旅游、推进文化扶贫的巨大潜在优势，也是繁荣发展地方志事业的巨大文化宝库。要发挥好文化扶贫凝聚人心的优势，善于利用方志文化优势为贫困地区“赋能”，在脱贫攻坚中做出方志人应有的贡献。要发挥好中国名镇志文化工程、中国名村志文化工程的引领作用，大力加强乡镇村志编纂，让百姓记得起乡情、记得住乡愁，凝聚贫困乡镇村庄的强大民心，补齐贫困乡镇村庄的文化短板，以“扶智”的方式“扶志”，践行习近平总书记强调的“扶贫先扶志，扶贫必扶智”的重要理念。

求木之长者，必固其根本；欲流之远者，必浚其泉源。扶贫扶起的是志气骨气，传承的是家国情怀，守护的是绿水青山。扶贫既要富口袋，也要富脑袋。必须坚持文化脱贫和物质脱贫两手抓，筑牢贫困地区文化之基，补足信仰精神之钙，引领脱贫发展之舵。全国地方志系统要围绕中心、服务大局，坚决投入脱贫攻坚这场必须打赢的硬仗，积极参与脱贫攻坚战，发挥优势和特长，深入挖掘文化资源，着力补齐文化短板，努力帮助民族地区与贫困地区的文化建设实现较大的发展提升，在全面建成小康社会、实现中华民族伟大复兴中国梦的征程中贡献方志人的力量。

是为序。

中国社会科学院院长
中国地方志指导小组组长　谢伏瞻

民族地区与贫困地区年鉴出版资助工程领导小组

组　　　长：高　翔

常务副组长：冀祥德

副　组　长：高京斋　邱新立

民族地区与贫困地区年鉴出版资助工程领导小组办公室

主　　　任：冀祥德

副　主　任：邱新立

成　　　员：于伟平　刘永强　冷晓玲　李　静

来凤县地方志编纂委员会

监　　　纂：邢祖训

主 任 委 员：李　伟

副主任委员：洪家进　邓家斌　费国华　刘　涛　熊　庆　汪建敏
滕建刚

《来凤年鉴（2020）》编辑人员

主　　　编：费国华

执 行 主 编：唐海泉

副　主　编：杨　林

编　　　辑：吴文勇　田　禅　谢奇伶　王　健　姚元培　何拥军

校　　　对：胡江伟　张池翔

编 辑 说 明

一、《来凤年鉴（2020）》以马克思列宁主义、毛泽东思想、邓小平理论、“三个代表”重要思想、科学发展观、习近平新时代中国特色社会主义思想为指导，坚持辩证唯物主义和历史唯物主义的立场、观点和方法。围绕县委、县政府中心工作，突出时代特征和地方特色，记述2019年来凤县基本情况和各项事业发展现状，反映全县推进经济建设、政治建设、文化建设、社会建设、生态文明建设所取得的进步与成效，旨在为促进来凤县经济社会发展提供基本资料和历史借鉴。

二、《来凤年鉴》是来凤县人民政府主办、由来凤县地方志编纂委员会编纂的综合性地方年鉴，来凤县档案馆（县史志研究中心）负责编写。

三、本年鉴采用类目编辑法编纂，按类目、分目、条目三级结构组成。《来凤年鉴（2020）》设目29个类目：特载、专记、县情概览、大事记、中国共产党来凤县委员会、来凤县人民代表大会、来凤县人民政府、中国人民政治协商会议来凤县委员会、纪检监察、人民团体、法治、军事、综合管理监督与服务、农业和农村经济、工业科技、商贸、经济开发、扶贫开发、金融、交通邮电、住房和城乡建设、生态环境、文化旅游、卫生、教育、社会生活、乡镇、人物、附录。类目下的部分按工作分类编排。

四、本卷年鉴所刊载的内容和数据，分别由县内各有关单位提供，并经各撰稿单位审核。凡涉及全县经济与社会发展全局的数据均以县统计局提供数据为准。凡统计局未予统计和未予提供的，则以各撰稿单位提供的为准。因资料来源、统计口径等因素，各分项数据可能与总数据不尽一致。

来凤县行政区划图

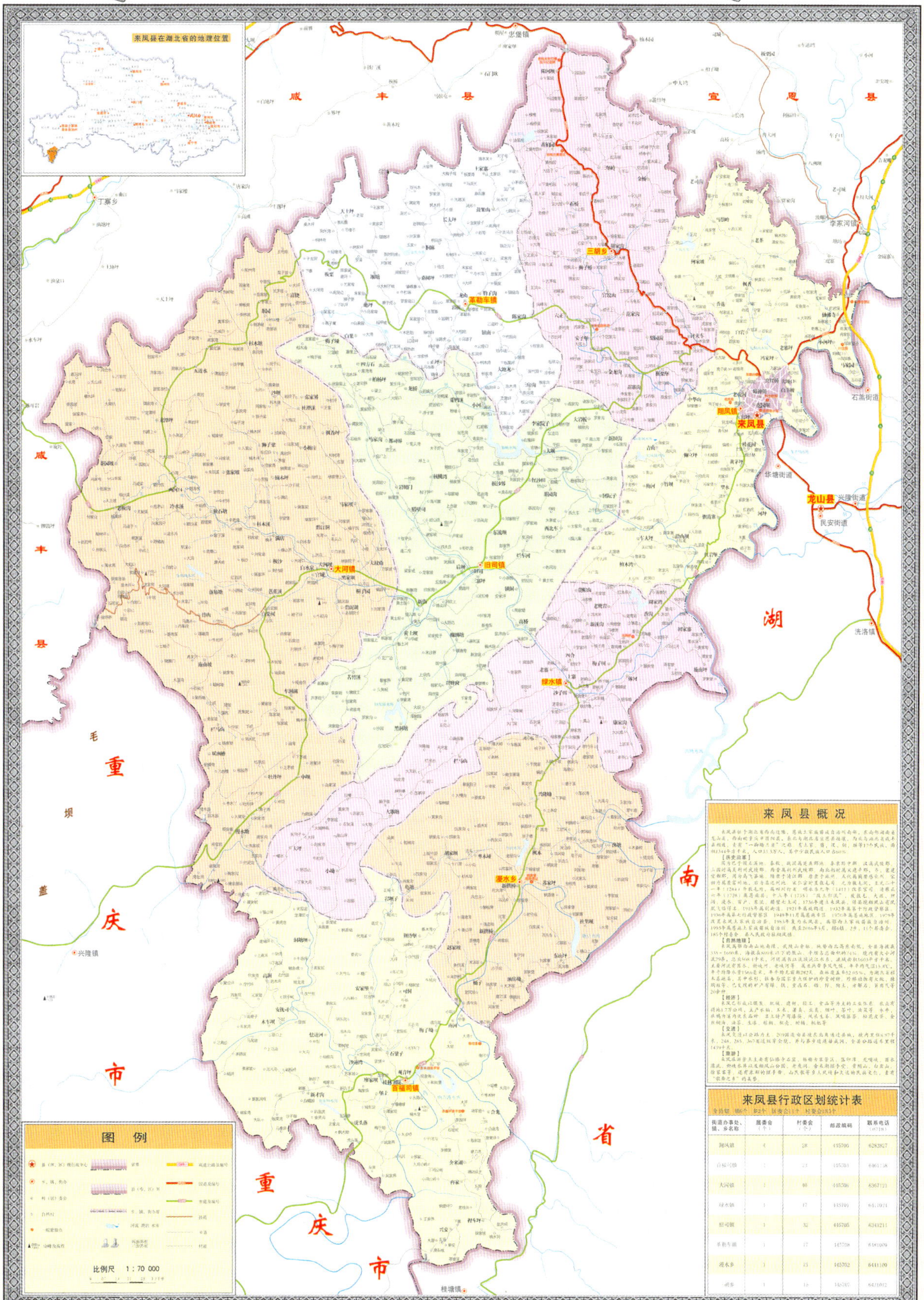

来凤县概况

来凤县位于湖北省西南边陲，恩施土家族苗族自治州南部，东南邻湖南省龙山县，西南毗重庆市酉阳县，东北与湖北省宣恩县接壤，西北与湖北省咸丰县相连，素有"一脚踏三省"之称。有土家、苗、汉、侗、回等17个民族，面积1344平方千米，人口33.3万人，其中少数民族人口占68%。

【历史沿革】

夏为巴子国之属地，春秋、战国属楚巫郡地，秦隶黔中郡，汉属武陵郡，三国时属吴荆州武陵郡，两晋属荆州武陵郡，南北朝时属宋建平郡、齐、梁建平郡，周为施州地，隋隶于清江郡，唐隶于施州，五代属高氏荆南施州，宋归为羁縻富州地，后为高州地。宋仁宗时置散毛司，元为散毛洞。至元二十一年（1284）升散毛府，属四川行省。明永乐九年（1411）改设宣抚司。清雍正六年（1728）属恩施县；十三年（1735）"改土归流"，废散毛、大旺、卯峒、漫水、百户、东流、腊壁七长官司，1736年建立来凤县，传县境翔凤山有灵凤飞临得名。1915年属荆南道，1921年属施鹤道，1932年属第十行政督察区，1936年属第七行政督察区，1949年11月属恩施专区，1970年属恩施地区，1979年改置来凤土家族自治县，1983年复为来凤县，属鄂西土家族苗族自治州，1993年属恩施土家族苗族自治州。截至2016年5月，辖6镇、2乡，11个居委会，185个村委会。县人民政府驻翔凤镇。

【自然地理】

来凤属鄂西南山地南缘，武陵山余脉，地势西北高东南低，全县海拔在335～1600米，海拔在800米以下的低山、平坝占总面积的74%。境内有大小河流79条，总长501.4千米，河流属长江流域沅江水系，流域面积1603平方千米，主要河流有酉水、新峡河、老峡河等。属亚热带季风气候，年平均气温15.8℃，年平均降水量1388毫米，年平均无霜期282天，森林覆盖率52.05%，为湖北省林木基地县，其中水杉、银杏为国家重点保护的珍贵树种，珍稀动物有大鲵、猕猴等。已发现的矿产有煤、铁、紫晶石、锰、锌、陶土、方解石、页岩气等20余种。

【经济】

来凤已形成以煤炭、机械、建材、轻工、食品等为主的工业体系。农业有耕地1.7万公顷，主产水稻、玉米、薯类、豆类、烟叶、茶叶、油菜等。水牛、麻鸭为省内优良品种。名土特产有藤茶、凤头生姜、酒鸣腊茶、松花皮蛋、金丝桐油、油茶、生漆、棕榈、柑橘、杜仲等。

【交通】

来凤交通以公路为主。209国道由县境东北角横穿县城，境内里程69.97千米，248、285、367省道纵贯全境，并与各乡镇连接成网，全县公路通车里程1439千米。

【旅游】

来凤旅游景点主要有仙佛寺石窟、杨梅古寨景区、落印潭、老峡峡、酉水漂流、卯峒水族以及翔凤山公园、老虎洞、舍米湖摆手堂、黄柏山、白岩山、徐家寨等，还有享誉海内外的摆手舞、山民歌等乡土风情和文艺的民族文化，素有"歌舞之乡"的美誉。

来凤县行政区划统计表

全县辖　镇6个　乡2个　居委会11个　村委会185个

街道办事处、镇、乡名称	居委会（个）	村委会（个）	邮政编码	联系电话（0718）
翔凤镇	4	28	445700	6282827
百福司镇	1	23	445703	6461138
大河镇	1	40	445706	6367121
绿水镇	1	17	445701	6437024
旧司镇	1	32	445705	6341211
革勒车镇	1	17	445708	6481009
漫水乡	1	15	445702	6441100
三胡乡	1	15	445707	6431012

审图号：来凤县S（2018年）01号　来凤县民政局、中国地图出版社　联合编绘　湖北省民政厅　监制　湖南地图制印有限责任公司印刷　2018年9月第1版湖南第1次印刷

2019 年 12 月 13 日，中国共产党来凤县第十五届委员会第七次全体（扩大）会议在农业展示中心报告大厅召开

唐 俊 摄

2019 年 12 月 24—26 日，来凤县第十七届人民代表大会第六次会议在龙凤文化中心召开

唐 俊 摄

2019 年 12 月 23—25 日，中国人民政治协商会议来凤县第九届委员会第四次会议在龙凤文化中心召开　唐　俊　摄

2019 年 2 月 28 日，中国共产党来凤县第五届纪律检查委员会第四次全体会议在农业展示中心报告大厅召开　唐　俊　摄

张富清年轻时照片

县退役军人事务管理局　供稿

张富清近照　　县委宣传部　供稿

张富清在家中　　唐　俊　摄

张富清获得的军功章　　县委宣传部　供稿

张富清获得的立功证书 1
县委宣传部　供稿

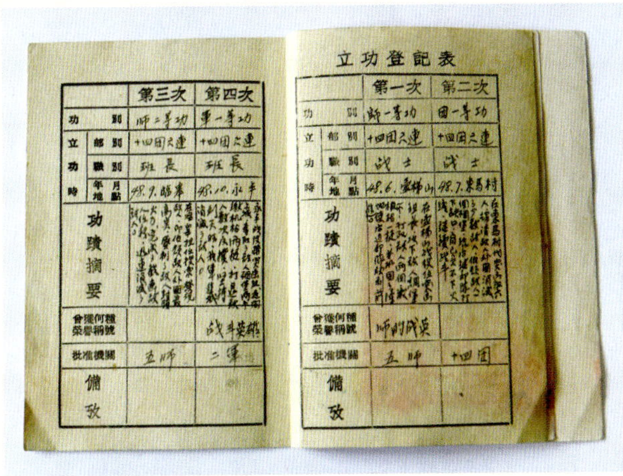

张富清获得的立功证书 2　　县委宣传部　供稿

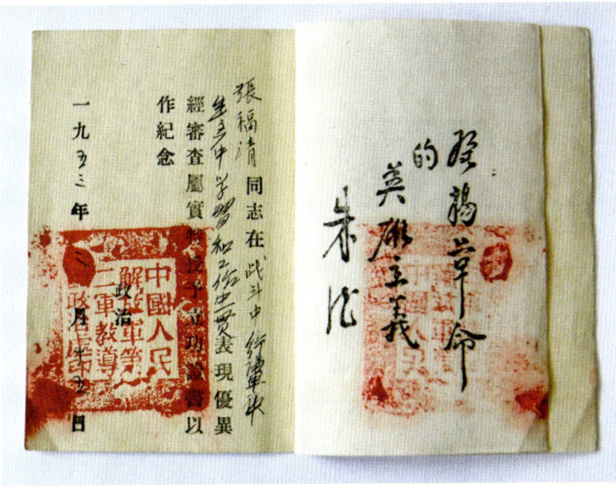

张富清获得的立功证书 3　　县委宣传部　供稿

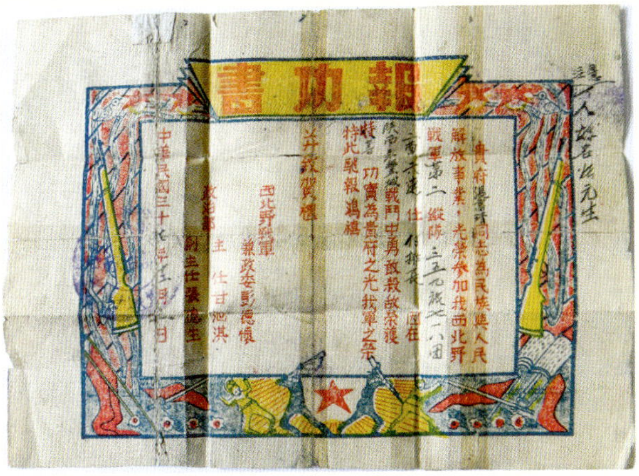

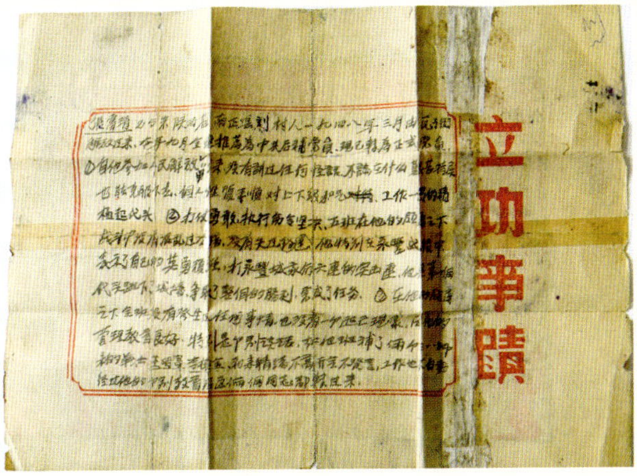

张富清获得的报功书　　县委宣传部　供稿

2019 年 7 月 29 日，张富清（前排中）载誉归来 唐 俊 摄

2019 年 4 月 30 日，来凤县在龙凤文化中心举行张富清先进事迹报告会 廖 蝉 摄

2019 年 8 月 8 日，张富清先进事迹原创文艺作品展演暨湖北省荆楚“红色文艺轻骑兵”走进来凤

唐　俊　摄

2019 年 11 月 2 日，“寻访英雄”活动在来凤启动

唐　俊　摄

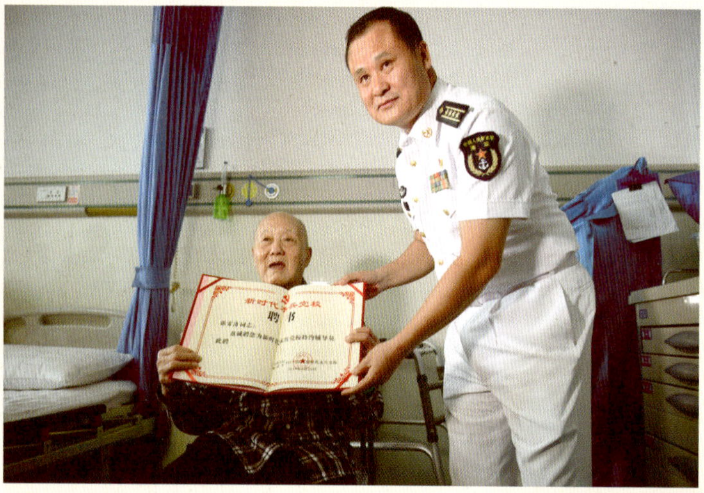

2019年9月20日，恩施舰官兵在来凤开展学习张富清主题教育活动

唐　俊　摄

2019年6月4日，来凤县老年大学诗词班开展学习张富清英雄事迹座谈会暨颂扬张富清诗词咏诵活动　　蒙春莉　摄

2019年6月14日，湖北省总工会举办“中国梦　劳动美——与共和国共成长，与时代齐奋进”职工演讲比赛举行，来凤县图书馆职工李树林参赛，并获一等奖

湖北之声　供稿

2019年6月17日，来凤县电力公司干部职工集中收看中央电视台播放的张富清先进事迹

县电力公司　供稿

2019 年 10 月 23 日，来凤县法院组织干警参观张富清先进事迹展示中心

王 征 摄

2019 年 10 月 25 日，县卫生健康局干部参观张富清先进事迹展示中心

廖 峤 摄

2019 年 10 月 23 日，县审计局干部参观张富清先进事迹展示中心

吴 琼 摄

2019 年 4 月 4 日，翔凤镇狮立坪村集中安置点配套产业项目棕丝加工厂，易地搬迁群众在筛选棕丝

唐 俊 摄

2019 年 8 月 17 日，晨曦下的旧司镇大坝码头集中安置点　　唐 俊 摄

2019 年 9 月 22—24 日，中国国际扶贫中心 2019 年发展中国家“金融扶贫官员研修班”和“职业培训与劳动力转移减贫研修班”在来凤县考察调研，图为研修班在金祈藤茶公司考察

来凤县扶贫开发办　供稿

2019 年 9 月 24 日，中国国际扶贫中心 2019 年发展中国家“金融扶贫官员研修班”和“职业培训与劳动力转移减贫研修班”在旧司农园考察　　　来凤县扶贫开发办　供稿

黔张常铁路建成通车

2019 年 3 月 14 日，黔张常铁路开始铺轨　　唐 俊 摄

2019 年 9 月 30 日，检测动车首次到来凤　　唐 俊 摄

2019 年 12 月 26 日，黔张常铁路通车　　唐　俊　摄

2019 年 12 月 26 日，旅客在来凤火车站展示车票　　唐　俊　摄

来凤县应急管理局挂牌

来凤县融媒体中心　供稿

来凤县城市管理执法局挂牌　　来凤县融媒体中心　供稿

2019 年 3 月 11 日，来凤县机关事务服务中心挂牌

县机关事务服务中心　供稿

2019 年 3 月 29 日，来凤县工会十一届三次全委（扩大）会议召开　　唐　俊　摄

2019 年 4 月 9 日，恩施州人大常委会到来凤县开展《州饮用水水源地保护条例（草案）》和《州城乡规划建设管理条例（修正案）》立法调研　　唐　俊　摄

2019 年 1 月 17 日，在翔凤镇大沟安置房片区开展文化进万家系列活动

县文化旅游局　供稿

2019 年 2 月 19 日，在来凤县城举行元宵灯会

县文化旅游局　供稿

2019 年 4 月 28 日，来凤县举行健步走活动

唐　俊　摄

目　录

特　载

在县委十五届六次全体（扩大）会议暨全县经济工作会议上的讲话 …… 1
实施“五大工程”　推进乡村振兴　奋力谱写来凤农业农村高质量发展新篇章
——在县委十五届七次全体（扩大）会议上的讲话 …… 11
政府工作报告
——在来凤县第十七届人民代表大会第六次会议上 …… 20

专　记

“共和国勋章”获得者：张富清 …… 32

县情概览

地理环境
位置面积 …… 36
地质 …… 36
地貌 …… 36
气候 …… 37
地表水 …… 38
地下水 …… 38
河流 …… 38
瀑布　间歇泉 …… 40
土壤 …… 40

自然资源
土地资源 …… 40
森林　野生动物资源 …… 41
矿产资源 …… 41
水能资源 …… 42
水产资源 …… 42
旅游资源 …… 42

土特产品
来凤藤茶 …… 48
来凤大头菜 …… 48
来凤凤头姜 …… 48
来凤松花皮蛋 …… 48
来凤杨梅 …… 48
来凤桐油 …… 48
来凤漆筷 …… 49
来凤山茶油 …… 49
来凤土家织锦（西兰卡普） …… 49

行政区划
建置沿革 …… 49
区划 …… 50

人口　民族
人口 …… 51

民族……51

2019年国民经济和社会发展

地区生产总值……52
农业……52
工业和建筑业……52
固定资产投资和房地产……53
国内贸易和招商引资……53
旅游……53
交通运输和邮电……53
财政和金融……53
教育和科学技术……53
文化和体育……54
卫生……54
人民生活和社会保障……54
资源环境……54
脱贫攻坚……54
安全生产……54

大事记

1月……55
2月……56
3月……57
4月……58
5月……59
6月……60
7月……60
8月……61
9月……61
10月……62
11月……62
12月……63

中国共产党来凤县委员会

概　述

概况……64
中国共产党来凤县第十五届委员会第六次全体（扩大）会议……64
中国共产党来凤县第十五届委员会第七次全体（扩大）会议……64
县委常委会议……64
县委常委会2018年民主生活会……70
“不忘初心、牢记使命”主题教育专题民主生活会……70
退出贫困县……71
产业发展……71
城乡建管……71
生态环境……71
民生福祉……71
社会稳定……71
党的建设……71
县委办公室工作概况……72

组织工作

概况……72
基层党建工作……72
领导班子和干部队伍建设……73
干部教育培训……73
干部信息管理……73
公务员日常管理……73
人才工作……74
干部监督工作……74
两新组织建设……74
机构改革……74
老干部工作……74
概况……74
离退休干部思想政治建设……75
老干部待遇落实……75

老干部活动阵地建设……75
机关党的建设……76
概况……76
严肃党内政治生活……76
规范党组织设置及换届选举工作……76
规范党员发展……76
党内激励关怀工作……76
机关支部建设……76

主题教育
概况……76
学习教育……76
调查研究……77
检视问题……77
整改落实……77

学习张富清活动
概况……77
张富清先进事迹报告会……78
张富清先进事迹宣传……78
张富清事迹宣讲活动……78
张富清先进事迹展示中心……78
张富清干部学院建设……78
《张富清事迹专辑》编撰……79

宣传思想文化工作
概况……79
意识形态……79
理论武装……79
新闻宣传……80
文明创建……80
网络管理……80
文化事业及文化产业……80
两个中心建设……81
新闻出版工作……81
机构改革……81

统战工作
概况……81
统战工作组织领导……81
乡镇基层商会成立……82
统一战线人才工作……82
非公有制经济发展……82
党外干部教育培养……82
参政议政作用发挥……83
民族宗教工作……83
仙佛寺大型露天造像整改……83
知联会建设……83
新联会建设……83
台侨工作……83
“千企帮千村”精准扶贫行动……84
统战系统“不忘初心、牢记使命”主题教育……84
统战服务民生……84

信访工作
概况……84
信访工作责任制落实……85
信访“三无”乡镇创建……85
开展领导“三访”活动……85
提升信访工作质量……85
扶贫领域信访件……85
初信初访问题办理……85
信访秩序整治……85
信访案件化解……85
信访信息研判……86
风险隐患排查……86
信访机构建设……86

机构编制工作
概况……86
机构改革……86
退役军人服务体系建设……87

生态环境分局上划改革……87
纪委监委和其派驻（出）机构改革……87
县委巡察机构改革……87
医疗保障经办服务体系建设……87
基层市场监督管理体制改革……88
消防设计审查验收职责划转……88
重点领域机构保障……88
机构编制管理……88
使用编制新增人员需求指标……88
事业单位登记管理……89

党校工作

概况……89
干部培训……89
理论宣讲……89
科研工作……89
教师队伍建设……89

档案史志工作

概况……89
档案利用……90
档案安全管理……90
史志编纂工作……90
史志业务指导……90
领导调研……90
机构改革……90
档案工作督办指导……90

来凤县人民代表大会

概　述

概况……91
县十七届人大四次会议……91
县十七届人大五次会议……91
县十七届人大六次会议……91
县十七届人大常委会各次会议……91
县十七届人大常委会主任会议……93
重大事项决定……93
人事任免……94
协助立法调研……94
人大工作指导、交流……94

代表工作

代表意见建议督办……94
开展“代表行动”活动……94
代表闭会期间活动……94
代表履职服务保障……95

依法监督

计划、财政和审计工作监督……95
重点工作监督……95
工作评议……95
关注民生热点问题……96

来凤县人民政府

概　述

概况……97
政府常务会议……98
县政府办公室工作概况……101

人力资源管理

概况……101
工资待遇管理……101
专技人员职称管理……102
人事档案工作……102

民族宗教事务

概况……102
民族团结创建……102
特色村寨提档升级工作……102
民族经济发展……102

民族文化体育……102
完善宗教工作机制……103
依法管理宗教事务……103

退役军人事务管理

概况……103
拥军优抚……103
就业安置……103
退役士兵社会保险接续……103
烈士褒扬纪念……103
机构改革……103
推荐申报先进退役军人……104

应急管理

概况……104
防灾减灾救灾……104
应急救援……104
应急机构改革……105

消 防

概况……106
灭火抢险救援……106
消防监督执法……106
防火宣传培训……106
联勤联动保障……106

政务服务和大数据管理

概况……107
机构改革……107
优化营商环境……107
政务服务“一次办好”……107
构建政务服务“一张网”……107
窗口纪律管理……107
推进政务公开工作……107
公共资源交易综合监管工作……108

政务督查

概况……108
人大建议、政协提案办理……108
领导批示件办理……108
常规督查……108
重点督查……108
考评工作……108

机关事务管理

概况……108
公务用车管理……109
办公用房管理……109
公务用车保障……109
后勤服务……109
政务联络……110

中国人民政治协商会议来凤县委员会

概 述

概况……111
服务中心工作……111
文史工作……111
自身建设……111

重要会议

中国人民政治协商会议来凤县第九届委员会第四次会议……112
政协常委会议……112

政治协商

“农产品出山”建议案……112
“农村人居环境整治”建议案……112
“蓝河污水治理”跟踪视察……112
“民营经济健康发展”建言……112

民主监督

开展评议监督……113
参与专项监督……113

建言献策

提案工作……113
社情民意……114

纪检监察

概　述

概况……115
县纪委十五届四次全会……115
政治建设……115
同级监督……115
信访举报……115
惩治腐败……116
廉政教育……116
服务保障大局……116
纪检监察机关建设……116

巡察工作

概况……117
常规巡察……117
机构改革……117

人民团体

来凤县总工会

概况……118
工会组织建设……118
工运事业……118
帮扶工作……118
群体入会……118
劳模管理……118
东西部协作扶贫……118
文体活动……119
技能竞赛……119

中国共产主义青年团来凤县委员会

概况……119
共青团组织建设……119
智慧团建……119
青少年思想政治引领……119
预防青少年违法犯罪……120
选树青年典型……120
志愿服务工作……120
青年创新创业……120
行业扶贫……120

来凤县妇女联合会

概况……121
加强思想政治引领……121
“三八”活动……121
关爱留守儿童……121
行业扶贫……121
依法维护妇女儿童合法权益……122
家庭教育宣讲……122
先进人物……122
妇女社会工作组织建设……122

来凤县工商业联合会

概况……122
会员服务……122
商会改革……122
非公有制企业投诉服务中心成立……122
东西部协作……123
千企帮千村……123
“五好”县级工商联创建……123
来凤县工商联（总商会）第十一届二次执委会召开……123

湖北毕兹卡生态农业有限公司获省“千企帮千村”精准扶贫行动先进民营企业表彰……123

法 治

政法委及综治

概况……124
风险防范工作……124
扫黑除恶专项斗争工作……124
禁毒整治工作……125
社会治理工作……126

公 安

概况……127
维护稳定……127
反恐防暴……127
严打整治……127
扫黑除恶……127
禁毒工作……127
涉河治理……128
网络安全……128
交通安全……128
消防安全……128
监所安全……128
基层基础……128
执法规范化建设……129
便民利企……129
公安队伍建设……129
上级领导调研、考察、检查……129
公安机关应急处突演练……130
来凤县公安局维护民警执法权威工作委员会成立……130
打击和防范经济犯罪第10个宣传日活动……130
全县公安工作会议召开……130
来凤县平安校园建设安保人员培训班举行……130

检 察

概况……130
服务经济社会发展……131
民生领域司法保护……131
惩治犯罪……131
社会综合治理……131
刑事诉讼监督……131
民事、行政诉讼监督……131
公益诉讼检察……131
认罪认罚从宽……132
规范司法……132
检察队伍建设……132
表彰从检30年检察人员……132
四县刑事检察督办工作会……132

法 院

概况……132
刑事审判……132
民事审判……133
行政审判……133
执行工作……133
服务全县经济社会发展……133
司法为民……134
司法公开……134
司法改革……134
干警队伍建设……134

司法行政

概况……135
司法所建设……135
人民调解……135
社区矫正与安置帮教……135
公共法律服务……135
法律援助……136
法治建设暨“七五”普法……136
法治工作……136

机构改革……137

军　事

中国人民解放军湖北省来凤县人民武装部

概况……138
思想政治建设……138
民兵整组……138
战备训练……138
征兵工作……139
正规化建设……139
扶贫参建……139

中国人民武装警察部队恩施支队执勤二大队来凤中队

概况……139
政治工作……139
军事训练……140
执勤战备……140
后勤保障……140

人民防空

概况……140
人防工程建设……140
人防系统腐败问题专项治理……141
人防教育宣传……141

综合管理监督与服务

发展和改革

概况……142
项目资金……142
改革事项……142
重大事项……142
物价管理……142
粮食安全……143

财　政

概况……143
资金统筹……143
国有资产管理……143
投资评审……143
财政监督……143
深化改革……144
政府采购……144
扶贫监控……144
财政暂付款管理……144

税　务

概况……144
税种管理……144
税收优惠……144
纳税服务……144
税收征管……144
税收执法……145

审　计

概况……145
国家重大政策措施落实情况跟踪审计……145
财政审计……145
经济责任审计……145
固定资产投资审计……145
扶贫资金审计……145
信息化建设……145

统计工作

概况……146
统计综合管理监督与服务……146
第四次全国经济普查工作……146

工商行政管理

概况……146
诚信体系建设……146

营商环境建设 …… 147
监管执法 …… 147
消费维权 …… 147
依法行政 …… 147

食品药品监督管理
概况 …… 147
非洲猪瘟防控 …… 148
药化安全监管 …… 148
宣传引导 …… 148

质量技术监督管理
概况 …… 149
产品质量安全监管 …… 149
特种设备安全监察 …… 149

安全生产监督管理
概况 …… 150
安全责任落实 …… 150
安全监管执法 …… 150
重点行业专项整治 …… 150
安全生产宣传教育培训 …… 151

公共资源交易
概况 …… 151
交易平台建设 …… 151
业务培训 …… 151
公共资源交易市场管理 …… 152
专项清理 …… 152
来凤县第一个全流程电子化招投标项目启动网上交易 …… 152
机构改革 …… 152

公共检验检测
概况 …… 152
公共检验检测中心建设 …… 152
专业技术人员的选调和招考 …… 152

大数据工作
概况 …… 152
三清单一目录 …… 152
机构设立 …… 153

农业和农村经济

农　业
概况 …… 154
种植业 …… 154
农业产业化 …… 155
农业机械化 …… 155
农业综合执法 …… 155
农业科技 …… 156
农产品质量安全 …… 156
农田建设管理 …… 156
美丽乡村建设 …… 156
河湖长制 …… 156
水旱灾害防御 …… 156
移民工程 …… 156
水产养殖 …… 156
畜牧业 …… 157
机构改革 …… 157
藤茶产业 …… 157
概况 …… 157
藤茶产业政策扶持 …… 157
藤茶宣传推介 …… 157
藤茶项目实施 …… 158
藤茶品牌建设 …… 158

林　业
概况 …… 158
森林资源管理 …… 158
林业生态建设 …… 158

林业行政审批……158
林业产业建设……159
野生动植物保护与自然保护地管理……159
重大林业有害生物防治……159
行业扶贫……159

乡村振兴

特色产业发展……159
农村基础设施建设……160
乡风文明建设……160
农村社会治理……160
农村社会保障……160

烟叶种植

概况……161
烟叶推广……161

农村经济管理

概况……161
行业扶贫……161
农村土地确权登记颁证……161
农村集体产权制度改革……161
农村集体“三资”监管……161
农村土地流转……162
土地纠纷调解仲裁……162

工业　科技

工业经济

概况……163
工业经济主要指标……163
工业项目固定资产投资情况……164
工业项目技改情况……164

电力工业

概况……164
安全生产……164
电网建设……164
经营管理……164
来凤220千伏输变电工程投产送电……164

科　技

概况……165
科技项目申报与管理……165
科技对接工程实施……165
科技人才队伍建设……165

科学技术协会

概况……165
科协系统改革……165
全民科学素质……165
科技服务促春耕……165
特色科普活动……166
科普日活动……166
科普项目……166
青少年创新大赛……166

商　贸

商务经济

概况……167
企业参展……167
市场主体培育……167
市场体系建设……167
二手车市场监管……168
盐业经营……168

招商引资

概况……168
招商任务分解……168
项目谋划……168
招商项目……168

贸易促进

概况……168
茧丝绸公司改制……168
企业改制档案收集……169

石油销售

概况……169
地下油罐改造和成品油市场经营秩序……169
石油企业安全生产……169

烟草专卖

概况……169
品牌香烟销售……169
烟草专卖市场监管……169

供销合作

概况……170
基层社建设……170
发展联合社……170
农村电商……170
企业扶贫……170

经济开发

经济开发区建设

概况……171
招商引资……171
环保安全……171
园区服务……171

龙凤经济协作示范区

黔张常铁路建成通车……171
重点项目集中开工……172
龙凤示范区公积金异地贷款试点……172
武汉市对口帮扶……172
“616”对口支援……172

老区建设促进工作

概况……172
精准扶贫帮扶……172
老区宣传……172
帮扶项目调研……172

扶贫开发

概　述

概况……174
脱贫攻坚工作部署……174
产业扶贫……174
教育扶贫……175
健康扶贫……175
住房保障……175
饮水安全……175
社会兜底……175
贫困劳动力转移……176
构建大扶贫格局……176
基础设施建设……176
干部结对帮扶……177
建立动态监测机制……177
财政资金统筹……177
扶贫项目管理……177
落实问题整改……177
强化追责问责……177
脱贫摘帽……178
扶贫考察……178

金融扶贫

概况……178
扶贫小额信贷完成情况……178
贷款贴息情况……178

易地扶贫搬迁

概况……178

住房建设……178
设施配套……178
拆旧复垦……178
项目监管……179
产业培育……179
就业帮扶……179
公共服务……179
社区自治……179
业务培训……179
档案管理……180

交通行业扶贫

"四好农村路（2018—2025）"发展规划启动……180
农村公路养护……180
水毁修复工作……180
主要农村公路安全防护全覆盖水平提升……180

扶贫扶志

扶贫"双宣讲"……180
扶贫调查研究……180
精神文明创建……180
完善城乡公共文化服务体系……180
文化扶贫惠民活动……181
扶贫宣传报道……181

金　融

概　述

概况……182
优化营商环境……182
金融风险防控……182
提升金融服务……183

银保监督管理

银行业运行……183
保险业运行……183

银　行

中国工商银行股份有限公司来凤支行……183
概况……183
贷款业务……183
风险控制……183
中国农业银行股份有限公司来凤县支行……183
概况……183
经营管理……184
中国建设银行股份有限公司来凤支行……184
概况……184
内部管理……184
中国银行来凤支行……184
概况……184
提升管理……184
创新服务……184
中国农业发展银行来凤县支行……184
概况……184
财务收支情况……185
支持地方经济发展……185
中国邮政储蓄银行股份有限公司来凤县支行……185
概况……185
新业务开展……185
风险管理……185
湖北来凤农村商业银行股份有限公司……185
概况……185
电子银行业务……186
到期贷款收回及风险贷款清收化解……186
普惠金融工作……186
湖北银行股份有限公司来凤支行……186
概况……186
金融服务网格化"深耕四区"……186
恩施兴福村镇银行股份有限公司来凤支行……186
概况……186

百福司镇、三胡乡兴福驿站开业……………………186

保 险

中国人民财产保险股份有限公司来凤支公司……………………186
中国人寿保险股份有限公司来凤支公司……186

交通 邮电

交通运输

概况……………………187
交通基础建设……………………187
交通运输服务……………………187
公路管理养护……………………188
安全应急管理……………………188
交通机构改革……………………188

铁路建设

概况……………………189
黔张常铁路建设……………………189
新增客运站房……………………189
铁路征地拆迁……………………189
集中安置点建设……………………189
失地养老保险……………………189
矛盾纠纷化解……………………189
农民工欠薪处置……………………189
站前广场建设……………………189
沿线安全整治……………………189
环保拆迁工作……………………190
铁路护路联防……………………190

邮 政

概况……………………190
储蓄业务……………………190

通 信

基础设施建设资金投入情况……………………190
4G 基站建设情况……………………190
4G 移动通信网络覆盖率……………………190
光纤宽带建设情况……………………190
固定宽带建设情况……………………190

中国移动通信集团湖北有限公司来凤分公司……………………190

概况……………………190
4G 宽带网络建设与 5G 规划……………………190
典型信息化发展案例……………………190

中国联合网络通信有限公司来凤县分公司……191

概况……………………191
网络基础设施建设……………………191

中国电信股份有限公司来凤分公司……………………191

概况……………………191
县留守儿童关爱服务智慧平台建设启动……191
“12345”公共服务热线平台建设项目签约……………………191

住房和城乡建设

城乡建设

概况……………………192
城镇建设……………………192
村镇建设……………………192
安居工程建设……………………193
建筑业管理……………………193
建筑工程造价管理……………………194
建筑工程质量安全监督管理……………………194
建筑装饰装修行业管理……………………195
房地产管理……………………195
公用行业管理……………………195
信访工作……………………196
行政审批……………………196

城乡规划

概况…… 196
乡镇控规及村庄规划编制…… 196
重点项目规划编制…… 196
规划许可与用地审批…… 197
测绘地理信息…… 197

城市管理

概况…… 197
城市景观改造…… 197
市容市貌整治…… 197
市政园林管养…… 197
城区环境卫生管理…… 198
城市桥梁安全…… 198
行政审批…… 198
“六城”同创…… 198
机构改革…… 198

城市建设投资

概况…… 198
企业改革…… 198
项目融资建设…… 198
企业转型升级…… 199

住房公积金管理

概况…… 199
政策调整…… 199
服务企业提质年…… 199
网厅工作…… 200
综合柜员制…… 200
村干部建制试点工作落实…… 200

生态环境

国土资源开发管理与利用

概况…… 201
土地供应…… 201
调查监测与确权登记…… 201
耕地保护…… 201
矿产资源管理…… 201
自然资源执法…… 202
地质勘查与灾害防治…… 202
行政审批及不动产登记…… 202
信访工作…… 202
机构改革…… 203

水　文

概况…… 203
汛前准备工作…… 203
专项任务…… 203
雨水情况…… 204
业务工作…… 204
测站管理…… 204

气　象

概况…… 205
气象现代化建设…… 205
气象服务…… 205
人影工作…… 205
防雷减灾…… 205
气象科普宣传…… 205

环境保护

概况…… 205
污染物减排…… 206
环保督察…… 206
生态文明创建…… 206
污染防治…… 206
执法监察…… 206
严格环保准入…… 206
污染源普查…… 206
环境监测…… 207

环保宣传……207

文化　旅游

文化体育广播事业

概况……208
文化工作……208
体育工作……208
文化市场管理……208
文联……209

来凤县融媒体中心

概况……209
机构改革……209
融媒体建设……210
新闻宣传……210
三审制……211
信息化宣传……211
直录播工作……211
人才队伍建设……211

视讯网络

概况……211
生产经营……211
安全播出、传输……211

旅　游

概况……212
旅游资源提升……212
旅游要素配套……212

仙佛寺景区管理……212

概况……212
景区管理……212
宗教事务管理……212

旅游投资……212

概况……212
项目建设……212

卫　生

卫生管理

概况……214
医药卫生体制改革……214
疾病预防控制……214
卫生应急……215
妇幼保健和计生技术服务……215
医政管理……215
药政管理……216
卫生执法监督……216
计划生育服务管理……216
卫生计生宣传教育……216
卫生健康科教……216
项目建设……217
健康扶贫……217
信访工作……217
爱国卫生……217
东西部扶贫协作……217

来凤县中心医院

概况……218
人员引进情况……218
医疗水平……219
医疗服务……219
科研与教学……219
中医特色……220
志愿医疗服务……220

教　育

教育管理

概况……221
义务教育……221

高中教育……221
职业教育……221
学前教育……222
队伍建设……222
强化管理……222
教育教学……223
校园建设……223
校园文化……223
安全管理……224
教育扶贫……224

来凤一中

概况……225
教育教学……225
对外交流……226
创新发展……227
党团工作……227
校园建设……228
荣誉获奖……228

来凤县高级中学

概况……228
人才培养……228
全方位培育学生……229
平安校园……230
后勤保障……230
招生工作……230
高考工作……230
荆楚“红色文艺轻骑兵”走进来凤慰问演出在县高级中学举行……230

来凤县中等职业技术学校

概况……230
从严治党……231
教学与科研……231
德育管理……231
助学政策……232
招生、就业、实习工作……232
普通话水平测试工作……232
社会资助……232
结对帮扶工作……232
共青团工作……233
文化体育活动……233
项目建设……233
新职校建设……234
文明创建……234

来凤县实验中学

概况……234
德育安全工作……234
加强查课、听课力度……234
加强集体备课……234
师徒结对……234
学生能力培养和校园文化建设……234
2019年中考成绩……235
培优辅差……235
“名师工作室”……235
加强安全责任意识……235

来凤县高平实验学校

概况……235
办学特色……235
党建引领……235
德育工作……235
教学工作……236
教研工作……236
体育艺术工作……236
教师队伍建设……236
安全工作……236
校园建设……236

来凤县思源实验学校
概况……236
学校管理……237
德育工作……237
教学工作……237
文体社团工作……238
后勤服务……238
师德师风……238

来凤县第一实验小学
概况……238
师质建设……239
德育工作……239
教学工作……239
科研工作……239
安全工作……240

来凤县第二实验小学
概况……240
办学特色……240
党建引领……240
德育工作……240
常规教学……241
教研工作……241
体育艺术工作……241
教育信息技术工作……241
民主管理……241
教师队伍建设……242
安全工作……242
曾志梅名师工作室……242

来凤县民族小学
概况……242
聚焦课改……243
德育工作……243
强化安全意识……243
传承民族特色……243
加强教研……243

社会生活

概　述
概况……244
劳动维权……244
行业扶贫……244

社会保险
概况……244
企业养老保险……245
机关事业养老保险……245
工伤险……245
降低社会保险费率……245
退役军人参保工作……245

劳动与就业
概况……245
实施就业政策……245
现场招聘……246
行业扶贫……246
东西部劳务协作……246
人才服务管理……246
就业培训……246

医疗保障
概况……246
医保基金管理……246
参保居民住院补偿支出……246
门诊特殊慢性病补偿支出……246
定点医疗机构监管……247
健康扶贫……247
机构改革……247

民政工作

概况……247
兜底保障……248
社会事务和社会福利……248
基层政权……248
社会组织……248
重点项目……249

残疾人保障

概况……249
精准扶贫……249
残疾人两项补贴……249
重度残疾人医保……250
康复工作……250
办证工作……250
残疾人教育就业服务……250
审计……250

慈善组织

概况……251
募集善款……251
慈善扶贫工程……251
慰问活动……251
慈善财务审计……251

乡　镇

翔凤镇

概况……252
精准扶贫……252
财政税收……252
工业经济……252
农业服务……252
基地建设……252
农村改厕……252
畜牧生产……252
植树造林……253
水利建设……253
社会保障……253
劳动就业……253
民政救助……253
文化工作……253
卫生事业……253
教育事业……253
计划生育服务……254
镇村建设……254
治理“两违”……254
征地拆迁……254
食品药品监督……254
安全生产……254
平安建设……254
信访工作……254
扫黑除恶……255
禁毒戒毒……255
为民服务……255
网格化管理……255
党建工作……255
党风廉政建设……255
主题教育……255

绿水镇

概况……256
精准扶贫……257
村镇建设……257
畜禽预防……257
农业科技……258
林业工作……258
环境保护……258
计划生育服务……258
医疗服务……258
惠农资金……259
食药监管……259

邮政业务 …… 259
通信业务 …… 259
文化体育 …… 259
幼儿教育 …… 259
小学教育 …… 259
为民服务 …… 260
社会救济 …… 260
安全生产 …… 260
劳动就业和社会保障 …… 260
土地管理 …… 260
普法教育 …… 260
社会环境治理 …… 261
审判 …… 261
信访 …… 261
组织建设 …… 261
党风廉政建设 …… 261
宣传工作 …… 261

漫水乡

概况 …… 262
精准扶贫 …… 262
主题教育 …… 263
基层党建 …… 263
特色产业 …… 263
民生项目 …… 264
社会保障 …… 264
基层治理 …… 264
纪检监察 …… 265
重要会议 …… 265
领导检查、调研 …… 266

百福司镇

概况 …… 266
精准扶贫 …… 266
农业生产 …… 267
生态环境建设 …… 267
文化建设 …… 267
团委工作 …… 268
综治维稳 …… 268
项目建设 …… 269
派出所工作 …… 269
食药监工作 …… 269
医疗卫生 …… 269
民政工作 …… 270
财政工作 …… 270
计划生育 …… 270
上级领导调研 …… 271

旧司镇

概况 …… 271
精准扶贫 …… 272
阵地建设 …… 272
农业产业 …… 272
公路建设 …… 272
水网建设 …… 272
电网建设 …… 272
通信建设 …… 272
六城同创 …… 272
安全生产 …… 273
扫黑除恶 …… 273
综治维稳 …… 273
社会保障体系 …… 273
干部作风转变 …… 273
重要会议事件 …… 273
其他工作 …… 274

大河镇

概况 …… 275
精准扶贫工作 …… 275
经济发展 …… 275
特色农业 …… 276
集镇建设与管理 …… 276

农村基础设施 …… 276
社会发展 …… 276
人口与计划生育工作 …… 276
民主法治建设 …… 277
党风廉政及作风建设 …… 277

三胡乡
概况 …… 277
脱贫攻坚工作 …… 278
经济发展 …… 278
基层党建工作 …… 278
基础设施建设 …… 279
生态环境保护 …… 279
社会治理 …… 279

革勒车镇
概况 …… 279
精准扶贫 …… 280
党建工作 …… 280
党风廉政 …… 281
综治维稳 …… 281
铁路和公路建设 …… 281
村镇建设 …… 281
宣传文化工作 …… 281
医疗卫生 …… 281
计划生育 …… 282
司法调解 …… 282
畜牧工作 …… 283
林业工作 …… 284
“三农”工作 …… 284
食药监管 …… 284
邮政储蓄 …… 284
土地管理 …… 285
民政救济 …… 285
退役军人事务 …… 285
人力资源和社会保障 …… 285

人　物

主要机构及负责人名录 …… 287

专业人才 …… 308

附　录

县委重要发文目录 …… 309

来政发重要文件目录 …… 312

来政办发重要文件目录 …… 312

文件选编
中共来凤县委　来凤县人民政府关于坚持农业农村优先发展做好“三农”工作的实施意见 …… 314
中共来凤县委关于向张富清同志学习的决定 …… 318
中共来凤县委　来凤县人民政府关于巩固脱贫成果推进乡村振兴战略的决定 …… 319
中共来凤县委办公室关于转发《2019 年来凤县纪委监督县委及其委员“1+5”工作方案》的通知 …… 323

特　载

在县委十五届六次全体（扩大）会议暨全县经济工作会议上的讲话

中共来凤县委书记　邢祖训

在全县上下众志成城迎接整县脱贫摘帽验收的紧要关头，在来凤经济社会发展转型升级的关键节点，召开县委十五届六次全会暨全县经济工作会议，主要任务是：坚持以习近平新时代中国特色社会主义思想为指导，深入学习贯彻党的十九大精神和习近平总书记视察湖北重要讲话精神，认真贯彻落实中央经济工作会议、省委十一届四次全会暨全省经济工作会议、州委七届六次全会暨全州经济工作会议精神，动员全县上下牢固树立新发展理念，聚焦“打好三大攻坚战、夯实发展平台、做强商贸旅游、做实项目招商、加大城市建管、增进民生福祉、优化营商环境”七大重点任务，务实作为、担当有为，奋力推动高质量发展，以新时代新作为谱写“一区四县”建设新篇章。

一、回顾过去、不忘初心，全县经济社会保持良好发展态势

2018年，在州委、州政府的正确领导下，来凤县全面贯彻落实习近平新时代中国特色社会主义思想和党的十九大精神，深入领会习近平总书记视察湖北重要讲话精神，积极面对经济下行压力加大、整县脱贫任务繁重、财政运行困难、维稳矛盾多发等挑战，聚焦脱贫第一目标、抓好发展第一要务、落实维稳第一责任、体现党建最大政绩，全县呈现出经济回升向好、社会和谐稳定、群众安居乐业的良好局面。

（一）县域经济平稳运行。预计2018年全年实现地区生产总值69.3亿元，同比增长3%；固定资产投资完成35.8亿元，同比增长10.6%；地方公共财政预算收入完成4.07亿元，增长5%；社会消费品零售总额实现44亿元，增长10.9%；旅游综合收入实现14亿元，增长20%。

（二）脱贫攻坚成果丰硕。主体责任全面落实，实施“八个到村到户”，成立乡镇前线指挥部，8名县领导一线挂帅；组建188个“尖刀班”下沉驻村，7368名干部职工与20753户贫困户开展结对帮扶。基础设施全面改善，投资3.75亿元实施的农村饮水安全PPP项目基本实现村村通自来水；投资2.2亿元实施559千米农村公路建设，通车总里程达到1853千米；投资3.55亿元的电力网主网建设和农网改造基本完成；新建、改扩建基站232座，4G信号有效覆盖率在92%以上，光纤宽带通村率100%。帮扶政策全面落实，特色产业带动全县贫困户比例达到94.95%；累计实施易地搬迁3661户，实施“四类重点对象”危房改造3153户；发放贫困户公益林补贴129.8万元、森林管护员补贴156万元；发放各类教育资助补贴2553.6万元；17569人纳入城乡低保范畴，发放低保金、救助金、残疾人补贴等9161万元；落实“四位一体”“985”医疗保障，贫困对象住院治疗综合补偿金额7979.3万元，实际报销比达91.54%；门诊特殊慢性病（含门诊重症大病）患者综合报销1078.2万元，报销比为87.04%。投入风险补偿金5000万元，扶贫小额信贷担保基金1000万元，全年发放扶贫小额信贷1118户5152万元。2018年，全县脱贫5526户17094人，15个重点贫困村出列，全县综合贫困发生率降至0.41%，群众满意度达95%以上，顺利通过中央巡视组下沉巡视、贫困县退出省试评估和州初审。

（三）产业转型持续推进。新发展特色产业基地9.6万亩，累计达到47万亩，特色农产品品牌优势不断扩大，省级农产品质量安全县创建通过初步验收。实施工业固定资产投资项目32个，完成投资6.38亿元，工业技改项目同比增长494%。成功举办第三届来凤杨梅文化旅游节暨河钓大赛等活动，全域旅游示范区创建工作有序推进。电子商务进农村综合示范县建设成效彰显，农特产品网上销售过亿元；以中百仓储为中心的龙凤商圈商业业态不断丰富；家和花园、同利·星都汇等商贸综合体基本完工。房地产商品房销售金额达10.16亿元，同比增长96.51%。

（四）项目建设蓄积动能。成功签约天津金凤公司智能仪表、西商冷链物流园等10个项目，实际到位资金47亿元。全年实际开（复）工重点项目90个，完成投资27.1亿元。黔张常铁路来凤段线下工程基本完成，来凤客货综合站站房主体工程开工建设。藤茶生态产业园发展基地7.2万亩，建成初加工厂26个、精深加工生产线5条，成为国内最大的藤茶产业基地。农村饮水安全PPP项目和互联网大数据中心项目成为全州仅有的入选财政部第四批示范项目。

（五）城乡面貌加快改善。投资3.08亿元，实施15个交通项目，迎宾大道、凤舞一路、公交总站工程稳步推进，体育公园停车场、接龙桥路农贸市场停车场动工建设，省道248境内公路和250千米农村公路安全生命防护工程全面实施。强力整治“两违”，实施“乡村人居环境整治”，厕所革命全面完成目标任务，革勒车镇土家寨和翔凤镇老虎洞2村获评“湖北省美丽乡村建设试点村”。

（六）社会大局和谐稳定。积极防范化解金融风险，将安普罗公司、民生能源集团债务问题全面引入法治轨道，处置工作顺利推进。信访秩序不断规范，进京非访较上年同比下降55.6%，被评为全州信访工作优胜县市。扫黑除恶专项斗争成效明显，破获涉恶刑事案件28起，打掉恶势力集团2个、涉恶犯罪团伙10个，8个乡镇中心戒毒社区投入使用，平安创建“一感两度两率”不断提高。

（七）民生保障坚强有力。全年用于8项民生支出22.39亿元，占公共财政预算支出的88.9%。义务教育阶段公办学校“全面改薄”基本达标，顺利通过全国义务教育发展基本均衡县评估验收。新建、改造标准化村级卫生室30个，基层卫生和基本公共卫生服务不断加强。县图书馆成功创建国家一级馆，覆盖城乡的三级公共文化设施网络全面建成。

（八）党的建设全面进步。始终牢牢掌握意识形态工作领导权，党管意识形态工作责任制全面落实。探索村党组织书记县级备案管理，2017年以来，全县共调整优化村党组织书记131名，调整比例达66.8%，这一做法得到中组部和省委、州委充分肯定，受邀在全国组干学院和全省村（社区）“两委”换届工作经验交流座谈会上作经验交流，省委、省政府将其列入《关于做好全省村和社区“两委”换届工作的指导意见》，在全省推广。深入推进全面从严治党，党风廉政建设和反腐败斗争取得新成效。

一年来，我们坚定一个改革发展的根本遵循。始终坚持以习近平新时代中国特色社会主义思想为指导，始终坚持党对经济工作的全面领导，增强“四个意识”，坚定“四个自信”，坚决做到“两个维护”，推动党中央、省委、州委决策部署在来凤落地落实。一年来，我们找到了一条适合来凤的发展路径。始终坚持新发展理念，树立自然资本观，把生态服务功能摆在更加重要的位置，坚持走生态优先、绿色发展之路，合理开发利用生态资源，加快构建绿色产业体系，加大生态环境保护力度，着力把生态优势转变为产业优势，实现自然资本大幅增值。一年来，我们凝聚了一种谋事干事的整体合力。我们对标目标任务，聚合各级各类各方资源，打破传统的党政分工界限，落实“四大家”联席会议制度，健全县领导领衔重点工作推进机制，形成了上下同欲、步调一致、全县工作一盘棋的生动局面。一年来，我们夯实了一个繁荣稳定的基层基础。坚持重心下移、力量下沉、保障下倾，县领导常驻乡镇，担任脱贫攻坚前线指挥部指挥长，一线督办挂图作战；部门一把手带领精兵强将，成立尖刀班驻村帮扶，基层战斗堡垒作用充分发挥，农村面貌焕然一新。一年来，我们建强了一支有为担当的工作队伍。聚力脱贫攻坚，我们立下“脱贫摘帽”这个愚公志；维护社会稳定，我们啃下“信访积案”这块硬骨头。一次次迎接挑战，一次次收获战果，“艰难困苦，玉汝于成”，我们的干部转作风、敢担当、善作为、抓落实，历经考验却始终压不垮、折不断，真正做到了“平常时候看得出来、关键时刻站得出来、危急关头豁得出来”。

这些成绩的取得，是党中央和省委、州委坚强领导的结果，是农业农村部、武汉市、杭州市拱墅区及各级扶贫工作队、社会各界人士倾情帮扶的结果，是全县广大党员和干部群众精诚团结、排除万难、苦干实干的结果。借此机会，我代表县委向大家表示衷心的感谢，并致以崇高的敬意。

二、志存高远、放眼未来，正确认识来凤所处的历史方位

2019 年如期实现整县脱贫摘帽后，我们将担当新的使命，开启新的征程，需要我们以更加宽广的视野、更加敏锐的眼光，科学分析研判当前形势，深刻认识来凤当前所处的历史方位，在把握大趋势中捕捉大机遇，在顺应新要求中谋求新发展。

（一）从宏观层面来看，来凤将迎来新的战略机遇期。在国内需求走弱、外部面临贸易摩擦的双重约束下，我国经济下行压力持续上升，但“世界面临百年未有之大变局，变局中危和机同生并存，这给中华民族伟大复兴带来重大机遇”。2018 年 12 月 19—21 日，中央经济工作会议召开，会议全面把脉我国经济工作，指出我国发展仍处于并将长期处于重要战略机遇期，做好经济工作至关重要。2019 年，国家宏观调控将聚焦稳就业、稳金融、稳外贸、稳外资、稳投资、稳预期“六稳”目标，按照巩固、增强、提升、畅通“八字”方针保持经济平稳增长。在财政政策方面，重点支持基建补短板，较大幅度增加地方政府专项债券规模，实施更大规模地减税降费；在货币政策方面，提高直接融资比重，解决好民营企业和小微企业融资难融资贵问题；在结构性政策方面，全面实施并不断完善市场准入负面清单制度，创造公平竞争的制度环境。2018 年 12 月 28—29 日，省委十一届四次全会暨全省经济工作会议召开，会议提出，坚持区域协调、城乡融合、产业协同、特色分工原则，努力形成“一芯驱动、两带支撑、三区协同”的高质量发展区域和产业战略布局，省委将从加大政策支持、完善体制机制、强化项目支持等方面全力保障。按照区域统筹、产业集聚的思路，省委赋予恩施州“以文化旅游、生态农业、清洁能源等绿色产业为主攻方向，推进鄂西绿色发展示范区建设，打造全省绿色发展增长极”的历史使命。2019年1月3日，州委七届六次全会暨全州经济工作会议上，进一步明确聚焦打好三大攻坚战、建强四大产业集群、推进项目建设、夯实发展平台、优化营商环境、增进民生福祉六大重点任务，奋力推动高质量发展，加快建设鄂西绿色发展示范区和全国先进自治州。国家、省、州作出的一系列战略部署、出台的一系列发展政策，让2019年成为多种机遇叠加的特殊时间节点，为我们补齐发展短板提供了强大支撑。

（二）从中观层面来看，来凤正面临周边县市赶超竞争的发展关键期。发展如中流击水，不进则退。如何在千帆竞发的竞争中赢得发展先机，容不得我们半分迟疑。从交通区位来看，我们是湖北西大门，历来是鄂湘渝边区要冲和重要的物流集散地，历史上誉称“小南京”。随着“四高二铁一机场”的快速推进，交通条件将进一步改善，如何主动适应？如何抓住机遇？如何科学定位？如何优化布局？都是我们迫切需要解决的难题。从服务环境来看，我县推进行政审批制度改革，大力精简行政审批事项，县政务服务中心被确定为全省唯一的国家级行政服务标准化示范单位，营造了良好的营商环境。但我们也要看到，周边各县市都在紧锣密鼓推进“互联网+放管服”改革，聚力优化环境，高水平的营商环境不再是我们的绝对优势。从发展态势来看，与我们接壤的咸丰、宣恩、酉阳、龙山等县发展势头逼人。我县在五县比较中排名：地区生产总值增幅第四，固定资产投资增幅第三，规模以上工业增加值增幅第五，地方公共财政预算收入增幅第三，社会消费品零售总额增幅第四。尤其是与我们一水之隔的龙山县，发展势头十分强劲，如果我们不保持定力、奋力争先，“龙凤呈祥”“武陵山区双子星”的品牌将黯然失色，人流、物流、信息流、技术流、资金流将纷纷涌入周边地区。

（三）从微观层面来看，来凤正处于县域经济结构调整的转型升级期。基础薄弱、发展不够、财政收支矛盾突出等仍然是我们要面对的基本县情，加快产业转型升级、推进高质量发展仍然任重道远。从发展质量来看，2018年我县财政总收入完成8.57亿元，占地区生产总值的比重为12.4%，高于合理比重2.4个百分点；税收收入占一般公共预算收入的82.2%，位居全省全州前列，可见我县经济发展呈现出更多积极变化，稳中向好态势明显。但产业结构仍然不优，规模以上工业增加值同比下降18.1%，全县42家规上企业有28家减产停产，经济发展主要靠房地产这架“马车”来拉动，形势不容乐观；高科技含量、高附加值、高市场占有率的项目少，现代企业管理制度未在民营企业完全施行，实体经济发展仍然步履艰难。从城乡结构来看，城乡统筹融合发展步伐不断加快，但二元结构没有完全打破。城镇化率方面，2017年全县常住人口城镇化率为41.8%，低于全州2.68个百分点、低于全省17.5个百分点。消费水平方面，2017年农村人均生活消费支出7705元，消费水平低于城镇居民10451元。收入水平方面，2018年预计城镇、农村常住居民人均可支配收入27874元、10252元，城乡居民的收入差距仍然较大。从要素配置来看，政策方面，根据国务院扶贫办印发的通知要求，我县实现整县脱贫摘帽后“摘帽不摘政策，摘帽不摘帮扶”，继续享受东西部扶贫协作、农业农村部定点扶贫、省“616”对口帮扶、武汉市对口支援、贫困地区IPO绿色通道等政策；另一方面，既能享受国家重点生态功能区的相关政策利好，又受制于生态保护、永久基本农田、“两区”划定、城镇开发边界“四条红线”硬约束。土地方面，我县人均耕地不多，质量不高，极大制约了农业产业化进程。同时，近年来，我县用地增长快、开发强度高，维持耕地占补平衡面临较大压力，争取用地指标越来越难，征地拆迁成本逐年攀高。资金方面，预计2018年末金融机构存、贷款余额达到102.8亿元、74.4亿元，贷存比为72.4%，金融市场较为活跃。但我县融资平台作用没有得到充分发挥，诚信体系建设较为滞后，加之民间借贷市场鱼龙混杂，为我县金融市场稳定埋下了隐患，“融资难”“融资贵”仍将成为制约中小企业发展的主要因素。

机遇与挑战并存，希望与困难同在。只要我们找准时代方位、把握发展规律，着力在解决问题上下功夫，在创新实干中求突破，劣势总会变优势，不利总会变有利，必将在高质量发展的道路上迈出新步伐、实现新作为。

三、砥砺奋进、行稳致远，全力谱写来凤高质量发展新篇章

节点就是起点，开局关系未来。2019年是实施“十三五”规划的关键之年，是新中国成立70周年，也是来凤完成整县脱贫摘帽任务转向推进高质量发展之年。我们必须以发展为第一要务，坚持新发展理念，坚持稳中求进工作总基调，聚焦七大重点任务，努力开创新时代来凤高质量发展新局面。

（一）打好三大攻坚战。三大攻坚战事关全局，是新形势下统筹做好经济社会发展各项工作的重中之重，务必久久为功、善作善成。一是打好精准脱贫攻坚战。充分利用验收前有限的工作时间，按照州脱贫攻坚指挥部1号令“六个清零”“六个全覆盖”要求，继续推进“八个到村到户”，紧扣脱贫验收标准，下足“绣花功夫”，精心做好迎检准备，确保顺利通过整县脱贫摘帽考评验收。在此基础上，深入实施“脱贫攻坚巩固提升三年行动计划”，深入开展消费扶贫，深化“产业、就业、金融”增收和“教育、医疗、住房”减负双向举措，持续稳定产业发展、扶贫小额信贷、医保报销、民政救助、教育资助、技能培训、危房改造等脱贫后续政策至2020年，继续加大定点帮扶、对口帮扶和东西部扶贫协作工作力度，巩固提升脱贫成果。要大力实施乡村振兴战略，全面落实《来凤县推进乡村振兴战略实施意见》，按照“产业兴旺、生态宜居、乡风文明、治理有效、生活富裕”总要求，推进乡村产业、人才、文化、生态、组织全面振兴。大力发展特色产业，围绕“两茶一果”等特色产业，加快绿色食品标准化基地建设，力争全年新发展藤茶1万亩、油茶2万亩、香菇200万棒、中蜂2万桶，抓好农民专业合作社、家庭农场、专业大户发展，全县50%以上的村集体经济超过5万元；大力实施农村人居环境整治，每个乡镇选2—3个村，全县建成20个农村环境整治示范村，以点带面，实现村容村貌大提升；大力推进“市民下乡、能人回乡、企业兴乡”，有力推动以城带乡、以工促农、城乡融合发展。二是打好污染防治攻坚战。加快推进“四个三重大生态工程”，持续开展污染防治攻坚行动，积极推进省级森林城市和生态文明示范县创建。深入推进“河长制”，集中开展以城区、集镇为重点的入河排污口专项整治，推进酉水河、蓝河、育红桥河、龙洞河水生态综合整治；加快推进城乡生活污水治理项目，力争乡镇污水处理全覆盖PPP工程和城市污水处理厂提标升级、扩容改造及污水收集管网扩建工程6月底完成。深入实施“厕所革命”，加快推进农户改厕、农村改厕、乡镇公厕、城市公厕、交通公厕、旅游公厕项目建设。完善生活垃圾“户分类、村收集、乡转运、县处理”运行管理体系，逐步实现农村院落分类垃圾箱全覆盖，新建城区垃圾中转站2座，7座乡镇垃圾中转站投入运营，开工建设城区生活垃圾处理焚烧发电厂PPP项目。强化农业面源污染防治，实施土壤有机质提升、耕地重金属污染治理行动。实施大气污染防治，扩大禁鞭范围，加快推进行业挥发性有机物治理和扬尘专项整治。全面完成中央、省、州交办的各类环境问题整改任务，力争全年城区空气优良天数达到325天，年度主要断面水质达标率100%，做靓“绿色发展”品牌。三是打好防范化解重大风险攻坚战。要防控好金融风险，全面实施防范金融风险攻坚行动，降低不良贷款率，打击非法集资，依法妥善处置安普罗、民生能源集团等涉嫌非法集资问题，切实加强民间借贷日常监管，牢牢守住不发生区域性、系统性金融风险的底线。要全面落实安全生产责任制，坚持系统治理、综合治理、依法治理和源头治理，及时有效铲除引发各类风险的土壤与诱因，减少发生各类风险的机会和条件，坚决遏制重大以上安全事故发生。要健全完善各类应急预案，加强应急管理和综合防灾减灾救灾救援工作，及时处置各类突发事件。要依法管理民族宗教事务，积极引导宗教与社会主义社会相适应。最大限度地遏制各类影响社会稳定的问题发生，从根本上维护群众的合法权益，把握好维护社会稳定的主动权。

（二）夯实发展平台。充分发挥园区平台作用，继续念好“招、建、退、扩、服”五字经，全力在招商引资、基础设施建设、企业迁建腾退、扩大工业经济增量、服务工业经济发展上取得更大成效。全年新开工工业固定资产投资过亿元的产业项目3个，完成投资额过3000万元的工业技改扩规项目2个，工业固定资产投资增长15%，技改投资增长20%，规模工业总产值增长10%。一是以交通建设为基础。启动恩吉铁路、来西高速、机场迁建、国道353连接龙山火车站改扩建等重大项目前期工作，完成黔张常铁路来凤段所有配套工程及国道209、国道242与铁路相交段工程，顺利实现来凤通动车目标。启动建设咸来高速；创建3个“四好农村路”示范乡镇和200千米“四好农村路”；谋划实施投资20亿元以上的普通公路“建养一体化”项目，进一步强化城市道路、干线公路“舒、美、畅、安”和农村公路“建、管、养、运”的行业指导和监管。二是以园区建管为载体。加强“一区三园”建设，全力强基础、引企业、补短板，加快火车站物流园建设，切实提升桂花树工业园及四合工业园园区承载能力，推进10万平方米标准化厂房及配套设施建设，推进园区污水处理工程建设；完成桂花树片区道路及配套绿化、美化、亮化工程；依法清退园区无绩效企业，稳步推行开发区投资项目报建审批区域性统一评价；全力提升园区服务水平，确保企业进得来、做得大、发展得好。三是以五大产业为重点。坚持全要素、全地域、全产业链建强“四大产业集群”，加快藤茶、油茶、凤菊、静脉环保、大数据“五大产业园”建设。支持湖北一润、金祈藤茶、凤韵等公司做大做强，加快产品研发，引进藤茶提取物生产线，建强藤茶产业园；支持恒茂公司发展壮大，招引油茶加工龙头企业入园，建强油茶产业园；支持腾升香料公司做大做强，在全州发展凤菊基地5000亩以上，加工凤菊鲜花2000吨，实现产值过亿元；加快生活垃圾处理焚烧发电项目建设，力争6月底前完成选址并启动建设，建强静脉环保产业园；完成大数据中心产业园园区规划设计、施工方招标，力争完成一期数据机房建设工程量的40%，投资超过1.5亿元。

（三）做强商贸旅游。推进商旅文深度融合，实现多元化发展。一是大力发展旅游业。全面推进全域旅游示范区创建和生态文化旅游产业集群发展，建立景区规划、乡村旅游规划、旅游扶贫规划、旅游项目规划等“多规合一”的全域旅游规划体系，2月底前完成县全域旅游发展总体规划编制和评审。建立和完善旅游项目推进机制，加大与北京山海文旅集团的对接力度，加快推进酉水河流域开发和白岩山旅游综合开发，力争实现阿塔峡景区建成营业，适时启动独石塘至白岩山、百福司到十字路两条旅游公路建设，深入推进“百福司摆手舞小镇”创建全省特色小镇，进一步完善A级景区配套设施建设和提档升级。推进乡村旅游加快发展，支持乡村民宿、田园综合体和休闲山庄建设，争取用1—2年时间每个乡镇建成1个AAA级标准的乡村旅游景区。办好第三届土家摆手舞文化旅游节暨第四届杨梅文化旅游节、藤茶文化节暨农民丰收节等活动，强化旅游产品宣传营销，力争全年接待游客、旅游综合收入双增长10%以上。二是大力发展商贸业。修编来凤县商贸流通发展规划，着力打造武陵山区商贸物流中心。加快西商冷链物流园、凤凰传奇商贸综合体项目建设进度，加大火车站物流园、龙凤新区商贸综合体、龙凤新区物流园项目推进力度，提升汽贸城项目招商引资精度，积极打造龙凤中央商务区。抢抓武汉市、杭州市拱墅区对口帮扶机遇，实施农特产品“出山”工程，鼓励带领企业和商会举办、参与各类展销展览、农超对接等活动。分别由8个乡镇牵头、全县参与，在对口帮扶区（街道）举办一场农特产品展销会，推进农特产品进机关、进学校、进企业、进超市“四进”活动。加快电商发展，借力杭州市电商产业优势，放大电子商务进农村综合示范县带动效应，着力抓好山货上“头条”（“今日头条”）工作，全面提升电商整体水平，确保电子商务交易额累计突破2亿元。加大自营出口主体培育力度，加强外贸出口企业、限上商贸企业培植和外资引进力度，新增限上商贸企业5家，利用外资、外贸出口增长10%。三是推进商旅文融合发展。以商贸、旅游、文化三者相融合作为突破口，培植发展新动力。深度挖掘土家文化、红色文化、石窟文化、传统文化等各种特色历史文化，按照强化旅游功能、提升商贸服务功能、促进城镇产业功能的思路，大力发展商圈经济、特色街区经济，引导传统商贸业提档升级，逐步激活城镇的文化、旅游、民俗、商业等多种业态，打造城镇名片。依托原生态摆手舞、西兰卡普、南剧等丰富的文化资源，大力发展休闲消费业和文化创意产业，着力构建“创业苗圃+孵化器+加速器”的梯级创新创业体系，鼓励大众创业创新。

（四）做实项目招商。坚定不移稳定投资，引导国资、民资、外资等各类资本投向重大产业、重大基础设施，全力加快项目建设，全年实施重点项目128个，完成固定资产投资40.1亿元。一是做实项目建设抓“国资”。高标准谋划一大批“实打实”的项目，扎实推进项目储备库、项目建设库“两库”建设，全县规划项目库新增谋划项目30个以上，力争至少20个投资亿元以上的项目进入上级项目储备库，积极争取以项目扩大地方专项债券规模，全县项目争取实际到位资金比上年增长10%以上。按照“项目清单化、清单责任化”要求，加强项目调度和跟踪服务，确保每个月都有项目开工。推进龙凤新区、教育城土地开发利用，加大闲置国有资产处置变现力度，加快推进城乡建设用地增减挂钩、增存挂钩项目实施。二是坚持对外开放抓“外资”。坚持招商引资“一号工程”“一把手工程”不动摇，以园区为平台，围绕五大产业谋划包装项目，实行重大招商项目领导挂帅，招大商、引强资，全年招商引资实际到位资金增长10%以上，亿元以上新开工产业项目10个以上。要把签约项目的跟踪作为主抓手，优化优质服务。要完善外资企业奖励制度，吸引外资、外企到我县投资发展；抓实东西部扶贫协作、农业农村部定点扶贫等机遇，继续加大与澳大利亚茶叶协会等组织的联系，助推藤茶等优质农产品走向国际化。三是支持民营企业抓“民资”。坚持“招商引资扩增量、技改扩规提质量、联合重组活存量、企业上市增变量”思路，完善和落实支持民营企业发展的政策措施，建立向民营资本推介项目的长效机制，全力支持民营企业健康发展，充分激发民间资本潜力和活力。不折不扣落实“实施更大规模的减税降费”，加快出台《关于支持民营经济持续健康发展的实施办法》，全力协助企业解决不动产权证办理和融资难题，为民营企业发展提供优质服务。坚持环保“三同时”制度，用足用活国家支持实体经济发展政策，深入实施“一企一策”，帮助规上企业做大做强，扶持小微企业进统进规。

（五）加大城市建管。切实把城镇作为核心平台来经营，不断增强城镇对经济的承载力、要素的聚集力、对外的吸引力。一是高起点规划。按照县城AAAA级、乡集镇及中心村A级以上标准，加快来凤县城市总体规划修编进度，启动龙凤新区、国道209绕城线片区、国道242火车站至县城片区等重点区域的控制性规划编制工作；启动观城坡公园、老虎洞森林公园规划编制工作；高标准修改完善7个乡镇控制性详细规划；推进乡村规划治理，一村配备一名规划管理员，加快构建县城中心、乡镇集镇、中心村（社区）“三位一体”全域新型城镇体系。二是高品质建设。实施城市通畅通达工程，启动国道242火车站至县城段建设，加快实施国道209绕城线项目，建成迎宾大道，推进酉水大道、龙凤大道延伸段、凤舞二路、栖凤一路、栖凤二路建设，启动解放南路建设，打通莲花路。加大政府债券和融资力度，多方筹集棚改资金；全面推进翔凤镇4个社区征拆工作，启动安置小区建设；推进配套基础设施建设，完善老城区功能；加速推进龙凤新区建设，开发高品质商居小区，建设示范社区，多方优化拓展城市空间，提升城市品位。实施“洁、绿、亮、美、畅”工程，实施城区路灯节能改造工程，启动观城坡、关口、来智线进出城路段升级改造，加快建成建好城区、乡集镇公共厕所和垃圾中转站，启动新城区管廊和排水管网建设，全力打造功能完善、环境优美、宜居宜业宜游的山水园林精致城市。三是高标准管理。巩固“六城同创”成果，在科学化、精细化、智能化上下功夫，全面推行“路长制”。建成抓拍系统，常态化开展城区交通秩序专项整治，推动交通秩序根本性好转；加强“两违”治理执法队伍建设，规范建筑建设秩序，对“两违”行为从严处理；推进城管执法体制改革，加强“智慧城管”建设，提升网格化管理水平；扎实开展背街小巷、经营秩序、市容市貌专项治理，加大环卫保洁力度，提升城市形象。

（六）增进民生福祉。增进民生福祉是发展的根本目的，我们务必始终践行以人民为中心的发展思想，把人民利益摆在至高无上的地位，让改革发展成果惠及全体人民。一是办好人民满意教育。将教育作为最大的民生工程，出台加快教育事业发展的实施意见，加快完善教育“三集中”配套措施，加快县一中扩容、县职校迁建、土堡小学改扩建、特殊教育学校等项目建设，在龙凤新区谋划新建一所九年一贯制（含幼儿园）学校，推进乡镇公办幼儿园全覆盖。全面深化新时代教师队伍建设改革，探索实施“县管校聘”人事制度改革，加强师德师风建设，落实立德树人根本任务，建设党和人民满意的高素质专业化创新型教师队伍。二是全面发展卫计事业。深化医药卫生体制改革，推进医疗、医保、医药“三医”联动；加大医疗卫生投入，增加医疗资源供给，加快推进来凤儿童医院、健康服务产业园、中心医院门诊急诊综合楼建设进程；加强医德医风建设和医护人员培训交流，提高医务人员职业道德素质和医疗服务水平；加强计生优质服务，提高出生人口素质。三是提升文体事业水平。大力推进基层综合文化服务中心建设，深入推进国家级文化生态保护实验区建设试点；强化管理，规范文化市场秩序；广泛开展群众喜闻乐见的文体活动；全力打造杨梅古寨运动休闲养生区；充分发挥文化体育设施功能，对外开放、资源共享；积极探索体育产业发展模式，继续推进全省基本公共体育服务体系示范区试点建设，完善全民健身设施，建成城市体育公园主体工程。四是健全社会保障体系。把稳就业摆在突出位置，推进创业创新，实现新增城镇就业3600人；做好军转干部和退役士兵接收安置服务工作；深入实施全民参保计划与“湖北社保共享”计划；推动民政综合服务中心和殡仪馆建设，提升民政基础公共服务能力；突出保基本、兜底线，做好城乡低保、优待、农村特困供养等工作，健全完善农村留守儿童、妇女、老年人和残疾人关爱服务体系，保障困难群众基本生产生活。

（七）优化营商环境。全面贯彻落实习近平总书记在民营企业座谈会上的重要讲话精神，切实采取有效措施，重点创优“四大环境”。一是优化法治环境。进一步提升法治来凤建设水平，持续推进扫黑除恶专项斗争，“打伞”“拍蝇”“挖根”不留死角，形成扫黑除恶震慑态势，扩大扫黑除恶战果。持续开展“飓风扫毒”专项行动，依法从严从重从快打击涉毒犯罪。深入推进“七五”普法，深化法治宣传教育，持续开展法治创建活动，引导干部群众学法尊法守法用法。深化律师“三进”工作，实现公共法律服务体系县乡村三级全覆盖。依法规范信访秩序，妥善化解信访问题。强化基层社会治理，坚持自治、法治、德治有机融合，全面推进基层社会治理能力和治理体系现代化，营造共建共治共享社会治理格局。二是优化政务环境。深化“互联网+政务服务”，加快湖北政务服务网的推广应用，实现县、乡、村与省、州五级联通，推动政务服务线上线下融通办理。深化行政审批“三集中三到位”，落实并联审批、容缺预审等工作机制，实现群众办事“只进一扇门、只跑一次路、一次就办好”。优化用地审批、项目报建流程，压缩项目审批时限，在开发区落地的工业项目，土地招拍挂后50个工作日内完成施工许可办理。涉及实体经济企业不动产登记资料齐全的，3个工作日内办结，推进用电、用水、用气、纳税等服务事项网上办理，大幅提高行政审批效率。三是优化金融环境。进一步完善政府投融资管理体制，加强县级融资平台建设管理，通过国有股权实质性划入、处置闲置资产等方式，增加投融资平台的经营性收入。强化政银企合作，拓宽投融资渠道，构建多层次资本市场体系建设。用好贫困地区企业上市“绿色通道”，完善企业挂牌上市激励政策。引导金融机构创新金融产品，不断提高金融体系服务实体经济能力，切实解决好民营企业和小微企业融资难、融资贵、融资慢问题。四是优化信用环境。要加强政府诚信建设，坚持科学行政、民主行政、依法行政，让权力在阳光下运行，保证政策的稳定性和连续性，严格兑现政策承诺，树立政府诚信形象，不断提升政府公信力，全力打造“诚信政府”。要全面推行企业信用分类监管，建立信用信息披露制度与信用奖惩政策体系，健全诚信发布制度，对于信用记录良好、信誉度高的市场主体，在行政监管、金融信贷、政府项目上给予倾斜。加大失信惩戒力度，建立“诚信受益、失信惩戒”的长效机制，不断提升全社会诚信水平。

四、举旗定向、掌舵护航，为高质量发展提供坚强保障

伟大的事业必须有坚强的党来领导。高质量发展是一场关系发展全局的深刻变革，我们务必始终高举习近平新时代中国特色社会主义思想伟大旗帜，不断加强和改进党对经济工作的领导，打造山清水秀的政治生态，营造风清气正的发展环境，为实现来凤高质量发展提供坚强保障。

（一）提升政治引领力。自然生态要山清水秀，政治生态也要山清水秀。要把党的政治建设摆在首位，不断强化思想武装，始终坚定理想信念，切实提高经济工作的政治站位，持续推进“两学一做”学习教育常态化制度化，深入开展“不忘初心、牢记使命”主题教育，引导各级党员干部增强“四个意识”、坚定“四个自信”、强化“两个维护”，自觉担当高质量发展政治责任。要严格落实意识形态工作责任制，牢牢掌握意识形态工作领导权，坚持“正能量是总要求、管得住是硬道理”，掌握网络传播规律，坚守正确舆论导向，廓清迷雾、消除杂音，凝聚共识、

传递信心，带动全县广大干部群众主动投身经济发展。要积极构建大宣传格局，推出一系列反映来凤改革发展的推介文章、理论成果、文化作品，切实提高新闻舆论传播力、引导力、影响力和公信力，自觉承担起“举旗帜、聚民心、育新人、兴文化、展形象”的使命任务，讲好“来凤故事”，维护“来凤形象”，为推进来凤高质量发展增添动力、汇聚合力。

（二）提升组织向心力。党的力量来自组织。要高度重视组织体系建设，以“整县推进·整乡提升”工程为引领，以提升组织力为重点，统筹抓好各领域的党建工作，把党的工作延伸到每一个领域。要牢固树立一切工作到支部的鲜明导向，扎实贯彻《中国共产党支部工作条例（试行）》，进一步加强基层支部标准化、规范化建设，严肃和规范组织生活，使支部成为教育党员的阵地、团结党员群众的核心、攻坚克难的堡垒。要巩固提高“村党组织书记县级备案管理”成果，全面建强农村党组织书记队伍。基层党组织要用好“三眼论”，第一只眼睛要瞄准“自身建设”，全力提升管党治党水平；第二只眼睛要瞄准“群众服务”，切实践行党的根本宗旨；第三只眼睛要瞄准“外部机遇”，全力提升抓发展的能力，推进党建工作与全县经济社会发展深度融合，以党建引领脱贫攻坚、引领基层治理、引领乡村振兴、引领党的各项事业发展，把党建优势转化为发展优势，把党建资源转化为发展资源，以高质量党建保障和推动高质量发展。

（三）提升队伍战斗力。“育才造士，为国之本”，推进高质量发展，建设忠诚干净担当的高素质专业化干部队伍是关键。要继续落实“四大家”联席会议制度，健全县领导领衔重点工作推进机制，整合党群部门、经济部门等行政资源，不断完善抓落实的责任体系，加快形成干事创业的强大合力。要始终坚持新时代好干部标准，把政治标准放在第一位、作为硬杠杠，做到“有德有才破格重用、有德无才培养使用、有才无德限制录用、无德无才坚决不用”。要树立正确用人导向，崇尚实干，“干”字当头，坚持在脱贫攻坚、项目建设、招商引资等工作一线选拔干部，把那些会干事、能干事的干部选上来、用起来。要健全干部待遇激励保障制度体系，全力保障干部待遇，解决干部的后顾之忧，让干部安心安业。要扎实贯彻落实习近平总书记“三个区分开来”要求和来凤县《关于进一步激励广大干部新时代新担当新作为的实施意见》，当干部因敢抓敢管而受到非议时、因敢闯敢试而遭遇挫折时、因不实举报而被人误解时，该澄清的及时澄清，该正名的及时正名，旗帜鲜明地为敢于担当、踏实做事、不谋私利的干部撑腰鼓劲，大力营造谋事、干事、成事的良好氛围，形成各行各业优秀基层干部竞相涌现的生动局面。

（四）提升人才凝聚力。治国经邦，人才为急。要牢固树立“抓人才就是抓发展、抓发展首先抓人才”的理念，以人才为第一资源，大力实施“人才强县”战略，全力破解人才紧缺难题。要借八方之力，聚天下英才而用之，着眼“高精尖缺”、坚持需求导向，精准引进急需紧缺人才。要强化效益意识，不求所有、但求所用，不求所在、但求所为，吸引“候鸟型人才”来我县兼职。要按照“我选湖北·绿色恩施梦”和返乡创业三年行动计划部署，积极引导高校毕业生、农民工、在外商人、退役军人等返乡就业。深入推进东西部扶贫劳务协作，强化重大产业、重大项目对人才的吸附效应。依托村级党员群众服务中心，探索建设集乡镇党校、村书记培训学校、农村实用人才培训学校和乡镇人才工作站等职能为一体的来凤县人才培训基地。整合政府、社会、市场资源，加大政策扶持力度，引导建设集科技支撑、产业集聚、创业孵化为一体的人才创新创业平台，集聚各方面优秀人才，为高质量发展提供人才支撑。

（五）提升作风保障力。良好的工作作风是高质量发展的重要保障。要进一步贯彻落实州委七届五次全会、县委十五届五次全会精神，持续转作风、敢担当、善作为、抓落实，以高质量作风建设引领高质量发展。要锤炼务实重行工作作风，大力整治形式主义和官僚主义，坚决防止以会议落实会议、以文件落实文件的现象，坚决防止“表态多行动少”。要始终坚持情况在一线掌握、问题在一线解决、矛盾在一线化解的“一线工作法”，把更多的时间和精力用在干实事、解难事、办好事上，用在走基层、服务群众上。要统筹各项督查考核工作，继续推动“多考合一”，使基层从“频繁迎检”中解放出来，投入到抓发展中去。要科学制定考核体系，实施差异化评价，避免“一刀切”“一锅煮”。要准确把握和运用监督执纪“四种形态”，深入开展不担当不作为问题专项治理，严肃查处空泛表态、应景造势、敷衍塞责、出工不出力等问题，深入推进反腐败工作，重点查处群众身边“微腐败”和重要领域、关键环节腐败问题，为经济社会高质量发展提供纪律作风保障。

使命重在担当，实干铸就未来，历史只会眷顾坚定者、奋进者、拼搏者。我们要更加紧密地团结在以习近平同志为核心的党中央周围，在省委、州委的坚强领导下，不忘初心，牢记使命，攻坚克难，锐意进取，在鄂西绿色发展示范区、全国先进自治州建设中彰显来凤作为，奋力开创来凤高质量发展的新局面，为全面建成小康社会收官打下决定性基础，以优异成绩向新中国成立70周年献礼。

实施“五大工程” 推进乡村振兴
奋力谱写来凤农业农村高质量发展新篇章

——在县委十五届七次全体（扩大）会议上的讲话

中共来凤县委书记 邢祖训

在全县上下聚力高质量发展、巩固提升脱贫成效、决胜全面建成小康社会的关键时期，我们召开县委十五届七次全体（扩大）会议。这次全会的主题是：深入贯彻党的十九届四中全会精神，全面落实习近平总书记关于乡村振兴的重要论述和省委、州委安排部署，大力实施乡村振兴战略，巩固提升脱贫摘帽成效，奋力谱写来凤农业农村高质量发展新篇章。围绕这个主题，我代表县委常委会讲八个方面的意见。

一、聚力经济社会发展，乡村振兴基础不断夯实

2019年以来，在党中央和省委、州委的坚强领导下，来凤按照县委十五届六次全会安排部署，聚力高质量发展，全面做好稳增长、促改革、调结构、惠民生、防风险、保稳定等各项工作，县域经济持续向好、社会大局和谐稳定、人民群众安居乐业、政治生态风清气正，为乡村振兴打下坚实基础。

我们推出先进典型，榜样精神构筑新高地。习近平总书记对深藏功名60多年的老英雄张富清作出重要指示，先后授予“全国优秀共产党员”“时代楷模”“共和国勋章”等荣誉。中央组织部等多部委联合印发《关于开展向张富清同志学习的通知》，张富清精神在全社会形成巨大的头雁效应，成为浸润人心的正能量、淳化党风民风的主旋律。

我们推进精准扶贫，决战贫困斩获新成果。经省第三方评估认定，全县综合贫困发生率降为0.41%，错退率、漏评率均为零，群众认可度达到98.57%，省政府发文批准我县退出贫困县，国家第三方评估复查认定，我县退出程序规范、标准准确、结果真实。

我们加快产业发展，三产融合凝聚新动能。特色产业基地达47万余亩，来凤藤茶通过全国绿色食品原料标准化生产基地验收，金祈藤茶公司在新三板上市，腾升香料凤菊精油远销日欧，来凤藤茶、来凤姜入选湖北省农产品区域公用品牌二十强。1—10月，引进省外资金完成全年目标任务的101.7%，全州第一；工业投资同比增长63.6%，全州第二；固定资产投资同比增长16.2%，全州第三；半年“比抓强促”工作综合排名全州第三。

我们建强基础设施，区域发展形成新格局。投资3.75亿元的自来水“大管网”基本建成；农村公路建设扎实推进，公路密度1.71千米/平方千米，全州第一；黔张常铁路来凤站12月26日将正式投入运营；输变电工程、高低压线路改造基本完成，自然村通动力电率达100%；4G信号有效覆盖率92%以上，光纤宽带通村率100%，固定宽带普及率在全省三类县市中位居第二。

我们治理人居环境，美丽乡村焕发新气象。农村改厕完成20196座，总投资3亿元的乡镇污水处理全覆盖工程试水调试，7个乡镇垃圾中转站投入使用，196个村配备保洁员和自然资源规划员，“两违”整治成效明显，4个村纳入2020年度全省美丽乡村建设试点村，石桥村入选全国乡村治理示范村。1—10月，城区空气质量优良天数293天，同比增加30天，水质监测断面和集中式饮用水源地水质达标率100%，“省级生态文明建设示范县”创建通过专家组验收。

我们聚力民生福祉，社会事业达到新水平。总投资1.88亿元的职校迁建项目有序推进，108所学校校园安全建设全部达标，在全州率先启动“三点半”课后托管服务改革，“船工校长”黄中桂获评“全国模范教师”；医药卫生体制改革扎实推进，服务能力明显增强，村卫生室实现全覆盖；新时代文明实践工作、文体广场建设实现全覆盖。

我们化解重大风险，和谐社会开创新局面。扫黑除恶专项斗争纵深掘进；禁毒警示教育基地、病残吸毒人员收治中心、省际武装禁毒卡口、8个乡镇中心戒毒社区全部建成并投入使用；民生能源公司、安普罗公司重大债务风险化解全面进入法治轨道，并取得实质性进展；乡镇综治中心实体化运行，“一村一警”全面落实，“迎大庆、保军运”成效明显，社会大局平稳可控。

我们狠抓党的建设，基层组织展现新作为。“不忘初心、牢记使命”主题教育扎实开展，村党组织书记县级备案管理成果丰硕，集体经济“空壳村”全部消除；坚持正确选人用人导向，去年以来“四个一线”选拔使用干部63人，占比45%；纪委监督同级党委工作扎实推进，“1+5”工作方案全面实施；大力整治形式主义、官僚主义，1—10月，以县委、县政府名义发文和召开会议分别同比下降38.4%、44.3%。

这些成绩的取得，是党中央和省委、州委坚强领导的结果，是农业农村部、武汉市、省直部门、杭州市拱墅区及各级扶贫工作队、社会各界人士倾情帮扶的结果，是县“四大家”和各级班子精诚团结、开拓奋进的结果，是全县广大党员和干部群众排除万难、苦干实干的结果。借此机会，我代表县委向大家表示衷心的感谢，并致以崇高的敬意。

回顾过去，我们深刻体会到：推进来凤经济社会高质量发展，必须深入学习贯彻习近平新时代中国特色社会主义思想，树牢“四个意识”、坚定“四个自信”、坚决做到“两个维护”，坚定不移落实党中央重大决策部署；必须坚持发展第一要务，坚定不移贯彻新发展理念；必须坚持以人民为中心的发展思想，坚定不移践行群众路线；必须坚持“三农”工作基础性地位不动摇，坚定不移推动农业强、农村美、农民富；必须准确把握新时代党的建设总要求，坚定不移推进全面从严治党。

立足当前，我们清醒地认识到：虽然来凤城乡面貌发生了深刻变化，夯实了乡村振兴之基，但当前，我们最大的发展不平衡仍然是区域发展不平衡，最大的发展不充分仍然是农村发展不充分：农业供给结构不平衡，三产融合不够，农业发展质效不高；农村劳动力供需结构不平衡，创新创业活力不足，群众增收渠道狭窄；农村发展结构不平衡，重经济轻环保、重物质轻精神、重发展轻治理仍然存在；农村基层组织建设不平衡，党的建设仍有薄弱环节；党委政府主导作用和农民群众主体作用发挥不平衡，农村自我发展能力较弱，抓工作的作风和抓落实的力度亟须加强。

展望未来，我们迫切意识到：解决好以上问题，迈步百年奋斗目标，书写民族复兴答卷，必须进一步聚焦农业、农村、农民这个根本，大力实施乡村振兴战略，推进脱贫攻坚向乡村振兴无缝对接。实施乡村振兴战略，是党的十九大作出的重大决策部署，是新时代做好“三农”工作的总抓手，有利于推动农业提质增效、农民稳步增收，有利于传承优秀文化、涵养家国情怀，有利于打造“望得见山、看得到水、记得住乡愁”的美丽家园，是切实解决全县农村发展不协调不平衡不充分问题的治本之策，是巩固提升脱贫攻坚成效的有效之策，是解决后续相对贫困问题的长效之策，对推进来凤农业农村高质量发展具有深远历史意义和重大现实意义。

二、开启实施乡村振兴战略新征程

行棋观全局、落子谋长远，实施乡村振兴战略，是宏大的系统工程，必须明确时间表、路线图、任务书、优先序，抓重点、强弱项、补短板，把乡村振兴的美好蓝图一步步变为现实。

我们推进乡村振兴的指导思想是：

以习近平新时代中国特色社会主义思想为指导，全面贯彻党的十九大和十九届二中、三中、四中全会精神，认真落实省委、州委安排部署，牢固树立新发展理念，按照“产业兴旺、生态宜居、乡风文明、治理有效、生活富裕”总要求，统筹推进产业振兴、人才振兴、文化振兴、生态振兴、组织振兴，大力实施优品工程、引凤工程、铸魂工程、宜居工程、红色工程“五大工程”，加快推进乡村治理体系和治理能力现代化，加快推进农业农村现代化，让农业成为有奔头的产业，让农民成为有吸引力的职业，让农村成为安居乐业的美丽家园。

按照党的十九大作出的战略安排和省州具体部署，我们推进乡村振兴的阶段目标任务是：

到 2022 年，乡村振兴见到显著成效。城乡融合发展体制机制基本健全，现代化乡村产业体系、生产体系和经营体系初步形成；技能人才、新型职业农民、小微创业者等群体不断壮大；土家文化、红色文化得到有效发扬和传承，乡风文明持续改善；农村人居环境全面提升，“四个三重大生态工程”建设成果持续深化，农村垃圾分类体系基本建成；党建引领基层治理作用明显，现代乡村治理体系基本建立。

我们推进乡村振兴的总体要求是：

（一）坚持新发展理念。深入贯彻创新、协调、绿色、开放、共享的新发展理念，坚持农业农村优先发展，激发乡村发展动力，促进区域协调发展，推行绿色生产方式，扩大农业对外开放，共享改革发展成果，加快推进农业农村现代化。

（二）坚持规划引领。树立规划先行理念，分阶段谋划重大工程，强化规划战略引领，加强规划刚性约束，统筹空间规划管理和规划“一张图”平台建设，形成城乡融合、区域一体、多规合一的规划体系。

（三）坚持生态优先。牢固树立和践行“绿水青山就是金山银山”的发展理念，落实节约优先、保护优先、自然恢复为主的方针，严守生态保护红线，统筹山水林田河系统治理，促进生产生活生态协调发展。

（四）坚持群众主体。切实发挥农民群众的主体作用和首创精神，激发农民群众的积极性、主动性、创造性，激活乡村振兴内生动力，做到乡村振兴靠群众推动、成效由群众评判、成果由群众共享，让广大农民群众在乡村振兴中有更多获得感、幸福感、安全感。

（五）坚持深化改革。用改革创新破解乡村振兴中面临的诸多难题，按照“扩面、提速、集成”要求，深化农村综合性改革，增强改革的系统性、整体性、协同性，激活主体、激活要素、激活市场，增强农业农村自我发展动力。

（六）坚持党的领导。毫不动摇地坚持和加强党对乡村振兴工作的领导，健全乡村振兴领导体制，坚持三级书记抓乡村振兴，切实加强乡村振兴政策制度的“四梁八柱”建设，确保党在农村工作中始终总揽全局、协调各方，为乡村振兴提供坚强保障。

农村稳则天下安，农业兴则基础牢，农民富则国家盛。我们要以习近平新时代中国特色社会主义思想为指引，围绕“五大振兴”“五大工程”战略部署，对标时间节点、目标任务，按照“六个坚持”总体要求，坚定政治定力，真心愿干；树立担当意识，公心敢干；发扬张富清精神，用心实干，推动乡村振兴的靓丽卷册在武陵山区延展。

三、实施产业振兴“优品工程”，建设富裕乡村

乡村振兴，产业振兴是基础。深入推进农业供给侧结构性改革，横向上，优化农业生产结构和区域布局，以比较优势地打造农业集群板块和产业带；纵向上，推动产业链条向产前、产后延伸，形成“接二连三”的立体式、复合式产业链模式，加快实现来凤农业现代化。

（一）加快构建现代农业产业体系。充分发挥绿色、富硒资源优势，以我县特有的农业农村资源为依托，推动多业并举、三产融合，走乡村经济多元化道路。立足县域，聚力“一县一策”，推动农业工业化。以藤茶、油茶、绿茶、凤菊、中药材等农产品为重点，培育农产品精深加工企业。深入挖掘农产品附加值，加快构建“原料基地＋加工园区＋服务网络”一体化发展格局。立足乡镇，培育“一乡一业”区域特色经济。因地制宜地确定产业主攻方向，加快培育发展比较优势明显的主导产业和产品，支持乡镇培育特色农产品生产、加工、包装、销售龙头企业，支持香菇小镇、中蜂小镇、生姜小镇、蔬菜小镇等特色小镇建设，形成各有特色又优势集群的乡镇产业格局。立足村庄，建设“一村一品”村级当家产业。突出资源优势、拓展多种功能、健全利益联结机制，培育发展专业化、特色化、规模化的乡土特色产业，支持建成一批集循环农业、创意农业、农事体验于一体的田园综合体，切实抓好10个县级乡村振兴示范村项目建设，打破千村一面的发展格局。立足农户，发展“一户一园”特色庭院经济。突出“小而专、小而精、小而美”特点，充分利用家庭院落空间，充分尊重群众主体地位，挖庭院潜力、做菜园文章、彰匠人魅力，打造一批有山水特色、有民族风情、有农家温情的民宿、农家乐、手工精制等微型生态休闲产业，让“方寸地”变“增收园”。

（二）加快构建现代农业生产体系。以科技创新为驱动，聚焦“农田、农机、农技”，转变农业要素投入方式，用现代物质装备武装农业，用现代科学技术服务农业，用现代生产方式改造农业。一是推进高标准农田建设。全面落实最严格的耕地保护及永久基本农田保护制度，推进水

毁修复、防汛抗旱、农村饮水、农田灌溉、小型水利、生态修复、机耕道路、输配电设施、土壤改良九大方面工程建设，到2022年建成集中连片、设施完善、旱涝保收、高产稳定的高标准基本农田20万亩。二是探索山区农业机械化建设。探索开展农田“宜机化”改造，推广适宜来凤山地特点的新机具、新技术、新模式；培育有较大的服务规模、有较完备的装备设施、有全程机械化服务能力的“农机合作社+综合农事服务中心”；落实农机发展政策，提升山地农业小型机械化水平。三是加大农业科技创新与推广应用。大力实施农业科技工程，与农业院校建立校地合作关系；推广适宜本地土质特征的良种良法配套技术，提高良种覆盖率；推进基层农技推广体系改革，加强农业科技社会化服务体系建设；探索智慧农业建设，实施“互联网+”现代农业行动，加快实现农业生产智能化、经营网络化、管理智慧化和农村信息化。

（三）加快构建现代农业经营体系。健全紧密型利益联结机制，发展多种形式的适度规模经营，构建集约化、专业化、组织化、社会化相结合的现代农业经营体系。首先，以家庭经营为基础，培育新型农业经营主体。落实扶持小农户发展政策，培育各类社会化服务组织，大力发展家庭农场；引导农民合作社规范发展，提升龙头企业对农户的辐射带动作用；采取以奖代补、先建后补等方式，支持新型农业经营主体建设清选包装、冷藏保鲜、烘干等产地初加工设施。其次，以利益共享为核心，创新适度规模经营模式。促进新型农业经营主体与农户利益共享，推广“订单收购+分红”“农民入股+保底收入+按股收入”等多种利益联结方式。实施农村电商工程综合示范提升行动，以“农产品上行”为重点，积极推进电子商务进农村综合示范全覆盖。最后，以品牌建设为支撑，放大产业市场竞争力。推进农产品质量安全县建设，加强农药、肥料、饲料等农业投入品市场专项整治；建立农产品质量安全检验检测和信息体系，实行生产、加工、销售全过程质量责任追溯；大力推进“三品一标”认证，实施农产品整体品牌形象塑造工程；深入推进“农产品出山”工程，持续抓好消费扶贫，探索推广“微营销”方式，大力推介来凤品牌。

四、实施人才振兴“引凤工程”，建设活力乡村

乡村振兴，人才振兴是关键。立足我县乡村振兴实际需求，建立健全人才发展政策，畅通智力、技术、管理下乡通道，蓄人才之水养发展之鱼，打造一支强大的乡村振兴人才队伍。

（一）搭建平台招引人才。打造人才聚集洼地，营造有利于人才在乡村振兴一线发展的优良环境。一是纵深推进“三乡工程”。大力引导“市民下乡”，推广养老康养型、民宿文化型、农事体验型等模式，促进农村功能再开发；鼓励推进“能人回乡”，探索回归创业型、带领致富型、公益捐助型等模式，促进农村价值再发现；积极促进“企业兴乡”，发展投资开发型、村企共建型、对口扶贫型等模式，促进三产融合再发力。二是大力实施“三区人才支持计划”。依托全州“硒谷英才计划”，构建引进人才用编“绿色渠道”，做好教育、住房、医疗等后勤保障工作；创新人才招引模式，按照“领军人才+创新团队+优质项目（优势学科）”模式，实现“一事一议”，给予人才津贴；优化“双创”环境，建设集科研、孵化、服务于一体的创业基地。三是探索实施新乡贤工程。成立新乡贤引进联络服务中心，成立乡贤理事会，完善新乡贤队伍的制度体系，鼓励退休公务员、知识分子和工商界人士还乡施展才能，重点打造人才回乡、企业回迁、资金回流的“归雁经济”，以乡情乡村凝聚各方人士支持家乡建设。

（二）多措并举培育人才。厚植人才成长沃土，多形式、多途径培育农村基层人才。培育新

型职业农民队伍。实施新型职业农民培育工程，以旧司农园恩施州职业农民培育基地和尚风寨中华蜜蜂园培训学校为依托，分类型、分层次地开展新型职业农民培育，建成一支数量充足、结构合理、素质优良的新型职业农民队伍。培育农村实用人才队伍。加强职校专业建设，增强与企业、农业科研和科技推广单位的合作，推动职业教育与现代农业产业发展紧密对接、深度融合；选聘一批“田秀才”“土专家”，开展种养殖技术“传帮带”活动。培育专业人才队伍。完善专业人才培训体系，对农技推广、农村卫生、乡村教育等领域的专业人才进行多层次、广覆盖、全方位技能培训；完善科技特派员制度，不断壮大全县科技特派员队伍规模；落实“三支一扶”、农技服务特聘计划、特岗教师计划、特岗全科医生计划，不断优化农村专业人才队伍结构。

（三）创新机制使用人才。构筑人才创业高地，加快形成有利于人尽其才的使用机制。健全人才统筹机制。坚持党管人才工作原则，研究制定人才队伍总体规划，建立健全“后备人才库”“乡土人才库”。完善政策激励机制。采取投资补助、贷款贴息、以奖代补等方式，对乡村创新创业人才在金融信贷、场地租赁、土地流转等方面给予政策扶持；探索公益性和经营性农技推广融合发展机制，允许农技人员通过提供增值服务合理取酬；表彰一批在乡村振兴工作中做出突出贡献的“领军人才”。完善人才交流机制。推行乡镇与县直机关干部双向交流挂职，鼓励广大县直机关干部特别是年轻干部到乡镇、村（社区）一线挂职锻炼。推进中小学教师“县管校聘”管理改革，将中小学教师到乡村学校、薄弱学校任教一年以上的经历作为申报高级教师、特级教师等的必要条件。

五、实施文化振兴“铸魂工程”，建设文明乡村

乡村振兴，文化振兴是灵魂。深入开展优良民族文化、红色文化传承保护挖掘工作，推动基层公共文化服务均衡充分发展，塑造忠诚、奋斗、向善“来凤精神”，助推文明乡村建设。

（一）弘扬红色文化，聚“忠诚”之神。大力弘扬革命前辈“党指到哪儿，就打到哪儿”的忠诚品格，充分挖掘本地红色资源，传承红色基因，铸就精神高地。一是打造张富清文化。拓展深化观看一组节目、打造一个展馆、讲述一段故事、阅读一套书籍、编排一台戏曲“五个一”活动成果；积极推进张富清干部学院建设，打造永久红色教育基地和党员培训基地；精心编排南剧《本色》，把张富清的先进事迹搬上舞台，使之成为来凤红色文化经典。二是打造红色革命文化。挖掘整理贺龙、萧克、王震等老一辈革命家在来凤斗争历程，收集整理张昌歧、吴郅堂等革命志士英勇事迹，丰富红色文化内容；以板沙界起义、构皮岭战役等重要战斗遗址为支撑，修复境内革命战斗遗址，整合推出红色精品旅游线路。

（二）深挖土家文化，强“奋斗”之骨。大力弘扬土家先民“筚路蓝缕，以启山林”的奋斗精神，保留老街、老店铺、老物件等乡村记忆，充分彰显土家文化的独特魅力。研创“土家宴”系列菜谱，让“吃土家饭”成为新生活；在土家族吊脚楼保留较好的村镇打造一批风情民宿区，让“住土家屋”成为新体验；推动土家摆手舞等非物质文化遗产创新性发展，让“跳土家舞”成为新潮流。建立健全土家文化保护传承激励机制，推进以土家传统村寨为代表的系列文化遗产保护工作，命名一批民族文化生态保护实验核心区，打造文化保护工程；鼓励乡村振兴题材文艺创作，推出一批反映土家文化生活的文学精品，打造文化记忆工程；深入挖掘和培养民间艺人，有效发挥其传带主体作用，打造文化传承工程；着力建设土家文化传承保护基地，包装一批旅游品牌，打造文化传播工程。

（三）培强公共文化，凝“向善”之心。大力弘扬社会主义核心价值观，不断满足人民群众的文化新需求，广泛凝聚向善共识。推进公共文化服务体系建设全覆盖。以城区大型公共设施为主体，乡镇综合文化服务中心为基础，深入推进乡村综合性文化服务中心建设；壮大乡村文化队伍，开展形式多样的少数民族文化活动和群众性体育活动；健全乡村公共文化服务体系，力争2020年实现县乡村公共文化服务体系全覆盖。推进新时代文明实践中心建设全覆盖。坚持新时代文明实践中心建设“五有”标准，不断完善县、乡、村三级构架体系，将社会主义核心价值观融入百姓日常，进一步推进政策宣讲进农家、科技服务进农家、文体健康进农家、道德法治进农家、乡风文明进农家。

六、实施生态振兴“宜居工程”，建设美丽乡村

乡村振兴，生态振兴是支撑。牢固树立绿水青山就是金山银山理念，推进山水林田河系统治理，持续改善生态环境质量，全面建设生态文明示范县，让良好生态成为乡村振兴重要支撑。

（一）全力打造优良生态环境。像对待生命一样对待生态环境，坚持节约资源和保护环境的基本国策，实施生态保护红线划定与保护，实行最严格的生态环境保护制度，统筹山水林田河系统治理，打造以“水村”“绿谷”“花海”为核心的山水林田河生命共同体。推进“水村”建设，实施流域环境综合治理工程，实施农村小微水体治理，2020年完成60%以上农村小微水体整治任务，水质达到水环境功能区划标准；推进“绿谷”建设，实施森林生态廊道建设工程，建设农田林网和村旁、路旁、水旁、宅旁“一网四旁”绿化体系，实现庭院、沟渠、通道全面增绿；推进“花海”建设，实施生物多样性保护重大工程，改善农田生态系统，加快建设山环水绕、有花有果，“村在绿中、房在园中、路在景中”的绿色生态体系。

（二）全面建设两个体系。瞄准污水、垃圾两个难题，大力开展农村人居环境治理，不断建立和完善城乡一体的治理体系。健全污水治理体系。升级改造城区污水处理厂，加快城区污水收集管网建设；加快乡集镇污水处理厂及污水管网建设，并向邻近村庄延伸；加快推进农村“厕所革命”，到2022年农村无害化厕所基本普及。健全垃圾处理体系。加快推进九龙盘生活垃圾填埋场无害化治理和生活垃圾焚烧发电项目建设，完善7个乡镇垃圾中转站运行长效机制，加快推进农村垃圾治理分类试点3个州级示范村、10个县级示范村建设，全面建成“户分类、组保洁、村收集、镇转运、县处理”的生活垃圾收运处理体系。

（三）决战决胜三大保卫战。切实把生态环境保护工作摆在突出位置，坚决打好污染防治攻坚战，让天更蓝、水更清、土更净。一是坚决打好“蓝天保卫战”。突出加强工业、机动车、扬尘“三大污染源”治理，深化工业污染综合治理，实现氮氧化物稳定超低排放；加强机动车船污染防治，强化加油站、油罐车油气回收设施运行监管；加大扬尘管控，严管工地起尘、运输扬尘、路面污染等关键环节；加强露天焚烧监管，加大餐饮油烟管理。二是坚决打好“碧水保卫战”。强化饮用水源保护区监管，加强酉水、蓝河、新峡河等水系的生态保护及工程治理；全面落实“山长制”，依法打击非法破坏山体等违法犯罪活动；全面落实“河长制”，集中开展以城区、集镇为重点的入河排污口专项整治，强化水质断面监测，确保水质达标率100%。三是坚决打好“净土保卫战”。对突出重点区域、行业和污染物开展状况详查，建立健全污染地块联动监管机制；加强危废规范管理，严格土壤污染重点行业企业搬迁改造过程中的环境监管，加强土壤污染治理与修复工程环境监管；强化农村面源污染防治，实施耕地质量保护和提升行动，保护农田生态环境。

七、实施组织振兴“红色工程”，建设和谐乡村

乡村振兴，组织振兴是引擎。大力弘扬“支部建在连上”光荣传统，充分发挥农村基层党组织战斗堡垒作用，以组织振兴引领乡村全面振兴。

（一）实施“红色头雁工程”。以提升组织力为重点，加强农村基层党组织规范化建设。一是厚植“红色基因”。深入开展向张富清学习，以先进典型为标杆，持续开展“对照先进典型找差距活动”，利用“三会一课”“支部主题党日”等，常态化开展学习、经常性检视问题、实效化抓实整改，在广大农村基层党组织中大力营造学先进、赶先进、争先进的良好氛围。二是选优“红色先锋”。深化村党组织书记县级备案管理，选好配强村党组织书记，完善村（社区）党组织书记专职化管理。持续向贫困村、软弱涣散村和集体经济薄弱村选派能力强、作风硬、工作实的第一书记。三是打造“红色堡垒”。继续深化基层党建“整县推进、整乡提升”工程，统筹推进基层组织建设、党风廉政建设、意识形态建设、代表联络管理、统一战线及群团等工作，全面提升基层党建工作水平，建设一批农村党建示范点。

（二）实施“红色引领工程”。以提升引领力为核心，学习借鉴“枫桥经验”，全面提升基层党组织引领基层社会治理能力。一是夯实乡村“自治”基础。严格执行村级重大事项决策“四议两公开”制度，完善村民议事协商机制，建立健全村务监督委员会；健全矛盾纠纷多元调处机制，创新人民调解层级调处体制机制，建强人民调解员队伍；深入推进信访“三无”乡镇、“三无”村（社区）创建。二是强化乡村“法治”保障。推进法治乡村、平安乡村建设，加大农村法律服务供给，加强村法律顾问工作，扎实开展“法律进乡村”活动，培育一批以村干部、人民调解员为重点的“法治带头人”；纵深掘进扫黑除恶专项斗争，深入开展禁毒扫毒工作，依法打击农村非法宗教、邪教活动；建立健全“一村一警”、基层综治中心工作制度。三是提升乡村“德治”水平。深入挖掘乡村熟人社会蕴涵的道德规范，引导群众孝老爱亲、重义守信、勤俭持家，建立健全村规民约和居民公约；大力开展文明村镇、文明家庭、星级文明户等创建活动，广泛开展农村道德模范、寻找最美家庭等选树活动。

（三）实施“红色品牌工程”。以提升凝聚力为目标，提高基层党组织服务发展、服务基层、服务群众的能力，全力打造党建服务品牌。一是全面建强村级组织服务阵地。落实村级代办、村干部坐班等制度，切实改善村级办公活动条件，推进留守儿童之家、老年日间照料服务中心等村（社区）活动阵地建设，着力推动村级党组织服务功能提升，拓展为民服务功能。二是不断提升乡村便民服务功能。推进“放管服”改革和“最多跑一次”改革向基层延伸，进一步完善集电子政务、电子商务、农村金融、教育、医疗、公共法律服务为一体的“农民办事不出村”综合信息化应用平台，为农民提供“一门式办理”“一站式服务”，构建线上线下相结合的乡村便民服务体系。三是着力服务村级集体经济发展。大力推进村党组织书记通过法定程序担任村级集体经济组织、合作经济组织负责人，将村级集体经济与村“两委”干部待遇挂钩，探索推行联村共建、村企联建、产业党小组等模式，以资源入股分红、发包出租、经营收益等形式增加村集体经济收入，助力村级公益事业发展。

八、健全制度机制，为推进乡村振兴提供坚强保障

乡村振兴，制度机制是保障，必须深入学习贯彻党的十九届四中全会精神，把制度建设贯穿

其中，全力筑牢乡村振兴的制度根基，形成聚力乡村振兴的攻坚合力。

（一）切实加强和完善党对乡村振兴工作的全面领导。树牢“四个意识”，做到“两个维护”，确保党在推动乡村振兴中始终总揽全局、协调各方。一是筑牢意识形态阵地。巩固和扩大农村意识形态工作主导权、领导权，全面贯彻党管宣传、党管意识形态、党管媒体原则，用好广播、电视、标语等传统手段；加强传播手段和话语方式创新，打造农村新媒体阵地；持续深化习近平新时代中国特色社会主义思想在农村基层的宣讲，以“田坎上的党课”推动党的创新理论“飞入寻常百姓家”。二是建立责任落实体系。坚持三级书记抓乡村振兴，建立实施乡村振兴战略领导责任制，切实加强党委农村工作领导小组建设；建立干部下沉一线制度和激励机制，将基层一线作为锤炼干部的“实训场”、选拔干部的“赛马场”，在乡村振兴一线发现、培养、选拔干部。三是完善力量统筹机制。广泛凝聚各方力量，充分发挥人大职能，依法行使各项职权，助力乡村振兴；充分发挥政协作用，建言资政、献智献力，发出政协好声音、展现政协新作为；充分发挥统战优势，积极引导新的社会阶层人士、党外知识分子等各个领域人才投身乡村振兴。四是强化督办考评问责。健全党政领导班子和领导干部推进乡村振兴战略实绩考核制度，将考核结果作为政绩考核的重要内容、选拔任用领导干部的重要依据；深入开展民生领域、生态环保领域监督执纪问责，大力整治形式主义、官僚主义不正之风。

（二）完善统筹城乡发展制度。树立城乡一盘棋理念，促进城乡要素自由流动、平等交换和公共资源合理配置。一是健全有利于城乡要素合理配置的体制机制。落实农业支持保护制度，深入推进农村土地“三权分置”制度改革，2020年基本完成宅基地使用权和房屋所有权确权登记颁证工作；推进农村集体建设用地入市，用好用活耕地占补指标和城乡建设用地增减挂钩政策；推进农村集体产权制度改革，促进各类要素更多向乡村流动。二是健全有利于城乡基本公共服务普惠共享的体制机制。巩固义务教育均衡发展成果，推进“三点半”课后托管服务；健全乡村医疗卫生服务体系，深入推进县域医共体建设，全面建立分级诊疗制度，推进中医药发展；实施“社保共享行动”，完善统一的城乡居民基本医疗保险、大病保险、重特大疾病救助制度。三是健全有利于城乡基础设施一体化发展的体制机制。建立城乡基础设施一体化规划、建设、管护机制，统筹布局县域内道路、供水、供电、信息、防洪等设施，健全分级分类投入机制，将城乡道路等公益性设施管护和运行投入纳入一般公共财政预算，以政府购买服务等方式引入专业化企业，提高管护市场化程度，出台统筹城乡发展制度、机制和政策体系的具体意见。

（三）健全资金多元投入机制。优化财政、金融等要素配置方式，构建财政优先保障、金融重点倾斜、社会积极参与的多元投入格局。一是完善政府投资体制。年度新增建设用地指标优先用于农村，对农村产业项目和三产融合项目优先保障，统筹整合涉农资金保障乡村振兴支出。二是激发社会投资活力。探索组建农业投资公司，通过政府与社会资本合作、政府购买服务、以奖代补、民办公助等措施，引导资本投向农业农村。深化“千企帮千村”行动，支持企业到农村建基地、做品牌、搞服务，鼓励参与农村公益性项目建设、管护和运营。三是加大金融支农力度。出台落实金融服务乡村振兴实施意见，推动“三农”特色金融产品发展，推动农商行与供销社、专业合作社、电商平台等深度合作拓展助农服务，推进土地承包经营权、住房财产权、林权、畜禽活体等抵（质）押贷款业务。四是加强金融风险防控能力。建立健全防范化解金融风险长效机制，深化金融市场管理整治，提高对防范化解金融风险监测预警，强化部门协作配合，依法推进民生能源公司、安普罗公司债务化解处置工作，坚决守住不发生系统性、区域性金融风险的底线。

蓝图已经绘就，征程正待开启，让我们高举习近平新时代中国特色社会主义思想的伟大旗帜，紧密团结在以习近平同志为核心的党中央周围，在省委、州委的坚强领导下，大力弘扬张富清精神，同心同行、苦干实干、共创共赢，奋力谱写来凤乡村全面振兴新篇章。

政府工作报告

——在来凤县第十七届人民代表大会第六次会议上

（2019 年 12 月 24 日）

来凤县人民政府县长　李　伟

一、2019 年工作回顾

2019 年，在州委、州政府和县委的坚强领导下，在县人大、县政协的监督支持下，我们深入贯彻党的十九大，十九届二中、三中、四中全会和习近平总书记视察湖北重要讲话精神，以习近平新时代中国特色社会主义思想为指导，坚持稳中求进工作总基调，按照县委十五届六次全会决策部署，紧扣“一区四县”定位，大力弘扬张富清精神，不忘初心、牢记使命，团结带领全县干部群众，统筹推进稳增长、促改革、调结构、惠民生、防风险各项工作，扎实开展“比抓强促”[1]活动，推动经济高质量发展，较好地完成了县十七届人大四次会议确定的主要目标任务。

预计全年实现地区生产总值 78.5 亿元（按不变价格计算，下同），同比增长 6.3%；全社会固定资产投资同比增长 16%，14 个州级重点项目全部开（复）工；规模以上工业增加值增幅 6%；地方公共财政预算收入完成 4.22 亿元，增长 3.16%；社会消费品零售总额实现 49 亿元，增长 11%。城镇、农村常住居民人均可支配收入 29973 元、11206 元，同比分别增长 8%、9%；金融机构年末存、贷款余额达到 108.4 亿元、79.2 亿元，比年初分别增长 8%、8.85%；城镇化率提高 1.2 个百分点。12 月 26 日，全县 33 万人民梦寐以求在家门口坐动车的愿望将如期实现。

一年来，我们坚持持续发力抓扶贫，发展基础进一步夯实。

紧扣“两不愁三保障”，着力补短板、强弱项，全县综合贫困发生率降为 0.41%，错退率、漏评率均为零，群众认可度达到 98.57%，省政府发文批准我县退出贫困县，实现脱贫摘帽目标。国家第三方评估抽查认定，我县退出程序规范、标准准确、结果真实。成功向国际减贫援外培训班展示中国减贫经验和成就，得到国务院扶贫办充分肯定。特色产业较快发展。新发展特色产业基地 3960 公顷，新建油茶加工厂 3 个，新发展香菇 200 万棒、中蜂 2 万箱（群）。出台《来凤县开展消费扶贫促进农业龙头企业发展的实施意见》，“凤凰出山”名优农产品销售超过 1380 万元。扶贫项目有序推进。加强农村水、路、电、讯、房建设。投资 3.75 亿元的农村自来水“大管网”基本建成；农村公路密度达到 1.71 千米 / 平方千米，位居全州第一；投资 5377 万元改造全县农村配电网，3 个输变电项目建成投产；农村固定宽带普及率在全省三类县市中位居第二；完成农村危房改造487户；实施东西部扶贫协作项目32个，帮扶资金4050万元。政策落实不打折扣。全面落实“985”政策[2]，为贫困人口补偿医疗费用8400万元，综合报销比达到97.77%，为7.26万贫困人口减免参保资金961.7万元；资助家庭经济困难学生3.22万人次2344万元；兑现生态公益林补偿资金876万元、“退耕还林”补助1007万元、产业直补到户2015万元。

一年来，我们坚持突出特色调结构，发展动能进一步增强。

围绕“小康来凤”战略目标，致力于调结构、转方式、提效益，产业结构更趋合理，发展动能加速积聚。特色农业提质增效。乡村振兴规划编制完成；5家企业20个产品获得绿色食品认证；来凤藤茶全国绿色食品原料标准化生产基地创建通过国家验收；来凤藤茶、来凤姜入选湖北省农产品区域公用品牌二十强。出台《关于促进藤茶市场营销奖励政策的十条意见（试行）》，全县藤茶销售过亿元，金祈藤茶在“新三板”[3]上市。工业经济稳步向好。设立工业经济发展基金，出台《支持民营企业及工业经济健康发展实施办法》，以“比抓强促”倒逼企业增内力、部门优服务。金凤建材公司投资3000万元的干法熟料生产线技改项目投产；孚瑞矿业停产三年后复工；3家企业进入规上企业序列。全年实施工业固定资产投资项目26个，工业固定资产投资同比增长65%；实施工业技改项目4个，完成投资8969万元，同比增长118%。全县规上工业企业总产值同比增长13%。第三产业发展强劲。全域旅游规划、阿塔峡景区规划通过专家评审。成功举办百福司龙舟赛等系列活动。全年接待游客数量和旅游综合收入分别增长11%、12.8%，成功入选首批“荆楚文旅名县”创建县市。组织27家次企业参加各类展销会。阿里巴巴“农村淘宝”项目进驻来凤。全年新增限上企业4家。预计第三产业增加值达到43.8亿元，同比增长8.6%。

一年来，我们坚持千方百计抓项目，人居环境进一步改善。

充分发挥项目牵引作用，不断加大项目谋划、争取和建设力度，全年开（复）工500万元以上重点项目90个。其中城乡基础设施项目24个，预计完成投资3.1亿元；社会发展类项目11个，预计完成投资1.3亿元，城乡基础设施加快改善。农村方面。完成农村公路提档升级102千米，农村公路安防工程251千米。投资7000万元的S367猴（栗堡）革（勒车）段完成主体工程，实现乡乡通二级公路目标。完成各类公厕建改110座，农户无害化厕所建改预计可完成全年目标任务23000户。积极开展城乡建设用地“增减挂钩”[4]，完成增减挂钩面积380.2公顷。推进垃圾无害化处理，7个乡镇垃圾中转站投入使用，建成州、县两级垃圾分类示范村13个。三胡乡石桥村入选全国乡村治理示范村，百福司镇观音坪等5个村落入选国家传统村落保护名录。来凤入围中国乡村振兴新闻传播影响力500强。城镇方面。来恩、来咸、来智3条出口路段均改造完成，中心商业广场基本建成，龙凤游泳中心、龙凤大道延伸段、凤舞二路、栖凤一路、栖凤二路项目动工，火车站站前综合交通枢纽工程完成投资3900万元。管理方面。开展“百日治违”、机场清理专项行动，深化“六城同创”，完成城北家禽市场搬迁，扎实推进“拆墙透绿”“见缝插绿”“裸土覆绿”工作，城市宜居度稳步提升。

一年来，我们坚持全心全意惠民生，幸福指数进一步提升。

狠抓生态环境保护。总投资2.6亿元的乡镇污水处理全覆盖工程实现通水调试，水质监测断面和集中式饮用水水源地水质达标率100%。完成第五次森林资源普查和1333.33公顷生态造林任务。城区空气质量优良天数预计达到343天以上，较上年增加26天，优良率达95%。完成中央、省环保督察交办件和反馈意见整改序时进度任务，省级生态文明示范县创建通过专家组验收。全面发展社会事业。总投资1.88亿元的职校迁建工程取得重大进展，土堡小学扩建二期工程竣工，投入2500万元解决62所学校校园安全隐患，在全州率先实现每个乡镇建成一所公办幼儿园，全县教育经费投入达到5.6亿元。深入开展群众性爱国卫生运动，顺利通过省级卫生县城复审。启动紧密型医共体建设，村卫生室建设实现全覆盖，医疗卫生服务质量得到提升。县级公共文化场所继续免费开放，村级文体广场实现全覆盖，以张富清英雄事迹为蓝本的南剧《本色》正在打造中。持续提升保障水平。城镇新增就业4169人，城镇登记失业率1.7%。累计发放城乡最低生活保障金6659万元、农村特困供养金1108万元、残疾人“两项”补贴810万元。

一年来，我们坚持多措并举抓治理，发展环境进一步优化。

经济社会发展需要稳定的社会环境和良好的营商环境。我们坚持一手抓稳定，一手抓服务，推进发展环境持续优化。坚决打好防范化解重大风险攻坚战。依法依规推进民生能源、安普罗债务问题处置。加强政府债务化解工作，债务总额持续降低。大力开展金融风险专项整治，金融风险保持在可控范围内。坚持问题导向，实行“查办分离”，下大力气化解不动产办证历史遗留问题。全面落实“三访”[5]和“双签双交”[6]制度，信访积案和风险隐患得到有效化解。加强基层社会治理，乡镇综治中心实体化运行，“一村一警”年内可全面落实，“雪亮工程”预计年内主体完工。深入推进“扫黑除恶”专项斗争，大力开展禁毒专项整治行动，社会大局平稳可控。强化消防、危化品、特种设备、食品药品等重点行业领域安全监管。有效应对了重大动物疫情和秋季旱情。深入推进双拥共建，初步建成退役军人县、乡、村三级服务体系。落实意识形态工作责任制，依法管理民族宗教事务，社会和谐局面不断巩固。坚决推进行政审批服务再提速。继续实施“放管服”改革，加强“双随机、一公开”[7]监管，着力推行“四办”[8]联动服务，县级政务审批服务事项全部进驻中心办理。建成“12345”公共服务热线平台，实现群众服务诉求“一号通”。全面落实惠企政策，全年减税降费9447万元。实施优化营商环境“百日攻坚”行动，政务、法治、金融、信用环境更加优化，吸引了一批企业和项目落户来凤。全年新签约项目9个，合同总投资额达34亿元。

一年来，我们坚持驰而不息转作风，自身建设进一步加强。

牢固树立正确的政绩观，切实做到对群众有感情，对事业有激情，对法纪有敬畏，努力打造人民满意政府。推进作风建设。深入落实中央八项规定精神和为基层减负要求，广泛开展“不忘初心、牢记使命”主题教育和向张富清老英雄学习活动，干部作风持续好转，政府执行力不断增强。提升行政效能。完成政府系统机构改革。积极承接中央、省、州改革任务，着力推动重要领域和关键环节改革向纵深拓展。严格落实岗位责任制、督查问责制和正向激励机制，行政效能持续提升。建设法治政府。自觉接受县委领导，认真执行县人大及其常委会的决定决议，接受人大法律监督和工作监督，接受政协民主监督，办理答复人大代表建议75件、政协委员提案49件。加大审计监督力度，累计审计项目556个，核减政府投资10830万元，审减率10.93%。坚守廉洁底线。牢固树立过“紧日子”的思想，“三公”经费和一般性支出压减5%以上。严格落实党风廉政建设主体责任和“一岗双责”，加强重点领域、重要环节和关键岗位监管。开展惠民惠农财政补贴资金“一卡通”专项治理，推进“党的政策到我家”终端触屏查询平台建设，坚决惩治群众身边的腐败问题，树立了政府良好形象。

一年来，我们坚持统筹推进其他各项工作。国防动员、供销、移民、粮食、老龄、气象、档案、史志、保密、对台、外事侨务等各项工作取得了新成绩；银行、保险、石油、烟草、邮政、盐务等行业，工会、共青团、妇联、工商联、残联、科协等群团组织做出了新贡献。

各位代表，过去的一年，我们凝心聚力，砥砺前行，各项工作取得较好成绩。这是州委、州政府坚强领导和县委统揽全局、精心部署的结果，是县人大、县政协有力监督、鼎力支持的结果，是农业农村部、省直定点扶贫和“616”对口帮扶单位、武汉市、杭州市拱墅区倾力帮扶的结果，是全县干部群众团结一心、奋力拼搏的结果。在此，我代表县人民政府向奋斗在各条战线上的广大干部群众，向各位人大代表、政协委员，向所有关心、支持、参与来凤发展的各界人士，表示衷心的感谢并致以崇高的敬意。

各位代表，在看到成绩的同时，我们也清醒地认识到，全县经济社会发展中还面临着一些不容忽视的困难和问题：发展不平衡不充分，经济总量不够大；农业产业小散弱，组织化程度低，抗风险能力弱；规模工业企业少，产品附加值低，工业腿短问题突出；受“三线一单”[9]等因素影响，项目报批协调难，征地拆迁难度大，项目推进制约因素突出；财政收支压力较大，财源建设乏力，财政保障能力不足；社会矛盾仍处于易发多发状态，信访工作压力较大；少数部门和干部干事创业劲头不足、担当作为不够，懒政、庸政、怠政现象在个别部门依然存在。对这些问题，我们将积极面对，不掩盖、不回避，采取有力措施，认真加以解决。

二、2020年工作安排

2020年政府工作的总体思路是：以习近平新时代中国特色社会主义思想为指导，全面贯彻党的十九大、十九届二中、三中、四中全会和习近平总书记视察湖北重要讲话精神，全面落实中央、全省经济工作会议决策部署，坚持稳中求进工作总基调，坚持新发展理念，紧扣“一区四县”定位，围绕“稳增长、促改革、调结构、惠民生、防风险、保稳定”和“六稳”[10]要求，深化供给侧结构性改革，按照州委七届四次、五次、六次全会和县委十五届六次、七次全会部署，紧盯七大重点任务，务实重行、真抓实干，努力推动经济社会高质量发展，实现全面建成小康社会和“十三五”规划的圆满收官。

2020年主要预期目标是：地区生产总值增长7%左右；全社会固定资产投资力争增长11%；规模以上工业增加值增幅6%；地方公共财政预算收入增长3%以上；社会消费品零售总额增长11%；城镇、农村常住居民人均可支配收入分别增长8%、9%；金融机构存、贷款余额均比年初增长8%；城镇化率提高1.25个百分点。

（一）提高政治站位，着力打好三大战役

“三大攻坚战”是党中央作出的重大决策部署，我们必须提高政治站位，以担当之责、严实之态、精准之策和有效之举全力打好三大攻坚战。

打好精准脱贫攻坚战。坚持“一摘四不摘”[11]，聚焦“三保障”薄弱环节，补齐全面小康“三农”领域短板，抓实问题整改，确保国家普查高质量交账，坚决打赢脱贫攻坚战，与全国同步全面建成小康社会。推进全面普查。逐户摸排、逐户核实，全面摸清义务教育、基本医疗、住房安全、饮水安全等基本情况，确保“两不愁三保障”排查工作全覆盖。抓好问题整改。针对排查出的各类问题，集中人财物推进问题整改。持续落实政策。保持现有政策总体稳定，持续落实好教育、医疗、住房、产业发展奖补、扶贫小额信贷等政策，巩固脱贫攻坚成果，防止返贫，及时做好新发生贫困人口帮扶工作。强化对口帮扶。继续争取农业农村部、省直定点扶贫和“616”对口帮扶单位、武汉市和杭州市拱墅区的大力支持，巩固提升帮扶工作和东西部扶贫协作绩效。夯实基层

基础。进一步强化村“尖刀班”、村“两委”的业务能力培训，深化村党组织书记县级备案管理，积极培养农村后备干部，充实基层组织力量，将农村基层组织建成坚强战斗堡垒。抓好其他各项工作。引导贫困群众树立人贫志不贫的志向，传播勤劳致富的正能量。扎实开展职业技能提升培训和农村贫困劳动力就业培训，持续抓好消费扶贫，深入推进“农产品出山”工程，积极鼓励“微营销”，千方百计增加农民收入。

打好污染防治攻坚战。始终高举“生态大旗”，实行最严格的生态环境保护制度，全面推进“长江大保护十大标志性战役”，扎实开展“六大行动”，让蓝天白云常驻、青山绿水常存、鸟语花香常在。开展蓝天保卫行动。持续开展餐饮油烟、道路扬尘、挥发性有机物等重点行业整治，全面禁止秸秆垃圾露天焚烧，推进乡镇集镇规划区全面禁止燃放烟花爆竹。确保全年城区空气质量优良天数达到92%以上。开展碧水守护行动。完成城市污水处理厂提标升级、扩容改造及污水收集管网工程，城区生活污水处理率达到95%以上。认真落实“河（库）长制”，最大力度推进蓝河污染治理，加强水源地保护和水污染防治，确保所有水质监测断面和集中式饮用水水源地水质达标率100%。开展净土攻坚行动。认真贯彻《中华人民共和国土壤污染防治法》，完成耕地土壤环境质量类别划定，推进土壤污染治理与修复。开展增绿护绿行动。加强植树造林，完成退耕还林1333.33公顷，推进村庄、道路、房前屋后绿化。全面实施“山长制”，加强裸露山体复绿工作，积极争创省级森林城市。开展节能降耗行动。大力倡导绿色生产生活方式，推动全社会节能降耗。严格执行环境影响评价制度，从源头上控制污染增量。加快创建国家级生态文明示范县，创建8个省级生态文明示范村。开展环保督察整治行动。围绕中央、省环保督察和人民群众反映的环境突出问题，持续开展环保督察整改，巩固整改成效，防止问题反弹。严格环境执法，严厉打击破坏生态环境行为。

打好防范化解重大风险攻坚战。坚持底线思维，增强忧患意识，保持斗争精神，着力防范化解重大风险。始终坚持党对一切工作的领导，加强意识形态建设，筑牢政治风险“防火墙”。持续开展高利贷、非法集资、互联网金融专项整治行动，严厉打击跟风违约、恶意逃避债务等不法行为。强化对银行不良贷款的防范和处置，不良贷款率降至监管红线以内。继续依法依规处理好民生能源、安普罗债务问题，切实维护好金融秩序和群众切身利益。强化政府债务管理，全力遏制隐性债务增量，稳妥化解隐性债务存量。积极防范化解公共安全、网络安全、社会稳定等领域风险。健全应急管理体系，提高防灾减灾救灾能力。严格落实安全生产责任制，坚决遏制较大以上生产安全事故发生。

（二）挖掘资源优势，着力促进产业提质

产业发展是实现经济稳定增长的根本所在。我们必须挖掘资源优势，加快产业转型，努力促进发展质量提升。

推进农业稳步发展。实施农业“五大行动”，加快孕育农业新动能，激发农业发展活力，提高农业供给质量和效益。实施产业基地壮大行动。以“两茶一果一菇一蜂”特色主导产业为重点，推进特色产业基地增点、扩面。培管油茶基地3333.33公顷、藤茶基地4666.67公顷，加强油茶下游产品研发和藤茶推介；发展香菇300万棒、中蜂2万箱（群）、雪茄烟3500亩；抓好生猪稳产保供，生猪存出栏实现恢复性增长。支持乡镇培育“一乡一业”，打造香菇小镇、中蜂小镇、生姜小镇、蔬菜小镇。实施市场主体成长行动。新增州级以上农业龙头企业3家、州级以上家庭农场4个。依法清理农民合作社“空壳社”，支持经营规范、带动作用强的农民合作社发展壮大，新增州级以上示范社4家。实施科技兴农行

动。加强科技特派员工作，健全农业科技推广体系，推进农业科技入户入田。建好州级职业农民培训学校，积极争取创建武陵山区高素质农民培训中心，培训农民1万人次以上，推广先进实用技术2项以上。实施品牌强农行动。加强品牌培育，推进农业标准化生产，新增注册商标50件，“三品一标”[12]产品6个，力争创建湖北名牌产品2个。实施农业安全生产行动。完善农产品质量安全监管体系，争创国家农产品质量安全县。加强重大动物疫病防控和农业病虫害防治、重大林业有害生物防控和森林防（灭）火工作，加强重大气象灾害预报预警和水旱灾害防御，加强农机安全管理，确保农业生产安全。

推进工业转型发展。树牢工业优先发展理念，围绕“四大产业集群”和“五大产业园”建设，深入实施“六大工程”，推进工业经济转型升级。实施“市场主体倍增”工程。大力推进大众创业、万众创新，鼓励科技人员、大学生、在外务工成功人士返乡创新创业，全力推进“个转企”换挡提速，力争新增企业类市场主体500户。实施企业“小进规”成长工程。加大小微企业服务与支持力度，千方百计解决其发展过程中存在的难点、痛点、堵点问题，全年新增规上工业企业3家以上。实施“税收过千万企业”培育工程。加大骨干企业奖励扶持力度，综合运用财政、金融、产业政策，为重点企业“加油”“输血”，力争新培植税收过千万元企业1家、过500万元企业2家。实施“产值过亿元企业”壮大工程。建立培育企业产值梯次成长机制，深入实施“一企一策”，引导企业技术创新、设备升级、产品换代，力争新培植产值过亿元企业1家，产值过5000万元企业2家。实施重点工业项目建设工程。按照“招商引资扩增量、技改扩规提质量、联合重组活存量、企业上市增变量”要求，重点支持以藤茶、油茶、凤头姜为代表的硒食品精深加工产业，以凤菊提取物系列产品和藤茶药用产品研发、中药材加工为主的生物医药产业，以水电、生物质能、太阳能为主的清洁能源产业发展，大力支持新型环保建材产业、非金属矿精深加工产业、转移型制造业发展。力争全年新开工工业固定资产投资过亿元的产业项目2个，完成投资额过3000万元的工业技改扩规项目3个，工业固定资产投资增长15%，技改投资增长25%，规模工业总产值同比增长13%。实施园区平台升级工程。抢抓州高新区创建国家级高新区、推进“1+7”建设机遇，加快完善园区基础设施，夯实工业发展平台。启动桂花树工业园环保设施建设，建成团结二桥路延伸段。全力推进双创产业园和农副产品加工园建设，建成6万平方米标准化厂房。加快完善园区“多规合一”编制，积极为园区企业搞好跟踪服务，努力打造规划建设高标准、基础设施高水平、生态环境高质量、企业服务高效率的特色产业集聚区。

推进商旅融合发展。坚持旅游兴县、商贸活县，全面推进全域旅游示范区创建和生态文化旅游产业发展，力争全年接待游客增长8%以上、旅游综合收入增长10%以上。继续完善景区基础设施，加快推进西水河流域旅游开发项目和百福司旅游名镇建设，仙佛寺景区实现正常运营。依托产业基地、田园风光、乡村民俗、农事体验等大力发展乡村旅游。不断完善餐饮、住宿、购物、休闲等配套设施，改造升级庆凤山酒店并实现营业，家和·荣城五星级酒店主体工程建成。以“六城一园”建设为重点，加快打造武陵山区商贸中心。启动火车站物流园项目前期工作，加快建设西商农商城、欧亚达家具城项目，推进五金机电城、汽贸城、欢乐城项目落地，规范优化黔龙建材城运营。加大外贸出口企业、限上商贸企业培植力度，力争新增限上商贸企业3家、进出口贸易企业2家，第三产业增加值增幅8%。

（三）补齐基础短板，着力推进城乡建管

坚持城乡统筹，加快补齐城乡基础设施短

板，同步提升城乡规划、建设和管理水平，增强城市承载功能，改善乡村人居环境。

坚持规划引领。加强“十四五”重大课题前瞻研究，完成来凤县“十四五”总体规划和国土空间规划（2020—2035）编制。围绕公共服务、交通治堵、城市更新等规划短板，完善城市相关专项规划，高起点引领城市建设。强化城市风貌管控，彰显凤城特色、民族特色，加快龙凤新区等重点区域的修建性详细规划编制。严格规划实施管理，维护规划的法定性、权威性。

加强城镇建设。加快鹤来一级公路小河坪至湘鄂情大桥段、国道242三胡至桂花树工业园段工程建设，基本建成火车站站前综合交通枢纽。启动酉水大道续建工程，加快推进龙凤游泳中心及配套道路建设项目，打通消防大队连接城区主干道通道。新建停车位500个。新建、改建城市公厕15座。启动育红桥片区、城南片区城市排水防涝工程建设，基本建成城区供水第二水源及净化扩建项目。坚持“房住不炒”，启动9处老旧小区改造，加快棚户区改造及市政基础配套设施建设。完成城区路灯节能改造和教育城、观城坡至竹坝梁上路灯安装。稳步推进城区裸土覆绿工作，完成机场覆绿等重点绿化工程建设。按景区标准打造庆凤山公园，建成观城坡公园。

强化精细管理。深化城市管理综合执法改革，理顺城市管理体制机制。始终保持打击“两违”高压态势，减少“两违”存量，坚决遏制“两违”增量。狠抓交通秩序综合治理，依法依规从严处罚违反交通秩序行为。认真贯彻落实《新时代爱国主义教育实施纲要》，大力弘扬社会主义核心价值观，着力提高市民文明素质和城市文明程度。深入开展“六城同创”，全面推行“路长制”，强化城市日常保洁，继续推进城区垃圾分类试点工作，塑造整洁优美、规范有序、和谐文明、充满活力的城市新形象。

推进乡村振兴。深入实施乡村振兴战略，建设生态宜居美丽乡村。提档升级农村基础设施。启动省道367革勒至旋坨段改扩建工程、大河至坪坝营旅游公路、阿塔峡旅游公路、百福司至十字路旅游公路等项目建设，新建、改扩建农村公路106千米，创建“四好农村公路”144千米。全面完成农村饮水安全工程，提升农户饮水安全保障水平。投资5000万元实施配电网改造项目。进一步完善4G网络，推进5G网络规划布局。抓好耕地保护，坚决守住耕地红线和基本农田底线，完成2万亩高标准农田建设任务。全面开展农村人居环境整治。完成农村“厕所革命”三年攻坚行动计划目标任务。启动垃圾焚烧发电项目建设，加快推进九龙盘生活垃圾填埋场无害化治理。推进农村垃圾分类工作，再建成州级垃圾分类示范村（社区）3个。充分发挥村自然资源规划员作用，加强乡村规划管理，推进农村“两违”整治。建设10个县级乡村振兴示范村。深化农村综合改革。完成全县农村“三权”[13]确权登记工作，建立农村土地信息化管理平台。加强农村“三资”监管。基本完成农村集体产权制度改革任务。着力加强基层社会治，健全自治、法治、德治相结合的乡村治理体系，开展文明村镇、星级文明户等创建活动，塑造文明乡风、良好家风、淳朴民风。

（四）强化项目建设，着力带动投资提速

项目是经济发展的“火车头”和“压舱石”。充分发挥重大项目引领作用，带动全县固定资产投资提速。

积极争取项目。坚持谋字当先、争字当头，高标准谋划一批符合县情实际的重大项目。持续推进“三库”建设，完成来酉高速、机场迁建、国道209连接龙山火车站新建、来凤县酉水河和城区水生态综合治理工程、来凤非遗文化产业园等重大项目前期工作，全县规划项目库新增谋划项目30个以上且全部完成可研。加强对国家重大战略、重大政策、重大部署的研究，及时对接上级政策，积极争取更多重大项目进入国家的“笼子”、规划的“盘子”、资金的“袋子”，力争全年至少20个投资亿元以上的项目进入上级项目储备库，争取实际到位资金增长10%以上。

全力建设项目。围绕补短板、强弱项、惠民生，以优化项目建设施工环境、完善重点项目建设督查考核为抓手，继续实行“六个一”[14]推进工作机制，实行工期倒排、责任倒逼，强化项目要素保障，大力推进城乡基础设施、产业支撑、生态环保、社会发展等重大项目建设，着力提升在建项目竣工率、新上项目开工率，全年实施重点项目113个。重点推进城市污水处理、恩施州沅江酉水干流重点河段（来凤段）防洪治理工程、比度克总部、凤栖园产业基地、棚户区改造等38个投资亿元以上重大项目顺利开（复）工建设。全力服务推进来咸高速公路建设。

大力招商引资。始终坚持招商引资“一号工程”和“一把手工程”不动摇，围绕“四大产业集群”、乡村振兴等，谋划一批重大招商项目。充分发挥驻外招商办平台作用，突出工业招商、现代服务业招商、循环经济产业链招商、硒食品精深加工招商，加大精准招商、以商招商力度，完善招商引资考核、无绩效退出机制，在招大、招优、招强上求突破。力争全年新开工投资过亿元产业项目10个以上，新投产5个以上。

（五）狠抓财税工作，着力提升保障水平

始终坚持发展第一要务，紧紧抓住财源建设这个“牛鼻子”，拓宽资金来源渠道，不断提升财政保障水平。

积极培植财源。按照“做强建材与制造业、巩固建筑水电与烟草、提升农产品精深加工、拓展商贸及其他”的思路，加强骨干财源、群体财源、梯级财源、替代财源建设。发挥银企对接融资风险金的撬动作用，县担保公司融资担保作用，用足支持工业经济发展的奖励政策，推进现有工业企业的技改扩能、达产达效和小微企业的进规升级，逐步形成以大带小、以小促大、大中小企业齐头并进的格局，努力培育和壮大财源。落实好减税降费措施，“放水养鱼”，不断增强财源建设的可持续性。加快政府平台公司市场化转型，提高国有资本配置运营效率，增加投资收益。统筹加强土地收储和出让，用好“增减挂钩”“增存挂钩”[15]政策，增加可用财力。戮力推进项目建设，扩大投资拉动税收增长。

加强财政管理。树立收入共治意识，做好协税护税工作，加强税收征管，确保应收尽收。加强国有资产监督管理，规范资产出租、出售、报废等处置程序，实现国有资产保值增值不流失。深化县乡财政体制改革，明晰县乡支出责任。牢固树立长期过“紧日子”“苦日子”思想，不断优化支出结构，大力压减一般性支出，集中财力“保基本工资、保基本运转、保基本民生”。严格规范政府投资项目资金来源预审制度，全面实施预算绩效管理，取消低能无效支出，严禁无预算超预算列支。进一步规范政府购买服务和政府采购行为，严禁超范围超标准。加大向上争取一般性转移支付、政府专项债券、各类专项资金力度，加强公共财政预算和政府性基金预算规范管理，切实提高财政保障水平。

（六）聚焦成果共享，着力增进民生福祉

坚持把改善民生作为根本目的，多谋民生之利、多解民生之忧，让全体人民共享发展成果，不断增进民生福祉。

推进教育优先发展。改善办学条件。建改校舍2.4万平方米、运动场1.3万平方米；采购各类教学及保障服务设备3566套。优化教育布局。2020年秋季学期实现接龙中学搬迁办学，建成翔凤镇中心幼儿园。提升教学质量。加强校长、班主任、骨干教师3支队伍建设，减轻中小学教师及学生负担，不断提升教育教学质量，力争高考本科上线率提高10个百分点，中考“四率一分”明显提升。加强学生心理健康教育。强化校园安

全管理。推进职业教育改革，巩固国家级重点中等职校建设成果。

加快建设健康来凤。进一步完善卫生基础设施，推动县民族医院改扩建，县人民医院门诊急诊综合楼、县妇幼保健计划生育服务中心业务用房、健康服务产业园新建，武陵山骨科医院迁建。深化医药卫生体制改革，全面推进医共体建设，建立“基层首诊、双向转诊、急慢分治、上下联动”的分级诊疗模式。弘扬中医药核心价值，让中医药在传承和创新中行稳致远。落实医疗质量安全核心制度，加强卫生健康监督执法。持续做好基本公共卫生服务项目扩容提标工作，加强妇幼保健和计生优质服务，做好疾病防控，全面推进健康管理，积极建设健康来凤。

大力推进文化繁荣。坚定文化自信，增强文化自觉，加强文化传承。深入推进文化体制改革，加强县级融媒体中心和基层综合文化服务中心建设，增加优质文化产品和服务供给。繁荣发展土家特色文化，深入挖掘红色文化产品，高起点、高标准谋划建设张富清干部学院，完成南剧《本色》打造。大力实施文化下乡工程，推进文化惠民。广泛开展群众喜闻乐见的文体活动，举办摆手节、龙舟赛等系列文化体育赛事，争创“荆楚文旅名县”。

着力强化社会保障。坚持就业优先战略，全面落实就业创业扶持政策，城镇新增就业3600人，发放创业担保贷款800万元，城镇登记失业率控制在4.5%以内。高度重视并切实解决农民工欠薪问题。健全退役军人服务保障体系，做好退役军人安置、自主择业服务、优待抚恤等工作。深入推进双拥共建，争创全省“双拥模范县”。持续做好社会保障扩面工作。强化社会保障兜底，推动按标施保，实现应保尽保、应救尽救。进一步健全老人、儿童、残疾人、流浪乞讨人员关爱服务体系，建成民政综合服务中心。深化殡葬领域突出问题专项整治，推进县公益性殡仪馆和3个农村公益性公墓建设。统筹推进社会救助、社会福利、慈善事业等工作。将“四个最严”[16]贯穿食品药品安全监管全过程，深入推进质量强县建设。扎实开展第七次全国人口普查。

全力兴办民生实事。按照州委、县委、县人大的统一安排，县人民政府从11月开始启动来凤县民生实事项目征集工作。经广泛征求意见，相关部门梳理，县政府常务会研究，县委常委会审定，县人大常委会审议，确定以下4个项目提交本次人民代表大会票决。(1)来凤县农村公路危险路段安全防护工程全覆盖项目;(2)来凤县中等职业技术学校迁建项目;(3)来凤县城区新建停车场项目;(4)来凤县城乡集中式饮用水水源地保护项目。

(七)坚持综合施策，着力优化营商环境

牢固树立“环境就是生产力、抓环境就是抓发展”理念，着力优化政务、法治、金融、信用环境，为来凤高质量发展提供坚强的环境保障。

着力优化政务环境。对标“全国一流、全省最优”目标要求，深入推进“放管服”改革，持续巩固优化营商环境“百日攻坚”行动成果，通过纵向压缩、横向整合，大胆闯、大胆试、自主改，力争在减层级、减材料、减环节、减时限上实现新突破，努力推进政务服务“一张网”，不断提升政务服务效率。全面落实减税降费政策，落实取消、停征、减免行政事业性收费和政府性基金的各项规定，降低企业用地、用电和物流成本，减轻企业负担。全面落实工程建设项目审批制度改革要求，逐步健全投资项目审批服务秘书制、领办代办帮办制，完善招商引资服务中心主办、企业服务中心帮办、各审批部门承办的服务投资项目办理模式，即时受理、限时办结。继续落实好领导联系企业制度，用心用情服务企业发展，积极构建“亲”“清”新型政商关系。

着力优化法治环境。坚持和发展新时代“枫桥经验”，以党建为统领，一体推进“三治融

合”，着力构建风险联排、矛盾联调、治安联防、问题联治、平安联创的平安稳定工作运行机制，形成共建、共治、共享的社会治理新格局。突出为民宗旨，畅通信访渠道，开展领导“三访”活动，落实领导包案机制，推进信访积案化解。加大全民普法力度，弘扬社会主义法治文化。加快公共法律服务体系建设，落实法律服务便民、惠民措施，推进“律师三进”工作，实现法律顾问全覆盖。深入推进“扫黑除恶”专项斗争，力争在破案攻坚、打伞破网、打财断血、行业治理、建章立制等方面取得新突破。深入开展治安整治，推进警力下沉，完成覆盖城乡的“雪亮工程”建设，落实义务巡逻、门栋关照、邻里守望等治安联安措施，严厉打击“盗抢骗”“黄赌毒”等违法犯罪活动，切实提升“一感一度一率一评价”[17]，建设平安法治来凤。

着力优化金融环境。坚持一手抓发展，一手抓稳定，引导金融要素向实体经济集聚，促进县域经济与金融良性发展。引导企业建立良好的资本管理制度，坚持依法合规经营，珍惜商业信誉和信用记录。加强银企对接，鼓励县内银行业金融机构努力开发现代金融产品，落实正常生产经营的民营小微企业“无还本续贷”政策。充分发挥资本市场在融资、资源配置等方面的作用，鼓励符合条件的企业在湖北“四板”[18]挂牌上市。持续推进防范化解金融风险三年攻坚行动，整顿金融市场，规范融资行为。建立多方参与、协同联动机制，严厉打击恶意逃废金融债务行为。

着力优化信用环境。建立规范的信用记录工作机制，加大市场信用信息采集力度，推进信用信息归集与共享。规范信用评价及红黑名单管理制度及认定，构建守信联合激励和失信联合惩戒机制。加强政府采购、政府与社会资本方合作、招标投标、招商引资、电子商务等重点领域诚信建设。建立公务员、企业法定代表人及高管人员诚信档案，加快建设个人诚信体系。推进诚信“进机关、进企业、进农村、进校园、进社区、进家庭”活动，营造崇尚诚信、践行诚信的社会风尚，努力打造诚信来凤。

三、强化政府自身建设

始终把群众满意作为第一追求，深入学习贯彻党的十九届四中全会精神，不忘初心，牢记使命，加快完善政府治理体系，努力提升政府治理能力，真抓实干，埋头苦干，用丰硕的奋斗成果交出让党和人民满意的答卷。

旗帜鲜明讲政治。始终把讲政治摆在首要位置、作为根本要求，树牢“四个意识”，坚定“四个自信”，做到“两个维护”，把党的全面领导贯穿政府工作全过程、各领域，切实增强政治自觉、思想自觉、行动自觉，确保政令畅通、令行禁止。坚持常态化开展“不忘初心、牢记使命”主题教育，筑牢信仰之基、补足精神之钙、把稳思想之舵。

加强学习提能力。深入学习领会习近平新时代中国特色社会主义思想和党的十九大，党的十九届二中、三中、四中全会精神，学习党的方针政策，夯实理论根基。深化干部队伍教育培训，不断掌握新知识、熟悉新领域、开拓新视野，练就硬本领，争当行家里手。善于去粗取精、去伪存真、由此及彼、由表及里，提升研究解决实际问题的能力；善于分析形势、把握全局，抓住主要矛盾和矛盾的主要方面，谋定而动，提升驾驭复杂局面的能力。

依法行政求实效。牢固树立法治思维、增强法治信仰、培养法治精神，建设法治政府。遵循经济规律，遵守程序规定，推进行政决策科学化、民主化、法治化。严格落实宪法宣誓、行政机关负责人出庭应诉制度，推进重大行政决策合法性审查全覆盖。牢记法律红线不可逾越、法律底线不可触碰，依法履行政府职能，坚持接受党的监督，自觉接受人大的法律监督和政协的民主监督，主动接受社会监督和舆论监督，全面推进政务公开。认真落实《政府工作规则》，完善依法行政制度体系，促进政府各机关高效、规范运转，推动政府各项工作取得实实在在的效果，经得起历史、法律的检验。

勤政务实勇担当。强化为民服务宗旨，坚持恪尽职守，勤政为民。大兴调研之风、落实之风，践行“一线工作法”，聚焦改革发展的难点痛点堵点，主动在改革发展最前沿发现问题、推动工作，在民生改善第一线掌握诉求、解决矛盾，确保事关发展的要事、民生的大事落细落实落地。弘扬担当精神，强化对标管理，倡导比学赶超，健全激励约束机制和容错免责、尽职免责机制，防止问责泛化简单化，为担当者担当，为负责者负责，大力营造干部愿干事、敢干事、干成事的浓厚氛围。

清正廉洁守纪律。全面落实党风廉政建设主体责任，认真履行“一岗双责”，筑牢政府系统廉政防线。严格落实中央八项规定精神及省、州实施意见，全力整治“四风”，树立“严紧硬实”新风。加强工程建设、土地出让、产权交易等重点领域监管，强化审计监督，坚决纠正损害群众利益的不正之风。自觉接受巡视巡察监督，接受纪委同级监督。大力支持纪检监察工作。坚持反腐败无禁区、全覆盖、零容忍，努力营造风清气正的政治生态。

只有干出来的精彩，没有等出来的小康，幸福都是奋斗出来的。我们都是新时代的追梦人，让我们在州委、州政府和县委的正确领导下，在县人大和县政协的监督支持下，大力弘扬张富清精神，不忘初心、牢记使命，戮力同心，砥砺前行，奋力谱写来凤高质量发展新篇章。

名词解释：

［1］**比抓强促：**比招商、抓项目、强产业、促进位。

［2］**“985”政策：**指农村贫困人口在县域内定点医疗机构住院（含住院分娩和无他方责任的外伤），经城乡居民基本医疗保险、大病保险、医疗救助和健康扶贫兜底补偿后，政策范围内住院医疗费用报销比例达到90%，大病、特殊慢性病（指门诊重症，不含实行定额补助的一般特殊慢性病）门诊政策范围内医疗费用报销比例达到80%，年度个人负担政策范围内医疗费用控制在5000元以内（不含基本医疗保险住院起付标准以内的费用）。

［3］**“新三板”：**全国性的非上市股份有限公司股权交易平台。

［4］**“增减挂钩”：**依据土地利用总体规划，将拟整理复垦为农用地的农村建设用地地块和拟用于城乡建设的地块共同组成拆旧建新项目区，通过建新拆旧和土地整理复垦等措施，在保证项目区内各类土地面积平衡的基础上，最终实现增加耕地有效面积，提高耕地质量，节约集约利用建设用地，城乡用地布局更合理的目标。

［5］**“三访”：**领导接访、领导下访、书记陪访。

［6］**“双签双交”：**对疑难复杂信访问题，由州委、州政府主要负责人双签字，双向交办给县市党委、政府主要负责人和州直部门党委（党组）负责人，双向落实责任，动态跟踪督办。

［7］**“双随机、一公开”：**在监管过程中随机抽取检查对象，随机选派执法检查人员，抽查情况及查处结果及时向社会公开。

［8］**“四办”：**马上办、网上办、就近办、一次办。

［9］**“三线一单”：**生态保护红线、环境质量底线、资源利用上线和环境准入负面清单。

［10］**“六稳”：**稳就业、稳金融、稳外贸、稳外资、稳投资、稳预期。

［11］**“一摘四不摘”：**摘帽不摘责任、摘帽不摘政策、摘帽不摘帮扶、摘帽不摘监管。

［12］**“三品一标”：**无公害农产品、绿色食

品、有机农产品和农产品地理标志。

[13]**“三权”**：集体土地所有权、集体建设用地使用权、宅基地使用权。

[14]**“六个一”**：一个重点项目、一名联系领导、一个责任单位、一个工作专班、一张推进作战图、一揽子抓到底。

[15]**“增存挂钩”**：在分解下达新增建设用地计划时，将批而未供和闲置土地数量作为重要测算指标，逐年减少批而未供、闲置土地多和处置不力的新增建设用地计划安排。

[16]**“四个最严”**：最严谨的标准、最严格的监管、最严厉的处罚、最严肃的问责。

[17]**“一感一度一率一评价”**：安全感、满意度、矛盾纠纷调解有效率、扫黑除恶专项斗争评价。

[18]**“四板”**：即区域性股权交易市场，是为特定区域内的企业提供股权、债券转让和融资服务的私募市场，与主板、创业板、新三板并列为中国多层次资本市场之一。

专　记

“共和国勋章”获得者：张富清

2019年5月24日，中共中央总书记、国家主席、中央军委主席习近平对张富清先进事迹作出重要指示。6月17日，中央宣传部在湖北省来凤县向全社会公开发布张富清的先进事迹，授予他“时代楷模”称号。6月27日，中共中央作出“关于授予张富清同志‘全国优秀共产党员’称号的决定”。7月26日，在全国退役军人工作会议上，人力资源和社会保障部、中共中央组织部、退役军人事务部、中央军委政治工作部等军地相关部门联合表彰张富清等为“全国模范退役军人”。9月5日，由中共中央宣传部、中央文明办、解放军总政治部、全国总工会、共青团中央、全国妇联共同主办的第七届全国道德模范名单公布，张富清获得“全国敬业奉献模范”。9月7日，全国妇联做出决定，授予张富清家庭全国五好家庭荣誉。9月17日，中共中央总书记、国家主席习近平签署主席令，授予张富清“共和国勋章”。9月25日，中央宣传部、中央组织部、中央统战部、中央和国家机关工委、中央党史和文献研究院、教育部、人力资源社会保障部、国务院国资委、中央军委政治工作部决定，授予张富清等人“最美奋斗者”称号。

张富清做了什么？为什么会获得如此崇高的荣誉？

在熟人和子女眼里，他是一位平和慈祥、坚毅乐观的离休老人。

在公众印象里，他是一位深藏功名的战斗英雄。

2018年12月新组建的湖北来凤县退伍军人事务管理局开展的退伍军人登记工作，翻开了老人尘封的记忆。当工作人员打开信封，蓦然翻开张富清曾经的辉煌历史：军一等功一次，师一等功、二等功各一次，团一等功一次，两次获“战斗英雄”称号……

儿女们多次追问张富清，他也是三言两语平淡而过。直到惊动媒体和外界后，这才让大家慢慢熟悉和重新认识了这位可爱、可敬、可亲的老人。

一、直面生死建奇功

张富清1924年12月出生在陕西省洋县马畅镇双庙村一个贫苦农民家庭。父亲早逝，大哥夭折，母亲带着他们兄妹3人艰难度日。1945年，家里唯一的壮劳力二哥被国民党军队抓走当壮丁，打长工的张富清用自己换回二哥。被关押近两年后，被迫加入国民党军队当杂役。

1948年3月，瓦子街战役中，被“解放”的他没有选择回家，而是主动要求加入中国人民解放军，成为西北野战军第二纵队三五九旅七一八团二营六连的一名战士。

1948年6月，张富清在壶梯山战役中任突击组长，攻下敌人碉堡一个、打死敌人两个、缴机枪一挺，并巩固了阵地，使后边部队顺利前进。在壶梯山战斗中，张富清获得师一等功和战斗英雄称号。

1948年7月，张富清在东马村带领突击组6人，扫清敌人外围，消灭了少数敌人，占领敌人一个碉堡，给后续部队打下缺口，自己负伤不下火线，继续战斗。战斗结束后，张富清获得团一等功。

1948年9月，张富清作为十四团六连班长，在临皋执行搜索任务，发现敌人后即刻占领外围制高点，压制敌人封锁火力，完成截击敌人任务，迅速消灭了敌人。战斗结束后，张富清获得师二等功。

1948年10月，在永丰战役中，张富清所在的六连为突击连。他带领一个三人突击组，夜间上城，夺取敌人碉堡两个，缴机枪两挺，打退敌人数次反扑。张富清在永丰战役中因作战英勇，贡献突出，获得军一等功，被授予“战斗英雄”称号。

1948年12月，一封落款是西北野战军兼政委彭德怀的报功书被送到张富清的家里。报功书上说：“张富清同志为民族与人民解放事业，光荣参加我西北野战军第二纵队三五九旅七一八团二营六连，任副排长。因在陕西永丰城战斗中勇敢杀敌，荣获特等功。”

1949年2月1日，西北野战军整编为第一野战军。张富清所在团整编为第二军第五师第十四团。

1949年5—7月，第二军的战斗路线东起蒲城，途经泾阳、咸阳、兴平、扶风，西至宝鸡，开展解放大西北的征程。

1949年10月，他跋涉进军酒泉，后作为战斗骨干调入第二军教导团。在吐鲁番过冬后，教导团徒步1600多千米，于1950年3—4月间到达喀什。

教导团到疏勒后，一边开荒、一边建营房。在“大草湖”，张富清和战友们搭起帐篷，拉开“军垦第一犁”。

在解放战争中，张富清获得西北野战军特等功一次、军一等功一次、师一等功一次、师二等功一次、团一等功一次，并被授予军“战斗英雄”称号和师“战斗英雄”称号。1950年，西北军政委员会制定公布了《解放大西北人民功臣奖章条例》，张富清因为功勋卓著，被授予人民功臣奖章。

而这些赫赫战功被他尘封在皮箱，60多年来，无论顺境逆境，张富清从不提起自己的战斗功绩，证书和军功章被他藏在一个随身几十年的皮箱里。

二、扎根僻壤做贡献

1953年初，张富清主动报名参加入朝作战，后因朝鲜战事已经缓和，这批待命出征的战斗骨干在北京休整。

1953年3月至1954年12月，因为对党忠诚、作战经验丰富，张富清被安排到中国人民解放军防空部队文化速成中学学习，先后在天津、南昌和武汉学习两年文化课程，同批学员毕业后集体转业。当时，张富清有3个转业去向可以选择：一是留在城市，生活条件好，发展空间大；二是回陕西老家；三是响应党的号召，到祖国最需要的地方去。

1955年，组织号召速成班学员支援地方建设。离家征战已经7年、时任二军教导团副连长的张富清本可以选择回原籍工作，但他得知“在湖北，恩施地区最艰苦，最缺乏人才去建设”时，便决心要到最艰苦、最困难的地区为党工作、为人民做事。他主动到恩施地区最艰苦、最偏僻的来凤县工作，为贫困山区奉献一生。

到来凤后，张富清的第一个职务是城关镇粮油所主任。粮油所主要保障城镇非农业人口，在粮食短缺的年代，所里仅有一台碾米机，难以保障供应，只能供应一部分细米、一部分未完全脱皮的粗米。许多群众拿着粮票买不到细米，意见很大。张富清一方面发动社员帮忙加工，另一方面辗转买来几台碾米机，基本解决供应难题。

组织对张富清进行考察，结论是："能够带头干，群众反映极好"。1956年5月，他被提拔为粮食局副局长，任职不久，便到纺织品公司任党支部书记。

1957年3月，县里安排他到地委党校学习，毕业后，他又一次被派往最需要的地方——农村。

1959年初，刚从党校毕业的张富清，被上级派到来凤县出了名的穷地方——三胡区任副区长。

到了三胡，张富清发现，这里的财贸工作和农业生产都比较落后，营业计划完不成，粮食生产任务也完不成。才知道什么叫真穷：很多群众几乎顿顿以菜代饭，有的群众没衣穿，"用线把烂布片连起来遮丑"……

他直接住进了最艰苦的村。可村里的社员并不欢迎他，认为这个说陕西话的外乡干部干不了农活，是来添乱的。张富清就用实际行动来打消社员的疑虑。白天，他和大家一起栽红薯、种苞谷；晚上，他组织研究生产计划，宣传党的政策；空暇时间，他帮社员挑水、打扫院子。那会儿他"手上的血泡从没断过"，张富清对当时的艰苦仍记忆犹新。他说："说实话，下乡驻村比带突击组打仗都难。"但不管多苦、多累，张富清一天到晚总是笑呵呵的。春风终化雨，同吃同住同劳动，社员们对张富清，从抵触到有感情，最后情同手足，最令他欣慰的是，所驻的村生产抓上去了。

1975年，他被调往卯洞公社任革委会副主任，虽然已年过半百，可他依然跟从前一样，大部分时间去驻村，还把地点选在不通电、不通公路的高洞村。

1977年，卯洞公社决定集中财力物力修两条路，其中一条是高洞到安抚司的公路。上任后，张富清沿着挂在悬崖峭壁上的羊肠小道，走了4个多小时才到高洞，对交通不便之难感受颇深。修路时，张富清一直铆在那里，负责施工难度最大的路段。他说："党员干部就应该带头啃硬骨头。"每天天刚微亮，他就起床，吃过早饭立即带领大家上工地，一直干到满天星光，哪里难修，他就赶到哪里。没有专业工具，就用农具开山挖土，靠肩挑背驮运石头，修路基。碰到大石头，实在凿不动，才舍得用贷款买来的炸药，节省着一点点炸。断断续续干了两三年，路终于修通，虽然是条泥土路，但自行车、摩托车、拖拉机都能开进高洞。

卯洞的金丝桐油和茶叶产品好，尤其是桐油，"浓度高，色泽金黄，粘之可扯成丝"。张富清一方面加强老林管理，牵头建立护林员制度，禁止砍伐和放牛；另一方面带领群众开荒植树，把山坡变成梯田，栽上油桐树和茶树。他到广西一些山区考察，办起林场。他组织群众办起畜牧场，既解决吃肉的难题，又解决种树所需的农家肥。两年后，每个小队年收入都增加了两三千元，群众生活明显改善。卯洞的林业发展在全县出了名，县里召开现场会推广，外省的群众也来参观。

20世纪80年代初，张富清到建设银行工作。当时没有独立的办公场所，5人挤在一间土瓦房办公室里。张富清想办法解决职工办公室和宿舍问题，到张富清离休的时候，建行已经有10人。在建行"拨改贷"改革中，没出现任何问题。为督促一家国营小煤矿还款，张富清卷着被子到矿里，与工人同吃住，帮助企业抓生产、促销售。

除在党校学习两年外，张富清共在山区工作20年，20年间，他和大山里的人民紧紧地连在一起。

三、严于律己的家庭生活

张富清转业初期，按照国家政策，妻子孙玉兰被招录为公职人员。

1961年，时逢三年经济困难，为共渡时限，国家开始精减人员。当时，张富清任三胡区副区长，妻子也调到三胡区供销社上班，供销社归他分管。为顺利推动人员精减工作，他率先动员妻子放弃“铁饭碗”。

1955—1962年，张富清的4个孩子先后出生，两儿两女，家庭负担本来就重，妻子下岗失业，夫妻两人并没有土地，一家六口的生计全靠张富清一人的微薄工资。

20世纪70年代，恩施市有家国企到县里招工。张富清最先得知这一消息，也知道大儿子符合条件，可他却动员大儿子到卯洞公社万亩林场去当知青。

张富清的4个孩子，除大女儿因伤致残外，其他3个都凭自己的努力考上学，当上了干部或职工，没有一个沾过张富清的光，没有一个在他任职过的单位工作。按照他的“规定”，接待各路记者采访，除了小儿子陪同外，其他子女、孙辈都不能露面。

张富清的生活简朴是出了名的，有人说他“有吃的不吃，有用的不用”。

他心里埋着一个几十年不变的参照系——牺牲的战友。采访时，他说：“和牺牲的战友比，我还活着，吃得住得都好，我很满足。”多年来，张富清养成一个习惯，每月工资发下来，先交党费，再买生活必需品，留出一些钱以备不时之需，最后轮流给孩子添置一些衣服。再紧张，决不超支。离休30多年，张富清在建于20世纪80年代的家属楼里住了30多年。

2012年4月，88岁高龄的张富清左膝脓肿，多地治疗不见好转，医生最后诊断，必须高位截肢。但在家人和医生面前，张富清依然乐观，未显露半点消极情绪，积极配合治疗，伤口刚愈合，他便用一条腿做支撑，先是沿着病床移动，后来慢慢地扶着墙壁练习走路。靠着战场上淬炼的顽强意志，经过近一年锻炼，张富清能借助助行器，上楼下楼，上街买菜，有时还下厨炒几个菜，实现生活自理的目标。

无论做任何事，张富清总是先从党和国家的角度考虑。从他读的书、看的电视节目可以发现，他虽居陋室，却视野开阔、格局很大，他的心，紧贴着实现民族复兴这个伟大梦想。

心中无我，深藏功名。张富清考虑的从来不是“我需要什么”，而是“党需要什么”“人民需要什么”。在他眼中，从始至终，自己只是一名忠于组织、忠于人民的普通共产党员。

走过95年的风雨人生，即使往事尘封，他也从未忘记过那些并肩奋战的战友，“和那些牺牲的战友相比，我已经很幸福了。我还要为党和人民多做一些，一辈子跟党走”。从老英雄的眼神中，流露出一名曾为共和国流血奋斗的战士，对祖国深深的眷恋。

对待幸福的理解，张富清说：“和牺牲的战友比，我是幸福的！”这是一个出生入死的军人心目中的参照标准。

战争年代不怕牺牲、出生入死，张富清靠的是一名党员的信仰和初心；和平时期淡泊名利、扎根大山，张富清为的是不负入党的誓言，这就是一个共产党人对使命的践行。

（龙祖明　杨　林）

县情概览

地理环境

【位置面积】 来凤县地处湖北省西南最南端，地处北纬29°06′15″～29°41′05″，东经109°01′00″～109°25′45″。东南邻湖南省龙山县，西南毗重庆市酉阳县，东北与本省宣恩县接壤，西北与本省咸丰县相连，素有“一脚踏三省”之称。县城所在地翔凤镇，东距省会武汉市公路650千米（直距450千米），北距恩施土家族苗族自治州首府恩施市公路134千米（直距64千米）。县境东西距长42.5千米，南北距长61.30千米，总面积1342.0514平方千米（2018年末土地变更调查统计），占全省总面积的0.71%，占全州总面积的5.61%。

【地　质】 来凤县地处湖北省西部四大断裂带之一的宣恩椒园至咸丰断裂带南缘的蠕动区。寒武纪、奥陶纪时处于海水淹没状态，三叠纪晚期（距今约2亿年）完全脱离海浸上升成陆地。地质构造属于新华夏构造体系隆起带的一部分，地层出露较全面，多为沉积岩，广泛露出的为质地较纯的硅酸盐岩类，以三叠纪大冶灰岩为主，局部断陷盆地沉积有第三纪红色砂质岩系。地貌受中生代燕山运动影响十分显著，主要表现为盖层褶皱。由于境内石灰岩广泛分布，质地较纯，在暖湿气候影响下，发育较为完善的喀斯特地貌，溶洞、溶蚀洼地、伏流、盲谷等地貌奇观普遍存在。

【地　貌】 县境南北狭长，北半部东西稍宽，南半部东西偏窄，呈栎树叶形。西部和北部多山，重山叠岭，山势嵯峨；东北和东南部沿酉水河岸，盆地较多，甚为平畈，为丘陵地带，属酉水河上游河谷盆地。境内山脉属武陵山余脉，分两支成钳形走向横贯全境。一支自西南至西北绵亘于大河镇、旧司镇、革勒车镇、三胡乡与咸丰县之间；另一支自西南至东北经百福司镇、漫水乡、绿水镇、翔凤镇入宣恩县境。山脉以挖断山为界，以西为西部山脉，以东为东部山脉。西部山脉主要山峰有：捌股界、笔架山、捌股梁、猫头山、毛头山、老鹰山、马道梁、芭茅山、孤独山、狮子梁、白岩山、天山坪、山羊坨、人面山、两口老山、茶林坡、道坨、一把伞、雷公顶、大梁山、鹰嘴岩、摩天岭、笔梁山、刮子山、铁甲寨、大尖山、老鸹山、天窑界、庙梁、黑山、文家山、关头梁上、岩人梁、油茶坨、梅子垭、马鞍山、官坟山、垮山、关峰岭等。东部山脉主要山峰有挖断山、大竹山、月亮岩、永灵山、大坪、五台山、摩天岭、海爬山、大山、尖峰岭、半边山、木头界、大梁山、黑山岭、轿顶山、洞坪梁、老爷山、马鞍山、黑山、老哇山、分水岭、贵帽山、佛山、雀儿笼、笔架山、青山、中华山、猫儿头、杉木岭、三尖山、大文坡等。天山坪为县内最高山，白岩山为县内第二高山，贵帽山为县内第三高山。主要平坝有县城周围（翔凤镇）的沙坨、土堡、活水、新峡、沿山坝、车大坪，绿水镇茅坝，漫水乡三坝、社里坝，百福司镇洞塘坝、木车坝、大坝、车坝、瓦厂坝、胡家坝，大河镇大河坝、马家坝、蒲西三坝（上坝、中坝、下坝），旧司镇水田坝、黄土坝、东流坝、官田坝，三胡乡二虎坝、刘家坝、冬瓜坝、覃家坝（侯立堡）等。山口40个，重要山口有滴水关、老鸦关、智勇关。较大的峡谷有麂子峡、新峡、老峡、龙嘴峡。主要溶洞有老虎洞、甘溪洞、卯洞、婆婆洞、穿洞等。地形错综复杂，高山丘陵交替连绵，河流沟溪纵横交织，山与山之间形成大小不等的冲积平坝和梯田。地势西北高、东南低，由东南向西北倾斜，为喀斯特高原和中山，山体雄伟，山顶平缓。由于高原面长期经受流水切断，河谷均成深峡，多急流瀑布。地层局部陷落处及河间开阔处，形成盆地，盆地开阔，溪谷深峻，有利于动植物繁殖生长。县境一般海拔680米，县城海拔458.25米，最高海拔大河镇天山坪大尖山，1621.3米；最低海拔百福司镇鸡笼滩（后改名金龙滩）339.9米。海拔500米以下的丘陵地区占总面积17.15%，海拔500—800米的低山地区占总面积61.13%，海拔800—1200米的二高山地区占总面积1.81%。

【气　候】 2019年气温总体偏高，年内四季除冬季外平均气温均高于历史同期；总雨日较历年偏多，降水量较历年同期偏少。各季时空分布不均、多局地性强降水；年日照时数略偏多，年初出现连阴雨天气，日照严重偏少，阶段性阴雨寡照天气较多；7—9月出现阶段性干旱，晴热高温天气持续时间较长。

冬季偏冷，平均气温较历年偏低，仅1月气温略偏高；降水量较历年同期偏少，降水日数明显多于历年同期；日照严重偏少，蒸发较历年同期明显偏少。本季在12月末有较强冷空气影响，出现降雪。大范围低温雨雪、长时间连续阴雨寡照日数多，对春运交通安全、农业生产及人们的正常生活带来一定的影响。

春季平均气温较历年偏高，整体波动增温；降水量与降水日数均多于历年同期；日照偏多，蒸发偏少。春季前期出现低温寒潮天气，不利于春耕春播和越冬作物收割的开展；中期日照充足，降水较少，有利于农业活动的开展；后期阴雨天气较多，日照较少，降水较多，不利于开展农业生产等活动。

夏季平均气温较历年略偏高，整体波动增温；降水量较历年明显偏少，降水日数多于历年同期；日照偏多，蒸发偏少。主要灾害性天气为持续晴热高温天气带来的干旱和局地强对流。对全县工农业生产和人民生产、生活造成不同程度的不利影响。

秋季平均气温较历年同期偏高，气温逐渐降低，季内冷空气活动频繁但总体较弱，气温变幅较大；降水量、降水日数较历年同期偏少；日照较历年同期偏多，蒸发偏少。本季阴雨天气较多，对各行业有利有弊。

2019年，年平均气温为16.4℃，与历年同期偏高0.4℃，与上年（2018年16.4℃）持平。气温偏高最明显的是3月、4月及8月，分别偏高1.0℃、1.8℃和1.0℃。气温2月偏低较为明显，较历年同期偏低1.4℃。年极端最高气温为37.5℃，出现在8月21日；年极端最低气温为-2.2℃，出现在1月22日。全年各月极端最高气温和极端最低气温均未超出历史极值。

2019年总降水量为976.5毫米，较历年同期偏少明显。2019年来凤县年降雨日数（≧0.1毫米）169天，与历年同期（164天）相比，多5天。

2019年日照时数1182.2小时，年日照百分率为27%。

2019年总蒸发量为667.4毫米，较历年同期（835毫米）少20%。

2019年主要有两次灾害天气过程：8月10日以来，来凤县多次遭受大雨大风袭击，水淹农田、雨水浸泡造成滑坡等，农房倒损，给部分村民生产生活造成一定的经济损失。来凤县有4个乡镇22村受灾，受灾人口435人，转移安置7人，农作物受灾136公顷，成灾102公顷，绝收35公顷，因灾农房严重受损3户7间，一般性受损2户2间，因灾造成直接经济损失120万元，其中农业经济损失57万元，基础设施损失50万元，家庭财产损失13万元。三胡乡胡家沟村马鞍山出现滑坡险情，滑坡后缘穿越天然气管道线，滑坡前缘抵达居民房屋屋脚，威胁曹大贵等5户21人的生命财产安全，革勒车镇芭坪村7组引发地质灾害，9户22人受到威胁。

入汛以来，来凤县降水持续偏少，特别是7月、8月、9月多高温少雨，酉水河干涸见底，其他河流、小溪断流，水库水位降到最低水位。来凤县旱情较严重，部分乡镇、村居民饮水困难。来凤县8个乡镇111个村受灾，受灾人口38565人，其中因旱饮水困难需救助16520人，农作物受灾1826公顷，成灾1222公顷，绝收414公顷，直接经济损失708万元。

【地表水】 境内地表水皆由酉水河金龙滩流出县境。总产水量为金龙滩以上径流。县境地表水通过老虎洞河、新峡河、老峡河、怯道河汇入酉水河形成。总地表水由境内地表水、出露地下水（瀑布、泉水）和过境客水组成。径流地域分布有较大差别。按地势区分，低山、二高山、高山各地域年平均径流总量分别为10.4亿立方米、3.04亿立方米、0.31亿立方米。从东南向西北随海拔升高而递减。年径流时间分配：4—9月（汛期）占全年总量70%—80%；10—3月（枯水期）仅占20%—30%。年径流量年际变化同年降水量大体一致。河流多年平均径流量：酉水来凤水文站16.964亿立方米（53.8立方米/流域面积），年径流深1058.2毫米，年径流系数0.676；酉水纳吉滩水文站（卯洞水文站）35.96亿立方米（114立方米/流域面积），年径流深1076.4毫米，年径流系数0.675；酉水金龙滩站（推算资料）43.97亿立方米（139.4立方米/流域面积），年径流深1076.4毫米，年径流系数0.675。县境多年平均总产水量43.9亿立方米。频率P=50%、75%、90%的年总产水量分别为41.77亿立方米、34.3亿立方米、29.46亿立方米。县内多年平均地表水14.28亿立方米。频率P=50%、75%、90%年产水量分别为13.57亿立方米、11.14亿立方米、9.57亿立方米。来凤客水主要是酉水河佛潭两河口以上宣恩县白水河（酉水河上游）、卯洞出口处由湖南省龙山县流入县境皮渡河、怯道河上游由重庆市酉阳县流入鼎罐洞河、土坪河等。客水多年平均水量29.62亿立方米。频率P=50%、75%、90%分别为28.2亿立方米、23.16亿立方米、19.89亿立方米。

【地下水】 县内地下水均由大气降水补给。在石灰岩地层分布区，岩溶发育，大气降水丰沛，大量沿各种垂直、倾斜岩溶通道以灌流方式迅速补给地下水；同时，岩溶剥离面上地表溪流也大多潜入地下，成为地下河重要补给源，在非岩溶地区，大气降水则由裂隙少量渗入补给地下水。来凤地下水多以当地侵蚀、溶蚀基准面附近（溪沟两侧）、岩相突变接触带及各级剥离面之间过度斜坡地带出露排泄，成为地表水组成部分。全县地下水储量5.3亿立方米，占水资源总量的12%，地下水模数39.43立方米/平方千米。由于地下水主要靠大气降水地表水补给，因此，在时空分布规律上二者具有相当一致性。来凤地下水多于河流溪沟下部出露，汇入河道，补给河道径流。

【河　流】 来凤县河流属长江流域沅江水系酉水北源。境内河流沟溪纵横交织，有大小河流29条，总长508.1千米；小溪45条，总长138.6千米。流域面积在100平方千米以上的较大河流5条：酉水及主要支流老虎洞河、新峡河、老峡河、怯道河。

酉水河。蜿蜒于鄂、湘、渝三省市边界，是

洞庭湖水系沅江一大支流。发源于宣恩县椿木营乡黄柏营，经宣恩县李家河乡两河口汇入来凤县境，而后入渝穿湘，于湖南沅陵注入沅江。酉水从宣恩、来凤两县交界两河口至百福司镇金龙滩全长111.6千米。其中，两河口至绿水镇施南坪村42.4千米，为来凤龙山两县界河；施南坪至和尚堡段16.5千米，流入龙山县境内；和尚堡至漫水乡李家沟段3.7千米为来凤县境内河；李家沟至塘口水库车腿3.6千米，为来凤龙山两县界河；塘口至百福司镇金龙滩段49千米为来凤县境内河。尔后流入重庆市酉阳县境。两河口高程460米，金龙滩高程335米，河道宽20—200米，平均坡降1.12‰。金龙滩以上控制流域面积4119平方千米，年平均流量每秒137.5立方米。河流多年平均径流量：酉水来凤水文站16.964亿立方米（53.8立方米/流域面积），年径流深1058.2毫米，年径流系数0.676；酉水纳吉滩水文站35.96亿立方米（114立方米/流域面积），年径流深1076.4毫米，年径流系数0.675；酉水金龙滩站（推算资料）43.97亿立方米（139.4立方米/流域面积），年径流深1076.4毫米，年径流系数0.675。酉水流域地处武陵山区，属新构造运动上升区，其地势一般在海拔高程360—700米，切割深度150—350米，系一构造侵蚀低山地区，来凤盆地分布在海拔高程400—460米。酉水自北而南纵贯来凤东部边境，进入县境后，有较大支流汇入，地势逐渐开阔，佛潭至龙嘴，为南北长约30千米、东西宽约20千米山间丘陵盆地，地势平坦，有耕地约5330公顷。龙嘴至鱼塘为山丘台地，鱼塘以下至百福司为峡谷。酉水属山区性河流，随着时间推移，不断深切，形成沟谷纵横、悬崖峭壁、重叠山峦，河流蜿蜒曲折。流域内植被较好。岩溶发达，溶洞、暗河较多，著名溶洞有风洞、婆婆洞、仙人洞、卯洞。尤以卯洞最为壮观。卯洞是九百里酉水唯一伏流洞，洞长214米、宽58米、高36米，形成巨大岩溶天生桥奇观。境内酉水干流水能理论蕴藏量12.35万千瓦，已开发10.4万千瓦，建有塘口电站、纳吉滩电站、金龙滩电站等水库电站。酉水河水产资源丰富，盛产娃娃鱼、鲶鱼、鳜鱼、鲤鱼等。

老虎洞河（又名南河、蓝河）系常流河。发源于三胡乡干洞（漫塘亚达屋凉桥），流域面积110平方千米，流程31千米，河床宽10—40米，平均坡降4.9‰。平均年径流量2.11亿立方米。经二虎坝、苏家堡、猴栗堡至翔凤镇官渡口汇入酉水河。水利、水能资源较为丰富，水能理论蕴藏量0.615万千瓦，已开发0.349万千瓦，建有狮子桥水电站、金塘水库水电站、老虎洞水电站等水库电站。

新峡河。系常流河，一支发源于来凤与咸丰交界大河镇东岭坳，流经杉木塘、申溪河、兰家塘、官田坝；一支发源于来凤与咸丰交界滴水关，流经黑洞溪、二龙山、茅草坪、革勒车河；两支流在旧司镇两河口汇合，称为官塘河，又经文坪至新峡水库为高洞河；至红花、江口坝为红岩河，经红花桥于沙潮汇入酉水。这条因地异名河流由峡口奔腾而出，定名新峡河。河流全长39千米，河宽10—120米，平均坡降4‰。流域面积260平方千米，年径流量4.02亿立方米。流域内耕地面积3190公顷，水能理论蕴藏量1.26万千瓦，建有二龙山电站、新峡电站、排沙沟水电站，已开发0.115万千瓦。

老峡河。系常流河，发源于大河镇天山坪东麓土地垭，在两河口与发源于白岩山北麓老板沟小河汇集，东流至大河镇，有老板沟、冷水溪、芭蕉溪、锣鼓塘（又名落角塘）、马鹿井、板土科等多条小河汇入，集成一条大河，经旧司镇、进入贵帽山下老峡口。老峡河河底宽30米、水面宽58米，两岸壁立千尺，互相对峙，水势湍急，飞泻而下，流水经上寨至峡口汇入酉水。河流全长47千米，河床宽10—80米，河流比降4.5‰，流域面积427平方千米，平均年径流量7.35亿立方米。流域内耕地5700公顷，水能资源丰富，水能蕴藏量2.55万千瓦，已开发0.28万千瓦。建有陡滩、老峡、体河水电站。水产资源丰富，主要有娃娃鱼、棘胸蛙、鲤鱼、草鱼等。

怯道河。系常流河，源流分为两支，北支发源于重庆市酉阳县土坪朝天门一带，此段为茅眼洞（又称“茅杆洞”“茅冈洞”，下同）河，该支为主源；西支发源于重庆市酉阳县毛坝场，称鼎罐洞河，属怯道河支流。两条源流于百福司镇安抚司汇流，干流全长51千米（来凤县境内流程23千米），流域面积696平方千米（来凤县境内流域面积297平方千米），多年平均年径流量9.48亿立方米。流域内耕地面积2460公顷。河道蜿蜒曲折，平均坡降1.8‰，两支流河道宽分别为20—100米、10—100米。水能理论蕴藏量2.42万千瓦，已开发0.025万千瓦，建有龙板滩电站。水产资源主要有娃娃鱼、棘胸蛙、野生甲鱼、鲤鱼等。

【瀑布　间歇泉】 由于来凤县石灰岩地貌发育，溶洞、伏流多，也有瀑布与间歇泉，多处于原始状态，是较好水力资源和旅游资源。

洞塘瀑布，位于大河镇西北5.7千米处老峡河上游，落差约10米，洞塘大堰渠首修建于此。四季不竭，景观壮美，河中潭深，岸边洞奇，飞瀑入潭，相映成趣。

标水岩瀑布，位于洗车西北2.4千米，属漫水乡胡家坝村，瀑布宽5米，落差约10米。

茅眼洞瀑布，位于百福司镇西北10.5千米，属怯道河上游，洞口位于悬崖峭壁之上，洞高15米、宽10米，五台山地下水出露于此，飞流直下，蔚为大观。直接落差100米，多年平均流量每秒1立方米。

犀牛潭间歇泉，位于百福司镇南5千米处谭家坝，属风洞村，平时潭水平静，每日中午涌潮，两三个小时后逐渐平静，冬日潭面雾气蒸腾。民间传说潭中有一犀牛，每日中午滚澡，故而得名。属典型间歇泉。

白岩山瀑布，位于县境西部边缘白岩山，该山上有玉池水，方圆约1平方千米，水至朝天门下面洞口流出，瀑布数十丈飞下，入茶园溪沟，气势如虹，十分壮观。

【土　壤】 据1982年土壤普查统计，全县土壤类型分红壤、黄壤、黄棕壤、石灰（岩）土、紫色土、潮土、沼泽土、水稻土8个土类，15个亚类，46个土属，126个土种；其中水田64个土种，旱地35个土种，非耕地27个土种。分布状况：红壤1289.39公顷，占10.9%，主要分布在翔凤镇、漫水乡、百福司镇、绿水镇海拔500米以下低山、丘陵、平坝、台地；黄壤661166.13公顷，占55.19%，主要分布在漫水乡、百福司镇、大河镇、旧司镇、三胡乡海拔500—800米低山、谷地；黄棕壤26555.73公顷，占22.45%，主要分布在大河镇、三胡乡、革勒车镇、旧司镇、绿水镇五台、百福司镇高洞海拔800米以上二高山及高山；水稻土10877.67公顷，占9.2%，占全县耕地土壤48.89%，各乡镇均有分布；紫色土、潮土、石灰土、沼泽土占1.54%，主要分布在翔凤镇、绿水镇、漫水乡、百福司镇。水田大部分缺磷，部分缺钾，偏酸偏碱水稻土面积占三分之一；旱地有机质含量低，普遍缺磷，部分缺钾，偏酸偏碱面积大。

自然资源

【土地资源】 2018年末，土地变更调查统计，全县土地总面积134205.14公顷，属湖北省小县之一，恩施州最小的县。其中耕地总面积34311.7公顷，包括灌溉水田、望天田、平缓地、陡坡地、菜地，占全县土地总面积25.57%；园地总面积2983.08公顷，包括果园、茶园、桑园、其他园地，占全县土地总面积2.22%；林地总面积84198.44公顷，包括有林地、灌木林地、疏林地、未成林造地、迹地、苗圃，占全县土地总面积62.74%；草地总面积265.75公顷，主要为其他草地，占全县土地总面积0.2%；城镇、村庄、工矿用地总面积5177.25公顷，包括城镇、独立工矿、村庄、特殊用地，占全县土地总面积3.86%；交通运输用地总面积1036.25公顷，包括公路、农村道路，占全县土地总面积0.77%；水域及水利设施总面积2714.78公顷，包括河流、水库、坑塘水面、滩涂、沟渠、水工建筑占地等，占全县土地总面积2.02%；其他土地总面积3517.89公顷，包括设施农用地、田坎、盐碱地、沼泽地、沙地、裸地等，占全县土地总面积2.62%。

【森林　野生动物资源】 2019年末，全县林业用地面积95599.53公顷，其中有林地70575.53公顷（乔木林面积68877.18公顷、竹林面积1698.35公顷），占林业用地面积73.82%；疏林地面积1447.98公顷，占林业用地面积1.51%；灌木林地面积18737.56公顷，占林业用地面积19.6%；未成林造林地面积4352.54公顷，占林业用地面积4.56%；无立木林地面积141.57公顷，宜林地面积275.66公顷，合占林业用地面积0.44%。

来凤县属于中亚热带季风气候，并形成与气候相适应多种植被类型，即中亚热带常绿阔叶林带，在高山随着海拔递增则分别为北亚热带常绿落叶阔叶混交林带、暖温带落叶阔叶林带、温带针叶落叶阔叶林带和寒温带针叶林带。从1999年起开始实施天然林保护工程、退耕还林工程等，至2019年，全县森林覆盖率58.11%，全县活立木总蓄积463.76万立方米。

境内气候温暖湿润，小气候环境多样，土地肥沃，适合多种植物生长。经1999年开展全县一类清查，发现高、低等植物有109科，706种。其中乔木51科，106属，237种；灌木40科、128种；木本10科、藤本20种，草本321种。（1）经济林有17科、25属、91种。传统经济林主要是油桐、油茶、倍子，其次有柑橘、桑、棕、杨梅、核桃、板栗、桃、李、梨、柚等。近年来，在发展经济林中，选择具有优质、高产特性的名、优、特、新品种。主要树种：茶叶、板栗、油桐、杜仲、黄檗、厚朴、柑橘、柚子。基本形成沿西水河一线以橘、柚、桃为主，来大线以板栗、楠竹、桑蚕为主，来咸线以杨梅、板栗为主，来智线以油桐、油茶为主“一水三线”经济林布局。（2）用材林有44科、84属、146种。原来主要是马尾松、香杉、毛竹等。后陆续引进水杉、柳杉、油松、华山松、广东马尾松、湿地松、雪松、池杉、云杉、美国白杨、意大利白杨、日本落叶松、华北落叶松等。全县竹林面积2280.7公顷，其中毛竹面积854公顷。此外，有斑竹、水竹、白竹、兹竹、荆竹等。近年在发展中，一般选择具有生长快、干形通直、材质好等特性树种，主要有楸、杉、柏、香椿、桤木。（3）防护林，一般选择具有生长快、防护性能好、抗逆性强、生长稳定树种。主要有枫杨、柏杨、臭椿、茶、樟木、刺槐、楠竹、兹竹、香椿、马尾松、杉木、柳杉、柏木。（4）薪炭林，选择具有生长快、生物量高、萌芽力强、热值高、燃烧性能好、适应性强树种。主要树种：麻栎、栓皮栎、山毛榉、槲栎、小叶栎等。（5）特用林，主要为庆凤山风景林中各类杂木。

据1999年林业部门调查，全县有野生动物资源130种，其中兽纲36种、鸟纲30种、两栖纲11种、爬行纲11种、昆虫纲及其他42种。

【矿产资源】 来凤县矿产资源种类相对偏少，各类矿产21种。其中：能源矿产2种，包括煤、石煤；金属矿产5种，包括铁（褐铁矿）、锰、铜、铅、锌；非金属矿产14种，包括硫铁矿、石膏、重晶石、方解石、冰洲石、萤石、水泥用灰岩、建筑石料用灰岩、建筑用白云岩、冶金用石英岩、砂岩、水泥配料用页岩、陶瓷土、建筑用大理岩。矿产资源分布相对集中，区域特色明显。重晶石、方解石、萤石和铜、铅、锌及白云石等矿产主要分布在西北部地区的三胡乡、革勒车镇、旧司镇一带；铁、锰等则分布在南部地区的漫水乡、百福司镇等地；而煤、陶瓷土等则大致以北东向展布于中部地带；水泥用灰岩、建筑石料则全县各乡镇均有分布。除煤炭开发利用较早外，其余矿种开发较晚，利用程度不高。实际开发利用矿产6种，包括煤、方解石、重晶石、水泥用灰岩、建筑石料用灰岩、制砖用粉砂岩。

【水能资源】 来凤县年平均水资源总量约42.07亿立方米。可开发利用水量约23.1亿立方米。境内水力理论蕴藏量为19.2万千瓦，技术可开发量为18.37万千瓦，经济可开发量为16.92万千瓦。根据山区溪河密布、坡降大，便于梯级兴建的特点，已开发利用21处，装机46台，总装机容量15.893万千瓦，其中中型电站1座，装机3台，总装机5.1万千瓦；未开发水力资源为1.027万千瓦。全县建成中小型水库55座，其中中型4座，小（1）型水库22座；小（2）型水库29座；431处小微水体。

【水产资源】 主要水产品为各种淡水鱼虾，如草鱼、鲤鱼、鲢鱼、鳙鱼、小龙虾等。全县水域面积约3600公顷（其中水库面积1000公顷），可用于发展水产养殖的水面1000公顷，其余2600公顷可用于开发渔业增殖流放。

【旅游资源】 民俗文化类：来凤县地处国家森林公园张家界至长江三峡重要黄金旅游线上，尤以深厚宗教文化和浓郁民俗风情最为突出反映本县丰富旅游资源和璀璨人文历史。当地民族节庆，除正月初一过大年、十五闹元宵、三月清明、五月端午、八月中秋等传统节日与其他地方一样外，还有农历二月“吃社饭”、农历四月初八“牛王节”、农历正月“舍巴节”（又叫摆手节）、农历六月初六晒龙袍等民族节日。摆手舞：摆手舞是来凤最为著名和最具土家族象征性民族特色的舞蹈，来凤作为摆手舞发源地，其原生态摆手舞更是民族文化奇葩。摆手舞分为“大摆手”和“小摆手”两种，前者规模宏大，多在野外开展；后者规模较小，多在摆手堂表演。“摆手舞”具有一定宗教色彩，它是土家群众纪念祖先、祈求后代兴旺发达、人寿年丰的一种舞蹈仪式。“摆手舞”内容十分丰富，主要表现为渔猎舞、农事舞、军事舞、生活舞。由于摆手舞舞姿朴素、内容健康、动作优美、形式简单、寓教于乐，因而深受土家人喜爱，男女老少皆可参加。百福司镇舍米湖是摆手舞发源地之一，也是保存较为完好土家民俗村寨。南剧：南剧是具有200多年历史的古老剧种。其主要特征：①丰富多彩的传统剧目。剧目多为传奇和历史故事剧、神话传说剧，由于声腔多样，剧目与木偶戏相通，渝、湘、鄂边区职业艺人相互搭班，使得剧目十分丰富。②分生、旦、净、丑四大行。③表演注重做工。④南剧化装和人物造型重扮装，所谓扮贫像贫、扮富像富。地龙灯：流行于旧司镇高洞大岩板一带，有数百年历史。表演时，采用木棍举龙，9节龙身，每节均由一人单手抓住龙身内一圆形蔑圈或以头背托龙，另一手抓住前者腰带，表演者上身藏在龙身内，双脚为彩色龙衣所遮。舞动时，全凭感觉和熟练技巧。龙头前，一人举“宝珠”，另外一支彩凤在龙身边飞舞。其表演套路主要有“绕圈子”“龙起身”“龙盘饼”“龙回头”“抢宝彩凤”“飞龙桥”“龙盘凤”等10多种，表演时以打击乐伴奏，乐曲名为《龙归海》，欢快热烈。来凤土家民俗文化源远流长，特色鲜明，民俗文化还有铜铃舞、土家山歌、薅草锣鼓、三棒鼓、傩愿戏、板凳龙、梯玛等，全县有民间民俗文化表演艺人数千人，具有浓郁土家民俗风情。

古迹与建筑类：①古人类文化遗址。杨家堡商周遗址，位于漫水乡附近杨家堡，是来凤县迄今发现最古老的历史文化遗址。漫水冉家坝汉代遗址，是来凤县比较少见古代文化遗址之一。②军事设防构筑物遗址。智勇关，为来凤县著名古关隘之一。该关隘建于清咸丰九年（1859），系当年清军为阻击太平天国起义军所筑，该关位百福司镇风洞与重庆酉阳老寨交界处，建筑呈长方体，长50米、深4.8米、高4余米，中有拱门，其地势险峻，居高临下，易守难攻，历来为军事要塞。谢家营，又名营盘寨，在翔凤镇活水旗鼓寨。嘉庆元年（1796），鄂、湘、川、陕边区爆发“白莲教”农民起义，此地成为边区白莲教大本营，曾聚众数万，分设九寨，清王朝派四川总督孙士毅、湖广总督福宁等带领数万大兵“围剿”。起义军筑木城顽强抵抗，多次打退清兵进攻，并主动袭击，歼敌极多，先后打死官军把总、巡检、游击等将领多人，连四川总督孙士毅亦惊怒而死。后因寡不敌众，营寨被破，起义军将士数千人惨遭杀害，留下“万人坑”2个。野猫洞，位于翔凤镇竹坝村一山谷内。咸丰十一年（1861）十二月，太平天国起义军石达开部驻扎来凤，清军施南副将惠春和宜昌参将兴禄两部从三堡岭、红花岭直扑来凤县城，太平军从鹿子峡正面迎敌，从观城坡迂回包围，将清军赶至野猫洞峡谷内，击毙副将惠春、参将兴禄、游击双庆、守备周忠福等大小头目，全歼其部。此战后，太平军声威大震，乘势入川。现该地仍有“万人坑”“万人坟”等遗迹。③宗教建筑与礼制建筑群。来凤县佛、道教建筑物极多，如佛潭仙佛寺、绿水镇龙嘴玉龙宫、百福司镇观音阁和万寿宫、翔凤镇大观寺、鹿子峡飞来阁等，尤以仙佛寺、摆手堂最具影响。摆手堂，系土家族用于祭祀祖先和跳摆手舞场所。其中最著名的摆手堂为百福司镇舍米湖摆手堂。舍米湖摆手堂位于百福司镇舍米湖村北面山坡上，占地500余平方米，呈长方形，周围圈以院墙，系用山石砌筑，大门位于院墙前方正中，略作牌坊状，两立柱和横楣皆长柱形条石，在立柱与横楣接榫处，左右各镶半月形石牙1块，大门与神堂3间是1条石铺道，位于院落中线上，道旁夹植柏树1株，增添幽静气氛，利于跳摆手舞悬挂红灯。神堂墙壁也是石块砌成，上覆“人”字披黑瓦，无雕梁画栋和斗檐飞拱，简单厚重，朴质无华，与一般佛寺道观全然不同。神堂中供奉土家先祖彭公爵主、向老官人和田好汉塑像。现存石碑系道光二十七年（1847）和同治二年（1863）维修时所立。此外，来凤县还有鸡公岭摆手堂和大屋摆手堂，茶堰坪、庙湾、枣木树、硝洞、梨子坪摆手堂其建筑格局与上述相同。1995年，在县城修建摆手堂，建筑宏大、民族特色鲜明。④碑碣。仙佛寺回文碑，在仙佛寺内有一块回文诗碑，刻诗曰：“花开菊白桂争妍，好景留人宜晚天，霞落潭中波漾影，沙笼树色月笼烟。”将诗顺咏倒吟皆成诗句，将其拼拆组合，可演绎为成上百首新诗。川湖大界石碑，位于大河镇境内白岩山药材场，刻于乾隆二十四年（1759）。此前，鄂川两省在此地疆界不明，时有争议，后经两省公议，来凤知县和四川酉阳知州在此树碑刻字、划分边界。卯洞油行永定章程碑，刻于道光二十年（1840）九月，碑文规定桐油收购价格、质量要求等条款，可考查卯洞商业状况。碑砌于百福司镇下街一户居民住宅墙壁上，碑体完好，字迹清晰。⑤园林景观建筑。来凤县翔凤镇翔凤山公园，树木竹林密布，春季绿荫蔽日，秋季色彩斑斓，是休闲好地方。⑥桥。古桥梁：来凤县现有民国以前石拱桥17座，三胡乡石桥村古石桥较为著名。该村村上坝的一座古石拱桥，拱圈尖岩上刻有楷书阴阳文字样，经初步考证，该桥建于唐朝，至今已有1000多年历史。这座石拱桥，桥长约5米多、宽3米、高约4米，桥下拱圈尖岩除其中两块上刻有“唐朝邓氏”“张文”“长工”“周南”等字样清晰可辨外，其余文字已模糊无法辨识；但桥身保存较好，行人仍能安全通行。石桥村是通往巴蜀官盐运输路线的重要交通要道。另一座石拱桥为双拱桥，坐落在漫塘河上，传说为10名寡妇所建，故名“寡妇桥”“十娘子桥”；该桥长30米、高约7米，主拱长9米。大拱拱圈由10块尖岩组成，其中4块隐约可见“邓杜氏嗣尖”“杜李氏嗣尖”“李范藤氏嗣尖”“李姚氏嗣尖”字样刻痕，建桥年代有待专家进一步考证。现代公路桥：截至2019年底，全县有公路桥梁187座，总长6599.66延米。其中国道线上8座、省道线上51座、县道线上37座、乡道线上76座、村道线上15座、城区7座。有大桥10座、中桥67座、小桥110座。比较著名的桥梁有湘鄂情大桥、猴栗堡桥、团结桥、上寨桥、龙嘴大桥等。⑦陵墓和陵园。来凤县烈士陵园：1971建于县城翔凤山东北麓，总面积约2460平方米。园内立青石碑1座，高14.2米，正面刻着“革命烈士纪念碑”7个大字，碑顶塑有持枪战士石像1尊。碑座镌刻着贺龙元帅题词，碑文记述来凤人民在中国共产党领导下前仆后继斗争历史。园内有凉亭、假山、大型岩雕“接龙桥”模型等，遍植松柏花草，庄严肃穆。2004年增加土地80033平方米。2008—2009年，县政府投资338万元，新建红军碑亭、板沙界农民起义雕塑，重建纪念碑。2009年10月10日，经省政府批准，来凤县烈士陵园为省级革命烈士纪念建筑物保护单位。大河坝烈士陵园：位于大河镇芭蕉溪村大拱桥处，占地面积239平方米，有在冉家坡剿匪战斗中牺牲的廖法明等18名解放军战士坟墓。河东烈士墓：位于百福司镇河东捏车坪，安葬在剿匪中牺牲的解放军连指导员李毓林和民兵彭武吉。橘子坪烈士陵园：位于县城南郊红岩沟口，1978年县政府将原葬于七星沟的张昌岐烈士及在剿匪中牺牲于城郊数名解放军战士遗骨集中迁葬于此，辟为烈士陵园。⑧古墓葬。规模较大古墓葬多为土司坟墓，现有覃峒长墓、向金銮墓。覃峒长墓位于百福司镇安抚司洞塘坝村军民堡，葬者为清安抚使司覃家营峒长，墓碑为嘉庆十七年（1812）复立。向金銮墓建于乾隆二十年（1755），位于百福司镇中堡大坟山，墓主生前为卯洞百户司使司，死后谥武略将军。⑨石窟。仙佛寺摩崖造像石窟：仙佛寺石刻像凿于翔凤镇沙坨酉水河北岸佛潭岩上，岩壁高约百米，在中部并排开凿三龛大石窟，依次雕刻三尊佛像，每尊高约6米，其神态端庄、造型丰满。前清时期，在地下掘出残碑，上有“咸康元年五月”字样，清同治《来凤县志》作者推测最先造像时间为东晋咸康元年，称为“咸康佛”。据中国社科院和中国佛协相关专家考证，最早开凿年代为初唐、盛唐时期。造像计有佛、弟子、菩萨等31尊，造像群北端刻有楷书的“仙佛寺”3个大字。1956年，仙佛寺被湖北省政府公布为第一批重点文物保护单位。2006年6月被国务院确定为“重点文物保护单位”。直至“文化大革命”开始前，人们尚可见崖壁前具有浓郁民族建筑风格，含有牌坊、观音堂、僧舍、客房、钟鼓楼、大佛殿和围以栏杆且伸向河面干栏式吊脚楼三层木结构窟檐，即第一层为牌坊式北向山门，居中为观音堂、前设干栏式吊脚楼伸向河面，三面围以踩花石栏，南端为僧舍和客房；第二层为钟鼓楼；第三层为大佛殿；总建筑面积2160平方米。民族式建筑风格浓郁、雄伟壮观，河岸松竹苍翠、崖前碧波漾景、山光水色相映生辉，炎夏时节河风扑面、触体生凉，实为避暑、观光佳处。千百年来，这里一直是周边各族群众游览佳地，也是鄂、湘、渝、黔边区宗教圣地。自2012年起，来凤县坚持在保护中开发，在开发中保护，集合县民宗局、旅游局、住建局、发改局等15个县直部门力量，统筹规划、大力打造仙佛寺景区，新修景区公路，绿化景区环境，打造旅游景点，扩大景区规模等。至2014年底，仙佛寺系列旅游景点建成的有8处，分别是佛光普照、仙佛映月、翰墨碑林、祥云霞光、奇缘古道、仙佛古寺、仙佛栈道、慈航普度。仙佛寺景区在创建中严格对照《旅游景区质量等级的划分与评定》国家标准，兴建景区游客接待中心，完善停车场、旅游厕所、游步道、标识系统等设施，加大对管理和服务人员的培训力度，打造独具特色的精品景区，达到国家AAAA级旅游景区的标准和要求，通过省旅游局验收达标。⑩古城遗址。县境内古城遗址主要是土司修建的司城。其中，散毛老司城遗址，位于三胡乡猴栗堡，现存部分城基和水井；漫水土司司署遗址，在百福司镇宣抚堡，尚存残墙断壁及绘有兽花纹砖块、筒瓦等；大旺安抚司遗址，在旧司镇新街衙门湾；腊壁长官司遗址，在旧司镇水田腊壁村；东流长官司署遗址，在今旧司镇东流司大岩板村，现仍存在石铺砌人字纹路面；卯洞安抚司遗址有多处，一在百福司镇，二在天井坝，三在怯道河，最后一次建于坟山坪，叫新司城；百户长官与遗址在瓦厂坝。⑪水工建筑。县内除中、小型水库等水工建筑外，还有许多引水工程。老虎洞渠道：源于县城西郊老虎洞河峡口，乾隆七年（1742）由知县张冲倡导，在此修渠引水，灌田100公顷，人称“张公堰”。县水电部门于1969年、1971年、1985年3次改造，将引水坝加高加固、渠道加深，木渡槽改为钢筋混凝土，使之成为可灌溉466.67公顷稻田的骨干工程。佛潭渠道：位于仙佛寺佛像岩体附近，渠道引水坝建于宣恩县李家河乡鲤鱼塘，拦截李家河河水，将水引至沙沱坪。该工程有长39.5米、高4.5米引水坝1座，过水能力每秒4.95立方米；长6736米干渠1条，有隧洞2个（长297米），其中1条隧洞沿仙佛寺石刻造像岩体平行穿过。茅冈洞渠道：位于百福司镇安抚司，源头为悬崖上1眼洞泉，终年流水不竭，最枯流量亦为0.3立方米/秒，现有渠道14千米，其中渡槽6座、倒虹吸1处。⑫特色城镇与村落。百福司古镇：为百福司镇政府所在地，位于鄂、渝、湘三省市之交界处，距县城公路45千米，是三省市边区贸易重要集散地。百福司镇是中国民间文化艺术之乡，全国小城镇综合开发示范镇，湖北省边区口子镇，湖北省旅游名镇创建乡镇，恩施州的明星集镇。该镇着力挖掘、打造民族文化旅游品牌，即弘扬舍米土家民族文化，挖掘整理“万担桐油下洞庭，十万杉条达九州”的古商贸文化，打造以“卯洞”为代表的原生态地质公园文化，挖掘红色文化、土司文化及“土家食道”的饮食文化等。通过争取项目、引资开发，充分展现“吃土家饭、住吊脚楼、品土司文化、赏卯洞地质公园、购土特产品、看民俗风情表演”六大卖点。黄柏园：三胡乡古村落，距县城18千米，省道248横贯其中，是来凤北大门。黄柏园森林覆盖率达到70%以上，是休闲度假理想场所。黄柏村是湖北杨梅第一村，是千年古杨梅群落所在地，该区属于古架山杨梅群落自然保护区，区内现存古杨梅1万多株，2003年6月晋升为省级自然保护区。从2003年开始对黄柏村按照生态旅游村标准进行总体规划和部分景区详规，至2008年底，县财政总投入663万元，分别建设古杨梅树院落，打造极具土苗特色杨梅古寨，硬化联结省道通村公路，建成穿村石板路和古寨门，完成与之配套朱家坳集镇房屋美化工程。2013年根据县委、县政府统一部署，围绕打造“县城后花园”和“观光休闲、农耕体验”定位，开始整合黄柏园、石桥两村优质旅游资源，开发建设“古杨梅林”“古院落”“古戏台”“古盐道”等18个独具特色旅游项目，发展全新生态旅游区（古道杨梅风情园，也叫黄石景区）。2009年，被评为湖北省旅游名村；2011—2013年，被评为湖北省民族团结进步示范村；2012年作为湖北省首批启动的10个绿色幸福村之一；2013年，下黄柏园入选第二批中国传统村落；2014年9月，被国家民委命名为“中国首批少数民族特色村寨”；同年，湖北省绿化委、省林业厅确定其为绿满荆楚“绿色示范乡村”，被全国文明委评为国家级文明村。2016年12月30日，湖北省旅游景区质量等级评定委员会正式公告，杨梅古寨景区被授予国家AAAA级旅游景区。中国传统村落：截至2019年，来凤县有16个村落列于中国传统村落名单，分别为：百福司镇的兴安村、舍米湖村、冉家村、观音坪村，大河镇的五道水村徐家寨、冷水溪村、独石塘村、车洞湖村，漫水乡的渔塘村上渔塘、兴隆坳村落衣湾，三胡乡的黄柏村下黄柏园、石桥村，革勒车镇的鼓架山村铁匠沟，旧司镇的板沙界村、梅子埡村，绿水镇的田家寨村。⑬纪念性建筑。接龙桥：建于嘉庆十三年（1808），桥长86米，有大、小两拱，取名接龙桥含有“延接龙脉、龙凤呈祥”之意。第二次国内革命战争时期，贺龙率红军在湘、鄂西活动，来凤人民盼红军、望贺龙，“接龙桥”便被赋予新含义。1984年4月，中共中央总书记胡耀邦亲笔题写桥名，在接龙桥上立有一座纪念碑和一组反映来凤人民当年迎接红军、迎接贺龙的浮雕。

地文景观类：①典型地质构造。来凤县地处鄂西四大断裂带之一宣恩椒园至咸丰断裂带南缘，县城及周围地区为北东向狭长小型盆地，盆地为构造断陷盆地，盆地形成时代为白垩纪晚期（K2Z）。在县城附近老虎洞，有白垩系（K）/三叠系（T）之间构造不整合界线，构造不整合是地壳运动最直观证据之一。老虎洞出露K/T界线，反映当地由海洋上升为陆地重要地质证据。该不整合界线下部为海相沉积碳酸盐岩，上部为陆相碎屑岩，这一不整合地质界线，具有重要地质意义和科考价值。②标准地层剖面。县境内出露主要地层有：奥陶系（O）、志留系（S）、泥盆系（D）、石炭系（C）、二叠系（P）、三叠系（T）、白垩系（K）和第四系（Q），其中来凤县拦车洞——湖南龙山县石膏山白垩系正阳组（K2z）地质剖面，是湘鄂西地质时期标准地质剖面之一，具有区域对比意义。③生物化石类。在来凤县南部奥陶系（O1）中，化石较为丰富，主要有三叶虫、头足类、腕足类、笔石、介形类及牙形石等古生物化石；在奥陶系中、上统（O2+3）中，有三叶虫、腕足类、腹足类化石；在志留系（S）中，含有笔石、腕足类、海百合茎、双壳类、层孔虫等化石；在泥盆系（D）中，出现一些植物化石；在石炭系（C）中，以珊瑚、腕足类、蜓科化石为代表。④山峰。天山坪：在县城西33千米处，属大河镇天山坪林场，西部入咸丰县境，面积8平方千米，主峰大尖山海拔1621.3米，为全县最高山。白岩山：位于县城西部边缘，距县城35千米。西与咸丰县白家河接壤，南与重庆酉阳县土坪毗邻，长4.5千米、宽2.8千米。总面积12.6平方千米。平均海拔高度1270米，最高峰张皮界，海拔1419米。山上有玉池水，方圆约1平方千米，水自朝天门下面洞口出，瀑布数十丈飞下，入茶园溪沟。整个山势北高西低，东西南三面悬崖峭壁，似刀砍斧劈。半山有一石壁，高耸百丈，其色皆白，远望如白云合布，故名白岩山，为县境第二高山。大尖山：距县城西北22千米，位于革勒车镇北偏西7.6千米，北与咸丰县交界。海拔1283米，面积1平方千米。山峰险峻挺拔，高而尖，故名大尖山，为县境第三高山。五台山：在县城西南32千米处，属绿水镇所辖，面积2平方千米，主峰海拔1209.9米，上有5个小台地，故名“五台山”。主要出产有松、杉、油桐等。贵帽山：位于县城西南16千米，地处老峡河北畔，属绿水镇境，面积3.5平方千米，平均海拔950米，最高海拔1178.5米，山顶有前后两峰，峙立如帽，耸入云霄，云移至此，雾兴即雨，故名“贵帽山”。三尖山：位于翔凤镇与三胡乡交界处，距县城西北7千米。清同治《来凤县志》记载：三尖山“三峰笔立，苍翠欲滴，自古有三山叠翠之称”，面积0.5平方千米，海拔957.2米。⑤蚀余景观。县境内碳酸盐岩分布面积很广，在岩溶作用之下，形成各种不同岩石侵蚀、溶蚀奇特景观。例如，在县城附近老虎洞河谷及两岸奇峰异石，便是由于侵蚀、溶蚀作用造成，另外沿酉水河谷许多奇峰异石，也是最重要蚀余景观。⑥洞穴。由于县境内山脉多由碳酸盐岩所组成，在地下水和河流长期冲刷作用和溶蚀作用下，形成无数大小溶洞。县城至百福司公路沿线上有岩风洞、仙人洞、老峡硝洞、茅冈洞、倒天洞、红岩洞、穿洞、鼎罐洞、婆婆洞、月亮洞、大洞、卯洞、风洞等。三胡乡至咸丰忠堡和至革勒车镇公路沿线上有：九窝峰、干洞、猴子洞、猫猫洞、锅锣洞、坛子洞、龙柱洞等。县内著名洞穴：老虎洞，位于县城西郊0.5千米老虎洞河畔，此处乃一狭谷，窄处仅10余米，两旁悬崖壁立，高耸千丈。石罅多生古柏，千姿百态，藤枯倒重。谷底阴森、乱石嶙峋，人呼则回声四起。老虎洞洞口紧贴河边，洞口高10余米、宽15米、深50余米，长年水从洞中出，碧绿清凉。远远望去，其山势如伏虎欲纵，故昔人称之为伏虎洞。洞口凉风习习，风大时呼呼作响，伴以流水之声，如虎啸吟，昔人称为"伏虎嘶风"。卯洞，在酉水河流至百福司镇梅子坳村附近，距百福司东3千米。洞宽58米、高36米、长215米，是900里酉水唯一伏流洞。洞口悬崖如削，壁立数百米。在百余米高处，还有一洞，由下仰望，洞前似有栏杆，当地人称为"仙人洞"，洞内曾出土大量文物。婆婆洞，又名天姥洞，位于百福司镇北1千米老潭湾。洞口宽10米、高7米，洞内平坦宽敞，可容纳数千人，洞顶满布钟乳石，中垂一巨大石乳，宛若一妇，周围有小乳石环绕，千姿百态，状似莲花簇拥，故名婆婆洞，洞深十余里，岔洞甚多。

水域风光类：①风景河段（参见地理环境【河　流】）。②瀑布（参见地理环境【瀑布·间歇泉】）。③水库。经过多年水利建设，修建许多水库或电站，形成众多人工湖泊，其中比较著名的水库有：新峡水库，库坝建于旧司镇高洞官塘，该坝为圬工重力坝，坝长154米、高36米，顶宽14.7米，总库容3520万立方米，正常库容2260万立方米，是以发电为主兼有多种功能的水利枢纽工程，该坝1981年全面竣工，是全县众多水库中最具有旅游开发价值水库之一。下河沟水库（又名坠玉湖），位于绿水镇茅坝，集水面积2.27平方千米，总库容537万立方米，坝高22米，副坝15.51米，为黏土均质坝，渠系工程为干渠3条，总长7144米，有渡槽3座，总长657米；1980年完工，库区内有34个大小不一岛屿，加上该水库距县城较近，是开展水上休闲的极佳场所。

生物景观类：①森林。来凤处于亚热带常绿林区。以樟、楠、栎、桦、栲、楮类和松、杉、柏等用材林以及桐、茶、漆等经济林为主的森林植被，形成典型中亚热带植物群落，属鄂西南山地栲类、润楠植被区。由于受非地带性因素影响，随地势而呈现出较明显垂直差异。按海拔高程自然分布种类，可划分为3个不同林带：海拔800米以下，是以油桐、马尾松为主的落叶阔叶林和针叶林以及柑橘等常绿阔叶林带。海拔800—1200米，是以壳斗科、樟科、盐肤木和杉林、楠竹为主的常绿、落叶阔叶林、针叶林带。海拔1200米以上，是以各种栎类、漆树和杂灌为主的落叶、阔叶林带。胡家坪林场位于来凤县西南部，距县城25千米。辖区大部分土地居于山体中上部，呈"帽子"状地块，有大小不等27块，与毗邻5乡26个村接壤。胡家坪林场总面积2714.47公顷，森林蓄积量19.3万立方米，森林覆盖率85.3%。贵帽山、耸独界、曾家界是胡家坪林场范围内三大主峰，三大山峰形成姿态各异、变化万千峰峦峭壁和深沟幽壑。这里山体雄峻、峡谷幽深、青杉翠柏、森林浩瀚。②古树名木。在来凤县种类繁多植被群落中，属国家重点保护稀有珍贵植物25种（引进5种），其中属一级保护的1种、二级保护的2种、三级保护的22种。在这些珍贵植物中，有木质细密、花纹美观上等家具用材香楠；有杆形圆直、生长迅速的黄杉；有誉为"活化石"古老孑遗植物银杏；还有结实如豆的红豆杉。③奇花异草。来凤县地形起伏、土质肥沃、气候环境多样，适宜多种植物生长，由此，在县境内生长繁衍大量的奇花异草，其中较为著名的有珙桐（鸽子花）、杨梅、梅花、碧桃、海樱桃、兰花、牡丹、芍药、月季等上百种花卉，还有许多珍贵药草，如人参、天麻、黄连、贝母、丹皮、红花、黄檗、杜仲、厚朴、五倍子、鱼腥草、益母草等。④野生动物。从调查情况来看，在来凤县深山密林之中，还存在麂、獐、猴、狐、狗獾、猪獾、白面狸、水獭、野猪、黄鼠狼等哺乳动物；有鹭、鸬鹚、水鸭、秋鸡、锦鸡、啄木鸟、八哥、画眉、猫头鹰、鸳鸯等鸟类；有五步蛇、银环蛇、白花蛇等爬行动物。西水河也是盛产野生鱼类的河流，西水特产角角鱼较为著名。此外还有国家二级保护动物大鲵。

土特产品

【来凤藤茶】 来凤藤茶是来凤县重点发展的农特产品之一，其味甘淡性凉，具清热解毒、抗菌消炎、祛风除湿、强筋骨、降血压、降血脂和保肝等功效，是宝贵的食药两用植物资源，民间常用于高血压病、感冒发热、心脑血管疾病、湿疹、皮炎等的防治，在缺医少药年代发挥了功不可灭的作用。经中国药科大学等科研单位对其提取物进行研究发现其有效成分为蛇葡萄素及双氢杨梅素等黄酮类化合物，最小抑菌及杀菌浓度相当于等量黄连素。2019年末，全县藤茶产业面积4800公顷，专业合作社44个，加工企业19家，初级加工厂29个。

【来凤大头菜】 来凤大头菜是来凤著名的农特产。具有叶行缺刻深、皱褶多、肉质根圆筒形、组织紧密、含水量少、适宜加工等特点。清郦世麟曾赞“蔬菜类，首冰姜、大头菜、品最高、味辛脆、无筋瓤、发万运、销永常”。它富含有铁、锌、钙、氨基酸、维生素C、维生素B_2等多种人体必需的微量元素，具有健脾、开胃、生津祛湿等天然功能。经盐制加工的来凤大头菜，是来凤县特产，色香味美，久泡不软，嚼后无渣，可冷食亦可炒食，远销全国各地。

【来凤凤头姜】 来凤生姜因其形如凤凰头，俗称“凤头姜”。据《来凤县志》（1990年版）记载，凤头姜已有300多年的栽培历史，以其富硒多汁、无筋脆嫩、营养丰富、香味清纯成为湖北省乃至全国之名产，尤以仔姜脆嫩无筋在国内外生姜品种中独树一帜，品质明显优于国内外其他品种。1998年，凤头生姜成为全国第一个获得“绿色食品”认证的生姜品种。

【来凤松花皮蛋】 来凤松花皮蛋是来凤县著名特产，加工历史悠久。只有少数本地人通晓该产品的制作工艺。腌制系用本地所产的麻鸭蛋，以油桐壳熬制的碱，生石灰、茶汁、松柏灰烬调浆裹之，月余而成。它无铅、蛋体紧致、蛋清如碧玉，上呈松柏花纹，食之鲜嫩味美，余香满口，产品在鄂、湘、川等数十县历来享有盛誉，广为销售。

【来凤杨梅】 杨梅又名龙睛、朱红，因其形似水杨子、味道似梅子，因而取名杨梅。属杨梅科植物。杨梅果实色泽鲜艳，汁液多，甜酸适口，营养价值高。来凤属杨梅的原产地之一。古杨梅群落保存完好，建有鼓架山古杨梅群落自然保护区。来凤杨梅色淡紫红至紫黑，肉质细软，甜酸多汁，核小，品质上等，营养丰富，风味佳美，是水果中的珍品。杨梅树冠葱翠，姿态优美，终年常绿，又是绿化的优良树种。现存古杨梅万余株，其中百年以上的古杨梅108株，单株最高产量可达1000千克。县古杨梅酒厂开发出杨梅酒、饮料等多种产品。

【来凤桐油】 来凤桐油是来凤县著名土特产，其浓度大、色泽明亮金黄、可牵拉成丝，故有“金丝桐油”之美称，曾获湖北省“产品金奖”和“畅销产品奖”。桐油是桐树果实经机械压榨、加工提炼制成的植物油，整个过程为物理方法。桐树是多年生木本林木，生长在远离城市的山区。抗病虫能力特强，整个生长过程中不须施肥和农药。桐油是一种天然的植物油，它具有迅速干燥、耐高温、耐腐蚀等特点。桐油还具有良好的防水性，广泛用于建筑，油漆、印刷（油墨）、农用机械、电子工业等方面。桐油的医药价值很高：降低毛细血管的通透性和脆性，对治疗脑血栓后遗症和脑动脉硬化效果较好。民间还用桐油治疗小孩肚疼，将桐油搓热后直接敷在小孩肚脐上便可，更具杀菌之功能。1953 年，来凤桐油获湖北省政府颁发的“来凤桐油，品质最优”锦旗。1958 年 12 月，来凤卯洞桐油获国务院“卯洞桐油，质量第一”奖状。2009 年，经国家质检总局审核通过，决定对湖北省来凤县申报的金丝桐油产品实施国家地理标志产品保护。金丝桐油地理标志产品保护范围为湖北省来凤县百福司镇、漫水乡、绿水镇、大河镇、旧司镇、革勒车镇、三胡乡、翔凤镇 8 个乡（镇）和胡家坪林场所辖区域。

【来凤漆筷】 来凤漆筷有 160 多年的历史。该产品是以名冠中外的来凤“金丝桐油”“坝漆”等 100 多种原材料经 30 余道工序精制而成，该产品集适用、收藏于一体，色泽艳丽，古朴典雅、耐高温、耐摩擦、无毒无味、有杀菌抗癌等功能。

【来凤山茶油】 又名野山茶油、茶籽油、油茶籽油，是天然绿色有机食用植物油。采取果仁粉碎，恒温蒸煮，物理榨取而得。山茶油的制作过程分为：去壳、晒干、粉碎、压榨、过滤，全过程均为物理方法。其植物生长过程无须施用任何农药、化肥。茶油色清味香，营养丰富，耐贮藏。经测试：茶油中不饱和脂肪酸高达 90% 以上，油酸达到 80%—83%，亚油酸达到 7%—13%，并富含蛋白质和维生素 A、B、D、E 等，尤其是它所含丰富的亚麻酸是人体必需而又不能合成的。茶油也可作为润滑油、防锈油用于工业。茶饼既是农药，又是肥料，可提高农田蓄水能力和防治稻田害虫。果皮是提制栲胶的原料。主产区百福司。初步统计，来凤县有散生老油茶林，面积 1333.33 公顷，近年来发展新发展油茶 6667 公顷。

【来凤土家织锦（西兰卡普）】 西兰卡普汉语为“土花铺盖（土花背面）”之意，编织西兰卡普是土家族民间的家庭手工织锦。早在 4000 多年前，土家族先民巴人就掌握了简单的织锦技术。三国时期，土家族人民逐步掌握汉族先进的染色技术，编织出五彩斑斓的土锦，这就是西兰卡普的滥觞。元、明、清时期，西兰卡普被称为“土锦”“峒布”等。改土归流后，土家族的西兰卡普挑织技术进一步提高，尤其是土家族姑娘从小便随其母操习挑织技术，姑娘长大出嫁时，还必须有自己亲手编织的西兰卡普作陪嫁品，因而这种工艺得以发扬光大。西兰卡普在题材的选用、纹饰风格、色彩运用方面具有鲜明的民族特色。西兰卡普的图案涉及土家族人生活的方方面面，基本定型的传统图案有 200 多种。以植物花卉为题材的有九朵梅、莲花、牡丹花、韭菜花、牡丹花、藤藤花等；以动物形态为题材的有阳雀花、燕子花、虎皮花、小马花、猫脚花迹等；以生活物品为题材的有桌子花、双八勾、十二勾、二十四勾、四十八勾等；以文字类为题材的有万字花、王字花、喜子花等；以吉祥图案为题材的有凤穿牡丹、鹭鸶采莲、双凤朝阳、二龙抢宝、喜鹊闹梅等。此外还有汉字题材的“福禄寿喜”“长命富贵”“一品当朝”“鲤鱼跳龙门”“狮子滚绣球”等。西兰卡普的突出特点在于，它与土家族人的生活习俗密不可分的依承交融，土家族人生活方式的方方面面几乎都成为土家织锦的题材范围。

行政区划

【建置沿革】 来凤县以翔凤山上飞来凤凰的传说而得名。周为巴子国五溪地，春秋战国属楚巫郡地，秦隶黔中郡，汉属武陵郡，三国时属吴荆州武陵郡；西晋属荆州武陵郡；南北朝时宋建平郡；齐、梁建宜都郡；周为乌飞县地；隋隶于清江郡；唐隶于施州；五代属羁縻感化州；宋为富州，后为柔远州，仁宗时，置散毛司，以覃野毛为散毛宣抚使司；元初为柔远州，后废州为散毛洞；元至元三十一年（1294），升为散毛府，属四川行省，至正六年（1346）改为散毛誓崖等处军民宣抚司，元末，明玉珍据蜀时，改为散毛沿边军民宣慰使司都元帅；明初，复废司为师壁峒，明洪武七年（1374）五月，改散毛沿边宣慰司，割其半为大田所，属四川重庆卫，洪武二十三年（1390）废为散毛宣抚司，属湖广都司施州卫，永乐二年（1404）五月置散毛长官司属大田军民千户所，永乐四年（1406）三月升宣抚司。清顺治初仍为散毛宣抚司，属施州卫。清雍正六年（1728）裁施州卫属归州恩施县，雍正十三年（1735）“改土归流”废散毛等七土司，乾隆元年（1736）建立来凤县，属湖北布政使司施南府，全县设体乾、达德、聚伦等三乡，编户12里、48甲。

清宣统三年（1911）年九月初七，施南反正，来凤独立自治。民国3年（1914），废府存县，来凤直隶于省；民国4年（1915），属荆南道；民国15年（1926）改属施鹤道；民国16年（1927）废道复隶省；民国17年（1928），属鄂西行政区，来凤为特别小县；民国21年（1932），改鄂西行政区为第十行政督察区，仍辖施鹤道旧属各县；民国23年（1934），列来凤为三等县；民国25年（1936），改第十行政督察区为第七行政督察区，仍辖原领各县；民国34年（1945），推行地方自治，定来凤为三等县，属湖北省第七行政督察区；直至1949年10月，隶属未有变动。

1949年11月9日，来凤县解放，隶湖北省恩施专区。1979年12月19日，国务院批准撤销来凤县建制，设立来凤土家族自治县，隶恩施地区，是我国第一个土家族自治县。1983年12月1日，撤销来凤土家族自治县，恢复来凤县建制，隶鄂西土家族苗族自治州（1993年4月更名为恩施土家族苗族自治州）。

【区　划】 2019年，全县设2乡（三胡、漫水）6镇（翔凤、绿水、大河、百福司、旧司、革勒车），185个村民委员会，11个社区居民委员会，1798个村民小组、112个居民小组。

各乡镇所辖行政村如下：

翔凤镇，辖28个村，211个村民小组，4个社区居委会，83个居民小组。所辖村：枫香、香花、白岩、老茶、何家坡、马鬃岭、仙佛寺、小河坪、马家园、白羊坡、大垭口、老寨坪、冯家坪、桂花树、黄茅坪、老虎洞、中华山、望水、河坪、旗鼓寨、狮立坪、竹坝村、梅河、沿山坝、车大坪、檀木湾、红岩堡、青山。社区居委会：精神堡、花园堡、三官坪、育红桥。

绿水镇，辖17个村，103个村民小组，1个社区居委会，1个居民小组。所辖村：周家湾、香沟、梅子树、新溪沟、老鹰岩、贵帽山、施南坪、田家寨、体河、康家沟、沙子田、四合、老寨、小坳、拦马山、大坪、大堰塘。社区居委会：上寨。

漫水乡，辖13个村，173个村民小组，1个社区居委会。所辖村：胡家坝、新拱桥、龟塘、社里坝、兴隆坳、赵家坡、油房坳、桶子、东山坪、枣木垭、渔塘、苏家坪、枫木。社区居委会：新拱桥。

百福司镇，辖23个村，213个村民小组，1个社区居委会，5个居民小组。所辖村：高洞、新才沟、廖家坝、堡上、虎头落、木车坝、安抚司、怯道河、洞塘坝、捏车坪、冉家、兴安、合光、舍米湖、可洞、安家堡、观音坪、梅子坳、沙刀湾、石梁子、南河、荆竹堡、岩坝子。社区居委会：桂林书院。

大河镇，辖40个村，352个村民小组，1个社区居委会，5个居民小组。所辖村：黑家坝、白水泉、官城、碧泥湖、大坟山、黔江洞、马家坝、桐子园、社潭溪、枫香坪、张家界、小梅庄、沙坝、杉木塘、茶园、富饶、五道水、两河口、张家坡、龙潭坪、茶园坡、老板沟、冷水溪、独石塘、满店、楠木坪、狮子梁、杉木溪、板沙、白果树、施南坡、竹山、落角塘、芭蕉溪、牡丹坪、车洞湖、中坝、漫水塘、栏马山、双凼槽。社区居委会：大河坝。

旧司镇，辖32个村，372个村民小组，1个社区居委会，2个居民小组。所辖村：三寨坪、后坝、东流坝、烂车河、锁洞、高桥、核桃湾、腊壁司、岩朝门、马家沟、柏杨、四方石、龙桥、梅子垭、都司、黄土坝、新街、螺蛳塘、苦竹溪、黑洞塘、岩蜂窝、大岩板、李家院子、茶园沟、红沙田、新田沟、西北车、团坛子、大坝、小河、觅鸭溪、板沙界。社区居委会：旧司。

三胡乡，辖15个村，218个村民小组，1个社区居委会，11个居民小组。所辖村：阳河、黄柏、三堡、石桥、金桥、狮子、官坟、范家、安子、金龙、六正、讨火、梨园、猴栗、苗寨。社区居委会：胡家沟。

革勒车镇，辖17个村，167个村民小组，1个社区居委会，5个居民小组。所辖村：白果、板栗、天上坪、堰塘、桐麻、长太坪、土家寨、鼓架山、桑树坪、陈家沟、正坪、岩板、豹子沟、镇南、三房沟、大地龙、葩坪。社区居委会：二龙山。

人口　民族

【人　口】 2019年末，全县总人口334432人。其中，男性173766人，占总人口的52%；女性160666人，占总人口的48%。年末全县常住人口25.02万人，其中城镇11.08万人，城镇化率44.3%。全年（自然年度）出生人口3464人，出生率9.76‰；死亡人口1695人，死亡率6.11‰；人口自然增长率3.65‰。出生人口性别比110：119，保持在正常范围。

【民　族】 来凤是一个多民族聚居县，居住着土家族、苗族、黎族、汉族等26个民族群众。2010年全国第六次人口普查，来凤县以土家族、苗族为主少数民族人口占总人口的56%。其中土家族占总人口34%，苗族占总人口20%。民族分布情况：汉族108208人，土家族83421人，苗族50149人，黎族268人，回族248人，侗族175人，瑶族145人，土族44人，布依族42人，壮族38人，朝鲜族29人，满族28人，白族13人，京族10人，蒙古族6人，彝族5人，维吾尔族5人，藏族2人，佤族2人，独龙族2人，哈尼族1人，傣族1人，哈萨克族1人，水族1人，景颇族1人，傈僳族1人，其他未识别民族24人。

土家族自称“比兹卡”，意为本地人。早在2000多年以前，就在这里披荆斩棘，繁衍生息，属本地世居民族。土家族有语言无文字，长期以来使用汉文。土家人性格淳朴、爽直、勇武粗犷，任侠尚气。数百年土司统治，使来凤极其落后闭塞，清朝“改土归流”废除“蛮不入境，汉不入峒”禁令后，民族交往日益频繁，土家风习逐渐与汉族风习相融洽，处于“不华不夷”之间，只在一些偏僻地区；仍保留着一些本民族特点；土家人择居常依山傍水，住房多为吊脚楼木板房。服饰不爱奢华，喜宽衣大裤，头缠长帕，四季不离。饮食喜腥膻，好豪饮，尤喜辛辣，每餐不离辣椒。待人豪爽大方，客到必以大碗酒大块肉及油茶汤招待。婚嫁爱热闹，至今保留着“哭嫁歌”“陪十姊妹”，接亲唱“拦轿歌”“拦门歌”“喊礼歌”的习俗。丧事尚歌谣，老人去世要坐夜唱孝歌，打夜锣鼓。信仰多神，崇拜神灵，崇拜祖先，信奉巫术。土家人喜歌善舞，文化艺术丰富多彩，民间流传许多具有民族特色神话传说、故事、史诗、歌谣、戏剧、舞蹈等。摆手舞是土家族较流行的一种古老舞蹈，包括狩猎、军事、农事、宴会等几十个动作，有显著民族特点和浓厚生活气息。摆手舞动作优美、节奏鲜明、内容健康、舞姿朴素，被誉为“东方迪斯科”。山歌是土家族口头文学主体，数量颇多，内容丰富，无论男女老少人人会编会唱，往往触景生情，即兴而歌。土家族民间工艺最有特色的是“西兰卡普”，即土花铺盖。“西兰卡普”工艺精美，色彩鲜明，质地古朴厚实，图式构思巧妙，花纹图案100多种。它同摆手舞一样被称为土家人民间艺术奇葩。来凤土家族大姓为覃、田、向、冉、白、彭。其分布特点是“所居必择高岭”，以山内为多。如漫水、百福司、旧司、大河等地，土家族人口所占比例都较高。

来凤县苗族大姓为张、吴、杨、廖、石、龙。主要分布在百福司、三胡、革勒车一带。迁入较晚的苗族，则多分布在县城周围如土堡张姓，万家塘吴姓，苗寨沟李姓、何姓等。汉族则主要分布在县城、集镇及周围坪坝；其他民族散属于各地。

来凤县毗连湘西龙山和渝东、酉阳两县，特别与湖南省龙山县县城仅隔酉水，且县名一“龙”一“凤”，在全国绝无仅有。2011年10月22日，国务院以国函〔2011〕125号文件批复《武陵山片区区域发展与扶贫攻坚规划（2011—2020年）》（以下简称《规划》），《规划》明确“设立武陵山龙山来凤经济协作示范区……为区域一体化发挥示范带动作用。”至此，武陵山龙山来凤经济协作示范区即“龙凤示范区”正式上升为国家级层面发展战略。来凤、龙山两县各族人民正以新的姿态建设武陵山龙凤经济协作示范区。

2019年国民经济与社会发展

【地区生产总值】 2019年，经初步核算，全县完成地区生产总值84.66亿元，扣除价格因素，比上年增长5.9%。其中，第一产业产值15.2亿元，增长3.4%；第二产业产值15.2亿元，增长2.7%；第三产业产值54.26亿元，增长7.7%。

三次产业结构比为18∶17.9∶64.1。按年均常住人口计算，全县人均地区生产总值33898元。根据第四次全国经济普查结果和我国GDP核算制度规定，2018年来凤县地区生产总值修订为80.39亿元。

【农　业】 特色农业提质增效。5家企业20个产品获得绿色食品认证；来凤藤茶全国绿色食品原料标准化生产基地创建通过国家验收；来凤藤茶、来凤姜入选湖北省农产品区域公用品牌二十强。

发展特色产业基地3960公顷，新建油茶加工厂3个，发展香菇200万棒、中蜂2万箱（群）。出台《来凤县开展消费扶贫促进农业龙头企业发展的实施意见》，“凤凰出山”名优农产品销售超过1380万元。加强农村水、路、电、电信、房建设。投资3.75亿元的农村自来水“大管网”基本建成；农村公路密度达到1.71千米/平方千米，位居全州第一；投资5377万元改造全县农村配电网，3个输变电项目建成投产；农村固定宽带普及率在全省三类县市中位居第二；完成农村危房改造487户；实施东西部扶贫协作项目32个，帮扶资金4050万元。

全年农林牧渔业总产值275780万元，比上年增长3.6%（可比价增幅，下同），其中，农业产值152937万元，增长5.1%；林业产值22319万元，增长3.8%；畜牧业产值81581万元，增长1.1%；渔业产值1120万元，增长4%；农林牧渔服务业产值17823万元，增长5.8%。

年末，耕地总资源34333.33公顷，比上年增长35.68%。全年粮食种植面积28700公顷，比上年下降1.78%；油料种植面积5500公顷，比上年增长0.55%；药材种植面积2620公顷，比上年下降6.09%；烟叶种植面积366.67公顷，比上年下降59.6%；蔬菜种植面积6393.33公顷，比上年下降3.62%。农村用电量4023万千瓦时，比上年增长37.35%。化肥施用量（折纯）9185吨，比上年下降4.56%。

【工业和建筑业】 2019年，全年规模以上工业企业25家，完成工业总产值125410万元，同比增长14.2%。实现销售产值123575万元，同比增长13.7%。规模以上工业增加值同比增长7.9%。

2019年，全县25家规模以上工业企业实现营业收入141125万元，同比增长26.9%（同企业口径）；实现营业利润9071万元，同比下降15.6%（同企业口径）；资产总计达248820万元，同比增长0.66%（同企业口径）；负债总额139867万元，同比下降1.67%（同企业口径）。

2019年，全县具有资质等级以上的建筑企业8家，完成总产值16802万元，比上年下降56.6%；建筑业增加值2.56亿元，扣除价格因素下降20.3%。

【固定资产投资和房地产】 全年固定资产投资同比增长17.8%。年末全县上报本地法人房地产开发企业17家。商品房施工面积130.47万平方米，同比下降2.1%；商品房竣工面积31.83万平方米，同比下降12.6%；商品房销售面积29.54万平方米，同比增长22.7%；商品房销售额140211万元，同比增长40.2%。

【国内贸易和招商引资】 2019年，全县限额以上商贸企业37家。其中，批发企业3家，零售企业24家，住宿企业6家，餐饮企业4家。完成社会消费品零售总额486939万元，比上年增长10.5%。其中，限额以上商贸企业完成102260万元；限额以下商贸企业完成384679万元。按销售地分：城镇零售额353983万元，增长10.3%；乡村零售额132956万元，同比增长10.9%。按行业分：批发业销售额31497万元，同比增长11%；零售业销售额397218万元，同比增长10.5%；住宿业营业额10792万元，同比增长9.5%；餐饮业营业额47432万元，同比增长9.9%。

2019年，全年外贸出口总额645万美元，同比增长382.3%；利用外资859万美元，同比增长119.7%；引进省外资金15.09亿元，同比增长41.8%。

【旅　游】 2019年，全年旅游综合收入16.9亿元，比上年增长12.7%；接待游客330万人次，比上年增长9.6%。全域旅游规划、阿塔峡景区规划通过专家评审。成功举办百福司龙舟赛等系列活动。成功入选首批“荆楚文旅名县”创建县市。组织27家次企业参加各类展销会。

【交通运输和邮电】 2019年，来恩、来咸、来智三条出口路段均改造完成，中心商业广场基本建成，龙凤游泳中心、龙凤大道延伸段、凤舞二路、栖凤一路、栖凤二路项目动工。黔张常铁路来凤段于12月26日正式通车。完成农村公路提档升级102千米，农村公路安防工程251千米。投资7000万元的S367猴（栗堡）革（勒车）段完成主体工程，实现乡乡通二级公路目标。

2019年，全县固定电话用户0.96万户，移动电话用户24.04万户，计算机互联网用户7.48万户。

【财政和金融】 2019年，全年实现财政总收入94125万元，增长8.9%，其中地方公共预算收入42198万元，增长3.2%，税收收入占地方公共预算收入比重76.6%。

年末，全县金融机构各项存款余额1054426万元，比年初增加50094万元，比年初增长5%。其中住户存款848826万元，比年初增加104651万元，比年初增长14.1%；非金融机构企业存款95300万元，比年初减少27141万元，比年初下降22.2%；广义政府存款110272万元，比年初减少27421万元，比年初下降19.9%；境外存款20万元，比年初减少4万元，比年初减少15.9%。金融机构各项人民币贷款余额792555万元，比年初增加64965万元，比年初增长8.9%。其中：住户贷款375466万元，比年初增加30272万元，比年初增长8.8%；非金融企业及机关团体贷款417089万元，比年初增加34693万元，比年初增长9.1%。

【教育和科学技术】 2019年，全县学校总数54所，其中，小学46所、普通中学7所、职业学校1所。年末全县专任教师总数2487人，其中，小学教师1366人、中学教师1033人、职业学校教师88人。在校学生总数45273人，其中，小学在校生25735人、普通中学在校生18221人、职业学校在校生1317人。全县幼儿园46所，在园幼儿数11335人。全县小学适龄儿童净入学率100%，初中三年巩固率达95.64%。总投资1.88亿元的职校迁建工程取得重大进展，土堡小学扩建二期工程竣工，在全州率先实现每个乡镇建成一所公办幼儿园。

2019年，全县4家高新技术产业企业实现增加值18097万元，占地区生产总值比重2.14%。

【文化和体育】 全县有剧场、影剧院3个，公共图书馆1个。县级公共文化场所继续免费开放，村级文体广场实现全覆盖，打造以张富清英雄事迹为蓝本的南剧《本色》。

【卫　生】 全县各级医疗卫生机构203个，床位数1944张；卫生技术人员1833人，其中执业（助理）医师649人，注册护士846人。全县婴儿死亡率2.86‰，5岁以下儿童死亡率5.16‰。卫生资源总量持续增长。每千人口床位数7.44张，每千人口卫生技术人员7.35人。启动紧密型医共体建设，村卫生室建设实现全覆盖，医疗卫生服务质量得到提升。

【人民生活和社会保障】 全县全体居民人均可支配收入16238元，同比增长9.83%。农村常住居民人均可支配收入11342元，同比增长10.32%；人均生活消费支出9644元，同比增长12.1%，农村居民恩格尔系数39.35%。城镇常住居民人均可支配收入30334元，同比增长9.3%；人均生活消费支出22347元，同比增长11.1%。城镇居民恩格尔系数为32.72%。

年末，全县城乡居民社会养老保险参保人数139357人。城镇职工基本医疗保险参保人数17888人；城乡居民基本医疗保险参保人数281720人。工伤保险参保人数13299人；生育保险参保人数5108人；失业保险参保人数7036人。

【资源环境】 大力开展生态文明示范县创建工作，三胡乡石桥村入选全国乡村治理示范村，百福司镇观音坪等5个村落入选国家传统村落保护名录。来凤县入围中国乡村振兴新闻传播影响力500强。开展“百日治违”、机场清理专项行动，深化“六城同创”，完成城北家禽市场搬迁，扎实推进“拆墙透绿”“见缝插绿”“裸土覆绿”工作，城市宜居度稳步提升。总投资2.6亿元的乡镇污水处理全覆盖工程实现通水调试，水质监测断面和集中式饮用水水源地水质达标率为100%。完成第五次森林资源普查和1333.33公顷生态造林任务。城区空气质量优良天数达到347天，较上年增加29天，优良率为95%。完成中央、省环保督察交办件和反馈意见整改序时进度任务，省级生态文明示范县创建通过专家组验收。年末全县森林覆盖率58.11%，森林面积77864公顷。全县自然保护区6个，总面积25223公顷。

【脱贫攻坚】 2019年，来凤县坚决落实党中央和省委关于打赢脱贫攻坚战的决策部署，围绕“一摘四不摘”要求，紧扣解决“两不愁三保障”突出问题，着力巩固脱贫成效。2月，湖北省第三方实地评估验收，认定来凤县错退率为零、漏评率为零，综合贫困发生率为0.41%，群众认可度为98.57%，并于4月28日公告来凤县脱贫摘帽。7月，国家贫困县退出抽查第三方实地评估反馈来凤县“两不愁三保障”得到有效解决，脱贫质量较高，基础设施建设取得长足进步，农村整体面貌发生明显变化，群众认可度较高，贫困县退出程序规范、退出标准把握比较准确、退出结果真实，脱贫摘帽成果得到当地干部群众普遍认可。2019年，全县脱贫353户1091人，留存39户150人。

【安全生产】 2019年，来凤县全年刑事案件立案数1221件。交通事故发生数3455起，死亡人数17人，损失额367.84万元。深入推进“扫黑除恶”专项斗争，大力开展禁毒专项整治行动，社会大局平稳可控。强化消防、危化品、特种设备、食品药品等重点行业领域安全监管。

大事记

1月

2日　县委书记、县脱贫攻坚指挥部政委邢祖训主持召开全县脱贫攻坚指挥部第十五次视频调度会。

4—7日　县十七届人大四次会议在县城召开。应到会代表190名，实到会代表180名。会议听取和审议县人民政府常务副县长向子明作的政府工作报告，县人大会常委会副主任邓家斌作的人大常委会工作报告、县人民法院院长舒业树作的法院工作报告、县人民检察院检察长田崇忠作的检察院工作报告，审查计划和财政预算工作报告，并作出相应决议决定。

7日　全县促进民营经济发展座谈会召开。县委书记邢祖训出席会议并讲话，强调要全面贯彻落实习近平总书记在民营企业座谈会上的重要讲话精神，创优政务环境、创优法治环境、创优金融环境、创优信用环境，全力推动全县民营经济健康快速发展。

11日　省民政厅副厅长、党组成员赵显富一行到来凤县督查民政工作，走访慰问贫困群众和福利机构。

来凤县重大项目集中开工仪式在西商农商城项目建设现场举行。总投资6.16亿元的家和荣城和总投资5亿元的来凤西商农商城项目工程开工。

14—18日　全国政协委员、中国农业科学院原党组书记陈萌山带领农业农村部调研组一行到来凤县，调研脱贫攻坚与乡村振兴战略衔接工作。州委常委、副州长李岩陪同调研。

17日　中国共产党来凤县第十五届委员会第六次全体（扩大）会议暨全县经济工作会议在县农业展示中心报告大厅召开。出席全会的有县委委员29人，县委候补委员6人。县委书记邢祖训主持会议并讲话。县领导洪家进、刘涛、林正高、刘发勋、林林出席会议。县委常委、常务副县长向子明作全县经济工作报告。全会听取县委常委会以书面形式作的工作报告，听取《中共来凤县委常委会2018年度抓党建工作情况报告》《县领导2018年度联系点工作推进情况》（书面），听取全县经济工作报告。

23日　来凤县2019年春节禁炮、治堵保畅和城区环境整治工作会议召开，对相关工作进行动员部署。县委副书记洪家进出席会议并讲话。县领导甘应绪、张钧、牟林炎、熊庆、廖金芳、覃玉斌参加会议。

24日　来凤县召开领导干部述职述廉大会。县委书记邢祖训代表县委领导班子进行述职述廉。

副州长、州公安局长孔发阶到大河镇福利院、芭蕉溪村、栏马山村、满店村、白水泉村，慰问福利院老人、困难群众。

25日　县委书记邢祖训主持召开专题会议，研究2019年重点项目、工业经济、招商引资等工作，建立健全县领导联系项目、招商、工业经济工作机制，安排部署相关工作。

26日　州委常委、州纪委书记、州监委主任陈江龙主持召开驻来凤县州直单位脱贫攻坚座谈会，总结前期脱贫攻坚工作，部署下一阶段相关工作。州政协副主席肖谏诚出席会议。

27日　来凤县召开2019年第一季度经济工作开门红会议，贯彻落实中央经济工作会议、省委十一届四次全会暨全省经济工作会议、州委七届六次全会暨全州经济工作会议和省、州两会精神，紧扣县委十五届六次全会暨全县经济工作会议和县两会确定的经济工作目标，早计划、早安排、早部署，抓好任务细化分解，推进各项决策部署落实落细，为2019年工作开好局、起好步，努力实现经济工作“开门红”。县委书记邢祖训出席会议并作重要讲话。县委副书记洪家进主持会议。

来凤县2019年党管武装暨民兵预备役工作会议召开，传达学习恩施军分区党委全会精神，回顾总结2018年工作，安排部署2019年工作。

九三学社湖北省委副主委徐礼华、仲志余一行到来凤县翔凤镇老茶村走访慰问贫困户。

29日　全县脱贫攻坚推进会暨评估迎检工作视频调度会召开，总结回顾2018年脱贫攻坚工作，安排部署2019年脱贫攻坚巩固提升和乡村振兴工作，对来凤县迎接省扶贫开发工作成效考核暨贫困县退出专项评估检查工作进行再动员、再加压、再部署。县委副书记洪家进出席会议并讲话。邓家斌、田延初、甘应绪、刘发勋等县领导参加会议。

30日　来凤县通过省级卫生县城复审。

31日　邢祖训、洪家进、邓家斌、田延初等县四大家领导集中走访慰问驻地官兵、老战士、离退休老干部、退役军人。

2月

1日　县委书记邢祖训，县委副书记洪家进分别带队，到基层、企业一线现场检查，对重点企业重点行业领域开展节前安全生产大督查。

来凤县创业成功人士座谈会召开，来自社会各界的来凤籍创业成功人士、回乡创业企业家代表参会。县委书记邢祖训出席会议并讲话。

11日　来凤县召开脱贫攻坚“开门红”能力提升培训视频会议，对迎接扶贫成效交叉考核暨贫困县退出专项评估检查工作进行再安排、再部署。县委书记邢祖训主持会议并讲话。洪家进、邓家斌、田延初、郭玉锋、向子明、甘应绪、刘发勋等县领导在主会场参加会议。

12日晚　全县易地扶贫搬迁工作会议召开，听取当前全县易地扶贫搬迁工作情况汇报，研究解决存在的突出问题，并对2019年易地扶贫搬迁工作进行安排部署。

17—18日　省委副书记、省长王晓东到恩施州调研督办中央脱贫攻坚专项巡视反馈意见整改工作，听取基层意见建议。副省长万勇参加调研并主持现场督办会。王晓东一行到来凤县百福司镇，现场检查违规套取危房改造资金打造特色民居问题整改工作。到来凤县老寨村易地扶贫搬迁安置点，查看扶贫产业发展情况，看望慰问因病致贫的困难群众。

20日　来凤县召开中央第二巡视组反馈问题整改落实工作暨来凤县评估考核迎检安排部署工作会议，对中央第二巡视组反馈问题整改落实工作进行总动员，对来凤县评估考核迎检工作进行安排部署。县委书记邢祖训出席会议并讲话，县委副书记洪家进主持会议。

21—24日　中央广播电视总台记者走进来凤县，采访95岁退伍老战士张富清深藏功名64载事迹。张富清的事迹传开后，被《人民日报》、央视客户端、中国军网、新浪网、《湖北日报》

等媒体宣传报道，受到广泛关注和好评。

28日 来凤县第十五届纪律检查委员会第四次全体（扩大）会议召开。县委书记邢祖训出席会议并讲话，县委常委、县纪委书记、县监委主任郭玉峰代表县纪委常委会作工作报告。会议总结2018年全县党风廉政建设和反腐败工作，部署2019年相关工作，听取革勒车镇、三胡乡、县住建局、县中心医院、县烟草专卖局5个单位党委（党组）书记现场述责述廉，同时现场接受县纪委委员现场提问和民主评议。

2019年县委政法工作会议召开，深入学习贯彻习近平总书记在中央政法工作会上的重要讲话精神，贯彻落实中央、省委、州委政法工作会议精神，安排部署全县2019年政法工作。县委书记邢祖训出席会议并讲话。县委副书记洪家进主持会议。

省发改委城市圈处处长马金钟带领“厕所革命”早春行调研组一行到来凤县翔凤镇旗鼓寨村、漫水乡枣木垭村、兴隆坳村进行全省2019年“厕所革命”工作调研，重点了解农户无害化厕所建设进度、建设模式、建设质量及资源化利用、后期管护等问题。

3月

1日 来凤县2018年度党（工）委书记抓党建述职评议会召开，县委书记邢祖训主持会议，并围绕从严抓好落实，切实履行管党治党第一责任讲党课。

来凤县机构改革动员大会召开，全面安排部署全县机构改革有关工作。县委书记邢祖训出席会议并作动员讲话。

4—5日 省民政厅厅长柳望春一行到来凤县调研精准扶贫及民政工作。县委书记邢祖训等陪同调研。

7日 中央纪委国家监委驻农业农村部纪检监察组副组长蔡晓率调研组，到来凤县调研精准扶贫、乡村振兴等工作，并召开座谈会。州委常委、副州长李岩主持会议。

湖北省财政厅监督办驻宜昌、恩施办事处余家旺一行9人，对来凤县2018年扶贫资金使用情况进行抽查。

8日 恩施州蜂业发展示范点建设及“一州两县”蜂产业发展规划编制相关工作座谈会在来凤县召开。国家蜂产业体系首席科学家吴杰出席会议并讲话，州委常委、副州长李岩主持会议，县领导曾军、杜建斌参加会议。

来凤县召开《酉水来凤港总体规划（2018—2035年）》评审会，听取编制单位汇报《规划》主要内容并审议。省交通厅、省港航海事局、州交运局、州港航海事局特邀专家参加会议。

11—12日 拜耳作物科学（中国）有限公司（以下简称“拜耳”）全国市场准入经理姜业奎率调研组，到来凤县翔凤镇老茶村三木林农合作社的特色中药材种植基地及旧司镇新街村、翔凤镇狮立坪村农园果蔬专业合作社的大宗蔬菜种植基地调研。

12—13日 州政协副主席、州工商联主席王继刚率视察组一行到来凤县，调研易地扶贫搬迁后续安置工作。

18日 来凤县召开脱贫攻坚指挥部2019年第三次调度会。县委书记、县脱贫攻坚指挥部政委邢祖训出席会议并讲话。县委副书记洪家进主持会议。

24日 州委书记柯俊到来凤县调研工业经济发展、机构改革等工作，强调要切实扛好政治责任，振奋精神，突出重点，奋力开创来凤县高质量发展新局面。

26日 恩施州委常委、副州长吴槐庆一行，到大河镇中心小学，调研教育扶贫工作。

26—27日 州委副书记、政法委书记柯东海到来凤县，了解部分州直单位驻点村精准扶贫工作开展情况，实地查看脱贫攻坚战取得的成效，调研指导精准扶贫工作。县委书记邢祖训、县委副书记洪家进、副县长牟林炎陪同调研。

27日　来凤县人民政府与北京字节跳动网络科技有限公司举行“山货上头条”扶贫项目签约仪式。

省司法厅法制宣传处二级调研员陈风华率省司法厅四级调研员彭广胜，荆门市司法局法制宣传科副主任科员王安娜，州司法局副县级干部李启佑，州司法局法宣科负责人田凯一行5人组成考核验收组到来凤县检查验收全省第三批“省级法治文化建设示范点”建设工作。

28日　来凤县召开全县领导干部大会，宣读州委任免文件。州委常委、组织部部长张建文出席会议。县委书记邢祖训主持会议并讲话。会上，州委组织部副部长张敬东宣读州委任免文件，任命李伟为中共来凤县委委员、常委、副书记，免去其中共建始县委副书记、常委、委员职务，提名其为来凤县人民政府县长候选人。

3月29日至4月3日　按照中宣部要求，由新华社、《人民日报》、《光明日报》、《中国日报》、中新社、中国军网等多家中央媒体组成的采访团，到恩施州来凤县采访九旬战斗英雄张富清的先进事迹。

4月

2日　来凤县召开2019年党建工作会议。县委书记邢祖训出席会议并讲话。县委副书记洪家进主持会议。

2—4日　县委副书记、代县长李伟带领党政考察团到杭州市拱墅区，就东西部扶贫协作工作进行对接，并召开拱墅区来凤县东西部协作工作座谈会，共商东西部扶贫协作相关事宜。

11—12日　恩施军分区司令员施岐峰到来凤县，检查调研民兵整组暨征兵准备工作。

12—13日　农业农村部副部长于康震到来凤县调研定点扶贫。

15日　来凤县2019年村“两委”后备干部培训班在县委党校开班。

17—18日　州政协副主席刘晓冰带领州政协有关专委会、州民政局、州市场监管局等部门相关负责人一行到来凤县，围绕“遏制殡葬乱象”开展专题民主监督活动。

18日　省直单位定点扶贫来凤县和区域协作扶贫联席会在来凤县召开，通报省直定点扶贫来凤的各帮扶单位2019年帮扶计划，安排部署下步定点扶贫工作。

来凤县召开脱贫攻坚指挥部2019年第一次会议，听取指挥部各组工作情况汇报，安排部署下步工作。县委书记邢祖训主持会议并作重要讲话。

23日　省委宣传部宣教处副处长金明一行到来凤县调研张富清革命英雄事迹。

县委书记、县脱贫攻坚指挥部政委邢祖训主持召开2019年来凤县农业农村、乡村振兴工作暨脱贫攻坚第四次视频调度会，强调要进一步增强责任感，发扬扎实的工作作风，确保各项工作高质量完成。

州政协副主席张全榜带领州政协有关文史资料专家等一行，到来凤县翔凤镇仙佛寺村，三胡乡黄柏村、石桥村实地调研传统村落保护利用情况。

24日　省植物检疫执法专项检查组第二组组长刘元明一行，到三胡乡安子村常规水稻良种繁育科普示范基地、水稻区试生产试验基地、水稻新品种试验示范基地检查。

25日　国有重点金融机构监事会主席于学军一行到来凤县调研，了解来凤经济社会发展状况、产业发展和脱贫攻坚工作。

省退役军人事务厅党组书记、厅长周振武一行到来凤县调研，并探望战斗英雄张富清老人。

26—27日　省林业局检查组到来凤县开展

松材线虫病防治中期评价工作。

29 日 湖北省人民政府发布《省人民政府关于批准阳新县等 17 个县（市、区）退出贫困县的通知》，来凤县退出贫困县。

30 日下午 来凤县举行张富清先进事迹报告会。县委书记邢祖训主持报告会并讲话。

5 月

5 日 来凤县召开扫黑除恶专项斗争工作推进会，县委书记邢祖训，县委副书记、代县长李伟、县委副书记洪家进，县领导郭玉峰、刘涛、甘应绪等出席会议。

6 日 湖北省政协副主席、九三学社省委主委秦顺全到翔凤镇老茶村调研精准扶贫工作。省政协副秘书长、九三学社省委专职副主委应楚洲，省委统战部一级调研员颜卫国，州政协副主席谭建军陪同调研。

州委书记柯俊到来凤县调研城乡污水处理厂项目建设情况，看望慰问退役军人张富清。州委常委、宣传部部长尹达参加调研。

10 日 省委统战部副部长、工商联党组书记王兆民一行到来凤县调研统战工作，州委常委、州委统战部部长涂元玲陪同调研。

12—15 日 县十七届人大五次会议在县城召开。应到会代表 189 名，实到会代表 178 名。会议选举李伟为县人民政府县长。

13 日 武汉工程大党委书记程幼金一行到来凤县第一中学开展对口帮扶工作。

14 日 湖南省政协副主席张大方一行到来凤县高平实验学校考察调研。

省委常委、省军区司令员马涛到来凤县，看望慰问深藏功名 60 余载的战斗英雄张富清。

14—16 日 杭州市拱墅区委书记朱建明率队到来凤县开展东西部扶贫协作工作，召开东西部扶贫协作联席会，共商东西部扶贫协作相关事宜。

16 日 中央环保督察“回头看”情况反馈问题整改暨生态文明示范县创建、污染防治攻坚战推进会召开。

21 日 中国建设银行党委书记、董事长田国立一行到来凤县看望张富清，县委副书记、县长李伟陪同。

22 日 来凤县召开脱贫攻坚指挥部 2019 年第二次工作会议。县委书记邢祖训出席会议并讲话。他强调，各级各部门要始终坚持问题导向、目标导向，明确时间节点，深化责任落实，主动担当作为，全面完成巩固提升工作。

22—23 日 州政协副主席张全榜带领民建恩施州委、民革恩施州委、农工党恩施州委、民盟恩施州委等民主党派一行到来凤县，围绕省州关于“加快建设鄂西绿色发展示范区”的决策部署开展专题调研。

24 日 电中共中央总书记、国家主席、中央军委主席习近平近日对张富清先进事迹作出重要指示强调，老英雄张富清 60 多年深藏功名，一辈子坚守初心、不改本色，事迹感人。在部队，他保家卫国；到地方，他为民造福。他用自己的朴实纯粹、淡泊名利书写了精彩人生，是广大部队官兵和退役军人学习的榜样。要积极弘扬奉献精神，凝聚起万众一心奋斗新时代的强大力量。

25 日 水利部乡村振兴农村供水保障组一行到来凤县调研农村供水建设情况。中国灌溉排水发展中心副主任邓少波、中国灌溉排水发展中心处长张汉松、湖北省饮水办主任陈建华参加调研。

25—26 日 武汉市政协副主席、九三学社武汉市委主委梁鸣带领武汉市规划设计院乡村振兴规划专家一行到来凤县，调研乡村振兴工作。

26 日 受省委委托，省委常委、宣传部部长王艳玲到来凤县，看望慰问深藏功名 60 余载的战斗英雄张富清，调研基层宣传思想文化工作和县级媒体融合发展等情况。

27日　在福建古田干部学院举办的“学习贯彻《中国共产党农村基层组织工作条例》示范培训班”上，来凤县委书记邢祖训应邀向全国各省区、市州党委组织部代表介绍“村党组织书记县级备案管理”的经验做法。

6月

5日　来凤县召开2019年上半年实现“双过半”经济形势座谈会，县委书记邢祖训强调，要紧扣目标，搞好谋划，确保实现“双过半”。

6日　来凤县污染防治攻坚战、长江大保护十大标志性战役及中央、省环保督察反馈问题整改工作推进会在行政中心二楼会议室召开。

9日　县委书记邢祖训主持召开来凤县委全面深化改革委员会第一次会议，强调要认真领会会议精神，高标准、高质量推进改革工作，把改革任务抓实抓细抓到位，助推来凤各项事业再上新台阶。

10日　县安委会召开第一次全体会议，县委副书记、县长李伟出席会议。

11日　杭州市拱墅区政协副主席金志明一行到来凤县，调研东西部协作对口帮扶项目。

12日　退役军人事务部副部长方永祥一行到来凤县调研退役军人服务工作。

国务院六部委公布第五批中国传统村落名录的村落通知，来凤县百福司镇观音坪等5个村落入选。

13—14日　时任省委书记蒋超良来到恩施州来凤县、恩施市，开展“不忘初心、牢记使命”主题教育工作调研，强调要深入学习习近平新时代中国特色社会主义思想，为开展主题教育打好思想基础；把主题教育与打好三大攻坚战、推动高质量发展等各项工作结合起来，做到两手抓、两促进。

17—19日　杭州市墅区总工会党组书记、常务副主席吴杭芳一行到来凤县考察对口帮扶工作。

17日　为贯彻落实习近平总书记重要指示精神，中央宣传部在湖北省来凤县向全社会公开发布张富清的先进事迹，授予他“时代楷模”称号。

20日　省总工会党组书记、常务副主席董永祥一行到来凤县，就工会工作进行调研。调研组一行来到县总工会办公大楼、县总工会职工服务中心，察看服务大厅、职工书屋等情况，听取来凤县总工会的工作汇报。

26日　来凤县召开扫黑除恶专项斗争、禁毒专项整治暨平安稳定工作会。县委书记邢祖训出席会议并讲话。

27日　省住建厅党组书记、厅长李昌海到来凤县调研污水处理厂建设、垃圾分类处理、危房改造及传统村落保护等工作。副州长高敬佩，县委书记邢祖训，县委副书记、县长李伟等陪同调研。

7月

4日　由州委宣传部、州委直属机关工委、州教育局、州委老干部局联合举办的恩施州老干部讲好中国故事活动在来凤县举行，县直单位主要负责人参加报告会。

湖北省委在武汉举行张富清先进事迹报告会，报告团成员用朴实真挚的语言讲述张富清同志的感人事迹。

12日　联合国可持续发展目标示范村项目在北京启动，来凤县名列其中。

19—20日　州委副书记、州长刘芳震到来凤县和宣恩县调研工业经济、项目建设时强调，要把中央、省关于支持实体经济转型发展、高质量发展的一系列政策落实到位，集中精力，精准服务，优化营商环境，让实体经济能够轻装上阵、提质增效。

23日　省文化和旅游厅党组成员、副厅长李开寿到来凤县调研文化和旅游工作。县委副书记、县长李伟，副县长熊庆陪同调研。

24日　副州长田金培一行到来凤县调研工业企业，详细了解全县工业企业运行情况。县委常委、常务副县长向子明陪同调研。

农业农村部在北京召开来凤县定点扶贫工作专题对接会，副部长于康震部署2019年对口帮扶来凤县事宜。

25日　省生态环境厅二级调研员王建平带领评估验收组到来凤县，就生态文明建设示范县创建工作进行验收。

26日　中共中央总书记、国家主席、中央军委主席习近平在北京会见全国退役军人工作会议全体代表，同张富清亲切交谈并致以诚挚问候。

28日下午　老英雄张富清顺利返回恩施，州委书记柯俊在州城会见张富清，向他致以诚挚问候。

8月

1—2日　省政协副主席彭军率省政协调研组到来凤县调研生态文明建设工作。州政协副主席张全榜参加调研。县委书记邢祖训、县政协主席田延初陪同调研。

4—5日　中办秘书局考察组一行到来凤县，考察共和国勋章建议人选。

9日　全县公安工作会议召开，总结2018年度全县公安工作，研究部署当前及今后一段时期的公安工作重点任务。县委书记邢祖训出席会议并讲话。

13—14日　省委常委、统战部部长尔肯江·吐拉洪一行到来凤县调研并召开座谈会。州委书记柯俊，州委常委、州统战部部长、州总工会主席涂元玲，县委书记邢祖训，县委副书记、县长李伟陪同调研。

22日　全县新时代文明实践中心暨农村精神文明建设现场会在漫水乡油房坳村召开，县委书记邢祖训一行46人参观油坊坳武陵溪上田园综合体。

23日　国家发展改革委地区振兴司司长童章舜率调研组到来凤县专题调研易地扶贫搬迁、后续产业发展等项目。省发改委党组成员、副主任杜海洋，州委常委、常务副州长丁辉参加调研。县领导邢祖训、李伟、邓家斌、向子明陪同调研。

9月

8日　来凤县召开安保维稳工作视频调度会。县委书记邢祖训出席会议并讲话，强调要进一步压实责任，强化措施，明确纪律，切实做好“迎大庆、保军运”期间的维稳工作，坚决维护国家政治安全和社会稳定。洪家进、田延初、向子明、甘应绪、林正高、林林等县领导出席会议。

10日　来凤县召开乡镇污水处理工程推进督办工作会。县委书记邢祖训出席会议。向子明、张钧、田慧、熊庆、黄祥平、彭云宪等县领导参加会议。

16日　来凤县召开“不忘初心、牢记使命”主题教育县委指导组培训工作会，深入学习习近平新时代中国特色社会主义思想，学习贯彻中央、省委、州委、县委主题教育相关精神，并对全县的主题教育指导工作作出安排部署。县委副书记洪家进出席会议。

21日上午　县委书记邢祖训主持召开县委常委会“不忘初心、牢记使命”主题教育读书班第一期集中学习研讨会议，围绕“加强党的建设，从严治党管党”主题，进行交流研讨。

28日　州委宣传部副部长杨洪安带领检查组到来凤县，检查国庆及军运会期间电视安全播出保障工作。

30日下午　县委书记邢祖训主持召开全县“不忘初心、牢记使命”主题教育推进会，他强调，要坚持问题导向、目标导向、政治导向，高质量开展好主题教育，推动“不忘初心、牢记使命”主题教育往心里走、往深里走、往实里走，确保取得实实在在的成效。

10月

8日　来凤县召开农村“厕所革命”攻坚工作视频会议。县委书记邢祖训出席会议并讲话，强调要统一思想、提高站位、突出重点、抓住关键、压实责任、凝聚合力，务必夺取“厕所革命”全面胜利。

9日　州委常委、州纪委书记、州监委主任陈江龙到来凤县，就“不忘初心、牢记使命”主题教育开展情况进行调研督导，推动全县主题教育向纵深发展。县委书记邢祖训主持会议。洪家进、邓家斌、田延初、郭玉锋、向子明、甘应绪、林正高、刘发勋等四大家在家领导参加会议。

14日　州委副书记、州委政法委书记柯东海到来凤县调研平安稳定、基层社会治理工作，强调要进一步强化平安稳定意识，建立以人民为中心的基层社会治理体系，切实做好基层社会治理工作。州委副秘书长胡铭，州委主题教育第四指导组组长张星海，来凤县委书记邢祖训，县委副书记洪家进参加调研。

14—15日　州委常委、宣传部部长尹达在来凤县开展“不忘初心、牢记使命”主题教育调研，强调要抓好抓实主题教育，统筹推进基层宣传思想文化、平安稳定、脱贫攻坚、校园安全和生态环保等各项工作取得实效。

15日　州委常委、宣传部部长尹达一行到来凤县，调研指导县级融媒体中心建设工作，县委书记邢祖训陪同调研。

16日　农业农村部种植业管理司司长潘文博到旧司镇调研特色产业扶贫。州委常委、副州长李岩，县委书记邢祖训，副县长杜建斌陪同调研。

17日　县委书记邢祖训主持召开“不忘初心、牢记使命”主题教育第七次县级领导集中学习会议，对县级领导开展主题教育工作进行安排部署。

18日　县委书记邢祖训主持召开“不忘初心、牢记使命”主题教育集中研讨暨2019年县委中心组第九次集中学习会议。

23日　州委副书记、州委政法委书记柯东海到来凤县调研基层社会治理工作。副州长孔发阶、来凤县委书记邢祖训、县委副书记洪家进参加调研座谈。

28日　副州长张勇强一行到来凤县调研城市管理、污水处理项目建设等工作。

30日　县委书记邢祖训主持召开“不忘初心、牢记使命”主题教育县委常委调研成果交流会，州委第四巡回指导组组长张星海出席会议并讲话。

11月

1日　恩施州医疗质量与安全管理培训会在来凤县中心医院召开，来自恩施州各县市卫健局及二级以上综合医院、民营医院近200人参加会议。

3日　中央“不忘初心、牢记使命”主题教育第一巡回督导组组长、十三届全国政协经济委员会副主任、甘肃省政协原主席冯健身一行，到恩施州调研指导主题教育时，看望老英雄张富清，向他致以诚挚问候。

5日　武汉卓尔控股有限公司副总裁、卓尔文旅集团有限公司总裁吴奇凌一行到来凤县，就构建县域经济商贸经济综合体，特色旅游等相关产业项目发展进行考察座谈。

6日　“联合国可持续发展目标示范村”国内首个项目培训班在来凤县开课。

省委主题教育第七巡回指导组到来凤县，开

展“不忘初心、牢记使命”主题教育调研指导工作。州委直属机关工委副书记范俊，县委书记邢祖训，县委副书记洪家进，县委常委、组织部部长刘涛陪同调研。

12月

4日　来凤县召开扫黑除恶专项斗争推进会议，安排部署下阶段扫黑除恶工作。县委书记邢祖训出席会议并讲话。

来凤县妇幼保健院与湖北民族大学附属医院组建医联体签约仪式举行。

10日　农业部科教司司长廖西元一行调研来凤。

12日　来凤县医疗卫生服务共同体正式揭牌。

13日　中国共产党来凤县第十五届委员会第七次全体（扩大）会议在农业展示中心报告大厅召开，会议应到县委委员33人，实到30人；应到县委候补委员6人，实到6人。全会听取《来凤县关于实施乡村振兴战略的决定（讨论稿）》，宣读《中共来凤县委　来凤县人民政府关于全县农业产业发展“领军人才”的通报》，对农业产业发展“领军人才”现场颁奖。

22—25日　中国人民政治协商会议来凤县第九届委员会第四次会议在县城举行。中共来凤县委书记邢祖训，县委副书记、县长李伟等领导出席会议，会议审议并批准县政协主席田延初代表政协来凤县第九届委员会常务委员会所作的工作报告，审议并批准县政协副主席滕建刚代表政协来凤县第九届委员会常务委员会所作的提案工作情况报告。根据《中国人民政治协商会议章程》规定和选举办法，选举产生政协来凤县第九届委员会秘书长和6位常务委员。

23—26日　县十七届人大六次会议在县城召开。应到会代表190名，实到会代表180名。会议听取和审议县人民政府县长李伟作的政府工作报告、县人大会常委会主任邓家斌作的人大常委会工作报告、县人民法院院长舒业树作的法院工作报告、县人民检察院检察长左静作的检察院工作报告，审查计划和财政预算工作报告，并作出决议决定；补选左静为县人民检察院检察长，杨永红、吴平峰为县十七届人大常委会委员；票决确定来凤县农村公路危险路段安全防护工程、城区新建停车场建设、城乡集中式饮用水水源地保护工程为2020年县人民政府民生实事项目。

26日　黔张常铁路建成通车。

中国共产党来凤县委员会

概　述

【概　况】 2019年是新中国成立70周年，是全面建成小康社会的关键之年，是来凤县完成整县脱贫摘帽任务转向推进高质量发展之年。来凤县坚持以习近平新时代中国特色社会主义思想为指导，深入学习贯彻党的十九大精神和习近平总书记视察湖北重要讲话精神，认真贯彻落实中央经济工作会议、省委十一届四次全会、州委七届六次全会及县委十五届六次全会精神，贯彻落实新发展理念，坚持稳中求进工作总基调，全力以赴打好三大攻坚战、夯实发展平台、做强商贸旅游、做实项目招商、加大城市建管、增进民生福祉、优化营商环境，统筹做好稳增长、促改革、调结构、惠民生、防风险、保稳定等各项工作，奋力推动来凤高质量发展，谱写"一区四县"建设新篇章，以优异成绩向新中国成立70周年献礼。

【中国共产党来凤县第十五届委员会第六次全体（扩大）会议】 1月17日，中国共产党来凤县第十五届委员会第六次全体（扩大）会议召开，县委委员29人，县委候补委员6人出席会议，县纪委委员、有关方面负责人列席会议。县委书记邢祖训作重要讲话。全会坚持以习近平新时代中国特色社会主义思想为指导，深入学习贯彻党的十九大精神和习近平总书记视察湖北重要讲话精神，认真贯彻落实中央经济工作会议、省委十一届四次全会暨全省经济工作会议、州委七届六次全会暨全州经济工作会议精神，书面听取《中共来凤县委常委会向县委十五届六次全会的工作报告》《中共来凤县委常委会2018年度抓党建工作情况报告》《关于县领导2018年度联系点工作推进情况的综合报告》，听取县委书记邢祖训受县委常委会委托所作的主题报告，听取《全县经济工作报告》，讨论通过《中共来凤县委、来凤县人民政府关于大力支持民营经济持续健康发展的实施办法（讨论稿）》。

【中国共产党来凤县第十五届委员会第七次全体（扩大）会议】 12月13日，中国共产党来凤县第十五届委员会第七次全体（扩大）召开，县委委员27人，县委候补委员6人出席会议，县纪委委员、有关方面的负责人列席会议。县委书记邢祖训作重要讲话。全会坚持以习近平新时代中国特色社会主义思想为指导，深入贯彻党的十九大和十九届二中、三中、四中全会精神，全面落实习近平总书记关于乡村振兴的重要论述和省委、州委安排部署，听取县委书记邢祖训受县委常委会委托所作的主题报告，讨论通过《中共来凤县委、来凤县人民政府关于巩固脱贫成果推进乡村振兴的决定（讨论稿）》。

【县委常委会议】 2019年，县委常委会议召开35次。1月2日，县委书记邢祖训主持召开县委常委会2019年第1次会议，传达学习习近平总书记在中央政治局第十一次集体学习时的重要讲话精神；传达学习《湖北省地方党政领导干部安全生产责任制细则》；讨论十七届人大四次会议政府工作报告；听取来凤县民政综合服务中心项目工程招标情况汇报；听取纪律审查工作情况汇报；研究干部事项。

1月5日，县委书记邢祖训主持召开县委常委会2019年第2次会议，传达学习习近平总书记在民营企业座谈会上的重要讲话精神；传达学习州委七届六次全体（扩大）会议暨全州经济工作会议精神；审议《中国共产党来凤县第十五届委员会第六次全体（扩大）会议方案》；审议《中共来凤县委常委会议事和决策规则》。

1月16日，县委书记邢祖训主持召开2019年第3次县委常委会会议，传达学习中共第十九届中央纪委第三次全体会议精神；传达学习《中共湖北省委关于中央第二巡视组移交四件脱贫攻坚立行立改事项查处问责情况的通报》；听取中共来凤县委十五届六次全体（扩大）会议暨全县经济工作会议筹备工作情况汇报；审议《来凤县2019年脱贫攻坚作战方案》。

1月23日，县委书记邢祖训主持召开2019年第5次县委常委会会议，传达学习习近平总书记在中央政法工作会议上的讲话精神；传达学习全州党委办公室主任会议精神；审议《在全县知识分子中深入开展“弘扬爱国奋斗精神、建功立业新时代”活动的实施方案》；审议《来凤县机构改革方案》。

1月28日，县委书记邢祖训主持召开2019年第6次县委常委会会议，传达学习《中共中央、国务院关于坚持农业农村优先发展做好“三农”工作的若干意见》；听取县财政局关于春节前资金调拨情况的汇报，审议《春节前资金调拨方案》；审议《来凤县迎接省扶贫开发工作成效考核暨贫困县退出专项评估检查工作方案》；审议来凤县2018年度“脱贫攻坚榜样”名单。

2月19日，县委书记邢祖训主持召开2019年第7次县委常委会会议，传达学习省委办公厅关于《开展脱贫攻坚专项巡视的反馈意见》、崔鹏讲话和蒋超良的表态讲话的通知文件精神；传达学习王晓东省长2月18日在脱贫攻坚专项巡视反馈问题整改现场会上的讲话精神；传达学习加快推进贫困村提升工程的实施意见，审议来凤县关于中央第二巡视组对湖北省开展脱贫攻坚专项巡视反馈意见的整改方案；传达学习中央、省、州委政法工作会议精神，听取全县政法工作情况汇报；传达学习全州机构改革动员大会会议、2018年度县市和部分州直单位党委书记抓基层党建述职评议会议和全州组织部部长会议暨干部教育培训工作会议精神；传达学习省纪委十一届三次全会精神、州纪委七届四次全会精神，审议县纪委十五届四次全会方案、工作报告；听取来凤县春节期间情况综述；审议县人大常委会2019年工作要点；听取2018年度州管干部年度考核等次呈报建议方案的情况汇报。

2月28日，县委书记邢祖训主持召开县委常委会2019年第8次会议，传达学习习近平总书记在中共中央政治局第十二次集体学习时的重要讲话精神；传达学习省委书记蒋超良对《中共湖北省统计局党组关于坚持依法普查确保普查数据质量情况的报告》的批示和州委书记柯俊的批示；传达学习全省脱贫攻坚巡视整改工作电视电话会议精神；传达学习《中共恩施州纪委关于全州贯彻落实习近平总书记重要讲话精神集中整治领导干部利用名贵特产类特殊资源谋取私利问题专项工作的通知》；听取扫黑除恶专项斗争工作情况汇报；听取重大涉稳风险防范化解工作情况汇报；听取全县机构改革工作有关情况汇报。

3月8日，县委书记邢祖训主持召开县委常委会2019年第9次会议，审议来凤县重点工作推进机制；审议来凤县撤销和成立部分单位党组方案；研究干部事项。

3月15日，县委书记邢祖训主持召开县委常委会2019年第10次会议，传达学习习近平总书记在参加十三届全国人大二次会议甘肃代表团审议时的重要讲话精神和《国务院办公厅关于深入开展消费扶贫助力打赢脱贫攻坚战的指导意见》；传达学习中共中央办公厅印发的《关于解决形式主义突出问题为基层减负的通知》精神；传达学习《湖北省党委和政府维护稳定工作领导责任制规定（试行）》；审议全县乡科级主要领导干部坚持底线思维着力防范化解重大风险专题研讨班培训方案；听取禁毒工作、信访工作情况汇报；学习《关于深化市县纪委监委机构改革和派驻（出）机构改革的若干意见》及省纪委关于县纪委监委机构改革的相关精神，审议来凤县纪委监委机构改革实施方案；传达学习中央、省、州宣传部部长会议精神，听取全县宣传思想文化工作情况汇报；听取统战工作情况汇报，审议《2019年统战工作要点》《县委统一战线工作领导小组2019年工作要点》《关于调整县领导及主管部门负责人与党外代表人士联系交友的通知》和《来凤县落实中央脱贫攻坚专项巡视反馈意见关于宗教问题整改工作方案（草案）》；审议《中共来凤县委常委会2019年工作要点》和《县政协来凤县委员会2019年工作要点》。

3月27日，县委书记邢祖训主持召开县委常委会2019年第11次会议，传达学习省人大常委会副主任胡志强和省扶贫办主任胡超文讲话精神；传达学习全省、全州宗教专题工作会议精神；审议来凤县关于进一步整治形式主义、官僚主义的若干措施；审议县人大常委会党组关于加强县人大常委会国有资产监督和预算审查监督工作的汇报；审议《来凤县“比招商、抓项目、强产业、促进位”活动实施方案》；研究干部事项。

3月29日，县委书记邢祖训主持召开县委常委会2019年第12次会议，传达学习中央脱贫攻坚专项巡视反馈意见整改工作督办推进会议精神；研究干部事项。

4月12日，县委书记邢祖训主持召开县委常委会2019年第13次会议，传达学习《湖北省实施〈党组讨论和决定党员处分事项工作程序规定（试行）〉办法》；传达学习《省扶贫攻坚领导小组办公室关于进一步明确脱贫攻坚有关政策标准和工作要求的通知》；审议2019年禁毒工作责任清单及贯彻落实省禁毒重点工作推进会精神的意见；审议2019年扫黑除恶工作责任清单及贯彻落实扫黑除恶推进会精神的意见；审议《加强全县重点工作督查工作的实施方案》；听取关于2018年度全县党建工作目标考评情况汇报；审议《中共来凤县委关于向战斗英雄张富清学习的决定》；审议2018年县管干部年度考核等次评定建议方案；听取巡察工作汇报；听取2018年度县委中心组学习情况汇报，审议2019年度中心组学习计划。

4月22日，县委书记邢祖训主持召开县委常委会2019年第14次会议，传达学习习近平总书记在重庆考察时的重要讲话精神；传达学习《中共中央关于加强党的政治建设的意见》；传达学习《关于进一步强化中央脱贫攻坚专项巡视反馈意见排查整改工作责任的通知》；听取全县2018年度精准扶贫目标责任考评验收工作情况汇报；审议2018年综治工作考评结果，听取2019年综治工作有关事项的汇报；听取“雪亮工程”城区视频监控系统升级改造扩容工程建设的情况汇报；听取来凤县生态文明示范县创建工作情况汇报；听取宗教工作情况汇报；审议《县纪委监督县委及其委员“1+5”工作方案》；听取全县组织工作情况汇报；研究干部事项。

5月9日，县委书记邢祖训主持召开县委常委会2019年第15次会议，传达学习省人大常委会副主任胡志强在来凤调研时的讲话精神，研究具体贯彻落实相关措施；传达学习州委主要领导对来凤县扫黑除恶专项斗争工作约谈会议精神，审议《来凤县对省扫黑除恶专项斗争第三督导组反馈具体问题的整改方案》；审议《来凤县落实全州国家级省级生态文明示范区创建、污染防治攻坚战、长江大保护十大标志性战役及中央、省环保督察反馈问题督查情况通报问题的整改工作方案》；听取来凤县优化营商环境工作情况汇报；传达学习全州一季度重点项目现场推进会议精神，审议来凤县2019年5—6月重点推进项目（企业）调度推进方案；听取来凤火车站站前综合交通枢纽工程（EPC）项目招标方案的情况汇报；审议《来凤县第十七届人民代表大会第五次会议建议方案》；审议《来凤县2019年部门预算详细方案（草案）》；听取纪律审查工作情况汇报；研究干部事项。

5月24日，县委书记邢祖训主持召开县委常委会2019年第16次会议，传达学习习近平对张富清先进事迹的重要指示；观看警示教育片《重整行装利剑反腐》；传达学习全州新时代文明实践中心暨农村精神文明建设现场会议精神，研究相关工作；听取关于全省运用“扶贫领域政策落实监察系统”开展监督检查工作情况汇报；听取公路“建养一体化”实施方案的情况报告；审议《来凤县总工会关于推进全县乡镇、开发区工会改革创新的实施方案》；听取来凤县退役军人服务体系建设相关工作汇报；审议《中共来凤县委2019年度党建工作项目清单》；听取2019年公务员职级晋升的情况汇报。

6月9日，县委书记邢祖训主持召开2019年县委常委会第17次会议。会议传达学习2018年度全省市县扶贫开发成效考核约谈会议精神、《湖北省扶贫攻坚领导小组关于印发〈2018年国家对湖北省脱贫攻坚成效考核反馈问题整改方案〉的通知》《州扶贫办州纪委监委机关关于印发〈关于加强整治监督整治扶贫领域形式主义和官僚主义的六条措施〉的通知》、全州推进信访“三无”县市工作暨防范化解重大社会风险会议精神；听取扫黑除恶专项斗争工作情况汇报。

6月9日，县委书记邢祖训主持召开2019年县委常委会（扩大）会议。会议传达学习《习近平同志在“不忘初心、牢记使命”主题教育工作会议上的讲话》、习近平总书记近日对垃圾分类工作作出的重要指示精神、全省“不忘初心、牢记使命”主题教育工作会议精神、习近平总书记关于总体国家安全观的重要论述和省委国家安全委员会第一次、第二次全体会议精神、中国共产党湖北省第十一届委员会第五次全体会议精神和《中共湖北省委关于打好三大攻坚战重点战役的意见》。

6月25日，县委书记邢祖训主持召开县委常委会2019年第19次会议，传达学习习近平总书记在中央政治局第十四次集体学习时的讲话；传达学习赵乐际在市县巡察工作推进会上的讲话精神；传达学习蒋超良、王立山在全省巡视工作会议暨十一届省委第四轮巡视动员部署会上的讲话精神；传达省扫黑办约谈扫黑除恶工作重点管理县（市、区）负责人会议精神；传达全州扶贫领域、生态环保领域重点问题整改推进会议精神；传达学习中央、省、州解决形式主义、官僚主义为基层减负相关文件精神，听取来凤县开展情况汇报；传达学习《中共湖北省委关于认真贯彻习近平总书记重要指示精神广泛开展向张富清同志学习的通知》，并听取贯彻落实方案汇报；听取来凤县2019年上半年意识形态工作情况汇报；听取来凤县民族博物馆设立张富清先进事迹展馆情况汇报；听取民生、安普罗处置工作情况汇报；听取纪律审查工作汇报。

7月22日，县委书记邢祖训主持召开县委常委会2019年第20次会议，传达学习习近平同志在中央政治局第十五次集体学习时的讲话；传达学习中央全面深化改革委员会第八次会议及省委全面深化改革委员会第三次会议精神；传达学习《中共中央关于李平同志搞形式主义、官僚主义案件查处情况及其教训警示的通报》；传达学习中共湖北省委印发的《关于在全省开展“不忘初心、牢记使命”主题教育实施方案》的通知；传达学习州委书记柯俊在州委考评工作专题会议上的讲话精神；审议《中共来凤县委关于贯彻〈恩施州督查考评工作规则（试行）〉的意见》；传达学习蒋超良、柯俊关于禁毒工作的批示，听取禁毒工作情况汇报；听取扫黑除恶工作情况汇报；传达学习全国、全省、全州公安工作会议精神，研究贯彻落实措施；审议《来凤县关于开展消费扶贫促进农业龙头企业发展的实施意见》；传达学习全州统计工作会议精神，研究贯彻落实措施；审议县委议事协调机构组成人员方案；听取部分单位机构编制事项的情况汇报；听取纪律审查工作情况汇报。

8月6日，县委书记邢祖训主持召开县委常委会2019年第21次会议，传达学习州委书记柯俊关于汛期安全工作讲话精神；传达学习全州上半年经济形势分析会议精神；听取张富清赴京参加全国模范退役军人表彰活动的情况汇报；听取上半年信访工作情况汇报；听取司法行政工作情况汇报；审议《中共来凤县委员会关于中央脱贫攻坚专项巡视整改进展情况的通报》；审议《县委办公室县政府办公室关于调整县级非常设机构及负责人的通知》。

8月27日，县委书记邢祖训主持召开县委常委会2019年第22次会议，传达学习习近平总书记和丁薛祥在中央和国家机关党的建设工作会议上的讲话；传达学习中办发电〔2019〕29号文件精神；传达学习省委常委、省委统战部部长尔肯江·吐拉洪在来凤调研时的讲话精神；传达学习全州卫生健康工作专题会议精神；听取来凤县第三届摆手节活动的情况汇报；审议来凤县2019年州级劳动模范候选人名单；审议《关于坚持农业农村优先发展做好“三农”工作的实施意见》；听取来凤县事业单位、国有企业公务用车制度改革和县机关事务服务中心工作情况汇报；听取关于开展“不忘初心、牢记使命”主题教育先学先改工作情况汇报；传达全州实施公务员职务与职级并行制度工作会议精神，审议《来凤县公务员职务与职级并行制度实施工作方案》；研究干部事项。

8月29日，县委书记邢祖训主持召开县委常委会2019年第23次会议，传达学习省委十一届六次全体（扩大）会议精神；传达学习全州县市委书记维稳专题会议精神，研究来凤县迎大庆、保军运维稳工作方案；听取民族宗教工作情况汇报。

9月6日，县委书记邢祖训主持召开县委常委会2019年第24次会议，传达学习《中国共产党宣传工作条例》；传达学习《两起形式主义官僚主义问题典型案例的通报》；听取禁毒工作情况汇报；听取工会工作情况汇报；听取残联工作情况汇报；听取工商联工作情况汇报；听取科协工作情况汇报；听取共青团工作情况汇报；听取妇女儿童工作情况汇报；听取老干部工作情况汇报；听取“不忘初心、牢记使命”主题教育中开展软弱涣散基层党组织专项整治的情况汇报；传达学习全省安保维稳电视电话会议精神。

9月11日，县委书记邢祖训主持召开县委常委会2019年第25次会议，传达学习全州“不忘初心、牢记使命”主题教育工作会议精神，听取来凤县“不忘初心、牢记使命”主题教育工作筹备情况汇报，安排部署主题教育工作。

9月29日，县委书记邢祖训主持召开县委常委会2019年第27次会议，传达学习习近平总书记在中共中央政治局第十六次集体学习时的重要讲话精神；传达学习《中央办公厅、国务院办公厅关于做好2019年国庆节期间有关工作的通知》；传达学习全省基层统战工作现场会、全省基层宗教工作专题培训会议精神和《关于加强基层宗教工作执法主体和工作网络建设的意见》文件精神；传达学习中央、省委、州委全面深化改革委员会会议精神；传达学习《州委办公室、州政府办公室关于严格落实地方党政领导干部安全生产责任制的通知》文件精神；传达学习州委常委会关于听取来凤县纪委监督县委及其委员试点工作情况汇报的会议精神；传达学习《州委外办关于主题教育期间国家工作人员因公出国（境）审批管理工作的通知》文件精神；审议《来凤县“荆楚文旅名县”创建工作方案》；审议《来凤县落实省委巡视恩施州委扶贫领域专项检查发现问题整改工作方案》；听取来凤县东西部扶贫协作项目推进情况和州对县考核指标完成情况汇报，审议《2019年来凤县东西部扶贫协作项目建设问题整改方案》《2019年来凤县东西部扶贫协作年度考核任务问题整改方案》；听取县管干部职务与职级并行职级套转工作情况汇报；听取2019年从村（社区）干部中定向招录公务员工作情况汇报；研究干部事项。

10月10日，县委书记邢祖训主持召开县委常委会2019年第28次会议，集中传达学习中共中央政治局委员、中央“不忘初心、牢记使命”主题教育领导小组常务副组长陈希在第二批“不忘初心、牢记使命”主题教育推进会上的讲话和州委常委、州委组织部部长张建文在全州主题教育指导组推进会上的讲话精神，传达学习州委常委、州纪委书记、监委主任陈江龙工作约谈会议精神和《州委“不忘初心、牢记使命”主题教育指导工作重点任务提示》，安排部署陈江龙督查暗访发现问题的整改工作。州委第四巡回指导组组长张星海、副组长黄明畅出席会议，并进行工作指导。

10月12日，县委书记邢祖训主持召开县委常委会2019年第29次会议，传达学习习近平总书记在庆祝中华人民共和国成立70周年大会上的讲话；传达学习习近平总书记在中共中央政治局第十七次集体学习时的重要讲话；听取全县“不忘初心、牢记使命”主题教育工作情况汇报；传达学习全省纪检监察基层基础工作推进会会议精神；传达学习州委平安稳定工作专题会议、全州深化放管服改革优化营商环境推进会议、全州房地产领域风险化解专题会议、全州防范化解金融风险工作专题会议和全州“保军运”信访专题会议精神；审议《关于中央脱贫攻坚专项巡视反馈意见整改情况报告》《关于中央脱贫攻坚专项巡视反馈意见整改工作效果清单》。

10月18日，县委书记邢祖训主持召开县委常委会2019年第30次会议，传达学习习近平总书记在黄河流域生态保护和高质量发展座谈会上的讲话；传达学习《中共中央关于新时代加强和改进人民政协工作的意见》；听取关于请求解决基层社会治理有关事项的情况汇报；听取来凤县乡镇综治工作机构情况汇报；听取来凤县落实省委第九巡视组巡视恩施州委反馈问题整改情况汇报；审议中国共产党来凤县第十五届委员会第七次全体（扩大）会议筹备建议方案；听取全县档案史志工作汇报；审议《来凤县乡镇财政体制管理（暂行）办法》。

10月31日，县委书记邢祖训主持召开县委常委会2019年第31次会议，传达学习习近平总书记在第六个国家扶贫日上作出的重要指示；传达学习中共中央办公厅印发《关于进一步激励广大干部新时代新担当新作为的意见》、省委办公厅印发《关于进一步激励广大干部新时代新担当新作为的实施意见》和中组部印发《关于进一步激励干部担当作为有关具体措施的通知》；传达学习中共湖北省纪委湖北省监察委员会印发《〈关于激励和保护干部干事创业的意见〉的通知》；传达学习全国全省扫黑除恶专项斗争推进会议精神；传达学习全州“比招商、抓项目、强产业、促进位”调研督办推进会议精神；听取2018年度目标考评情况汇报；听取2019年州对县目标考核工作情况汇报；审议《来凤县民生实事项目人大代表票决制实施办法（试行）草案》和《关于开展县人大代表回选区述职的实施方案（草案）》；审议《来凤县民生项目征集办法（试行)》；听取从村（社区）干部中定向招录乡镇公务员有关情况的汇报；研究干部事项。

11月29日，县委书记邢祖训主持召开县委常委会2019年第32次会议，传达学习习近平总书记在中央政治局第十八次集体学习时的重要讲话精神；传达学习州委“不忘初心、牢记使命”主题教育推进会议精神；传达学习民兵调整改革相关文件精神；传达全州扫黑除恶专项斗争推进会议精神；传达学习省委统一战线领导小组办公室《关于转发〈中央统一战线工作领导小组关于宗教工作督查问责情况的通报〉的通知》的文件精神，听取成立县新联会相关情况汇报；审议《来凤县关于2019年国家对湖北省脱贫攻坚督查反馈问题整改方案》；审议《关于加强和完善城乡社区治理的实施意见》；审议《中共来凤县委十五届七次全会报告（征求意见稿）》；审议《关于实施乡村振兴战略的决定（草案）》；听取来凤县乡村振兴“领军人才”评选情况汇报；审议《关于补选县十七届人大代表和增补县政协第九届委员会委员建议方案》。

12月6日，县委书记邢祖训主持召开县委常委会2019年第33次会议，学习习近平总书记在中央政治局第十九次集体学习时的重要讲话精神；传达学习《中共中央办公厅印发〈关于整治突出毒品问题的实施意见〉的通知》；传达学习王立山对《州纪委关于来凤县纪委监督县委及其委员工作情况的报告》的批示精神；听取全省电视问政曝光问题整改工作汇报；审议《贯彻落实〈中共湖北省委领导经济工作办法〉的实施细则》；审议《来凤县医疗卫生服务共同体建设实施方案》；审议《关于加强乡镇政府服务能力建设的实施意见》；研究干部事项。

12月20日，县委书记邢祖训主持召开县委常委会2019年第34次会议，传达学习中央经济工作会议精神；传达学习《中国共产党农村工作条例》；听取学习贯彻落实省、州关于进一步激励关爱基层干部文件精神有关情况汇报；听取全县“不忘初心、牢记使命”主题教育工作情况汇报；听取县十七届人大六次会议筹备工作情况汇报；听取县政协九届四次会议筹备工作情况汇报；审议《政府工作报告（征求意见稿）》；审议《2020年来凤县民生实事项目计划建议清单》《来凤县2019年国民经济和社会发展计划执行情况及2020年国民经济和社会发展计划草案的报告》；审议《来凤县2019年财政预算执行情况和2020年财政预算（草案）的报告》；听取纪律审查工作汇报。

12月27日，县委书记邢祖训主持召开县委常委会2019年第35次会议，传达学习中央全面深化改革委员会第十一次会议精神；《中共中央国务院关于营造更好发展环境支持民营企业改革发展的意见》《中共中央办公厅印发〈关于加强新时代民营经济统战工作的意见〉的通知》《优化营商环境条例（中华人民共和国国务院令第772号）》；转发《省委统一战线工作领导小组〈关于印发贯彻落实中央关于宗教工作重要文件精神的具体措施的通知〉的通知》；传达全省民族团结进步表彰大会精神；听取全县安全生产及应急管理工作情况汇报；研究干部事项。

【县委常委会2018年民主生活会】 3月13日，县委常委会召开以“强化创新理论武装，树牢‘四个意识’、坚定‘四个自信’、做到‘两个维护’，勇于担当作为，以求真务实的作风坚决把党中央决策部署落到实处”为主题的2018年度县委常委领导班子民主生活会。州委常委、州纪委书记、州监委主任陈江龙，州纪委常委、州监委委员李木林，州委组织部党员教育中心主任、州委“两新”工委专职副书记任建华到会指导，县委书记邢祖训主持会议。

【“不忘初心、牢记使命”主题教育专题民主生活会】 12月10日，县委常委会召开2019年“不忘初心、牢记使命”主题教育专题民主生活会，州委第四巡回指导组组长张星海指导会议。县委书记邢祖训主持会议。

【退出贫困县】 截至2019年底，全县贫困规模为20657户73893人，累计脱贫20970户74121人，留存39户150人，综合贫困发生率为0.05%，错退率、漏评率均为零，群众认可度为98.57%。4月28日，经省政府批准退出贫困县。

【产业发展】 发展“两茶一果一菇一蜂”农业特色产业，特色产业基地32966.67公顷，新发展香菇200万棒、中蜂2.84万箱（群），藤茶基地获评全国绿色食品原料标准化生产基地；金祈藤茶公司在新三板上市，腾升香料凤菊精油远销日欧，规上工业增加值增幅7.9%，全州排名第二位，来凤藤茶、来凤姜入选湖北省农产品区域公用品牌二十强；全年接待游客330万人次，实现旅游综合收入16.9亿元，分别增长10%、12.7%，入选首批“荆楚文旅名县”创建县市。

【城乡建管】 全年开（复）工500万元以上重点项目90个，固定资产投资同比增长17.8%。黔张常铁路来凤站投入运营；来恩、来咸、来智3条城区进出口路段全面改造升级，武汉大道四期、龙凤大道延伸段建成通车；省道367猴革线改造工程完工投运，实现乡乡通二级公路目标；220千伏输变电工程建成投产，自然村通动力电率100%；4G信号有效覆盖率92%以上，光纤宽带通村率100%，固定宽带普及率在全省三类县市中位居第二位。开展城区市容市貌整治，开展“百日治违”专项行动，完成来凤机场违建第一期清理，拆除县城规划区内各类违法建筑91处3.96万平方米。

【生态环境】 农村改厕完成23058户，“厕所革命”全面实现年度目标任务；7个乡镇垃圾中转站投入使用，建成州、县两级垃圾分类示范村13个；总投资3亿元的乡镇污水处理全覆盖工程试水调试，全县村（社区）配备保洁员和自然资源规划员，石桥村入选全国乡村治理示范村，通过省级卫生县城复审。全年城区空气质量优良天数347天，同比增加29天，优良率95.8%，空气质量综合指数在全省县（市、区）排名第七位，“省级生态文明建设示范县”创建通过专家组验收。

【民生福祉】 总投资1.88亿元的职校迁建项目有序推进，投入2500万元解决62所学校校园安全隐患，在全州率先实现每个乡镇建成一所公办幼儿园；推进医药卫生体制改革，标准化村卫生室实现全覆盖，县域医共体建设加快推进；城镇新增就业4220人，城镇登记失业率1.7%；新时代文明实践中心、文体广场、退役军人服务站点实现全覆盖。

【社会稳定】 扫黑除恶专项斗争向纵深掘进，打掉黑社会性质犯罪组织1个、恶势力犯罪集团3个、恶势力犯罪团伙15个，立涉黑涉恶腐败及保护伞案件27件27人；开展“飓风扫毒”行动，打掉贩毒团伙3个，侦破省督案件2起，禁毒警示教育基地、病残吸毒人员收治中心、省际武装禁毒卡口、8个乡镇中心戒毒社区全部建成并投入使用；民生天然气公司破产重整依法顺利推进，59.32%的债权人债权全部清偿完毕，40.68%的债权人获得部分清偿；安普罗食品有限责任公司破产清算进入实质性资产处置阶段；仙佛寺大型露天宗教佛像整改完成；新选聘驻村辅警、司法辅助人员116名，“一村一警”全面落实，乡镇综治中心实体化运行，“迎大庆、保军运”成效明显，社会大局平稳可控。

【党的建设】 “不忘初心、牢记使命”主题教育扎实开展，“村党组织书记队伍县级备案管理”经验被纳入《中国共产党农村基层组织工作条例》，软弱涣散基层党组织整顿工作在中央电视台《焦点访谈》栏目作重点推介；继续在“四个一线”提拔重用干部；重奖乡村振兴领军人才；纪委监督同级党委试点工作扎实推进，省委常委、省纪委书记、省监委主任王立山予以批示肯定；大力整治形式主义、官僚主义，以县委、县政府名义召开会议、印发文件、督查检查考核次数分别同比下降38%、39%、51%。

【县委办公室工作概况】 2019年，县委办公室完成县委全会报告、县委常委会工作要点、重要会议讲话、重点工作汇报等综合文稿起草，完成各类综合性汇报材料64篇、领导讲话130篇、调研文章10篇94.7万余字。全年向州委报送《直报信息》42期、综合信息35篇、日常信息1658条（省采用6条、州采用356条），编发《来凤信息》248期；报送的《湖北省认真贯彻落实习近平总书记关于张富清同志先进事迹的重要指示，在全省凝聚起万众一心奋斗新时代的强大力量》被中办采用。县委办公室被表彰为“全省党委信息工作突出单位”，张歌被表彰为全省党委信息工作突出个人，魏文烟被表彰为全州党委信息工作突出个人。全年累计收发各类通知1291条，报备859次，协调县委书记公务活动500余次。2019年，统筹协调服务各类会议115场次，同比下降31%。全年接收、办理各级文件1400余件。全年印发各类公文、会议纪要192件（含“三定”方案44个），同比下降46.4%。按照党内规范性文件备案工作要求，及时对12份规范性文件向州委法规室进行备案，做到应备尽备、合法合规。

制定下发县委全面深化改革“两规则一细则”、改革工作要点、重大改革调研课题实施方案等重要文件。组建专班对全县10个专项小组42改革项目牵头单位93个改革项目进行综合督察，印发《督察通报》1期。2019年，来凤县再次入围湖北省改革奖，完成第二届湖北改革奖申报，成为全州唯一一个两次入围湖北改革奖的县市。提炼总结推介《来凤县村党组织书记县级备案管理》改革项目经验做法，该项目入围湖北省第二届改革奖评选。全县改革任务落实成效相关新闻报道和推介文章在国家级、省级等各类主流媒体上发表111篇。

（谭祖军　胡成林）

组织工作

【概　况】 2019年，全县组织工作以习近平新时代中国特色社会主义思想为指导，深入贯彻落实党的十九大和十九届二中、三中、四中全会精神，严格落实全国、全省、全州组织工作会议及组织部长会议精神，加强干部人才队伍建设、机关党建、基层党建、公务员日常管理、干部考核与监督，各项工作取得新进展。截至12月31日，全县有基层党组织593个（党委21个、总党支35个、党支部537个），有党员12158名（女性党员2972名、农村党员6442名）。

【基层党建工作】 深化村党组织书记县级备案管理。全年调整村党组织书记28人次，开展村“两委”缺额候选人县级联审8批次，审查114人次，补选村“两委”成员96名，集中对全县在职的970名村（社区）“两委”成员再过联审“筛子”，选派63名村党组织书记参加州级以上各类培训，县委组织部组织村党组织书记培训班3期，县级领导上台讲党课，培训村党组织书记435人次，实现村党组织书记培训全覆盖，举办村级后备干部专题培训班3期，培训村级后备干部642人次，其中村党组织书记后备人选231人次，储备村级后备干部746名，乡土人才1992名。参照干部管理模式，对村级后备干部实行“一人一档”管理，结对培养人每季度与后备干部谈心谈话1次，每半年根据其综合表现给出评价意见，会同乡镇党委每年综合研判1次。累计选派37名村级后备干部到县乡机关挂职锻炼。12月上旬，全县所有村（社区）党组织邀请在家后备干部、乡土人才列席“不忘初心、牢记使命”主题教育专题组织生活会，结对培养人与后备干部、乡土人才面对面沟通交流。

着力补齐农村基层党建短板。聚焦中央脱贫攻坚专项巡视和省委巡视反馈的点上和面上问题，坚持举一反三抓整改，全面排查出各类问题

166个，派出12个业务专班开展全覆盖指导，开展多轮“回头看”，建立《来凤县党建“补短板”自查及整改工作进度情况统计表》工作台账，召开微信调度会17次，现场推进会2次，下发提醒函16份，适时指导各乡镇“补短板”工作。各乡镇完成整改通过自查发现的463个“短板”问题。16个软弱涣散村党组织整顿到位，主要做法在《党建研究》《乡村干部报》等中央媒体上宣传报道，向软弱涣散村、重点贫困村、集体经济发展薄弱村选派“第一书记”129名，全年发展农村党员229名，三年未发展党员的4个村全部销号，全县185个村全部组建流动党员网上党小组，加强对流动党员的教育管理，统筹财政资金576万元，提档升级村级党员群众服务中心18个。配合县农业农村局进一步摸清村级“三资”情况。申报2019年度湖北省发展新型村级集体经济扶持村计划，全县11个新型村级集体经济项目的中央、省财政、省管党费资金和县级发展配套资金550万元全部拨付到村级账户，各村确定的项目正有序实施。

统筹推进其他领域党建工作。及时调整和理顺机构改革后涉改单位的党组织设置，批准新成立党组19个，撤销党组21个，新成立党组织42个、撤销党组织21个、更名党组织4个，完成75个党组织的选举工作。由县委组织分管领导带领业务指导组下沉调研，对58个县直部门和5个涉及机构改革单位党建工作进行指导，发现问题107个，以“党建工作提醒函”等形式交办整改。举办县直机关、“两新”党组织入党培训班2期，培训入党积极分子、发展对象240人次。举办机关党务工作者培训班1期。全覆盖摸排“两新”党组织运行情况，选派党建指导员74名，其中2019年调整优化23名。

【领导班子和干部队伍建设】 完成全县机构改革，13家新组建、调整的单位集中挂牌，完成涉改单位人员转隶。县委全年调整干部7批次272人次，其中提拔23人、重用8人、交流72人、免职36人，兼任职务任免、县级领导配套职务任免、机构改革重新任职和群团兼职等133人。启动公务员职级晋升工作，完成19名干部晋升一级主任科员，在扶贫一线提拔重用干部11名，选派干部到杭州市拱墅区挂职锻炼10名，全年提拔重用35岁以下年轻干部11人，占提拔重用干部的35.5%。

【干部教育培训】 全年举办主体班次和专题班次17期，培训2100余人次。其中在杭州市举办培训班2期，培训79人；在县委党校举办中青年干部培训班2期，培训105人。完成省州调训任务26次，培训136人次。全年培训35岁以下年轻干部280余人次。

【干部信息管理】 统筹推进干部人事档案数字化，完成县管干部人事档案转移入库。配合纪检监察部门办案、县级巡察、部门业务开展等工作需要和干部个人查阅需求，累计提供干部档案及信息资料查借阅服务200余次，复印资料1000余份。规范干部学历认定更改工作，累计完成州管干部学历认定更改28人次。

【公务员日常管理】 完成2018年度全县公务员（含参公人员）年度考核，对2016—2018年连续三年考核优秀的45人记三等功，嘉奖2018年度考核优秀的271人。推荐县公安局已故干警向雪飞参加湖北省“人民满意公务员”活动评选，向雪飞被省委追记个人一等功。公安“两个序列”188人职务工资套改和822名公务员职级套转，完成2018年度招录的38名公务员转正和公务员登记，2019年度面向社会招录公务员38名，从村干部中定向招录公务员10名。就机构改革中涉及参公管理人员申请登记为公务员的25人进行公务员登记，并报州委组织部审批行文。办理新一届选调生入职，正常晋升级别工资、级别档次工资，职务晋升，特殊等级调整，遗属生活困难补助，一次性抚恤费等核定或审批工作929人次。

【人才工作】 评选出全县农业产业发展“领军人才”4名，每人奖励奖金10万元；组织56名专家和优秀人才到建始县店子坪当代红色教育基地参加研修班1期；选派7名专业技术人才到杭州交流学习，杭州选派23名专业技术人才到来凤县交流挂职，组织挂职干部考察交流活动1次。推进创业平台和人才超市建设。完善人才创新创业超市服务功能，健全“一站式”服务机制，依托来凤县凤翔食品有限公司建设人才创新创业平台，在入驻对象、孵化条件、服务内容和管理团队上实现专业化，启动“恩施州创新创业大赛”来凤赛区海选、初赛工作，动员各类人才参与，营造良好氛围。引导人才服务基层。开展“我选湖北”计划，2019年吸纳寒暑假实习实训大学生810名，实施“一村多名大学生计划”，全县培养学员28名，依托旧司农广校培育新型职业农民468人，借力杭州市拱墅区扶贫协作资源开展人才培训工作，举办基层卫生、农技人员、保育员等各类培训1771人次。

【干部监督工作】 干部选任监督。实施干部选拔任用工作全程纪实、节点把关，全年提拔重用的31人次全部严格落实“凡提四必”，并向社会公示，健全干部监督特别档案，统计党的十八大以来领导干部受处理处分情况230余条。干部日常监督常态化。完成31名县处级领导干部2019年个人有关事项报告工作，对4个单位5名党政一把手开展领导干部经济责任审计，加大“12380”信访举报受理核查力度，受理办结信访举报4件，移交县纪委监委调查1件。稳固专项整治工作成果。集中管理在职县管干部因私出境证件232本，处理退回过期出境证件81本，规范办理科级干部因私出境23人次、县处级退休干部因私出境5人次。激励干部担当作为。查处不担当不作为问题33件57人，对有苗头性问题或轻微违纪行为的106名党员干部给予提醒谈话、批评教育、诫勉谈话等方式处理，对26名受处理处分干部开展谈心谈话回访教育。

【两新组织建设】 全县纳入党建基数的非公有制企业、社会组织151家，组建非公有制企业党组织32个（单独组建17个、联合组建15个），组建社会组织党组织35个（单独组建15个、联合组建7个、功能型党组织13个），全年按期换届党支部3个。全县“两新”组织有党员258名，调整“两新”党组织书记3名，派遣党建工作指导员74名。新发展党员8名，培养入党积极分子20名，开展2次发展党员培训,34人次参加培训，在两新组织中开展“不忘初心、牢记使命”主题教育实践活动、“新中国成立70周年”系列庆祝活动，集中整顿软弱涣散党组织，按照要求全额返还“两新”党组织党费2.95万元。加强党内关怀，党员关爱基金救助帮扶患病困难党员1名，“七一”期间走访慰问困难党员4名。

【机构改革】 机构设置调整。改革后，县委组织部统一管理县委机构编制委员会办公室，统一管理公务员和老干部工作，对外加挂县委直属机关工作委员会、县公务员局、县委老干部局、县委非公有制经济组织和社会组织工作委员会牌子。职责调整。划入县委县直机关工委职责，划入县老干部局职责，划入县人力资源和社会保障局（县公务员局）的公务员综合管理职责。内设机构调整。部内下设办公室、政工人事股、财务股、干部股、公务员股、干部教育股、组织一股、组织二股、调研股、干部监督股、干部举报中心、人才工作股、老干部工作股、信息管理股14个内设机构。人员编制调整。核增行政编制5名，调整后，部内行政编制26名，参照公务员法管理事业编制11名，全额拨款事业编制12名。

（周　英　杨　锐）

老干部工作

【概　况】 2019年底，纳入组织部门管理的离退休老干部454人，其中离休干部22人，副科级实职以上退休干部432人（其中副处级以上退休干部80人）。加强离退休干部思想政治建设，在20个老干支部中开展“不忘初心、牢记使命”主题教育工作，送学上门370余人次，组织离退休干部接受初心教育，并组建张富清先进事迹报告团，落实老干部各项待遇，加强老干部活动阵地建设。

【离退休干部思想政治建设】 建立全县离退休老干部数据库，再次核实、查证全县实职副科级及以上的离退休干部信息，做到全县离退休老干部信息数据更新及时、信息准确。开展多样学习活动。以培训、座谈、调研、学习讨论、书画展等形式，多渠道、全方位地向老干部宣讲党和国家事业取得的历史性成就、变革。组织召开全县离退休干部座谈会、学习会，通报来凤县经济社会发展情况和下一步工作安排，学习《来凤县机构改革方案》《来凤县离退休干部工作经费使用管理暂行办法》以及观看张富清先进事迹纪录片《本色》（上、下）。在老干支部中开展“不忘初心、牢记使命”主题教育工作。组织全县20个老干支部结合自身实际，采用多种形式开展主题教育工作，进一步增强离退休干部党性观念，引导老同志不忘革命初心、永葆政治本色，以微信共享、送学上门、“一对一”帮学带学的方式，确保行动不便的离退休党员学习不掉队，累计开展送学上门370余人次，借助张富清先进事迹展示中心，组织离退休干部接受初心教育并组建张富清先进事迹报告团，为全县20个老干支部开展专题讲座，发放《“不忘初心、牢记使命”优秀共产党员先进事迹选编》《深藏功名、坚守初心：95岁老英雄张富清的本色人生》等书籍200余本。

【老干部待遇落实】 关心关爱老干部，坚持走访慰问制度。2019年春节、“七一”和重阳节期间，走访慰问全县离休干部22名，副科级及以上退休干部424名，发放慰问金12万余元；国庆节前夕，送出新中国成立70周年纪念章21枚。维护老干部利益，落实离休干部生活待遇。根据省委组织部、省委老干部局、省财政厅、省人社厅《关于调整离休干部护理费标准的通知》（鄂老通〔2018〕9号）文件精神，按标准落实全县22名离休干部护理费，将护理费标准提高至2500元/月。健全离退休干部工作经费财政保障机制。经县委常委会审议通过，设立离退休干部5万元困难帮扶基金，由县财政设立专户，专款专用。规范离退休干部工作经费预算和监督管理。有退休干部的行政事业单位，根据工作需要在单位公用经费中安排老干部工作经费，具体支出范围和标准按财政部门相关规定执行。加大党费对离退休干部党组织活动的支持力度，全县20个离退休党支部收缴党费按70%比例进行下拨。

【老干部活动阵地建设】 2019年春、秋两学期，老年大学分别开设10个班级，包括乒乓球、诗词楹联、交谊舞、书法、器乐、太极拳等，聘用老师12名，各招收学员500人次，课程设置合理，教学内容因材施教。全年开展送文艺下乡活动4次，组织书画、诗联、摄影展以及舞蹈队等进社区、进乡村，服务精准扶贫。开展跨省协调湖南龙山县老年大学与来凤县老年大学举办2019年学习交流联谊活动1次，组织离退休老干部到来凤县8个乡镇实地考察脱贫攻坚工作，亲身感受全县开展脱贫攻坚工作以来社会发展取得的巨大变化，组织老年大学诗词班开展学习张富清英雄事迹座谈会暨颂扬张富清诗词咏诵活动，并组织召开来凤县村党组织书记队伍中退役军人座谈会、观看《时代楷模发布厅》等活动，引导全县广大党员干部学习离休干部张富清的先进事迹，教育激励全县广大党员干部在新时代担当新使命、展现新作为。

（周　英　杨　锐）

机关党的建设

【概　况】2019年，直属机关工委把学习贯彻《中共中央关于加强党的政治建设的意见》作为机关党建的重要内容，作为推进“两学一做”学习教育常态化制度化的重要举措，不断强化党员的政治意识，提升党员素质。全年举办党务干部培训班、入党培训班、机关党支部书记培训班4期，培训510人次。全县县直部门73个，其中党组41个、党委19个、党总支26个、党支部167个，机关党员3706名。

【严肃党内政治生活】督促落实“三会一课”、民主生活会和组织生活会、党支部和党员双指数管理等制度，严格执行党员领导干部双重组织生活制度。全县县直单位按照县委统一要求召开1次民主生活会，发出有关民主生活通知4次，征求到对常委个人意见建议26条、对县委常委班子的意见建议25条，为县委民主生活会的召开提供相关依据。

【规范党组织设置及换届选举工作】机构改革以来，批准新成立党组19个、撤销党组21个，新成立党组织42个、撤销党组织21个、更名党组织4个，完成75个党组织的选举工作，严格请示批复制度，保证程序的规范性。按照有利于组织学习、开展活动的原则科学设置党组织，跟进机构变化和人事调整，及时调整和理顺党组织设置，确保党的组织工作全覆盖。配齐配强机关党组织领导班子，按期完成党组织换届、改选、补选工作。

【规范党员发展】2019年，全县发展党员280名，其中女党员119人，占42.5%；少数民族党员215名，占76.8%；大专及以上学历145人，占51.78%，高中及以上学历217名，占77.5%；35岁及以下213人，占76.07%。其中，公有制单位83名，占29.6%；非公有制企业2名，占0.7%，社会组织6名，占2.1%；农村党员172名，占61.4%；其他17名，占6.1%。在发展中坚持“525”工作流程，严把发展党员政治关，落实政治审查制度。

【党内激励关怀工作】更新困难党员信息库，开展“七一”“新中国成立70周年”走访慰问新中国成立前老党员、生活困难党员和离退休干部职工党员活动，慰问278人次，慰问资金15.6万元。

【机关支部建设】县委组织部两次对全县58个县直部门机关党建进行调研指导，发现问题107个，对42个县直部门发出“党建工作提醒函”，机关党的建设工作得到进一步提升。

（周　英　杨　锐）

主题教育

【概　况】“不忘初心、牢记使命”主题教育是在全党自上而下开展的，以县处级以上领导干部为重点的实践活动。来凤县自9月开展主题教育，按照“守初心、担使命、找差距、抓落实”的总要求，对标“理论学习有收获、思想政治受洗礼、干事创业敢担当、为民服务解难题、清正廉洁作表率”的5项具体目标，结合实际，创造性地开展工作，把“忠诚、干净、担当”的党员品格内化于心、外化于行，以刀刃向内的自我革命精神，广泛听取意见，把问题找实，把根源挖深，坚持“改”字当头，做到立行立改、即知即改。

【学习教育】始终把学习贯彻习近平新时代中国特色社会主义思想作为主线，把理论学习贯穿主题教育始终。集中一周时间举办县级领导主题教育读书班，读书班结束后转为常态化机制，每周三定期组织县级领导集中夜学。主题教育期间，县级领导开展集中学习52次，交流研讨45次。全县各级党组织开办读书班76个，党员参加集中学习1.6万人次。举办农村无职党员主题教育示范培训班1期。每月按时、按要求开展“支部主题党日”活动。累计向失能党员送学上门1373人次。

【调查研究】 全县各级领导班子成员始终把调查研究作为基本功，深入基层、找准问题、提出对策。县级领导精选“校园安全隐患整改”等调研课题33个，县委书记带头开展专题调研37次、发现问题62类（个），带头讲授《坚守初心使命、矢志担当作为，做推进来凤高质量发展的不懈奋斗者》专题党课。其他县委常委开展调研130余次、发现问题139个，讲授党课38次。在调研中县级领导实地化解难题134个，汇总梳理意见、建议138条。县委召开调研成果交流会1次，阶段性总结调研成果。各乡镇、县直单位领导干部制定调研课题369个，开展座谈390余次，走访3000余人次，讲授党课350余次。

【检视问题】 县级领导开展谈心谈话213人次，征求意见建议194条。各级领导班子成员之间、班子成员与普通党员之间谈心谈话4300人次。向部分“两代表一委员”和党员群众邮寄“主题教育”包裹257份。县委常委会检视问题10条，明确整改措施28条。县委书记个人检视问题4条，明确整改措施13条。其他县级领导查摆问题97个，明确整改措施235条；各级领导班子成员查摆问题766个，明确整改措施968条。县委常委会召开对照党章党规找差距专题会议1次，查摆问题134个。12月10日，县委常委会召开“不忘初心、牢记使命”专题民主生活会。12月上旬前，全县各级各部门党委（党组）均召开专题民主生活会，522个基层党支部分别召开专题组织生活会。

【整改落实】 细化20项专项整治方案，清理出专项整治问题143个，完成整改122个。县级领导领办“即知即改、立行立改”问题36项，整改27项；领办民生实事34件，办结17件；领办民生领域信访突出问题29项，化解20项。基层党员开展志愿服务8600余人次，为群众办实事好事2500余件。针对省委主题教育领导小组交办的金龙滩电站移民安置遗留问题，县委主要领导亲自包案，完成淹没区181户房屋实物调查和评估工作，按照化解方案顺利推进。州委主题教育领导小组交办的4个“上级点”问题和4个“上下联动”问题全部完成整改。坚持开门抓整改，在来凤电视台开通“整改进行时”专栏。专项整治工作开展以来，召开专题推进会2次，下发问题交办函8件，工作提醒书2件，对在落实整改任务中履职尽职不到位的71名相关责任人进行处理，其中给予党纪政务处分7人。

（周　英　杨　锐）

学习张福清活动

【概　况】 根据习近平总书记对张富清先进事迹的重要指示精神，中央组织部、中央宣传部、退役军人事务部、中央军委政治工作部联合印发《关于开展向张富清同志学习的通知》，来凤县深入开展向张富清学习活动，在开展“不忘初心、牢记使命”主题教育实践活动中，组建张富清先进事迹报告团，以先进典型为标杆，持续开展“对照先进典型找差距活动”，利用“三会一课”“支部主题党日”等，常态化开展学习、经常性检视问题、实效化抓实整改，在基层党组织中大力营造学先进、赶先进、争先进的良好氛围。建成张富清先进事迹展示中心，为全县党员干部和来自新疆等省外来访人员讲述初心故事，办好初心教育；推进张富清干部学院建设，打造永久红色教育基地和党员培训基地；组织全县干部观看张富清先进事迹纪录片《本色》（上、下），发放《“不忘初心、牢记使命”优秀共产党员先进事迹选编》《深藏功名、坚守初心：95岁老英雄张富清的本色人生》等书籍。打造张富清文化，拓展深化观看一组节目、打造一个展馆、讲述一段故事、阅读一套书籍、编排一台戏曲“五个一”活动成果，精心编排南剧《本色》，把张富清先进事迹搬上舞台，使之成为来凤红色文化经典。县委组织部配合上级部门做好对老英雄张富清的慰问协调工作，接待中央级来访4次、省级来访10次。3月4日，来凤县悬挂光荣牌启动仪式上，组织退役军人代表、军烈属代表、县直各相关单位、各乡镇学习张富清先进事迹。7月30日，组织武警中队代表、县直单位退役军人代表、军休干部代表、军转干部学习张富清先进事迹座谈会。10月9日，组织2019年秋季退役士兵“学习英雄张富清、不忘初心守忠诚”主题教育。

（周　英　吴　晥）

【张富清先进事迹报告会】 4月30日下午，来凤县举行张富清先进事迹报告会。县委书记邢祖训主持报告会并讲话。6月12日，中央宣传部副部长梁言顺到来凤县，参加《时代楷模发布厅》张富清先进事迹录制。7月4日，湖北省委在武汉举行张富清先进事迹报告会，报告团成员用朴实真挚的语言讲述张富清的感人事迹。7月31日，中宣部、退役军人事务部、中央军委政治工作部和湖北省委，在人民大会堂联合举行张富清先进事迹报告会。

【张富清先进事迹宣传】 多次组织、服务对张富清先进事迹的集中和分散采访活动，张富清先进事迹在全国主流媒体用稿1700余条，其中《人民日报》用稿近40条，其中头版6条、头版头条3条；新华社（新华网）头版10余条，全媒体头条3条；中央电视台用稿约50条，《新闻联播》栏目10余条，《新闻联播》头条3条；在《经济日报》、《光明日报》《解放军报》、中国军网、中国新闻网、中国之声等全国主流媒体多次刊登头版头条。《时代楷模发布厅》首次走进县级城市，在来凤录制张富清专题。

（黎　芳　张常春）

【张富清事迹宣讲活动】 县人武部坚决落实习近平总书记指示，大力开展张富清集中采访活动，协调军媒记者采访20余次，时代楷模发布会和“寻访英雄”启动仪式协调民兵300人次参与排练演练；人武部政委刘洋和政工干事王昱焜参与张富清学习宣讲活动，累计参加省宣讲团5次，全县宣讲12次，王昱焜代表军分区参加省州“红色故事”主题演讲比赛，获三等奖2次。县人武部落实分区首长指示，把关心英雄、服务英雄作为分内职责，先后两次定做50式军装，为张富清订阅军队报纸、书籍和购置平板电脑等。

（黄友林　刘　洋　熊　飞）

【张富清先进事迹展示中心】 2019年7月，建成湖北省分行张富清先进事迹宣传教育中心，形成事迹展厅、视频学习区、资料室及学习研讨室，在展厅集中展示英雄事迹，收集各种实物，在视频室播放宣传报道和内部独有的学习视频，借力中国金融作家协会力量，将资料室打造成老英雄学习宣传资料书籍收集和集中展示地。成为全州“不忘初心、牢记使命”主题教育学习基地，2019年累计接待近240个单位及党支部、近2500人到支行宣教中心参观学习及党建联学。中国建设银行（总行）在来凤支行召开全国建行常态化学习张富清同志先进事迹专题研讨会，持续推进向张富清同志学习活动。建设银行来凤支行将营业网点打造成学习宣传基地，玻璃橱窗上悬挂6副LED宣传屏，在网点精神墙及工位嵌入宣传老英雄的特色标识，劳动者港湾加入宣传海报和支行学习宣传专栏，全力打造“向张富清同志学习示范岗”，形成“向张富清同志学习，我们在行动”的特色网点。开展“学习老英雄，在行动”营销活动以及“比作风、比奉献、比业绩”岗位大练兵，成立“张富清党员突击队”和“金融服务队”，充分发挥党员先锋模范作用，坚持以党建引领促进支行各项工作有序开展。

（陈雪莲　李甘霖）

【张富清干部学院建设】 2019年7月以来，根据县委、县政府对张富清干部学院前期工作安排，县委党校和国土规划局、发展改革局编制《张富清干部学院项目建议书》和《张富清干部学院概念性设计方案（草案）》。11月，县委党校提请《关于设立张富清干部学院的请示》经县委编委会研究，报县委常委会审定，同意设立张富清干部学院，学院为隶属县委党校管理的公益一类事业单位，县委书记兼任张富清干部学院院长，县委常委、组织部部长兼任常务副院长，县委常委、常务副县长兼任副院长，县委党校常务副校长兼任副院长。学院核定全额拨款事业编制11名，编制来源在全县事业总编制中统筹解决。学院基本定位是以弘扬张富清精神为主题的全国党员领导干部党性教育培训基地，以县委党校为依托，成立张富清精神研究中心（课题组），开展张富清精神研究和课题申报。

（黄沁雯　龙发坤）

【《张富清事迹专辑》编撰】 2018年12月3日，来凤县退役军人事务局在进行退役军人信息采集登记时，登记到一位95岁高龄的退役军人张富清，荣立特等功1次、军一等功1次、师一等功1次、师二等功1次和团一等功1次，2次获得“战斗英雄”称号，被西北军政委员会授予“人民功臣”奖章。张富清事迹的发现，是来凤县的一大精神财富，全县各界掀起向张富清学习的高潮，以张富清为榜样，学习张富清对党忠诚、不忘初心的革命本色，学习他不畏艰险、不怕牺牲的战斗精神，学习他胸怀大局、矢志奉献的优良作风，学习他淡泊名利、廉政齐家的高尚情操，学习他艰苦奋斗、乐观向上的人生态度。来凤县政协本着“存史、资政、团结、育人”作用，来凤县政协拟出版《共和国勋章获得者张富清专辑》，对张富清的先进事迹进行收集、整理，2019年完成材料整理。

（唐　俊　吴志清）

宣传思想文化工作

【概　况】 2019年，来凤县以习近平新时代特色社会主义思想为指导，围绕县委、县政府中心工作，自觉承担起举旗帜、聚民心、育新人、兴文化、展形象的使命任务，开展理论武装、舆论引导、文化体制改革和文化事业产业发展、精神文明建设等重点工作，组织、服务对张富清先进事迹的集中和分散采访活动，张富清先进事迹在全国主流媒体用稿1700余条，《时代楷模发布厅》在来凤县录制张富清专题，专题开展张富清同志先进事迹宣讲报告会15次，举办“向英雄致敬”——张富清先进事迹原创文艺作品展演暨湖北省文联荆楚‘红色轻骑兵’走进来凤活动，以张富清事迹为题材，打造南剧《本色》，推广《大山的情怀》等一批张富清主题音乐作品，为来凤县庆祝新中国成立70周年营造良好氛围、打赢脱贫攻坚战、决胜全面小康提供坚强的思想保证、正确的舆论支撑、厚实的文化条件和强大精神力量。

【意识形态】 夯实意识形态工作基层基础，加强意识形态工作责任制落实。完善意识形态联席会议制度，调整意识形态联席会议制度成员单位到58个。坚持日监测、周判断、月分析、季度小结的研判机制，全年形成月度分析报告12份，召开4次联席会议，对意识形态工作督查检查2次，向上级专题报告2次。县委常委会专题研究意识形态工作2次，研究涉意识形态工作15次。

【理论武装】 以习近平新时代中国特色社会主义思想、党的十九大精神、十九届四中全会精神、党中央脱贫攻坚方针政策，省委、州委重大决策部署为主线，全年开展党委（党组）中心组学习16次。专题召开“学习强国”平台推广使用工作推进会2次、业务指导会议2次，完成全县组织架构搭建。开展党的十九届四中全会宣讲60余次、扫黑除恶宣讲81次、党风廉政宣讲54次、飓风禁毒宣讲活动28次、脱贫攻坚和平安创建宣讲各23次、宪法和监察法及未成年人保护法等宣讲17次。专题开展张富清先进事迹宣讲报告会

15次，开展“不忘初心、牢记使命”主题教育宣讲600余场次。

【新闻宣传】 县融媒体中心采编电视新闻2053条，采写报纸新闻553条，“云上来凤”客户端发布文章、视频、专题2100余条，“云上来凤”微信公众号发布500余条，“云上来凤”抖音播发相关新闻40条，微直播5场。中央电视台上稿50余条，在《人民日报》、新华社发布稿件30余条，湖北省电视台上稿40余条，《湖北日报》客户端发布图文稿件11条，《湖北日报》上稿44条，州电视台上稿1102.75条，《恩施日报》正版242条、来凤版18期、社会广角36期。开展各行各业先进人物先进事迹典型宣传，激发干部群众干事创业热情。一辈子隐藏功名、初心不改的县建设银行离休干部张富清事迹经过各级媒体报道之后，在全社会引起巨大反响，掀起学习张富清的高潮。大力开展打赢“三大攻坚战”“三茶一果”特色主导产业发展、城镇化建设、扫黑除恶专项斗争等中心工作及从严治党、法治建设等重点工作宣传，激发全社会团结奋进的强大力量。

【文明创建】 开展环境卫生秩序整治和绿色城区工程，推动文化大院农村102个、机关92个。启动结对共建，168个文明单位牵手20个美丽乡村，开展“我推荐我评议”道德模范、身边好人、最美人物、先进楷模系列活动，40人入选来凤楷模榜。95岁高龄的张富清入选中国好人榜，并先后获得第七届全国道德模范、共和国功勋、全国优秀共产党员等荣誉。出台文明村镇、文明单位等5个管理办法，十星文明单位等2个创评体系，举办文明创建培训班23期，评选“十星级”先进典型300余人。开展朝读经典、起点阅读活动500余次。开展立家规、传家训、兴家教、正家风活动，帮助孩子扣好人生的第一粒扣子。挖掘美德少年180余人。印发《来凤楷模》5000册、《城乡居民文明手册》2000册。

【网络管理】 加强互联网内容建设及管理，开展网上正面宣传。坚持依法管网，规范网络自营媒体转载行为，组织网络安全培训2次，督促县内各单位落实网络平台管理主体责任，完善网络治理体系，巩固“净网”行动成效，约谈网络自媒体20余次。开展网络安全宣传周活动1次，实现网络安全宣传社会全覆盖，确保全社会共同参与。强化舆情处置，引导网络舆论，修订完善舆情应急处置预案，出台《中共来凤县委宣传部网络舆情应急处置办法》，进一步明确在网络舆情处置过程中监测、研判、处置、分类应对、舆论引导、跟踪总结等各项工作流程。上报舆情专报2期、舆情月报11期。来凤全年未发生在全国范围内有影响力的舆情，全县网络舆论态势总体平稳有序。

【文化事业及文化产业】 完成2019年第一批89个村综合文化服务中心建设任务，基本建成县、乡、村三级公共文化服务体系，全州宣传系统工作会议暨村综合文化服务中心建设现场会在来凤县召开。举办“向英雄致敬”——张富清先进事迹原创文艺作品展演暨湖北省文联荆楚‘红色轻骑兵’走进来凤活动、“寻访英雄”网络互动活动、《弦歌逐梦》丝路之旅音乐会、庆祝新中国成立70周年——讲好来凤故事比赛、“张富清杯”篮球赛等大型活动，省民族歌舞团为来凤县送戏10场，“我们的中国梦——文化进万家”“农家唱春晚”“戏曲进校园”等文艺活动开展200余场；农村公益电影放映2359场、城市广场放映公益电影100场。《来凤文艺》出刊4期，刊发文章59篇。州级发稿44篇、省级18篇、国家级9篇。其中，获国家级奖项3篇，入选省项目1篇、州扶持项目1部。以张富清事迹为题材，打造南剧《本色》，推广《大山的情怀》等一批张富清主题音乐作品。推荐13人先后参加鲁迅文学院创作班、《民族文学》改稿班、中国作协基层刊物编辑培训等培训。强化南剧人才培养，选拔24名少年到黄冈艺术学校进行为期5年的定向委托培养，用“以钱养事”方式招聘6名南剧后备人才到南剧传习所工作。参加第十五届文博会暨恩施首届招商会，发展规模以上文化产业10家，同比增加2家；营业收入21258.7万元，同比增速172.4%。

【两个中心建设】 一是推进县级融媒体中心建设。打造县域全媒体传播矩阵和信息采编播一体化平台，着力优化资源的高效配置，做到优化职能配置，实现机构、人员大融合。二是推进新时代文明实践中心建设。印发《来凤县新时代文明实践中心建设试点实施方案》，县、乡、村分别成立新时代文明实践中心、文明实践所、文明实践站，完成17个试点村建设。

【新闻出版工作】 办理出版物零售许可证3个、内部图书一次性准印证1个，出版物经营备案1个。为196个农家书屋配备图书、期刊近43万元，开展图书管理员业务培训8次。开展软件正版化工作，建立小组成员联席会议制度，对全县党政机关的电脑的操作软件、办公软件、杀毒软件进行统计。打造老寨村、金龙村、安子村3个“扫黄打非”基层示范站点，推进全县196个村（社区）按照“六有”标准开展“扫黄打非”基层规范化、标准化建设，80%的村（社区）基本达标。开展“扫黄打非”专项整治行动，联合执法行动4次，组织全县6家印刷企业召开2次专题会议，下达责令整改通知书25份，整治印刷行业环保问题6家，查处非法出版物经营单位3家、互联网上网服务营业场所1家，取缔无证经营歌舞娱乐场所1家，查封关停歌舞娱乐场所1家，查封无证经营上网服务营业场所1家，收缴非法出版物1500余册。

【机构改革】 2019年3月，县委宣传部加挂新闻出版局（县版权局）牌，原属于文旅局分管的电影和新闻出版业务划归宣传部管理。同时，网络安全和信息化委员会办公室、精神文明建设指导委员会办公室、县人民政府新闻办公室设在宣传部，网络安全和信息化委员会办公室与县互联网信息办公室“一个机构、两块牌子”。

（黎　芳　张常春）

统战工作

【概　况】 2019年，来凤县统一战线以习近平新时代中国特色社会主义思想为指导，把坚持党的领导、巩固共同思想政治基础作为统战工作的首要任务，县委专题研究统战工作10次，县委主要领导出席县委统战工作方面会议5次，听取统战工作方面汇报24次，出席统一战线方面活动9次，带头联系党外干部，新的社会阶层人士、非公有制经济人士3名。把服务经济社会发展作为统战工作的履职重点，召开全县促进民营经济发展座谈会和非公有制经济人士座谈会，落实党政主要负责人与民营企业家定期沟通机制。加强对民族宗教工作的统一管理，推进中央、省委、州委关于宗教工作各项决策部署在来凤落实落地，县内宗教活动规范开展，完成仙佛寺大型露天造像整改，完成8个乡镇基层商会的成立工作，开展“千企帮千村”精准扶贫行动。

【统战工作组织领导】 以加强党对统战工作的领导为重点，着力构建“大统战”格局。进一步加强党对统战工作的集中统一领导，及时调整以县委书记邢祖训为组长的县委统战工作领导小组、宗教工作领导小组、民族团结进步创建工作领导小组、对台工作领导小组，及时调整县级领导及主管部门负责人与党外代表人士联系交友名单，下发《县委统一战线工作领导小组2019年工作要点》《2019年全县统战工作要点》《关于建立健全来凤县统战工作三级网络的通知》，继续将统战工作作为一项重要工作任务，有计划、有组织、有步骤地开展工作。在机构设置、经费保障上严格落实省州相关要求，形成全县上下关心、支持、参与统一战线工作的良好氛围。按照2019年度全州统战工作考核的新要求，加强与各成员单位之间的联系沟通，制订考核工作计划、分解目标任务，建立乡（镇）、村两级统战工作责任制，8个乡镇均成立以书记为第一责任人的统战工作领导小组，明确分管领导和专门的工作人员。全县185个村、11个社区均配备统战和宗教工作联系员，建立健全统战、宗教工作县、乡、村三级工作网络，夯实基层统战、宗教工作力量。

【乡镇基层商会成立】 县委多次听取乡镇商会组建情况汇报，县委统战部、县工商联从业务培训、商会筹备到正式注册进行督促指导，对商会班子配备到商会成立流程面对面地把关衔接。并坚持成熟一个，登记一个的原则，配合乡镇党委政府搞好人员摸底、制度设计、班子搭配、会议筹备等具体工作，确保商会阵地、人员配备、经费筹措、规范运行“四个到位”。11月中旬在全州率先完成乡镇商会注册登记全覆盖目标任务。

【统一战线人才工作】 有效发挥统一战线人才荟萃、智力密集、联系广泛的独特优势，依托县知联会、县新联会，通过调研形成《关于实施民营企业法人素质提升工程的对策研究》等高质量调研报告，为全县转型发展、项目攻坚贡献智慧力量。县委统战部与县政协共同摸排来凤籍在外的成功人士，包括副处级以上的干部、副教授以上知识分子、高级职称以上的人士和有突出贡献的非公有制经济人士等，摸排人员171人，并建立微信群。

【非公有制经济发展】 以营造最优营商环境为重点，着力促进“两个健康”取得成效。全面落实习近平总书记关于教育引导年轻一代非公有制经济人士的讲话精神，组织非公有制经济代表人士学习党的十九届四中全会精神和时代楷模张富清先进事迹150余人次，参加“不忘初心，继续携手前进”主题教育活动300余人次，到杭州等学习先进发展理念及经验7人次，引导县内非公有制经济代表人士牢固地树立“四个意识”，坚定“四个自信”，坚决做到“两个维护”。着力贯彻落实习近平总书记在民营企业座谈会上的重要讲话精神，组织召开全县促进民营经济发展座谈会和非公经济人士座谈会，研究出台《关于大力支持民营经济持续健康发展的实施意见》（来发〔2019〕4号），下发《关于切实做好清理拖欠民营企业中小企业账款工作的通知》，落实《全省纪检监察机关服务保障企业发展的十二条措施》，推动部门和企业构建“亲”“清”新型政商关系，进一步激发非公有制经济人士创业热情和干劲，有效促进全县民营经济健康快速发展。推动落实党政主要负责人与民营企业家定期沟通、民营企业家列席党委政府经济工作会议、邀请商会会长列席人大政协会议、县领导联系非公有制经济代表人士、“五个一”的工作机制，落实服务重点企业、重点项目责任部门、责任人，组建服务工作专班，为深化“放管服”改革、健全政商交往机制、优化市场准入、降低企业成本、盘活闲置资源等提供支持，确保县委、县政府各项决策落地、取得实效。为进一步推动乡镇商会规范化、法治化、自律化，搭建与党委、政府沟通桥梁，促进乡镇经济高质量发展，充分发挥来凤县商会在党的统战工作和经济工作中的重要作用，按照湖北省委、省政府《关于促进全省工商联所属商会改革和发展的实施意见》和《恩施州促进工商联所属商会改革和发展的实施方案》文件精神，全面推进全县乡镇基层商会改革工作。10月，全县8个乡镇商会换届及注册登记全部完成。

【党外干部教育培养】 全面落实《来凤县干部培训计划》中关于党外干部培训、教育安排，全面开展党外代表人士交心谈心工作，为加强党外干部和优秀年轻干部队伍建设营造良好氛围。2019年，派出6名党外干部分别到北京大学、武汉市委党校、杭州城市学院学习。12月，在县社会主义学院举办党外代表人士主体培训班，42名统战工作联络员，64名党外代表人士参加培训，不断提高党外代表人士的综合素质和政治把握能力、参政议政能力、组织领导能力、合作共事能力。

【参政议政作用发挥】 鼓励来凤县工商联、无党派人大代表和政协委员在县两会期间提交建议提案，同时加大对代表和委员的培训力度，提高各类建议提案质量。征求党外人士对县政府工作报告的意见建议，对法院、检察院工作报告的意见建议。

【民族宗教工作】 围绕落实“党管宗教”责任，切实抓好民族宗教工作。进一步落实统战部门牵头领导、政府负责、各部门密切协作配合，齐抓共管的宗教管理体制机制，根据全国宗教工作会议精神，调整全县宗教工作领导小组，8个乡镇及宗教领导小组成员单位成立领导小组，制定工作规则，明确规定领导小组的机构职责、工作制度，并根据工作需要，召开领导小组会议对宗教相关工作进行安排部署；开展宗教专项督查工作，制定出台《来凤县宗教督查工作方案》，于8—9月由县委统一安排督查组到各乡镇、各单位开展宗教工作专项督查。推进中央、省委、州委关于宗教工作各项决策部署在来凤落实落地，县内宗教活动规范开展，完成仙佛寺宗教造价像问题整改。加强法治宣传教育，强化依法管理，着力推进宗教中国化和宗教工作法治化，加大治理佛道教商业化力度，加强宗教团体建设和宗教界代表人士培养，充分发挥宗教团体和宗教界代表人士的作用，引导宗教与社会主义社会相适应，切实维护全县宗教领域和谐；全县在加强民族集中地区精神文化建设、改善民族乡村交通条件、培养少数民族干部、组织少数民族职工文体活动、评选民族地区工匠劳模、帮扶少数民族贫困学生取得较好成绩。

【仙佛寺大型露天造像整改】 9月9日，与州委统战部、州民宗委的领导到武汉向省委常委、统战部长尔肯江进行专题工作汇报。9月10日，省委统一战线工作领导小组印发纪要同意按照“移位、降高”思路进行整改。10月28日该工程正式启动；11月18日，拆除工程全面完成；12月5日，将降高的造像移至宗教场所内。

【知联会建设】 进一步加强知联会建设，打造“同心·知联”服务品牌，将打造“同心·知联”温馨之家纳入全县党建工作重点。对知联会相关规则制度进行修改规范，进一步完善知联会的组织形式、活动方式、管理模式和运行机制；指导开展多种形式的理论学习、实践锻炼和社会服务，开展“弘扬爱国奋斗精神、建功立业新时代”活动，通过学习时代楷模张富清，参观革命纪念馆和革命根据地等具体方式体现“缅怀革命先烈，传承革命精神，永葆初心本色”，组织党章、党规、党纪和监察法进知联会活动，进一步增强纪律意识、法治意识、廉洁意识；开展“爱岗位、献良策、做贡献”活动，持续在党外知识分子和新的社会阶层人士中，不断强化思想引领，凝聚政治共识，营造服务来凤经济社会发展的浓厚氛围。

【新联会建设】 完成新的社会阶层人士联谊会成立相关工作，12月5日，召开来凤县新的社会阶层人士联谊会成立暨第一次会员大会；深入贯彻落实《关于加强新的社会阶层人士统战工作的实施意见》，依托县司法局建立来凤县新的社会阶层人士·律师“三进”实践创新基地，建立党外律师进信访大厅、进疑难复杂案件、进乡村社区的“律师三进”长效机制，形成比较固定的新的社会阶层人士（律师）参与基层社会治理的模式。

【台侨工作】 机构改革后，进一步加强对涉台人员的管理。对台胞、台属等涉台人员的基本情况进行整理，其中台胞30人、台属47人，暂未发现其他需要建档的涉台人员情况。对台胞、台属在来凤县居住（办理台湾居民居住证）的台胞等人员的情况继续进行跟踪了解。加强与台胞、台属的联络，利用重点时间节点、采取合适方式与台胞、台属进行沟通。完成州台办交办的春节期间走访慰问任务，对3名困难台属进行走访慰问。对2020年春节前后拟走访慰问的重点或困难归侨侨眷、重点或困难台胞台属进行统计，拟定慰问方案。完成上级台办组织的培训、学习任务及惠台政策宣传任务。先后3次参加州、省台办组织的培训学习活动，系统学习机构改革后涉台业务知识。12月在县委党校开办的统战工作培训班上，台办工作人员进行《新时代统战工作浅谈》授课，对国台办惠台31条、26条及湖北省惠台62条等涉台业务进行宣讲。协调民间机构组织一次团队赴台交流活动，完成县内各项事宜和向上申报工作。

【“千企帮千村”精准扶贫行动】 深入开展“千企帮千村”精准扶贫行动，搭建民营企业参与来凤县脱贫攻坚工作，构建“村企共建、共同发展”帮扶机制，引导109家民营企业与82个贫困村（重点贫困村46个、非重点贫困村36个）形成“一帮一”“多帮一”的方式结对帮扶，通过产业扶贫、就业扶贫、技能扶贫和公益扶贫等方式，累计投入帮扶资金9709.23万元，受帮扶贫困群众9000余人；紧抓东西部扶贫协作机遇，加大与杭州市拱墅区开展社会化扶贫工作对接力度，进一步深化产业合作，推进农产品销售、旅游业开发等方面的协作，争取杭州企业帮扶资金70万元。

【统战系统“不忘初心、牢记使命”主题教育】 全县统战系统开展“不忘初心、牢记使命”主题教育，凝聚人心。在党外知识分子中开展“弘扬爱国奋斗精神，建功立业新时代”主题教育，在全县无党派代表人士中开展“不忘合作初心，继续携手前进”主题教育活动，传承弘扬长期以来同中国共产党风雨同舟、休戚与共的优良传统。5月31日，县委统战部组织县知联会成员28名成员到咸丰、恩施开展红色教育活动，集中学习《中华人民共和国宪法》和《中华人民共和国监察法》等法律法规，观看时代楷模张富清先进事迹报告会、警示教育片《蜕变之鉴》和《输掉的人生》。10月25日，举办“不忘合作初心，继续携手前进”主题教育培训班，由县知联会副会长刘融进行党纪党规和法规知识培训。12月5日，在来凤县新的社会阶层人士联谊会成立大会上，邀请教师为县新的社会阶层人士代表讲解十九届四中全会精神，引导党新的社会阶层人士更加坚定地维护以习近平同志为核心的中共中央权威，做到始终与党同心同德、同向同行。

【统战服务民生】 依托县知联会、县新联会等统战团体，县新的社会阶层人士 · 律师“三进”实践创新基地发动统一战线成员参与各类社会服务活动，重点开展医疗卫生、法律咨询、科技教育、文化艺术等惠民服务。县知联会到贫困村开展义诊活动7次，免费医诊300余人次，发放各类宣传资料700余份，为服务县委、县政府中心工作，弘扬主旋律方面展现正能量。工商联组织民营企业开展捐资助学、就业帮扶、助老助残等活动。

（魏艳菊　杨昌学）

信访工作

【概　况】 2019年，来凤县信访工作按照中央、省、州、县委信访工作的总体部署，坚持以习近平总书记关于加强和改进人民信访工作的重要思想为指导，全力开展矛盾纠纷排查化解，领导干部接访下访，信访矛盾化解攻坚行动。全年群体上访、越级上访大幅度下降，未发生群体性事件和因信访问题引发的负面炒作，全县信访形势持续好转。1—12月，全县来访总体情况呈下降趋势，接待到县来信来访816批925人次，较上年同期相比批次下降29.42%、人次下降26.38%；发生到州上访29批43人次，较上年同期相比批次人次下降13.04%；赴省上访28批44人次，较上年同期相比批次下降18.18%、人次下降25.71%；进京上访12批12人次，较上年同期相比批次下降72.41%、人次下降73.33%。

【信访工作责任制落实】 县委、县政府高度重视信访工作，将信访工作纳入党政议事日程，以信访工作领导小组文件下发《来凤县2019年“领导干部接访、领导下访、书记陪访”实施方案》《来凤县2019年信访工作要点》等规范性文件，全县党政领导干部定期接访、下访工作机制实现常态化、制度化、规范化。严格落实县级领导负责制，实行县委领导包乡镇、政府领导包部门的县级领导分线包片责任，同时，充分发挥基层组织和群众的作用，采取组织调解，把问题解决在基层。

【信访“三无”乡镇创建】 持续深入推进“三无”乡镇、“三无”村（社区）创建，对创建达标的“三无”乡镇，给予每乡镇50万元奖励，对创建达标的“三无”村（社区）给予每村（社区）5000元奖励，对矛盾纠纷和信访问题突出的乡镇、村（社区）纳入社会治安综合治理重点管理。经考核，2019年创建信访“三无”乡镇、“三无”村（社区）达标的乡镇有三胡乡、漫水乡、百福司镇3个乡（镇），青山村等19个村（社区），经县委、县政府审批通过，兑现奖励资金159.5万元。

【开展领导“三访”活动】 严格执行领导大接访、下访和书记陪访制度，全县31名县级领导坚持按照值班接访排班表准时到县信访接待大厅坐班接待来访群众。2019年1—12月，县领导坐班223次，接待来访群众327批1152人次，签批199件。县领导下访对象298批382人次。另外，全县各乡镇、县直部门领导班子成员开展接访652批904人次，下访信访人325批418人次。

【提升信访工作质量】 推进湖北省阳光信访系统的运用，进一步拓宽群众诉求渠道，确保群众来信、来访、网上信访等及时受理率100%，按期办理率100%。按照“法定职责必须为、法无授权不可为”工作原则，加强信访事项的受理、办理流程管理，全面整治信访领域形式主义官僚主义问题。9月，组织全县信访系统业务集中培训。

【扶贫领域信访件】 2019年1—12月，全县收集到扶贫领域信访件52件，其中精准识别类5件、扶贫安置类4件、危房改造类20件、政策落实类5件、政策咨询类5件、举报类3件、其他10件。根据上级要求，信访局收到精准扶贫领域信访件后，按照“谁主管、谁负责”和“属地管理、分级负责”原则转交到责任单位进行办理，要求涉案单位按照“四个一”原则，即“一个标准”（件件有着落、事事有回音）、“一个目标”（案结事了、息访罢诉）、“一把尺子”（标准统一、要求一致）、“一抓到底”（跟踪督办、归档结案），认真完成办理。其中52件信访事项办结49件。

【初信初访问题办理】 初信初访问题办理工作坚持“属地管理、分级负责，谁主管、谁负责，依法、及时、就地解决问题与教育疏导相结合”原则，实行首办负责制。聘请法律顾问进驻信访接待大厅坐班接待来访群众，指导村（居、社区）人民调解委员会调解民间纠纷，协助做好村（居）民的矛盾纠纷调解工作，推动问题化解在基层、解决在萌芽状态。1—12月，接待初信初访699批770人次，全部办结，化解率85%，办结率100%。

【信访秩序整治】 2019年，对翔凤镇、铁路办及进京非访突出的乡镇主要负责人以及包案领导进行追责问责并纳入综治黄牌管理，对赴省进京越级访人员开展“六必查”，对到县政府门口聚集上访不听劝阻人员依法进行处理。

【信访案件化解】 全县经过梳理排查出116件重点信访突出问题和信访积案以及州“双签双交办”重点积案15件。根据案件问题分类，按照领导分工、将116件重点信访突出问题、信访积案和“双签双交”积案全部交由31名县领导进行包案处理，要求责任单位落实包案责任、明确责任领导、工作专班和工作措施，在处理化解信访积案工作中，实行县领导、县直部门、乡镇联动包案工作机制，采取包调查、包落实、包稳控、包息访，定人员、定时间、定措施、定责任的办法，把工作着力点放到及时解决合理诉求、教育疏导无理诉求和困难救助上，努力推进信访积案的大化解，化解42件。

【信访信息研判】 全县实现信访信息研判常态运转，坚持每日集中研判和信访信息“零报告”制度，对越级上访、群体性上访列实行重点研判，并对不稳定因素和矛盾纠纷及时督办责任单位进行化解稳控。1—12月，开展信息研判365次，收集重大隐患信息26条。

【风险隐患排查】 在全国两会、省委第九巡视组到州巡视及“迎大庆、保军运”活动期间，分别制定下发相关工作方案，成立领导小组，组建前后工作专班负责做好重点人员和群体管控吸附、情报信息收集分析、风险隐患排查化解工作，落实日研判、日调度机制，实现“六个不发生”目标，为会议及活动的顺利进行营造良好环境。

【信访机构建设】 2019年，县信访局调入公务员编制2名，调出事业编制1名。

（杨涵羽　姚玉林）

机构编制工作

【概　况】 2019年，中共来凤县委编办以加快转变政府职能为核心，统筹推进重点领域和关键环节行政管理体制改革，重点推进党政机构改革，强化机构编制管理，不断优化机构编制资源配置。全县纳入机构改革范围的机构85个，精简机构16个，对46个行政机构、20个事业单位的编制进行调整，改革后，县直党政群机关行政编制总量758名、政法机关编制总量265名、事业编制总量6512名，编制总计减少35名。全年办理人员上下编和异动手续896人次，更新机构信息307条、人员编制信息1055条。全年下达《使用编制通知书》62份，下达行政编制使用指标44名、事业编制使用指标134名。省、州下达使用编制新增人员需求指标261名，办理事业单位设立登记5件，变更登记23件，注销登记14件。

【机构改革】 来凤县纳入机构改革范围的机构85个（县委序列机构16个，县政府序列机构51个，直属事业单位10个，人大、政协及群团机构8个）。改革后，全县设置党政机构及直属事业单位69个（县委序列机构17个，县政府序列机构36个，直属事业单位8个，人大、政协及群团机构8个），精简机构16个，精简比例18.8%，机构数额控制在省委下达的限额内。全县机构改革工作严格按照时间节点要求有序推进，各部门各单位职责接转实现无缝对接，正常入轨，推进过程中未引发一起涉改矛盾，未发现明显不稳定因素。

2月22日，经报省委、省政府同意，州委、州政府以恩施州文〔2019〕17号文件正式印发《来凤县机构改革方案》。

3月1日，召开全县机构改革动员大会，全面动员部署机构改革工作，会议下发《来凤县机构改革实施意见》（来发〔2019〕5号）。

3月6日，印发《来凤县机构改革涉及部门编制和人员划转方案》，锁定51个单位246名拟转隶人员，并印发各部门《编制划转及人员转隶意见》。

3月8日，召开全县机构改革干部调整大会，完成全县机构改革领导班子配备，调整干部143人。

3月11日，13家新组建、调整的单位集中挂牌，主要科室实行集中办公，自然资源和规划局于29日挂牌，全县19家应挂牌单位实现应挂尽挂。

3月15日，印发各部门《人员转隶通知》，有序办理转接手续，截至5月15日，完成全县涉改单位246名人员转隶。

3月29日，完成全县涉改单位“三定”规定的审定印发工作。编制实行总量内重新优化配置，对46个行政机构、20个事业单位的编制进行调整，调减28个行政单位编制239名，调增18个行政单位编制239名；调减14个单位事业编制186名，调增6个事业单位编制135名。改革后，县直党政群机关行政编制总量758名、政法机关编制总量265名、事业编制总量6512名，编制总计减少35名（行政编制5名、事业编制30名，均为生态环境保护分局垂直上划划转编制）。严格依规核定领导职数，核减领导职数85名，改革后，不再超机构规格核定领导职数，不再单独核定高配及加挂牌子领导职数。

此次改革对34个部门的权责进行清晰定位，理顺职责关系62项，部门所属行政机构、县自行设置机构全部予以撤销，通过撤并整合，全县形成大农业、大市场监管，通过改革，部分职责交叉问题得到较好的解决，有效促进县级党政机构职能优化、权责协同、运行高效。

【退役军人服务体系建设】 成立县退役军人服务中心，加挂“来凤县光荣院”牌子，为隶属县退役军人事务局管理的公益一类事业单位，核定财政全额拨款事业编制11名。在8个乡（镇）设立退役军人服务站，为乡（镇）直属公益一类事业单位，接受县退役军人服务中心业务指导；核定每个乡（镇）退役军人服务站2名。下达使用编制指标26名，其中，退役军人服务中心10名（2名用于公开招聘，5名用于选调，3名用于安置退役士兵），乡镇退役军人服务站16名（全部用于公开招聘），全县退役军人服务队伍显著增强。

【生态环境分局上划改革】 根据鄂环发〔2019〕10号和恩施州编办《关于组建生态环境分局相关事项的通知》等文件精神，将县环境保护局的职责，以及县发展和改革局的应对气候变化和减排职责，县水利水产局的编制水功能区划、排污口设置管理、流域水环境保护职责，县农业局的监督指导农业面源污染治理职责整合，组建县生态环境分局，垂直上收州生态环境局管理。不再保留县环境保护局。

县环境保护局所属县环境监察大队、县环境监测站、县机动车排污监控中心3个未定级的公益一类财政全额拨款事业单位，成建制划转上收至县生态环境分局管理。按照“编随事走”“人随编走”的原则，原县环境保护局机关及所属事业单位在职和退休人员及编制随机构成建制上划。

【纪委监委和其派驻（出）机构改革】 撤销3个派出纪工委、监察分局，设立8个纪检监察组，名称统一规范为“中共来凤县纪律检查委员会来凤县监察委员会派出第×纪检监察组”（简称“县纪委监委派出第×纪检监察组”），机构级别副科级。核定每个县纪委监委派出纪检监察组5名，40名行政编制。核定每个县纪委监委派出纪检监察组组长（副科级）1名，8名领导职数。相应核销3个派出纪工委、监察分局纪工委书记（兼任监察分局局长）各1名，副书记（兼任监察分局副局长）各2名，9名领导职数。

县纪委监委派出纪检监察组接受县纪委监委直接领导，对县纪委监委负责，根据党章党规党纪、宪法和监察法以及县纪委监委授权，履行纪检、监察两项职能，实现对党组织和党员干部、行使公权力的公职人员监督全覆盖。

【县委巡察机构改革】 重新核定巡察办领导职数2名，其中巡察办主任（正科级）1名、副主任（副科级）1名。县委巡察组由3个调整为4个，重新核定县委巡察组领导职数8名，其中专职副组长（副科级）各1名，副科级巡察专员各1名；由县纪委、县委组织部按照2∶1比例管理使用。

【医疗保障经办服务体系建设】 将“来凤县医疗保险局”更名为“来凤县医疗保障服务中心”，为隶属县医疗保障局管理的公益一类副科级事业单位，核定全额拨款事业编制37名。撤销各乡镇人力资源和社会保障服务中心加挂的“医疗保险服务中心”牌子。核定县医疗保障服务中心主任（副科级）领导职数1名；核销县医疗保险局局长（副科级）领导职数1名。

乡镇医疗保障经办服务具体工作，采取“县管乡用”方式，由县医疗保障服务中心统一派员承担，确保每个乡镇派出2名事业编制人员承担医疗保障服务工作。

【基层市场监督管理体制改革】 以乡镇食药监所为基础，整合乡镇工商所职责，组建8个乡镇市场监管所，名称统一为“来凤县市场监督管理局××市场监督管理所”，为县市场监管局的副科级派出行政机构，实行县市场监管局与乡镇人民政府双重管理，以县市场监管局管理为主。核定8个乡镇市场监管所行政编制74名。核定8个乡镇市场监管所所长（副科级）领导职数各1名。

不再保留原8个乡镇食药监所、翔凤工商所、旧司工商所、百福司工商所、三胡工商所、经济开发区工商所。

【消防设计审查验收职责划转】 10月16日，根据中央编办关于建设工程消防设计审查验收职责划转有关文件精神，将原消防部门的建设工程消防设计审核、消防验收、备案和抽查职责交由县住建局承担。

【重点领域机构保障】 10月14日，为加强对政府性投资项目建设的规范化、专业化、集中化管理及服务，将“来凤县城市建设投资管理中心”更名为“来凤县投资建设服务中心”，核定全额拨款事业编制总额为25名，划入县直除交运、财政、农业农村、教育、卫健等部门以外的其他部门有关政府性投资项目建设服务职责。

10月23日，将各乡镇内设股室“社会治安综合治理委员会办公室”更名为“政法办公室”，加挂“××乡（镇）社会治安综合治理中心”牌子，承担辖区内社会治安综合治理职责，核定各乡镇社会治安综合治理中心编制；乡镇社会治安综合治理中心主任由乡镇党委书记兼任，核定专职副主任（副科级）领导职数1名。

11月8日，为贯彻习近平总书记关于学习张富清先进事迹重要指示，在全县营造学习宣传张富清同志先进事迹的浓厚氛围，设立“张富清干部学院”，为隶属县委党校管理的公益一类事业单位，核定全额拨款事业编制11名。

12月25日，为完善来凤火车站地区综合服务功能，确保火车站周边与铁路运营无缝对接，设立“来凤县火车站综合服务中心”，为隶属于县铁路建设委员会办公室管理的公益一类事业单位，核定全额拨款事业编制11名。

【机构编制管理】 规范实行人员编制实名制管理。建立健全人员异动台账，定期更新实名制数据库信息，实行“一报四表”制度，促进机构编制资源使用效力的最大化。全年办理人员上下编和异动手续896人次，更新机构信息307条、人员编制信息1055条，全县行政机关和事业单位编制实名制100%。

坚持“控制总量、盘活存量、动态调整、增减平衡”原则，守住总量底线，严格用编进人计划管理，确保依法用编、计划用编。机关、事业单位要求在核定编制内调配人员的，严格按照《来凤县机构编制委员会工作程序》要求进行，全年下达《使用编制通知书》62份，下达行政编制使用指标44名、事业编制使用指标134名。

加强机构编制监督检查，建立机构编制问题台账，进行整改，努力做到“四结合”，即：日常监督与专项检查相结合，单位自查与定期抽查相结合，事前监督与事后监督相结合，外部监督与内部监督相结合。

规范做好机构编制信访工作，及时受理并积极主动答复群众建议、咨询和投诉，实现全年“12310”零举报，机构编制主办信访案件为零。

【使用编制新增人员需求指标】 2019年，省、州下达来凤县使用编制新增人员需求指标261名，用于公开招录（聘）工作人员。其中，行政机关58名（纪检机关1名、乡镇机关57名），医疗卫生机构45名，义务教育学校81名（小学58名、初中23名），其他事业单位77名。

【事业单位登记管理】 规范事业单位登记管理和法人年度报告公示，加强事中事后监管。按照行政审批标准化、规范化的要求，依照受理、审核、核准、公告等法定程序，严格把关，做好事业单位各项登记工作。所有事业单位（含已撤销单位）登记管理档案实行电子扫描，单独立卷、专柜保管。全年办理设立登记5件，变更登记23件，注销登记14件，2019年3月31日前完成266个事业单位年度报告公示工作，公示率100%。

（张友江　陈胜春）

党校工作

【概　况】 2019年，县委党校在县委、县政府的领导下，坚持党校姓“党”的根本原则，发挥“阵地熔炉”作用，以习近平新时代中国特色社会主义思想为指导，学习贯彻《干部教育培训工作条例》《中共中央关于加强和改进新形势下党校工作的意见》和各级党校工作会议精神，创新培训方式，提高办学质量，教学科研工作取得新成绩。2019年底，举办各类干部培训班14期，受训学员1559人；开展理论宣讲60次；提交给州委党校6篇调研报告；参加周边省、市、县调研活动10余次。

【干部培训】 2019年，县委党校举办各类干部培训班14期，受训1559人，其中主体班8期受训833人，专题班6期受训726人。培训内容涵盖基础理论、党的建设、能力素质、扶贫攻坚、生态文明、宗教、国防教育等内容。培训采取专题辅导讲座、讨论交流的方式进行。县级领导参与授课4人次，培训和宣讲专题8个，其中扶贫专题7个。

【理论宣讲】 党校领导以身示范、骨干教师主动作为，到各乡镇、县直各单位，就“不忘初心、牢记使命”主题教育、习近平新时代中国特色社会主义思想、党的十九届四中全会精神、习近平视察湖北重要讲话精神、落实全面从严治党主体责任、增强“四个意识”、党史党建、提高领导干部执行力等内容进行宣讲。全年累计为各县直单位、乡镇提供理论宣讲60次。

【科研工作】 根据《中共恩施州委党校关于举办恩施州社会科学界联合会　关于举办乡村振兴与高质量发展暨恩施州党校系统第30届理论研讨会的通知》精神，学校组织骨干力量，到各乡镇和部分县直单位开展调研工作，撰写调研报告，向州委党校提交《乡村振兴：武陵山区脱贫致富的探索之路》《打造全新田园综合体　推进乡村振兴战略》《从老虎洞等村探索山区贫困村振兴之路》等6篇调研报告，其中获一等奖1篇、二等奖2篇、三等奖1篇。此外，年内党校参加周边省、市、县调研活动10余次。

【教师队伍建设】 2019年，县委党校采取自主学习和对外交流相结合的方式，加强教师队伍建设。对内通过集体备课、教学观摩、集中研讨等形式打牢理论基础，提高教学水平；对外鼓励教师到各级党校培训学习。年内先后派出7人次到省委党校、随州市委党校等外出充电学习。

（黄沁雯　龙发坤）

档案史志工作

【概　况】 2019年，来凤县档案史志工作拟定机构改革过程中档案处置工作意见并主动提供业务指导，完成民国档案保护与开发项目、土家语档案抢救与保护项目，配合省档案局采访战斗英雄张富清；按照“两全”要求，统筹推进《来凤年鉴》的编纂出版工作，完成省、州年鉴资料和州组织史资料上报。

【档案利用】 报送馆藏档案文件级目录开放目录39个全宗21万余条数据，档案利用300余人次，利用档案989卷（件），开具档案证明671张。

【档案安全管理】 拟定机构改革过程中档案处置工作意见并主动提供业务指导，确保机构改革过程中档案安全和档案归属；组织开展档案安全风险隐患排查整治工作，确保档案信息和实体安全，解决库房管道渗水隐患问题和完成消防系统设备（罐装七氟丙烷）接线调试；完成民国档案保护与开发项目、土家语档案抢救与保护项目；配合省档案局采访战斗英雄张富清，完成口述历史档案录制工作，时代楷模张富清老英雄的英雄事迹留在省、州、县三级档案馆。

【史志编纂工作】 党史工作方面：《中国共产党来凤县历史（1949—1978）》通过招标程序确定承印商，与中共党史出版社签订出版合同，印制1500册；《中共来凤县组织史资料（第六卷）》，完成资料补充，进行编纂修改，形成定稿；完成州组织史资料上报任务。

地方志工作方面：《来凤年鉴（2017）》形成定稿，进入内部出版程序；《来凤年鉴（2018）》完成资料征集；《来凤年鉴（2019年）》完成资料征集，经编纂形成定稿，与长江出版社签订出版合同，进入公开出版程序；完成《湖北省年鉴（2019）》《恩施州年鉴（2019）》资料上报任务；完成《来凤要览》最后修改，交省方志办，进入出版程序。

【史志业务指导】 指导翔凤镇、绿水镇修志工作有序开展，4月25日，组织对《绿水镇志》进行评审；12月20日，组织对《翔凤镇志》评审；5月6日，组织对《来凤革命老区发展史》进行评审。

【领导调研】 5月31日，湖北省文化和旅游厅党组成员吴凤端一行到来凤县档案馆调研，调研来凤县实现“两全目标”工作中存在的问题，查找工作滞后的主要原因，找到解决问题的途径。来凤县档案馆馆长唐海泉围绕“两全目标”工作情况进行汇报，查找问题，并对下一步工作进行安排。

【机构改革】 2019年3月机构改革，原中共来凤县委、县政府史志办公室和原来凤县档案局（馆）合并为来凤县档案馆，加挂来凤县史志研究中心牌子，属县委直属事业单位。

（田　禅）

【档案工作督办指导】 加强全县档案工作的督办指导，县档案局组织开展全县档案工作目标管理等级考评复查，推进全县档案管理规范化、存储数字化建设。

（谭祖军　胡成林）

来凤县人民代表大会

概　述

【概　况】 2019年，来凤县人大常委会先后召开县十七届人大四次会议、县十七届人大五次会议、县十七届人大六次会议，召开常委会会议11次、主任会议13次，依法任免国家机关工作人员128人次，接受14人辞去相关职务，加强对国民经济和社会发展计划、财政预决算和审计工作的监督，开展“聚力脱贫攻坚、人大代表在行动”，完成县十七届人大四次会议确定的各项目标任务，在助推全县“三大攻坚战”、经济健康发展、民生持续改善、社会和谐稳定、民主法治建设等方面做出积极贡献。

【县十七届人大四次会议】 2019年1月4—7日，县十七届人大四次会议在县城召开。应到会代表190名，实到会代表180名。会议听取和审议县人民政府常务副县长向子明作的政府工作报告，县人大会常委会副主任邓家斌作的人大常委会工作报告、县人民法院院长舒业树作的法院工作报告、县人民检察院检察长田崇忠作的检察院工作报告，审查计划和财政预算工作报告，并作出相应决议决定。

【县十七届人大五次会议】 2019年5月12—15日，县十七届人大五次会议在县城召开。应到会代表189名，实到会代表178名。会议选举李伟为县人民政府县长。

【县十七届人大六次会议】 2019年12月23—26日，县十七届人大六次会议在县城召开。应到会代表190名，实到会代表180名。会议听取和审议县人民政府县长李伟作的政府工作报告、县人大会常委会主任邓家斌作的人大常委会工作报告、县人民法院院长舒业树作的法院工作报告、县人民检察院检察长左静作的检察院工作报告，审查计划和财政预算工作报告，并作出决议决定；补选左静为县人民检察院检察长，杨永红、吴平峰为县十七届人大常委会委员；票决确定来凤县农村公路危险路段安全防护工程、城区新建停车场建设、城乡集中式饮用水水源地保护工程为2020年县人民政府民生实事项目。

【县十七届人大常委会各次会议】 2019年，县十七届人大常委会召开11次会议。

1月3日，县十七届人大常委会召开第21次会议。会议通过来凤县十七届人大常委会关于接受向莉辞职请求的决定；任命杨永红为县人大常委会办公室主任，免去李春芳县人大常委会办公室主任职务。会议讨论决定关于召开县十七届人大四次会议有关事项，表决通过县十七届人大四次会议副秘书长名单和列席人员建议名单。

5月28日，县十七届人大常委会召开第22次会议。会议通过来凤县人大常委会关于接受杨局成辞去来凤县人民政府县长职务请求的决定；任命曾俊铭、张敏为来凤县人民法院审判委员会委员，谭翔为来凤县人民法院立案庭副庭长；会议审议通过来凤县人民法院关于确定人民陪审员名额的报告；审议通过县十七届人大常委会2019年工作要点。

4月1日，县十七届人大常委会召开第23次会议。会议任命李伟为来凤县人民政府副县长，通过关于李伟为来凤县人民政府代理县长的决定。

4月1日，县十七届人大常委会召开第24次会议。会议通过来凤县第十七届人大常委会关于接受刘家军、郭万钧、赵映年辞职请求的决定；会议任命陈英明、汪建敏、潘睿为来凤县人民政府副县长；任命侯春莉为县人大常委会环境资源保护工作委员会副主任、舒建华为县人大常委会农业农村工作委员会副主任、岳琼为县人大常委会教育科学文化卫生工作委员会副主任；任命李玖山为来凤县退役军人事务局局长、薛劲松为来凤县科学技术和经济信息化局局长、刘海丰为来凤县城市管理执法局局长、邱克柱为来凤县农业农村局局长、周庆玲为来凤县文化和旅游局局长、向文为来凤县卫生健康局局长、沈仕军为来凤县应急管理局局长、刘阳为来凤县市场监督管理局局长、杨碧为来凤县医疗保障局局长、彭昭元为来凤县人民政府扶贫开发办公室主任、邓异清为来凤县政务服务和大数据管理局局长、田秀元为来凤县林业局局长、陈光艾为来凤县自然资源和规划局局长；免去田明纲的来凤县林业局局长职务。

4月29日，县十七届人大常委会召开第25次会议。会议通过来凤县人大常委会关于接受李洁、段光明辞去县十七届人大常委会委员职务请求的决定；任命段光明为县政府办公室主任；免去汪建敏县政府办公室主任职务；免去李洁县人大常委会民族法制工作委员会副主任职务；听取和审议县人民政府关于来凤县2019年财政部门预算详细方案的报告，审查和批准来凤县2019年财政部门预算详细方案；听取和审议县人民政府关于研究处理《县人大常委会对县人民政府关于规范金融市场防控金融风险工作情况报告审议意见》的报告。

5月11日，县十七届人大常委会召开第26次会议。会议通过来凤县人大常委会关于接受朱学敏辞职请求的决定；审议通过县人大常委会关于召开县十七届人大五次会议的决定，讨论通过关于召开县十七届人大五次会议的议程、日程及主席团会议日程草案；讨论通过关于召开县十七届人大五次会议有关人员名单、选举办法；审议通过代表资格审查和变动情况的报告。

6月18日，县十七届人大常委会召开第27次会议。会议学习省委书记蒋超良在来凤调研座谈会上的讲话精神；听取和审议县人大常委会视察组关于来凤县脱贫攻坚巩固提升工作的视察报告。

8月26日，县十七届人大常委会召开第28次会议。会议通过来凤县人大常委会关于接受田崇忠辞职请求的决定；任命左静为县人民检察院副检察长，审议通过左静为县人民检察院代理检察长的决定；任命黄祥平为县人民政府副县长、雷凤洋、钟昌洺等85人为县人民法院人民陪审员；免去向世斌县人民法院审判员职务。听取和审议县人民政府关于县十七届人大四次会议代表建议办理情况的报告。听取和审议县人民政府关于来凤县2018年财政决算的报告，审查和批准来凤县2018年财政决算。听取和审议县人民政府关于来凤县2018年度财政预算执行和其他财政收支情况的审计工作报告。听取和审议县人民政府关于来凤县2019年1—6月国民经济和社会发展计划执行情况的报告。听取和审议县人民政府关于来凤县2019年1—6月财政预算执行情况的报告。

10月24日，县十七届人大常委会召开第29次会议。会议通过县人大常委会关于接受张家安、陈英明辞职请求的决定；任命宋文建为县人民政府副县长；任命舒建华为来凤县人大常委会民族法制工作委员会副主任；任命李世军为县人民检察院检察员；免去舒建华来凤县人大常委会农业农村工作委员会副主任职务。听取和审议县人大常委会代表资格审查委员会关于县十七届人大代表资格审查和变动情况的报告。审议通过《来凤县人大常委会加强人大国有资产监督工作实施办法》，听取和审议县人民政府关于2018年度企业国有资产管理情况的报告；审议县人民政府关于2018年度国有资产管理情况的报告。

12月2—3日，县十七届人大常委会召开第30次会议。会议审议通过来凤县人大常委会关于接受滕建刚、张冠华辞去来凤县第十七届人民代表大会代表职务请求的决定。审议通过县十七届人大代表相关事项；听取和审议县人民政府《关于来凤县2019年财政预算调整方案的报告》，审查和批准预算调整方案；听取和审议关于部分国有资产处置情况的报告；对县交通运输局、县统计局、县司法局、县卫生健康局、县城市管理执法局进行工作评议。

12月20日，县十七届人大常委会召开第31次会议。会议免去田延军、彭军、邓忠的来凤县人民检察院检察委员会委员、检察员职务；免去张洪辉、闵伟、吴赵的来凤县人民检察院检察员职务。会议通过来凤县人大常委会关于接受张玉芝辞去县十七届人大代表职务请求的决定。审议通过县人大常委会关于召开县十七届人大六次会议的决定，讨论通过县第十七届人民代表大会第六次会议议程、日程及主席团会议日程草案、有关人员名单及选举办法草案等有关事项：审议通过县人大常委会关于实施民生实事项目人大代表票决制工作的决定；审议通过来凤县2020年民生实事候选项目；讨论通过来凤县2020年民生实事项目票决办法草案；听取和审议县人大常委会代表资格审查委员会关于县十七届人大代表资格审查和变动情况的报告。讨论通过2019年县人大常委会工作报告。听取和审议县人民政府关于研究处理《县人大常委会对来凤县2018年度财政预算执行和其他财政收支情况的审计工作报告审议意见》的报告；审议通过县人民政府关于研究处理《县人大常委会对来凤县2019年1—6月财政预算执行情况报告审议意见》的报告；审议通过县人民政府关于研究处理《县人大常委会对来凤县2019年1—6月国民经济和社会发展计划执行情况报告审议意见》的报告；初步审查通过2019年财政预算执行情况和2020年财政预算（草案）及2020年部门预算详细方案的报告。听取和审议通过乡镇污水处理工作情况的调查报告；听取和审议县人民政府关于进一步研究处理《县人大常委会对县人大常委会执法检查组关于检查我县实施〈中华人民共和国禁毒法〉情况报告的审议意见》的报告；听取闭会期间代表意见建议办理情况的报告；审议通过县人民政府关于研究处理《县人大常委会对县人民政府关于〈县十七届人大四次会议期间代表建议、批评和意见办理情况报告〉的审议意见》的报告。

【县十七届人大常委会主任会议】 2019年，县十七届人大常委会召开13次主任会议，分别对人代会、常委会会议等重要会议，执法检查、专题调查、代表视察等重大活动，人事任免议案、代表意见办理、代表行动活动等重要工作进行安排部署，确保县人大常委会各项工作有序推进。

【重大事项决定】 2019年，县人大常委会坚持依法规范行使重大事项决定权，在充分调查研究的基础上，审议批准《来凤县人大常委会加强人大国有资产监督工作实施办法》；听取和审议县人民政府关于处置原交运局办公区等6处国有资产方案的报告，批准该处置方案。落实民生实事项目人大代表票决制工作，县委常委会审议通过《来凤县民生实事项目人大代表票决制实施办法（试行）》，在县十七届人大六次会议上票决通过2020年县人民政府民生实事项目。坚持依法开展规范性文件备案审查工作，向州人大常委会报备规范性文件1件，对县人大及其常委会2019年以来作出的决议、决定进行全面清理，回应相关部门和单位提出的业务咨询，依法提出合理化建议。

【人事任免】 坚持党管干部原则与人大依法任免相统一，进一步完善机制、规范程序，充分发扬民主，行使好决定权和任免权，确保州委、县委人事意图通过法定程序得到顺利实现。2019年，依法任免国家机关工作人员128人次，接受14人辞去相关职务，组织18人进行任前法律知识考试；严格落实《来凤县国家机关工作人员宪法宣誓组织实施办法》，县人大常委会组织28人次向宪法庄严宣誓。

【协助立法调研】 常委会配合省、州人大常委会完成《湖北省宗教事务条例（修订草案）》《湖北中医药条例（草案）》《恩施土家族苗族自治州水源地保护条例（草案）》《恩施土家族苗族自治州城乡规划条例（修正案草案）》等条例的立法调研，开展《湖北省乡镇人大工作条例》贯彻实施情况执法检查、水源地保护考察调研等工作，开展2019年“民族团结进步荆楚行”活动，协助州人大常委会开展法治政府建设和扫黑除恶专项斗争视察、产业就业专题视察、《酉水河保护条例》贯彻实施情况的执法检查等工作。

【人大工作指导、交流】 常委会机关坚持加强和改进对乡镇人大工作的联系和指导，成立8个督导组指导乡镇人大依法履职，在乡镇人大会议、“代表行动”活动、代表述职活动等各项工作中发挥积极作用，提升乡镇人大工作水平。进一步加强与武汉市人大、杭州市拱墅区人大的联系，主要领导带队前往武汉市人大、拱墅区人大汇报帮扶有关工作，考察代表工作室建设，对接招商引资有关事宜；武汉市人大一名副主任专程到来凤县开展对口帮扶工作，对来凤县人大工作给予资金支持，组织县人大常委会班子成员、组成人员和机关干部职工参加培训；拱墅区人大组织来凤县部分州人大代表参加杭州市人大培训，对来凤县人大工作给予资金支持。常委会围绕提振产业发展水平、强化预算绩效监督等监督议题，组织人员先后前往贵州、重庆、江苏、上海等地人大开展学习和交流，接待福建、贵州、河北、内蒙古等地人大到来凤县考察。参加渝黔湘鄂部分县（市、区）人大工作联席会、川渝鄂陕部分州区县人大工作联席会、长江流域部分县（市、区）人大工作联席会，在发展全域旅游、推进环境保护、做好新时期人大工作等方面，进行广泛深入的探讨。

代表工作

【代表意见建议督办】 坚持常委会领导领衔督办重点建议，开展代表意见建议督办工作。十七届人大四次会议所提78件意见建议全部办理完毕，办复率100%，满意率100%。坚持县政府领导领办代表意见建议制度，已经解决的意见建议30件，正在解决或逐步解决的47件，因现行政策限制难以解决的1件。县人大常委会代工委会同县政府督查室，对县农业农村局、县住建局等承办重点意见建议的20个单位进行现场检查督办，提出具体落实意见，关于大河镇楠竹种植补贴、乡镇污水处理建设等一批建议得到较好落实。

【开展“代表行动”活动】 县人大常委会贯彻落实省、州人大常委会“聚力脱贫攻坚、人大代表在行动”工作会议精神和相关部署，组织开展“代表行动”活动。将全县747名各级人大代表编入55个代表小组，采取联系选民、专题调研、交叉视察等方式开展活动，实现代表参与率100%。聚焦脱贫人口开展“回头看”，紧盯“两不愁、三保障”核心指标，聚焦“十看村十看户”主要内容，发现问题，提出建议。活动中发现的238个问题，36个现场答复问题，其余202个问题形成代表意见建议交县人民政府及有关部门办理。

【代表闭会期间活动】 常委会坚持主动接受选民监督，广泛听取代表意见建议，开展好代表闭会期间活动。全年邀请98名代表列席常委会会议和参加视察、调查、调研等活动；组织开展代表述职活动，共安排35个选区、79名代表开展代表述职评议工作，其中57名代表被评定为优秀；开展县人大常委会组成人员联系县人大代表、县人大代表联系人民群众的双联活动，继续加强主任、副主任接待代表活动，活动中收集到的16条涉及有关部门的建议意见及时转交县人民政府，按法定程序研究办理，并将研究处理情况书面报告县人大常委会，常委会对水源地保护、道路建设、酒店安装有线电视3件建议提出重新办理的审议意见，并限期报告办理情况。

【代表履职服务保障】 2019年，常委会继续把建设好代表工作室作为联系人民群众工作的重点，新建代表工作室18个，实现全县86个选区代表工作室全覆盖；指导各乡镇人大主席团发挥“代表之家”和“代表工作室”作用，组织开展闭会期间代表活动，丰富代表活动内容，促使基层代表活动更加制度化、规范化。在县十七届人大五次会议上，以会代训，组织人大代表学习习近平总书记关于脱贫攻坚工作重要论述，开展脱贫攻坚业务知识和“代表行动”活动培训，发放资料1300余份；全年编发人大公报10期，并及时寄送给代表。

依法监督

【计划、财政和审计工作监督】 县人大常委会采取会前调查、听取审议工作报告等方式，加强对国民经济和社会发展计划、财政预决算和审计工作的监督。在调查的基础上，先后听取和审议计划、财政和审计工作报告，针对工作中存在的问题，分别提出审议意见，在推进计划执行上，提出积极主动应对经济下行压力、培育规模以上工业企业、优化营商环境、激励投资实体经济、强化项目建设的建议；在强化预算执行方面，提出加强税收征管力度、培植优化财源建设，盘活存量国有资产、加强暂付款项清收，采取切实有力措施、加大基金征收力度，强化预算约束机制、优化财政支出结构，抢抓有利战略机遇、认真研究政策方向。县人民政府和相关部门认真执行常委会决议决定，及时研究处理常委会审议意见和建议，积极招商引资，落实惠企政策，抓好项目落地，全力优化营商环境；调整支出结构，缩减“三公”经费支出，加大土地出让招拍挂，加大基金征收力度，盘活存量资产、加强国有资产监督管理，加大综合治税力度，优化财源建设。常委会落实新《中华人民共和国预算法》和《来凤县人大常委会关于全面实施预算绩效管理的决定》的有关规定，开展预算绩效监督，聘请第三方专业机构参与预算执行、预算调整、财政决算的审查，及时更新和充分运用在线监督平台，实现省、州、县三级纵向联通、与县直相关部门横向联网的目标。

【重点工作监督】 5月，常委会组织部分人大代表对全县脱贫攻坚巩固提升工作开展视察，并提出转观念、激发新活力，强基础、构建新体系，固绩效、提升新水平，兴产业、注入新动能的视察建议；为推进乡镇污水处理工作，常委会组织人员对乡镇污水处理项目建设进行专题调查，针对存在的问题，提出做好三方对接、推进施工速度、提供资金保障、加强指导督办的调查建议；对县人民政府研究处理和落实《来凤县人大常委会对县人民政府关于来凤县规范金融市场、防控金融风险情况报告审议意见》情况进行跟踪监督，县人民政府在规范金融市场、防控金融风险方面，举措得当，重点突出，为县域经济持续健康发展提供平稳、和谐的经济金融环境。

【工作评议】 2019年，常委会依法对县交通运输局、县统计局、县司法局、县卫生健康局、县城市管理执法局5个部门开展工作评议。对换届以来的依法履职、贯彻执行宪法及相关法律法规、执行县人大及其常委会决议决定和研究处理县人大常委会审议意见、办理人大代表建议等方面开展评议，县人大常委会听取各单位工作报告，分别形成评议意见，并交县人民政府及被评议单位研究处理。通过工作评议，肯定各部门工作成绩，查找存在的问题，提出整改意见和建议，促进被评议单位认真履职，依法行政。

【关注民生热点问题】 常委会始终坚持民有所呼、我有所应，组织开展民生领域工作调研，持续开展跟踪监督，提出意见建议。为切实了解全县教育工作现状，组成调研组对全县教育工作进行专题调研，并提出加大教育投入、优先保障教育事业发展，建立和完善各项教育管理制度、加强教育教学管理，深化教师队伍建设、培养高素质专业型教师队伍，营造重教兴教氛围、强化校园及周边环境整治的建议；县人民政府和教育部门积极落实常委会调研建议，着力加强校园安全建设，全方位强化安保措施，增设监控和消防设施设备，加强校园周边环境整治，108 所学校校园安全全部达标。持续跟踪监督县人民政府研究处理县人大常委会《中华人民共和国禁毒法》执法检查报告审议意见落实情况，县人民政府及有关部门高度重视，认真落实审议意见，着力提高禁毒工作思想认识，创新宣传教育方式，加强违法犯罪行为打击力度，为更好地预防和惩治毒品违法犯罪行为、保护公民身心健康做出积极贡献。

（李琴菲　杨永红）

来凤县人民政府

概　述

【概　况】2019年，在州委、州政府和县委的坚强领导下，来凤县深入贯彻党的十九大、十九届二中、三中、四中全会和习近平总书记视察湖北重要讲话精神，坚持稳中求进工作总基调，紧扣“一区四县”定位，大力弘扬张富清精神，团结带领全县干部群众，统筹推进稳增长、促改革、调结构、惠民生、防风险各项工作，开展“比抓强促”（比招商、抓项目、强产业、促进位）活动，推动经济高质量发展，较好地完成年度主要目标任务。

经济实力不断增强。来凤县年度综合考核全州第二位。全年实现地区生产总值84.66亿元，同比增长5.9%；全社会固定资产投资同比增长17.8%，来凤县被省政府表彰为全省投资和项目建设贡献单位；规模以上工业增加值增幅7.9%；财政总收入增长8.9%、地方公共财政预算收入增长3.2%；社会消费品零售总额增长10.5%；城镇、农村常住居民人均可支配收入分别增长8%、9%；金融机构年末存、贷款余额比年初分别增长5%、8.9%；城镇化率提高1.5%。

精准扶贫持续发力。2019年2月，湖北省第三方评估验收，认定来凤县错退率为零、漏评率为零，群众认可度98.57%。省人民政府于4月28日公告来凤县退出贫困县，如期实现整县脱贫摘帽目标。2019年7月，国家贫困县退出抽查第三方实地评估认定，来凤县退出程序规范、标准准确、结果真实。2019年，实现脱贫353户1091人，综合贫困发生率降为0.05%，脱贫质量不断提升。农村公路密度达到1.71千米/平方千米，位居全州第一位；农村固定宽带普及率在全省三类县市中位居第二位。

基础设施加快完善。黔张常铁路如期建成通车，火车站站前综合交通枢纽一期工程投入使用，12月26日实现通车；稳步推进城市建设，武汉大道四期、凤舞一路建成通车，来恩、来咸、来智3条城市主要进出口路段全面改造升级；创新方式筹集资金，采取PPP和建养一体化模式统筹推进重大基础设施项目建设，高速公路连接线、鹤来一级公路绕城线、国道242火车站至县城快速通道等一大批重大基础设施项目启动建设，加快发展新动能进一步增强。

社会事业全面进步。加快推进省道367线改造升级工程建设，实现乡乡通二级公路目标；凝心聚力推进乡镇污水处理全覆盖工程项目建设，7个污水处理厂如期建成，实现通水试水；完成来凤机场跑道范围内违建清理和城北家禽交易市场搬迁，启动育红桥河等城市小微水体治理，蓝河水污染得到初步整治；完成第五次森林资源普查和1333.33公顷生态造林任务；城区空气质量优良天数达到343天以上，较上年增加26天，优良率95%；全面推进乡集镇规划区禁鞭，通过省级生态文明示范县创建专家组验收，人居环境进一步改善；全面整改62所中小学、幼儿园和11所福利院安全隐患；推进县域医共体建设，省级卫生县城创建通过复审；入选首批“荆楚文旅名县”创建县市。

营商环境不断优化。坚决打好防范化解重大风险攻坚战，有效应对重大动物疫情和秋季旱情；多措并举强化财源建设，全年减税降费9447万元，政府债务总额持续降低，风险等级评定为“绿色”；民生能源、安普罗债务问题处置进入法治轨道；加强基层社会治理，全面推进“一村一警”，“雪亮工程”启动运行，社会秩序平稳有序；推进“查办分离”，化解不动产领域历史疑难问题，第一批解决6家工业企业、6个房地产项目不动产登记遗留问题，转移登记373户。

自身建设不断强化。深入落实中央八项规定精神和为基层减负要求，广泛开展“不忘初心、牢记使命”主题教育和向张富清老英雄学习活动。完成政府系统机构改革。承接中央、省、州改革任务，着力推动重要领域和关键环节改革向纵深拓展。严格落实岗位责任制、督查问责制和正向激励机制。办理答复人大代表建议75件、政协委员提案49件。加大审计监督力度，累计审计项目556个，核减政府投资10830万元，审减率10.93%。“三公”经费和一般性支出压减5%以上。严格落实党风廉政建设主体责任和“一岗双责”，加强重点领域、重要环节和关键岗位监管。开展惠民惠农财政补贴资金“一卡通”专项治理，推进“党的政策到我家”终端触屏查询平台建设，坚决惩治群众身边的腐败问题。

【政府常务会议】 2019年，县政府召开14次政府常务会议。

1月17日，召开县十七届人民政府第50次（2019年第1次）政府常务会议。会议听取关于2019年度东西部扶贫协作项目申报相关工作汇报、关于首届“来凤工匠”评选有关事宜的情况汇报，审议来凤县乡镇污水处理全覆盖工程和来凤县城市污水处理厂提标升级、扩容改造及污水收集管网扩建工程PPP项目第四次政府采购社会资本方《政府采购结果确认谈判备忘录》及合同文本。

4月16日，召开县十七届人民政府第51次（2019年第2次）政府常务会议。会议听取关于百福司镇茅杆洞水污染治理问题的汇报、关于来凤县生态文明示范县创建工作的汇报、关于全县乡镇医疗卫生工作的情况汇报，审议《关于进一步做好2019年扶贫小额信贷工作的实施方案（草案）》《关于进一步加大落实精准扶贫到户、到人帮扶项目的通知（草案）》。

4月22日，召开县十七届人民政府第52次（2019年第3次）政府常务会议。会议听取关于来凤县优化营商环境相关工作的汇报、关于来凤县城投公司工作情况及来凤县龙凤游泳中心及配套设施建设PPP项目相关工作的汇报、关于龙凤科教示范园（教育城）房屋征收安置补偿工作的汇报、关于启动“雪亮工程”城区视频监控系统升级改造扩容工程的汇报、关于来凤火车站站前综合交通枢纽工程（EPC）项目招标方案的汇报，审议《来凤县2019年第一季度财政性暂付款消化方案（草案）》《来凤县2019年部门预算详细方案（草案）》。

5月7日，召开县十七届人民政府第53次（2019年第4次）政府常务会议。会议听取关于来凤县生活垃圾填埋场整改工作汇报、关于全县“两违”治理工作汇报、关于县公安局办理来凤县安普罗案件采购司法会计服务和数据分析软件事宜工作汇报、关于公路“建养一体化”有关事项汇报、关于来凤县翔凤镇飞机民族小学筹建工作汇报，审议《来凤县2019年农村公路养护实施方案（草案）》《旧司镇小河大桥第四次招标方案》。

5月20日，召开县十七届人民政府第54次

（2019年第5次）政府常务会议。会议传达学习习近平总书记在全国公安工作会议上的讲话和在中央财经委员会第四次会议上的讲话、中央脱贫攻坚巡视反馈问题及恩施州各类问题全面整改工作专题督办推进会、省委第九巡视组巡视恩施州工作动员会、全省运用“扶贫领域政策落实监察系统”对比发现问题线索交办电视电话会议精神及《中国共产党重大事项请示报告条例》和《中共中央国务院关于新时代推进西部大开发形成新格局的指导意见》，听取关于2019年来凤县东西部扶贫协作项目工作汇报、关于喳西泰水城项目有关问题汇报、关于棚改相关工作汇报、关于采用合同能源管理模式对城区路灯进行节能改造相关工作汇报，审议《来凤县龙凤新区拆迁还建房采购招标文件》《来凤县退役军人服务保障体系建设方案（草案）》《来凤县藤茶市场营销奖励办法（草案）》。

6月24日，召开县十七届人民政府第55次（2019年第6次）政府常务会议。会议传达学习习近平5月29日在中央全面深化改革委员会第八次会议上的讲话、习近平在江西考察并主持召开推动中部地区崛起工作座谈会上的讲话、习近平在“不忘初心、牢记使命”主题教育工作会议上的讲话、5月13日中共中央政治局会议精神、《中央领导关于四川省宜宾市长宁县地震及全国部分地区强降雨灾情的批示和省领导相关批示》、蒋超良在全省“不忘初心”主题教育工作会议上的讲话、中央第二巡视组向湖北省委反馈巡视情况蒋超良主持反馈会议所作表态讲话、蒋超良在全省脱贫攻坚专项巡视整改工作电视电话会议上的讲话、《湖北省扶贫领导小组关于打赢脱贫攻坚战三年行动的实施意见》《中共湖北省委湖北省人民政府关于推进精准扶贫精准脱贫的决定》、柯俊在全州脱贫攻坚3月视频调度会上的讲话，听取关于全县河库长制工作汇报、关于“全面改薄”项目实施工作汇报、关于教育城建设项目房屋征收安置补偿工作汇报、关于支持来凤县联通公司信息基础设施建设工作汇报、关于向雪飞拟评烈士有关情况汇报、关于来凤县公安局警务辅助人员相关情况汇报、关于县人民法院科技法庭装修及设备购置情况汇报、关于来凤县巨灾保险工作汇报、关于新一中工程款讨橙线工程款和旅投公司运行情况的汇报，审议《来凤县2019年度城乡最低生活保障按标施保工作实施方案（草案）》《来凤县关于开展消费扶贫促进精准脱贫的实施意见》《2019年义务教育起始年级招生入学工作方案》《关于省级环保督察交办信访件暨县城龙洞河流域万家塘段污水收集系统工程的整改方案》《来凤县关于对机场环境整治的工作方案》《旧司镇梅子埡村岩体崩塌应急排险方案》和蓝河污染治理应急方案。

8月2日，召开县十七届人民政府第56次（2019年第7次）政府常务会议。会议听取关于精简文件会议相关工作汇报、关于来凤县事业单位公务用车制度改革工作汇报、关于来凤县财政暂付款化解工作汇报、关于对来凤县驻武汉办事处工作人员给予补贴情况汇报、关于来凤港总体规划相关工作汇报、关于来凤县特殊教育学校建设工作汇报、关于来凤县民族幼儿园教学楼危房问题汇报、关于东西部扶贫协作工作汇报，审议来凤县2019年预算单位一般性支出和“三公”经费支出压减工作实施方案、来凤县2019—2021年藤茶协议供货项目采购方案、鹤来一级公路来凤县小河坪至湘鄂情大桥段工程及来凤县迎宾大道工程PPP项目实施投资合作合同和《来凤县社会捐赠扶贫资金管理办法》。

8月7日，召开县十七届人民政府第57次（2019年第8次）政府常务会议。会议听取关于解决企业遗留欠款的相关工作汇报、关于沃克云公司科技创新网络平台项目相关工作汇报、关于旅投公司“两个中心”管理和其他相关工作汇报、关于来凤县第三届摆手节活动方案及资金相关工作汇报、关于来凤县税务局养老保险上线工作汇报、关于来凤县人民法院养老保险上线工作汇报，审议《关于坚持农业农村优先发展做好“三农”工作的实施意见》《来凤县畜禽养殖废弃物资源化利用行动方案》《来凤县酉水河城区河道综合治理工程建议方案》《来凤县2019年乡村振兴试点村建设实施方案》。

9月2日，召开县十七届人民政府第58次（2019年第9次）政府常务会议。会议听取关于县人大常委会开展宪法宣誓制度实施情况监督检查相关工作汇报、关于重新启动来凤县科技特派员工作汇报、关于来凤县根治欠薪夏季专项行动开展情况汇报、关于明确来凤港南河码头仙佛寺码头经营企业相关工作汇报、关于来凤火车站站前综合交通枢纽项目房屋征收补偿有关情况汇报、关于龙凤新区拟采购安置房有关事宜汇报、关于整合2019年县农业农村局精准扶贫项目资金汇报、关于2019年优秀班主任优秀教师师德师风先进个人及优秀教育工作者推荐情况汇报、关于恢复大河初中教学点筹建情况汇报，审议《关于支持民营企业及工业经济健康发展的实施办法》《来凤县工业经济发展考评办法（试行）》《来凤县荆楚文旅名县创建方案》《〈来凤县酉水河旅游项目开发合作协议〉补充协议》《来凤县平战结合人防工程项目招商公告》《来凤县化解不动产登记历史遗留问题实施方案》。

10月8日，召开县十七届人民政府第59次（2019年第10次）政府常务会议。会议传达学习习近平总书记在7月30日中共中央政治局会议上、在河南主持召开黄河流域生态保护和高质量发展座谈会上、在中央全面深化改革委员会第十次会议上、在全国民族团结进步表彰大会上、在中央政治局第十七次集体学习时的讲话精神及《宗教事务条例》，听取关于消防工作汇报、关于火车站站前广场相关问题汇报、关于扶贫小额信贷逾期贷款压降工作汇报，审议《来凤县实施2019年度“新一轮退耕还林”工作方案（草案）》《来凤县乡镇财政体制管理暂行办法（草案）》《来凤县惠民惠农财政补贴资金“一卡通”发放管理暂行办法（草案）》。

10月23日，召开县十七届人民政府第60次（2019年第11次）政府常务会议。会议听取关于2018年度综合目标考评情况汇报、关于革勒车镇防灾减灾及应急救援业务用房相关问题情况汇报、关于供销社退休转社保人员医疗保险费福利费工作经费和奖励性补贴问题情况汇报、关于气象工作汇报，审议《来凤县民生实事项目征集办法（试行）》《来凤县城市建设投资有限公司薪酬绩效改革方案（草案）》《来凤县经济困难的高龄、失能等老年人补贴发放工作实施方案（草案）》《来凤县农村集体“三资”管理实施细则（草案）》及《比度克护肤品总部建设项目投资合同》补充协议。

11月20日，召开县十七届人民政府第61次（2019年第12次）政府常务会议。会议听取关于解决基层纪检监察基础工作经费事宜汇报、关于推动来凤县第四代住房建设试点事宜汇报、关于在来凤县各乡镇开展集镇规划区内禁止燃放烟花爆竹工作汇报、关于来凤县翔凤镇桂花树村“村改居”相关工作汇报、关于来凤县法治政府建设工作汇报，审议《来凤县农村饮水安全工程运行管理办法（试行）》《关于加强和完善城乡社区治理的实施意见（草案）》。

12月3日，召开县十七届人民政府第62次（2019年第13次）政府常务会议。会议传达学习全国安全生产电视电话会议精神及李克强总理作出的重要批示、中央全面深化改革委员第十一次会议精神、州委书记柯俊在来凤调研座谈会上的讲话精神、州委“不忘初心、牢记使命”主题教育推进会议精神、省州关于开展2019年根治欠薪冬季攻坚行动的通知精神，听取关于来凤县优抚医院筹建有关工作汇报、关于县公共检验检测中心后续建设及运转相关事项汇报，审议《关于加强乡镇政府服务能力建设的实施意见（草案）》《来凤县农村公路工作细则》《来凤县农村公路竣工验收办法（试行）》《来凤县公共租赁房实施办法》《来凤县医疗卫生服务共同体建设实施方案》。

12月20日，召开县十七届人民政府第63次（2019年第14次）政府常务会议。会议传达学习《中华人民共和国宪法》（节选）、中共恩施州委办公室印发《关于贯彻落实〈中国共产党党内法规执行责任制规定（试行）〉的具体措施》的通知、《习近平关于“三农”工作论述摘编》和《中国共产党农村工作条例》《中华人民共和国监察法》（节选）、《中华人民共和国药品管理法》和《中华人民共和国疫苗管理法》、湖北省扶贫攻坚领导小组印发《关于构建稳定脱贫长效机制的意见》的通知（鄂扶组发〔2019〕14号）；传达中央政治局第十九次集中学习、中央全面深化改革委员会第十一次会议精神、中央政治局12月6日会议精神、中央经济工作会议精神、十九届四中全会精神、习近平总书记在鄂期间讲话和重要指示精神、全州高速公路建设发展现场推进会，全州克服扶贫领域形式主义官僚主义视频会精神，听取关于来凤县九龙盘垃圾填埋场房屋搬迁安置相关工作汇报、关于全县安全生产及应急管理相关工作汇报、关于公务员年度考核优秀予以记功和嘉奖相关工作汇报，审议《政府工作报告（审议稿）》《2020年来凤县民生实事项目计划建议清单（审议稿）》《关于来凤县2019年国民经济和社会发展计划执行情况及2020年国民经济和社会发展计划的报告（草案）》《关于来凤县2019年财政预算执行情况和2020年财政预算的报告（草案）》《来凤、龙山、重庆关于民生集团资产处置的三方协议》《来凤县贯彻落实中央环境保护督察“回头看”及长江保护与湖泊开发专项督察反馈意见整改方案》《2019年全县秋冬季农业综合开发方案（审议稿）》。

【县政府办公室工作概况】 2019年，县政府办公室完成各类信息报送200余篇，撰写各类调研文章35篇，整理大型会议报告、领导重要讲话、各类汇报材料等270篇。严格按照“基层减负年”及“三短一简”要求，切实改进文风会风，提升办文办会质量。全年制发“三大类”文件（规范性文件、议事协调机构文件、通报类文件）61份，同比减少48.74%；制发下行文件71份，同比减少46.62%；全年召开各类专题协调会议167次，同比下降44%。

（黄　路　陈晓勇）

人力资源管理

【概　况】 2019年，组织两次考试招聘，完成招聘计划36人；一次专项招聘，实际招录45人（教育系统18人、卫生系统27人）；完成退役军人事务系统考试招聘工作，实际招录18人；考核聘用大学生村干部2人；完成2019年“三支一扶”招募，招募16人，其中支农2人、支医5人、扶贫2人、基层人社2人、青年事务2人、残联1人、基层文化1人、供销合作社1人。安置退役士官10人。配合教育部门完成农村义务教师57人和定向委培26人共83名教师的招聘工作。完成2018年新招录的169名试用期人员的转正定级。开出介绍信139号145人次，其中，县外调出23人次、调入7人次；县内系统外调动50人次，县内系统内调动29人次。完成2018年度全县事业单位一般工作人员4860人的年度考核，评定优秀等次人员889人、未定等次189人（其中试用期人员180人、受处分不定等次9人）、不合格等次4人、未参加考核4人。

【工资待遇管理】 完成2018年全县事业单位考核正常人员4848人的增加薪级工资调资；审批全县事业单位593人的岗位变动工资调整；审批2019

年新进事业单位人员179人的试用期工资，办理复原退伍军人安置10人；办理事业单位164人的转正定级，同时办理重新确定工资89人；审核事业单位退休人员96人，同时办理退休后一次性退休补贴72人，审批减员死亡55人，并办理死亡一次性抚恤金55人。配合机构改革，将公务员工资相关业务移交组织部工资福利股；对事业单位进行机构合并；对主管单位有变化的事业单位在系统上进行机构管理操作，更改主管单位。

【专技人员职称管理】 办理取得卫生、教师高级职称和中级资格证131人，初级资格证176人；组织中小学教师正高级、高级水平能力测试报名99人；完成全县事业单位岗位设置的正常晋级、岗位调整、合同备案等工作，调整岗位1354人次；审批38家事业单位82人两类岗位任职、8家事业单位10人特设岗位、10家事业单位30人专技破格竞聘、20家事业单位岗位设置方案备案；组织3人报名工人技术等级考核，申报1名专业技术人才基层一线专家。

【人事档案工作】 接收大中专毕业生档案及其他人事档案1385卷；办理新进事业单位手续162人，其中教育101人、卫生22人、其他事业单位39人；开具调档函227人次，转出档案62人次。

（熊　敏　曾祥慧）

民族宗教事务

【概　况】 2019年，县民族宗教事务局围绕各民族“共同团结奋斗、共同繁荣发展”的工作主题，坚持“把握政策、尊重信仰、加强管理、引导适应”的理念，开展民族团结进步创建，依法加强宗教事务管理，维护民族宗教领域的和谐稳定，推荐张富清为全国民族团结进步模范个人，向上级争取资金1155万元，五道水村成功申报少数民族特色村寨，编撰出版《来凤县民族特色村寨》，民贸民品申报上报14家，新申报企业8家，拨付民贸民品企业贷款贴息资金14.436万元，举办干部学习宗教政策知识培训班2次，培训人数300余人，规范宗教场所4个。

【民族团结创建】 县民族宗教事务局开展民族团结进步创建进机关、进乡镇、进学校、进企业、进社会、进寺庙、进军警营“七进”活动，树立一批示范单位及个人。5月，申报讨火车小学为省级民族团结进步创建示范单位；7月，推荐张富清为全国民族团结进步模范个人；10月，推荐百福司人民政府为全省民族团结进步先进集体。

【特色村寨提档升级工作】 县民族宗教事务局根据《省民宗委办公室关于转发〈国家民委办公厅关于开展中国少数民族特色村镇规范管理和命名工作的通知〉的通知》，完成来凤县少数民族特色村寨保护与发展工作的整改工作，从特色民居保护改造、特色产业发展、民族文化挖掘与传承等方面开展黄柏园村、石桥村、舍米湖村、兴安村、南河村的保护工作，并申报五道水村为少数民族特色村寨；编撰出版《来凤县民族特色村寨》，系统介绍来凤县20个特色村寨及传统保护村落情况。

【民族经济发展】 2019年，县民族宗教事务局向上级争取资金1155万元，其中559万元少数民族发展专项资金由县人民政府统筹安排用于精准扶贫工作，596万元资金由县民宗局用于基础设施建设，涉及4个乡镇8个项目；拨付14.56万元保障少数民族困难群众生产生活，涉及困难群众55人，拨付6.7万元少数民族助学资金，涉及困难群众23人；启动2019年民贸民品申报工作，原民贸企业进行动态调整，上报14家，新申报企业8家，并拨付民贸民品企业贷款贴息资金14.436万元。

【民族文化体育】 开展传统手工艺品西兰卡普、竹编、漆筷的推荐工作，充实恩施州少数民族传统手工艺品展厅的展品；组织协调中央民族歌舞团到县内慰问演出，《弦歌逐梦》丝路之旅音乐会成功举办；走访慰问州级民间艺术大师6名，发放慰问金14400元；开展民族文化进校园活动，百福司民族小学、讨火车小学、县民族幼儿园建起民族文化墙，张贴民族区域分布地图等；协助来凤县政协文史委完成《来凤县民族研究丛书》的编纂出版发行工作；协助百福司小学完成《土家语教材》的编辑出版工作，为百福司小学购买3.5万元文化传承活动器材；《创新载体抓创建、多措并举促和谐》等文章在《民族大家庭》《鄂西民族》刊登；在第十一届全国少数民族传统运动会上，县土家巴地梭项目获得三等奖。

【完善宗教工作机制】 2019年，成立以县委统战部长为组长的宗教工作领导小组，健全宗教工作领导机制，按照"属地管理"和"谁主管，谁负责"的原则，各乡镇党委每年至少2次专题研究宗教工作。按照"主体在县、延伸到乡、落实到村、规范到点"的要求，实现县、乡、村网格员全覆盖，更新县、乡、村三级网格员265人。以"支部主题党日"活动、"不忘初心、牢记使命"主题教育活动为载体，在全县范围内学习习近平总书记关于宗教工作的重要论述，开展"共产党员不能信仰宗教"专题讨论；在县委党校组织干部学习宗教政策知识2次，培训人数300余人；印制《宗教事务条例》宣传手册3000册、宗教知识应知应会学习资料500册，实现宗教政策法规培训向基层干部和宗教教职人员延伸。

【依法管理宗教事务】 根据省民宗委《关于进一步深化宗教活动场所规范化管理的意见》精神，来凤县规范4个宗教场所"四进"（中华人民共和国国旗进宗教活动场所、宪法和法律进宗教活动场所、社会主义核心价值观进宗教活动场所、中国优秀传统文化进宗教活动场所）工作。2019年，省民宗委先后2次到来凤县督查督办仙佛寺露天佛像整改工作；2019年11月，整改工作按期完成。

（覃廉纯　梁俊杰）

退役军人事务管理

【概　况】 2019年，推荐申报张富清及其家庭为全国模范退役军人、全国最美退役军人家庭，配合开展学习张富清系列活动，开展退役军人信息采集6941人，发放抚恤补助经费（优抚对象生活补助和临时物价补贴）1085.35万元，发放义务兵优待金349.9万元；组织退役军人技能培训3期，安置符合安排工作条件退役士兵。

【拥军优抚】 推动第十届省级双拥模范县创建。发放抚恤补助经费（优抚对象生活补助和临时物价补贴）1085.35万元，发放义务兵优待金349.9万元。解决住房难10人，投入11.6万元；解决生活难516人，投入122.73万元；给予慰问等方式3274人，投入资金134.11万元；解决医疗难472人，投入31.22万元；一站式医疗救助321人次，救助资金25.06万元；清查28名伤残国家机关工作人员伤残审批材料；选送15名优抚对象到省、州优抚医院疗养；开展退役军人信息采集，审核通过率100%；悬挂光荣牌6907块，应挂数完成率99%。

【就业安置】 组织3期退役军人技能培训，补助学费和生活费22.53万元；安置符合工作条件退役士兵；发放退役士兵一次性经济补助104.895万元。

【退役士兵社会保险接续】 保险接续工作专班接受退役士兵申请，财政配套资金364.76万元；组织召开部分退役士兵社保接续问题联席会议4次。

【烈士褒扬纪念】 开展"传承·2019清明祭英烈"烈士祭扫、9月30日"烈士纪念日"以及"不忘初心、牢记使命"主题教育活动。县烈士陵园参加祭扫活动的各界群众10万余人，约365个单位组织开展主题教育、主题党日活动。

【机构改革】 2018年11月25日正式挂牌成立。核定行政编制7名、工勤编制1名，核定领导职数2名（局长1名、副局长1名）。下设4个二级事业单位，县自主择业军转干部管理办公室、县军队离退休干部管理所、县烈士陵园管理所、县退役军人服务中心（加挂县光荣院牌子）。县直设立县退役军人服务中心（核定编制8名，加挂光荣院牌子后增加3名，共11名），各乡镇设立退役军人服务站（每个乡镇核定事业编制2名），各村（社区）设立退役军人服务站。

【推荐申报先进退役军人】 2019年5月，推荐申报张富清同志为申请全国模范退役军人、全国最美退役军人家庭。10月，推荐申报王鑫龙为全省模范退役军人，推荐申报黄红兵为全州最美退役军人。

（吴　皖　王东付）

应急管理

【概　况】 2019年，来凤县在应急救援工作方面，成立应急指挥中心，依法推进建设应急避难场所，召集相关部门完善和修订各项应急预案，组织开展应急处置演练，与自然资源和规划局、农业农村局、林业局、气象局等部门建立应急情报信息共享机制，提升突发事件防范处置能力，组织开展森林防火、防汛抗洪、危险化学品、消防、矿山等应急演练14场，在旧司镇、漫水乡建立综合消防站，排查出9处水库安全隐患点。在防灾减灾救灾工作方面，成立应急保障服务中心，加强防灾减灾救灾工作的组织指挥与协调沟通，建立健全防灾减灾救灾工作机制，推进综合减灾示范社区创建工作，有序开展洪涝、旱灾救助工作，全年开展灾害风险隐患排查300余次，风险点165处，开展防灾减灾救灾应急演练6次，进行突发性地质灾害应急调查6次，应急管理体系建设初见成效。

【防灾减灾救灾】 根据机构改革实际，重新修订减灾委员会人员名单及成员单位，明确各乡镇防灾减灾责任领导，确定各乡镇灾害信息联络人，确保防灾减灾救灾机制运作顺畅。

加强对自然灾害风险点的监测频率和隐患排查督办力度。全年开展灾害风险隐患排查300余次，风险点165处，联合县交运局、自然资源和规划局对全县辖区内的公路地质灾害安全隐患进行拉网式的摸底排查，排查出公路存在重大地质灾害隐患点18处，发督办函要求及时排除隐患5处，其余13处分别要求农路局及时整改。督导有关部门及时完善警示设施，指导在地质灾害发生区域地段安装安全警示标志及温馨提示22处。联合县农业农村局对全县中型以上水库进行防汛抗旱隐患排查，排查出水利工程设施安全隐患7处，完成整改6处，剩余1处在整改中；联合文化旅游局对全县景区、未开发景区、文物保护单位开展隐患排查。

开展防灾减灾宣传教育活动。利用“5·12”防灾减灾日、6月“安全生产月”活动期间广泛宣传灾害风险和安全生产知识，印发宣传资料1万余份、手册3000余本。进社区、进企业组织开展防灾减灾救灾应急演练6次。

开展省减灾委员会综合减灾示范社区创建活动。组织指导绿水镇上寨社区、漫水乡三拱桥社区开展综合减灾示范社区创建活动。完成资料申报工作，准备迎接省州级考核验收。

开展2019年冬春救助、因灾倒房恢复重建、救灾物资发放等工作。制定《来凤县2019—2020年受灾困难群众冬春救助工作实施方案》，及时将采购的冬春救助棉被2000床和省州下拨的棉被450床、棉衣450件、棉大衣210件、绒衣140件发放到受灾群众手中。因灾倒房恢复重建1户、修缮36户54间完工。

聘请专业机构进行突发性地质灾害应急调查6次，提交应急调查报告供县人民政府决策3份。做到底子清，心里明，不留死角，及早进行预防和整改。

【应急救援】 加大应急救援预案体系建设，在修订完善应急预案的基础上，进一步落实应急救援制度，将应急救援协调联动机制、应急物资储备、应急演练与评估等一系列制度落实纳入日常工作。

加强应急救援体系建设。组织开展森林防火、防汛抗洪、危险化学品、消防、矿山等应急演练14场，通过应急演练，有效检验和提升全县各行业领域应急救援的快速反应、快速处置和抢险救援能力。

加强森林防火工作。通过在漫水乡召开现场会，决定在旧司镇、漫水乡建立综合消防站，负责辐射范围内的森林防火和应急救援工作，有效解决基层森林防火和应急救援力量不足的问题。

严格落实防汛抗旱工作责任。及时调整防汛抗旱组织机构，明确相关部门责任，做到任务清、责任明。落实工作责任：全县55座水库落实行政责任人、技术负责人、管理责任人和巡查责任人“四大责任人”。强化汛前准备：汛前对全县水库开展拉网式隐患排查，排查出9处水库安全隐患点，整改完毕6处，其余3处整改方案上报上级主管部门备案，批复后立即实施。强化监测预警：加强气象、山洪预报预警工作，及时发布灾害信息，为防灾减灾争取时间。加强会商，适时启动应急响应：定期开展会商研判，9月30日12时，启动抗旱四级应急响应，下达水库水量调度指令，责成新峡水库停止取水发电，确保城区居民饮水安全。

加强应急值班值守。实行领导带班值班人员24小时值班备勤制度，确保应急突发事件和紧急情况的信息及时上报。

【应急机构改革】 2019年3月30日，根据《县委办公室、县政府办公室关于印发〈来凤县应急管理局职能配置、内设机构和人员编制规定〉的通知》（来办文〔2019〕12号），将安监局、政府办、公安局、自然资源和规划局、农业农村局、民政局、林业局等部门相关职能划入，设立县应急管理局（简称应急局），为县政府工作部门。县应急局设8个内设机构：即办公室、应急指挥中心、政工股、政策法规股（行政审批股）、安全生产基础股、危险化学品安全监督管理股、综合协调股、防灾减灾股。行政编制17名，领导职数：局长1名、副局长2名、总工程师1名。

2019年8月1日，根据《中共来凤县委机构编制委员会关于设立县应急综合执法大队的批复》（来机编发〔2019〕11号），将“来凤县安全生产监督执法大队”和“来凤县矿山安全监察大队”职责整合，设立“来凤县应急综合执法大队”，为隶属于县应急管理局管理的公益一类事业单位，核定财政全额拨款事业编制15名。

根据《中共来凤县委机构编制委员会关于设立县应急保障服务中心的批复》（来机编发〔2019〕8号），设立“来凤县应急保障服务中心”，为隶属于县应急管理局管理的公益一类事业单位，核定财政全额拨款事业编制10名。

应急管理局主要职责：负责全县应急管理工作，指导全县各乡镇各部门应对安全生产类、自然灾害类等突发事件和综合防灾减灾救灾工作，负责全县安全生产综合监督管理工作；组织编制全县应急体系建设、安全生产和综合防灾减灾规划；指导全县应急预案体系建设，组织开展预案演练，推动应急避难设施建设；牵头建立全县统一的应急管理信息系统，建立监测预警和灾情报告制度，健全自然灾害信息资源获取和共享机制，依法统一发布灾情；组织指导协调全县安全生产类、自然灾害类等突发事件应急救援，承担县应对较大灾害工作，协助上级处理特别重大灾害应急工作；统一协调指挥全县各类应急专业队伍，指导本县综合性消防救援队伍开展有关应急救援工作；统筹全县应急救援力量建设；组织协调消防工作；指导协调全县森林和草场火灾、水旱灾害、地震和地质灾害等防治工作；组织协调全县灾害救助工作；依法行使全县安全生产综合监督管理职权；依法组织指导全县生产安全事故调查处理；制定全县应急物资储备和应急救援装备规划并组织实施；负责全县应急管理、安全生产宣传教育和培训工作；承担县自然灾害和事故灾难应急、安全生产、救灾等议事协调和指挥机构的日常工作；负责全县煤炭行业管理与监管工作。

（成　豹　沈仕军）

消　防

【概　况】 2019年以来，在上级党委和县委县政府的正确领导下，在县安委会、消委会成员单位的配合下，来凤县消防救援大队坚持以人民为中心，突出抓好“灭火抢险救援、消防监督执法、防火宣传培训、联勤联动保障”等重点工作，实现队伍管理的平安稳定、火灾形势的总体平稳，为全县经济建设和社会发展创造良好的消防安全环境。其间，县委书记、县长带队检查消防工作3次，专题调研消防工作2次。全年工作稳步推进、稳中向好、稳定提升。2019年，大队接警182起、出动车辆380台次、出动警力2224人次、抢救被困人员32人、疏散人员2人。

【灭火抢险救援】 2019年，来凤县消防救援大队制定“135”大队体能训练制度（每周135体能训练），中队“3个3”训练制度。冬训侧重抓基础化、专业化训练，夏训侧重抓实战化训练；落实每战必评制度，制定数字化预案86份。开展熟悉演练150余次，完成279个市政消火栓建档工作。通过“三化”练兵和特殊灾害处置的训练，进一步提升队伍实战能力水平。2019年，大队接警182起，出动车辆380台次，出动警力2224人次，抢救被困人员32人，疏散人员2人。成功处置“‘6·11’漫水乡鱼塘村十组花子沟发生垮塌事故”“‘8·21’安普乐氨气泄漏事故”，协助扑救山火2次。7个非城区乡镇完善乡镇专职消防队，聘用14名派出所消防文员（专职队长）。多种形式消防队伍成功处置各类火灾12起、抢救财产价值30余万元，充分发挥多种形式消防队伍的“打快、打早、打小”作用。

【消防监督执法】 2019年，大队先后开展冬春火灾防控，“两节”“两会”消防安保，“国庆、军运会”安保、“电动车”“厂房仓库快递物流”火灾隐患整治，开展消防产品专项检查，文物古建筑、旅游景区、宗教活动场所消防安全治理等专项行动。分层级分部门对辖区人员密集、易燃易爆、住宅小区、农村等场所火灾隐患进行排查，提请挂牌督办重大火灾隐患3处投入100余万元资金整改销案。督促全县170家消防安全重点单位落实“标准化”管理，170家重点单位、11个社区、13个高危单位按照标准建设微型消防站。全县44处有消防控制室的消防安全重点单位消防控制室全部达标，十小场所增设独立式火灾感烟报警探测器1003个。检查单位1369家/次，发现火灾隐患或违法行为2071处，督促整改1519处，罚款105150元。同时提请县政府拆除老机场片区老旧区域性火灾隐患建筑。

【防火宣传培训】 大队采取“请进来、走出去”的方式，组织社会单位人员开展消防知识培训，参训人员多达上万人。让广大群众亲身体验消防、接触消防、在全县营造良好的消防宣传氛围。在县城建立户外大型宣传广告牌5处，打造三官坪消防宣传示范社区。发放消防宣传挂历、海报、火灾警示挂图、消防安全温馨提示卡20余万份。在微博、微信、电视等传统平台消防宣传的基础之上，拍摄消防宣传公益广告，消防村村响音频提示、全县185个行政村均制作印刷宣传标语。依托公交车、出租车、快递公司开展消防知识宣传，增强消防宣传的知晓率和群众认可度。

【联勤联动保障】 健全应急救援调度指挥、信息共享、队伍建设、战勤保障、联勤联训等机制。调整或组建应急救援专业队18支，修订各类应急救援专项预案69份。与来凤县蓝天救援队、武装部签订战略合作协议，专业应急救援队伍人数达300余人。整合各类应急救援车辆43台，专业救援设备4000余件（套）。提请来凤县政府组织开展多种形式的消防队伍业务技能大比武和综合应急救援演练，全面检验全县应急救援能力。

（杨雅涵　田　欢）

政务服务和大数据管理

【概　况】 来凤县人民政府政务服务中心（以下简称“中心”）是来凤县委、县政府根据深入推进行政审批制度改革的需要而设立的综合行政审批服务平台，主要负责集中为群众和企业办理各类行政审批及部分公共服务事项。现有办事大厅总面积近5000平方米；进驻中心窗口单位40个：常驻窗口26个，其中县直部门22个、中介机构1个、其他服务机构3个；综合窗口部门14个。中心有工作人员128人，办理各类行政审批事项211项，服务事项95项。全年开展“局长进窗口”31次、“专班进企业”活动30次，建成“12345”统一政务服务热线平台，领取、发布县级公共服务事项目录1043项，配合行业主管部门处理投诉质疑5件。

【机构改革】 将政管办职能与县机构编制委员会办公室（县行政审批制度改革工作领导小组办公室）的行政审批制度改革、县人民政府办公室的政务公开、政务信息化管理、电子政务建设管理、公共资源交易监督管理等职责整合，组建县政务服务和大数据管理局并于2019年3月11日挂牌成立，作为县政府工作部门。

【优化营商环境】 成立专班对优化营商环境工作进行分单位细化，开展“局长进窗口”31次、“专班进企业”活动30次。贯彻落实《省政府办公厅关于聚焦企业关切进一步推动优化营商环境政策落实重点工作清单》的通知要求，将各项工作分发到各部门分头落实，层层传导工作压力，促使各项工作落实落地，进一步提升企业获得感，优化政务服务环境。

【政务服务“一次办好”】 将地税、住建、不动产登记窗口等整合在一起，增设不动产登记综合窗口，实现“一窗受理、集中服务”需求；实现企业开办一窗通办，企业开办只需跑综合窗口，3天内就可办齐企业开办一套手续，提高政务服务质量及水平。着力推行“四办”（简易事项“马上办”，优先推行“网上办”，全面推行“一次办”，推行“帮你办”服务）联动服务促进行政审批服务“一次办好”。将涉及企业及百姓生活的服务公安出入境、水电气报装、办理公交卡、公章刻制事项进驻服务大厅，提高办事便利度。推进投资项目在线审批，将审批平台推到企业办公桌上，推进重点项目和企业投资项目审批提质提速。建成“12345”统一政务服务热线平台，将县直单位其他非紧急类热线进行整合，于2019年11月21日开通并正式运行。完成自助服务大厅建设，2019年11月25日，24小时自助政务服务区正式对外运行，实现政务服务“全时段”，打造“24小时全天候不打烊”政府，首批实现精准扶贫惠民政策查询、不动产信息查询、自助办税24小时自助服务。

【构建政务服务“一张网”】 领取、发布县级公共服务事项目录1043项。全面推动综合窗口受理。县级“一窗”分类受理事项达到60%以上，乡、村两级所有事项实现网办，网上可办率100%。与国家“互联网+监管”系统对接，将“双随机、一公开”监管逐步纳入该系统运行。32个县直部门与国家“互联网+监管”系统对接，涉及县级监管事项已领取404项，编辑完成235项。

【窗口纪律管理】 以作风建设为抓手，落实管理责任、日常巡查制度、考核通报、责任追究到位，强化窗口管理，改进工作作风，强化纪律监督，提高窗口工作人员的服务意识，提升行政服务效能、营造优质高效的行政审批服务环境，不断提高中心窗口工作人员服务质量。

【推进政务公开工作】 完成县政府门户网站改版

升级工作，新版网站更加符合标准规范、更加强调便民惠民。突出政府网站“信息公开、办事服务、互动交流”的功能定位，县政府门户网完成向州政府网站集约化平台迁移，并针对重点领域信息公开开设相关栏目。根据新修订的《中华人民共和国政府信息公开条例》更新县政府信息公开指南，申请依申请公开邮箱，规范依申请公开流程。

【公共资源交易综合监管工作】 受理进场招标投标项目的资格预审文件、招标文件告知性备案和合同备案。协调处理公共资源招标投标活动中的争议和矛盾，依法查处公共资源交易平台招标投标活动中的违法违规行为，全年配合行业主管部门处理投诉质疑5件，对所涉及的5家代理公司进行约谈整改。强化专家信用管理，深化事前信用承诺，凡申报必先承诺；建立个人信用档案，将申报、履职、培训等纳入个人信用管理；公布违法行为信息，实施信用惩戒，严格准入清退。负责县级公共资源交易违法违规处罚（处理）、量化记分、“黑名单”、联合奖惩案例、信用承诺书、信用修复等信用信息的归集、公告，向“信用湖北”网站实现实时报送。与“国家企业信用信息公示系统（部门协同监管平台——湖北）”进行信息接收处理。

（向　兰　覃　艳）

政务督查

【概　况】 2019年，政务督查工作围绕县政府阶段性重点工作、《政府工作报告》确定的中心工作及县政府常务会、县长办公会决定事项和重要工作部署，开展各类督查活动28余次，印发《督查通报》7期。

【人大建议、政协提案办理】 办理省人大代表建议1件、州人大代表建议和政协委员提案6件，交办、督办、承办县人大代表建议75件、县政协委员提案49件，围绕建议、提案办理开展督查2次，印发《督查通报》2期。根据领导安排，对厕所革命和自来水安装进行2次督查调研，并形成调研报告。

【领导批示件办理】 全年承办、交办、回复州政府领导批示件8件，承办、交办县长批示件56件。

（黄　路　陈晓勇）

【常规督查】 对州委领导批示交办件、州委重点工作和县委领导批示件、县委常委会议定事项进行跟踪督办，确保州委、县委决策部署落到实处。2019年，办理州委领导批示交办件43件，41件全部按时反馈上报结果；办理县委领导批示件104件，其中办结95件；督办县委常委会议议定事项213件，全部办结；承办、督办网络问政来信258件，来信回复率100%。

【重点督查】 围绕“二十项重点工作”，组建督查工作专班，强化实地督查、跟踪督查；建立联合督查机制，制定下发《2019年县级层面督查考核计划清单》，明确全年县级层面督查考核事项62项。全年开展15次专题督查，印发《督查通报》7期、《督查专报》15期。

【考评工作】 完善考评机制。统筹规范考评工作，实施差异化考评，制定《来凤县2019年经济社会发展目标考评办法》，对考评内容、程序和评分细则进行梳理完善，使考核评价机制更加科学合理。

（谭祖军　胡成林）

机关事务管理

【概　况】 2019年3月，按照来凤县机构改革方案的要求，原县接待办与县机关事务管理局合并，成立县机关事务服务中心，完成所有工作人员的转隶、“三定方案”的制定。机构改革期间，完成25个涉及改革单位的挂牌和会场布置，实地调研和现场查看涉及机构改革单位的办公用房，完成全县涉及机构改革单位办公用房调剂建议方案。制定《来凤县事业单位公务用车制度改革指导意见》并颁布实施，承办会议358场次，完成涉改县直机关单位综合执法应急用车保障任务4058车次，完成各级公务接待261批3394人次。

【公务用车管理】 加强公车监督，不定期开展明察暗访。会同县纪委监委分别在春节、清明节、“五一”、州庆、中秋节、国庆期间，到部分乡镇、县直单位以及居民小区、景区、大型商业超市等重点区域，采取专项监督检查和暗访等形式，开展公务用车监督检查工作6次，对全县公务用车管理制度及派车制度执行情况、行车台账登记情况、车辆入库情况、节假日规范管理、公车私用、违规停放情况等进行监督检查。规范公务用车定编审核。按照《湖北省党政机关公务用车管理办法》和其他相关文件精神，要求各单位执行在国家法定节假日期间使用公务用车报备制度。严格把关公务用车更新、报废、定编等程序，办理公车定编手续16辆。推行全县非参公事业单位车改工作。5月，在2018年摸底调研基础之上再一次进行全面摸底。全县参改事业单位255个，编制人数5477人，编制内在岗人数4778人，配备有车辆的事业单位87个218台。制定《来凤县事业单位公务用车制度改革指导意见》《来凤县属国有企业公务用车制度改革实施意见（草案）》，并经县委常委会、县政府常务会审核通过，于2019年9月正式印发给各参改事业单位。对取消车辆实行封存，并按程序进行处置。对保留的车辆实行标识化和信息化管理，进一步规范公务用车使用。拟定《来凤县非参公事业单位区域内公务交通费用管理办法》，规范区域内公务交通费用管理。

【办公用房管理】 加强办公用房调剂。根据来凤机改办发〔2019〕1号文件要求，完成25个涉改单位的挂牌和会场布置等相关工作。对涉及机构改革单位的办公用房开展实地调研和现场查看，完成全县涉改单位办公用房的调剂建议方案。做好办公用房维修维护。完成辖区内零星维修106次。重点对县纪委纪检派出组（湖北银行五楼）调剂办公用房、医疗保障局办公楼、退役军人事务局服务大厅、县公共检验检测中心办公楼、公安局出入境窗口及残联无障碍设施进行整修。加强办公用房监督管理。联合县纪委对州纪委反馈的水利局、林业局、教育局3家单位办公用房超面积现象进行现场核实并督促整改到位。“五一”前及8月分别两次采取实地测量方式对全县办公用房进行监督检查。9月，对全县65家党政机关办公用房信息进行采集，统计覆盖率100%。

【公务用车保障】 完成涉改县直机关单位综合执法应急用车保障任务4058车次，其中保障大型活动649车次，保障一般应急用车1355车次，保障精准扶贫督战队用车2054次，无交通事故发生。组织对司勤人员驾驶技能、司勤礼仪等专业知识学习10次，政策法规学习15次，邀请专家讲课1次。5月1日，组织参加恩施州举办庆“五一”国际劳动节驾驶技能比武友谊赛活动，保障中心李毅获得侧方停车项目技能能手和倒车入库项目技能能手两项殊荣。

【后勤服务】 会务服务方面，累计承办县人代会、县政协会、农业部扶贫领域工作会议、字节跳动公司山货上头条签约仪式和省、州领导调研等358场次会议。绿化服务方面，做好日常租摆和县内各重大节日活动氛围打造。对中华人民共和国成立70周年、春节等重大节日、活动，进行盆景花卉设计打造，营造节日氛围。保洁服务方面，开展辖区环境卫生集中整治，加强卫生日常巡查，采取不定期组织卫生检查和考勤管理两项机制，落实各项卫生管理规定。食堂服务方面。在机关食堂内进行接待工作餐服务的探索，试行完成13次县内重要接待餐任务、州纪委驻来凤办公工作餐长期保障等重要任务。围绕县精准扶贫“农特产品”进食堂工作，为消费扶贫提供平台。安全保卫方面，协助劝解信访人员2836人次，其中群访63批次。排查出安全隐患20余起，现场整改17起，对行政中心、政务服务中心消防设施进行整改，更换消防安全标识标牌，增设消防救援箱和消防广播指挥系统，对行政中心、档案馆大楼视频监控进行整改。

【政务联络】 完善重要来宾档案，完成各级公务接待261批3394人次，完成中央巡视组、国家精准扶贫验收、“时代楷模”发布仪式、省委书记蒋超良开展调研活动、中组部“全国优秀共产党员”颁授仪式、2019年发展中国家职业培训与劳动力转移减贫研修班到来凤县考察等30余次大型政务接待工作。1—12月公务接待费用与2018年同期相比减少8%。

（向雅群）

中国人民政治协商会议来凤县委员会

概 述

【概 况】 2019年，来凤县政协第九届委员会有委员187人，常委35人，设14个界别。中国人民政治协商会议来凤县第九届委员会常委会召开第十一次、第十二次、第十三次、第十四次、第十五次5次会议，全年办复提案49件，围绕实施乡村振兴战略协商议政，开展蓝河污水治理视察监督，聚焦“民营经济健康发展”建言献策，服务发展大局。

【服务中心工作】 县政协及其常委按照县委“二十项”重点工作及“五个一”联系工作的统筹分工，主席、副主席履行脱贫攻坚政治责任，牵头或参与棚户区改造项目、乡镇污水处理厂建设、特色产业发展、文化旅游项目、重点工作督查、招商引资、信访包案等专项工作。县政协机关服务项目建设，开展精准扶贫、基层党建、文明创建、“迎大庆、保军运”安保维稳督查、扫黑除恶等工作，县政协机关帮扶的革勒车镇大地龙村和土家寨村均以零问题反馈分别通过省级评估和国家抽检。

【文史工作】 2019年，九届县政协结合来凤实际，根据州政协的工作安排，决定在任期内做梳理来凤历史、发掘土家文化、展示来凤精神、汇聚发展能量方面的文史资料编纂。加快推进九届一次会议确定的《来凤历史与文化》《来凤县重点项目建设实录》《来凤传统村落概观》文史资料编撰工作外，完成《古老的语言——来凤文史土家语专辑》组稿、编撰和专家评审，启动《黔张常铁路来凤段建设专辑》《张富清事迹专辑》两本具有重大历史和现实意义的文史专辑。

【自身建设】 一是优化委员履职服务。重视委员履职培训工作，4月，先后组织2批次40名委员到杭州市开展委员培训，提高履职能力，教育引导委员“懂政协、会协商、善议政”。邀请委员参加政协常委会议、专题协商议政会议、调研视察座谈会等有关会议，通报有关情况，为委员知情明政搭建平台。二是扩大政协履职宣传。县政协高度重视意识形态工作，始终牢牢把握正确的政治方向、舆论导向、价值取向，优化来凤政协网、创建“来凤政协”微信公众号，加强与各级新闻媒体的联系合作，实行经常性宣传和策划相结合，着力宣传政治协商、民主监督、参政议政的履职成果，宣传政协增进共识、汇聚力量的生动实践，宣传委员履职尽责、创新创业的典型事例。2019年，在省、州等媒体上刊发反映政协履职报道31篇，县级刊发履职报道128篇。三是加强政协机关自身建设。以开展“不忘初心、牢记使命”主题教育为契机，提升政协机关党员干部的理论政策水平和能力素质，带动专委会、联络组及全体委员学习，努力创建学习型机关。建立健全学习、会议、调研视察和公文运转及后勤管理等系列制度，抓各项规章制度的贯彻落实，不断完善工作制度。坚持用制度管权、按制度办事、靠制度管人，管好干部队伍，不断提高机关工作的制度化、规范化、程序化水平。

重要会议

【中国人民政治协商会议来凤县第九届委员会第四次会议】 中国人民政治协商会议来凤县第九届委员会第四次会议于2019年12月22—25日在县城举行。中共来凤县委书记邢祖训，县委副书记、县长李伟等领导出席会议。会议审议并批准县政协主席田延初代表政协来凤县第九届委员会常务委员会所作的工作报告，审议并批准县政协副主席滕建刚代表政协来凤县第九届委员会常务委员会所作的提案工作情况报告。委员们列席来凤县第十七届人民代表大会第六次会议，讨论并赞同政府工作报告和法院、检察院等其他报告。根据《中国人民政治协商会议章程》规定和选举办法，选举产生政协来凤县第九届委员会秘书长和6名常务委员。

【政协常委会议】 2019年，中国人民政治协商会议来凤县第九届委员会常委会召开第十一次、第十二次、第十三次、第十四次、第十五次五次会议，分别围绕来凤特色农业发展暨农产品出山、蓝河污水治理跟踪视察和农村人居环境改善、民营经济健康发展开展协商议政。协商通过《政协来凤县委员会关于助推我县特色农业高质量发展暨加快产品出山的建议案》《蓝河污水治理跟踪视察情况报告》《关于提升我县人居环境整治水平的建议案》《关于促进我县民营经济健康发展的建议案》。县科技经信局和县生态环境分局分别开展民主评议。

政治协商

【“农产品出山”建议案】 2019年7月，县政协“农产品出山”课题调研组到企业、乡镇及贵州等地开展调研。8月，召开九届十二次常委会专题协商议政，政协常委会成员、部分政协委员及各界代表与县委常委、组织部部长刘涛（县农产品出山工作小组组长）、相关部门负责人面对面协商，形成《关于助推我县特色农业高质量发展暨加快农产品出山的建议案》，提出大力实施特色品牌战略、着力培育龙头企业、加大研发创新、扩宽销售渠道等建议，这些建议在县委、县政府出台的有关政策文件中得到采纳。

【“农村人居环境整治”建议案】 8月，县政协“农村人居环境整治”课题调研组，通过实地调研、学习外地先进经验、召开座谈会等形式，分析全县人居环境改善现状以及存在的问题。9月，召开九届十三次常委会进行专题协商议政，提出健全工作机制、推进基础设施建设、强化教育引导等对策措施，为县委、县政府推进人居环境整治工作提供决策参考。

【“蓝河污水治理”跟踪视察】 9月，县政协常委会组织开展“蓝河污水治理”跟踪视察，并召开协商座谈会，提出的“紧盯目标任务抓整治、整治沿岸污水直排、清除河道淤泥、加强污水管网配套建设”等意见建议得到参加会议的县政府分管领导肯定，并及时安排相关部门予以落实。推动县生态环境分局、县农业农村局等部门开展行动，加大对蓝河水污染治理，投入1100万元对蓝河排污口及河道进行改造和清理，蓝河水污染治理取得阶段性成效。

【“民营经济健康发展”建言】 9月，由县政协主席会议成员领衔、专门委员会牵头、界别委员参与，组成5个调研组，围绕企业减税降费、营商环境、融资困难等课题，深入企业、乡镇和部门召开不同层面座谈会，形成专题建言材料。11月，县政协九届十四次常委会进行专题协商，就进一步提高认识、创新融资方式、拓宽投资领域等方面向县委、县政府建言献策，推动全县民营经济健康发展。

民主监督

【开展评议监督】 组织民主评议监督小组对县生态环境分局和县科技经信局开展民主评议；评议小组组织政协委员和各界人士围绕优化办事流程、提升工作效能、转变工作作风等方面进行深入调研、广泛征求意见，在县政协九届十四次常委会上听取县生态环境分局和县科技经信局的情况汇报，县政协常委及部分委员面对面地进行民主评议和民主测评，促进部门工作作风转变。

【参与专项监督】 抽派委员参与县委各类巡视巡察、主题教育督导、事业单位招考等情况的监督，参与电视问政评议监督，组织部分委员走进法检两院，参加“法检两院开放日”活动，充分发挥人民政协民主监督职能。

建言献策

【提案工作】 坚持把提案工作作为全局性工作来抓，注重提高提案质量，严格立案审查，坚持和完善重点提案主席会议成员领衔督办制度。在县政协九届四次会议期间，全县政协委员、政协各参加单位和各专门委员会，在县政协常委会的领导下，围绕全县经济社会发展和平安稳定，运用提案履行参政议政职能，全年办复提案 49 件，其中 14 件提案被列为重点督办提案（见表 1），提案办理满意率 95.92%，基本满意率 4.08%。围绕精准扶贫、教育、就业、医疗、环保、公共交通等群众关心关注的提案，采用视察、调研、现场督办等多种形式找短板、查问题、提对策，促进提案落地落实。彭永海委员提出的《关于加强农村公共基础设施建设后续管理和维护工作的建议》，得到县政府主要领导认可，并领衔办理，批示有关部门尽快研究落实。县政府从制定出台农村基础设施管理措施、增加财政预算等方面予以落实，农村基础设施建设管理和维护得到加强，并示范带动一批重点提案的有效办理。

2019 年县领导领衔督办政协委员重点提案一览表

表 1

提案编号	领衔办理责任领导	提案人	主要问题及建议	主办单位	会办单位	县政协督办	
						督办领导	督办委室
2019011	李　伟	彭永海	关于加强农村公共基础设施建设后续管理和维护工作的建议	农业农村局	财政局　文旅局　卫健局　交运局　各乡镇	廖金芳	经济委员会
2019041	向子明	陈　林	关于重视民间融资安全隐患，防范地方涉稳金融风险的建议	政府办	银监办　人民银行	滕建刚	社会法制委员会
2019014	牟林炎	杨明山	改善我县城区交通拥堵现状的建议	公安局	自然资源规划局　城管执法局	滕建刚	社会法制委员会
2019039	牟林炎	周水秀等 2 位委员	关于深入开展禁毒工作，打好禁毒人民战争的建议	公安局	—	彭云宪	社会法制委员会
2019048	熊　庆	燕　华	关于加大蓝河污染综合治理力度的建议	住建局	生态环境分局　农业农村局　城管执法局	向　莉	人口资源环境委员会
2019005	曾　军	张仁高等 2 位委员	关于我县藤茶产业发展的建议	农业农村局	科技经信局　文旅局	滕建刚	经济委员会
2019007	曾　军	罗培富	关于加强名优品牌建设，实施乡村振兴战略的建议	农业农村局	市场监督局　科技经信局	廖金芳	经济委员会
2019015	曾　军	张兴红	关于加强农村饮水安全建设管理的建议	农业农村局	—	张冠华	人口资源环境委员会
2019001	汪建敏	舒　勤	关于我县工业经济发展的建议	科技经信局	自然资源规划局　市场监督局　政务服务大数据局　招商服务中心　开发区银监办　人民银行	田延初	经济委员会

续表 1

提案编号	领衔办理责任领导	提案人	主要问题及建议	主办单位	会办单位	县政协督办	
						督办领导	督办委室
2019010	汪建敏	洪业炳	对我县工业经济园区平台建设的几点建议	开发区	科技经信局　自然资源规划局　人民银行　翔凤镇	滕建刚	经济委员会
2019029	分管民族宗教工作的副县长	向进胜等3位委员	关于传承保护土家族优秀传统文化的建议	民宗局	文旅局教育局百福司镇	田延初	教科文卫体委员会
2019031	分管教育工作的副县长	向学琼	关于推动我县教育事业健康发展的建议	教育局	—	张冠华	教科文卫体委员会
2019018	张家安	吴国强等2位委员	关于改扩建殡仪馆及增添火化设备的建议	民政局	市场监督局	滕建刚	民族宗教委员会
2019003	杜建斌	王胜澎等2位委员	关于做强特色农业的建议	农业农村局	扶贫办	向　莉	人口资源环境委员会

【社情民意】 县政协将反映社情民意工作作为解决民生问题的重要途径，不断健全信息工作机制，通过微信群、QQ 群等形式多渠道收集社情民意信息。2019 年，聘请 15 名社情民意特邀信息员，编印《社情民意》专刊，收集整理并报送社情民意信息 30 多条，《关于筹建张富清干部学院的建议》《关于完善社区矫正法的建议》《关于规范管理恩来高速李家河服务区检查站的建议》等信息被省州政协采用。信息《关于拆除城区主干道人行横道“拦路虎”的建议》被县委主要领导批转县公安局、县城管局等部门研究落实，社情民意直通车作用得到有效发挥。

（唐　俊　吴志清）

纪检监察

概　述

【概　况】 2019年，全县纪检监察机关在州纪委监委和县委的坚强领导下，以习近平新时代中国特色社会主义思想为指导，深入学习贯彻党的十九大、十九届二中、三中、四中全会和习近平总书记视察湖北重要讲话精神，全面落实中央、省、州纪委全会部署要求，忠实履行《党章》和《宪法》赋予的职责，树牢“四个意识”，坚定“四个自信”，坚决做到“两个维护”，坚持一体推进不敢腐、不能腐、不想腐，出台《2019年来凤县纪委监督县委及其委员“1+5”工作方案》，全年处置问题线索604件，接待来访群众843批986人次，受理检举控告类信访举报202件，巩固发展反腐败斗争压倒性胜利，巩固提升风清气正的政治生态，为来凤经济社会高质量发展提供坚强纪律和作风保障。

【县纪委十五届四次全会】 2月28日，来凤县第十五届纪律检查委员会第四次全体（扩大）会议召开。县委书记邢祖训出席会议并讲话，县委常委、县纪委书记、县监委主任郭玉峰代表县纪委常委会作工作报告。会议总结2018年全县党风廉政建设和反腐败工作，部署2019年相关工作，听取革勒车镇、三胡乡、县住建局、县中心医院、县烟草专卖局5个单位党委（党组）书记现场述责述廉，同时接受县纪委委员现场提问和民主评议。

【政治建设】 出台《来凤县纪委监委关于加强机关政治学习的若干规定》，通过中心组学习、开展“支部主题党日”活动等形式，学习习近平新时代中国特色社会主义思想22次，举办“不忘初心、牢记使命”主题教育，将学习教育、调查研究、检视问题、整改落实贯穿始终，开展读书班8期474人次，领导班子成员查摆问题60条并逐一整改落实，对照身边典型找差距，举办全系统“不忘初心牢记使命——学习张富清先进事迹”主题朗诵比赛。

【同级监督】 出台《2019年来凤县纪委监督县委及其委员“1+5”工作方案》，县纪委书记与县委常委谈心谈话31人次，向县委书记发出工作提醒书2份，向县委常委发出工作提醒书10份、廉政风险预警书1份、整改建议书5份，开展专项检查5次，请示报告4次。

【信访举报】 领导班子成员定期接访、约访、下访和包案化解疑难信访件，全年接待来访群众843批986人次，受理检举控告类信访举报202件，其中上级转交办件95件。与2018年同期相比呈现“三下降”态势，即：受理信访举报总量同比下降15.48%；上级转交办件同比下降18.58%；本级受理群众信访举报同比下降13.01%。县、乡纪委领导班子带头下访接待群众208人次，带头包案67件次，带头化解信访积案

14件；全县196个村（社区）纪检委员开展遍访活动，走访辖区内党员1880人，监察对象685人、群众8532人，解决问题941个。

【惩治腐败】 全年处置问题线索604件，其中运用第一、二种形态处理476人，占比92.8%；立案167件，同比增长4.4%；结案161件，同比增长11%；给予党纪政务处分150人，同比增长7.9%；对9人采取留置措施，超过前三年总和。

【廉政教育】 组织召开两次“十进十建”工作推进会，开展多轮专项督查，建立牵头单位例会制度、责任部门协调制度和先进经验通报制度；举办新任科级干部廉政谈话暨家庭助廉活动，71名科级干部及干部家属参加；邀请两代表一委员、企业代表、媒体代表参加“走进监察委开放日”活动，增进群众对纪检监察工作的认识和了解。组织开展“廉洁教育新春行”和第20个党风廉政建设宣传教育月，进村入户宣传90余次；制作的《廉明廉能廉洁》廉政文化宣传作品；组织全县纪检监察系统干部拍摄土家语版《我和我的祖国》廉政MV，成为中央纪委国家监委网站“同唱一首歌祝福新中国——纪检监察干部庆祝新中国成立70周年MV专区”收录的8部MV之一。组织全县党员干部学习省、州35期违纪违法典型案例通报，对照查摆突出问题，并以案为鉴；以《赌博输掉了人生》为题将来凤县第一起留置案制作成警示教育片，全县5000余名党员干部受教育；投资近300万元，新建来凤县纪法教育中心，着力打造全县反腐倡廉教育新阵地。

【服务保障大局】 深入推进扶贫领域监督执纪问责。全县受理扶贫领域问题线索104件，立案审查26件，追责问责165人，其中党纪政务处分19人，运用第一种形态处理146人，通报扶贫领域典型案例8期24起28人；对巡视巡察反馈问题整改工作落实情况开展专项监督检查，发现问题47个，追责问责39人，其中立案审查3人，通报典型案例4起5人。深入开展污染防治监督执纪问责。对中央环保督察、省环保督察“回头看”发现问题整改情况进行监督检查，对整改不彻底的4个责任单位予以全县通报，督促整改落实；对破坏生态环境的违纪违法行为严肃追责问责，全年组织处理4人，党纪政务处分5人，其中开除党籍2人。深入开展扫黑除恶专项斗争。全年受理问题线索25件，立案审查21件21人，其中涉嫌充当“保护伞”问题立案3件3人，留置3人，省扫黑办予以通报表扬。

【纪检监察机关建设】 制定《来凤县纪委监委关于加强乡镇纪检监察组织规范化建设的任务清单》，从建立健全纪检监察组织、完善工作机制、加强队伍建设、强化工作保障等方面予以细化规范；由分管副书记带队，组织信访室、案管室、审理室对8个乡镇纪委基层基础工作进行现场督导，按照统一模版，规范乡镇纪委问题线索管理、信访举报、纪律处分3个台账；建立派出纪检监察机构“1+3+10”[“1”指《中共来凤县委办公室关于深化来凤县纪委监委派出机构改革的意见》;“3”指三个办法：关于派出纪检监察组日常联系和管理暂行办法、关于派出纪检监察组全面加强监督工作暂行办法、关于派出纪检监察组绩效考核办法（试行）;“10”指10种监督方式：参加或列席领导班子会议、列席领导班子民主生活会、经常谈心谈话、共同研判分析、受理问题线索及信访举报、开展调查研究、严把干部选拔任用“党风廉洁意见回复”关、收集廉政档案、开展专项监督检查、研判政治生态]的工作机制，即县委出台县纪委监委关于深化派出机构改革的意见，县纪委监委出台日常管理、加强监督工作、绩效考核3个办法，明确派出纪检监察组加强监督工作的十种方式；大力实施村（社区）纪检委员“一五一十”工程，制定《来凤县加强村（社区）纪检委员日常管理办法》，全面提升村（社区）纪检委员履职能力。切实加强基层组织和队伍建设。纪委监委机关新增编制29名，并从全县范围内选调27名优秀年轻干部到机关工作；结合中纪委纪检监察视频培训内容，举办纪检监察干部业务培训班，对县、乡两级纪检监察干部进行为期五天的集中培训，累计补学389人次；举办全县纪检监察干部综合业务培训班和全县村（社区）纪检委员（监察信息员）培训班，对101名纪检监察系统干部和196名村级纪检委员进行全员培训，运用交流研讨、闭卷测试、撰写学习心得体会、检查学习笔记等方式，强化学习成果运用；开展"两提一树"活动，从规范着装、开展谈心谈话、严肃党内政治生活、加强学习培训、强化内部监督、建立干部廉政档案、建立奖惩机制等方面进行规范。落实经费保障。县政府召开常务会研究纪检监察基层基础工作经费保障，解决纪检监察基层基础工作经费236万元，其中每个乡镇5万元、每个村1万元。

（刘俊峰　葛　剑）

巡察工作

【概　况】 2019年，来凤县委巡察机构聚焦"六个围绕一个加强"强化巡察监督，着力查找和推动解决在政治、思想、组织、作风、纪律建设和反腐败工作等方面存在的问题，推进巡察工作。全年开展3轮常规巡察，巡察15个单位党组织。

【常规巡察】 2019年开展3轮常规巡察，巡察15个单位党组织。巡察期间，发放调查问卷600余份，走访调查20次，查阅资料5000余份，受理群众来信、来电、来访3批次。根据巡察发现的普遍性、领域性情况和问题，呈送专题报告2份；向县纪委监委移交问题线索若干条；向被巡察单位移交面上问题百余个；督促被巡察单位整改落实巡察反馈问题，促进10家被巡察单位进一步修订完善"三重一大"议事决策、财政财务收支使用管理等方面各类规章制度20余项。

【机构改革】 2019年，经县委批准，将在县纪委设立的县委巡察工作领导小组办公室明确为县委工作机关。

（杨　琴　邱克权）

人民团体

来凤县总工会

【概　况】2019年，来凤县有基层工会组织345个，会员30555人，成立来凤县快递行业工会联合会和来凤县货运行业工会联合会，评选推荐匡锦梅等11名同志为2019年州级劳模候选人，开展“夏送清凉”、“金秋助学”、困难职工日常帮扶，举办来凤县2019年“快乐运动·歌唱祖国”职工运动会、2019年度全县护理技能竞赛活动。落实东西部协作扶贫，争取到杭州市总工会的“春风助学”专项资助24万元，2019年拱墅区在来凤县实现消费扶贫700万元。

【工会组织建设】2019年全县建立基层工会组织345个，会员30555人，其中10646名工会会员进行实名登记。全省成立50个“湖北省示范爱心托管班”，来凤一中爱心托儿所名列其中，并获省总补助资金3万元。

【工运事业】印发《中共来凤县委办公室转发〈县总工会关于推进全县乡镇、开发区工会改革创新工作实施方案〉的通知》（来办发〔2019〕1号），各乡镇和经济开发区如期完成换届选举工作，工会组织机构人员配备到位，为改革创新工作奠定坚实的基础。来凤县农业广播电视大学被州总工会命名为恩施州产业工人培训示范基地，推动全县产业工人队伍建设。

【帮扶工作】2019年，开展“夏送清凉”活动，筹措资金23万元，为1654多名高温作业一线职工送去防暑降温用品；开展“金秋助学”活动，为28名大学生发放助学资金9.4万元；对困难职工开展日常帮扶，全年帮扶救助困难职工41人，金额40.5万元。

【群体入会】2019年，分别成立来凤县快递行业工会联合会和来凤县货运行业工会联合会，300余名快递和货运行业从业人员入会。在开展的“送温暖”活动中，10余名困难职工感受到组织的关怀。

【劳模管理】2019年召开州级劳模初步评选会议，邀请县委办、政府办、县纪委、县委组织部等10余个县直单位共同初步评选县上报2019年州级劳模候选人名单。通过前期下发的征集通知，收集整理全县各行业29名优秀职工的基本情况及简要事迹。各参会单位人员对推荐的劳模候选人进行认真讨论，本着公平、公正、公开的原则，把好质量关，确保评选结果经得起群众的检验，会议评选推荐匡锦梅等11人为2019年州级劳模候选人。

【东西部协作扶贫】2019年，县总工会与拱墅区总工会帮扶协作举行座谈会，就进一步加大到来凤疗休养、加强两地工会干部培训学习、加大旅游资源宣传推荐、进一步关心关爱在拱墅区务工人员等工作进行磋商，拱墅区总工会为来凤县捐赠帮扶资金20万元，为80名贫困学生争取杭州市总工会的“春风助学”专项资助24万元，人均

3000元。据统计，2019年拱墅区在来凤县实现消费扶贫700万元，其中职工消费约300万元。

【文体活动】 4月28日，为庆祝第130个“五一”国际劳动节迎接新中国成立70周年，由县总工会、县委宣传部、县文旅局、县文明办等单位联合主办的来凤县2019年“快乐运动·歌唱祖国”职工运动会在龙凤体育中心举行，全县100多个单位、3000多名职工参赛。运动会设置5000米徒步和男女混合拔河两个项目，徒步项目按男女不同年龄段4个组别进行，每个组别决出前40名选手，从中心体育场出发至湘鄂情大桥返回。翔凤镇、金凤建材有限公司、来凤县职业技术学校、来凤县融媒体中心、来凤县疾控中心、来凤县人社局、来凤县财政局、来凤县一中分别获得拔河比赛的前八名。

【技能竞赛】 5月9日，在第108个国际护士节来临之际，由县总工会主办，县卫健局、县中心医院承办的2019年度全县护理技能竞赛活动在县中心医院爱心楼12楼举行。来自县中心医院、县妇幼保健院、乡镇卫生院8个医疗单位、29支参赛队伍、116名参赛队员参加竞赛活动，竞赛分理论知识和技能操作两部分。翔凤镇卫生院获得团体一等奖，县妇幼保健院、县中心医院神经内科获得团体二等奖，县中心医院儿科、消化内科、中医内科获得团体三等奖；理论知识单项第一名、技能操作第一名分别由县中心医院疼痛科、妇产科获得。

（邓宏伟　向　静）

中国共产主义青年团来凤县委员会

【概　况】 共青团来凤县委员会是来凤县先进青年的群众组织，作为党的助手和后备军，担负着组织青少年、引导青少年、服务青少年和维护青少年合法权益的基本职能。2019年，团县委在团省委、团州委和县委、县政府的坚强领导下，坚持主题教育引导青少年、社会实践锻炼青少年、志愿服务带动青少年、先进文化塑造青少年、榜样力量影响青少年。截至2019年底，来凤县有团工委1个、基层团委18个、团支部290个、团员5063名，年内新发展团员1089名。

【共青团组织建设】 来凤县8个乡镇团组织及阵地建设全部完成，团建活动有序开展；以尚风寨蜂业有限责任公司、来凤县志愿者协会为示范逐步推进非公企业和社会组织的基层团组织建设工作。建立完善团教协作机制，将中学共青团工作纳入学校教育的整体部署，做到团委与教育部门工作同规划、同部署、同考核；建立中学共青团结对共建制度，鼓励中学团组织参与区域化团建，来凤县8所中学共青团均制定共青团改革实施意见和改革方案，均在学校章程中明确团代会、学代会和团学组织的地位作用、职责权限，充分发挥团学组织参与学校治理的主体作用。团县委按要求、按程序配备一名少先队总辅导员（副科级），促进共青团改革和全县少先队工作的有序推进；全县各中学均配备团委书记，适当配备年轻老师和学生副书记各1名，有校级领导分管团委工作；在建队70周年到来之际，集中为全县各中小学重新聘任少先队辅导员17名，各学校分别设有年级分管少先队辅导员，进一步充实团干部队伍。

【智慧团建】 团组织、团员管理信息化，“智慧团建”系统导入下级组织405个，其中团工委1个、基层团委18个、团支部290个，团员数5063名，年内新发展团员1089名，2019级毕业生团员数2489名，发起转出团员数2347名，转出发起率94.3%，转出成功率92.8%。来凤县初高中毕业班团学比分别为32.9%和60.5%，均达到改革要求，团员入团程序规范。

【青少年思想政治引领】 落实意识形态工作责任制，做好青少年理论学习工作，开展中央、省、州和县各类重大会议专题学习，在团员青年中开展“主题团（队）日”活动90余次。深化青少年主题教育实践活动，围绕纪念“五四”运动100周年、“六一”国际儿童节，组织开展“共青团员入团仪式”活动8场、“少先队员入队仪式”20场；以庆祝中华人民共和国成立70周年、中国少年先锋队成立70周年为契机，组织开展“新中国成立70周年·我是小小追梦人”主题活动13次。加强青少年舆论宣传阵地建设，来凤县建成省级示范青少年综合服务平台“青年之家”1个，县级青少年综合服务平台“青年之家”6个，发布活动8次，参加人数1000余人；微信公众号、微博运营实现以量为主到以质为主的转变，占领青少年网络意识形态阵地。开展“共青团与人大代表政协委员面对面活动”，听取各界青年代表对青年工作的意见和建议，落实青年工作“青年人说了算”。

【预防青少年违法犯罪】 2019年，团县委围绕“减少和预防青少年违法犯罪，促进青少年健康成长”这条主线，开展预防青少年违法犯罪工作。通过微信公众号、微博宣传普及法律知识；贯彻落实《湖北省中长期青年发展规划（2017—2035年）》和《湖北省加强中小学生欺凌综合治理实施方案》文件精神，以预防校园欺凌为重点，会同县教育局，分别在来凤县高级中学、来凤县第一中学、来凤县接龙中学开展法治宣讲进校园活动4场；分别在来凤县高级中学、高平实验学校、接龙中学和春晖学校开展“健康人生 绿色无毒”禁毒宣讲进校园活动4场，3000余名师生参与；2019年10月16日，与来凤县禁毒委、县教育局、县一中、县妇联、县司法局联合举办2019年来凤县青少年预防毒品教育演讲、征文、书画比赛暨颁奖仪式，进一步推进预防青少年违法犯罪工作。

【选树青年典型】 2019年“五四”青年节期间，团县委开展评优表彰工作，选树一批青年典型。授予共青团来凤县第一中学委员会等5个团委“来凤县五四红旗团委”称号，授予共青团来凤县人民检察院团支部等20个团支部（总支）“来凤县五四红旗团支部（总支）”称号，授予刘建秀等27人“全县五四青年”称号，授予李玉银等39人“来凤县优秀共青团员”称号，授予杨杰等20人“来凤县优秀共青团干部”称号，授予来凤县财政局预算股等4个集体“来凤县青年文明号”称号，授予魏文烟等38人“来凤县青年岗位能手”称号。

【志愿服务工作】 加强志愿者队伍建设，指导县志愿者协会成立基层团组织，创新工作方式；建立志愿者常态化培训机制，提升青年志愿者的综合素质和业务能力；规范志愿者注册流程，完善志愿者信息，开展志愿服务活动。截至2019年底，招募救援、关爱、医护等各类志愿者621名，开展扶贫、助学、支教、禁毒、文明劝导等各类公益活动10余次，投入人力400余人次。

【青年创新创业】 来凤县青年创业促进会会员单位87个，2019年举办各类就业创业培训10余场，培训人数300余人，推进全县青年创业就业。团县委根据团省委办公室《关于推进落实“扶助有志青年扎根深度贫困地区创业”有关工作的通知》要求，推进和指导青年创业促进会的会员企业注册“创青春云平台”，为青年创业者提供与各地青年创业者交流学习成功案例、了解各种政策的平台；宣传并组织团省委实施的扶持农村青年创业“田园小康”项目、杭州市委基层工作部举办的农村青年电商创业培训班、第六届“创青春”中国青年创新创业大赛（互联网组）、恩施州第一届人才创新创业大赛等创新创业活动，帮助青年创业者创业。

【行业扶贫】 开展“双结双促”活动，在“双结双促”系统内结对帮扶留守儿童223名，按照“四个一”标准为结对困难留守儿童捐资捐物10万元、走访慰问320人次，开展送文具医药下乡活动86次，与留守儿童面对面、“六一”送关爱活动55次。落实东西部协作扶贫，与杭州市拱墅区开展农村留守儿童“微心愿”认领活动，拱墅区认领并完成223名留守儿童的“微心愿”750个；开展“走出大山看大海”夏令营活动，帮助10名贫困学生在暑假走出大山拓展视野、丰富阅历。推进“希望家园”品牌项目建设，2019年暑期来凤县“希望家园”开办点由2018年的4个增设至7个，志愿支教老师57名，受益农村留守儿童由上年193名扩增至527名；落实“希望工程”助学项目，截至2019年底，54名学生获得“希望工程”助学金，助学总金额15.6万元；更新希望厨房设备，联系中国青少年发展基金会捐赠5万余元物资推进来凤县2所希望小学的“九阳·希望厨房”建设。

（贺晓芳　卢丽洁　向亚玲）

来凤县妇女联合会

【概　况】 2019年，来凤县妇联深入学习贯彻落实党的十九大精神和习近平新时代中国特色社会主义思想，贯彻落实中国妇女十二大精神和县委各项决策部署，加强妇女思想政治引领，推进家庭工作，联系服务妇女群众，推动妇联改革，加强妇联组织党的建设，团结引领全县妇女推动来凤高质量发展。全县8个乡镇妇联主席由党政领导班子成员兼任，每个乡镇均配备一名专职副主席。全县196个村（社区）妇联执委人数2128人，执委中有妇联干部、机关企事业单位干部、“两新”组织负责人、妇女自组织负责人、女性致富带头人、女大学生村干部、网络社区女性骨干等。张富清被全国妇联授予“全国五好家庭”荣誉称号，连芳被湖北省妇联授予“我与祖国共奋进——最美芳华·70年70人”礼赞红梅类荣誉，18288名贫困妇女参加农村妇女乳腺癌和宫颈癌免费筛查项目。

【加强思想政治引领】 组织开展党的十九大精神，全国、省、州三级妇代会精神宣讲2场次，参训人员200余人。开展最美家庭事迹巡讲活动5场次，听众人数500余人。

【“三八”活动】 3月7日，喜迎新中国70周年、庆“三八”国际妇女节109周年、来凤县寻找“最美的她”宣讲大会在县农展中心四楼举行，通报表扬来凤县“三八红旗集体”6个、来凤县最美家庭19户、来凤县“三八红旗手标兵”11人、来凤县“三八红旗手”23人、来凤县最美致富带头人18人、来凤县最美妇联人11人、来凤县最美巾帼志愿者7人。

【关爱留守儿童】 5月31日，县妇联组织县金太阳公益协会10名义工在百福司镇新才沟小学开展庆“六一”活动，为48名留守儿童捐赠校服、鞋子、袜子、书包、文具。组织县爱心妈妈协会30名爱心妈妈在圣德留守儿童托管中心陪伴150名留守儿童过“六一”。争取湖北省儿童中心“护蕾行动”和“彬彬有礼”公益项目走进来凤校园。湖北省儿童中心在来凤县开展“护蕾行动”公益讲座10场，“彬彬有礼”公益讲座2场，2000名学生参加活动。

【行业扶贫】 县妇联联合金夫人婚纱摄影公司开展“关爱送温暖　巾帼助脱贫”活动，196名贫困留守妇女获赠生活用品。安徽西商集团向“来凤县爱心妈妈协会”捐赠5万元，其中2万元捐赠给10位贫困母亲，3万元帮扶留守儿童及贫困母亲。与县卫健局、财政局联合开展农村妇女乳腺癌和宫颈癌免费筛查项目，18288名贫困妇女受益。开展“两癌”患病贫困妇女救助活动，为17名患有宫颈癌或乳腺癌的贫困妇女每人发放1万元的一次性救助金。组织85名贫困、留守妇女参加杭州市·恩施州家政服务（育婴员、家政服务员、月嫂、养老护理）和农村创业致富（网络创业、企业经营）培训班。联合县开发办、县科经局、京东集团共同举办

"来凤县电商助脱贫 巾帼在行动"培训班。全县8个乡镇专职副主席、196个村(社区)妇联主席230人参加培训。

【依法维护妇女儿童合法权益】 开展"心系妇儿·送法到家"法治宣传活动16场次,5000人参与活动,发放《中华人民共和国反家庭暴力法》、《中华人民共和国监察法》、扫黑除恶、禁毒知识宣传材料2000份。联合毕兹卡社工家庭教育巡讲团在全县8个村(社区)开展8场"同学习共成长"家庭教育公益巡讲。联合来凤县火凤凰社会工作服务中心在全县8个乡镇的州级示范"妇女儿童之家",开展"建坚强阵地·筑温暖之家"建设项目活动8场次,普及反对家庭暴力、女性健康、老人护理、儿童安全教育、网络安全方面的知识,发放健康、法律宣传资料1000份。

【家庭教育宣讲】 县妇联联合毕兹卡社工家庭教育巡讲团在全县8个村(社区)开展8场"同学习共成长"家庭教育公益巡讲,500余人参加活动并从中获益。联合县教育局开展来凤县家庭教育骨干培训,200余名家庭教育指导服务志愿者、教师参加培训。

【先进人物】 张富清,男,汉族,1924年12月生,中国共产党党员,来凤县建设银行离休干部,被全国妇联授予"全国五好家庭"荣誉称号。

连芳,女,汉族,1974年5月生,中国共产党党员,大专文化程度,现任来凤县翔凤镇花园堡社区党委副书记、社区妇联主席,被湖北省妇联授予"我与祖国共奋进——最美芳华·70年70人"礼赞红梅类荣誉。

【妇女社会工作组织建设】 县爱心妈妈协会召开换届选举大会,135名代表选举产生新一届班子集体。成立火凤凰社会工作服务中心,规范社会工作服务专业化。成立全国"三八红旗手"(连芳)工作室,开展妇女儿童的维权、服务工作和基层矛盾的化解工作。

(何 华 袁小燕 陈 华)

来凤县工商业联合会

【概 况】 县工商业联合会(简称县工商联)是中共来凤县委领导县工商界组织的人民团体和民间商会,是党和政府联系非公有制经济人士桥梁和纽带,是政府管理非公有制经济的助手。不驻会副主席9人,执委35人。辖8个乡镇商会,2019年,新增会员11家。完成全县8个乡镇商会换届,成立来凤县非公有制企业投诉服务中心,开展产业扶贫、就业扶贫、技能扶贫和公益扶贫,投入帮扶资金9709.23万元,受帮扶贫困群众9000余人。

【会员服务】 邀请县法院法官为非公经济人士讲授《企业治理中的法律风险及防范》法律知识讲座,增强法律意识,学会运用法律武器维护自身及企业合法权益。宣传引导民营企业知晓政策。组织学习宣传《优化营商环境条例》,省委、省政府《关于大力支持民营经济持续健康发展若干意见的任务清单及配套具体实施措施》,县委、县政府《关于大力支持民营经济持续健康发展的实施办法》《关于支持民营企业及工业经济健康发展实施办法》《来凤县各银行金融机构贷款相关政策》等政策,让企业知晓熟悉政策,推动全县民营经济健康发展,营造良好营商环境。

【商会改革】 根据湖北省委、省政府《关于促进全省工商联所属商会改革和发展的实施意见》和《恩施州促进工商联所属商会改革和发展的实施方案》等文件精神,推动乡镇商会规范化、法制化、自律化,进一步明确乡镇商会会长由非公经济人士担任,充分发挥乡镇商会在统战工作和经济工作中重要作用,激发非公有制经济人士参与全县经济和社会事业的热情,完成全县8个乡镇商会换届,并获得县民政局颁发"社会团体登记证书"。

【非公有制企业投诉服务中心成立】 根据省委、省政府《关于大力支持民营经济持续健康发展的若干意见》(鄂发〔2018〕33号)文件精神,县委常委会同意成立来凤县非公有制企业投诉服务中心。10月16日，来凤县委机构编制委员会批复同意设立“来凤县非公有制企业投诉服务中心”，隶属县工商联管理的公益一类事业单位，核定财政全额拨款事业编制3名。12月2日，县非公有制企业投诉服务中心正式挂牌成立，进一步搭建政府与企业交流平台，维护民营企业合法权益。

【东西部协作】 加强杭州、来凤两地企业家的交流合作，形成企业家互访机制，不断促进两地经济交流和发展。5月7—8日，县委常委、统战部部长林正高带领工商联及部分民营企业代表前往杭州市拱墅区开展社会化扶贫工作进行对接，走访杭州市恩施商会会员企业并探讨社会化扶贫工作，鼓励更多社会力量参与来凤县精准扶贫工作。8月28日，拱墅区工商联合会党组书记李军带到来凤县开展爱心捐赠活动，10家爱心企业为来凤县捐赠帮扶资金70万元。

【千企帮千村】 组织全县广大非公有制经济人士参与“千企帮千村”，109家民营企业（专业合作社）与82个贫困村（其中重点贫困村46个，非重点贫困村36个）形成“一帮一”“多帮一”的方式结对帮扶，完成“万企帮万村”数据库录入工作。开展产业扶贫、就业扶贫、技能扶贫和公益扶贫，投入帮扶资金9709.23万元，受帮扶贫困群众9000余人。

【“五好”县级工商联创建】 开展全国“五好”县级工商联创建活动，坚持政治建会、服务兴会、改革强会，围绕“两个健康”主题，认真开展领导班子好、会员发展好、商会建设好、作用发挥好、工作保障好为主要内容“五好”县级工商联建设工作，工商联凝聚力、影响力和执行力不断增强。12月18日，来凤县工商联被中华全国工商业联合会评为2018—2019年度全国“五好”县级工商联（全联厅字〔2019〕64号），这是来凤县工商联首次获此荣誉。

【来凤县工商联（总商会）第十一届二次执委会召开】 4月16日，来凤县工商联（总商会）召开第十一届二次执委会，县委常委、统战部长林正高出席会议。增补王平、李秀明、田华为县工商联十一届执委，免去梁俊杰、姚冰执委。

【湖北毕兹卡生态农业有限公司获省“千企帮千村”精准扶贫行动先进民营企业表彰】 11月26日，省工商联与省扶贫办下发《关于对全省“千企帮千村”精准扶贫行动先进民营企业予以表扬的通报》（鄂联〔2019〕60号）文件，湖北毕兹卡生态农业有限公司获得表彰。

（李贞君　王　平）

法　治

政法委及综治

【概　况】 2019年，来凤县开展风险防范攻坚战、扫黑除恶人民战、禁毒整治持久战、社会治理翻身战“四大战役”，取得良好成绩。全年排查出78个重大涉稳风险隐患和114个重点信访突出问题，化解积案34件，完成上级部门交办重大风险隐患26件。“迎大庆、保军运”期间，发现和交办安全隐患问题383个，完成整改383个。实施“一统三治”基层社会治理，推进平安来凤、法治来凤建设，维护全县社会大局平安稳定，为全县经济社会持续健康发展、全县人民幸福安康提供有力保障。

【风险防范工作】 坚持维稳综合信息研判。每日开展维稳情报信息综合研判，做到当日汇总、当日研判、当日预警、当日处置、当日督办。2019年，编发《维稳综合情报信息专报》317期，收集重大矛盾隐患信息52条，发布重点涉稳预警信息46条，上报各类涉稳信息54条，向各级领导干部发送提醒信息1万余条。实现情报信息互通共享，有效提升维稳工作水平。全面排查各类风险隐患。对排查出的78个重大涉稳风险隐患和114个重点信访突出问题，全部“双签双交”（县委书记、县长共同签字交办）到相关责任乡镇和责任单位。截至2019年底，全县各级各部门化解积案34件，完成上级部门交办重大风险隐患26件。坚持依法处置、分类处置，安普罗集团、民生集团债务问题全面引入法治轨道，刑事打击与民事破产同步推进，确保“本地不出事、矛盾不上行、网上不炒作”。信访秩序逐步规范。通过推进开门接访、领导下访、书记陪访“三访”活动常态化，律师进信访大厅、律师进疑难信访案件、律师进村“律师三进”制度化，畅通信访渠道、规范信访秩序，确保“全国全省两会”、第二届“一带一路”国际高峰论坛、“迎大庆、保军运”重要节点平稳渡过，实现赴省进京上访人员“零上访、零滞留、零非访”工作目标。

【扫黑除恶专项斗争工作】 强化组织领导。县委召开7次县委常委会、4次专题会议、3次推进会议研究部署扫黑除恶专项斗争工作。县扫黑除恶专项斗争领导小组召开32次领导小组会议、成员单位会议、案件会商会议、县扫黑办全体成员会议，研究解决具体问题、安排具体推进措施。县公安局局长、县检察院检察长、县法院院长对6件重点案件和2条重要线索实行领导包案，进行跟踪指导督办。加强保障力度。调整充实县扫黑办及6个专门工作组工作力量，增加工作经费50万元，在公安办公大楼调配5间办公室、1间会议室作为办公场所，成立县扫黑办临时党支部，修订完善扫黑除恶专项斗争领导小组及其办公室运行机制和管理制度，实现县扫黑办实体化高效运转，发挥牵头抓总、督办协调的职能作用。

细化压实责任。下发《来凤县2019年扫黑除恶专项斗争责任清单》《来凤县在涉黑涉恶案件办理过程中落实五项工作运行机制的实施办法》，对职责任务、完成时限进行分解明确。开展4次专项督导检查，通报有关单位（乡镇、村、社区）92家次，建立扫黑除恶专项斗争工作完成情况负面清单，纳入年终综治考核重要内容，形成全县各级各部门齐抓共管、合力并进的良好工作局面。

突出宣传发动。将扫黑除恶专项斗争纳入县委中心组、支部主题党日重要学习内容，修订印发《扫黑除恶专项斗争党员干部读本》《扫黑除恶基本知识》1.2万册，组织开展19次扫黑除恶专题宣讲活动，参加宣讲3000余人次，增印《关于在全县开展扫黑除恶专项斗争的通告》《来凤县扫黑除恶专项斗争有奖举报奖励办法》1万份，并按照交道要道、人员密集场所、重要区域、企事业单位、村（社区）主干道部位必须有大型固定宣传标语的要求，开展新一轮宣传发动攻势，形成专项斗争人人知晓、干部群众积极参与的良好氛围。

加强综合治理。按照边打边治边建和一案一整治工作要求，建立完善的村“两委”干部候选人初步人选县级联审制度，优化调整村支“两委”成员55人，集中整顿涉黑涉恶问题线索反映集中的翔风镇白羊坡村软弱涣散基层党组织。重点整治重要线索和重点案件暴露出的思源中学周边治安问题、百福司镇旅游乱象问题、大河镇客运市场乱象问题。综合治理金融、市场、交通、住建、文化娱乐重点行业领域。开展扫黑除恶专项斗争，加强基层组织建设和行业治理。

推进案件攻坚。集中办案力量，全力攻坚，相继侦破郎某某黑社会性质组织案件、田某某恶势力犯罪集团案件、陈某某恶势力犯罪团伙案件、杨某某恶势力犯罪团伙案件。同时，纪检监察机关同步介入，立涉黑涉恶腐败及保护伞案件18件18人（其中保护伞案件3件3人）。

严格责任追究。从县纪委监委抽调一名班子成员和3名工作人员，组建扫黑除恶执纪问责专班。明确“三个一律”工作纪律：凡是为黑恶势力充当“保护伞”的，一律坚决铲除；凡是在扫黑除恶专项斗争中不作为、不落实、造成不良影响的，一律坚决追责问责；凡是对本系统、本行业“乱象”无动于衷、不积极整治的，一律免职处理。

【禁毒整治工作】“全领域”建立完善禁毒工作机制。推进县禁毒办实体化建设，从政法系统抽调4名业务骨干充实到县禁毒办。招考录用29名禁毒社工分派到乡镇中心戒毒社区，公开招募312名禁毒志愿者深入社会各阶层。建立健全社会面吸毒人员分级分类管控、禁毒责任区包保、中心戒毒社区规范化管理、禁毒奖惩约束“四项机制”，建立“机构全覆盖、人员全管控、宣传全方位、打击全链条”的禁毒工作格局。

“全覆盖”夯实禁毒基础设施建设。投入3000余万元的县强制隔离戒毒所（规模300人）建设项目启动建设，成为全省县级第一个强制隔离戒毒所。投资200余万元的县禁毒警示教育基地（600余平方米）正式投入使用，投资150万元完成全县8个乡（镇）的中心戒毒社区规范化建设。投资300余万元建成全省第二个、全州首个病残吸毒人员收治中心，投资20余万元建成全省首个省际禁毒武装卡口，实现从无到有、从缺到全的转变，构建完备的县级禁毒基础设施体系。

“全方位”开展禁毒宣传教育。2019年，全县组织开展“禁毒先锋号”创建及以“唱响荆楚·全民禁毒”为主题的禁毒歌舞展演及大型文化广场活动；组织全县禁毒社工、派出所联络员40余人开展禁毒知识培训以及跟班学习；6月，组织对全县88个单位干部职工开展禁毒知识培训；各乡镇、县直各相关单位组织开展禁毒知识进校园、进社区、进家庭等活动200余次；6月

26日，县禁毒委组织县四大家领导和各乡镇、县直各单位干部职工参观县禁毒警示教育基地、县病残吸毒人员收治中心活动；7月中旬，县禁毒办组织培训禁毒警示教育基地讲解员33名；7月下旬，县禁毒委组织各乡镇、县直各相关单位60余人开展全县禁毒拉练活动；8月，县禁毒办组织全县3000余名干部职工到县禁毒警示教育基地接受禁毒教育88场次；9月，在来凤县电视台、微信公众号发布《来凤县涉毒违法犯罪有奖举报奖励办法》；10月，县教育局组织开展青少年预防毒品教育演讲、征文、书画比赛等活动，县禁毒办组织开展为期5个月的涉毒大排查活动和禁毒专题片拍摄活动。通过开展各类宣教活动，让广大人民群众、干部职工、青年学生深刻认识毒品。

“全管控”分类管理吸毒人员。全县登记在册社会面吸毒人员2067人，全部管控到位。各乡镇中心戒毒社区对高、中风险吸毒人员按照片区民警、医务人员、禁毒社工、村（社区）干部、网格员、吸毒人员家属“六对一”的措施落实包保。县直各单位对县城区以及精准扶贫所驻村落实包保。乡（镇）直单位包村和村尖刀班成员对小组、院落落实包保。完成《来凤县社区戒毒（康复）人员网格化管控服务平台》建设，对全县社会面吸毒人员实现全方位动态管控。

“全链条”打击毒品犯罪。公安机关打掉贩毒团伙3个，刑事案件24起，刑拘32人，移送起诉16人，缴获各类毒品2800余克，行政案件126起158人（其中行拘150人、罚款7人、不予拘留1人），强制隔离戒毒74人，社区戒毒康复60人，新增吸毒人员54人，申报办理省督案件2起。查处非法种植毒品原植物案件5起，铲除罂粟122株。通过保持对毒品犯罪的高压严打态势，全县毒情形势明显好转。

【社会治理工作】 坚持和发扬新时代“枫桥经验”，健全和完善矛盾纠纷排查化解层级管理机制、矛盾纠纷多元化解机制、重大涉稳风险“双签双交”机制、“律师三进”工作机制、信访“三访”工作机制，及时排查、预警、化解、处置各类社会矛盾风险。开展信访“三无”创建，平安创建、法治创建、禁毒先锋号创建活动。推进乡镇综治中心实体化运行，充实乡镇综治中心、信访办、派出所、司法所工作力量。配备乡镇综治中心副科级常务副主任，按照3—5名的标准配备工作人员，新选聘专职驻村辅警100名、司法辅助人员16名，集中培训上岗，实现“一村一警”。建立“4+N”平安稳定工作机制（综治中心、派出所、司法所、法庭+其他基层综治力量），实行力量统筹、任务统筹和信息共享，将乡镇综治中心建成统筹平安稳定工作的平台，形成以党建为统领，自治、法治、德治有机融合，风险联排、矛盾联调、治安联防、问题联治为一体“一统三治四联”基层社会治理格局。

强化社会面管控。将“雪亮工程”纳入智慧城市建设总体布局，启动第一期总投资约3900万的视频监控体系升级改造工程，年底前交付使用。加强群防群治，制定《来凤县平安来凤义务巡逻工作实施方案》，抽调干部职工400人组建20支义务巡逻队，对城区和乡镇开展夜间义务巡逻。关键部位设立交警岗亭，重要时段实行特警武装巡逻，推进公安警力巡逻制度化、日常化。提高巡防密度，加强社会面管控，确保群众生命财产安全。

加强特殊人群服务管理。加强社区矫正人员服务管理，全县203名社区矫正人员，无脱管和主动犯罪现象发生。切实加强对邪教人员管控工作，全县60名在管人员逐人清理走访，做到底数清、情况明。切实加强吸毒人员服务管理，落实吸毒人员分级分类管控和帮扶救治措施，全县2067名吸毒人员有效管控。加强严重精神障碍患者服务管理，全面筛查甄别，开展送治、管理、安置工作，对社会风险评估3—5级的精神障碍患者101名落实以奖代补政策，没有发生精神障碍患者肇事肇祸案事件。

全面整改安全隐患。“迎大庆、保军运”期间，州、县派出平安稳定督导组，开展全方位安全隐患督查，发现和交办安全隐患问题383个，完成整改383个，其中106个校园安全隐患通过“建围墙、配保安、添设备、并校点”等措施彻底整改。

（彭 萍）

公 安

【概 况】 2019年，来凤县公安局履职公安主业，创新基层社会管理，持续深入推进“六大行动”，进一步净化社会治安环境和优化经济发展环境，全县社会治安秩序持续稳定。截至2019年底，全县立刑事案件1215起，破各类刑事案件201起。命案2起破2起。八类案件立案58起，破33起；抓获刑事犯罪嫌疑人434人，其中刑事拘留248人，取保候审165人，监视居住14人，移送起诉353人；抓获上网逃犯97人（其中协外抓获逃犯37人）。受理各类行政案件1529起，查结784起，查处违法人员851人，其中行政拘留549人。

【维护稳定】 完成全国两会、清明节、“五一”、端午节、中秋节、国庆重要节点及部省领导调研等49次重大活动安保工作。围绕重大活动、重要节点，优化重点人员管控机制。摸排七类重点人员646人，列管治安类工作对象5694人；摸底排查精神障碍患者1141人，救助送治精神障碍患者244人，关注对象排查管控77人。及时预警，收集有价值信息172条。开展民族宗教和邪教排查防范警示教育工作，并解散其聚会点。落实一村一警，排查矛盾，化解各类矛盾纠纷592起。强化金融、物流寄递、学校医院等重要场所安全管理，检查内保重点单位320家次、学校105所、寄递业81家次，指导督促落实单位安全主体责任，发现安全隐患督导整改。来凤县公安局获得全省公安机关创建“枫桥式公安派出所”成绩突出集体。

【反恐防暴】 来凤县公安局深化严打暴恐专项行动，强化岗位练兵，增强反恐工作组织协调、主动发现、侦查打击、重点防范、应急处突五大能力。出动巡逻车4320车次，巡逻警力17280人次；现场维稳、处置突发（案）事件115起；协助、配合派出所处置（案）事件128起；配合办案单位押送嫌疑人220人；联合交警大队在团结桥、湘鄂情大桥、凤仪大道等重要路段设卡盘查170余次，盘查车辆4280车次，盘查人员7430人次。

【严打整治】 开展治安环境治理，严打治安领域突出问题。立案侦查涉枪、爆、刀刑事案件7起，打击处理5人；办理涉枪、爆、刀行政案件10起，查处9人；处罚单位1家。收缴各类枪支7支、管制刀具4把。侦破涉赌刑事案件11起，打击处理13人，收缴“水果机”8台，“草花机”8台，“打鱼机”1台；办理涉赌行政案件50起，查处255人，收缴麻将机19台、打票机2台、笔记本电脑1台、显示屏1台，收缴赌资17万余元。侦办涉黄刑事案件10起，打击处理18人；办理涉黄行政案件63起，查处152人。配合食药监、畜牧兽医等部门开展食品、药品、“非洲猪瘟”防治和市场秩序整治，规范生猪定点屠宰秩序。立涉食品、药品刑事案件4起，侦破2起，打击处理2人。

【扫黑除恶】 开展“扫黑除恶”专项斗争。侦破涉黑恶案件34起，抓获56人，打击处理涉黑犯罪组织1个、恶势力犯罪集团1个、恶势力犯罪团伙4个，移送起诉案件12起33人。

【禁毒工作】 开展禁毒“双打双控”专项行动，侦破省督涉毒刑事案件2起。开展“飓风扫毒”“雷霆扫毒”专项行动。侦破涉毒刑事案件23起，刑事打处32人，摧毁毒品犯罪团伙3个，破省督案件2起。办理行政案件187起，行政处罚239人（行政拘留230人、罚款7人、不予拘留2人），强制隔离戒毒103人，社区戒毒48人，社区康复40人，缴获枪支1支、子弹4发，缴获各类毒品2.8千克。查处非法种植毒品原植物案件5起，累计铲除罂粟122株。对全县登记在册社会面吸毒人员完行分级管控；病残收治中心收治21人次。开展禁毒知识进校园、进社区、进家庭等活动。对全县88个单位干部职工开展禁毒知识培训；组织全县3000余名干部职工到县禁毒警示教育基地接受禁毒教育88场次；开展“6·26”国际禁毒日和“6·27”青少年毒品预防教育工程宣传。推动禁毒基础建设工作，组织全县8个中心戒毒社区禁毒社工、派出所联络员40人开展禁毒知识培训以及跟班学习。

【涉河治理】 开展涉河矛盾纠纷隐患排查4次，排查问题隐患2起，配合环保、水利等部门开展涉河联合执法2次。立案侦查非法捕捞水生动物1起，移送起诉4人。

【网络安全】 开展净网行动，编报专项舆情报告8期；舆情监控上报情报信息601条，配侦案件22起，其中涉恶案件2起，抓获违法犯罪嫌疑人23人，协助抓获网上逃犯5人。

【交通安全】 推进全县道路交通安全管理，建立接送学生车辆、校车、七座以上车辆、客运车辆等重点车辆管控制度。查验客运车辆814台次、客运驾驶人1013人次，对存在违法未处理车辆的企业进行通报，下发整改通知书20份，对记满分驾驶人进行回炉再教育，培训检审驾驶人2200人，组织记满分驾驶人学习691人次。进一步压降交通事故。受理交通事故3455起，其中死亡18人、受伤848人，直接经济损失折款367.842万元。严查各类交通违法行为。查处各类交通违法行为21091起，其中现场执法10720起、非现场执法10371起；查获酒驾334起，其中醉酒驾驶44起、饮酒驾驶290起；处罚骑摩托车不戴头盔3628起；查处违法停车3672起。办理刑事案件76起，其中危险驾驶61起，交通肇事15起，起诉64起64人。办理行政拘留案件23起行政拘留19人。暂扣无牌无证无保险摩托车2620辆，驾驶摩托车不戴头盔教育放行4536人次，处罚3628人次，拆除伞具19302幅。推进“生命防护工程”建设，排查隐患路段127处；联动公路部门安装挡车神器50个、防撞软墙8000余米；对弯急和事故多发路段安装广角镜180个、爆闪灯140个、警示标牌16幅。

【消防安全】 强化日常火灾隐患排查，检查消防重点单位和“十小场所”“三合一场所”1200家次，发现火灾隐患293处，督促整改火灾隐患293处。开展消防安全培训，各派出所组织乡镇专职消防队员开展消防演练16次。

【监所安全】 规范看守所、拘留所安全管理。推进监管工作法治化、规范化建设，依法保障人权，主动防控风险，堵塞安全漏洞，确保监所绝对安全，实现“零事故”目标。看守所全年收押280人，出所262人；治安拘留所收拘688人次。2019年5月，留置专区完成建设并投入使用，接收14名被留置人员，并完成看护任务。

【基层基础】 改革派出所考核机制推动主动警务革命。推动《恩施州公安派出所主动警务二十二条》落实落细，推进警务模式由“坐堂等案”向主动警务转变。落实一村一警、一校一警，在县委、县政府高度重视下，新招录100名辅警驻村开展工作，排查化解矛盾，防止民转刑案件发生。强化警示教育，围绕公共安全，进村入户上门家访，企业走访，对重点信访人员下访、约访。上门家访2089条、电话家访13643条、摩托车安全教育3745条、接送校车109条、客运暗访1549条、主题家长会75条、红白喜事安全宣传132条。开展中小学安全主题家长会、校园法治讲座和校园应急演练“六进”校园活动，对学校229名专职保安进行业务培训。

【执法规范化建设】 推进案管中心、案管室建设，对在侦、未结案件卷宗材料的集中规范管理，落实群众上门报案“三个当场”工作规定，杜绝有案不受，执法一线按民辅警总数 1∶1.5 配备执法记录仪，正在按要求逐步配置到位。

【便民利企】 落实“放管服”便民措施，出入境管理大队于 9 月底迁入县政务中心。治安管理大队、出入境管理大队、交通安全管理大队切实抓好“马上办、网上办、就近办、一次办”等审批服务，为优化营商环境提供方便措施，行政许可民爆物品购买、运输 162 次，烟花爆竹 26 次；受理、审核公民办理户籍事项 89135 项，受理出入境申请12596人次，办结各类车驾管业务76634项。

【公安队伍建设】 推进党风廉政建设，开展“不忘初心、牢记使命”主题教育，学习、谈心谈话、警示教育提醒活动。开展民警大培训。警衔培训 8 期 66 人，公务员更新知识培训 1 人，全省公安机关政治轮训 5 人，全省政工领导干部培训班 1 人，警察礼仪培训 3 期 120 人次，“不忘初心、牢记使命”主题教育集中学习班 8 期 200 余人，党的十九大精神轮训班 3 期 90 人，集中学习“日练兵”活动讲座 100 余人。加强民辅警管理教育，坚决依法用制度管队伍。下发《督察通报》12 起，督察建议 1 起，对涉嫌犯罪 2 名辅警依法刑事拘留。成立来凤县公安局维护民警执法权威委员会，对 9 起侵害民辅警合法权益的分别给予有效打击（行政拘留 4 起、刑事拘留 5 起）。优化警力配置，提拔中层副职 1 名，轮岗交流干部 9 名；10 月，从县局机关选调 8 名青年民警充实到派出所工作。从优待警，完成全局 181 人职务套改、125 人职务晋升两个序列改革工作；做好民辅警生病住院，因公负伤探视，退休老干部生病住院慰问工作。提请县委、县政府研究解决关于核定警务辅助人员编制、提高工资待遇等。

【上级领导调研、考察、检查】 2 月 2 日，县委书记邢祖训到来凤县公安局看望慰问公安民警。查看指挥中心调度大厅、服务窗口，了解城区各卡口监控设备运行情况和安全保卫工作开展情况。

4 月 2 日，州公安局党委委员、副局长张孝赤到来凤县公安局督导“扫黑除恶”“飓风扫毒”及当前维稳重点工作。听取刑侦负责人近期工作汇报，与办案民警研究分析在侦案件，就案件侦办、抓捕收网工作提出要求。

5 月 21 日，副州长、州公安局局长孔发阶到来凤县督导“扫黑除恶”专项工作，查看在建来凤县禁毒警示教育基地。

7 月 23 时，州局反恐特警支队支队长陶凯一行到来凤县国网来凤县分公司、塘口水电站、民生天然气配气站、中石油桂花树加油站、中石化黄茅坪加油站督导检查工作。

7 月 31 日，省公安厅出入境管理局副局长隋建华、管理室主任张磊、制证中心主任罗萌到县政务服务中心二楼检查督导县局出入境大队业务管理工作。

8 月 9 日，州公安局党委委员、副局长覃长安带州公安局交管局局长金红春、警务保障处处长许岚、戒毒所所长黄国华一行到来凤县局，对工作在基层一线的民警进行战时慰问，并送上战时慰问金。

8 月 27 日，恩施土家族苗族自治州人民检察院副检察长曹光汉带领州、县检察院工作人员到来凤县局督导扫黑除恶专班工作，听取专案组工作汇报，就案件侦办过程中的疑点难点现场答疑解惑，提出指导性意见和建议。

8 月 30 日，州教育局副局长周文忠一行到来凤县检查禁毒工作开展情况。在禁毒办听取禁毒工作汇报，实地查看县禁毒警示教育基地、翔凤镇中心戒毒社区、恩施州第一强制隔离戒毒所来凤收治中心。

9 月 19 日，省厅督察组宋全学、杨晓一行在州局督察支队长马爱武陪同下，到来凤县督导平安稳定安保工作。在县局召开座谈会议，到翔凤、接龙桥派出所检查迎国庆保军运安保工作。重点抽查重点信访人管控工作、社会面治安巡防管控工作。

9月24日下午，县委书记邢祖训到翔凤镇活水小学、三官坪社区、接龙派出所及综治中心调研“迎大庆、保军运”安保维稳工作，县领导牟林炎、覃玉斌参加调研。

10月1日，县委副书记、县长李伟到县城中百来凤购物中心、航空路汽车客运站、三胡乡讨火车村、杨梅古寨景区等地，实地检查国庆期间安保工作，强调要时刻绷紧安全这根弦，确保节日期间安保工作万无一失。县公安局、应急管理局、消防大队相关负责人参加。

11月13日，县委副书记、县长李伟到县思源中学、翔凤镇中心戒毒社区、病残收治中心、县公安局戒毒所项目建设等地实地调研指导全县禁毒工作。

【公安机关应急处突演练】 1月10日下午，县局特警大队、刑侦大队、治安大队、禁毒大队、内保大队、翔凤派出所、政工监督室、交警大队、指挥中心80多名警力、9辆警车开展应急处突演练。

【来凤县公安局维护民警执法权威工作委员会成立】 3月25日，成立“来凤县公安局维护民警执法权威工作委员会”。具体负责协调督办侵犯民警执法权威案件，受理调查相关民警的申请申诉，为受到侵犯的民警提供救济、恢复名誉、挽回损失。

【打击和防范经济犯罪第10个宣传日活动】 5月15日，是全国公安机关开展打击和防范经济犯罪第10个宣传日，来凤县公安局联合县金融办会同县委宣传部、人行来凤支行、县银监办、县市场监管局等16家单位及银行，在喳西泰文化中心广场开展以“手拉手，心连心，抵制非法集资”为主题的打击和防范经济犯罪宣传活动。

【全县公安工作会议召开】 8月9日，全县公安工作会议召开，总结2018年度全县公安工作，研究部署当前及今后一段时期的公安工作重点任务。县委书记邢祖训出席会议并讲话。县委副书记、县长李伟主持会议。县领导洪家进、甘应绪、牟林炎出席会议。

【来凤县平安校园建设安保人员培训班举行】 9月21—22日，县公安局、县教育局、县消防大队联合举办来凤县平安校园建设安保人员培训班，来凤县辖区内所有学校新招录的100多名保安和各个学校的安全负责人接受培训。

（田菊凤　代新勇）

检　察

【概　况】 2019年，来凤县人民检察院在县委和上级检察机关的坚强领导下，以习近平新时代中国特色社会主义思想为引领，围绕“依法履职尽责、服务保障大局”工作主线，全面履行检察职能，惩治犯罪，受理审查逮捕各类刑事犯罪案件179件253人，批准逮捕167件239人，受理移送审查起诉292件464人，提起公诉235件352人，参与社会综合治理，依法妥善处理群众来信来访29件，办理刑事申诉案件5件，维护社会大局稳定；围绕“以人民为中心”的发展思想，开展食品药品专项监督、拖欠农民工工资专项整治活动，践行司法为民；围绕“法律监督机关”的宪法定位，深化司法体制改革，规范司法行为，提高监督能力，维护宪法法律权威，监督侦查机关立案13件、撤案8件，纠正漏捕11人、漏诉2人，纠正违法侦查活动10件次，变更强制措施2人，纠正超期羁押10人，办理各类民事行政诉讼监督案件5件，办理行政公益诉讼案件33件，发出诉前检察建议30份；围绕“五个过硬”队伍建设，实施政治建检、业务立检、人才兴检、科技强检、从严治检，建设高素质检察队伍。有1个集体、2名个人受省级表彰，4个集体、11名个人受县级表彰。

【服务经济社会发展】 主动服务三大攻坚战，参与金融风险专项整治，受理审查起诉集资诈骗、非法吸收公众存款等涉众型经济犯罪3件21人，起诉安普罗非法吸收公众存款案和民生天然气公司非法吸收公众存款案；参与污染防治攻坚战，依法起诉污染环境、非法捕捞水产品、盗伐滥伐林木等犯罪29人，运用公益诉讼检察职能恢复耕地林地1.33公顷，治理河道22千米；高质量服务精准脱贫，将国家司法救助工作深度融入精准扶贫工程，为6名涉案扶贫对象发放救助金9.8万元。强力推进扫黑除恶专项斗争，批准逮捕涉恶案件4件47人，审查并提起公诉涉黑涉恶案件3件48人；办理张正兵等26人黑社会性质组织案，取得良好效果；注重扫黑除恶与打“伞”破“网”同步推进，向纪委监委移送保护伞线索4条。深化服务非公经济专项工作，到民营企业开展走访调研，了解法治需求；开展民营企业家羁押必要性审查专项工作，促进企业营商环境改善。

【民生领域司法保护】 坚持以人民为中心的发展思想，依法履职护民生。加强未成年人司法保护，坚持教育、感化、挽救的方针理念，对涉嫌轻微犯罪的未成年人依法不起诉3人，严惩侵害未成年人犯罪案件6件6人，对符合司法救助条件的1名未成年被害人发放司法救助金8000元。全面贯彻落实“一号检察建议”，推进“法治进校园”活动，提升在校学生的法治意识。加强农民工权益保护，严惩拖欠农民工工资的犯罪行为，受理审查起诉拒不支付劳动报酬犯罪案件2件2人，为19名农民工追回劳动报酬5万余元。加强食品安全保护，开展“保障千家万户舌尖上的安全”公益诉讼专项监督，围绕群众关注度较高的校园周边食品安全和网络外卖食品安全，配合相关部门开展校园周边食品专项整治行动，推动20余家不合格网络餐饮店铺及时整改。

【惩治犯罪】 依法履行批捕、起诉职能，受理审查逮捕各类刑事犯罪案件179件253人，批准逮捕167件239人；受理移送审查起诉292件464人，提起公诉235件352人。打击严重影响群众安全感的犯罪，起诉故意杀人、故意伤害、绑架等严重暴力犯罪19人，起诉黄赌毒犯罪75人，起诉抢劫、抢夺、盗窃等多发性侵财犯罪39人，维护社会安全稳定。

【社会综合治理】 贯彻落实“群众来信件件有回复”制度，优化、完善信访案件受理和初步审查机制，依法妥善处理群众来信来访29件。办理刑事申诉案件5件，对不符合受理条件或审查后不支持申诉的3件信访案件，及时回复反馈，开展说服息诉工作，化解矛盾纠纷。全面落实“谁执法谁普法”要求，加强法律文书说理，注重“三个效果”有机统一。

【刑事诉讼监督】 加强刑事立案、侦查、审判活动的监督，监督侦查机关立案13件、撤案8件，纠正漏捕11人、漏诉2人，对认为确有错误的刑事裁判依法提出再审检察建议1件，对侦查活动中违法情形提出纠正意见10件。加强刑事执行监督，开展羁押必要性审查，建议办案机关变更强制措施2人；加强羁押期限法律监督，依法纠正超期羁押案件10人；强化监管场所安全检察监督，针对发现的问题发出《检察建议》《纠正违法通知书》10份。

【民事、行政诉讼监督】 加强民事和行政检察监督，办理各类民事行政诉讼监督案件5件，其中办理裁判结果监督案件1件，办理执行活动监督案件2件，办理审判程序违法监督案件2件。

【公益诉讼检察】 重点围绕生态环境和资源保护、食品药品安全、饮用水安全、英烈文物保护领域，依法开展公益诉讼工作。办理行政公益诉讼案件33件，发出诉前检察建议30份。办理喳西泰水城片区蓝河污染案，督促相关职能部门履职，开展蓝河垃圾专项整治清理工作，改善河道生态环境。开展公益诉讼“回头看”专项活动，对已办结案件集中开展检查，及时纠正解决发现的“不落实”问题。

【认罪认罚从宽】 发挥检察机关主导作用，全面做好认罪认罚自愿性审查、量刑协商、签署具结书工作，依法适用认罪认罚从宽制度办理案件146件180人，占同期办结刑事案件的61.3%，建议法院适用简易程序审理案件61件，适用速裁程序审理案件24件。

【规范司法】 自觉接受人大监督和民主监督，加强与代表、委员的常态化联系，走访省人大代表2次，邀请代表、委员参加“检察开放日”活动16人次。邀请人民监督员参加活动20次。强化内部监督，加强办案流程监控，对发现的问题发出纠正意见208件，加强案件监督管理，组织开展检察业务数据质量专项督查和案件质量评查，提升案件质量。深化检务公开，公开案件程序性信息427件、法律文书156件、重要案件信息2条；“检察开放日”活动常态化，接受群众监督。

【检察队伍建设】 加强队伍政治建设和思想建设，学思践悟习近平新时代中国特色社会主义思想，树牢“四个意识”，坚定“四个自信”，践行“两个维护”。开展“不忘初心，牢记使命”主题教育，把张富清先进事迹作为主题教育的生动教材，对照先进典型找差距、坚信念。严格队伍管理，建立健全各项机关管理制度，提高制度执行力，综合运用监督执纪“四种形态”，坚持抓早抓小、防微杜渐。坚持业务立检，全面加强教育培训、实战锻炼，注重对青年干警的全方位培养，筑牢检察事业基础。

【表彰从检30年检察人员】 3月15日，组织召开“来凤县人民检察院从检30周年检察荣誉章颁发暨表彰大会”，为从事检察工作满30年的12人颁发“检察荣誉章”。

【四县刑事检察督办工作会】 9月24日，恩施州宣恩县、鹤峰县、咸丰县、来凤县四县刑事检察督办工作会在来凤县检察院召开，四县刑事检察工作分管领导及刑事检察部门全体检察官参加会议，交流刑事检察工作。

（方　珊　王永春）

法　院

【概　况】 2019年，来凤县人民法院在县委领导，县人大监督，县政府、县政协和社会各界的关心支持下，在上级法院的正确指导下，深入学习贯彻党的十九大、十九届二中、三中、四中全会精神，以习近平新时代中国特色社会主义思想为引领，牢记初心使命，坚持公正司法，践行司法为民，忠实履行审判职责，努力让人民群众在每一个司法案件中感受到公平正义，各项工作取得新的进展。全年受理各类案件4852件，同比增加498件，增长11.43%；结案4772件，同比增加548件，增长12.97%；结案率98.35%，位居全州法院第一。来凤县人民法院于2018年、2019年连续两年案件结案率排名全州法院第一。

【刑事审判】 受理刑事案件267件，审结248件397人，结案率92.88%。开展扫黑除恶专项斗争，强化线索摸排，发动宣传攻势，进行涉黑恶案件审理。受理涉黑恶案件4件，审结3件。依法公开开庭审理由恩施州中级人民法院指定来凤法院审理的张某某等26名被告人涉嫌组织、领导、参与黑社会性质组织等犯罪案。维护社会公共秩序和群众人身财产安全，审结盗窃、故意伤害、寻衅滋事、聚众斗殴类案件102件。加大对黄、赌、毒犯罪的打击力度，审结此类案件44件。维护社会主义市场经济秩序，依法审理社会影响较大的来凤民生天然气公司非法吸收公众存款案。严惩腐败犯罪，办理职务类犯罪案件4件。公开审理来凤县监委办理的涉扶贫领域留置“第一案”，即杨某某受贿、挪用公款案，取得良好的廉政警示教育效果。

【民事审判】 受理民事案件2751件，审结2584件，结案率93.93%。审结民间借贷、金融、工程、购房等合同纠纷类案件1247件。审结侵权、劳动争议、婚姻家庭纠纷类案件562件，发出来凤县首份人身保护令。民生天然气公司破产案件在各方的共同努力下，两批次向3608名债权人兑付、抵押资产1.2亿余元，2121名债权人的债权全部清偿完毕。安普罗公司破产清算案等三案资产变现和债权清收的审理工作均取得重大进展。凤鸣山大酒店经营权及罗某某等人的私人财产处置到位资金1766.67万元。运兴公司破产案件顺利进入财产分配阶段。民生和安普罗两起具有较大社会影响的破产案件稳步有序推进，社会大局平安稳定。

【行政审判】 坚持依法保护行政相对人合法权益与监督支持行政机关依法行政并重，依法解决行政争议。受理行政案件36件（含行政非诉执行审查案件10件），审结35件，结案率97.22%。其中原告撤诉3件、裁定驳回起诉8件、判决驳回诉讼请求8件。行政机关败诉6件，占行政诉讼案件的24%。严格落实行政机关负责人出庭应诉制度，行政机关负责人全年出庭24件25人次，出庭应诉率96%。

【执行工作】 全年受理执行案件1766件，执结1578件，执结率89.35%，执行到位标的1.24亿元。充分利用传统财产调查手段与网络查控、悬赏执行、律师调查令相结合，对被执行人资产及工商登记等信息进行有效查控。加大强制执行力度和打击拒执犯罪力度，与公安局、检察院联合出台《关于办理拒不执行判决、裁定刑事案件若干问题实施意见》。全年以涉嫌拒执罪移送公安机关侦查16件16人，司法拘留32人，罚款12人。制定《执行案款管理细则》等制度，全面规范财产评估、司法拍卖、执行案款发放等环节管理。执行案件结案率、实际执结率等核心质效指标排名全州法院前列。在全省执行工作专题会议上，来凤县人民法院作为唯一一个基层法院就涉刑事财产刑执行工作作典型发言，相关工作经验做法被省高院信息专刊专题介绍推广。来凤县人民法院执行干警为4名老人追回工资2万元、为煤矿工人追回工资60余万元、为48名物业公司职工追回120余万元工资、为杨某某非法吸收公众存款案受害人挽回经济损失700余万元等执行典型案例，先后被县电视台、州电视台、省电视台专题报道。

【服务全县经济社会发展】 聚焦县域经济发展，优化法治营商环境。对涉企业、涉金融案件，依法提供优质高效的司法服务。从案件受理、文书送达、财产保全、审理执行等各个环节，畅通绿色诉讼服务渠道，实现快立、快审、快执，节约企业诉讼成本，减轻企业诉累。全年审理涉企业案件469件，执行涉企业案件268件，执行到位涉案金额1789.23万元，为全县民营企业发展营造良好的法治环境。聚焦生态文明建设，护卫来凤绿水青山。全年审理非法采伐、毁坏国家重点保护植物，滥伐林木，非法狩猎等案件21件。审结首例非法处置废旧蓄电池污染环境案，以污染环境罪判处被告人刘某某有期徒刑及罚金。大力开展生态环境典型案例宣传和巡回审判，取得“审理一案，教育一片”的良好社会效果。聚焦乡村振兴战略，推进乡村综合治理。巩固提升精准扶贫工作成效，紧密结合精准扶贫和乡村振兴战略，全力打造群众“家门口的法院”。推进审判能力和审判体系现代化，创新发展“枫桥经验”，推动自治、法治、德治“三治结合”的乡村治理体系建设。构建覆盖全县各个乡镇的巡回审判点，充分发挥基层干部、人民调解员等多方力量和优势，共同化解矛盾纠纷。开展综治（平安）建设大走访活动和国庆、军运会期间夜间巡逻活动，不断提升人民群众对政法工作的满意度。全院开展巡回审判56次，参与庭前调解496件，邀请基层干部参与调解民事案件68件。

【司法为民】深化诉讼服务窗口建设，开通立案绿色通道。开展跨域立案、预约立案，采用视频开庭、微信送达等方式办理简单民事案件。开通诉讼费、标的款缴费二维码，真正实现“让信息多跑路，让群众少跑腿”。设立法律援助工作站，受理法律援助申请，切实做好调解、信访化解、和解息诉等工作，为当事人提供优质高效的诉讼服务。落实司法援助相关政策，彰显司法人文关怀，为确有困难的当事人依法免、减、缓交诉讼费 98.65 万元，发放各级司法救助金 78.23 万元。

【司法公开】主动接受人大、政协、检察机关及社会各界的监督。对于影响较大的案件，邀请检察长列席审判委员会会议。发挥人民陪审员作用，邀请人民陪审员参与审理案件 3475 件，陪审率 81.29%。开展法院开放日活动，邀请人大代表、政协委员、学校师生及社会各界人士旁听来凤县首例刑事附带民事诉讼公益案、来凤“7 · 25”金店抢劫案等影响较大案件的庭审。全面深化三大司法公开平台建设，实现庭审网络直播全覆盖和常态化。利用国家宪法日、国家安全日等特殊时间节点开展法治宣传教育活动；借助来凤法院网、官方微信、微博等平台，第一时间向社会发布法院工作动态、典型重大案件办理情况及重要事项。

【司法改革】推进以审判为中心的刑事诉讼制度改革，完善出庭作证机制，使庭审真正成为解决罪、责、刑问题的核心环节。推进内设机构改革，对人员进行科学合理分类管理，内设机构由 14 个精简至 8 个，干部力量得到有效整合。推进院长、庭长办案常态化，健全院、庭领导带头审理重大疑难复杂案件机制，院、庭长审理各类案件 3712 件。推进民商事“分调裁”改革，强化诉前调解机制，使案件繁简分流、轻重分离、快慢分道。受理速裁案件 977 件，审结 959 件，结案率 98.16%，调撤率 85.24%。速裁案件结案周期平均不超过 15 天，部分案件可实现当日立、结案。建立审判质效定期通报、员额法官绩效考核、问题案件评查、员额法官约谈制度，倒逼各项审执质效提升。来凤县人民法院结案率始终位居全州法院前列，2018 年、2019 年连续两年在全州法院工作会议上就审判工作进行典型发言。

【干警队伍建设】把政治建设摆在首位。开展十九届四中全会精神专题学习和“不忘初心、牢记使命”主题教育，落实“三会一课”制度，开展读书报告会、“八一”建军节纪念活动、党组中心组学习、张富清先进事迹学习报告会等特色主题活动。将意识形态、宗教统战、保密工作纳入党组议事议程和中心组学习必学内容，全体干警严格落实尊法学法守法用法制度。通过集中学习、案例解读、分享交流、个人剖析等多种形式，开展“以案为戒 · 正风肃纪”专题教育活动，深刻反思明底线，以案为鉴存戒惧。严格对照司法巡查内容和突出问题集中整治活动标准，深入开展自查剖析、建立台账清单、明确整改措施。重点围绕学习习近平新时代中国特色社会主义思想、严守政治纪律和政治规矩、落实意识形态工作责任制、遵守中央八项规定、杜绝形式主义和官僚主义、开展组织生活、考勤值班报备、加强后勤管理、规范庭审及诉讼服务等方面，不定期开展明察暗访。强化纪律作风建设，把从全面严治党和从严治院引向深入。把能力提升作为关键。科学制定激励政策，坚持奖勤罚懒、奖优惩劣的考核导向。定期召开法官联席会议，开展优秀裁判文书评比等活动，队伍的综合素质和司法能力进一步提升。2019 年，来凤县人民法院司法警察大队被省高院记二等功一次。法官助理赖婷婷在最高院举办的学术征文中获得二等奖，执行干警李申忠被推选为全国法院先进个人候选人。

（王　征　夏大胜）

司法行政

【概 况】 2019年，县司法局机构改革合并重组全面完成，各项工作正常运转，全县“七五”普法法治建设工作的效果实现新突破；基层司法所建设取得实质性进展，司法所参与调解疑难纠纷428件，协助基层政府处理社会矛盾118件；人民调解工作扎实开展，全县各级人民调解组织调处各类民间纠纷3563件，调解成功3467件，调解率和成功率分别达到100%和96.5%；矫正帮教工作进一步规范，全县接收社区矫正人员120人，解矫140人，现有在册人员180人；公共法律服务工作取得良好的社会效果；法律援助工作保障民生进一步彰显，全县办理法律援助案件152件，办理其他法律援助事项1208件，开展法律援助宣传活动8场次。

【司法所建设】 基层司法行政干警队伍进一步充实，争取县委、县政府支持，择优招录16名司法辅助人员，分配到基层司法所、全县基层司法所均4人以上所工作，为基层司法行政工作开展提供人力保障。采取工作经费向基层司法所倾斜的措施，全县8个司法所均配备执法记录仪，录像、照相等取证执法装备，办公桌椅、档案柜、文件柜、调解室会议桌、电脑等办公设施实现更新换代，计100余台件。基本实现办公自动化。规范司法所业务建设，司法所工作人员积极服务基层党委政府中心工作，服务精准扶贫、乡村振兴建设，认真履行各项工作职能，参与调解疑难纠纷428件，协助基层政府处理社会矛盾118件，为基层政府依法行政提出司法建议26条，采纳14条，开展法治宣传84场次，受教育群众6万余人。

【人民调解】 人民调解工作坚持“调防结合，以防为主”的方针，认真贯彻人民调解工作的“四个规范性文件”，建立健全人民调解工作机制，探索社会矛盾调处的有效途径和实现形式，发挥人民调解工作的预防、排查、调处矛盾纠纷的积极作用。全县建人民调解委员会215个，建制率100%。新型人民调解组织得到巩固和发展，跨地联调，民企联调组织25个，建制率70%。对全县调委会主任和首席人民调解员300余人，采取集中培训、以会代训的办法分别进行培训，业务素质得到进一步提高。贯彻落实全省人民调解工作落实年暨矛盾纠纷大排查活动通知精神，先后在全县范围内开展4次矛盾纠纷集中排查调处活动，在全县普遍推行“三调联动”为基础、“三级联调”为补充的人民调解工作新机制，调解工作质量进一步提升。2019年，全县各级人民调解组织调处各类民间纠纷3563件，调解成功3467件，调解率和成功率分别达到100%和96.5%，有效维护全县社会稳定。

【社区矫正与安置帮教】 加强配合，依法规范。依法加强监管和协作力度，主动与法院、检察院、公安和监狱协调配合，初步实现社区矫正无缝隙对接。创新模式，务求实效。建立社区矫正“司法E通”（集人员定位和信息管理于一体的综合性系统）管理平台，对社区矫正人员中严管对象实行定位监管，提高社区矫正工作效率和矫正质量，加强对特殊人群监管稳控力度。落实帮教，维持稳定。以“三无”人员（无家可归、无亲可投、无业可就的刑释解教人员）为重点，落实各项帮教安置措施。与人社部门联合为刑释解教人员提供再就业技能培训，使之尽快融入社会。2019年，全县对刑释解教人员帮教率100%，重新犯罪率控制在1%以内。全县接收社区矫正人员120人，解矫140人，现有在册人员180人。对8名违反社区矫正有关规定的矫正人员依法给予书面警告；对3名不服监管有重新犯罪隐患的矫正人员，向法院提出收监服刑建议书。

【公共法律服务】 法律服务工作紧紧围绕县委政府中心工作，按照“经济发展到哪里，法律服务就跟进到哪里”的思路。在法律服务上实现“一个拓展三个服务”。“一个拓展”即向全面介入来凤经济建设和社会发展主战场拓展；“三个服务”即为中心工作服务，为招商引资服务，为关注民生服务。全县律师担任法律顾问89家，办理刑事辩护52件。代理民事、经济、行政诉讼8750件、参与领导信访接待日活动171批次，接待来访群众3000余人，参与处理信访积案45件次，解答涉法信访法律咨询196人次，拟定、修改、审查、论证重大招商引资合同4个，为来凤经济和社会发展的重大决策提供法律意见68份；县公证处在停业整顿期间向社会提供便民服务，全年接受公证业务咨询300余人次。全县基层法律服务所提任法律顾问23家，代理诉讼业务289件，代理非诉讼业务253件，为当事人避免和挽回经济600多万元。

【法律援助】 2019年，县司法局围绕省政府“为困难群众和农民工提供无偿法律服务”这个主题，以政府放心、人民满意为标准，开展法律援助工作。建立健全法律援助网络体系，全县依托乡镇司法所建立法律援助工作站8个，与工、青、妇、残联、人社等部门联合成立法律援助工作站5个，并在部分村委会（社区）落实法律援助联络员85人，建立覆盖全县的法律援助网络，进一步提升法律援助工作服务能力。不断拓展法律援助项目和扩大援助对象，不仅对本地区的弱势群众实施法律援助，而且对符合条件的外来流动人口实施法律援助，使更多的“有理无钱”的公民得到及时有效的法律援助。全县法律援助工作在开展以代理为基本援助方式的基础上，把公证、司法鉴定纳入法律援助范围。全县办理法律援助案件152件，办理其他法律援助事项1208件，开展法律援助宣传活动8场次，发放法律援助宣传资料2万份。

【法治建设暨“七五”普法】 2019年法治建设暨“七五”普法工作，按照省、州总体部署，紧紧围绕县委、县政府中心工作，以创建“湖北省法治县”为目标，以开展“法律六进”（进机关、进乡村、进社区、进学校、进企业、进单位）活动为抓手，以五类普法对象为重点，开展领导干部、公务员、青少年、企业经营管理人员、农民普法工作，全方位开展“七五”普法法治来凤建设工作。落实党委统一领导、政府组织实施、人大政协监督、部门协调配合工作机制，按照“谁执法、谁普法”责任制要求，明确普法牵头单位和协作单位，形成全社会共同参与、齐抓共管大普法格局。大力推行“五带”（领导带干部、干部带群众、行政带企业、学生带家长、家庭带社会）普法模式。突出公务员学法常态化。引导县直单位落实“一月一学法”制度，将青少年普法纳入中小学教学计划，做到计划、教材、课时、师资四落实。突出企业经营管理人员普法常态化，通过集中培训、送法进企业等形式，针对性培训企业经营管理人员。引导农民普法，开展送法下乡活动，以院落为单位组织普法活动。启动无纸化学法用法及考试工作，解决领导干部、公务员、企事业人员等重点普法对象在学法用法过程中存在的学习难集中、时间难保证、投入成本高、效果监测难等问题，在规范管理、真学真考、提高效率、节约成本等方面发挥优势。利用“12·4”、“3·15”、“6·26”、“安全生产月”、“道路交通安全月”、“三八”妇女维权周等宪法和部门法颁布的纪念日，通过举办法治成果展览、法治文艺演出、法律知识巡回讲座、以案释法、庭审现场直播等形式，开展丰富多彩的法律法规集中宣传活动，在全县营造浓厚学法用法氛围。全县“七五”普法工作有序推进，被评为全省法治建设先进县。

【法治工作】 加强规范性文件的制定、审查工作，强化行政复议和行政诉讼案件审理。2019年，制发规范性文件2份，修订3份；收到行政复议申请12件，经审理，作出维持决定5件，责令重新作出处理决定1件，不予受理6件，行政复议案件数量同比去年上升20%，涉案范围进一步扩大；参与应诉的行政诉讼案件39件，通过行政诉讼案件的受理与审判，尤其是一大批信访案件导入到行政诉讼途径解决，既依法保护行政相对人的合法权益，也监督和支持行政机关依法行政，促进全县依法行政和社会大局稳定工作。

【机构改革】 2019年3月，根据县直机关机构改革有关精神，撤销来凤县人民政府法制办公室、来凤县司法局，组建新的来凤县司法局。来凤县司法局为县人民政府组成部门，内设机构有办公室、政治警务处、社区矫正局、普法与依法治理股、政策法规股、行政执法协调监督股、行政复议与应诉股、人民参与和促进法治股、公共法律服务管理股、律师工作股10个股室。隶属管理的事业单位1个，来凤县公证处；派驻机构8个，即：翔凤镇司法所、绿水镇司法所、漫水乡司法所、百福司镇司法所、大河镇司法所、旧司镇司法所、三胡乡司法所、革勒车镇司法所。中共来凤县委全面依法治县办公室设在县司法局，下设秘书股。县司法局有政法专项编制41人，现有在编在职干警38人。

县直机关机构改革新划入来凤县司法局工作职能有4项：负责全县执法监督检查工作；承办本县政府规范性文件的审查，清理及报备工作；承担县政府法律事务工作职责；负责由县政府管辖的行政复议案件和县政府在行政诉讼案件中的应诉工作，指导全县行政复议和行政应诉工作；负责法治来凤建设调研、指导和协调工作。

（田宣华　覃庆武）

军　事

中国人民解放军湖北省来凤县人民武装部

【概　况】 2019年，中国人民解放军湖北省来凤县人民武装部（简称县人武部）在恩施军分区党委和县委、县政府领导下，围绕“思想引领、强基固本，提升能力、建强队伍，聚焦中心、练兵备战，正风肃纪、纯正风气，依法治军、确保稳定”的工作思路，顺应改革抓转变，厚植基础抓提升，亮点牵引抓鼎新，稳固底线抓管控，各项工作有序推进，全县国防和民兵预备役建设呈现出安全发展和谐发展稳步发展的态势。

【思想政治建设】 把思想政治建设摆在首位，进一步坚定理想信念，凝聚意志力量，统一思想行动，为改革和发展提供坚强政治保证。坚定看齐追随抓理论学习，按照习近平总书记“走在前列”“关键要实”的标准要求，深入学习贯彻党的十九届四中全会精神，结合军分区“八个一”学习教育活动，结合人武部实际，坚持把“不忘初心、牢记使命”和“传承红色基因、担当强军重任”两次主题教育。开展党委中心组理论学习，突出抓好新建民兵组织和民兵应急分队政治教育落实，推动学习向民兵营连延伸，让“四个意识”“三个维护”成为全体干部职工和民兵预备役人员的思想自觉、政治自觉和行动自觉。

【民兵整组】 根据《我军后备力量建设“十三五”规划》，将基干民兵队伍由应急、支援、储备调整为应急、专业、特殊三类。按照新的任务数和编制表调整基干民兵队伍，完成民兵组织类型和规模调整，建立民兵注册登记（落实一人一卡一号），不断提高民兵调整改革质量效益，真正达到“编为战、编为用”的目的。相继召开党委会、办公会，分析民兵基层建设形势，研究安排整组工作，确定试点单位，成立领导小组，落实部首长分片、干部包乡责任制，军事科和国动办人员到基层调查研究，听取乡镇武装部和基层民兵干部的意见和建议，组织县国动委各专业办公室负责人召开研讨会，对当前民兵队伍组建需求和装备配备情况进行分析讨论，对如何建立民兵组织进行充分的论证，进一步拓展应急分队职能，着力实现“组装配套”和“一队多能”。

【战备训练】 坚决执行习近平总书记训令，立起备战打仗的鲜明导向，始终把工作重心放在练兵备战上。按照新职能新使命，规范“四个秩序”，修订战备方案，统筹推进国防动员、支援保障、日常战备、非战争军事行动4类方案拟制，开展针对性训练演练，随时做好应急处突和上级突击抽查准备，不断提升保障打赢能力。3月，全县召开党管武装工作会议；部党委专题召开党委议战议训会，研究2019年度军事训练方案，分析年度训练形式，部署年度军事训练工作任务。4月，将翔凤镇、三胡、漫水乡应急排集中在漫水乡训练拓展基地进行7天封闭式集中训练，并接受军分区施司令员的考察指导。大河镇武装部部长黄景能参加省军区专武干部集训，取得综合成绩第五名；三胡乡武装部部长参加恩施州军分区专武干部集训，被评为优秀学员。8月，县民兵应急队员10人参加鹤峰躲避峡事故救援。9—10月，组织民兵参与“迎大庆、保军运”治安维稳巡逻4800人次。12月，百福司镇出动10名民兵参与卫星残骸搜寻。国防动员潜力统计调查工作扎实开展，理清工作关系，明确工作职责。

【征兵工作】 按照军分区的任务要求，注重“点对点、面对面、一对一”抓精确宣传，3月，提前启动征兵宣传工作，县征兵办专门开展“兵役登记进校园”“征兵宣传进校园”活动，到县一中、县高级中学、县职中3所学校，部领导结合亲身实践，对全体高三毕业生进行征兵宣传发动。截至4月，全县年满18岁应征男青年兵役登记率达到100%。县、乡（镇）两级征兵办严格按照政策规定，严密组织体检政考，严把廉洁征兵关口，并加强督导检查，确保兵员质量。8月22日至9月1日，首次组织双合格预征青年进行役前训练，本年度超额完成征集任务。

【正规化建设】 坚持树立军事机关良好形象，把正规化建设和安全管理作为人武部全面建设的重点常抓不懈。结合安全年活动，进一步规范“四个持序”。投入资金用于营区老办公楼维修、关停门面封闭改造、老宿舍楼空余房屋整治、办公楼墙面渗水维修，文印室、作战值班室、作战室、兵器室、健身文娱中心等设施设备升级改造，营院面貌焕然一新。

【扶贫参建】 按照县委县政府的统一部署，开展两个村精准扶贫工作。安排2名在编人员，聘请2名业务能力、事业和责任心强的人员组成“尖刀班”分别进驻两个村，协同相关单位和村支两委人员全年驻村扶贫，落实“五天四夜”吃住在村、工作在村的驻村管理规定；分别为两个村投入20万余元改善食宿、办公等基础条件，为尖刀班提供坚实后勤保障；每季度人武部党委组织全体干部职工参加扶贫日活动，进村入户，宣传党的政策、对贫困户生产生活调查摸底、帮助抓产业搞建设，每次检查考核，组织全体人员进村入户进行政策宣讲、打扫卫生、协助贫困户发展生产等，通过真心实意为群众办实事，密切军政军民关系。

（黄友林　刘　洋　熊　飞）

中国人民武装警察部队恩施支队执勤二大队来凤中队

【概　况】 2019年，来凤中队在支队党委的正确领导下，在县委、县政府的关心支持下，坚持以毛泽东思想、邓小平理论、“三个代表”重要思想、科学发展观、习近平新时代中国特色社会主义思想为指导，认真贯彻两级党委扩大会议精神，紧紧围绕实现新时代党的强军目标提供坚强政治保证这个主题，以培育“四有”革命军人为目标，以增强教育的针对性实效性为基本出发点和最后落脚点，确保官兵在政治上合格、道德上纯洁、作风上顽强、纪律上严明。

【政治工作】 2019年，来凤中队深入学习贯彻习主席强军系列重要讲话精神，打好意识形态领域斗争主动仗。开展“传承红色基因、担当强军重任”主题教育，充分发挥官兵在教育中的主体作用和课堂教育的主阵地作用。运用“三互”“双四一”等有效载体，开展经常性思想工作，官兵思想纯洁，内部关系团结和谐。按照“紧贴时代发展、紧贴使命任务、紧贴官兵实际”的要求，拓展教育形式，借助地方教育资源，“请进来”教、“走出去”学，教育时代感、针对性、实效性、主动性不断增强。着力创建学习型中队，开展周末育才活动，开展以“摆手出征”为特色的一队一品建设，让官兵健康快乐成长成才。进行党支部自身建设，坚持民主集中制，从严治党，廉洁自律，处事公平。中队以“六种环境”（风正气顺的工作环境、舒适怡人的生活环境、团结和谐的人际环境、宽松愉悦的心理环境、求知成才的学习环境、敢于亮剑的战斗环境）推动中队整体建设发展。中队坚持捐助失明儿童张露露，激发官兵社会责任意识，弘扬正能量，中队官兵喊响“驻中华土家第一县、站湘鄂渝边第一哨、尽荆楚卫士第一责”的口号，团结一心、奋发有为，部队建设呈现良好态势。

【军事训练】 中队严格按照《军事训练大纲》大抓军事训练，完成元旦、春节、全国两会等执勤战备、两警联勤城市武装巡逻任务。中队坚持立足实际开展专勤专训，结合中队担负来凤县巡逻任务实际不断探索新情况、新问题，研究新战法、新措施，有效提高执勤能力。训练中，中队始终以提高单兵训练质量为突破口，坚持抓好基础课目训练，制订训练计划，严格落实训练制度，较好地完成军事训练任务。

【执勤战备】 按照“全面建设、体系防控、科技强勤、确保安全”的思路，狠抓正规化执勤工作。勤务教育贴近实际，勤务训练贴近实战，勤务管理严格正规。牢固树立“哨位就是战场，执勤就是战斗”的战斗意识，把训练场搬到哨位进行实兵演练，单兵单哨执勤能力不断提升。争取地方政府支持，购买和建设相关装备物资，加强专业训练，为处突反恐奠定物质和力量基础。同目标单位开展“共建、共管、共保安全”活动，确保固定勤务的绝对安全。2019年，完成在押人员出所就医和城市武装巡逻等勤务。

【后勤保障】 把搞好伙食保障作为后勤工作重点，高温时节实行“四餐”制，开展“向哨位送清凉”活动，发挥后勤服务保障作用。发挥驻地资源优势，争取地方财政支持。牢固树立艰苦创业的思想，通过不懈努力，完成中队建设任务，各项设施基本完善，为实现中队跨越式发展、提升正规化建设水平奠定坚实基础。严格落实财务制度，加强经费管理，严格执行财务管理制度，始终坚持双主官联签和先审批后使用原则，杜绝计划外开支，把有限经费用在刀刃上。

（何治林　邓日升）

人民防空

【概　况】 2019年，县人防办根据“省人防办公室关于推进人防‘放管服’改革落实‘结建’项目网上审批全覆盖通知（省人防办鄂人防办函〔2017〕87号）”文件要求，加强推进人防手续网上审批办理，平台收到事项11项，办结8项，在承诺期内接件办理。收取人防工程易地建设费905万元，其中追缴人防易地建设费46万元；推进来凤县人防总体规划建设。根据2019年全州人防工作会议要求，完成人民防空总体规划，县人防办于5月10日与恩施州城乡规划设计院签订来凤县人防建设总体规划，8月15日人防总体规划出台，9月24日省人防办公室在省人防办六楼会议室组织召开《来凤县城市人民防空工程建设规划（2019—2030）》（以下简称《规划》）专家评审会，评审专家由省人民防空办公室、来凤县住房和城乡建设局、来凤县自然资源和规划局、中建三局工程设计有限公司、中南建筑设计院专家组成。专家组通过《规划》，建议修改完善按程序上报。

【人防工程建设】 根据《中华人民共和国防空法》《湖北省人民防空工程管理规定（湖北省人民政府358号令）》和州人防办下发《2019年全州人防工作要点》要求，来凤县需完成人防警报器终端升级。住建局项目办按程序确定项目招标代理机构为湖北建信建设工程咨询有限公司。8月9日，湖北建信建设工程咨询有限公司制作《来凤县人民防空方案编修和终端设备升级改造项目》招标文件，湖北欧兴红律师事务所对《来凤县人民防空方案编修和终端设备升级改造项目》招标文件出具律师审查意见，依据意见进行修改，在湖北建信建设工程咨询有限公司进行开标，确定中标单位。根据州人防办双随机一公开检查整改要求，局人防办完成全县人防警报器防雨棚搭设。

【人防系统腐败问题专项治理】 2018年11月，全省启动人防系统腐败问题专项治理，住建局工作专班对照人防系统腐败41个问题，完成整改37个，康复医院项目缓缴101.183万元，依法依规进行追缴；在县纪委、县自然资源和规划局、县住建局（人防办）开展第二阶段自查自纠中，发现工业园区6个项目未办理人防审批手续，7月30日下达限期缴纳人防易地建设费决定书，追缴人防费项目4个，缴纳14.106万元；还有2个项目人防费17.088万元，依法依规进行追缴。根据省人防办鄂人防办函〔2018〕46号文件要求，展开人防系统信用体系建设，组成信用体系建设领导小组。完成每星期五人防数据报告制度，人防办上传结合民用建筑修建防空地下室易地建设审批项目8项。2019年，上报州人防办国防动员委员会文件资料70份；完成事业单位人防（民防）信息指挥中心法人年检；填报双随机一公开人防检查对象信息；梳理2013—2018年人防审批数据明细；落实办理人防审批事项“三级八同”。与自然资源和规划局、住建局部门审批联动机制，把好人防审批关口，做到人防工程应建必建，应收尽收；加强人防工程施工过程监控，做好监控记录、重点检查。

【人防教育宣传】 深化初级中学人防知识教育，应急知识消防演练结合起来，提高青少年人防应急能力；在中学生中开展“人防杯”征文活动，对获奖学生给予奖励。进社区宣传人防应急知识，在社区设立人防知识教育专栏，巡回展览人防知识展板，开展市民人防知识普及教育。在机关企事业单位开展人防知识、人防法治宣传教育，发放宣传资料。

（何芝松　向兴祥）

综合管理监督与服务

发展和改革

【概　况】 2019年，全县计划实施500万元以上重点项目127个，总投资200亿元，全年开（复）工90个，开（复）工率70.9%，竣工28个。其中14个州级重点项目实现开（复）工，开（复）工率100%，完成全年建设计划任务。按照《来凤县"比招商、抓项目、强产业、促进位"活动实施方案》（来办文〔2019〕43号）要求，实行"半月一调度、一月一督办、一季一拉练、年度综合考核"，全面推进重点项目建设。固定资产投资同比增长17.8%，比计划目标高6.8个百分点，全州排名第五位。

【项目资金】 根据国家投资的重点方向，抢抓国家对中西部地区扶持、武陵山片区扶贫攻坚、东西部扶贫协作和省"616"对口支援等一系列政策机遇，争取项目资金1.39亿元，完成年度计划的174%，其中：强制隔离戒毒所2400万元、森林公安局业务技术用房496万元、旧司镇后坝片区扶贫综合开发1000万元、社会福利院建设1040万元等。

【改革事项】 不断深化价格体制改革，围绕供给侧改革，开展去产能、去库存、去杠杆、降成本、补短板工作。3月底完成机构改革任务，完成相关职能划转和人员转隶工作。督促相关部门抓好供给侧结构性改革，"三去一降一补"成效得到不断巩固，商品房库存去化周期控制在合理区间，金融风险持续化解，农村交通、通信、电力等短板不断完善，降成本政策继续得到落实。农业水价、行政审批等改革事项持续推进。加大金融扶贫，防范金融风险，建立农村信用服务平台，有序推进去杠杆工作。开展优化营商环境、企业（重点项目）投资帮办等各项工作，严格按照监管平台确定的"统一审批事项、统一审批材料清单、统一全省审批流程"要求进行投资项目审核备工作，审批（核准、备案）事项全程网办。全年运用监管平台办结投资项目审核备事项242项次，其中政府投资项目审批事项162项次，企业投资项目备案事项80项次。

【重大事项】 完成黔张常铁路（来凤段）线下工程，2019年12月26日实现通车，来凤新增客运站建成投入使用。"厕所革命"完成全年目标任务，农户无害化厕所2019年建改任务23000户（含沼气厕所），完成23058户；农村公厕2019年建改任务84座，完成改造85座；乡镇公厕2019年建改任务10座，完成10座；城市公厕2019年建改任务15座，完成15座；交通厕所2019年建改任务3座，完成4座；旅游厕所2019年建改任务7座，完成7座。易地扶贫搬迁工作全面完成。

【物价管理】 构建良好价费环境。抓好定调价工作。开展景区门票价格、老年大学收费、猪肉价格、污水处理收费等调研工作；开展来凤县民生天然气配气价格成本监审工作；制定来凤县中心医院停车服务费收费标准；启动物价上涨挂钩联动机制，通过相关部门组织测算，发放4—12月临时价格补贴1041.24万元，完成临时价格补贴工作。进一步完善涉企收费清单动态管理机制，落实“一张清单”和“收费公示”制度。完善价格管理。贯彻落实上级物价部门出台的一系列价格政策，为企业减轻负担降低成本。做好价格监测工作，在来凤网发布药品价格监测信息8条、生活必需品价格监测信息50条，配合做好关于“非洲猪瘟”防控工作，月报3次，周报9次。抓好价格认证工作。办理各类价格认证、价格鉴定65件，合计鉴定金额263.56万元。

【粮食安全】 规范管理放心粮油市场，全年开展2个批次、25个样检查。在“粮食科技周”和“5·26”活动中，组织粮油知识宣传活动。通过粮食收购资格审核、粮食库存检查、粮油收储公司和配送中心监督检查、县域粮情监测预警等方式，规范粮食流通秩序。

（陈　兰　张海生）

财　政

【概　况】 2019年，来凤县财政局以“收入提质量、支出重绩效、债务防风险、绩效全覆盖”的工作思路，进一步约束预算管理，加大财政性资金统筹整合和结转结余资金的管理力度，确保各项重点支出，促进全县社会各项事业的持续发展。全年财政总收入94125万元，同比增长7.82%，一般公共预算收入42198万元，同比增长3.17%，税收32344万元，占一般公共预算收入76.65%。财政总支出321651万元，同比增长6.96%，其中八项支出208984万元，实现“保工资、保运转、保民生”的总体目标。

【资金统筹】 制定《来凤县2019年资金统筹整合方案》《来凤县2019年资金统筹整合调整方案》《来凤县2019年资金统筹整合补充方案》，修订《来凤县涉农资金统筹整合及财政专项资金管理暂行办法》，统筹整合涉农资金规模89317万元，落实到位78947.42万元（含财政专项扶贫资金36050.24万元，其中以工代赈资金135万元、发展资金10236万元、少数民族发展资金941万元、其他24738.24万元）。已支付73936.61万元，支付率82.78%，统筹整合考核规定支付率80%。全省财政资金统筹整合工作考核中获得“A”类等次，专项扶贫资金绩效考评获“优秀”，全州财政资金统筹整合使用工作考核获第一名。

【国有资产管理】 按照《来凤县行政事业单位国有资产监督管理办法》公开招租，公开招租资产在2018年的租金基础上增值248380元；拟订《来凤县闲置国有资产处置方案草案》，完成国资局直管闲置不动产统计工作。

【投资评审】 2019年，财政投资评审中心完成评审50万元以上的预算项目137个，送审金额77212.47万元，审定金额70786.63万元，审减6425.84万元，审减率8.32%；备案50万以下预算项目评审结果147个，备案送审金额3419.17万元，审定金额3174.01万元，审减245.16万元，审减率7.17%，合计完成预算评审项目284个，送审金额80631.64万元，审定金额73960.64万元，审减6671万元，审减率8.27%。有效节约财政资金6671万元。

【财政监督】 开展2018年度财政扶贫资金、统筹整合资金使用专项检查，下达共性问题限期整改通知，向县纪委监委移送问题线索5条；开展2019年县级财政项目支出绩效运行监控；开展扶贫监控系统2018年度扶贫监控资金绩效目标自评工作，自评53个扶贫项目101594.86万元扶贫资金（其中财政拨款95100.32万元）；开展春、秋季义务教育免费教科书筹备情况监督检查工作，加强专项资金的监管，确保春季学期教科书顺利发放；完善与人大、政协联系制度，形成主动接受人大、政协监督的日常机制。

【深化改革】 落实减税降费政策，精准测算减税降费数据，加大减税降费政策的落实力度，减轻企业成本，确保应减尽减，全年减税降费10804万元；加强国库集中支付力度，全县168个预算单位实现国库集中支付电子化管理全覆盖，进行直接支付、授权支付和实拨电子化清算，协调工程师与人行、商业银行和各预算单位针对支付环节出现的疑难问题解决处理45起。

【政府采购】 印发《来凤县财政局关于贯彻落实〈湖北省2019—2020年政府集中采购目录及标准〉有关事项的通知》《来凤县财政局关于进一步加大绿色采购力度、强化政府采购项目备案的通知》和《来凤县财政局关于全县公务用车维修和租赁项目实行定点服务有关事项的通知》，为开展政府采购工作提供依据，完善政府采购制度建设，全县平均每年实施政府采购资金总额25000多万元，平均每年节约财政资金在2000万元以上。

【扶贫监控】 率先在全省平台试行操作成功并形成《扶贫监控平台答疑总结》汇编，省财政厅在全省推广应用。全省预算绩效管理考评获优良等级，获得奖励资金260万元。

【财政暂付款管理】 制定《来凤县2019—2023年度财政暂付性款项预案》《来凤县2019年度财政性暂付款消化方案》《来凤县2019年第一季度财政暂付性款项详细消化方案》，分类清理暂付款，全年财政暂付款余额199389万元，新增暂付款26971万元，收回暂付款33486万元。

（黄明进　向开斌）

税　务

【概　况】 2019年，累计组织各项收入14.42亿元，其中：税收收入8.67亿元，占年度计划的109.32%，同比增长8.33%；规费收入完成2877万元，占年度计划的127.02%，同比增长11.51%；社保基金完成5.47亿元，同比增长88.82%。地方公共财政预算收入完成3.46亿元，占年度计划的103.12%，同比增长2.61%，为全县经济发展提供可靠的财力保障。

【税种管理】 按时完成个人所得税全员全额代扣代缴申报，电子申报明细率100%，申报准确率100%。完成1154户企业2018年度企业所得税汇算清缴。重点管理耕地占用税、契税、土地增值税、城镇土地使用税、房产税、财产行为税等税种。

【税收优惠】 开展百名干部进千企活动，抽调100名以上税务干部到1000余户企业进行减税降费政策宣传，发放宣传资料3000余份。减免各类税费10767万元，为210户（次）享受“六税”50%优惠退抵纳税人办理退税19.98万元。为537户符合条件的小型微利企业减免税额769.39万元。

【纳税服务】 落实征管规范、纳税服务规范和“放管服”相关工作要求；推广税邮合作、自助办税、网上办税等多元化办税方式。增设导税团队，完善领导值班制度。优化办税软硬件服务设施，自助办税电脑增至12台，全面实施涉税事项“一窗通办”。深化纳税信用管理，完成2018年度纳税信用等级评价活动，全县1027户纳税人参评，其中A级28户、B级286户、M级464户、C级147户、D级102户。与县内各金融机构合作开展“银税互动”活动，为信用良好的纳税人提供融资便利。组织纳税人培训10余场，培训2000余人次，发放各类宣传册2000余份。落实税法宣传月活动，“税收知识进校园”活动相关内容被教育部全国青少年普法网青少年税法学堂采用。

【税收征管】 推进征管方式统一，成功上线金三系统（并库版）。开展风险防控工作，完成总局省局下发的风险核查任务23批次130户，发起跨区域合作任务1次。查补税款2239.83万元，加收滞纳金及其他212.38万元。社会保险费和非税收入征管职责划转平稳过渡。强化税收协同共治，加强与住建等部门深度合作，建立信息交换机制，确保固定税源均衡入库。

【税收执法】 推进依法治税工作，组织开展税收行政执法突出问题专题治理，自查面100%。推行法律顾问制度，落实行政审批、税收权力清单、重大税收执法决策事项集体审理等制度，落实重大税务案件审理制度。

（张　鹏　舒宝扬）

审　计

【概　况】 2019年，来凤县审计机关完成审计调查38个，其中审计38个。查出主要问题金额73629万元，其中违规金额66775万元、损失浪费金额32万元、管理不规范金额6821万元；审计发现非金额计量问题41个；损益（收支）不实金额622万元；出具审计报告和专项审计调查报告47篇。审计处理处罚金额42145万元，其中应上缴财政13277万元、应归还原渠道资金28771万元、应调账处理金额97万元；移送司法机关、纪检监察机关和有关部门处理事项1件，移送处理金额971万元。审计促进整改落实有关问题资金42144万元；核减投资额10830万元。审计提出建议68条，被采纳26条；推动被审计单位制定整改措施17项；提交审计信息37篇。向社会公告审计结果2篇。完成交办、配合事项6件。

【国家重大政策措施落实情况跟踪审计】 2019年，县审计局协助省审计厅完成全县重大政策跟踪落实情况交叉审计，审计全县拖欠民营企业中小企业账款，关注落实还款来源的问题，督促相关部门针对未清偿的账款制订清偿计划；乡村振兴审计调查“厕所革命”、美丽乡村建设及农村公路3个方面的目标任务完成情况和资金分配管理使用方面；到县公安局、县医保局、县教育局、县人社局等单位开展非户籍人口在城市落户政策落实情况审计调查，关注农业转移人口市民化奖励资金的管理和使用及非户籍人口在城市落实任务开展和完成等情况。

【财政审计】 2019年，开展“同级审”工作，组织2018年本级财政预算执行和部门预算执行审计工作，审计查处问题金额51069.32万元，其中违规金额51068万元、管理不规范金额1.32万元；开展涉及县机构改革撤并的21个单位2018年预算执行和其他财政收支及资产清理情况审计，审计查处问题金额678.54万元，其中违规资金69.66万元、管理不规范金额608.87万元。

【经济责任审计】 创新和完善审计组织方式，科学合理确定审计频次，加大重要岗位和问题反映较多审计对象审计力度，落实审计署“两统筹”要求，实现经济责任审计与自然资源、专项资金审计相结合，开展1个乡镇及3个县直职能部门5个领导干部经济责任审计，其中乡镇采取“一拖三”方式开展，进一步优化审计资源配置，提升审计监督整体效能，审计查出主要问题金额553万元，其中违规金额7万元、损失浪费金额20万元、管理不规范金额525万元。

【固定资产投资审计】 2019年，完成556个政府投资项目结算审计，送审金额99085.09万元，审减金额10830万元，审减率10.93%。

【扶贫资金审计】 审计全县扶贫政策落实和财政专项扶贫资金管理使用情况，涉及扶贫资金约6亿，重点审计4个乡（镇）扶贫情况，审计抽查涉及80个行政村、4个社区；审计东西部扶贫协作资金123个项目7787.5万元。

【信息化建设】 夯实信息化设备，成立单独的计算机中心，结合金审三期，建立标准化、专网专用数据分析室，完善数据存储服务器，建立数据库，数据统一，为大数据审计提供数据支撑，强化审计数据分析，将大数据审计应用于扶贫资金审计、预算执行审计，税收审计等项目，通过大数据审计强化信息比对分析，助力脱贫攻坚，保障财政资金安全。

（朱　鸿　何　东）

统计工作

【概　况】 2019年，来凤县统计工作围绕省、州、县统计工作要求，推进统计体制改革，加大统计队伍建设，提升统计服务水平，加强经济运行和社会发展统计监测，农业、工业、建筑业、批发和零售业、住宿和餐饮业、房地产开发业、服务业等行业，以及能源、投资、居民收支、畜禽、贫困监测、价格、人口、劳动、妇儿、社会、科技、环境等领域开展各项常规统计数据的收集、审核、汇总和上报工作，更新、维护基本单位名录库数据审核，适时开展企业营商环境满意度调查及贫困村扶贫成效监测，配合县直相关单位指导“四上”企业达规进限入统工作，完成第四次全国经济普查工作。

【统计综合管理监督与服务】 2019年，县统计局对全县115家一套表单位开展一套表调查数据质量核查工作，对存在的问题进行整改。组织人员参加省、州统计工作培训40人次，组织全县工业、投资、住户调查、商贸、服务业、农业等专业所涉及的相关部门及企业统计人员开展统计业务专项培训，300余人次。发布《2019年国民经济和社会发展统计公报》，每月定期编印《统计月报》《统计经济快报》《领导干部经济工作手册》，及时跟踪经济运行，做好统计信息工作，全年撰写统计分析88篇，反映经济运行的动态变化情况，按照统计的信息、咨询、监督职能做好对县委、县政府的决策参考服务和对社会各界的统计咨询服务。

【第四次全国经济普查工作】 2019年1月正式开展普查工作。全县落实单位普查工作，机构、人员、经费三落实。成立来凤县第四次全国经济普查领导小组办公室，选聘普查员380名，召开第四次经济普查入户登记培训会，指导乡镇统计工作，普查员登记入户。组织开展业务培训400余人次。完成8个乡镇、196个普查区、248个普查小区的单位普查工作，完成4192家单位普查数据、719家个体工商户普查数据。采购设备130台，及时兑付单位普查两员报酬。

（谭宗芳　邓　燕）

工商行政管理

【概　况】 突出商事制度改革。坚持实施注册资本改革、全程电子化登记改革、名称登记制度改革、“先照后证、多证合一”改革、企业简易注销登记改革等，推进登记注册便利化，促进市场主体提质增量。截至2019年底，全县实有市场主体34443户，同比增长57.85%。其中企业类市场主体3441户，同比增长16.33%；个体工商户30274户，同比增长66.83%；农民专业合作社828户，同比增长6.43%。全县新登记市场主体17107户，其中新登记企业类市场主体669户，新登记个体工商户16370户，新登记农民专业合作社68户。全县有效注册商标存量957件，新成功注册商标204件，新申请注册商标208件。开展动产抵押服务，助推中小企业解决融资难题，办理动产抵押登记6件，为市场主体融资0.341亿元。

【诚信体系建设】 开展年报公示，企业应年报20983户，完成年报18780户，年报率87.99%；个体工商户应年报17300户，完成年报15534户，年报率89.79%；农民专业合作社应年报769户，完成年报682户，年报率88.69%。异常名录管理，将近三年企业、个体工商户、农民专业合作社等市场主体未年报纳入异常名录，其中企业373

户、个体工商户2100户、农专86户。开展“双随机一公开”抽查，制定“双随机”抽查事项清单，建立检查对象名录库，建立执法检查人员名录库。完成3次随机抽查工作任务，出动执法人员120人次，检查市场主体290户，并全部完成抽查结果公示工作，公示率100%。做好信息归集工作，建立来凤县“部门协同监管平台”，在协同监管平台注册部门44个，注册用户100位，其中通过平台开始归集数据的部门有25个。全年各部门归集信息总量为238549条，行政许可信息7086条，行政处罚信息361条，严重违法企业信息358条；市场主体信息34372条；年报信息80292条；抽查检查信息2006条。

【营商环境建设】 机构改革后窗口深度融合，严格实行行政审批事项“三集中三到位”，人员集中到位、审批事项到位、审批权限到位。压缩企业开办时间，涉及前置审批事项，需办理企业名称预先登记在同一登记机关的办理时间压缩至0.5天，新开办企业设立登记压缩至1天、公章刻制压缩至0.5天、申领发票压缩至0.5天、社保登记压缩至0.5天；企业简易注销在公告期内未被提出异议的办理时限压缩至1天。放宽准入条件，除投资咨询相关类金融企业按州、县政府要求不予办理外，没有其他另设条件，取消不必要的证明及地方或部门自行设置的门槛和条件。实行同城通办、局所联办，下放个体、普通合作企业、个人独资企业、农民专业合作社登记权限于各基层所。推进全程电子化登记和个体户微信办照。

【监管执法】 分4个季度开展春季行动、夏季战役、秋季攻势、冬季保卫战“四大行动”和35个专项整治。办理行政执法案件81件。建立全县打击传销和防范传销联席会议制度，制定“打击传销和防范传销”应急预案。在翔风镇创建无传销社区，在村、社区张贴“打击传销、规范直销”广泛宣传。对城区存在风险点的各类经营主体检查48户次，下发行政指导建议书17份。

【消费维权】 组织开展“3·15”活动，及时受理调处消费纠纷，全年接到投诉、举报、咨询270件（投诉226、举报43件、咨询1件），全部受理、办结，为消费者挽回经济损失30.02万元。

【依法行政】 把法治教育与依法监管市场工作作为工作的出发点和落脚点，进一步激发、增强系统干部职工的法治思维意识，明确守法用法法律责任，教育经营者尊法、守法法治底线。成立由书记、局长任组长，其他班子成员任副组长，各股室及基层所负责人为成员的“七五”普法依法治理领导小组。利用“4·26”世界知识产权日、“12·4”宪法宣传日及宪法宣传周，广泛开展《宪法》《准则》《条例》《监察法》等法治宣传。建立完善案审制度，印发《案件审理委员会工作规则暨组成人员的通知》案审会管理制度、一般行政处罚案件程序流程图，规范《无照经营案件询问模式》《行政执法办案知要》《行政处罚案卷装订暂行标准》《44种文书制作》等执法行为。拟定《行政机关负责人出庭应诉制度规定》《罚没物质管理制度》《行政处罚决定申请人民法院强制执行工作规定》等规范性制度。

（黄德军　杨秋红）

食品药品监督管理

【概　况】 2019年，开展农村假冒伪劣食品专项整治。县市场监管局与农业农村局等单位联合整治，出动执法检查人员342人次，检查小作坊40家、食品经营户524家、小餐饮166家，较大规模超市6家，收缴假冒伪劣食品251千克，经营过期食品立案9件，货值0.8万元，现场受理咨询服务300人次。开展保健市场乱象百日整治。联合卫健局等13个单位开展保健市场乱象专项整治，出动执法人员1120人次，检查药店、保健品店等440户次，检查社区、旅游景区、农村场镇、广场、农村集市、城乡接合部等重点区域79余处，检查宾馆、酒店52处，检查医疗机构30个，参与行政指导18次，参与活动宣传79次，开展协作执法27次，约谈商家60户，签订承诺书200份，立案调查2件。借助云上来凤、商超显示屏、学校开学等平台开展保健食品“五进”科普宣传。开展校园及周边食品安全专项整治。协调各乡镇人民政府按照《湖北省食品安全条例》第44条规定，划定幼儿园、中小学校门口道路两侧禁止食品摊贩经营范围，学校、幼儿园周边200米范围内设置醒目固定的禁止性经营标识标示。协调城管执法局、公安局联合印制《流动摊贩经营者告知书》，由城管部门发放到各摊贩手中，并对经营者统一办理健康证、流动摊贩统一办理登记证。来凤县学校食堂“明厨亮灶”建设率90.9%。排查并督促整改隐患239个，针对食品安全问题下达整改通知书49份，查扣不合格“五毛食品”10.7千克。

【非洲猪瘟防控】 一是关闭牲畜交易市场。从6月29日起，关闭全县14个牲畜交易市场。突出做好翔凤镇观城坡、活水和各乡镇的牲畜交易市场的关停。二是打击私屠滥宰。从7月1日起，联合翔凤镇政府、农业农村局和公安局，取缔、砸毁翔凤镇私屠乱宰窝点8处，抓获私屠乱宰2起，移交农业农村局线索2起。三是管好管住鲜肉市场。监督检查肉品摊贩227户、商场超市34户、餐馆840户、肉制品生产企业1户，出动执法人员387人次、车辆132车次，发放告知书1500多份，登记备案114家次。对备案销售的思乐、盘龙、双汇、安普罗等5家代理品牌猪肉进行监督抽检。市场巡查立案3起。四是做好餐馆酒店和学校泔水的流向摸排，每日必查，每日必报。检查餐馆840户次，未发现泔水流入养殖场（户）。五是对冻库生猪产品的监管。检查肉品冷冻库26家次，7月13日、14日分别检查城区冻库14家，查出未经检验检疫及过期肉品及制品1500多千克，立案4起。

【药化安全监管】 包括药品、医疗器械、保健食品和化妆品安全监管4个方面。一是加强药化日常巡查。全年检查药品批发企业2家次，县级医疗机构5家次，药品零售企业205家次，医疗器械经营单位212家次，保健食品经营企业210家次，化妆品经营企业33家次。二是开展专项检查整治。开展特殊药品、终止妊娠药品专项检查。检查药品使用单位26家次，出动执法人员120余人次。开展体外诊断试剂专项检查。检查医疗机构13家，出动执法人员40余人次。开展零售药店执业药师“挂证”行为专项整治行动。全县68家药店配备执业药师，占比48.57%。通过专项整治，对全县130余家零售药店进行处方药销售专项检查，下达责令整改19家次，处罚1家，出动执法人员300余人次。开展中药饮片质量集中整治工作。检查药品零售企业51家，批发企业2家，使用单位21家。开展疫苗专项整治工作。对来凤县接种单位72家中，实际开展接种工作的14家（城镇接种门诊2家、乡镇接种门诊8家、新生儿接种单位4家）重点检查，出动执法人员50余人次，摸清全县疫苗购销、储运和使用情况，消除隐患，有效保证疫苗质量安全。开展药品经营许可和GSP现场核查、保健食品现场核查。对新开办的药店、保健食品经营户进行现场核查，确保场所、人员、设施设备、管理制度等符合规定。开展无菌和植入性医疗器械专项检查。出动执法人员80人次，执法车辆24台次，检查单位24家次（经营企业7家次、使用单位17家次）。开展卫生室、诊所药械安全专项检查。县市场监管局联合县卫生监督局对辖区内152家卫生室、34家个体诊所进行全覆盖检查，现场督促整改12家，立案查处1家。

【宣传引导】 借助食品安全宣传周、保健食品“五进”专项科普宣传活动，在电视、显示屏、公众号等媒介上广泛宣传食品药品法律法规和科普常识。一是开展采食野生菌中毒宣传。出动执法人员100余人次，出动宣传车50余台次，发放宣传资料10000余份，张贴公告1000余份，接受群众咨询200余次。二是推进保健食品“五进”专项科普宣传。以“科学认知保健食品，明白理性放心消费”为主题，深入推进保健食品进社区（乡村）、进网络、进校园、进商超、进广场等“五进”专项科普宣传系列活动。三是开展食品安全知识培训。针对学校重点领域，多措并举，广泛宣传，秋季开学前，邀请州市场监管局专家对全县所有中小学、托幼、托辅机构的主要负责人进行集中培训，对345名从业人员进行食品安全操作培训。联合恩施州惠民安保公司对全县养老机构和学校食堂负责人计70余人进行食品安全操作培训。全县民办幼儿园校园长及后勤管理人员进行《餐饮服务食品安全操作规范》培训，提高校园长及后勤管理人员食堂管理水平。四是加大宣传力度。云上来凤发布《关于食品安全致家长的一封信》，并印制6万份，发放至学生、家长手中，食品安全科普引入课堂，引导学生树立健康的饮食理念，让学生学习必要的食品安全知识和健康卫生常识，提高食品安全意识和自我保护能力。

（张成程　杨秋红）

质量技术监督管理

【概　况】 2019年，开展民生计量、节能计量、交通计量、安全计量等计量器具检定工作。全年检定计量器具1000余台（件），其中检定台秤、案秤、电子计价秤、配料秤等280余台件，燃油加油机150枪次，天平45台，砝码200余个，压力表280块，血压计（表）85台，出租车计价器158台。强制性周期检定全县用于贸易结算、安全防护、环境监测、医疗卫生领域强制检定的计量器具，重点检查加油站、集贸市场、金铺、农资、水果等经营场所的计量器具。对全县春耕农用物资化肥、种子、定量包装商品进行计量专项监督检查。检查化肥24批次，合格24批次，合格率100%；种子12批次，合格12批次，合格率100%；检查农资经营摊点在用计量器具35台，合格35台。

【产品质量安全监管】 一是监督抽检689批次（其中食用农产品242批次），22批次不合格；快检车巡回各乡镇、保障中高考和大型活动食品安保，各乡镇所完成年度快检任务，完成快检5940批次；完成药品化妆品监督抽检52批次，对监督抽检不合格的全部进行核查处置，并将监督抽检结果及核查处置结果在来凤县人民政府门户网站上进行公示。二是严格管理、搞好监督抽查及后处理。完成省级监督专项抽查产品空心砌块，1家企业抽检1个样品，检验结果显示严重不合格。完成州级监督专项抽查抽样15个，主要包含有食品相关产品、眼镜、建材等，对1个州级监督检查（2019年度监督抽查1个食品相关产品生产企业生产的塑料杯）不合格，按照《湖北省产品质量监督检查后处理管理办法》的要求，及时组织力量对1个州级监督抽查不合格企业进行检查、调查、责令整改并予以行政处罚，经整改完毕后，复查合格。三是组织企业申报第四届恩施州清江质量奖。筛选企业，上门服务，指导企业申报第四届清江质量奖评选，推荐1家企业参加评选。组织申报企业参加州市场监管局举办的《清江质量奖评定标准》宣贯培训。四是开展“万千百”质量提升工程，选定20家中小企业开展质量提升行动，帮助2家规模以上企业导入卓越绩效质量管理模式，解决企业发展面临的难点和瓶颈问题，帮助企业加强全面质量管理。

【特种设备安全监察】 一是摸清底数。全县注册登记的在用特种设备606台，其中锅炉6台、压力容器79台、电梯441台、起重机械79台、场（厂）内机动车辆1台、压力管道94.28千米、气瓶6992只。二是开展特种设备安全监察。特种设备安全监察人员356余人次，巡查特种设备使用单位84家，其中检查电梯使用单位56家，电梯维保单位7家，锅炉使用单位6家，起重机械使用单位13家，气瓶充装站2家。发现隐患27处，现场下达《特种设备安全监察指令书》27份，19处隐患整改到位，8处隐患整改之中。全县特种设备安全形势持续稳定，全年无重特大事故发生。

（伍晓明　杨秋红）

安全生产监督管理

【概　况】 2019年，深入学习贯彻习近平总书记关于应急管理、安全生产、防灾减灾救灾重要论述，落实机构改革要求，建立健全应急管理体系，落实安全生产责任，开展防灾减灾救灾，开展重点行业领域专项整治、打非治违行动，有序组织洪涝、旱灾、冬春救助，开展“综合减灾示范社区”创建工作。以“防风险、保安全、迎大庆”为主线，狠抓安全监管执法，牢牢守住不发生较大事故的底线，为全县经济社会高质量发展提供坚实的安全保障，安全生产形势总体稳定。全年发生道路交通事故6起，死亡2人，受伤5人，直接经济损失0.665万元。矿山、烟花爆竹及危险化学品、水上交通、建筑施工等行业和领域未发生安全生产事故。受灾情况：2019年全县先后遭遇大风、冰雹、干旱、局部短时洪涝和滑坡等自然灾害。经统计，累计受灾人口49286人，紧急转移安置7人，需要救助受灾群众25450人次，其中因旱饮水困难24931人，农作物受灾2034公顷，成灾面积1380公顷，绝收面积478公顷，严重受损农户房屋4户10间，一般受损房屋9户12间，直接经济损失903万元，其中农业损失830万元，基础设施损失50万元，家庭财产损失23万元。

【安全责任落实】 明确各级领导和部门的安全生产职责，严格督促各乡镇、各部门及企业落实属地管理责任、部门监管责任、企业主体责任。严格落实“党政同责、一岗双责、齐抓共管、失职追责”要求，明确领导安全生产职责；按照“三个必须”的原则进一步厘清部门职责，确保任务明确，责任到人，工作到位；严格督促企业依法履行安全生产主体责任，落实全员安全生产责任制，坚决消除安全生产隐患和漏洞。调整由分管副县长为第一主任的17个安全专业委员会，形成安委会牵头抓总，行业领域安全专业委员会分线协调的工作机制。调整并印发县领导联系部门、乡镇、煤矿、规模以上企业安全生产工作制度。县安委会主任每季度必到企业一线，现场调研和检查安全生产工作。其他副县长每月必须专题研究和安排一次分管行业领域的安全生产工作，加强对行业、领域安全生产的督导。

【安全监管执法】 发挥安全生产综合监管职能，联合各部门对道路交通、煤矿、非煤矿山、人员密集场所、危险化学品、民用爆炸物品等行业领域在重大节假日、重点时段进行全面检查，严格执法、严查彻改各类事故隐患，适时组织开展“回头看”活动，对整改不彻底的隐患进行“补课”，确保安全隐患整改落实到位。全年排查整治安全隐患1500余条，下达执法文书257份，保障全县安全生产形势稳定向好。

【重点行业专项整治】 牢牢守住安全生产“红线”和“底线”，对安全生产工作进行部署再部署、督查再督查，坚决防范较大及以上安全生产事故发生。

开展重点行业领域安全“体检”专项行动。制定矿山企业安全“体检”专项工作方案，相关部门、单位和专家组成联合检查组深入矿山企业实地检查，尾矿库综合治理初见成效，落实“五人包保”责任制和库长制。全年检查矿山202矿次，填写日常巡查记录126份，责令改正指令书38份，整改复查意见书28份，发现安全隐患159条，按照隐患整改“五落实”要求，整改隐患

141条，整改率88%。

加大隐患排查治理力度。县安委办组织应急、公安、交运、文旅、住建、环保、科经等部门开展安全生产隐患大排查大检查专项整治。排查出安全隐患及问题519个，完成505个问题及安全隐患的整改，整改率97.3%。

加大重点时段、重点环节、重点问题的巡查管控力度，提高监管密度。开展“迎大庆、保军运”平安稳定工作检查督查，同时强化防汛抗旱、森林防火、道路交通、水利工程、电力、文化、教育、卫生、食药、供水、供气、通信等行业领域的安全生产工作。

强化重点行业领域的日常监管和专项整治。开展烟花爆竹专项整治、禁鞭巡逻行动、危险化学品专项整治以及成品油市场专项整治，检查危化品及烟花爆竹企业218家次，下达现场检查记录218份，责令整改8份，发现隐患230条，完成整改230条，整改率100%，确保全县烟花爆竹、危险化学品行业领域的安全经营。针对江苏响水天嘉宜化工有限公司“3·21”爆炸事件，组织专班，聘请专家对全县所有危险化学品经营单位进行安全大检查，下达责令整改指令，对发现的安全隐患立行立改，确保实效。

督促企业落实安全生产主体责任。全县纳入管理的矿山企业全部成立安全管理机构，配齐安全管理人员，特种作业实行持证上岗；督促引导企业树立安全成本观念，采用“台阶式”“机械化”“中深孔爆破”等先进工艺作业，矿山企业累计投资300余万元安装先进的作业设备。

召开全县矿山安全生产培训会、烟花爆竹从业人员安全知识培训会，培训主要负责人、安全管理人员230余人。

推行“专家会诊”制度。开展“专家会诊”2次，检查危险化学品、煤矿和非煤矿山等生产经营单位200余家（次），提升企业安全基础水平。

【安全生产宣传教育培训】 县安委办创新安全法治宣传教育载体和方式，突出矿山、危险化学品、道路交通、建筑施工、消防等领域的安全法律法规宣传，让安全生产理念、知识和法律法规进企业、进工地、进学校、进乡村、进社区、进家庭，不断推进文化立安、依法治安、科技保安进程，增强群众和企业安全生产法律法规意识，提升企业依法经营、依法治企观念，努力营造社会关注安全、重视安全的良好舆论氛围。12月，以“弘扬宪法精神，强化应急管理法治化建设”为主题，开展宣传宪法、学习宪法活动，推进宪法进机关、进企业，提升机关工作人员、服务对象企业职工的学宪法守宪法意识，推动应急管理工作法治化建设。

（成　豹　沈仕军）

公共资源交易

【概　况】 2019年，完成进场交易项目153个，交易总额56276.26万元，节约资金5626.4万元，节约率9.46%。其中：建设工程项目31个，交易额31655.28万元，节约资金3116.53万元，节约率8.96%；政府采购项目115个，采购总额19352.98万元，节约资金1309.87万元，节约率6.34%；国有土地使用权挂牌出让7宗，成交总额5268万元，增值1200万元，增值率29.5%。

【交易平台建设】 根据来凤县机编发〔2015〕27号，将政府采购、土地使用权和矿业权出让、国有产权交易、工程建设项目招投标整合资源，将市场主体建设的排污权、碳排放权纳入公共资源交易平台体系，与省、州公共资源交易电子服务系统的互联互通，实现信息资源共享。

【业务培训】 举办招投标全流程电子化培训，55个单位163人参加培训。11月6日，恩施州政务服务和大数据管理局、州住房和城乡建设局、州公共资源交易中心联合举办全州新入库评标专家和招标代理机构远程培训会，来凤在县公共资源交易中心设立分会场，110人参加会议。2019年7月，派出4人到州中心跟班学习；8月、11月开展两期全流程电子化系统培训操作。2019年全流程电子招标成功交易项目1个。2020年全面推行全流程电子化评标，已经开展1个，为来凤县绿水镇老寨乡村振兴试点建设项目。

【公共资源交易市场管理】 公共资源交易制度和流程网上公开，简化公共资源交易流程，健全完善交易规则，执行公平竞争审查制度，在招投标活动中推行资格后审。协助开展招投标领域突出问题专项治理，协助行业主管部门和综合监管机构综合监管、动态监控、质疑投诉处理、预警纠错。抽调专人配合纪检、审计、检察院、法院、公共资源交易监督管理局、财政局开展招投标领域突出问题专项治理查处工作，为他们提供查询、查阅、借阅资料等服务。2019年，县公共资源交易中心牵头“是否存在扶贫项目违规招投标现象”整改工作，通过组织开展自下而上排查清理，发现2个问题，完成整改销号2个。6月15—26日，中心分管领导和财政局的分管领导带领两个单位工作专班，联合开展工作专班进企业活动；8月，抽调专人协助配合牵头单位县财政局（采购办），到乡镇、县直单位开展政府采购执行情况检查。

【专项清理】 在优化营商环境“百日攻坚”行动中，对2018年1月1日至2019年3月31日建设工程项目存量保证金进行专项清理清退，清退存量投标保证金221.96万元。

【来凤县第一个全流程电子化招投标项目启动网上交易】 2019年11月28日，来凤县第一个全流程电子化招投标项目（县中等职业技术学校运动场及看台、道路管网、门卫、水电房等配套工程项目）启动网上交易。

【机构改革】 2019年3月，根据来发〔2019〕5号精神，将来凤县公共资源交易中心由来凤县人民政府办公室所属的事业单位调整为县政府直属事业单位，对外加挂县政府采购中心牌子。

（姚水玉　向光辉）

公共检验检测

【概　况】 2019年，县公共检验检测中心启动全县检验检测机构资源整合和公共检验检测中心的设备划转和招标采购工作，选拔录用5名工作人员。

【公共检验检测中心建设】 与县农业农村局会面商讨，按照公共检验检测中心各实验室功能及整合设备情况，合理布局，完成设备搬迁、调试、安装等前期准备工作。

【专业技术人员的选调和招考】 通过招考和考核的方式，选拔录用5名工作人员，其中业务负责人和两名专业技术人员分别到成都技术检测机构和州公共检验检测中心培训学习。

（彭　舜　向代祥）

大数据工作

【概　况】 2019年建设“智慧城市和大数据运营中心”，项目包括“雪亮工程”“来凤云”数据中心机房和城市指挥中心。“雪亮工程”是城区视频监控系统进行升级改造扩容，其中火车站临时红绿灯及违法停车抓拍系统及25个点位车辆违停抓拍系统完工；来凤城区内718个摄像头完成91%。“来凤云”数据中心机房综合公安、交通、城管、环保、人社、政务服务、电子政务、大数据中心、教育、医疗医保等需求，按照“一机多用”原则建设共享、共建、互联、互通大数据机房，机房安装完毕。“城市指挥中心”智慧城市运营管理平台、特色智慧搭建完毕，大厅装修进入招标阶段。

【三清单一目录】 根据县委办公室、县政府办公室印发《来凤县进一步优化营商环境工作方案》

通知要求，结合“三清单一目录”，每月定期梳理汇总相关单位对电子证照库平台、共享数据平台相关数据的上传更新情况，推进“一张网”建设。

【机构设立】 2019年3月，根据来发〔2019〕5号精神成立来凤县大数据中心，属来凤县人民政府直属事业单位。

（石明禅　陈　阳）

农业和农村经济

农 业

【概　况】2019年末，全县总人口33.44万人。其中农村人口28.23万人，农村劳动力18.11万人。全年农林牧渔业总产值275780万元，比上年增长3.6%（可比价增幅，下同），其中，农业产值152937万元，增长5.1%；林业产值22319万元，增长3.8%；畜牧业产值81581万元，增长1.1%；渔业产值1120万元，增长4%；农林牧渔服务业产值17823万元，增长5.8%。农村常住居民人均可支配收入11342元，同比增长10.32%。

【种植业】2019年，全县粮食种植面积28700公顷，比上年下降1.78%；油料种植面积5500公顷，比上年增长0.55%；药材种植面积2620公顷，比上年下降6.09%；烟叶种植面积366.67公顷，比上年下降59.6%；蔬菜种植面积6393.33公顷，比上年下降3.62%。

主要农业产品产量见表2。

2019年来凤县主要农产品产量及其增减情况一览表

表2　　　　单位：吨、%

产品名称	产量	同比增减
水稻	55777	-3.16
豆类	2856	2.59
油料	9825	-1.72
烟叶	503	-66.83
蔬菜	110578	-4.23
水果（含果用瓜）	25989	0.05
水产品	585	-3.71

2019年全县重点围绕“两茶一果一菇一蜂”特色主导产业，充分发挥“富硒”“生态”优势，扎实推进农村产业结构调整，着力解决贫困户长期稳定增收的问题。全县新增农业特色产业基地3960公顷。

土肥技术推广：全县布置玉米、红薯、水稻、葡萄、猕猴桃试验田7个，完善作物施肥指标体系。耕地质量监测点选点完成10个，永久性标识牌制作安装完毕；土壤酸化治理示范完成物资招标，生石灰由重庆内安商贸有限公司中标，土壤调理剂由武汉市秀谷科技有限公司中标。完成连续两年的县耕地质量等级评定最终评价。完成金农工程表1—表10年报表数据填写及金农工程表11及2019年节水农业技术推广及资金投入预计。

植物保护系统调查水稻、玉米、马铃薯、油菜、茶叶、蔬菜、柑橘等农作物28种重要病虫害，一般性调查蔬菜、茶叶、柑橘、梨树、葡萄、桃树等部分次要病虫害；完成8个乡（镇）

马铃薯晚疫病预警系统建设，在大河镇、旧司镇、革勒镇、绿水镇建立晚疫病远程监控体系；发布病虫情报12期；在三胡、旧司、大河完成茶叶病虫害绿色防控示范样板田300公顷，在翔凤镇完成中药材病虫害绿色防控和统防统治示范样板田200公顷；在三胡乡官坟村建立水稻病虫害绿色防控和统防统治融合示范样板田13.33公顷。在漫水乡、大河镇建立26.67公顷马铃薯晚疫病统防统治示范样板田，进行4次统防统治，示范区亩产1977.8千克；在漫水乡建立66.67公顷辣椒病虫害统防统治示范样板田，主要采用生物农药进行6次统防统治。年度草地贪夜蛾从5月27日开始进行连续4个月监测和防控。

【农业产业化】 2019年，全县落实中央、省委关于打赢脱贫攻坚的决策部署，出台到人到户项目奖补政策，惠及贫困户，出台产业发展基地培管奖补、藤茶市场营销奖补等政策，惠及农业企业、农民专业合作社、家庭农场和种养大户，促进“两茶一果，一蜂一菇”为主的特色产业发展。2019年末，全县特色产业基地32966.67公顷，其中藤茶4800公顷、油茶7000公顷，人均拥有特色产业基地0.1公顷。在抓产业基地发展的同时，强化一、二、三产业融合，依托特色产业和山水自然禀赋，吸引一大批市场主体转行休闲农业，全县休闲农业快速发展，近20家休闲农业市场主体开门纳客，年均接待游客15万人次。

【农业机械化】 全县农机总动力208100千瓦；农机保有量89268台（套），其主要机具为：种植业耕整地机械3259台（套），排灌机械总量16768台（套），田间管理机械12926台（套），收获机械7340台（套），农产品初加工机械32000台（套）。

农机化作业农作物耕种收机械化水平34%，农作物综合机械化水平41.5%；机耕作业量22376公顷，机收面积7350公顷；机械植保面积11280公顷，机电灌溉面积7273公顷；实际农产品数量305649吨。2019年，全县农机补贴资金27.79万元，补贴各类机具131台（套），带动农民自筹投入购机128万元，直接受益农户67户。

【农业综合执法】 2019年，来凤县农业农村局综合执法大队坚持依法行政，加强市场监督管理，认真宣传、贯彻落实农业相关法律法规，开展农业行政执法、农资经营管理、涉农违法案件查处、推进水行政执法进程等工作。

水政渔政执法：2019年处理水事案件3起，立案1起，渔事案件立案16起；协调水事纠纷10起，渔事纠纷4起，没收电鱼机13台；没收渔获物37千克；没收捕鱼船1艘；水政渔政罚没收入2.04万元。

农业行政执法：2019年全县出动执法人员200余人次，对全县农资经营门店和具有一定规模的农产品生产基地检查做到全覆盖，部分农资门店累计检查6次以上，填写巡查记录250余份，下达责令整改通知书8份，现场督促立行立改22起。在检查过程中，农资门店主动上缴过期农药、未定点经营的限用农药、疑似问题农药150余千克，13家农资门店主动上缴未到期农药经许可证，决定放弃农药经营资格。新办普通农药经营许可证2家，新办限用农药经营许可证5家。全县接到农药投诉1起，成功调解1起，赔付农民损失1000元；受理种子投诉4起，成功调解4起；受理种苗投诉2起，成功调解2起。全县立案查处涉农违法案件4起。

畜牧执法：2019年全县集中发放宣传资料400余份，对企业下达《监督检查结论告知书》24份，指出存在的问题4项，督促落实整改3项（整改落实消毒、代宰间的维修、非洲猪瘟自检），开展执法检查44次，出动执法人员158人次，检查屠宰场24次，取缔私屠滥宰点11个。查处私屠滥宰立案1起，处罚金5000元。同时处理违反《中华人民共和国动物防疫法》非法贩运生猪案件3起，处罚金82642元。

【农业科技】 2019年末，全县统计入库农村实用人才11225人，其中生产型人才6887人，占61%；经营型人才1901人，占17%；技能服务型人才910人，占8%；技能带动型人才1015人，占9%；社会服务型人才512人，占5%。全年开展各类农村实用人才培育和农业实用技术培训4318人次，其中，新型职业农民教育培训668人次，派送对口扶贫及农技人员知识更新外出培训63人次，选送外地参加农村实用人才培训75人次，农村实用技术培训3512人次。完成恩施州薯玉豆宽幅集成高效模式试验，马铃薯单产数据实现1188.4千克。突破生姜连作障碍技术攻关。

【农产品质量安全】 2019年，进行农产品定性检测12709批次，检测全部合格；省州监督抽检42批次，合格率97.6%，县级定量抽检341批次，检测全部合格。指导辖区内生产、养殖主体开展标准化生产，全县80%以上生产、养殖基地制定生产技术规程，落实标准化生产。全国绿色食品原料（藤茶）标准化生产基地通过农业农村部绿色食品发展中心验收。全县产品获得绿色食品标志10个，认证面积848.39公顷。全年举办52场次农产品质量安全课程培训，培训1738余人次。

【农田建设管理】 2019年，上级下达全县高标准农田建设任务为1913.33公顷，其中，1000公顷划归国土与自然资源局负责实施，农业农村局负责913.33公顷的实施。省政府分配全县“两区”划定任务面积是水稻种植保护区面积7333.33公顷、油菜种植保护区面积3333.33公顷。

【美丽乡村建设】 2019年，全县美丽乡村年度省级示范村8个，规划编制完成数8个。全县行政村总数185个，年度开展村庄清洁行动185个，开展率100%。全县农村户厕申报任务数23000户，完成23058户；农村公厕申报完成任务数85座完成85座；整村推进任务数35个，实际完成38个。应落实的配套资金数额955万元，实际落实的配套资金1100万元。

【河湖长制】 调整建立由县委书记任第一总河长、县长任总河长、9名县领导、38名乡镇班子成员、121个村支部书记任包段河长的河长队伍；落实河道管理员83名，管护信息员231名，巩固全县27条（段）总长502千米的河道“一长两员”全覆盖成果。在河道显要位置更新县、乡、村级“河长公示牌”，公开河长名单、河长职责、治理目标及监督举报电话，接受社会各界监督，确保河长“管、治、保”职责履行到位。制止涉水违法行为案件2起，下达责令停止违法行为通知书2起，下达自行拆除通知书2起；处理渔政案件3起。

【水旱灾害防御】 2019年，根据水文部门数据显示，全县自入汛以来，平均降雨量775毫米，较常年同期减少31.1%，酉水来凤水文站径流量为10.09亿立方米，较常年同期偏少28.1%。8月以来全县范围内出现持续晴热高温少雨天气，导致全县近期旱情十分严重。部分河流断流，大部分水库、塘堰、水窖及水厂蓄水严重短缺，来凤遭遇前所未有的旱情，全县55座水库，干枯9座。8个乡（镇）109个村24931人无生活用水，大面积居民生活用水紧缺。根据旱情发展态势，农业农村局不断完善抗旱应急预案，多方采取抗旱救灾措施：一是PPP大管网分时段供水；二是多方寻找水源，采取临时供水措施；三是采取消防车和地方清洁车送水，被获取送水人口1万余，送水580车次；四是加强二次供水水质监测，确保供水安全；五是多形式多渠道宣传，倡导节约用水，多渠道解决用水困难。

【移民工程】 2019年，来凤县大中型水库后期扶持资金643万元，其中县财政局下达移民后期扶持基金235万元、两区规划项目扶持资金222万元，省财政厅下达全县第二期大中型水库后期扶持基金186万元。

【水产养殖】 全县河流水产养殖水域面积3333.33

公顷，水库水面养殖面积1000公顷。2019年度开展鱼病防治、健康养殖、水产食品安全生产工作，强化鱼塘、水库安全生产，全年无水产养殖安全事故发生；完成小龙虾、水产食品安全集中培训2批次190人；实行禁渔期制度，每年3月1日至6月30日在酉水河来凤县境内干流及其一级支流禁止一切捕捞作业；调整产业结构，以发展特种养殖为主，增殖放流鱼苗20万尾；全县发展生态小龙虾养殖面积15.67公顷，初见成效。开展鱼药、鱼饲料合格认证，规范养殖场和专业合作社的日常生产养殖记录、安全生产及养殖尾水合理利用等并做好定期检测检查。全年完成抽样检测累计15批次，定期检查25批次。

【畜牧业】 2019年，全县生猪出栏15.28万头，同比下降33.90%；肉牛出栏5037头，同比上升0.43%；山羊出栏18139只，同比上升0.48%；禽出笼123.8万羽，同比上升2.23%；肉类总产量14243吨，同比下降6.33%；禽蛋产量3854吨，同比上升3.43%。全县畜牧业综合产值增加值为84783万元，同比上升4.12%。其中流通环节产值增加值合计17374万元；屠宰及加工产值增加值合计41280万元；养殖环节畜牧业产值合计15106万元。

重大动物疫病防控，全县生猪瘟疫苗、猪口蹄疫、猪蓝耳病疫苗免疫66.2万头，牛口蹄疫免疫3.91万头，羊口蹄疫免疫4.85万只。猪、牛、羊免疫密度100%，耳标佩戴率100%。2019年出生的羊只进行小反刍兽疫苗免疫。免疫鸡禽流感、鸡新城疫苗206.85万羽，密度100%，免疫鸭禽流感疫苗43.24万羽，密度100%。制定《来凤县H7N9流感防控工作方案》，对全县禽类饲养量在500羽以上的16个鸡场（其中野鸡养殖场1个）、11个鸭场和城南城北两个禽类交易市场的所有摊位按要求采集监测血清1944份。组建8个羊布鲁氏菌病净化工作专班，51名工作人员采集监测血样2.32万份。

【机构改革】 根据来凤县机构改革方案，将县委原农村工作领导小组办公室的职责、县农业局的职责、县水利水产局（县防汛抗旱指挥部办公室）的职责，县发展和改革局的农业投资项目、县财政局的农业综合开发项目、县国土资源局的农田整治项目等管理职责，以及县畜牧兽医局（县防治重大动物疫病指挥部办公室）、县移民局的行政职能整合，组建县农业农村局，作为县政府工作部门。县农业农村局对外加挂县水利局、县河湖长制办公室牌子。保留县委农村工作领导小组，作为县委议事协调机构。县委农村工作领导小组办公室设在县农业农村局。不再保留县农业局、县水利水产局（县防汛抗旱指挥部办公室）。2019年3月11日，县农业农村局正式挂牌。

（陈　豪　田绍恩）

藤茶产业

【概　况】 2019年末，全县藤茶产业面积4800公顷，专业合作社44个，加工企业19家，初级加工厂29个。2019年生产藤茶3798吨，产值9.59亿元，带动贫困人口就业2.2万人。

【藤茶产业政策扶持】 县人民政府印发《来凤县人民政府关于促进藤茶市场营销奖励政策的十条意见（试行）》，从宣传、参展推介、申报知名品牌到省会城市建立来凤藤茶纳品牌形象直营店、藤茶展示体验区、体验馆等给予政府资金支持和奖励，并把来凤藤茶纳入政府采购目录。藤茶基地培管、新发展基地继续纳入秋冬季农业综合开发，对留存藤茶基地培管和新发展基地进行财政奖补，全县基地培管面积1333.33公顷，新发展基地百亩及以上的69.6公顷，兑现奖补资金180.98万元。

【藤茶宣传推介】 2019年9月10日，由湖北日报健康杂志社举办的来凤藤茶高峰论坛在武汉光谷召开，县长李伟致辞，中国中医药协会会长房书亭、中国中医药学院首席研究员叶祖光和华中农业大学、武汉大学专家教授等发言。2019年4月26日，中央电视台科教频道《中国影像方志·第222集——湖北来凤篇》物产篇中播放《这种神奇的茶可以治疗口舌生疮》，宣传来凤藤茶功效。2019年6月14日，中央电视台农业科技频道《每日农经》节目上播出专题片《越种越有滋味的藤茶》。组织各种植专业合作社和加工企业先后到上海、驻马店、广州、长沙、武汉、赤壁等地参加农业博览会和各类展销会，提高来凤藤茶知名度。

【藤茶项目实施】 2019年12月，来凤藤茶溯源系统建成并投入使用。12月25日，省发改委、省农业农村厅公布来凤县藤茶现代农业产业园创建成功；来凤金祈藤茶生物有限公司引进藤茶深加工生产线（提取二氢扬梅素）2条，并投入生产。

【藤茶品牌建设】 来凤藤茶获得2019年湖北区域公共品牌20强；2019年来凤藤茶获得全国绿色食品原料标准化生产基地名单；在第十六届中国武汉农业博览会上获得金奖；凤鸣龙须藤茶等8款产品获得2019年绿色食品证书。

（陈　豪　田绍恩）

林　业

【概　况】 2019年末，全县林业用地面积95599.53公顷，其中有林地70575.53公顷（乔木林面积68877.18公顷、竹林面积1698.35公顷），占林业用地面积73.82%；疏林地面积1447.98公顷，占林业用地面积1.51%；灌木林地面积18737.56公顷，占林业用地面积19.6%；未成林造林地面积4352.54公顷，占林业用地面积4.56%；无立木林地面积141.57公顷，宜林地面积275.66公顷，合占林业用地面积0.44%。森林覆盖率58.11%，全县活立木总蓄积463.76万立方米。林业三大体系建设和各项工作取得明显成效，先后被授予“全国绿化模范县”“全省绿化模范县”等荣誉称号。

【森林资源管理】 全县森林管护面积49360公顷。2019年全县下达森林采伐限额2.5万立方米，其中商品林采伐限额1.5万立方米、公益林采伐限额1万立方米。完成各类建设项目使用林地审核报批90个，使用林地面积129.1739公顷，征收森林植被恢复费831.9372万元。全面停止天然林商业性采伐，将13893.3公顷县级公益林全部区划为天然林禁伐区以修复森林生态功能。编制完成《来凤县城区山体保护规划》，并获州人民政府批准。全面完成湖北省第五次森林资源普查工作，并经省林业局检查验收合格。完成2019年森林督查暨森林资源管理“一张图”年度更新工作。开展以森林公安为主的综合行政执法，受理行政案件35起，查处35起，责令补种树木827株，没收并放生非法收购非国家重点保护动物59只（头），没收违法所得4500元，罚款22.96万元。刑事案件立案25起，破案24起，抓获犯罪嫌疑人24人，拘留8人次，取保17人次，逮捕2人次。

【林业生态建设】 全县完成1333.3公顷油茶经济林人工造林，全部纳入“退耕还林”。完成义务植树60万株。完成道路绿化9.23千米，其中高速公路4.84千米，铁路4.39千米。新建老虎洞森林公园1个，申报“绿色示范乡村”2个，“森林乡村”10个，2020年造林补贴项目266.67公顷。编制完成《来凤县加强裸露山体生态修复　高质量推动国土绿化三年行动方案》。

【林业行政审批】 落实“放管服”改革，加快实施“一网覆盖，一次办好”“优先办，马上办，快速办”等工作。修改完善行政许可和行政服务事项117项，完成服务指南的录入和编写工作。办理森林植物检疫证书92份，木材运输证92份，“三有陆生野生动物人工繁育许可证”12份，林区野外用许可证18份。办理林木种子生产经营许可证3份，林木采伐许可证审批2968份。受理审核审批采伐证2541份，采伐木材蓄积8551.33立方米（含不占限额数），其中商品林4352.22立方米、生态公益林4199.11立方米。办理“木材运输证”和“森林植物检疫证书”184份。承诺件和即办件按时办结率达到100%，现场办结100%。

【林业产业建设】 坚持挖掘地方特色资源优势，大力发展油茶产业，近年来，新发展油茶6667公顷。建立健全“一站式”服务机制，落实林业优惠政策，坚持工程项目引导与企业投资办林业产业基地相结合，推进“专业合作社+基地+村级经济组织+农户”的生产经营模式（分成比例：公司或者专业合作社∶农户∶村级组织=6∶3∶1），农民以土地入股方式参与分成。鼓励发展林下套种，以种代抚，减少投资成本。让农民变为产业工人，带动贫困户脱贫致富。全年实现林业产业总产值10.1831亿元，增长1.70%，为来凤科学发展、跨越式发展发挥积极作用。

【野生动植物保护与自然保护地管理】 举办“2019年爱鸟周暨《野生动物保护法》”宣传活动，发放宣传资料500余份。开展来凤县“绿盾2019”行动，没收各种蛇类42条、蛙类169只、竹鼠2只。开展“陆生野生动物人工繁育场所大检查”行动，对全县41家野生动物人工繁育场所进行检查。开展2019年度“双随机一公开”检查，对马褂木省级自然保护小区、来凤县源野特种养殖专业合作社进行检查。完成来凤县老板沟野生动植物州级自然保护区调规工作。开展老板沟野生动植物州级自然保护区立牌工作。

【重大林业有害生物防治】 清理病枯死树13804株。悬挂诱捕器40套，涉及2个乡镇3个村，防治面积100公顷。查处违法加工、利用疫木案件14件，结案14件，没收疫木227.9879立方米，涉案价值18.24万元，处理涉案人员14人，对没收的疫木全部进行就行就地焚烧处理。开展林业有害生物防治宣传与业务培训660人次，发放公开信2000余份、张贴通告2000张、通过新媒体宣传5次。全县集中组织秋季松材线虫病专项普查工作，实现松林面积全覆盖，监测松林面积17300公顷。

【行业扶贫】 2019年，全县发放公益林生态效益补偿资金876.8428万元，补偿面积43401.6公顷，涉及农户39149户。其中，发放公益林补偿扶贫资金170.82万元，补偿面积8446.67公顷，受益贫困户10249户。向省申报新增天然林停伐23333.3公顷。聘用建档立卡贫困人口生态护林员490人，发放建档立卡贫困人口生态护林员工资196万元，带动贫困户490户贫困人口1960人脱贫。2019年兑现第一轮退耕还林总面积868.98公顷，政策补助资金1629337.5元（其中含补兑2016年、2017年老一轮退耕还林面积3.13公顷，兑现资金5875元），涉及8个乡镇81个村，受益农户5955户，贫困户1596户；兑现2015年度新一轮退耕还林面积666.67公顷，第三次政策补助总资金400万元，涉及8个乡镇27个村，受益农户1752户，贫困户540户。

（向文忠　田秀元）

乡村振兴

【特色产业发展】 全面落实最严格的耕地保护及永久基本农田保护制度，因地制宜推进高标准农田建设。全面兑现支持耕地地力保护补贴和水稻种植补贴，支持粮食生产。开展耕地质量等级评价，以土壤酸化治理为重点落实耕地保护。完善农业防灾的体系，修复损毁的农田设施，夯实粮食生产的基础。全县新增特色产业基地3960公顷，启动5万群中蜂繁育产业基地和500万棒香菇产业基地建设。“来凤藤茶”通过全国绿色食品原料标准化生产基地验收，翔凤镇“老茶村”被认定为全国“一村一品”示范村。“来凤县农园果蔬采摘园”被认定为湖北省休闲农业示范点，“默乡农场”漫水乡田园综合体成为网红旅游打卡地。来凤藤茶、来凤姜入选湖北省农产品区域公共品牌二十强。

【农村基础设施建设】 2019年新修农村公路100千米，公路密度1.71千米/平方千米；投资1300万元用于1489千米农村公路养护；黔张常铁路来凤站于12月26日正式投入运营。开展村庄绿化和林地保护，以农田林网和村旁、路旁、水旁、宅旁“一网四旁”绿化体系重点推进全面增绿。完成农村厕所革命户厕改造23058户。全县采购农村环卫保洁车辆24辆、3600个垃圾桶，7座乡镇垃圾中转站投入使用；196个村配备农村生活垃圾治理保洁员616名，总投资3亿元的乡镇污水处理全覆盖工程试水调试，设计污水处理总规模为5100吨/日。全县输变电工程、高低压线路改造基本完成，自然村通动力电率100%；4G信号有效覆盖率在92%以上，光纤宽带通村率100%；固定宽带入户总数7万余户，普及率在全省三类县市中位居第二位。

【乡风文明建设】 以先进典型榜样精神构筑新高地，引导全县群众注重家庭建设、家教传承和家风培育，评选表彰“最美媳妇”“最美少年”“最美家庭”“最美致富带头人”“最美教师”等典型500余人，形成健康向上的精神风貌。深化公共文化服务体系建设，建成覆盖城乡的三级公共文化设施网络和面向基层的公共文化数字服务平台新时代文明实践工作、村级文体广场建设实现全覆盖。狠抓农村教育，坚持幼儿教育抓规范，基础教育求均衡，高中教育创品牌，职业教育求特色，继续巩固教育布局“三集中”成果，108所学校校园安全建设全部达标，在全州率先启动“三点半”课后托管服务改革，“船工校长”黄中桂获评“全国模范教师”。

【农村社会治理】 贫困村、软弱涣散村和集体经济薄弱村党组织派驻第一书记，村党组织书记县级备案管理。每个村培养35岁以下后备干部2名以上。全县集体经济“空壳村”全部消除，全县年收入在10万元以上的村19个，占比10.11%；5万—10万元的村58个，占比30.85%；1万—5万元的村87个，占46.28%；1万元以下的村24个，占12.77%。46个重点贫困村集体经济全部5万元以上。三胡乡石桥村入选全国乡村治理示范村。全县办理涉赌刑事案件11起；办理涉赌行政案件44起；办理涉黄刑事案件7起；办理涉黄行政案件55起；8个乡镇中心戒毒社区全部建成并投入使用；乡镇综治中心实体化运行，“一村一警”全面落实；信访事项如期办理；农村群众安全感明显增强。

【农村社会保障】 推进农民工技能培训，多渠道促进全县劳动力转移就业创业，全县6000余名贫困人员实现就业创业，农村电商产业链创造就业岗位600余个；与杭州市深化劳务合作，杭州市企业提供就业岗位1897个，建立扶贫车间提供就业岗位200个，杭州市5家企业挂牌来凤县劳务输出就业基地。全县农村居民人均可支配收入实现稳步增长。2019年，全县脱贫353户1091人，仅留存39户150人，综合贫困发生率为0.05%。投资3.75亿元的自来水“大管网”基本建成，全县农村安全饮水保障水平和农村自来水普及率得到巩固和提高。做好农村低保制度与扶贫开发政策的有效衔接，为无法依靠产业就业帮扶脱贫的无劳动力贫困人口提供兜底保障。健全贫困家庭“三留守”关爱服务体系，完善“三留守”人员动态管理数据库，落实家庭赡养、监护照料法定义务。加强重点救助，完善临时救助政策，落实困难残疾人生活补贴和重度残疾人护理补贴政策，做到应补尽补。完善城乡居民基本养老保险制度，适时适度提高养老金待遇水平，城乡居民基本养老保险适龄参保人员缴费率逐步提升。

（陈　豪　田绍恩）

烟叶种植

【概　况】2019年，发展烤烟农户94户、雪茄烟农户241户，实际移栽烤烟231.2公顷、雪茄烟133.33公顷。完成烤烟收购量6915.38担，收购均价29.24元/千克，收购金额达1011.06万元。

【烟叶推广】围绕湖北中烟、河南中烟等对雪茄原料的需求，沿酉水河谷流域“一乡三镇”（翔凤镇—绿水镇—漫水乡—百福司镇）确定13个行政村为“雪茄烟种植走廊”。通过实施“反租倒包”的土地流转方式，在绿水镇体河村累计流转土地33.33公顷，流转年限10年，并在土地流转区域建立土壤保育与修复制度。推广土壤保育及修复技术，推广绿肥种植及生石灰改良土壤，全面推广揭膜培土和打顶抑芽技术，生物防治雪茄烟田害虫技术，雪茄烟叶的安全可用性和可持续生产能力得以提升。在核心示范区新建雪茄烟自控晾房10栋，在辐射区采取烟农自建、公司补贴的方式新建简易钢架晾房8栋。优化配强雪茄烟研发技术团队，由1名高级农艺师担任雪茄烟技术质检办主任，公开竞聘1名农艺师担任副主任。加强职业化烟农队伍建设。紧紧围绕“十百千万”工程，按照“一户一档”要求建立150户职业烟农档案，占雪茄烟农户数的60.4%。

（吴　江　田煜利）

农村经济管理

【概　况】2019年底，全县新发展合作社59家，合作社累计备案数831家。农村土地确权面积27193.33公顷。农村集体产权制度改革清理账面资产7988.09万元，核实资产23108.27万元，确定村集体经济组织成员身份27万人。加大农村集体“三资”监管工作力度，健全“三资”管理制度，清理集体资产、资源承包合同136份，完成规范整改10份。

【行业扶贫】强化新型农村经营主体规范化建设指导。新建成合作社59家。录入家庭农场名录188家，其中“六有”家庭农场58家，占比30.85%。开展“空壳社”专项清理工作，清理经营异常合作社68家，取消县级示范社6家，组织合作社负责人培训3期，培训人数165人。向上申报7个深度贫困村合作社扶持项目。

推动建立与贫困户利益联结机制。加强政策宣传，引导合作社通过土地流转、劳务用工、入股分红、提供种苗（技术）、签订产品回收协议等方式，发挥引领作用，带动贫困户增收。加强政策激励，把带动贫困村、贫困户作为享有项目、资金等政策支持的必要条件；落实奖补政策，对带动贫困村、贫困户的新型农业经营主体给予资金奖励或补助。加强指导服务，根据新型农业经营主体的需求，分类开展培训。优先将贫困村或有示范带动作用的经营主体作为培训对象。2019年底，实现对全县贫困村合作社培训全覆盖。

协助做好其他扶贫工作。完善2018年村集体经济收入台账。组织老茶、木车坝村2个村申报省村级集体经济发展进步村，每村获得省奖励资金5万元，组织11个村申报省级集体经济扶持项目。

【农村土地确权登记颁证】完成确权面积27193.33公顷，测绘地块47.89万块。土地确权登记农户6.52万户，签合同6.40万份，承包合同签订率98.1%。完成确权数据库建设及数据提交工作。

【农村集体产权制度改革】完成“两清”工作（清产核资，清人分类）。清理账面资产7988.09万元，核实资产23108.27万元，其中清理经营性账面资产728.94万元，核实经营性账面资产2054.3万元。清人分类确定成员身份27万人。启动村级（股份）经济合作社组建工作。

【农村集体“三资”监管】开展清产核资，摸清家底。以2017年为时间节点，清理全县农村集体总资产23108.27万元，其中经营性资产

2054.3万元，流动负债248.38万元；集体土地123053.33公顷，其中农用地113853.33公顷（耕地面积27260公顷、园地面积66.66公顷、林地面积77000公顷、养殖水面93.33公顷），建设用地9200公顷；未承包到户农用地（林地）面积7226.67公顷，“四荒地”113.33公顷。

健全农村集体“三资”管理制度。根据国家有关法律法规和《湖北省农村集体“三资”管理办法》《湖北省农村集体财务管理办法》《湖北省村级非生产性支出管理办法（试行）》的规定，拟定《来凤县农村集体“三资”管理实施细则（草案）》《关于规范全县村级组织运转经费和集体经济收入使用管理的通知（征求意见稿）》。

开展村级集体资产资源租赁发包情况集中清理和规范工作。清理各类集体资产、资源承包合同136份，发现存在问题的40份，整改规范10份。

完成村级集体负债清理工作。对全县188个村（社区）截至2018年底负债情况进行清理，全县有81村（社区）存在负债，占总村数43.09%，总负债333.05万元。

【农村土地流转】 2019年，全县农村家庭承包耕地通过转包、转让、互换、出租及其他方式流转总面积7000公顷。

【土地纠纷调解仲裁】 2019年调解各类土地纠纷184起，其中仲裁庭开庭审理土地纠纷仲裁案1件。

（杨连锋）

工业 科技

工业经济

【概 况】 全年规模以上工业企业25家，完成工业总产值125410万元，同比增长14.2%。实现销售产值123575万元，同比增长13.7%。规模以上工业增加值同比增长7.9%。全县25家规模以上工业企业实现营业收入141125万元，同比增长26.9%（同企业口径）；实现营业利润9071万元，同比下降15.6%（同企业口径）；资产总计248820万元，同比增长0.66%（同企业口径）；负债总额139867万元，同比下降1.67%（同企业口径）。

工业产业基础基本建立。2019年25家规模企业中家居建材类8家，非金属矿产加工类5家，农产品类加工8家，电力、能源类3家，电子产品类1家。全县形成家居建材、绿色食品、清洁能源、非金属矿精深加工、电子电气工艺品制造等五大产业发展的产业基础，但是产业结构不优，传统产业占比90%，精深加工的高附加值行业占比很少，对工业增加值的贡献率低。

企业生产稳步回升。2019年一季度，规模企业总产值完成2.74亿元，同比累计下降17.87%，规模增加值–14.6%；二季度完成总产值6.6亿元，同比–0.15%，规模工业增加值–6.9%；三季度完成总产值10.9亿元，同比增长8.85%，规模工业增加值增幅为1.8%；四季度完成总产值12.5亿元，同比增长14.2%，规模工业增加值增幅为7.9%；工业企业生产处于稳步回升态势。

税收贡献上升。2019年税收过千万的1家、过500万元的1家、过100万元的8家、过50万元的8家、过10万元的3家。纳税大户集中在家居建材、电力、矿产行业，电子产品、工艺品类处于稳步上升之中。

提供就业平稳和品牌创建有突破。全县工业企业吸纳就业人数稳定在1.5万人左右，占总就业人数的40%左右。全县工业企业获得地理标志商标4件、湖北名牌产品5个、“绿色食品”标志7件、“无公害产品”7件、“有机食品”1个，高新技术企业5家。

【工业经济主要指标】 全县25家规模工业企业完成总产值12.54亿元，同比增长14.2%；规模工业增加值增幅完成7.9%。全州排名并列第二位，主要产品产量见表3。培育新进规模企业3家（鑫林木业、璟发木业、天宇环保建材）。

2019年来凤县规模以上工业主要产品产量及其增减情况一览表

表3

产品名称	单位	产量	比上年增减	
			绝对额	（%）
石灰石	万吨	120.09	–15.45	–11.4

续表 3

产品名称	单位	产量	比上年增减	
			绝对额	(%)
水泥	万吨	114.31	-15.44	-11.9
硅酸盐水泥熟料	万吨	78.46	-10.43	-11.7
精制茶	吨	153.84	31.91	26.2
人造板	万立方米	2.04	0.33	18.9

【工业项目固定资产投资情况】 全县工业固定资产投资项目 26 个，完成工业固定资产投资 91326 万元，同比增长 68%。其中固定资产投资过亿元工业项目 8 个。

【工业项目技改情况】 全县工业技术改造项目 4 个，完成工业技术改造投资 8969 万元，同比增长 118%。

（张贤慧　余立军）

电力工业

【概　况】 2019 年，完成售电量 37961.62 万千瓦时，同比增长 3.56%，完成年计划的 97.83%；售电均价 606.68 元 / 千千瓦时，同比下降 32.22 元 / 千千瓦时；综合线损率为 7.31%，低于年计划 0.49 个百分点；内部概念利润 6133 万元。

【安全生产】 合理安排电网运行方式，应对电网风险，完成“张富清”时代楷模发布会、国庆和军运会等系列重大活动保电任务。强化网络安全防控，完成“1901”网络安全保障专项工作。落实设备管理主人制，规范隐患排查治理，实施分类销号，排查隐患 458 处，整改 261 处，197 处纳入项目储备。全年开展作业现场反违章专项行动学习 12 场次，安全稽查 865 次，下发违章整改通知 180 份，违章处罚 23 次。强化电力设施保护工作，发放宣传资料 7000 余份，现场咨询 150 余次，安装电力安全警示牌 1400 块。通道清理取得实效，10 千伏及以上线路清理完成率 100%，10 千伏以上线路跳闸比上年减少 73 次，同比下降 37%；清理配电台区通道 830 个，完成率 60%。完成弱电线路搭挂清理 7078 处，撤除 4348 处，完成 10 千伏杆塔编号牌 15853 块。

【电网建设】 完成《来凤县配电网网格化规划》，开展电网发展诊断分析，配合完成配电网建设后评价任务。全县集镇基本实现两个变电站 10 千伏线路手拉手。220 千伏来凤输变电工程、35 千伏安抚司配电站投运，35 千伏两河输变电工程基本完工。完成配网改造项目 2244 万元。

【经营管理】 智能表轮换工作推进。开展内稽外查、专项稽查及跟踪检查低压用户 4.32 万户，电价执行更正 17 户，查处窃电违约用电 62 户，合理增收 33.95 万元。落实县级采集运维组织构架搭建，完成直属客户抄表岗位向采集运维岗位转岗工作。用电综合采集成功率为 99.91%（其中低压 99.76%、专公变 100%），同比提升 0.16 个百分点。完成异损台区整治 112 台（其中负损台区整改 53 台），线损合格率由年初 79.00% 提升至 84.56%，一体化线损达标率 85.63%，同期线损指标稳步提升。实施电能替代项目 33 个，完成替代电量 2103.32 万千瓦时，完成年计划的 105.2%。完成来凤公交站充电设施的配套建设，储备家和小区充电桩等一批项目。营商环境进一步优化，实现高压常用业务和低压全业务线上办理，两次降低一般工商业电价，让利企业 394.49 余万元，落实“零费用”接入，为 3222 名客户节约报装成本 350 万元。

【来凤 220 千伏输变电工程投产送电】 6 月 27 日，新建来凤 220 千伏变电站工程 2# 主变一次充电成功，来凤 220 千伏输变电工程及其配套工程正式投产送电。

（沈安辉　张金桂　朱　玲）

科 技

【概　况】2019年，全年申报项目4项，其中州级项目1个、省级3个，项目总金额175万元，完成技术合同交易额1亿元，完成科技成果转化1件，完成社会零售品销售总额48.6939亿元，同比增幅10.5%，完成外贸出口644.7万美元，同比增幅382.3%。2019年初，全县规模工业企业25家，其中家居建材8家、矿产加工5家、农产品加工8家、电力能源3家、电子产品制造1家。全县4家高新技术产业企业实现增加值18097万元，占地区生产总值比重2.14%。

【科技项目申报与管理】指导帮助培育企业申报上级各类科技计划项目，争取上级扶持资金开展科技研发。2019年，申报项目4项，其中州级项目1个、省级3个，项目总金额175万元。全年完成技术合同交易额1亿元，完成科技成果转化1件。

【科技对接工程实施】开展征集技术需求活动。通过科惠网发布需求，征集企业技术需求14项，帮助企业与相关科研单位对接建立合作关系。开展百名专家进百企解决百项技术需求活动，邀请武汉轻工大学、武汉工业大学、湖北省农业科学院、湖北民族学院、西南大学20多名专家，走进14家企业。组织湖北凤头食品有限公司、湖北恒贸茶油有限公司、湖北来凤腾升香料化工有限公司等14家农产品加工企业负责人到武汉轻工大学、省农业科学院、湖北民族学院、西南大学进行产学研对接活动，签订全面合作协议。

【科技人才队伍建设】申报国家、省、州各项人才项目，向外推进和向内引进人才20多人。完成“三区”（边远贫困地区、边疆民族地区、革命老区）科技人才建设工作，引导企业、科研院所加大科技人才队伍建设。

（张贤慧　余立军）

科学技术协会

【概　况】2019年，县科协坚持为科技工作者服务，为创新驱动发展服务，为提高全民科学素质服务，为党和政府科学决策服务，科技助力精准扶贫，举办特色科普活动，实施科普项目2项，提升科普能力支持产业发展。

【科协系统改革】承接省科协《湖北省全面深化改革2018—2022年行动计划》（鄂办发〔2018〕49号）项目，县级科普经费继续按人均1元纳入财政预算；乡镇科协服务窗口通过咨询、答疑、发放实用技术资料等开展科技服务；建成三胡乡科普e站；来凤科普网页更新速率加快，微信订阅号消息进入公众视野；中国关工委火炬杂志社12月6日报道来凤科协免费开放信息；新建农村专业技术协会2个；基层科协“3+1”组织建设全面完成；乡镇科协“3+1”组织建设总结调研报告，提出加强乡镇科协组织建设6个方面的意见建议。

【全民科学素质】完成湖北省全民科学素质工作督查资料汇编和自查报告，县级机构改革后，调整全民科学素质工作领导小组，印发《2019年来凤县全民科学素质行动工作要点》。

【科技服务促春耕】根据州科协发〔2019〕5号文件要求，制定《2019年来凤县科协系统科技服务促春耕活动方案》，从3月上旬开始，分别进行学习考察、入户走访、科技下乡、科普赶集、科技培训等活动。3月15—21日，协助农学会、富民合作社组织6户水稻育种专业户到湖南怀化、吉首、“隆平高科”考察交流学习水稻育种技术。组织富民合作社科技人员入户走访村民120户，发放水稻育种技术手册120本，通过安子村委会发放266.67公顷优质常规稻“粤农丝苗”种子，惠及农户1672户。3月22—26日，在旧司镇、绿水镇、三胡乡开展科技下乡活动，发放各类科普书籍3000册，实用技术资料8000份，义务咨询1200人次，义诊650人次，惠及公众12000人次。3月22日，农学会、林学会、畜牧兽医学会、医学会、养蜂协会35名科技工作者在旧司镇开展促春耕活动，现场义务咨询800人次，健康义诊450人次，免费配发药品价值4000元，发放科普书籍1500册，各类实用技术资料、健康生活资料6000份，组织中蜂养殖实用技术培训，25个村（社区）80名学员接受培训。协助农学会组织水稻育种专业培训2期，培训制种专业大户和散户50户。

【特色科普活动】 7月14—18日，举办环境保护科普宣传暨第六届“大鲵杯”篮球赛，通过开幕式、闭幕式、街头宣传、展板展示、场地互动、文艺表演等形式，推介农村实用技术；通过《中华人民共和国科学技术普及法》《中华人民共和国水法》《中华人民共和国渔业法》《中华人民共和国环境保护法》等法律法规宣传，强化公众环境保护意识；通过健康文明的体育文化活动，引导公众科学生产、健康生活，形成积极向上的美好情操。本届篮球赛22支代表队参加比赛，历时5天，受众1.5万人次。

【科普日活动】 9月中旬起，紧扣“礼赞共和国·智慧新生活”主题，在全县范围内开展“科普日”系列活动。9月16日，在翔凤镇檀木湾村举办首次眼镜蛇养殖技术培训，20家养殖重点户接受培训。9月23日，30多名社会公众参与健康科技馆体验；健康互动，测试心跳、测试血压、测试记忆力；认知吸烟与健康的关系；关注食物与营养黄金搭配。9月24日，2019年“大手拉小手——科普报告荆楚行”在来凤举行。在民族小学，军事科学院副主任医师韩莉主讲《卫生习惯和病毒变脸》；在第二实验小学，中国科学院大学教授张德良主讲《地球和人类会毁灭吗——从俄罗斯天体坠落说起》。9月25日，在漫水乡集镇举办“礼赞共和国·智慧新生活”科普日专场活动，35名一线科技工作者参加，发送各种农村实用技术资料2000份，义务咨询200人次，义诊100人次，免费发送药品价值3000元。专场活动结束后，医学会在漫水卫生院举办乡村医生能力提升分片理论培训班。开展中医药实用技术推广培训和卒中防治中心知识培训，乡村医生30名参训。9月下旬，根据“养生福地·硒有恩施”来凤藤茶公益科普推广活动方案要求，协助藤茶协会在帅丰工业园区举办藤茶公益科普推广活动3场。9月26日、28日，医学会在百福司镇、大河镇举办两场“科技卫生下乡，服务百姓健康行动”。

【科普项目】 实施科普项目2项，分别是科技馆免费开放和水稻良种繁育科普示范基地建设。免费开放项目资金23万元，上半年建成小型健康科技馆并实施免费开放，下半年维修调整展厅展室，建成VR体验馆，一楼至四楼形成国防兵器知识、健康科技馆、声光电磁现象、VR体验及天文、显微观测一体化布局。科技馆免费开放225天，接纳青少年学生及社会公众11250人次。投资5万元对科普大篷车展品进行维护升级。4月24日、5月23日、6月6日，科普大篷车到苏家堡小学、百福司中心小学和沙陀小学，6000名小学生参与观摩互动。水稻良种繁育科普示范基地项目资金20万元，以三胡乡安子村为核心，集中连片示范基地带动周边133.33公顷，种植户1064户（其中贫困户156户）。基地开展科技培训10期，培训628人。2019年水稻制种单产200千克，亩增效益320元，总增效128万元。

【青少年创新大赛】 8—12月，举办第十五届来凤县青少年科技创新大赛。全县8个乡镇和县直中小学校近6000名中小学生参与，各类作品1959件，本届评审各类奖项1303件。

（倪春凤　唐洪忠）

商　贸

商务经济

【概　况】2019年，全县限额以上商贸企业37家。其中，批发业3家；零售业24家；住宿业6家；餐饮业4家。完成社会消费品零售总额486939万元，比上年增长10.5%。其中，限额以上商贸企业完成102260万元；限额以下商贸企业完成384679万元。按销售地分：城镇零售额353983万元，增长10.3%；乡村零售额132956万元，同比增长10.9%。按行业分：批发业销售额31497万元，同比增长11%；零售业销售额397218万元，同比增长10.5%；住宿业营业额10792万元，同比增长9.5%；餐饮业营业额47432万元，同比增长9.9%。

【企业参展】鼓励企业外出参展，组织39家次企业参加武汉健康博览会、中部酒博会、东亚国际食品交易博览会、中国马铃薯大会、北京扶贫主题农行公益展会、知味杭州亚洲特色小吃展、武汉电博会及烟台食博会、杭州电博会、秀山商品交易博览会等。现场销售48余万元，签订产品订单823万元，意向性协议1.8亿元。累计发放企业参展补贴8.4万元，通过展会为企业搭建更好的平台，扩宽销售渠道。

【市场主体培育】实施自营出口主体培育工程。着力扶持一批现有出口企业，来凤县品沃德工艺礼品有限公司实现外贸出口破零，全县新增外贸进出口企业7家：湖北恒贸茶油有限公司、湖北西凤来硒贸易有限公司、湖北小帮手供应链管理有限公司、来凤宏发钡盐有限责任公司、湖北楚波生态农业科技发展有限公司、湖北省大树药业有限公司、恩施港来芳圆石材有限责任公司。不断挖掘企业出口潜力，全年完成企业入限5家：湖北省荣鑫建材有限公司、来凤汇牧食品有限公司、湖北省鹏达建材有限公司、来凤艺帆商贸有限公司、来凤县哲扬建材销售有限公司。全年累计发放限上企业入限，外贸出口，限上统计员各项补贴101.5万元。

【市场体系建设】加快专业市场的建设。推进西商农商城、中心购物广场、“好又多”超市等项目建设；3月底，全县与今日头条正式签约；“字节跳动”对全县300余人进行培训,48人获得“扶贫达人”称号。邀请杭州市拱墅区商务局电商中心负责人，杭州名淘教育咨询有限公司讲师到全县开展农村电子商务培训，培训全县企业、专业合作社、个体户80余人。带领7个电商企业负责人到杭州参加恩施州农村电商讲师培训班，并实地参观格家网络、贝贝集团、构选网红基地，充分感受到杭州作为电子商务之都的创新与活力。组织全县39人到恩施州参加“2019年度湖北省电子商务精准扶贫领头人培养计划”，参训人员均获得结业证书。阿里巴巴“农村淘宝”项目进驻来凤，计划利用3年时间建设来凤县、镇、村三级电商服务站点，共同搭建和完善来凤县在农村信息流、物流、资金流等方面的基础设施，建立农村信息服务平台、配送体系和金融服务网络，建设新的农村商业服务体系。召开两场“天猫优品新零售合伙人”招募会，两个天猫优品服务站开始营业。截至2019年末，全县电子商务交易额45851万元，其中农特产品网络销售额根据邮政数据估算为7328万元，服务建档立卡贫困户1400余人次。

【二手车市场监管】 对二手车市场进行摸底检查，重点检查各二手车市场是否存在场外交易等违法违规行为，交易档案是否健全，是否存在安全生产隐患等情况，查阅二手车交易档案和资料。要求二手车交易企业进一步增强安全防范意识，发现来源不明的车辆要立即向公安机关报告，防止偷盗、抢劫、诈骗等违法犯罪手段获得车辆流入市场，将国家、省、市、县各项安全生产要求落到实处。

（张贤慧　余立军）

【盐业经营】 2019年末，盐业公司固定资产400万元，销盐量1500吨，销售额240万元，缴税金10.5万元。

招商引资

【概　况】 2019年，全县新签约亿元以上产业项目8个，总投资24亿元。新开工亿元以上产业项目12个，其中工业项目7个，分别完成州目标任务的120%、140%。12个新开工亿元以上产业项目完成年度投资9.9亿元，占总投资的45%，完成州目标任务的150%。新投产亿元以上产业项目4个，完成州目标任务的80%。引进省外资金18亿元，完成州目标任务的120%。新增外资企业3个，完成州目标任务的100%。实际利用外资859万美元，完成州目标任务的118%。招商引资工作年度考核全州第二名。

【招商任务分解】 新挂牌成立来凤县招商服务中心，配备工作人员，落实阵地；及时印发《来凤县招商引资工作领导小组文件》，由县长李伟任组长、常务副县长向子明、副县长汪建敏任副组长，切实加强县委县政府对招商引资工作的领导；印发《来凤县2019年度县级领导联系重点项目、重点工业企业、重点招商项目工作方案》，将招商引资任务分解到具体县级领导、各乡镇和县直相关部门。明确重大招商引资项目工作目标，健全领导联系机制、协调推进机制和督查考核机制，为招商引资项目开辟“绿色通道”，强力推进重大项目建设。

【项目谋划】 立足于恩施为湖北省特色产业增长极的定位，主动承接珠三角、长三角产业转移，以生态文化旅游、硒食品精深加工、生物医药、清洁能源和现代服务业五大产业集群为主要切入点，广泛搜集项目信息，发掘适合全县产业发展的项目，谋划40余个产业振兴项目。

【招商项目】 落实招商引资“一号工程”。成立来凤招商工作专班，从全县抽调3名专班工作人员加入中心招商工作。利用东西部协作平台推介来凤。抢抓农业农村部、省直相关单位、武汉市、杭州市对口帮扶机遇，组织各种招商推介活动。2019年，组织2019年杭州招商推介会、中博会、文博会、健博会等10余次招商推介会。并在会上签订五金机电、餐厨垃圾等5个招商项目合同。

（彭雪英　李　辉）

贸易促进

【概　况】 2019年，来凤县贸易促进委员会围绕茧丝绸公司改制等工作重点，加强国有资产管理，茧丝绸公司剩余未处置资产管理权、使用权移交有关乡镇，完成历年企业改制档案的收集、整理和电子化扫描。

【茧丝绸公司改制】 根据《来凤县茧丝绸公司企

业清算及职工安置方案》精神，与职工签订《解除劳动合同关系》，完成职工安置；根据〔2018〕30号县委常委会纪要和《来凤县国资局关于将茧丝绸公司剩余未处置资产划拨所在乡镇进行属地管理的请示》（来国资发〔2019〕1号）要求，县茧丝绸公司剩余未处置资产管理权、使用权移交有关乡镇。

【企业改制档案收集】 按照《湖北省机关档案工作目标管理考评办法》的规定，档案工作目标管理通过省二级复查，档案实行规范化管理。完成历年企业改制档案的收集、整理和电子化扫描，涉及企业10家、行政机关单位6家，文书档案4144件、照片档案181张、电子档案2张、实物档案83件。

（谢　明）

石油销售

【概　况】 2019年，全县有12座加油站，其中中国石化公司来凤分公司实现成品油销量30000吨，便利店非油品销售额720万元。

【地下油罐改造和成品油市场经营秩序】 全县有12座加油站，按照《来凤县贯彻落实中央环境保护督察组督察反馈意见整改方案》文件要求，对境内加油站进行油气回收和双层罐改造，2019年完成11座加油站的29个双层罐改造工作。中心站（观城坡）计划2020年6月进行改造。向市民宣传节能环保知识，讲解绿色发展、低碳出行、美化城市生活，要求企业规范垃圾分类，市民重提菜篮子、消灭白色污染等宣传活动。坚持每月开展一次3—4天的常规安全检查，对发现的问题督促企业及时纠正，较大的隐患限期整改。1—11月，安全生产检查累计出动30车次、执法人员80余人次，部门联合执法2次。排查出安全隐患60余条，下达隐患整改通知书20份，督办州、县安全生产隐患30余条。暂扣非法流动加油车2台、行政处罚2例、处罚金额1.5万元。

（张贤慧　余立军）

【石油企业安全生产】 中国石化公司来凤分公司每月召开1次安全会议，学习上级安全文件，通报事故，布置当月安全工作重点，分析安全工作中存在的问题。春节、“五一”、国庆节及各重要节日期间，组织防盗抢实战演习和火灾事故演练。开展“新安全生产法”专项学习和考试。加强安全检查和隐患整改力度，做到每月到加油站检查3次以上，发现问题现场指出、现场整改；每逢重大节日到加油站检查，查节日值班是否安排到位，防盗抢器材物质是否落实，员工思想是否松懈；加强不定期检查和夜间巡查力度；针对不同季节特点和加油站实际，开展专项检查；加油站安全加大资金投入，与加油站形象改造相结合，2019年投入整改资金累计400余万元。

（姚文胜　伍　玮）

烟草专卖

【概　况】 2019年，全县销售卷烟7465.08箱，完成目标任务100.06%。省产烟销售4499.91箱，占比60.27%。全年实现销售收入23387.23万元，同比增加601.21万元，增幅2.63%。单箱均价31328.82元，同期增长1113.98元，增幅3.68%。

【品牌香烟销售】 低焦油品牌全年销售675.31箱，同比下降32.37箱。重点品牌完成7126.51箱。双十五品牌销售4237.92箱。

【烟草专卖市场监管】 查获涉烟案件57起，其中真烟案件41起，假烟案件16起，累计查获“三非”烟3185.9条，完成全年任务目标的100.62%；查获万元案件20起，完成全年任务100%。“6·2”真烟非法经营案件通过省局省标案件验收。5户重点违法违规大户经营资格予以取缔。

（刘登武）

供销合作

【概　况】 2019年，来凤县供销合作社联合社，以深化供销系统综合改革为主线，恢复重建绿水镇基层社、三胡乡基层社，分行业组建来凤藤茶、蜂蜜农民专业合作社联合社各1家。重组来凤县丰农供销电子商务有限公司，注册资本增至120万元，建成来凤县消费扶贫超市线下展厅。

【基层社建设】 绿水镇、三胡乡是来凤县基层社空白乡镇，供销社依托社有企业服务网点，恢复重建集农业生产资料和日用品超市、农民服务中心为一体的绿水镇基层社、三胡乡基层社，实现基层社恢复重建乡镇全覆盖。吸纳农民入社38人，发展藤茶、绿茶种植基地2公顷。同时，来凤县供销社推进革勒车镇基层社与村委会、驻村工作队合作共建，投入资金15000元支持土家寨村美丽乡村建设。

【发展联合社】 清理规范整顿纳入供销系统统计范围的农民专业合作社，清除空壳社8家，分行业组建来凤藤茶、蜂蜜农民专业合作社联合社各1家。百福司基层社牵头成立来凤藤茶专业合作社联合社，来凤县尚风寨专业合作社牵头成立中华蜂蜜专业合作社联合社。

【农村电商】 2019年，供销社重组来凤县丰农供销电子商务有限公司，公司由湖北供销裕农电子商务股份有限公司、来凤县供销合作社联合社、恩施鑫硒电子商务有限公司出资，主要经营农业生产资料、农副产品。2019年底，在来凤县丰农供销电子商务有限公司旗下建成来凤县消费扶贫超市线下展厅。全县有来凤县三丰时代农业公司、湖北凤头食品有限公司等12家本地农业龙头企业，以及河北省黄骅市供销社农翼电子商务有限公司、黑龙江省佳木斯市汤原县供销惠农电子商务有限公司等14家其他县（市）重点农业龙头企业签约进驻。该超市主营藤茶、蜂蜜、香料等本地重点扶贫产品和县外优质农副产品，旨在通过扩大重点扶贫产品销售渠道，增加贫困地区农副产品销售收入。

【企业扶贫】 2019年1月17日至2月2日，由来凤县供销社发起，来凤县联合电子商务公司承办的来凤县首届年货节活动在喳西泰广场成功举办。年货节提供70余个展位，为喳西泰黄精油、毕兹卡农业、西兰卡普、金豆农业等来凤县扶贫企业免费提供多个展位，为现场打糍粑、油茶汤等民俗活动提供免费展位。吸引李家河贡水白柚、江西皇帝柑、秭归脐橙等10余种周边及外地产品。年货节活动吸引2万余人亲临现场，实现销售收入25万余元。

（卢妮君　陈　杨）

经济开发

经济开发区建设

【概　况】 2019年，来凤县经济开发区计划重点项目建设9个，总投资70550万元（2019年完成投资4964万元），其中续建项目6个、新建项目3个。开（复）工项目5个。

【招商引资】 全年计划招商引资项目10个，计划总投资为106000万元。藤茶黄铜提取、中药饮片两个项目开工建设；泉兴服装加工、金凤来仪智能仪表生产两个项目建成投产，金凤来仪智能仪表项目完成入统工作，其他项目正在与投资方洽谈以及进行项目的前期考察。

【环保安全】 全年累计开展11次安全生产大检查，下达隐患整改指令29份，整改全部落实，实现安全生产无重大事故。

【园区服务】 通过微信、走访座谈、电子显示屏等多种形式，对企业进行6次宣传，发放及传阅相关政策资料80余份；办理2个不动产证，筹备办理2个不动产证登记；完成森达木业生产项目35千伏特高压线路的搬迁。森达木业的自来水管网升级改造开工建设；确定雪茄烟发酵厂房110千伏特高压线路搬迁的施工业主；完成投资75万元建设桂花树工业园排水管网；解决凯迪债务纠纷问题，与恒泰证券公司、湖北银行来凤分行等5家单位签订五方协议，并将已到位资金200万元与凯迪燃料客户共同协商兑付完毕；解决金祈藤茶原材料问题，已签订五方协议（金祈藤茶、开发区、财政局、农业农村局、法院），为金祈藤茶解决普茶15吨；对6家企业进行调查摸底及政策宣传，完成璟发木业公司进规入统工作；完成翔奥电力3900万元续贷，明涛钙业无抵押贷款100万元，宝石花红木家具贷款700万元；完成承禹钢构长达6年未签订协议的征地拆迁遗留户1户，双创产业园解决2户征地拆迁遗留户，森达木业二期解决1户征地拆迁遗留户，引导帅丰公司通过法律程序解决遗留问题1户，基本达成协议的遗留户1户；化解信访积案5件；宝石花红木家具清退土地收益款保证金25.72万元；完成区域性统一评价工作实施方案的制定，完成环境影响评价、水土保持、矿产压覆、地质灾害危险性4项工作，以及服务合同的签订，协调推进文物保护、地震安全性两项工作。

（翁　玲　邓　华）

龙凤经济协作示范区

【黔张常铁路建成通车】 2019年12月26日15时45分、15时53分，由长沙开往咸丰的C8052次列车先后驶入龙山北站、来凤站，标志着黔张常铁路正式开通运营，龙凤示范区进入“高铁”时代。龙凤示范区在不到20千米的距离中有两座高铁站（龙山北站、来凤站），成为全国高铁路网中唯一两县距离最近的站点。黔张常铁路是龙凤示范区规划的十大标志重点工程之一，黔张常铁路通车实现龙凤示范区90多万群众的百年心愿。

【重点项目集中开工】 2月18日，龙凤示范区（来凤）3个重点项目集中开工，涵盖公路基础建设、扶贫、房建等领域，总投资7亿元，2019年计划投资3亿元。分别是：投资4080万元的来凤县农村公路提档升级工程第一批建设项目，投资1245.94万元的来凤县百福司镇安家堡片区扶贫综合开发项目，投资6.5亿元的恩施州来凤县碧桂园项目。

【龙凤示范区公积金异地贷款试点】 恩施州公积金中心来凤办事处支持龙凤示范区建设，出台龙凤示范区公积金异地贷款试点政策，湘西州龙山县公积金缴存职工在来凤县购买公积金中心准入的按揭合作楼盘住房，可以在来凤办事处申请办理异地贷款。2019年，来凤办事处异地贷款134户，发放金额5642.2万元。

【武汉市对口帮扶】 2019年，武汉市各级各部门和社会各界继续加大对口支援来凤县工作力度，在人力、财力、物力、智力、产业等方面进行全方位、多层次扶持，支援资金2863.89万元，其中，规划内支援资金1917万元，规划外支援资金946.89万元。

【“616”对口支援】 9月18日，省委副书记、武汉市委书记马国强主持召开省“616”［湖北省对省内10个民族县（市）实施对口支援，每个县（市）由1名省委、省政府领导同志负责，省直6个单位（4个省直部门、1个大中型企业、1所大专院校或科研单位）开展对口支援，每年至少为对口支援县（市）办6件实事］对口支援来凤县推进会。县委书记邢祖训汇报来凤县经济社会发展情况及“616”工作情况，并提出请求支持事项。会后出台省委专题办公会议纪要［2019］第5号，明确对口帮扶来凤县的具体项目。

（刘　青　严国庆）

老区建设促进工作

【概　况】 2019年，来凤县老区建设促进会（简称“老促会”）传承红色文化，弘扬老区革命传统，编撰完成《来凤县革命老区发展史》。开展老区宣传、调研，实施“思源”回报工程，动员社会力量参与支持老区建设，实施精准扶贫帮扶项目，筹集资金15万元，水泥500吨。

【精准扶贫帮扶】 围绕实施农村供给侧结构改革和乡村振兴发展战略，开展精准扶贫工作。产业经济帮扶，县老促会副会长张昌奎捐助水泥500吨，用于产业扶贫，全部分解到6个村委会、6个专业生产合作社支持产业发展。基础设施建设帮扶，投放水泥40吨，投入资金2万元支持百福司镇木车坝村、翔凤镇“友谊苗木专业合作社”桥梁、公路建设。种养殖专业户帮扶，帮扶3个种养殖专业户，投入资金1.6万元。公益事业性帮扶，帮扶4户特困户，投入资金1.1万元。助学帮扶，投入资金1万元对三胡乡金龙桥村实施助学帮扶。

【老区宣传】 弘扬老区精神，传承红色基因，营造支持老区建设的浓厚氛围是县老促会工作的主题。完成《来凤县革命老区发展史》编写工作，组织开展老区70年摄影大赛和展览，订阅《旅游与摄影》杂志100份，征订《中国老区建设》杂志190份，利用中国老区网、红色思源网站等平台传播老区信息、宣传先进典型、交流工作经验。《倾心帮扶 助力桑农增收》《思源回报 致富不忘众乡亲》2篇报道被“中国老区网”采用。开展红色文化宣传和对红色革命遗址保护，进行红色文化传承，投入资金0.74万元征订《中国老区建设》杂志，向3个土家族民间文艺团队投入资金0.75万元。

【帮扶项目调研】 每月组织开展2—3次调研活动，反映老区人民的呼声，给党委、政府建言献策。2019年，分别到县“金凤建材有限责任公司”、旧司镇核桃湾、茶园沟“桑蚕生产合作社”、翔凤镇“檀缘种养专业合作社”、百福司镇木车坝村、绿水镇老寨村、革勒车镇土家寨村进行帮扶调研，实施帮扶项目6个。10月24日，由会长张宏新带队带领2名种植专业户一行6人，到建始县考察学习扶贫产业项目“十月蜜”甜柿发展情况，并引进在绿水镇周家湾村栽植6.67公顷标准试验地，给予栽植肥料补助1万元。

（胡耀钢　张宏新）

扶贫开发

概　述

【概　况】 2019年，来凤县深入学习贯彻习近平新时代中国特色社会主义思想和习近平总书记关于扶贫工作的重要论述，坚决落实中央、省委关于打赢精准脱贫攻坚战的决策部署，认真实施精准扶贫精准脱贫基本方略，按照“两不愁三保障”“五个一批”“六个精准”要求，不断强化脱贫攻坚责任落实、政策落实和工作落实，脱贫攻坚工作成效明显。2019年2月，湖北省第三方实地评估验收，认定全县错退率为零、漏评率为零，综合贫困发生率为0.41%，群众认可度为98.57%，并于4月29日公告来凤县脱贫摘帽。2019年7月，国家贫困县退出抽查第三方实地评估反馈全县“两不愁三保障”得到有效解决，脱贫质量较高，基础设施建设取得长足进步，农村整体面貌发生明显变化，群众认可度较高，贫困县退出程序规范、退出标准把握比较准确、退出结果真实，脱贫摘帽成果得到当地干部群众普遍认可。

【脱贫攻坚工作部署】 县委、县政府坚持把脱贫攻坚政治责任扛在肩上，持续开展脱贫攻坚巩固提升工作。2019年县委召开县委常委会20次，县政府召开县政府常务会12次，县脱贫攻坚指挥部召开工作会5次，研究部署脱贫攻坚工作。出台《来凤县脱贫攻坚巩固提升三年行动实施方案（2018—2020年）》《中共来凤县委来凤县人民政府关于巩固脱贫攻坚成果推进乡村振兴战略的决定》。县脱贫攻坚指挥部研究下发5个“作战令”、27个重要文件，明确脱贫攻坚县级抓落实的目标任务、主攻方向和着力重点。健全三级调度机制，围绕阶段重点目标任务进行调度，县脱贫攻坚指挥部一月一调度，乡镇前线指挥部半月一调度，村“尖刀班”一天一碰头，及时通报工作进展和突出问题，研究解决措施和办法，安排部署下阶段工作任务。

【产业扶贫】 全力抓好产业扶贫这个脱贫根本之策，坚持产业为重、增收富民，切实增强贫困群众自身“造血”能力。特色产业不断壮大，以“两茶一果一菇一蜂”特色主导产业为重点，新增特色产业基地3960公顷，年末全县特色产业基地总面积32966.67公顷，带动贫困户16140户，带动比例95.21%；落实产业指导员制度，统筹整合农技、畜牧、林业、水产等部门的技术人员144名，分片包村，担任村产业发展指导员，实现全覆盖；全年发放扶贫小额信贷4653.26万元，支持贫困户用于产业发展；切实抓好逾期压降工作，截至11月底，全县扶贫小额信贷逾期率为零。全县农民专业合作社829家，新增59家；家庭农场199家，新增37家；农民专业合作社和家庭农场实际带动贫困户13805户，带动比例72.44%。全县185个村集体经济实现破“零”，实力不断增强，预计20万元以上的村7个，占比3.72%；10万元以上的村20个，占比10.64%；5万元以上的村46个，占比24.47%。产业到户奖补政策不断完善，制定完善8大类29项到人到户项目奖补政策，兑现产业补贴资金9887户、2015.99万元。2019年发放公益林生态效益补偿资金876.8428万元，补偿面积43401.6公顷，涉及农户39149户；10249户贫困户合计受益170.82万元。2019年聘用建档立卡贫困人口生态护林员490人，发放护林员补贴共196万元。光伏扶贫效能不断提升，投入1152万元建成光伏扶贫电站25个，装机1420千瓦，聘请湖北江成环境工程技术有限公司进行运维。2018年12月至2019年9月，全县光伏电站上网电费34.664万元。13个光伏扶贫电站于2019年3月纳入财政部第二批光伏扶贫补助目录，享受国家补贴资金36.8264万元；剩余12个村级光伏扶贫电站完成国家第三批光伏补贴目录申报工作，待财政部批复。

【教育扶贫】 建立健全控辍保学工作机制，实行"双向报告"工作制度，提高控辍实效；健全学生帮扶关爱机制，落实送教上门制度，送教上门33人，确保学生不因贫失学。全面落实教育资助政策，全年资助贫困学生32212人次，资助金额2344.403万元，贫困家庭学生资助率100%。2019年，发放"雨露计划"教育资助3357人，资金计839.25万元，"雨露计划"覆盖率100%。

【健康扶贫】 严格执行"985"健康扶贫政策，运行"四位一体"健康扶贫体系，实行"一站式服务、一票制结算"。全年为建档立卡贫困对象代缴医保73893人次961.7万元，贫困人口参保率100%。全面落实健康扶贫兜底补偿机制，1—7月，对贫困患者综合补偿16085人次5917.93万元，政策范围内费用补偿比占99.84%。8—11月，全省健康扶贫政策调整后，对县域内住院贫困患者综合补偿8240人次2321.05万元，政策范围内费用补偿比占95.6%。1—11月，对门诊特殊慢性病、大病患者综合补偿24146人次1423.66万元，实际补偿比占97.27%。截至11月底，健康扶贫兜底补偿金额合计为2295.72万元，确保全县贫困患者县域内住院政策范围内个人自付费用不超过5000元。推进医疗机构全覆盖，县级医院、乡镇卫生院、村卫生室建设全部达标，村医配备、常用药配置到位，重病、慢性病贫困人口签约服务100%。

【住房保障】 2019年确定农村四类重点对象危房487户并全部完成改建，补偿资金845.29万元；认定农村住房27128户，认定完成率100%，贫困户住房安全100%有保障。全县易地搬迁总规模3658户13470人，投入资金68220.92万元，于2018年全部搬迁入住，其中集中安置点109个，安置2402户8738人，分散安置1256户4732人，拆旧复垦率94.79%。截至2019年，全县投资17291.92万元，为安置点建设菜地、猪圈、公用房等配套设施，109个安置点落实后续扶持项目或产业，建立社区管理制度，配备管理人员，加强管理服务。

【饮水安全】 农村安全饮用水提升PPP项目，基本建成实现全线供水。建档立卡一般贫困户入户安装费，县财政补助700元/户；特困建房户、"五保"分散供养户、特困低保户入户安装费全免；非贫困户入户安装费，县财政补助500元/户。该项目为全省首个农村饮用水安全PPP项目，被评为财政部第四批政府和社会资本合作示范项目。

【社会兜底】 加强农村低保与扶贫开发两项政策衔接，全年发放农村低保8122户16712人6160.79万元；发放农村特困供养金1049人1007.85万元；落实临时救助4138人次512.5万元。强化助残扶贫，1—6月发放困难残疾人生活补贴4495人135.705万元；发放重度残疾人护理补贴4484人269.01万元。贫困残疾人口累计脱贫5636人，贫困残疾人口减贫率98.4%。建立完善"三留守"关爱服务体系，开展形式多样的关爱帮扶活动，对

8141名留守老人开展上门探访、支援服务、救助帮扶、精神慰藉等4万余次；投入46万元资金、物资，对7971名留守儿童进行帮扶。对2873名贫困、留守妇女开展就业、创业培训、电商培训，开展“两癌”免费检查救助，为17名患有“两癌”的贫困妇女争取救助金17万元。

【贫困劳动力转移】 强化技能培训，提高贫困劳动力就业创业能力，2019年开展农村实用技术培训56期5858人（其中贫困对象2762人），发放培训补贴119万元。搭建用工平台，广辟贫困劳动力就业通道，发布用工信息5期，举办专场招聘会3场，提供就业岗位1897个，组织贫困劳动力到杭州务工46人。开发扶贫专岗，助推贫困劳动力实现就近就业，开发环保、生态护林、公路养护等公益性岗位，安置建档立卡贫困人员就业949人。建立扶贫车间，鼓励企业吸纳贫困人员就业，在109个易地扶贫搬迁集中安置点附近的22家扶贫车间或合作社，按照每吸纳1名贫困劳动力给予2000元补贴的政策，对相关扶贫车间或合作社进行补助。

【构建大扶贫格局】 2019年，争取农业农村部定点帮扶财政资金9505万元，帮助引进各类资金约650万元，协调盛实百草中药GMP饮片加工厂、浙江星光公司等一批企业进驻来凤，企业实际投资超600万元。争取杭州市拱墅区东西部扶贫协作项目资金4050万元、项目32个，打造“香菇小镇”产业园、中华蜜蜂产业园，实现东西部资源和一、二、三产业高度融合；拱墅、来凤两地交流频繁，联系进一步加深，涌现出以支教老师雷美央创建的“美央青年教师成长工作室”为代表的一批典型；引进4家东部企业在来凤县投资，2019年实际投资8565万元，吸纳贫困人口就业28人，通过利益联结带动贫困人口受益282人；加强劳务协作，召开来凤·拱墅两地劳务协作座谈会2次，拱墅区23家企业在来凤县举办劳务协作专场招聘会3场，杭州企业提供就业岗位1897个，来凤县贫困人口在浙江省实现稳定就业1708人，利用各方资源建扶贫车间8个，带动贫困人口就近就业174人。争取省616工程对口支援项目15个，资金9719.45万元，武汉市对口扶持资金物资2863.8982万元。争取定点帮扶省直部门项目资金和物资折款571.6万元，帮助引进各类资金1799万元。利用各类帮扶资源，搭建“引凤出山”消费扶贫电商平台，实行线上线下与上门推销结合的模式，销售农副产品近7000万元。全县64家民营企业结对帮扶50个村，实施产业项目105个，累计投入项目资金5238万元，带动贫困户7863人。社会扶贫网累计注册贫困户23334人、爱心人士13140人，发布需求2172条，累计对接成功9879次，累计受捐资金14.19万元。

【基础设施建设】 着力补齐农村路、电、网、讯、公共服务等基础设施短板，畅通农业农村发展血脉，切实改善农村农民生产生活条件。提升公路网，全县196个村（社区）通村主干道硬化率、1800个村民小组公路通达率、20户以上自然村公路通达率、县乡道及通村主干道生命安全防护工程覆盖率全部100%，农村公路密度1.71千米/平方千米，位居全省山区县市前列。2019年，投入364万元，完成农村公路大中修51.9千米，安防工程251千米，日常维护1003千米。提升电力网，向上级争取配网改造资金5377.34万元，进一步提升农网配网水平。截至2019年末，完成配网改造项目50个，剩余134个项目按节点要求有序实施，自然村100%通动力电。提升通讯网，不断加快光纤和网络覆盖进程，4G信号有效覆盖率92%以上，光纤宽带通村率100%；固定宽带接入用户数95765户，固定宽带普及率38.61%，增幅6.50%。提升基层服务网，截至2019年，投入813万元对29个村级阵地进行提档升级；投入996余万元新建、改扩建村级文体广场92个，全县46个贫困村综合文化服务中心建设全部达标。

【干部结对帮扶】 坚持“不获全胜决不收兵”，完善结对帮扶机制，切实落实帮扶措施、解决实际问题、宣传扶贫政策、沟通联络感情。稳固帮扶队伍力量，统筹全县7368名干部职工参与精准扶贫结对帮扶20657户贫困户，实行定期走访上门帮扶。扎实开展帮扶活动，开展“两不愁三保障”回头看、国家“扶贫日”宣传月活动，促进贫困对象识别更加精准，促进水、电、路、讯、网、房等基础设施提升，惠民政策逐项落实，提升帮扶成效，进一步增强群众满意度。

【建立动态监测机制】 加强动态管理，实施“两摸底、一核准”工作。2019年，通过开展多轮次“回头看”工作，发现因灾因病新致贫25户107人，并按照程序全部纳入建档立卡管理帮扶。严格执行脱贫程序，按照“两不愁三保障”退出标准，全年脱贫353户1091人。严控动态监测，全年贫困人口自然变更增加1008人，自然变更减少1269人，识别出边缘户211户731人，脱贫监测户545户1791人，两类人口占比3.19%。开展脱贫系统数据核实核对，做到贫困户实际、档案资料、系统录入信息数据“三一致”。

【财政资金统筹】 按照“存量优化、增量集中、统筹安排、跨部门整合”的要求，加大资金统筹力度，健全“以财政资金为主体、引导金融和社会资金参与”的资金统筹格局。2019年全县统筹整合使用财政资金78947.42万元，整合到位率88.39%，其中，产业发展方面投入6497.47万元，为“两茶一果一菇一蜂”基地建设和经营主体发展，提供资金保障；基础设施建设方面投入67009.4万元，支持村级公路硬化、组级公路通畅、高标准农田生态建设、饮水安全、农田水利设施建设等发展；公共服务投入8633万元，用于危房改造、生态补偿等方面；教育投入2517.27万元，用于教育资助和技能培训等方面；社会保障投入4659.86万元，用于“五保”供养、农村低保、残疾补助、重特大疾病救助、临时救助、基本医疗报销、保险救助兜底等方面。

【扶贫项目管理】 严格按照项目资金使用管理办法，重点解决“两不愁、三保障”突出问题，围绕基础设施、产业发展、社会民生等方面谋划扶贫项目，2019年公示项目库项目643个，涉及资金9.39亿元，2019年下达项目588个，涉及资金8.93亿元；根据《来凤县财政专项扶贫项目管理办法》《来凤县扶贫领域采购项目实施办法》等文件，按照“公平、公正、公开”原则，所有扶贫项目从招标程序、项目建设到项目验收进行全过程公开，所有扶贫资金使用全方位公开。进行项目事前、事后审计，加强扶贫项目的预（概）算、决（结）算评审工作，严格按照审计结果拨付项目建设资金。聘请第三方会计事务所对财政扶贫资金、统筹资金使用情况进行审计和绩效评价，加强财政扶贫资金、统筹资金使用的严肃性和规范性，保障资金安全。

【落实问题整改】 成立县级主要领导牵头的问题整改工作小组，下设办公室于县脱贫攻坚指挥部，抽调专人开展问题整改工作，根据各类巡视、考核、督查巡查、审计等反馈的意见，全面进行摸底排查，制定整改方案，明确整改措施、时间节点、整改责任人，并结合实际问题，制定长效机制。中央专项巡视反馈问题28个、全国脱贫攻坚专项巡视整改工作电视电话会议通报的突出问题和共性问题9个、省委常委班子脱贫攻坚专项巡视整改专题民主生活会查摆的问题13个、国家脱贫攻坚成效考核反馈的问题40个、国家脱贫攻坚督查反馈的问题10个、贫困县退出国家第三方抽查反馈问题2个等各类督查巡视反馈问题，均完成整改销号工作。

【强化追责问责】 开展扶贫领域腐败和作风问题专项治理，进行日常监督专项监督，为脱贫攻坚提供坚强的政治和纪律保障。2019年，受理扶贫领域问题线索109件，立案审查26件，追责问责180人，其中受党纪政务处分22人，通报扶贫领域典型案例 8 期 24 起 31 人。

【脱贫摘帽】 2019 年 2 月，湖北省第三方实地评估验收，认定全县错退率为零、漏评率为零，综合贫困发生率为 0.41%，群众认可度为 98.57%。4 月 28 日，湖北省人民政府正式公告来凤县全县脱贫摘帽。

【扶贫考察】 9 月 22—25 日，由中国国际扶贫中心主办的“2019 年发展中国家金融扶贫官员研修班”“2019 年发展中国家职业培训与劳动力转移减贫研修班”57 名外宾到来凤一中、卓鑫电子、金祈藤茶、杨梅古寨、尚风寨养蜂技术培训学校、油坊坳村实地考察农村教育、劳动力转移、农村基础设施建设等精准扶贫项目，受到国务院扶贫办综合司通报表扬。

（贺　柱）

金融扶贫

【概　况】 2019 年末，全县金融精准扶贫贷款余额 25.38 亿元，较年初增长 23.53%，高于全省平均增速 8.33 个百分点。金融精准扶贫贷款重点支持全县农村道路交通设施、农村饮水设施、易地扶贫搬迁以及高标准农田改造等重大工程项目建设，改善了全县农村基础设施状况。

【扶贫小额信贷完成情况】 2019 年，累计发放扶贫小额信贷 4653.26 万元，其中建档立卡贫困户贷款金额 1343.26 万元；“新型农业经营主体 + 建档立卡贫困户”贷款 21 笔，发放贷款金额 3310 万元，带动贫困户 563 户。扶贫小额信贷投放重点围绕藤茶、绿茶、油茶、核桃、凤菊等扶贫产业，以产业化龙头企业、专业合作社、大户为载体，助力全县脱贫攻坚。扶贫小额信贷贷款逾期压降情况，全县小额扶贫贷款逾期余额为零。

【贷款贴息情况】 扶贫小额信贷贷款历年累计贴息 1460.31 万元，其中，建档立卡贫困户贷款贴息 857.09 万元，“新型农业经营主体 + 建档立卡贫困户”贷款贴息 603.22 万元。

（黄　路　陈晓勇）

易地扶贫搬迁

【概　况】 2019 年，来凤县易地扶贫搬迁工作重点围绕“发展基本产业、解决基本就业、完善基本公共服务、优化安置社区治理、强化基层组织建设”五大重点工作任务开展，工作重心从工程建设阶段逐步转移到后续扶持阶段。全县易地扶贫搬迁住房建设、设施配套、搬迁入住任务全部完成，拆旧复垦、安置点配套产业培育、就业帮扶、社区管理等工作有序推进。

【住房建设】 全县所有搬迁户安置住房由各乡镇人民政府统一规划、统一建设、统一质量安全监管，实行“交钥匙”工程，房子竣工验收后直接分配给建档立卡搬迁贫困户。2016 年 6 月至 2019 年 1 月，全县新修安置住房 3658 套，建设面积 326445 平方米（其中购置商品房 30 套，面积 3750 平方米），安置 3658 户 13470 人，所有搬迁对象全部入住（其中入住后死亡绝户 12 户 13 人）。按安置方式统计，集中安置点（区）94 个，安置 2402 户 8738 人，分散安置 1256 户 4732 人。按安置地点统计，城镇安置 893 户 3298 人、农村安置 2765 户 10172 人。

【设施配套】 全县 94 个安置点（区）水、电、路、电视及通信网络、绿化、路灯、灶台等基础设施及公共服务设施配套完成。2019 年底，全县安置点（区）累计配套建设道路 65.4 千米、管网 55 千米、污水处理设施 122 个、幼儿园 1 个、村级卫生室 2 个，综合活动室 3 个、文化广场 8 个。全县 91 个安置点（区）配套公共用房，59 个安置点（区）配套便民用房，88 个安置点（区）配套菜园，1078 户配套猪圈（34 个安置点 456 户，分散安置点 622 户）。

【拆旧复垦】 严格落实“一户一宅、建新拆旧”

政策红线。乡镇人民政府负责组织施工方实施拆旧复垦，县自然资源和规划局负责业务指导、复垦验收及城乡建设用地增减挂钩节余指标交易。全县实施易地扶贫搬迁3658户，其中符合政策可不予拆除户数891户，应拆旧复垦户数2767户。2019年底，累计完成拆旧复垦2706户，完成率97.8%。

【项目监管】 按照项目管理程序实施易地扶贫搬迁工程，选址审批、立项批复、地质勘查、地灾评估、规划设计、图纸审查、公开招标、开工许可、建材检测、施工监理、竣工验收等法定程序一样不落；项目资金由县扶贫开发服务有限公司承接和管理，封闭运行、专款专用、精细核算；明确乡（镇）主管、部门监管、专业监理与搬迁户参与的“四位一体”监管责任体系，加强日常监管巡查，落实按栋逐户验收标准。2019年4月、8月、9月分别开展住房质量安全及地质灾害隐患排查，发现小规模安全隐患点12处，全部按要求整改完成。

【产业培育】 全县94个安置点（区）因地制宜，采取新建产业项目或优化原有产业等方式，后续配套产业发展实现全覆盖。2019年底，全县各安置点累计发展藤茶566.67公顷、油茶261.33公顷、绿茶300公顷、香菇智能温控大棚47000平方米、小水果基地140公顷、花卉基地66.67公顷，新建扶贫车间3个及绿茶、藤茶、油茶、食品等加工厂24个。

【就业帮扶】 进行搬迁劳动力精准摸底和分类，针对性开展新型职业农民及实用技术培训，开展就业政策宣传和劳务输出组织工作。县人社局先后开展新型职业农民及实用技术培训6期，约有1230个搬迁对象参加培训，发放就业创业扶持宣传手册5000本；加强与杭州、武汉等地劳务对接，及时发布就业信息，组织劳务输出。2019年全县4500名搬迁劳动力外出务工，本地合作社、扶贫车间、企业提供就近就业岗位2850个；县人社局、各乡镇利用就业资金、产业分红等资金为搬迁贫困户安排公益性岗位167个。

【公共服务】 出台《来凤县关于加强和完善易地扶贫搬迁后续扶持工作实施方案》，落实搬迁人口基本公共服务。加强基本教育服务力度，结合安置点分布规模及生源情况，配合教育主管部门统筹划分接收学校，就近安排搬迁户子女入学；加强基本医疗卫生服务，全县所有搬迁人口实现30分钟农村医疗卫生服务全覆盖；落实社会保障、救助兜底等政策，开展搬迁群众户口迁移、安置住房产权登记等工作。

【社区自治】 健全安置社区管理体系，按照属地管理原则，新建安置点、分散安置搬迁户由所在村或社区统一管理并安排工作人员联系服务。增强安置社区治理能力，全县94个安置点（区）成立管理委员会或业主委员会等自治组织，制定社区章程、居民公约等自治制度，根据安置点（区）规模配备管理人员及保洁人员，开展新农村思想道德建设、乡村文明培育行动、农耕文化传承保护工程等工作，加快社区融入。

【业务培训】 10月14日，县易迁办会同县公共就业和人才服务局在县委党校举办东西部协作物业保洁员培训班，对社区管理、农村垃圾分类等知识进行全面系统培训，114名安置点管理和保洁人员参加培训班学习。10月29日，州易迁办在宣恩县、来凤县举办全州易地扶贫搬迁社区治理及档案管理专题培训。培训采取现场观摩和座谈交流的形式进行，各县市易迁办常务副主任及有关人员在宣恩县观摩高罗集镇龙河安置点、沙道沟镇松坪安置点、李家河镇塘坊安置点社区管理情况，在来凤县扶贫开发服务有限公司、翔凤镇易迁办观摩易地扶贫搬迁档案资料管理情况。现场观摩后在翔凤镇人民政府2楼会议室召开座谈交流会，会议由恩施州发改委党组成员、副主任廖泽熙主持，来凤县各乡（镇）分管领导、易迁办主任列席座谈交流会。

【档案管理】 印发《来凤县易地扶贫搬迁项目资料归档目录》，作为全县易地扶贫搬迁工作资料收集整理标准。强化责任到人，各乡镇明确至少1名专人收集整理工作资料，工作人员发生变化要按照目录办好资料交接手续；强化资料备份，项目立项、招投标、竣工验收、资金拨付等重要资料全部在县易迁办备份，同时各乡镇落实档案管理、存放硬件设施、设备，资料成盒，贴标入柜；强化督导结合，将档案管理纳入精准扶贫年度考评范围，县易迁办、县扶贫办、县住建局等单位实地指导和培训，各乡镇档案资料须存放有序、完整规范。

（周　飞　张金科）

交通行业扶贫

【“四好农村路（2018—2025）”发展规划启动】 该规划于2018年12月编制完成并审核通过。主要内容包括农村公路提档升级（三年攻坚）任务1312.518千米，总投资3.6亿元；农村公路远期规划（2021—2025）任务2091.03千米，总投资7.6亿元；农村公路安全保障工程596.182千米，总投资14.3亿元；美丽农村公路创建任务166千米，总投资8220万元。

【农村公路养护】 县人民政府出台《来凤县农村公路养护实施方案》，养护主体由原来的县交通运输局统一养护，转变为县交通运输局统一安排部署，县、乡、村分区分级同时养护；养护标准由原来的县、乡、村道“胡子眉毛一把抓”转变为根据公路不同等级，制定切合实际、目的明确的养护标准；养护措施由原来的养护工人分散养护，转变为机械化、公司化、制度化的集中专业养护。全县农村公路专业养护1003千米，其中县道195千米、乡道668千米，通村主干道140千米，实现县、乡、村道日常养护全覆盖。

【水毁修复工作】 县脱贫攻坚指挥部办公室下达2019年农村公路建设任务95.9千米，其中农村公路“补短板”21千米、硬化农村公路74.9千米，确保农村公路“毛细血管”得到全部疏通；下达2019年农村公路大中修工程51.9千米，其中大修路段30.2千米、中（小）修路段21.7千米，全部启动相关项目建设。

【主要农村公路安全防护全覆盖水平提升】 2019年，在近3年来完成的636千米“455”安防工程的基础上，县脱贫攻坚指挥部下达251.272千米农村公路生命安全防护工程建设任务。

（田永祥　杨万杰）

扶贫扶志

【扶贫“双宣讲”】 县开展脱贫攻坚宣讲活动23次。6月，对接“我和我的祖国”暨恩施州“决战脱贫攻坚献礼七十周年”百姓巡回宣讲团在翔凤镇和革勒车镇土家寨村进行集中宣讲，受众达300人。

【扶贫调查研究】 形成《从老虎洞等村探索山区贫困村振兴之路》《打造全新田园综合体推进乡村振兴产业发展——以来凤县油房坳村田园综合体打造模式为例》《对“乡村振兴”背景下“边远山区”建设生态宜居乡村的一些探讨》《乡村振兴：武陵山区脱贫致富的探索之路》等一批调研报告。

【精神文明创建】 出台文明村镇、文明单位等5个管理办法，十星文明单位等2个创评体系，举办文明创建培训班23期，评选“十星级”先进典型300余人；开展环境卫生秩序整治和绿色城区工程，推动文化大院农村102个，168个文明单位结对共建20个美丽乡村；广泛开展“我推荐我评议”道德模范、身边好人、最美人物、先进楷模系列活动，40人荣登来凤楷模榜；印发《城乡居民文明手册》2000册、《来凤楷模》5000册。

【完善城乡公共文化服务体系】 指导乡镇利用中

宣部专项资金1424万元，完成第一批89个村文化广场建设，启动第二批89个村文化广场建设。8月2日，全州宣传系统工作会议暨村综合文化服务中心建设现场会在来凤县召开。

【文化扶贫惠民活动】 协调组织中央民族歌舞团到来凤县举办《弦歌逐梦》丝路之旅音乐会1场、省民族歌舞团为我县送戏10场、县“红色文艺轻骑兵”各分队开展“我们的中国梦——文化进万家”“农家唱春晚”“戏曲进校园”等文艺活动200余场；放映农村公益电影2359场、城市广场电影100场。

【扶贫宣传报道】 在《来凤新闻》《社会广角》“云上来凤”APP及微信公众号办好“决战贫困整县脱贫”“尖刀班的故事”等专栏，连续推出脱贫攻坚现场系列报道，聚焦基层变化，重点突出感人事迹，反映民情民意，展现基层干部群众奋发有为、决胜贫困的精神风貌，增强脱贫致富信心和决心。来凤县在省级以上各级媒体发表精准扶贫稿件114条，其中中央主要媒体中央电视台、新华社5条，中央其他媒体《中国日报》《光明日报》6条，省级主要媒体荆楚网、《湖北日报》49条，国家、省级扶贫网络新媒体（新华网、人民网、央视网、湖北省扶贫网、湖北微扶贫）54条。

（黎　芳　张常春）

金　融

概　述

【概　况】 2019年，全县银行业金融机构贯彻落实稳健货币政策，加大对全县重点领域和薄弱环节的金融支持力度。年末全县金融机构各项存款余额1054426万元，比年初增加50094万元，比年初增长5%。其中住户存款848826万元，比年初增加104651万元，比年初增长14.1%；非金融机构企业存款95300万元，比年初减少27141万元，比年初下降22.2%；广义政府存款110272万元，比年初减少27421万元，比年初下降19.9%；境外存款20万元，比年初减少4万元，比年初减少15.9%。金融机构各项人民币贷款余额792555万元，比年初增加64965万元，比年初增长8.9%。其中：住户贷款375466万元，比年初增加30272万元，比年初增长8.8%；非金融企业及机关团体贷款417089万元，比年初增加34693万元，比年初增长9.1%（金融机构存贷款余额见表4）。

2019年来凤县金融机构人民币存贷款余额一览表

表4　　单位：万元

指标	2019年末	比年初增减	
		增减额	%
各项存款余额	1054426	50094	5
其中：住户存款	848826	104651	14.1
非金融企业存款	95300	-27141	-22.2
广义政府存款	110272	-27421	-19.9
境外存款	20	-4	-15.9
各项贷款余额	792555	64965	8.9
其中：住户贷款	375466	30272	8.8
非金融企业及机关团体贷款	417089	34693	9.1

全县银行业金融机构继续开展不良贷款化解工作，2019年末全县银行业金融不良贷款余额2.58亿元，较年初减少1.79亿元，不良贷款率3.26%，较年初减少2.75个百分点，全县银行业金融机构化解不良贷款取得阶段性成绩。

【优化营商环境】 全县银行业金融机构持续开展优化营商环境建设工作，增强市场主体信贷可获得性，推进“银税互动”贷款发放，2019年6家银行业金融机构发放“银税互动”贷款43笔，金额1950万元。5月20日起全面取消企业银行账户许可工作，由核准制改为备案制。

【金融风险防控】 中国人民银行来凤县支行组织开展以“携手筑网、同防同治”为主题“5·15”防范非法集资宣传活动，发放宣传资料1500余份，接受群众咨询近200人次。开展互联网金融风险专项整治排查，定期联合金融办、工商等部门对辖内互联网金融企业开展排查，建立监测台账，上报情况报告。2019年全县互联网金融企业个数为零。联合其他金融监管部门加强对类金融机构风险监测及检查，加强对辖区类金融机构的日常监测与常规性检查，层层传导上级最新监管要求，引导类金融机构良性退出市场。2019年有2家小额贷款公司退出市场。

【提升金融服务】 中国人民银行来凤县支行开展支付结算相关业务督导宣传活动，2019年累计发放宣传资料3万余份，接受现场咨询1000余人次。开展对湖北来凤农村商业银行的反洗钱分类评级工作。履行人民币发行与管理工作职责，开展非法使用人民币专项整治行动，取缔1幅违规使用人民币广告，收缴违规使用人民币图样“冥币”49.5千克。履行经理国库职能，落实减税降费政策，2019年国库来凤支库办理电子退库1861笔，合计金额1247万元。加强征信安全管理，2019年辖区未发生征信安全责任事故。加强金融消费者权益保护工作，完善金融消费者保护工作机制，畅通金融消费者权益保护渠道，实现全年金融消费者零投诉。

（沈元鹏　王毅伟）

银保监督管理

【银行业运行】 2019年末，来凤县有银行业机构9家，其中法人机构1家、非法人机构8家，分支机构23个（含邮政储蓄银行代管邮政储蓄网点7个），银行自助服务设备99台，从业人员430人。各项存款余额1046413万元，比年初增加45144万元；各项贷款余额792560万元，比年初增加64968万元；存贷比为75.74%，比年初上升3.07%；不良贷款余额25822万元，比年初下降17942万元，不良贷款占比为3.26%，比年初下降2.75%，实现不良贷款和不良率双下降的目标。

【保险业运行】 2019年末，来凤县保险业机构15家，分支机构11个，其中财险机构8家，分支机构1个，人寿机构7家，分支机构10个，正式从业人员120人。累计原保险保费收入24985万元，占市场份额4.73%，其中财产险累计原保费收入9489万元，占市场份额5.08%；人身险累计原保费收入15496万元，占市场份额4.54%，财产险理赔金额3786万元，人身险理赔及给付金额4892万元。

（谭传福　欧高辉）

银　行

中国工商银行股份有限公司来凤支行

【概　况】 2019年末，中国工商银行股份有限公司来凤支行实现中间业务收入367万元，实现拨备前利润2248万元，净利润1679万元。总存款余额10.33亿元，较年初下降4719万元。

【贷款业务】 2019年，来凤支行贷款总余额6.88亿元，较年初下降0.55亿元。其中法人客户贷款余额3.99亿元，较年初下降0.49亿元。个人客户贷款余额2.88亿元，较年初下降577万元。

【风险控制】 本年度现金清收389.9万元。核销小企业贷款2笔，金额1158.92万元。个贷证券化29笔，金额1634.12万元。不良贷款较年初下降0.71个百分点。

（涂天义　谭　昊）

中国农业银行股份有限公司来凤县支行

【概　况】 截至2019年末，中国农业银行股份有限公司来凤县支行各项存款余额8.79亿元。各项贷款余额7.37亿元。不良贷款余额862万元。实现营业收入3262万元。中收553万元。实现拨备前利润2156万元，拨备后利润64万元。

【经营管理】 2019年，来凤农行累计投放贷款1.44亿元，贷款余额新增4300万元，贷款增量在四大行中排名第一。存款比年初上升135万元，余额8.79亿元。2019年上半年，农民通过惠农点支取现金1600万元，支行支付的代理费用8万元。来凤农行不良贷款余额862万元，通过贷款置换化解逾期扶贫小额贷款340万元，缓解政府代偿压力。

（肖　瑛　屈钧睿）

中国建设银行股份有限公司来凤支行

【概　况】 截至2019年末，中国建设银行股份有限公司来凤支行一般性存款余额69709万元；各项贷款总量43619万元；中间业务收入391万元。新增裕农服务点211户，覆盖来凤县196个行政村及社区。

【内部管理】 多措并举化解信贷风险。收回不良贷款项目4300万元本金。强化员工行为管理。全行继续贯彻落实总行“零容忍”和省行“约法三章”，做实做强案件防控“三道防线”。加强员工思想教育和行为管理，按月进行“每月一合规”培训，按季度开展三清查，全面管控员工行为。全年无重大安全事故发生。

（陈雪莲　李甘霖）

中国银行来凤支行

【概　况】 截至2019年末，来凤支行本外币存款余额56420万元，比年初减少5435万元；其中，公司存款9687万元，较年初减少12866万元；储蓄存款46733万元，较年初新增7431万元。全口径存款市场占比18%，较年初增加0.5%；4家商业银行存款市场份额占比18%，较年初增加0.5%。截至2019年末，各类贷款余额64775万元，较年初减少68万元，全口径市场占比9.78%，贷款新增额占比10.53%；其中公司贷款39185万元，较年初减少1877万元；零售贷款25589万元，较年初新增1809万元。贷款不良率为零。

【提升管理】 2019年，中国银行来凤支行坚持以习近平新时代特色社会主义思想和上级行“建设新时代全球一流银行”战略目标为指导，以“担当、诚信、专业、创新、稳健、绩效”的价值观为准，不断转变经营理念，深化转型发展，提高支行风控能力和管理水平。强化党建引领，保持战略实施定力，坚持将党建工作与业务发展相融合，强化机构绩效考核。支行在2019年获得省级先进基层党支部，州分行先进单位的光荣称号。

【创新服务】 2019年支行坚持“科技引领，创新驱动，转型求实，变革图强”的基本方略，按照“客户为本，体验为王”的理念，加快推进战略业务发展，打造核心竞争优势。抓实手机银行拓展“九大举措”，不断提升重点客群手机银行渗透率，确保完成月活客户和交易规模再翻番目标。紧跟总行IGTB系统建设步伐，构建全方位、全流程、多层次的线上服务体系，提升公司金融数字化水平。加大“中银智慧付”拓展力度，推进支付受理环境建设，创新商户线上化服务转型，实现业务整合营销、审批流程优化、费率政策优惠，争做商户领域领先银行。

（王群芳　胡吉禹）

中国农业发展银行来凤县支行

【概　况】 2019年末，各项存款余额39493.3万元，同比增长8600.92万元，增长27.84%。年末贷款余额177912.17万元，同比增长63584.67万元，增长55.62%。2019年累计发放贷款70507.47万元，其中农业小企业其他短期扶贫贷款500万元，涉农企业其他短期流动资金贷款700万元，农村土地流转和规模经营中长期扶贫贷款24500万元，贫困村提升工程过桥中长期贷款27500万元，县级储备粮贷款307.47万元，一般水利建设PSL中长期扶贫贷款17000万元。累计收回贷款5031.8万元，其中农业小企业流动资金贷款400

万元，产业化龙头企业流动资金贷款700万元，县级储备粮贷款331.8万元，棚户区改造中长期贷款1600万元，救灾应急中期贷款2000万元。

【财务收支情况】 年末实现各项财务收入6597.97万元，同比增长2160.36万元，增长48.68%，其中：贷款利息收入6212.12万元，金融机构往来收入0.04万元，系统内往来利息收入383.69万元，中间业务收入0.58万元，营业外收入1.53万元。各项支出5761.33万元，同比增长3293.15万元，增长132.46%，其中存款利息支出119.83万元，内往来利息支出4703.61万元，营业费用支出420.38万元，税金支出17.83万元，手续费支出0.058万元，资产减值损失493.84万元，营业外支出5.78万元；收支轧差，账面盈利836.64万元，同比减少1114.79万元，减少57.13%。

【支持地方经济发展】 全年投放县级储备粮贷款307.47万元，确保资金按时足额供应，保护国家粮食安全，保障立行之本不动摇。向来凤县宗味食品有限责任公司投放400万元、湖北来凤腾升香料化工有限公司投放100万元、湖北宝石花工艺品有限公司投放700万元，支持产业化龙头企业和地方特色涉农小企业发展。全年投放高标准农田建设项目贷款24500万元，带动项目区域建档立卡贫困人口脱贫，惠及区域内2606户9663人，占项目区人口比例64.75%，其中建档立卡贫困人口580户1766人，占项目区受惠人口比例18.28%。改善农业生产条件，提高耕地综合生产能力，保障全省及国家粮食安全。投放来凤县贫困村道路提升工程27500万元，支持S367省道来凤县段的扩建维护工作。投放来凤县污水处理工程PPP项目贷款17000万元，支持全县新建8座污水处理厂及配套的污水收集管网。

（田 尧 谢 宇）

中国邮政储蓄银行股份有限公司来凤县支行

【概　况】 2019年完成收入2938万元，同比增长0.26%。完成利润1241万元，年末各项贷款不良额1666万元，较年初减少129万元，不良率3.86%，较上年末下降0.64个百分点。年末贷款余额43107万元，较上年净增3869万元。其中，“三农”贷款余额14564万元，较上年净增1936万元，消费贷款余额24465万元，较上年净增2877万元，小企业贷款余额4077元，较上年减少945万元。居民存款余额69963万元，较上年净增4015万元，公司存款余额8295万元，较上年减少1449万元。

【新业务开展】 2019年，新增发展信用卡2442张、ETC567张、社保卡136张、腾讯联名卡186张，商户收单进件323户，手机银行新增3599户，快捷支付新增4585户，代理保险925万元，形成新的收入增长点。

【风险管理】 落实贯彻“适度风险、支撑发展、稳健经营”要求，打好防范化解重大风险攻坚战，有效化解和管控信贷及其他领域存在的突出风险。建立以客户为中心的资产质量管控机制、以贷后管理为重点的预警处置机制以及以部门、条线为主的双控双降联动机制，落实信贷资产风险分类，完善资产质量考核体系，对重点贷款、重点产品、重点机构、重点风险实行跟进、督办、帮扶、处置，有效防范和化解各类金融风险。

（卢必超 杨吉凤）

湖北来凤农村商业银行股份有限公司

【概　况】 截至2019年12月31日，各项存款余额36.25元，较年初净增3.2亿元，增幅9.68%。各项存款余额占全县银行业存款余额104.6亿元的34.65%。各项贷款余额25亿元，较年初上升2.25亿元，增幅9.87%。各项贷款余额占全县银行业贷款余额79.26亿元的31.5%。全年上缴各项税收2740万元，较上年度增加85万元。全行实现总收入20934万元，增幅6.82%；财务总支出16668万元，增幅15.78%。2019年末，资本充足率 12.92%，拨备覆盖率 160.99%。分别达到监管部门 10.5%、150% 的要求。

【电子银行业务】 截至 2019 年 12 月 31 日，累计发行信用卡 8020 张；POS 机终端客户数 3147 户；手机银行客户累计 61049 户；累计 ETC 客户 13229 户；电子银行业务累计替代率 69.18%；实现电子银行产品手续费收入 594.48 万元。

【到期贷款收回及风险贷款清收化解】 到期贷款收回 125418.02 万元，到期贷款综合收回率 98.38%。

【普惠金融工作】 全行除在 8 个乡镇全部设有农商行网点外，还在高洞设有农商行网点，在翔凤镇檀木湾村、旧司镇马家沟村、高洞觅鸭溪村、百福司镇兴安村、大河镇两河口村 5 个村组设立助农存款取款服务点，在 90% 的行政村安装 POS 机，让农户足不出村即可享受快捷的金融服务。

湖北银行股份有限公司来凤支行

【概　况】 2019 年总存款余额 38371 万元，较年初新增 279 万元，其中对公存款较年初下降 5821 万元；个人存款新增 6100 万元。各项贷款余额为 31237 万元，比年初降低 2851 万元，其中法人贷款较年初降低 1343 万元，个人客户贷款降低 1508 万元。实现利息收入为 1770 万元，中间业务收入 81 万元，净利润为 1273 万元。

【金融服务网格化“深耕四区”】 来凤支行对接来凤县桂花树村，确定该村为金融网格化的服务对象。通过金融知识普及和讲解，让群众了解反洗钱、非法集资等方面的金融知识。

（张启琛）

恩施兴福村镇银行股份有限公司来凤支行

【概　况】 2019 年，支行下设三部一室，即行长室、普惠金融部、信贷部和营业部。乡镇兴福驿站有 4 家：旧司、绿水、百福司、三胡。截至 2019 年末，全行各项存款 43750 万元，比年初增加 6031 万元，各项贷款 33446 万元，贷款客户数 1605 户，户均贷款 20.53 万元。

【百福司镇、三胡乡兴福驿站开业】 2019 年 8 月 15 日，百福司镇兴福驿站开业；8 月 17 日，三胡兴福驿站正式开业。

（周玉华　吴定维）

保　险

【中国人民财产保险股份有限公司来凤支公司】 2019 年，公司保费收入 3574.11 万元，其中车险 2335.71 万元、非车险 1102.79 万元、农险 135.61 万元。占来凤整个财产保险市场均份额为 37.67%。全年理赔金额 1537.89 万元，其中车险 987.41 万元，非车险 550.48 万元（含农险）。做好农险服务工作，完成巨灾保险、马铃薯种植保险、水稻保险、烟叶保险、能繁母猪保险及“两属两户”政策性农村房屋保险的承保、理赔工作，助推地区经济社会发展、助力脱贫攻坚。

（左兰兰　李劲松）

【中国人寿保险股份有限公司来凤支公司】 中国人寿保险股份有限公司来凤县支公司，位于来凤县翔凤镇凤翔大道 57 号。2019 年经过机构改革，公司有正式员工 16 人，退休员工 3 人，内部转岗 2 人。保险营销人员 160 人，公司内部设有经理室、综合部、客户服务部和机构业务部 4 个部室。在全县每个乡镇均设有营销服务部。2019 年公司实现保费总收入 615 万元，办理各类赔款 315 万元。

（何之明　欧雪梅）

交通　邮电

交通运输

【概　况】 2019年，全县公路总里程2530.85千米，路网密度1.92千米／平方千米，其中高速公路2.08千米、二级公路165.51千米、三级公路194.75千米、四级公路1918.51千米、等外公路250千米；内河航道总里程125.9千米，港口1个、码头2个、渡口35个，有运输船泊39艘；有客运站场5家，其中二级站1家、五级站2家、简易站2家；有客运789辆、货运208辆、公交64辆（其中新能源公交车55辆）、出租车158台；驾培机构3家车辆390台；从事“村村通客车”经营企业31家车辆157辆，覆盖全县186个行政村。全县农村公路总里程2363.26千米，通公路村硬化率100%，通组公路硬化率85%，农村公路通达率100%，农村公路密度1.79千米，位居全省山区县（市）前列。

【交通基础建设】 全年完成交通固定资产投入26041万元，比上年的32661万元下降20.27%。国省干线公路全年投资9370万元，完成鹤来一级公路来凤县小河坪至湘鄂情大桥段工程及来凤县迎宾大道PPP项目茅坪沟下穿铁路570米工程建设；完成省道248来凤县公路水毁修复工程、54.07千米的安全生命防护工程和红花桥及连接线改造工程的墩柱、桥台、围堰等工程建设；完成国道353来凤县观城坡至讨火车段水毁修复工程；完成来凤县猴栗堡至革勒车段改扩建工程附属工程。投资2000万元，完成公交总站停车场场地平整，硬化50%；完成变压器、充电桩的安装等工作。农村公路大中修：投资2122万元，51.9千米，完成设计、图纸审批、招投标等程序，进入施工阶段。农村公路新建项目情况：投资1841万元，完成县道14杉木茶园至咸丰段硬化、新街至胡家坪公路改扩建项目及来凤县胡革路狮子桥至革勒段改扩建工程；投资3800万元，完成来凤县2018年精准扶贫重点贫困村农村公路。农村公路危桥改造情况：投资166万元，共6座，其中完成社潭桥、石亭子桥2座，另4座（枫香坝桥、富兴桥、栗家桥、甘溪二桥）于11月进入施工阶段，12月底完成建设任务。农村公路安防工程建设情况：投资4662万元，计划建设安防工程251.2千米，10月进入施工阶段，2020年10月完成建设任务。农村公路提档升级102千米，总投资4080万元，其中省补资金484万元，85.215千米工程完工。

【交通运输服务】 一是加大道路运输服务力度。全县196个行政村（社区）全部通客车，通达率100%，新增村村通客车31辆273个座位，基本形成以城区为中心、乡镇为节点、覆盖村组的三级客运网络。加大运输服务工作，新增货运业户25家，汽车租赁备案2家；年审客车511台、货车165台、出租车“道路运输证”108本；发放省际加班牌35张、市际加班牌12张、县际加班牌6张、省际包车牌1757张、市际包车牌46张、县级包车牌31张，保障春运、“五一”、国庆节等节假日加班、包车服务的正常运转。二是优先保障城市客运。新增30辆新能源公交车，全县有64辆公交车投入运营，开行公交线路5条，辐射城郊周边14个行政村。全面开展出租车行业诚信整顿，出租客运企业服务质量信誉考核面100%，出租汽车驾驶员诚信考核面98%。三是推进站场建设。来凤中心客运站和公交总站两个重点工程项目建设，完成前期手续的办理和清表工作；完成乡镇五级客运站项目建设的调查摸底，完成候车亭使用情况调查。四是稳步推进交通物流建设。3月，县规划评审会通过黔张常铁路来凤站片区（含交通物流园）修建性详细规划方案；7月，规划评审会通过黔张常铁路来凤站片区控制性详细规划。稳步推进站前广场建设。以天顺实业农村交通物流产业园为龙头，建成县、乡、村三级农村物流网络，185个行政村和11个社区实现物流配送网点全覆盖。

【公路管理养护】 列养公路落实标准化养护里程261.587千米，清理水沟547千米，修复沥青砼路面2642.36平方米，修复砼路面1988.76平方米，修复水沟外墙128.4立方米，修复挡墙195立方米，修复水沟盖板116块，修复F防撞墙62.5米，修复钢护栏436米，修复道口桩215根，清理塌方3248立方米。按规定开展桥涵隧检查工作，四项养护，全县公路路基稳固、路面平整、沿线设施完善，提高公路抗灾能力，延长公路使用年限。农村公路规范化日常养护总里程为997.55千米，投入资金95万元，清理水毁塌方27000立方米；投入资金246.81万元，汛期应急抢险建设挡土墙65处，修复水毁中断道路和有重大安全隐患的路段38处，在危险路段安装警示标牌381处（其中永久性警示牌101块）。列养公路查处路政案件38起，结案38起，收取路赔（补）偿费10.50万元；拆除违章建筑1处；拆除违章非标198块；清理公路及用地范围内堆积物168平方米、107处，清理占道经营166处。阳河坝治超检测站检查车辆52辆，查处超限车辆8辆，卸货42.5吨。处理违反《中华人民共和国公路法》《恩施州农村公路管理条例》的农村公路乱搭、乱建、占道案件12起，处理路边堆放材料影响交通安全事件150起，与县水投公司协商解决水管安装问题11次，与县电力公司协商解决电杆安装问题13次，保护农村公路的路产路权。

【安全应急管理】 落实“党政同责、一岗双责、齐抓共管”工作机制，推进道路运输、水上交通和工程建设安全生产常态化管理，道路交通安全形势持续稳定，水上交通连续18年零事故。全年悬挂安全生产宣传横幅98条，张贴标语312条，散发传单5000余份，宣传车上路宣传16次，展板巡回展出10次，开展安全咨询活动3次。道路交通安全监管。运管部门组织集中稽查行动147次，出动执法人员646人次，检查生产经营单位93家次，排查发现安全隐患72处，整改60处，查处并整改重大安全隐患10处，查处非法营运车辆22辆，违规车辆9辆，实施经济处罚8.5万元，问责6人。公路路政管理。公路部门查处路政案件38起，结案38起，收取路赔（补）偿费105048元；拆除违章建筑1处；拆除违章非标198块；清理公路及用地范围内堆积物107处168平方米，清理占道经营166处。水上交通安全监管。集中整治船舶非法营运，封停百福司、仙佛寺水域的违规水上旅游运输，待水运企业办齐相关证件后方可合法营运。工程施工安全管理。施工从业人员的日常安全教育，督促施工单位开展一线施工人员岗前培训和安全技术交底，上岗统一佩戴“安全生产明白卡”，各重点工程施工单位项目主要负责人和专职安全生产管理人员持证上岗率100%，特种作业工种人员持证率100%。

【交通机构改革】 拟定交通运输系统机构改革初

步方案，获县委、编委审核通过，并以县委办公室、县政府办公室名义行文组织实施。执行政企分开的相关规定，局机关借调通衢路桥公司的人员全部退回。清退公司车辆4台，过户2台，注销1台。

（田永祥　杨万杰）

铁路建设

【概　况】 2019年，来凤县铁路办围绕以保障黔张常铁路顺利开通运营为中心，服务铁路建设抢工期，协调市政配套保开通，组织开展站前配套攻坚战，黔张常铁路如期完工，通过国家验收，来凤火车站于2019年12月26日正式开通。

【黔张常铁路建设】 截至2019年8月，黔张常铁路来凤段铁路的路基、桥梁、隧道等线下主体工程全部完工，境内道砟铁轨铺设工作全部结束，接触网等电气化设施安装完毕，通过黔张常铁路公司及国铁集团组织的静态验收和动态验收。3月15日来凤境内正式开始铺设轨道，9月29日进入联调联试，11月19日开展试运行，12月26日正式开通运行。

【新增客运站房】 来凤火车站客运站房施工单位为中铁城建集团，在项目部进场后，全县围绕火车站站房建设积极主动做好服务，从施工用地、工程用水、施工秩序上充分予以保障，使得站房项目得以快速进入施工状态。2019年12月9日，来凤火车站客运站房主体工程、功能性用房及职工宿舍建设全部完工，通过广铁集团和国铁集团的静态验收。

【铁路征地拆迁】 2019年全县新增铁路红线变更征收土地4.79公顷，兑付补偿资金262.55万元；拆迁房屋17栋建筑面积6734.69平方米，兑付补偿资金567.86万元；搬迁坟墓28座，兑付补偿资金22.10万元。

【集中安置点建设】 截至2019年12月31日，翔凤镇野战连及木滚塘安置点有51户拆迁户完成房屋建设；三胡乡猴栗堡安置点完成场平，33户铁路拆迁户的房屋建设中；革勒车集镇安置点12户铁路拆迁户完成房屋建设。

【失地养老保险】 根据黔张常铁路公司的审核反馈意见，全县启动铁路沿线失地农民养老保险的复核工作。

【矛盾纠纷化解】 2019年全县接待涉及铁路来信来访83批次，其中县铁路指挥部直接参与调处矛盾纠纷42起，稳控集体上访6起。

【农民工欠薪处置】 2019年，县铁路指挥部接到县政府转交涉铁农民工欠薪交办件6起，其中中铁十四局2起、中铁城建3起、通号公司1起，支付农民工工资80余万元。

【站前广场建设】 协调铁一院与县人民政府就来凤火车站站前综合交通枢纽EPC项目进行合作，完成招投标及EPC项目合作协议签订，由铁一院与中铁十四局共同作为联合体进行来凤火车站站前综合交通枢纽EPC项目建设。建成来凤火车站站前广场一期工程占地面积1.2公顷，站前旅客通道人行天桥及配套无障碍电梯建成并通过应急部门及第三方特种设备进行的安全评估，正常投入使用；消防通道硬化完成并通过消防部门认定，符合消防规范；进站道路由原来的6米拓宽到16米双向四车道，可满足旅游大巴自由通行；停车场区域新建14个公交停车位、99个小车停车位、40个摩托车停车位，并围绕停车区设置单向通行道路，开通9路县城至火车站的环保公交，满足社会车辆及旅客公交换乘的需求；人行天桥下设置移动公厕8座并投入使用；停车广场及站前广场均安装高杆照明路灯；火车站站前广场垃圾中转站建成；工程建设配套的路面排水、绿化等完成，来凤火车站站前市政配套设施具备旅客安全乘车和站房设施安全运行的条件。

【沿线安全整治】 协调黔张常铁路公司开展隔声窗及沿线彩钢瓦棚的调查登记，配合施工单位入户进行隔声窗的更换和施工；对铁路沿线确定需要整改的彩钢瓦棚，由县铁路指挥部配合张家界铁路建设指挥部做好施工的组织和资金兑付。截至2019年12月26日，黔张常公司交办的121户彩钢瓦棚整治基本完成。

【环保拆迁工作】 全县尚余48栋环保拆迁对象房屋。2019年11月19日启动环保拆迁，对三胡境内的7栋房屋进行测算，对翔凤镇境内的40户房屋进行评估（1户暂未申请）。

【铁路护路联防】 按照县委、县政府的要求，县铁路护路办与县铁路办实行“两块牌子、一套班子”，完成铁路护路联防相关工作。2019年12月开始组建护路联防基本框架，落实县境内岗亭治安安保人员36人，护路联防队志愿者15人。

（金栋才　朱亚飞）

邮　政

【概　况】 2019年，来凤县内邮路3条，农村投递线路37条，总长度1587千米。来凤县邮政分公司完成收入4708万元，完成进度的100.11%，同比增长388万元，同比增幅5.44%，高效收入3510万元，占总收入比重80.72%，增幅5.6%，

【储蓄业务】 代理金融完成收入3676.89万元，完成州公司预算进度97.62%；其中代理储蓄收入2904.95万元，完成预算进度98.34%；代理保险收入771.66万元，完成预算进度94.97%，同比增幅17.1%，进度居全州第四名。

（余学能　张立红）

通　信

【基础设施建设资金投入情况】 2019年全县基础设施建设投资8736.19万元，其中政府投入110万元，企业自主投入8626.19万元。

【4G基站建设情况】 2019年新建、升级4G基站219座。其中电信公司新建、升级4G基站5座；移动公司新建、升级4G基站76座；联通公司新建、升级4G基站138座。

【4G移动通信网络覆盖率】 州经信委组织第三方对全县4G信号覆盖情况进行测试。其中电信公司4G网络覆盖率96.58%，移动公司4G网络覆盖率97.46%，联通公司4G网络覆盖率86.57%。

【光纤宽带建设情况】 全县实现185个行政村全部通光纤。全县1776个自然村有1376个通光，自然村通光率77.47%。

【固定宽带建设情况】 全县固定宽带接入用户数100545户（其中电信46390户、移动30199户、联通10148户、广电13808户），固定宽带普及率40.54%，增幅8.43%。2019年，全省三类县升降幅度排名第六位。

中国移动通信集团湖北有限公司来凤分公司

【概　况】 2019年，公司全力保障汛期和雪灾期间通信畅通，全县累计投入抢修人员5623人次，抢修车辆3684台次，油机1500台次，时刻保持网络畅通，为抗洪救灾提供保障。

【4G宽带网络建设与5G规划】 2019年，来凤移动4G网络覆盖所有城区、乡镇及行政村；4G基站424个，脱贫攻坚4G网络全域覆盖率99.25%。黔张常铁路4G综合覆盖率96.8%，GSM全程成功率93.8%。城乡OTN开通率100%。传输机房14个，传输管道107管程千米。宽带覆盖总量9.6万户。2019年底完成建行、县政府、中百周边的5G规划工作，预估无线投资150万元。

【典型信息化发展案例】 发展来凤智慧城市视频监控和大数据运营中心软硬件设备及网络租赁服务项目，项目规模约3449万元。来凤移动与来凤县大数据中心2019年8月合作，以新一代信息技术为引导，通过1个公安外场、2个大中心、4个新应用建成智慧城市。项目建设

内容涵盖公安内外场、智慧城管、大数据中心机房、道路标志标牌（全城的道路标志标牌）、智慧城市运营管理平台。其中以公安内外场为主体，涵盖全城465个点位的监控点位基础开挖、浇筑、立杆以及712个监控设备安装、网络引入及配套电力建设、10个路口的红绿灯更新、绿化修剪等。

（江 楠 马红霞）

中国联合网络通信有限公司来凤县分公司

【概 况】 2019年，整体完成主营业务收入3515.12万元；纳税总额21.91万元；云计算、物联网、大数据等政企创新业务在教育、医疗、政务等行业取得新突破。

【网络基础设施建设】 2019年，来凤联通以“规建维优一体化”“网业联动”精准规划基站、杆路投资和建设。全县基站总量575个，同比增长26.93%。其中2G基站87个、3G基站207个、4G基站278个、5G基站3个。3G、4G在市区、县城、乡镇覆盖率98.3%，行政村、主要交通干线覆盖率93.12%。固网端口总量3.2933万线。切实做好网络安全保障工作，配合完成“2019护网行动”“国庆重保”“军运会重保”及“匠心网络万里行”等活动。

（刘 勇 蒋静华）

中国电信股份有限公司来凤分公司

【概 况】 2019年，中国电信来凤分公司贯彻落实省、州公司战略，围绕三大基础业务规模发展，获省公司表彰“十强县域分公司”“收入增长标杆奖”“4G规模发展奖”。

【县留守儿童关爱服务智慧平台建设启动】 5月31日，来凤县留守儿童关爱服务智慧平台建设启动仪式在旧司镇小学召开，州公司副总经理潘华出席启动仪式，并代表公司捐赠电话手表16台。

【“12345”公共服务热线平台建设项目签约】 9月26日，来凤分公司与来凤县政务服务和大数据管理局举行“12345”公共服务热线平台建设项目签约仪式，“12345”公共服务热线平台为来凤县百姓及外来游客提供统一、便捷、高效、专业的服务。“12345”项目的实施，提升来凤县政务服务效能和公共服务水平，提高“互联网+政务服务”的运用能力。

（叶 芳 赵 辉）

住房和城乡建设

城乡建设

【概　况】 2019年，全县围绕建设"四个三重大生态工程"奋斗目标，立足本职，加快推进城市建设战线各项任务，紧抓棚改机遇，推进城乡建设，落实重点项目建设，全程监管建筑质量，注重建设工程安全，建设步伐加快，城镇功能日趋健全，城镇承载力提高，面貌改观，城市品位提升。2019年人口城镇化率增长1.48个百分点，城镇化率38.92%。县城常住人口10.8万人。

【城镇建设】 2019年，县城区建成面积15平方千米，道路长度83.42千米，其中主干路30.03千米、次干路25千米、街坊路4.39千米、支路24千米，道路面积139.49万平方米，其中车行道面积114.09万平方米，人行道面积25.4万平方米。车行道改建1.09万平方米，人行道改建0.53万平方米。

2019年，燃气安全生产零特重大事故，安全供气天数占全年98%，实现天然气气损控制在6%以内，完成液化石油气供应266吨，天然气供应1200万立方米，发展天然气用户5232户，燃气企业签订2019年安全生产目标责任状，液化气钢瓶送检4300只，报废更换钢瓶1700只，配合州第四综合（专项）检查组完成燃气行业安全检查隐患问题整改9个，增强用户使用安全性。

2019年，完成供水水量960万吨，完成销售水量回收653万吨，销售水量回收同比去年600万吨增收53万吨；生产耗电总量237.7万千瓦时，比2018年同期减少2.7万千瓦时；生产过程中年消耗净水剂20吨，二氧化碳消毒剂消耗8500套；增报装用户1500户；完成华龙三期、金桂佳苑商住楼给水工程施工，完成碧桂园、帅丰时代、老宾馆凤凰传奇项目市政管网开口通水。公司化验中心每天进行日常常规水质8项指标检测，送样至恩施水质检测站进行月检，月检报告在来凤政府网公示，县疾控中心实施日常水质监控检测，水质综合合格率100%。

2019年启动县城市污水处理厂提标升级、扩容改造污水收集管网扩建工程前期工作，项目包括厂区内污水处理构筑物、部分旧设备更换、厂区外污水收集管网建设。设计扩容后规模3万立方米/天，出水水质一级A标准，投资3.3亿元，存量资产9246万元。

【村镇建设】 2019年，编制镇区域规划184.13平方千米，控制性规划3.24平方千米；乡村振兴与新型城镇化同步发展。

推进乡镇污水处理全覆盖，修建8个污水处理厂配套收集管网，设计污水处理规模0.51万吨/日，投资3亿元。百福司镇施工设计主支管网（含接户管网）完成，污水处理厂建成进水调试模式正常运行。7个乡镇污水处理厂综合办公楼、加药房主体建成，格栅调节池、污泥池、消毒池、污泥晾晒池完成管网接通试水，一体化设备安装、厂区雨污管网、围墙、挡土墙附属基础设施建设启动。污水主管网完成54.11千米，完成设计工程量比例103.07%，支管网（含接户管网）完成70.31千米，完成设计工程量比例103.54%。主、支管网（含接户管网）回填完成120.61千米，检查井完成1969座，接户井完成3547座，完成工程进度计划任务，确保乡镇污水处理全覆盖项目建成。推进农村生活垃圾无害化处理，县住建局采购11辆垃圾收集车、1100个垃圾桶，各村垃圾桶18个，确保“户分类、村收集、乡转运、县处理”机制体制建成；推进垃圾分类试点，建立百福司镇兴安村、大河镇拦马山村、旧司镇梅子垭村州级示范村，10个县级垃圾分类示范村，创建完成。完成乡镇集镇11座公厕建设，每座公厕46平方米，造价25万元。6月6日，住建部等6部委公布第五批列入中国传统村落名录村落名单中，百福司镇观音坪村、冉家村，大河镇车洞湖村，旧司镇梅子垭村，绿水镇田家寨村入选，县传统古村落文化得到保护发展，完成对5个村落保护发展规划编制档案编撰；旧司镇板沙界村传统村落保护资金300万元申报到位。

【安居工程建设】 危房改造：完善农村危房改造制度管理，出台《来凤县2019年农村危房改造实施方案》（来脱贫发〔2019〕37号）文件，2019年摸排县农村四类重点对象危房，排查鉴定915户，确定四类重点对象危房487户，完成资金拨付845.2933万元。开展住房安全有保障认定工作，认定四类重点对象27128户，确保县脱贫成效，达到住房安全有保障基本要求。推进农村危房改造各类问题整改，2018年利用扶贫监察系统开展扶贫领域监督检查，下发问题线索111条，12种问题类型。2019年全面核查，线索属实40条，部分属实5条，不属实66条，全部符合危房改造政策。

棚户区改造：县原烟厂片区棚户区改造（同利·星都汇）配套设施建设，蓝河路段雨污管道路基施工完成，解放路段路基清表完成，雨污管道安装完成工程量30%；县城南片区棚户区改造（凤凰传奇）配套设施建设。第二层水稳层施工完成，人行道施工完成工程量60%；县原检察院片区棚户区改造（凤北人家）配套设施建设。项目部组建完成，施工队进场；县三官坪片区城中村棚户区改造（复烤厂小区）市政基础设施配套建设工程完成施工招标；县龙凤新区城中村棚改工程市政基础设施配套建设工程（酉水大道龙凤新区管网），将中央预算内下达的1965万元（原罐头厂小区785万元、原中医院宿舍小区1180万元），调整到县龙凤新区城中村棚改工程市政基础设施配套建设工程（酉水大道及龙凤新区管网），项目可行性研究报告完成批复。

公租房购置分配：完成购置华龙城公租房52套、装修同利星都汇公租房150套，完成2017年审计发现问题相关整改，启动2019年公租房分配入住，启动全国公租房信息系统贯标联网接入工作，完成龙凤新区还建房采购。完成县绿水镇公租房分配入住90户，革勒车镇公租房分配入住42户。

【建筑业管理】 2019年，全县在建工程101个，建筑面积189.6万平方米，建筑业产值26.54亿元，其中续建工程49个，建筑面积125.51万平方米，新开工工程41个，建筑面积58.75万平方米。造价0.4亿元。县住建局开展住建领域扫黑除恶，建筑工程“打非治违”专项整治行动，对不按照《中华人民共和国建筑法》《建筑施工许可管理办法》要求，未办理开工许可擅自动工建设，分别对家和荣成、来凤西商冷链产品物流1期2个项目开发商项目负责人、承包单位项目负责人限期整改，进行行政处罚，处罚款金额46212.11元；对现场管理混乱、存在重大安全隐患情况的，对名人家园2期、家和荣成1期2个建设项目施工单位作出限期整改并采取行政处罚，处罚款金额

3万元；按照《恩施州房屋建筑和市政基础设施工程项目关键岗位管理人员到岗履责监督管理办法（试行）的通知》要求，检查建设工程施工项目部、现场监理部、关键岗位人员配备标准，关键岗位人员任职条件、在岗情况、履职情况；落实企业工程质量安全生产主体责任，检查在建工程安全人员配备、持证在现场履职情况；建立起重机械、特种设备备案登记抽查，对岗位人员执证情况进行复核，有无造假现象；配合人社部门做好根治欠薪夏季专项行动，落实农民工工资四项制度（农民工资实名制、准备金制度、保障金制度、银行授信代发制度）；将工程质量、安全、文明施工监督手续、施工许可证合并办理。建立完善“前台受理、后台审核”机制，综合服务窗口统一收件、出件，实现“一个窗口”服务管理。满足条件5个工作日发放施工许可。完成5次质量安全检查，检查结果系统通报。2019年未发生质量安全事故，建筑市场平稳有序。参与工程领域（华龙、喳西泰、城峰国际、栖凤公寓、凤仪佳苑）遗留问题化解，督促协调存在矛盾纠纷项目企业按照施工进度完成项目建设，组织竣工验收，化解遗留问题。

【建筑工程造价管理】 县造价站加大对湖北省人民政府311号令《湖北省建设工程造价管理办法》《合同法》《工程量清单计价规范》《工程材料信息价》法律法规宣传，用法律法规约束规范建筑市场行业行为，促进建筑市场健康有序发展。

备案管理：国有投资工程实行清单计价，让市场有序竞争，形成工程合理计价，按照《工程发包与承包计价管理办法》《工程量清单计价规范》《工程价款结算办法》规定，实现清单计价完成100%。完成施工合同网上备案审查，规范建筑市场。2019年造价站完成工程造价备案审查15宗；施工合同备案审查32宗，发布2019年4个季度《来凤县地方材料价格信息》。

市场信息价收集：按照《州建设工程材料信息价发布管理办法》加强工程造价信息化建设，建立信息收集、整理、上报体系，加大信息采集力度，对区域内建筑工程材料商品混凝土信息价格采集、汇总、分析、上报、审批、发布工作进行严格审核，确保建材价格动态管理。

【建筑工程质量安全监督管理】 2019年，全县在建工程90个，其中房屋建筑工程84个、市政基础设施工程6个。在建建筑面积189.6万平方米，投入建筑起重机械58台，其中塔式起重机46台，施工电梯2台；监督超规模危险性较大分部分项工程23个，其中深基坑4个、高支模6个、人工挖孔桩（墩）9个、群塔作业4处。县质安站严格质量安全监督程序，执行《湖北省房屋建筑和市政基础设施工程施工质量安全监督办法》；开展4次质量安全检查，发放检查通知书5份，发放停工通知书9份，限期整改通知书26份，巡查记录103份，发现质量安全隐患314条。按照“七个切实”要求，开展复工质量安全检查，履行对在建项目复查无质量安全隐患方可复工；开展一次为期两个月的质量安全检查；对建筑起重机械、深基坑、消防质量安全、高支模进行专项整治；抓在建工程施工扬尘治理，对城区内在建房屋建筑、市政基础设施工程进行扬尘管控；施工进出道路进行硬化处理，裸土进行覆盖，建立车辆冲洗设施，规范处置建筑垃圾，作业面安装雾化喷淋系统进行降尘处理；开展建筑工程“打非治违”整治。对未办理开工许可擅自施工、施工转包分包违法行为进行整治，行政约谈项目4个，下发停工催办3份；开展汛期在建工程质量安全检查，落实汛期24小时值班制度，掌握汛期实时动态，信息上报；开展消防验收，8月14日组织一线监督人员到恩施参加消防验收培训会；收到消防验收申请4个，发放消防验收意见书3份。创新质量安全生产监督检查程序，从施工现场质量安全隐患排查转变企业主体履职督查，以《质量安全生产法》明确建筑工程参建各方质量安全生产主体责任，加强对项目经理、项目总监到岗履职监督检查；组织在建项目、建筑企业、监理公司负责人参加来凤县住建领域行业管理大会。对第三方商砼企业、检测机构行为进行2次专项检查，要求商砼站按照预拌砼管理办法，搞好质量控制；对检测机构设备校检、人员配备检查、检测方案、检测报告实时上传。

【建筑装饰装修行业管理】 2019年，县装饰办加强监督力度检查规范市场行为。对限额以上工程，检查执行法定建设程序，严格执行施工图文件审查、施工许可、竣工验收备案法律法规制度；检查工程施工企业执行国家强制性标准情况，是否有偷工减料、使用劣质材料行为；检查外来施工企业备案情况；根据相关部门投诉所反映出有关装饰装修问题，及时介入，对装饰工程进行规范管理。加强对建筑装饰工程工地现场达标规范管理，确保装饰工程质量安全达标。

【房地产管理】 2019年，发放商品房预售25份，建筑面积45.35万平方米，同比上升10.2%；其中住宅2950套，建筑面积39.8万平方米；非住宅903宗，建筑面积5.55万平方米。销售商品房面积29.37万平方米，同比增长2.33%，销售金额14.47亿元，同比增长13.57%，商品房住宅平均单价4662.12元/平方米，同比增长14.75%。住宅销售2107套，销售面积28.28万平方米，同比增长2.16%，销售金额13.18亿元，同比增长17.49%；非住宅216宗，销售面积1.09万平方米，同比增长0.92%，销售金额1.29亿元，同比下降15.68%；商品房预售合同网上签约备案2323户（宗），审查合同18584份；归集商品房维修基金2165户，金额1256万元，使用维修基金59.33万元。

整顿房地产市场秩序。落实市场巡查检查，保证市场健康发展；做好企业年检，审查企业专业人员从业资格、业务开展行为，规范企业经营行为；按照省、州部署，完善企业信用评价体系；落实巡查检查制度，每个月对各房地产项目售楼部、小区物业服务企业巡查1次，监督检查企业经营行为，专业人员从业行为，打击未批先售、捂盘惜售、非法集资、虚假宣传违法违规行为，监督企业按照要求公开房源、明码标价，保证房产市场健康发展。开展“不忘初心、牢记使命”中介机构整治专项行动，规范中介市场服务，推进二手房交易市场健康发展。推进华龙、喳西泰、城峰国际、栖凤公寓、凤仪家苑项目遗留问题化解，为政府建言献策。督促企业推进项目建设，组织验收，达到交付条件化解遗留问题；加强商品房预售资金监管，保证专款专用。做好建工、质安站沟通协调，核实项目工程进度、工程进度款支付，确保资金合理使用；配合农民工工资准备金制度，农民工资实名制支付工作落实，做好农民工权益维护。对巡查中发现的问题制定整改措施，在商品房合同备案环节对预售资金归来进行审查，杜绝企业违规收取资金，保证购房款直接存入监管账户。

【公用行业管理】 供水服务管理：2019年县自来水公司优化报装流程，规范报装管理，落实上级关于报装服务要求，推进用水“网上办理”“用户最多跑一次”服务。在县行政服务中心派工作人员入驻。升级自来水报装网上办理系统，协调县政务服务中心接入平台。在2019年底实现客户用水报装“一网通办”。对客户办理环节合并现场勘查方案答复、外部工程施工竣工验收、合并签订装表通水3个流程为1个，公司办理部门进行内部优化，实施一步办理。2019年底实现客户报装最多跑1次。2019年完成供水量960万吨，完成销售水量回收653万吨，销售水量回收同比2018年的600万吨增收53万吨；生产耗电总量237.7万千瓦时，比2018年同期减少2.7万千瓦时；生产过程中年消耗净水剂20吨、二氧化碳消毒剂8500套；新增报装用户1500户；县自来水公司对原来欠缴49个月养老保险进行缴纳。2019年补缴养老保险欠费146万元。

燃气管理：2019年燃气企业安装生产零特重大事故，液化气充装站，巡查、应急演练、消防安全经常开展；钢瓶送检2500只，报废钢瓶1700只，组织参加全州燃气从业人员专业培训2次；完成黄金水岸、康复医院宿舍、春晖小学5处安全隐患整改工作；入户安全检查5785户，整改户数620户；牵头联合县市场监督管理局、县公安局、县应急管理局、县发改局以液化气气瓶市场安全为主排查整治行动2次，发出《来凤县燃气行业安全生产责令停止经营通知书》7份，发现隐患问题20处，按属地管理各乡镇督促，整改落实；配合州第四综合（专项）检查组完成燃气行业安全检查隐患问题整改9个；完成优化营商环境用气报装进政务服务窗口，规范用气报装流程，办理时限。2019年全县安全供气天数在98%以上，实现天然气气损控制在6%以内，完成液化石油气供应266吨，天然气供应1200万立方米，新发展天然气用户5232户。

乡镇污水处理厂管理：2019年县住建局制定《关于全面推进乡镇污水治理实施方案》；全县8个乡镇污水处理厂、管网建设工程按照招投标程序完成设计建设，按照合同工程进度拨付资金；县政府派遣人员在项目建设期任总经理职位，对项目资金进行监控，避免资金转移，在实际施工建设中突发阻工进行协调化解，保障施工进度不受影响。8个新建乡镇生活污水处理厂于2019年12月底全部建成通水调试，2020年1月进入调试在线监测运行阶段，实现全省目标任务，达到全网运行条件。各乡镇污水处理厂由三泰（来凤）环境有限公司负责运行维护管理；每个厂区配备2名专职运维人员，负责落实厂区运维管理。对8个乡镇污水处理厂建设设立档案专柜，对项目信息资料、工程建设资料、竣工验收资料进行存放。

【信访工作】 2019年，住建局受理各类信访案件50件次，其中阳光信访系统受理43件次，回复处理35件次，有8件次受理调查处理。案件查处率、答复率均为100%。

【行政审批】 2019年，县住建局实现“一站式审批、一条龙服务”，方便办事群众，审批效率提升，政风行风改善。行政审批公共服务事项按时办结率100%。2019年办结行政审批公共服务事项698件，其中质量、安全监督登记60件，施工合同备案30件，施工图设计文件备案30件，建筑工程施工许可30件，竣工验收备案30件，商品房预售许可18件，房产交易500件。办结率100%，群众满意度100%。完成网上审批流程，减少服务对象往返窗口次数；完成“双随机、一公开”检查任务公示；完成不动产档案交接及不动产证明工作；与消防部门进行无缝衔接，正式受理消防设计审核、设计备案（21件）、消防验收备案（12件）。

（向兴祥　何芝松）

城乡规划

【概　况】 2019年，来凤县推进城市总体规划修编工作，围绕公共服务、交通治堵、城市更新等规划短板，统筹谋划医疗、教育、绿地、停车、环卫、污水等各项配套设施的规划布局，为项目建设提供审批依据。来凤县2019年土地利用总体规划局部修改涉及的34个项目的规划调整获省厅同意批复。

【乡镇控规及村庄规划编制】 全面完善除绿水镇外的7个乡镇控制性详细规划，并通过专家评审。大河镇龙潭坪村、漫水乡苏家坪村、油房坳村、绿水镇老寨村、翔凤镇檀木湾村、旗鼓寨村、老虎洞村、狮立坪村、梅河村、中华山村、百福司镇洞塘坝村、三胡乡猴栗堡村、石桥村13个村庄的规划设计编制通过专家评审。

【重点项目规划编制】 完成来凤县生活垃圾发电站的选址，报州局进行调规预审；完成易地扶贫搬迁增减挂钩设计方案的编制；完成观城坡公园总规及控规；完成龙凤新区酉水大道区域控规；完成酉水河、蓝河、育红桥河美丽生态河岸规划；完成国道209绕城线片区、国道242火车站至县城片区控规；配合林业局完成老虎洞森林公园规划。

【规划许可与用地审批】 全年组织召开规划委员会6次，主任会议1次、审议29个项目。完成民族医院门急诊综合楼、半岛蓝湾、望城花园、翔凤镇民族幼儿园教学楼、海玉幼儿园等13个项目规划设计方案审查，完成家和荣城、西商农贸城、名人家园二期等26个项目工程规划许可。完成中华山壹号院项目三期工程规划许可、西商农产品冷链物流园项目一期工程规划变更许可、工业园标准化厂房（总用地1.33公顷）工程规划许可及不动产遗留问题化解等项目的工程规划审批。完成垃圾焚烧处理发电项目、喳西泰老虎洞中桥及接线工程、华龙大道西段市政道路工程、革勒车镇集镇道路工程、百福司镇集镇道路工程、百福司镇南河村群众文化中心7个项目用地预审与选址；完成龙凤游泳中心、森林公安办公楼、海玉幼儿园、漫水乡污水处理厂等13个大型项目用地审批。全年核发“建设项目选址意见书”4份、“建设用地规划许可证”11份、“建设工程规划许可证”121份，出具规划条件69份。收取城市基础设施配套费1365.44317万元。

【测绘地理信息】 对全县新增测绘控制点进行验收，确保测绘控制点分布完善，完成来凤县城市规划区1∶1000数字化地形图测绘。依法开展“问题地图”排查整治，全面清除各类“问题地图”，完善健全地图市场监管长效机制，强化国家版图意识宣传教育。组织开展《中华人民共和国测绘法》宣传日活动，宣传测绘及地图管理相关法律法规，发布地图管理标语、张贴宣传画等。加强测绘成果保密管理，学习保密条例，提高保密意识，在日常工作中坚决做到涉密电脑不上网，涉密U盘专机专用，涉密文件专人专管。

（黎春燕　金　勇）

城市管理

【概　况】 2019年，来凤县城区道路清扫保洁率、垃圾日产日清率均为100%；机械化清扫、洒水降尘率75%以上，确保环境卫生质量。组织春节期间“两违”治理行动、“两违”百日集中治理等拆除行动12次，拆除“两违”建筑建筑面积39642.84平方米，停水停电21户，强制清场4300多平方米。来凤县城市管理执法局办理人大代表建议和政协委员提案工作，涉及来凤县城市管理执法局主办建议提案10件，协办4件，全部办结。配合省环保督察，开展生态环境治理，对9个环保督察交办件实行专案专人专岗专班跟踪管理。

【城市景观改造】 完成武汉大道二期人行道及附属设施建设工程生态停车位建设3000平方米、人行道建设12721平方米、水泥混凝土路面2000平方米、挡土墙1642立方米、电力管群4542米、电信管群17605米；完成瓦尔高路人行道青石板铺装1602平方米、道路硬化980平方米；生活垃圾处理焚烧发电项目完成项目地形勘测、规划选址论证报告编制和评审、用地预审报告编制、可研报告编制和评审；“厕所革命”工作完成新建城市公厕7座，改建城市公厕9座；完成接龙桥路临时农贸市场及临时停车场项目和施立坪、旗鼓寨2个建筑垃圾处理场的建设。

【市容市貌整治】 开展校园周边环境整治、城北农贸市场整治、占道雨棚专项整治、“僵尸”车整治、餐饮油烟整治、噪声扰民等行动，规劝出店经营及流动商贩77400多次，规范乱停乱摆车辆7000余辆，拖离占道“僵尸”车431辆，拆除违规遮阳棚87个，43家城区公共机构食堂、65家3个灶头以上餐饮服务行业、130家夜宵全部安装油烟净化设施装置；完成城北市场鸡鸭商户37户的搬迁。

【市政园林管养】 更换高压钠灯320套、马路弯灯450盏、节能灯泡943颗、微电脑开关25台、时控开关128台、接触器2台、地埋电缆300米，新装LED路灯48盏，完成102个“中国结”、224个“红灯笼”亮化，完成凤南桥桥体景观灯亮化，龙凤人家景观灯亮化，凤鸣山庄景观灯亮化及团结桥桥体亮化，更换井盖222套、雨水篦子192套，新增700#污水井243个，完成破损青石板维修360平方米，新铺设人行道青石板500平方米，增设障碍柱及防撞石254个，增设路牙990米。完成下水道清淤6258米，清理淤泥420立方米，完成道路补缝工作3650平方米，补缝长度3.7万米。完成四斗种桥面修复工作。完成草坪新植7500平方米，非市政绿地建设5727平方米，交通渠化岛、分隔带建设1250平方米。完成病虫害防治4次，养护公园绿地面积30公顷，行道树养护7330株。

【城区环境卫生管理】 完成县生活垃圾填埋场运行管理移交，免费开放公厕13座；取消凤翔大道（高速出口—凤翔大道与凤仪大道红绿灯交汇处）、凤仪大道、武汉大道（团结桥—湘鄂情桥）、酉水大道、民族路道路两侧的垃圾桶，退桶进院；城区餐厨垃圾集中收运实行市场化运营；启动垃圾分类工作，清理酉水河、老虎洞河、龙洞河、育红桥河4条河道。

【城市桥梁安全】 完成四斗种桥面修复工作，完成洪山电站桥、凉亭桥两座危桥拆除及修建。

【行政审批】 2019年，进驻大厅行政许可13大项20小项，行政征收1项，行政处罚96项，行政强制3项，审批事项进驻率100%。

【“六城”同创】 指导、督促乡镇、村（社区）对照问题清单，开展突出环境卫生问题整改。城区垃圾清扫保洁全覆盖，清理薄弱地带存量垃圾约26吨，城区河道保洁实行市场化营运，清理河道垃圾300余吨。

【机构改革】 2019年3月30日，由来凤县城市管理局更名为来凤县城市管理执法局，由县政府直属事业单位调整为县政府工作部门。

（段金岑　朱茅地）

城市建设投资

【概　况】 来凤县城市建设投资有限公司成立于2006年3月，是隶属来凤县人民政府管理的独立企业法人，受县政府委托经营国有资产、收储经营国有土地，履行城镇建设投融资和建设业主职责以及县政府授权的其他职能，注册资本金4亿元，公司实行董事会领导下的总经理负责制。公司有全资子公司10家，主要经营范围为城镇基础设施建设项目投资；农村基础设施建设项目投资；旅游项目投资；实业投资；房屋、场地租赁；会务和展览服务；农产品、农副产品生产、加工、收购、销售。2019年公司完成项目融资5.398亿元。

【企业改革】 公司按照党中央、国务院《关于深化国有企业改革的指导意见》（中发〔2015〕22号）文件要求，以坚持和完善基本经济制度、坚持社会市场经济改革方向、坚持增强活力和强化监管相结合、坚持党对国有企业的领导、坚持积极稳妥统筹推进为基本原则，稳步推进市场化经营改革。2019年底，公司完成《来凤县城市投资建设有限公司经营规划报告》编制、内部管理制度的编制、内部人员分流和骨干人员招聘及薪酬绩效管理改革方案制定工作，市场化经营改革初具雏形，国有资产管理体制、现代企业制度、市场化经营机制基本建立。

【项目融资建设】 县政府将“紧扣项目建设，做好扩大投资”作为《2019年政府工作报告》一项重要工作提出，公司以此为契机，立足精准脱贫产业发展和城乡基础设施建设的需要，积极谋划项目融资和推进项目建设。项目融资保障有力。2019年，公司完成项目融资5.398亿元，其中农村土地流转和规模经营建设项目，融资金额2.5亿元；贫困村提升工程项目，融资金额2.8亿元；

迎宾大道与武汉大道四期融资980万元；项目建设稳步推进。2019年，来凤县迎宾大道改建段改建工程如期完工，新建武汉大道四期道路工程350米，来凤火车站站前综合交通枢纽工程完成桩基施工455根，并完成来凤县游泳中心及配套道路建设项目社会资本方采购工作。

【企业转型升级】 为进一步深化企业改革，激发企业的活力和市场竞争力，做大、做强、做优企业，公司积极推进市场化、多元化经营探索，把提质增效摆在突出位置，拓宽增收渠道，逐步提升增收质量。2019年，公司投入1.6亿元完成对凤鸣山庄酒店、龙凤科教示范园小区商业地产收购和凤栖园现代农业基地、咸丰东方城房地产开发项目的启动。

（周治忠）

住房公积金管理

【概　况】 2019年全县计划归集住房公积金2亿元，计划新增人数500人。截至12月底，办事处新开户单位14个，新增缴存人数762人，全年归集额2.3亿元，完成州下达任务的115%。全县计划发放住房公积金个贷1.44亿元，截至12月底为628户职工家庭发放个贷2.47亿元，完成州下达任务的171.53%。全年提取额为1.4亿元，其中购房提取3984万元，冲还贷款7751万元。发挥住房公积金职能作用，为广大缴存职工缓解住房压力，解决住房问题。办事处有缴存单位218个，缴存人数10231人。截至2019年12月底，非公有制经济缴存单位22个。

【政策调整】 2019年6月，州住房公积金管理委员会六届三次全体会议决定对个人提取、贷款相关政策进行调整。

调整提取政策5项：暂停因本人或家庭成员（夫妻、父母、子女）患重大疾病、发生不可预见重特大事故提取住房公积金；"购买、建造、翻建、大修自住住房提取住房公积金"调整为"在恩施州境内或户籍地购买、建造、翻建、大修自住住房提取住房公积金"；"偿还购买自住住房贷款本息提取住房公积金"调整为"偿还购买恩施州境内或户籍地自住住房贷款本息提取住房公积金"；房屋买卖合同、商业银行借款合同或不动产登记证为夫妻一人单独所有的，其配偶不得提取住房公积金；建立提取黑名单制度。

调整贷款政策5项：进一步规范贷款对象，个人住房公积金贷款用途仅限于缴存职工夫妻双方在恩施州境内或户籍地共同购买、建造、翻建、大修普通自住住房；修改二套房认定标准，按照"认贷不认房"的原则执行二套房政策；优化还款方式，取消"到期一次性还本付息"的还款方式；明确信用状况审核标准；提高按揭合作项目准入的工程形象进度要求。

调整后，"二套房"政策为：按照"认贷不认房"的原则认定二套房，凡在2019年9月1日之前，借款人（含配偶）在州内使用过个人住房公积金贷款（含异地贷款、装修贷款、代际互助贷款等所有贷款）的，都一律认定为一套房，再次申请个人住房公积金贷款时，按照二套房政策执行。二套房的贷款利率在基准利率的基础上上调10%，首付款比例最低为30%。三套房贷款申请不予受理。

【服务企业提质年】 2019年，县公积金中心将"服务企业提质年"活动作为"不忘初心、牢记使命"主题教育的重要载体和抓手，明确"我是谁、依靠谁、为了谁"的服务理念，坚持现场大于会场，下沉重心，听取企业在生产、建设、发展方面存在的具体问题和困难，从住房公积金工作角度为企业提供帮助，最大程度释放政策红利，加大资金运营力度，强化与房地产开发企业的合作，支持实力强、管理科学的房地产企业做大做强。到企业听取意见建议，梳理分析企业提出的意见建议，靶向明确，因企施策，建立台账，整改销号。

【网厅工作】 2019年8月12日，县公积金中心对来凤县21个试点单位进行业务培训，网上业务大厅包含办理职工开户、调动转移、基数调整、汇补缴核定等所有归集缴存业务，单位通过网站，足不出户即可办理单位相关业务，实现单位“零跑路”办理缴存业务的便捷体验。

【综合柜员制】 优化服务方式。努力为群众提供优质服务，聚力流程再造，变“往返跑”为“单程跑”。2019年6月开始试实施综合柜员制，完全实现“一窗受理，一站办结”，提高工作效率，减少群众办事等待时间。

【村干部建制试点工作落实】 2019年1月，三胡乡村干部建制试点工作正式落实，实现全州村干部公积金缴纳“零”的突破，80名三胡乡村干部、临聘人员全年缴纳公积金21.56万元，制度覆盖面大幅度拓展，受益人群不断扩大。

（黄若男　张　超）

生态环境

国土资源开发管理与利用

【概　况】 2019年，来凤县强化用地报批，切实保障发展用地。完成火车站站前广场、国道242下穿道路、农村安全饮水、龙凤新区解放大道、栖凤二路、漫水乡小学、漫水大桥、五金机电城、商业综合体7个批次项目土地40.66公顷报批。供应土地139宗，总面积57.4公顷，其中出让121宗，面积27.27公顷，出让价款2.18亿元。完成来凤县公示地价体系建设项目预检、来凤县征地标准调整听证及全县批而未供存量土地处置方案。交易增减挂钩指标63.15公顷，成交额2.84亿元。

【土地供应】 强化用地报批并盘活存量土地，全年供地139宗，总面积57.4公顷，其中划拨用地18宗，面积30.13公顷；出让121宗，面积27.27公顷，出让价款2.18亿元。

【调查监测与确权登记】 2019年，完成“农村集体土地所有权、集体建设用地使用权和农民宅基地使用权”登记发证宅基地调查78455宗，调查宗地面积1112.89公顷，房屋面积1372.28万平方米；集体建设用地调查592宗，调查宗地面积49.2公顷，房屋面积52.86万平方米；完成质量监控检查工作78455宗地，并完成建库31687宗地，完成档案资料扫描20197宗地。建库完成度50%，外业调查完成度100%，监理检查完成度100%，县级检查完成度100%，“三权”整体工作完成度达到85%。第三次国土调查工作通过省级核查。

【耕地保护】 全面落实耕地保护责任制。结合“6·25”土地日及日常执法开展形式多样的土地法律法规的宣传，发放宣传单10万余份及制作宣传标语18条，加强对现有34333公顷耕地保护。严格贯彻落实耕地占补平制度。严格贯彻落实“占多少，补多少，占优补优，占水田补水田”国家耕地保护政策，完成2019年来凤县地方投资占补平衡项目14个，总投资0.25亿元，新增耕地333.33公顷；“旱改水”项目1个，总投资0.023亿元，建成水田面积29公顷。完成2018年来凤县耕地质量等别年度更新与监测评价工作的内外业工作及2019年来凤县耕地质量等别年度更新工作。为确保基本农田面积24923.86公顷。完成基本农田调整及补划。

【矿产资源管理】 对全县24个矿山超权限发证进行清理，纠正4个到期矿山，在办理转让、变更的过程中对6个矿山进行纠正，待坐标系转换时对14个越权发证矿山予以纠正。全县煤矿仅保留宝龙煤矿1家。全年清理历史价款欠款0.026亿元。2019年完成政策性关闭煤矿8家的土地复垦复绿并通过验收，开展实施39家无主矿山的复垦复绿工作。同时下达复垦复绿通知书20份，复垦保证金追缴通知书10份，确保复垦复绿工作有序开展。坚持非煤矿山隐患排查及打非治违。全县矿业权年检率100%，资源储量实测核查率100%，全县年检矿业权24个，实测矿点24个，其中地下开采矿山10家、露天开采14家，对有违法开采的5个采矿点下达《责令整改通知书》并正在进行处理。深化矿业权出让制度改革。将矿业权出让制度改革与生态文明体制改革紧密结合；与国土资源节约集约示范县建设紧密结合；与本县“大扶贫、大数据、大生态”三大战略行动有机衔接；严格执行采矿权公开出让“招拍挂”制度，严格控制矿业权协议出让。

【自然资源执法】 2019年，发放违法行为通知书65份，其中土地33份、矿产32份，立案查处矿产违法案件1件（湖北科隆新材料有限公司），没收违法所得4.74万元，罚款0.474万元，向公安机关移交非法开采矿产资源案件1件；立案查处土地违法案件1件（来凤县合泰生态农业专业合作社），查处面积0.42公顷，罚没8.3109万元。行政强制拆除1处，面积3401.72平方米，其中建筑占地1151.19平方米。卫片执法监督检查“零约谈、零问责”。下发季度卫片遥感监测图斑297个，面积216.41公顷，其中耕地82.30公顷。下发矿产卫片5个，其中越界开采2个、无证开采2个、坐标漂移1个，对越界开采、无证开采3个矿山进行立案调查。例行督察下发疑似违法违规占地图斑2个，图斑面积1.69公顷。年度土地矿山卫片执法检查连续10年实现“零约谈、零问责”。配合“两违办”对规划区“两违”行为采取强制措施。有效遏制新增“两违”建设行为，实现“两违”零增长工作目标。配合“两违办”开展春节期间“两违”治理行动、“两违”百日集中治理行动等专项行动，对51处正在抢建的“两违”建筑采取停水停电、强制停工等措施，其中强制拆除下达停工通知书后抢建的建筑物12643平方米，强制停水停电21户。同时配合教育城指挥部对侵占高平中学土地的“两违”行为进行强制清场，清场面积4300多平方米。贯彻“打早打小”工作模式，确保把“两违”建设行为控制在萌芽状态，减少违法相对人经济损失和拆违成本，配合“两违办”通过快反程序先后对40户违建户采取拆模、割钢筋、挖基脚等措施，拆除建筑面积7400多平方米。根据《中华人民共和国城乡规划法》相关规定，经报县委、县政府同意，配合“两违办”组织相关职能部门对黄茅坪村、机场的违法建筑集中采取行政强制拆除行动，拆除“两违”建筑38栋，拆除建筑面积18000多平方米。

【地质勘查与灾害防治】 加强地灾防治宣传教育，提高全民防灾、避险、救灾意识。发放宣传资料25000余份，集中开展宣传活动2次，参与人次600人。落实全县重点地质灾害监测点的隐患排查、监测预警、网格化管理工作。组织各类地质灾害隐患排查65次，排查地质灾害隐患点70处。调查出具地质灾害应急报告26份。发放明白卡320余份，设置地质灾害标识牌43块。严格落实汛期24小时值班制度。完成百福司镇后山不稳定斜坡的治理，并通过州级验收。

【行政审批及不动产登记】 受理事项2106件（其中土地审批1787件、规划许可319件），办结2106件，按时办结率100%。严格落实“三集中三到位”制度，在《湖北省行政职权和服务事项管理系统》录入154项服务指南及服务细则，为增税、涉税、护税服好务，全年涉税1824户。实现不动产登记一般登记4个工作日内办结，除私建房外二手房转移登记、抵押登记1个工作日内办结，新建商品房转移登记2个工作日内办结，涉及实体经济企业不动产登记3个工作日内办结目标。全年办理各类登记8437件，办理信息查询并出具不动产登记查询证明5407件，配合苍穹公司开展房地存量数据整合工作。

【信访工作】 强化信访接待。主要领导与分管领导参与县领导接访18次，局每天安排有专人接访，接待来信来访40件，局领导带案下访10次，专题研究信访问题8次。完成湖北省阳光信访平台上转办的以及登记办理的各类信访件54件；受理自然资源部信访系统转办的7件信访事项，并作出答复意见，做到应录尽录，件件有答复。完成行政应诉案件18件。积极化解信访积案，成功化解积案1件。进行“12336”全国土地违法线索举报平台举报件办理，完成5件违法线索举报的甄别和调查处理。

【机构改革】 2019年3月1日，来凤县委县政府下发《中共来凤县委来凤县人民政府关于印发〈来凤县机构改革实施意见〉的通知》(来发〔2019〕5号)重新组建“来凤县自然资源和规划局”。县林业局由县自然资源和规划局统一管理；不再保留县国土资源局及县国土资源局对外加挂的县地震局牌子；将县城乡规划局和行政职能划入县自然资源和规划局，不再保留县住房和城乡建设局所属的县城乡规划局。2019年3月8日，中共来凤县委机构编制委员会下达《中共来凤县机构编制委员会关于调整部门所属机构隶属关系的通知》(来凤县机编发〔2019〕1号)，来凤县国土规划办公室由隶属县发展和改革局管理，调整为隶属县自然资源和规划局管理；来凤县林业调查规划设计队(县森林资源评估中心)由隶属县林业局管理，调整为隶属自然资源和规划局管理；县不动产登记中心、县地质灾害监测防治中心、县国土资源执法监察大队、县土地收购储备中心(县国土资源信息中心)、县国土资源局国土整治办公室(县高产农田建设办公室)由隶属县国土资源局管理，调整为隶属县自然资源和规划局管理；县城乡规划管理办公室由隶属县城乡规划局管理，调整为隶属县自然资源和规划局管理。

(黎春燕　金　勇)

水　文

【概　况】 来凤水文站位于恩施自治州来凤县翔凤镇滨江路，北纬29°30′，东经109°24′，毗邻湖南省龙山县，属于长江洞庭湖区，沅江水系西水上游代表站，流域面积1603平方千米，为鄂西南1000—3000平方千米区域代表站。测验项目有水位、流量、降水、蒸发、水质、土壤墒情等。管理革勒车、两河口、大河坝、上寨、卯洞、荆竹、纺车溪、三胡、社潭溪、牡丹坪10个雨量站，管理忠城(怯道河)、纳吉滩坝下2个水文站，管理新峡水库、接龙桥、绿水(高桥)、纳吉滩坝上4个水位站和1个土壤墒情监测站。担负着向国家防总、湖北省、湖南省、恩施州、来凤县等防汛抗旱指挥部及水利工程单位提供防汛抗旱减灾信息服务，并在鄂、湘两省之间的水资源管理、水环境监测评价和优化配置中起着关键作用。

【汛前准备工作】 2月上旬，完善2019年观测值班表，做到分工明确，细化落实到人。按照州水文局《2019年测站任务书》的规定，修订测洪方案，制定应急措施，做好必需的测验物资准备。1月中旬至3月，对所管理的监测站点进行1次全面的现场检查维护，排除隐患和故障，做好检查记录，确保设施设备处于良好的工作状态。3月中旬，按照行业技术规范的要求，完成三等水准测量、基本水尺断面、流速仪测流断面的测量和水文缆道维护保养工作。3月下旬，清洗各类观测器具等，蒸发器换水；做好降蒸观测场改造前期准备工作。进入汛期，启动来凤站水位监测设施设备建设和降蒸观测场改造，做到水文信息“测得到、测得准、报得出、报得及时”，2019年水文测验工作安全顺利完成。

【专项任务】 2019年，县水文站负责完成鹤峰城市防洪预案修编；主持负责完成来凤县中小河流安抚司水文站流量在线监测系统流量比测检验资料收集整理；派员参加全州基本站以及工程站2018年度水文资料整编工作；参加来凤县防汛抗旱部门组织的例行水雨情会商会；督导施工单位完成来凤站水位监测设施设备建设和降蒸观测场改造；督导鹤峰水文站做好该站日常测验和在站资料整编工作；主持负责完成来凤县中小河流安抚司水文站流量在线监测系统流量比测检验资料收集整理；协助咸丰水文局，做好“南四县”2018年度水文资料在站整编工作。

【雨水情况】 2019年1月1日8时至2020年1月1日8时，来凤县累计平均降雨量1112.5毫米，与历史同期均值相比偏少25.5%，属偏枯年份。根据全县17个雨量监测站点遥测数据分析，单站累计最大降雨量1358.5毫米，发生在老峡河大河镇两河口站；单站累计最小降雨量865毫米，发生在老虎洞河翔凤镇接龙桥站。

2019年来凤县月降水量一览表

表5

月份	1	2	3	4	5	6	7	8	9	10	11	12	全年
月降水量（毫米）	28.2	22.0	75.3	82.5	212.2	203.9	110.7	126.5	45.3	127.3	64.9	13.6	1112.5
偏多（%）	–10.9	–49.8	16.2	–36.7	2.5	–16.2	–56.4	–35.4	–64.6	16.4	7.9	–44.7	–25.5

来凤站2019年年径流量12.24×108立方米，与多年平均径流量相比偏少28.34%。6月22日出现年最高洪水443.92米，历史排位较低，其相应流量402立方米/秒；12月30日出现年最低水位441.44米，相应流量2.54立方米/秒。来凤县境内3条主要支流均出现明显涨水过程，老虎洞河接龙桥站年水位变幅1.3米，老峡河高桥站年水位变幅1.93米，怯道河安抚司站年水位变幅2.22米。城区重要河段未超过警戒水位。

2019年来凤县各监测站点水情年极值一览表

表6

站名	河流名称	警戒水位（米）	最高水位			最低水位		
			水位（米）	相应流量（立方米/秒）	发生日期（月、日）	水位（米）	相应流量（立方米/秒）	发生日期（月、日）
来　凤	酉　水	448.50	443.92	402.00	6.22	441.44	2.54	12.30
接龙桥	老虎洞河	—	446.50	—	5.25	445.20	—	10.31
高　桥	老峡河	—	486.50	—	8.07	484.57	—	7.30
安抚司	怯道河	—	354.68	—	5.07	352.46	—	1.29

说明：表中来凤站的水位为冻结高程，85国家高程基准 = 冻结高程 –0.652米，其余监测站点水位均为85国家高程基准

【业务工作】 业务工作方面强化水文监测，服务经济社会，继续抓好以防汛减灾服务为中心的水文基础业务工作。

流量测验及水质监测工作，根据湖北省水文水资源局鄂水文勘便字〔2015〕第3号《关于来凤水文站流量间测方案的批复》中当水位小于或等于449米时，流量停测的规定，全年没有施测流量；按要求完成水资源监测任务。

水情工作方面，继续抓好水情信息自动测报系统的巡检巡查工作。督促值班人员认真做好遥测设备运行情况的值班记录，发现问题，及时处理或向上级部门汇报，确保水雨情信息畅通。全年来凤县18个站点的自动测报系统设备运行情况良好，系统整体月平均畅通率达99.3%。

按照州局各业务部门要求，按时完成遥测站资料对照检查月报、信息化运维工作月报和水情月报并上报。从上级业务管理各部门的简报来看，完成情况较好，且没有出现如何责任安全事故。

【测站管理】 按照《恩施州水文工作应急预案》的规定，进一步完善岗位职责，落实各项防汛措施、预案，切实做好水旱灾害防御日常测报工作，确保安全生产和安全度汛。日常测验中，加密日常巡查巡检工作，认真做好水文信息化条件下的“四严”“四随”工作和资料校审。雨水情

服务方面，在汛前例行站务会上，进一步严明防汛抗旱工作纪律，要求水情值班人员严格24小时防汛值班制度，密切监视水情信息自动测报系统遥测设备运行各参数变化，设备一旦出现问题，及时采用人工补报。汛中，加强管理，密切关注极端天气及水情变化过程。参加来凤县防汛抗旱会商，及时向主管部门及当地防汛部门报告突发及重要水情信息，为防汛抗旱部门指挥、领导决策提供第一手资料，确保下游各水库和集镇安全度汛，预防和减少洪涝等自然灾害对社会的影响，保护人民生命财产安全。2019年，完成18个站点降水、7个站点水位、1个站点流量及蒸发等基础水文资料的收集、整理和在站整编工作。

（杨　众　张孝杰）

气　象

【概　况】 来凤县气象局属国家基本气象站。全年办理防雷装置设计审核3件、竣工验收2件、系留气球活动审批4件，约谈违规企业1家。全年发表气象外宣新闻稿件30篇次，其中国家级发表1篇次、省级发表4篇次、州级发表3篇次。申请2项恩施州气象局2019—2020年度科技发展基金项目，验收通过1项恩施州气象局2018年度科技发展基金项目。2019年获“州级文明单位”称号。在恩施州气象局的年度考核中获“防灾减灾单项工作奖”。被县考评办评为“2018年度综合目标考核优秀单位”，单位职工参加全州气象部门身边的榜样演讲比赛获三等奖，全省气象学会论文交流获三等奖1个、优秀奖2个，1名职工获来凤县五四青年奖章。

【气象现代化建设】 2019年，气象局推进防灾减灾“六个一”规范化项目建设。按照基层气象防灾减灾数据收集标准，完成气象灾害、气象灾害风险、气象防灾减灾重点单位、防灾减灾救灾设施、气象防灾减灾救灾人员五大类数据收集工作。完成项目所需设备采购，基层气象防灾减灾图集由湖北省气象局省局统一制作完成。

【气象服务】 2019年通过网络、电话、传真、短信等形式及时提供气象服务和气象情报。全年发布《重大气象信息专报》16期、《春运专题气象服务》43期、《专题气象服务》16期、《森林防火服务》365期、《气象服务快报》75期、《水电专项预报》365期、《农业气象预报》98期、《气象灾害预警信号》75期，启动重大气象灾害应急响应3次，将全县185个村相关责任人以及气象灾害防御责任单位负责人1175人纳入气象预警平台数据库，通过手机短信发布预警短信88125条。

【人影工作】 4月26日，及时部署百福司捏车坪、大河牡丹坪作业点进点工作。全年开展人工增雨6次，耗弹19发，及时缓解旱情，人工影响天气作业无责任性事故发生。全部作业人员持证上岗，无违规操作现象发生。10月30日起，停止2019年人工影响天气作业。

【防雷减灾】 依法对全县区域内所有石油（石化）加油站、液化气站、民爆仓库、烟花爆竹仓库等易燃易爆场所的防雷设施进行每半年1次的专项安全检查和测试；对机关、企事业单位建筑物进行防雷装置安全性能按申报制度检测检查。全年开展防雷安全专项检查8次，与应急管理局开展联合执法2次，完成易燃易爆场所常规检测34次。

【气象科普宣传】 结合“3・23”世界气象日、“5・12”防灾减灾日和科技活动周，开展气象科普进农村、进学校、进社区、进广场等科普宣传活动，气象科普基地累计接待200余名市民参观，发放各类气象科普宣传资料1000余册。

（易　友　唐晓玲　张岸奎）

环境保护

【概　况】 2019年，来凤县环境质量得到改善，全县城市空气质量实际监测天数362天，其中优良天数347天，较2018年增加29天，优良率达95.8%，空气质量综合指数全省排名第七位，较2018年上升7位。来凤县境内主要流域监测的3个断面水质均达到或优于Ⅲ类水质标准，水功能区达标率100%；2个集中式饮用水水源地水质达标率100%。

【污染物减排】 州下达县2019年主要污染物总量减排目标任务为在2015年的基础上，化学需氧量排放总量下降3%，氨氮排放总量下降3%，二氧化硫排放总量下降10%，氮氧化物排放总量下降8%，全部完成。

【环保督察】 对中央、省生态环境督察反馈指出的问题，研究解决方案，建立台账，确保整改到位。截至12月，中央环保督察"回头看"交办信访件3件，完成整改并上报销号。中央环保督察反馈意见6件，完成整改并上报销号5件，剩余1件按照全州序时进度推进。省环保督察交办信访件4件，全部完成整改并上报销号；省环保督察反馈意见6件，完成整改并上报销号4件，剩余2件按照全州序时进度推进。

【生态文明创建】 生态文明示范县创建。制定下发《来凤县生态文明建设示范县创建工作实施方案》《来凤县创建生态文明建设示范县宣传方案》，制作宣传牌231块，发放宣传短信5万条，7月25日通过省专家组的验收。

农村环境综合整治。大河镇拦马山村、革勒车镇土家寨村等6个村开展农村环境综合整治项目全部完成。

绿色学校创建。翔凤镇沙坨小学、民族幼儿园、旧司镇东流司小学3所学校被州生态环境局、州教育局命名为"州级绿色学校"称号。

生态乡镇、生态村创建。对翔凤镇、革勒车镇、绿水镇、漫水乡4个生态示范乡镇和47个省级示范村进行申报。

国家重点功能区县域生态环境质量考核工作。成立县委书记任组长的县生态文明建设示范县创建工作领导小组，推进生态文明建设工作，在规定的时间内完成系统以及资料的报送，通过省厅考核组人员的初步审定。

【污染防治】 实施工业企业提标改造。金凤建材工业有限公司制订2019年度错峰生产计划，按计划错峰生产106天。推进挥发性有机物综合治理。完成11家汽车维修企业、5家包装印刷企业、3家家具制造企业的治理工作。机动车船污染防治。完成《来凤县人民政府关于划定高排放非道路移动机械禁用区域的通告》征求意见稿，于12月10日在来凤县政务网上进行公示。饮用水源地保护。完成新峡水库县级集中式饮用水源地和23个乡镇集中式饮用水源地保护区划分，设立标识标牌、警示标志及宣传牌；完成新峡水库县级集中式饮用水源地一级保护区的整治，拆除建筑物3栋，搬迁渡口1个，保护区设置围网1100余米，设置电子监控系统。确定14个"百吨千人"水源地，完成水源地水质监测工作。

【执法监察】 运用"双随机"抽查方式，完善环境保护长效管理机制，常态化开展巡查，打击环境违法行为。出动各类执法人员1100余人次，检查企业310家，对23家排污企业下达限期整改通知书。调处环境信访和污染纠纷。2019年，受理各类污染投诉56件，全部办理完结并回复。

【严格环保准入】 执行环保法律法规、产业政策和行业准入条件，对不符合国家产业政策和区域总体规划、不符合环境保护要求的项目一律不批；对满足环境准入条件的项目，开辟环评审批"绿色通道"，提前介入，动态跟踪，提供服务。74个建设项目备案，27个环境影响报告表审批；否决不符合环保要求的项目1个；发放排污许可证2家。

【污染源普查】 完成清查建库、全面普查入户、信息采集、系统录入等工作，进入数据审核阶段。开展省、州审核问题整改，资料整理归档工作。

【环境监测】 做好饮用水水源地监测、地表水监测、跨境断面水质监测、县城空气环境监测等日常监测及污水处理厂、省控污染源监督性监测和企业服务性监测，定时公开相关监测信息。获得成果数据13000多个。

【环保宣传】 全年向州生态环境局、县委办信息科、政府办以及各类新闻媒体投稿，上报各类信息80多条。在“6·5”世界环境日、安全生产月、节能宣传周等一系列重大节日、活动，开展环保宣传教育活动，发放宣传资料2500余份。

（李玉玲　王拥军）

文化　旅游

文化体育广播事业

【概　况】全县有剧场、影剧院3个，公共图书馆1个。县级公共文化场所继续免费开放，村级文体广场实现全覆盖。2019年，对89个村的文体广场进行提档升级，全年送戏下乡（含戏曲进校园）活动150场，对全县52家文化市场经营单位进行监管，县作协会刊《来凤文艺》全年出版4期，发表本土作者各类文学作品240余万字，县南剧传习研究所打造张富清英雄事迹南剧《本色》。

【文化工作】村级文化场所建设提档升级。2019年在村级文化阵地建设上，重点是配合县委宣传部对89个村的文体广场进行提档升级。

县级场馆免费开放正常运行。县文化馆、图书馆、博物馆每周免费开放42小时以上。图书馆接待读者8.6万人次，开展流动图书活动20场次。博物馆累计接待读者3万余人次，举办布展活动4场次。文化馆开展免费培训活动144场次，培训群众4万人次，全年免费开放服务受惠群众12万人次。

基层群众文化活动百花齐放。2019年，结合重要节日、重大时间节点，结合“精准扶贫．文化惠民”演出季，结合文艺团队队伍建设等工作，发挥专业演出院团、文艺小分队、文化志愿者的积极性和主动性，开展送戏下乡、戏曲进校园、红色文艺轻骑兵等文化惠民活动，全年完成送戏下乡（含戏曲进校园）活动150场。

非物质文化传承队伍加强。经专家评审，县政府网站公布通过，按程序完成第三批县级“非遗”项目代表性传承人。同时按照恩施州文旅局要求，完成第六批州级“非遗”项目代表性传承人推荐工作。

【体育工作】全民健身活动。与县总工会联合举办“五一”运动会活动，参加比赛的干部职工和社区群众7000余人。6月16日，举办百福司龙舟赛，鄂、渝、湘三省市25支队伍（其中男子队19支、女子队6支）300余名队员参赛，观众3万余人。

加强村、社区文体广场建设和路径器材管理。完成2018年度采购的文化扶贫村级文体器材配送。对全县其他村、社区健身路径器材进行安全隐患排查，并提出整改方案。

推进游泳中心（城市体育公园）建设前期工作。进入施工图设计和准备签PPP项目合同等前期准备工作。开展全县体育场地普查，全县涉及374个单位，人均体育场地1.12平方米。

【文化市场管理】文化市场监管工作。全县文化市场有52家经营单位，具体包括歌舞娱乐场所11家、网吧24家、印刷企业6家、书店4家、影院1家、电玩城1家、网络文化经营单位1家、游泳池4家。县文化市场综合执法大队检查歌舞娱乐场所34家次，出动执法检查人员102人次；

检查互联网上网服务营业场所95家次，出动执法检查人员288人次；检查电影放映单位4家次，出动执法检查人员12人次；检查新闻出版经营场所22家次，出动执法检查人员66人次，没收非法出版物290册；检查游泳场所1家次，出动执法检查人员4人次。出动执法人员472人次，出动执法车48多次，检查经营单位156家次，下达责令整改17份，办理行政处罚案件5件，行政罚款11000元，取缔无证经营商家2家。

文化市场宣传。3月18日，开展文化市场法制宣传活动。4月19日，县委宣传部牵头，县图书馆、县文化市场综合执法大队、新华书店联合举办“全民阅读”及2019年“绿书签”集中宣传启动仪式。4月26日，举行2019年“4·26”非法出版物集中销毁活动并开展出版物市场专项整治行动，维护出版物市场秩序，集中销毁活动中销毁涉宗教场所的非法出版物1800余册。5月24日，召开2019年文化娱乐、互联网上网服务经营场所禁毒、扫黑除恶专项工作会。

黄赌毒专项整治活动。从8月中旬至11月中旬，开展黄赌毒听之任之、失职失责甚至包庇纵容、充当“保护伞”专项整治活动，净化来凤文化市场。

【文　联】 继续办好《来凤文艺》和《翔凤清音》。县作协会刊《来凤文艺》全年出版4期，发表本土作者各类文学作品240余万字，为培养本土作者做出贡献。《翔凤清音》每年出版2期，为弘扬中华传统文化做出重要贡献。

培训工作。县书协、舞协、美协会员，利用各自特点，办好少儿书法、舞蹈、美术培训。

送文化下乡活动。春节期间，县书法协会组织会员送春联下乡活动，送春联2000余幅。县戏协、舞协会员参与送戏下乡活动，各类送戏下乡活动68场次。

打造南剧精品。县南剧传习研究所打造张富清英雄事迹南剧《本色》，剧本十二次易其稿，报上级宣传部门审定后，将进入封闭训练。

文学创作方面。2019年，县作协会员在《文艺报》《民族文学》《今古传奇》《滇池》《清江》等各级刊物发表作品20余篇。

（赵春峰）

来凤县融媒体中心

【概　况】 2019年，来凤县融媒体中心在县委、县政府和县委宣传部的正确领导下，贯彻落实党管媒体原则，宣传党的路线、方针、政策，强化内部管理，提高队伍素质，发挥电视宣传职能。采编电视新闻2053条，采写报纸新闻553条，其中中央电视台上稿50余条，在《人民日报》、新华社发布稿件30余条，湖北省电视台上稿40余条，《湖北日报》客户端发布图文稿件11条，《湖北日报》上稿44条，州电视台上稿1102.75条，《恩施日报》正版242条，来凤版18期，社会广角36期。

【机构改革】 按照机构改革要求，将原县电视台与原县新闻中心职责整合，成立来凤县融媒体中心，并加挂来凤县广播电视台牌子，属中共来凤县委直属正科级事业单位，归县委宣传部直接管理。来凤县融媒体中心于2019年3月11日正式挂牌成立，设置融媒体采访、编辑制作、播控技术、媒资运营、后勤保障五大中心。核定编制人数63人，其中领导职数6人，实有事业编制人员65人，借调挂职14人（县委办1人、组织部1人、宣传部5人、纪委1人、总工会1人、开发区1人、扶贫办1人、六城同创办1人、挂职2人）；病休1人；在岗50人。从年龄结构上看，50岁以上22人、40—50岁17人、30—40岁15人、30岁以下11人，平均年龄43岁；从知识结构上看，第一学历大专34人、中专18人、高中以下学历13人，能从事新闻宣传工作业务仅28人（在岗17人），“以钱养事”人员16人（平均年龄27.6岁）；退休18人。

【融媒体建设】 一是优化职能配置，实现机构、人员大融合。推出内设机构优化设置方案，明确每个部室的岗位职责，推行“大中心”管理模式。

二是重构策、采、编、发流程，基本实现工作大融合。立足县域经济发展实际，加大资源整合力度，融合来凤县广播电视台、来凤新闻网、“云上来凤”微信公众号、“来凤发布”微信公众号、“云上来凤”客户端、“云上来凤”抖音号、恩施日报来凤版等平台。通过全县学习贯彻张富清先进事迹报告会、中央民族歌舞团“弦歌逐梦”主题慰问演出、全县“廉风润凤城”文艺节目会演等大型直录播活动，基本实现内容生产同步进行、媒体融合同步推进、人员工作同轨并行的局面；通过“新春走基层”大型融媒体采访活动、民族小学庆“六一”快闪系列活动等，加快建设“全程媒体、全息媒体、全员媒体、全效媒体”进程；通过开设“周五曝光台”“社会广角”等栏目、推出短视频“凤味”专栏及“云上来凤”官方抖音号，初步实现“统筹策划、一次采集、多种生成、多元分发”的宣传格局。

三是加强融媒体平台建设。按照《县级融媒体中心建设规范》和《湖北省县级融媒体中心建设实施方案》的指标要求，融媒体中心争取县委、县政府支持，形成《关于县融媒体中心建设的会议纪要》（县委专题会议纪要〔2019〕24号）。9月29日县委宣传部下发《来凤县融媒体中心建设实施方案》（来宣发〔2019〕11号），启动融媒体平台建设，其中管理平台、指挥平台、网络平台、演播室平台项目于10月17日挂标，11月8日开标成功并公示，12月中旬完成演播室等项目装修，12月下旬完成相关设备安装。

【新闻宣传】 围绕县委、县政府中心工作，主动作为，宣传报道以贴近实际、贴近群众、贴近生活为原则，以弘扬社会正能量、抨击人间假丑恶为准绳，组织新闻从业人员践行“走转改”，融媒体中心各个栏目新闻呈现出主题鲜明、亮点频出的良好局面，为实现“一区四县”营造积极的舆论氛围。

重点宣传报道:《张富清同志先进事迹报告团走进新疆军区》《老兵张富清：请带我去人民英雄纪念碑献一束花》《国家主席习近平签署主席令在庆祝中华人民共和国成立70周年之际授予42人国家勋章和国家荣誉称号》《张富清同志先进事迹报告团走进火箭军部队》《爱国情 奋斗者“最美奋斗者”张富清：初心永不褪色》等新闻先后在中央电视台和湖北卫视播出，在全国树立张富清的英雄典型，掀起学习张富清事迹的高潮。另外，9月6日，中央电视台农业农村频道丰收节晚会湖北恩施拍摄组到来凤拍摄，记录来凤的大丰收；中央电视台科教频道于9月2日、3日19点27分分别播出《谜崖遗窟》上下集，介绍来凤仙佛石窟，大力宣传和推介来凤；联合县纪委监委策划拍摄廉政公益广告“廉明、廉洁、廉能”，并首次获省一等奖。

其他重点宣传报道情况。策划办好办精“新春走基层”专栏，适应融媒体改革大势，发挥新媒体、传统媒体等多屏互动的优势特点，组织采编人员进乡村、进企业、进工地、进园区，发现最基层、最一线、最接地气的新闻素材，通过“一人一事”反映新变化、新收获、新年新期盼，其中《我县迎来春运返程高峰》《新建的这三座桥将更加方便百福司人的出行》《归乡路上送温情高速驿站暖人心》《黔张常铁路年后开工复工》等新闻通过多个平台实现电视端、移动端等多屏播发，取得较好的宣传效果。全方位详细报道县十七届人大六次会议；做好全县扫黑除恶、禁毒、精准扶贫精准脱贫、党风廉政建设、重点项目建设、招商引资、两违强拆等的宣传报道工作；安排采写“最美婆婆”“最美少年”“最美儿媳”等典型人物宣传，倡导勤俭持家、尊老爱幼文明新风尚。配合中铁十四局、来凤县纪委监委等部门，拍摄《我和我的祖国MV》及快闪活动，并于“学习强国”“清风恩施”“恩施发布”等平台发布。

发挥媒体监督作用，回应市民关切。围绕“六城同创”工作接收市民群众反映的问题，在《曝光台》栏目中发布《菜市场乱象整治》《城区渣土扬尘》《新能源公交车上路》等新闻，在《社会广角》发布《相隔70年两位九旬老兵的特殊“重逢”》《向世福：身残志坚用勤劳改写生活的命运》《雷美央：扎根大山深处做有温度的教育》等深度报道，并在云上来凤微信公众号等平台多元播发，曝光市民行车不规矩、身边不文明行为等现象，履行担当媒体社会责任。

【三审制】 加强自办节目（栏目）审查，宣传社会正能量精神，弘扬真、善、美，维护社会和谐稳定。坚持“谁主管、谁负责”原则，严格落实新闻节目播前三级审查制度，对融媒体中心制作播出的电视新闻类节目（栏目），新媒体云上来凤APP和微信公众号图文，来凤新闻网，广告、公告及频道电视剧、文艺节目等，加强内容审查管理，严格“三审”签字把关，确保安全播出。

【信息化宣传】 创新宣传手段，提升宣传质量。1—12月，“云上来凤”客户端发布文章、视频、专题2100余条，“云上来凤”微信公众号发布500余条，“云上来凤”抖音播发40条相关新闻。

【直录播工作】 2019年完成“来凤县第二届庆‘六一’大型文艺晚会”“中央民族歌舞团慰问演出”“来凤县廉政文化节目展演”“来凤县第二实验小学庆祝少先队建队70周年暨第四届艺术节开幕式”“来凤县实验中学第八届校园体育艺术节”“讲好来凤故事”演讲实况等县内重大活动的直录播。

【人才队伍建设】 坚持学习制度，内强素质、外树形象。坚持阅评、编前会等集中学习，学习交流时政、摄影、社会、专题等新闻采编的经验和技巧；安排人员参加中华传媒在线组织的抖音短视频培训、新华社现场云嵌入式培训，学习并运用新媒体新技术，对短视频产品进行升级；9月，招聘编外记者、电视编导3名新闻工作人员。

（向朝顺　张小艳）

视讯网络

【概　况】 2019年，楚天视讯来凤支公司网络建设投资680万元，建设维护主支干线和网络光纤改造及发展用户。广电光纤通村185个，数字电视、宽带信号覆盖率100%。光纤通组65%，与2018相比提高18个百分点。新发展数字电视用户1406户，宽带用户1489户。“村村响”应急广播系统建成使用，在疫情防控战役中传递县委、县政府声音。“户户通”工程落实整改，解决边远村组分散居住农户看电视难的问题。完成经营总收入959.2万元。公司营业窗口被湖北省楚天视讯网络有限公司评为“百佳营业窗口”。开展广电行业扶贫，为特殊贫困户2018户降费减免64.8万元。

【生产经营】 2019年，在全州率先实行乡镇经营部承包管理和城区网格管理新举措，细化、量化、优化各项指标，推行绩效挂钩分配机制、激活员工积极性和创新工作方法。推介广电网络高清点播、宽带业务，举办三产商贸以旧换新回馈老用户优惠活动3次，开展信息化建设等专网服务，完成百福司、大河、革勒、绿水4个乡镇福利院高清视频监控业务，集客业务收入49万元，实现零的突破。

【安全播出、传输】 公司成立安全播出、安全传输工作领导小组，制定安全管理制度及应急预案，坚持例行安检，集中组织3次检查主杆线路和县级中心机房、乡镇机房24小时值守。成立应急工作专班，配备应急车辆及物资，进行2次应急实战演练，保证特殊时段的播出、传输安全，做到全年安全播出、传输无事故。

（廖必连　袁学文）

旅 游

【概 况】全年旅游综合收入16.9亿元，比上年增长12.7%；接待游客330万人次，比上年增长9.6%。全域旅游规划、阿塔峡景区规划通过专家评审。成功举办百福司龙舟赛等系列活动。入选首批“荆楚文旅名县”创建县市。组织27家次企业参加各类展销会。

【旅游资源提升】来凤县主要有以土家族、苗族等民族文化资源，以酉水三峡、千年杨梅为代表的自然生态资源，以仙佛寺为代表的佛教文化资源，以板沙界为代表的红色文化资源，以舍米湖、徐家寨为代表的特色村寨资源等。来凤旅游“三绝”：酉水三峡、卯洞、千年杨梅。来凤文化“三圣”：凤文化、佛教文化、土家文化。全县有5级旅游资源3处（仙佛寺、酉水三峡、杨梅古寨）、4级旅游资源11处（白岩山、板沙界、革勒车石林、佛山、喳西泰水城、舍米湖、“小桂林”、徐家寨、代家洞、三胡荆桥石林、两河口倒流水，单体14个）、3级旅游资源51处。

【旅游要素配套】全县有四星级酒店1家、三星级2家，酒店床位数达到5000张，基本解决“住”要素的瓶颈问题；评选来凤十大名小吃、十大土家特色菜和十佳餐饮店，一批农家乐、农庄、特色餐饮店快速发展，星级农家乐和农庄380多家，喳西泰水城餐饮一条街投入运营，为游客提供更多“吃”的选择；有旅游车队1个，游客大巴32辆，客运座位1890个；旅行社（含旅行社服务网点）数量10家，旅游服务要素不断完善。

（赵春峰）

仙佛寺景区管理

【概 况】2019年，来凤县仙佛寺景区全年免费开放，“香火一条街”商铺招租收入17.81万元，景区接待游客26.9万人次。根据省宗教整改工作方案要求，从10月28日至12月5日，双面观音迁降及十八罗汉搬离整改工作完成。

【景区管理】2019年，仙佛寺景区管委会根据《县人民政府办公室关于2019年〈政府工作报告〉重点工作任务责任分解的通知》（来政办发〔2019〕9号）文件精神，配合县旅投公司对景区进行正规化管理工作，完成“香火一条街”门面出租，完成仙佛古寺加装安防监控系统，协调县文旅局、翔凤镇、县应急局、县旅投公司、县交运局、海事处对景区码头进行物理隔离，5月1日起，仙佛寺水域来凤境内无非法营运，完成农历二月十九日、六月十九日、九月十九日3个“观音庙会”活动。

【宗教事务管理】根据省宗教整改工作方案要求，从10月28日至12月5日，双面观音迁降至九龙浴佛水池内；十八罗汉留存6尊至九龙浴佛水池边上，其余12尊分别迁移到三胡八股庙（6尊）、沙坨川主庙（6尊）。配合相关职能部门继续开展高香整治工作，寺院持续推进“四进”寺院活动，学习宣传《宗教事务条例》。规范教众朝拜行为，杜绝邪教传播。充分保障公民宗教信仰自由，维护宗教和睦与社会和谐，依法保护正常的宗教活动，2019年，仙佛寺景区未发生一起非法宗教活动。

（郑明富 田泽东）

旅游投资

【概 况】县旅投公司下设来凤龙凤文化体育传媒有限公司、湖北仙佛寺景区管理有限公司、湖北杨梅古寨旅游管理有限公司、湖北百福古镇旅游管理有限公司。三大景区全年实现营业收入104.94万元，同比减少67.4%，财务管理费用同比下降20.02%。

【项目建设】2019年，完成县中蜂繁育基地建设及蜂蜜灌装项目、县武陵山道地中药材GMP加工项目厂房建设项目。所属子公司龙凤文化体育传媒有限公司、湖北仙佛寺景区管理有限公司、湖北杨梅古寨旅游管理有限公司完成监控设备采购及线路排障维修更换。杨梅古寨景区完成老山河公厕修建，以及花海项目培管。文体传媒公司完成篮球馆木地板、文化中心剧场舞台台仓改造、文化中心喷泉整修。仙佛寺景区完成年度疫情防控及防汛应急预案，完成老庙处落石、景区视频监控整改，实现景区视频监控全覆盖，4 月实行码头游船停运，12 月完成宗教区域整改。

（周 琴 徐彩霞）

卫 生

卫生管理

【概 况】 2019年，全县有县直医疗卫生单位5个，乡镇卫生院8家，民营医院5家，社区卫生服务中心1个，村级卫生室155个，社区卫生服务站4个，个体诊所、门诊部39家，企事业单位医务室3家，村卫生室覆盖率达88.33%，在岗专业技术人员1593人（不含个体诊所门诊部卫生技术人员），其中乡村医生257人。核定编制床位1789张，实际开放病床1951张，每千常住人口拥有病床数7.83张；注册执业（助理）医师734人，每千常住人口拥有执业（助理）医师数2.94人；注册全科医师总数60人，每万常住人口拥有2.41人；注册护士1331人，每千人拥有注册护士数5.34人。

【医药卫生体制改革】 2019年11月12日，县委书记邢祖训到县卫健局调研全县卫生健康工作，安排分管县长汪建敏组织相关人员到咸丰县考察医共体建设。12月2日，政府常委会讨论通过《来凤县医疗卫生服务共同体建设实施方案》；12月6日，县委常委会讨论通过《来凤县医疗卫生服务共同体建设实施方案》。12月10日，两办下发《关于印发〈来凤县医疗卫生服务共同体建设实施方案〉的通知》。成立来凤县医疗卫生服务共同体管理委员会（简称县医管会），县委书记任第一主任，县长任主任，常务副县长任常务副主任，县委、县政府相关领导任副主任，县直有关单位主要负责人为成员。县医管会下设办公室，办公室设在县卫健局，县卫健局局长兼任办公室主任。12月12日，召开健康来凤暨县域医共体建设启动大会，组建以中心医院为牵头医院，下联翔凤镇卫生院、大河镇卫生院、百福司镇中心卫生院、旧司镇中心卫生院、革勒车镇卫生院、三胡乡中心卫生院、漫水乡民族卫生院、绿水镇卫生院的医疗卫生服务共同体，覆盖155个村卫生室。医共体牵头医院及8个乡镇分院挂牌完成，县委书记、常务副县长、分管县长亲自参与挂牌仪式。出台《来凤县县域医共体城乡居民基本医疗保险基金支付管理方案（试行）》《来凤县县域医共体人事管理办法》《来凤县医共体成员单位编制备案制管理实施办法》《来凤县医共体成员单位财政补助暂行办法》《关于完善基层医疗卫生机构绩效工资政策保障家庭医生签约服务工资的实施方案》。

【疾病预防控制】 2019年，完成各类从业人员的预防性健康体检8156人，国家免疫规划疫苗接种完成66223剂次，免疫接种率97.32%；接诊疑似肺结核患者834例，发现活动性肺结核病人238例；对严重精神障碍患者体检809人，新增患者140人；艾滋病患者低保救助，免费体检及治疗等“四免一关怀”政策落实率100%；报告乙丙类传染病3677例，无甲类传染病报告，传染病发病率671.09/10万。

【卫生应急】 完善全县卫生应急预案和防控技术方案34个，储备20余万元的消杀器械与药品。组织开展1次大型卫生应急演练活动，处理各类疫情及疑似疫情71起，及时处置率100%。突发公共卫生事件1起，处理1起。

【妇幼保健和计生技术服务】 以加强妇幼健康服务，提高出生人口素质、保障生殖健康为重点。孕前开展免费孕前优生检查和婚前医学检查，2019年度完成免费孕前优生检查552对，无暂缓生育人群，无出生缺陷儿；完成免费婚前医学检查773对，进行婚前卫生指导1546人，婚前卫生咨询1546人，检出疾病21人，对于检出疾病人员均给予相应指导。孕前和孕早期开展农村孕产妇增补叶酸预防神经管缺陷，全县增补叶酸4485人，有效降低出生缺陷儿的发生。加强孕产妇保健管理，孕期检查3563人次，建档管理3563人，高危管理1068人，2019年住院分娩活产数3593人，住院分娩率99.97%，孕产妇系统管理率90.03%，无孕产妇死亡发生；开展艾滋病、梅毒及乙肝母婴阻断项目，孕期检测3185例，梅毒感染阳性孕妇3例，梅毒阳性产妇8例，对11例阳性产妇所生婴儿进行随访工作，失访0例，艾滋病感染孕妇1例（转介至云南省管理），查出乙肝阳性孕妇118例，乙肝阳性产妇123例，对124例感染乙肝阳性产妇所生的新生儿进行免费免疫球蛋白的注射。加强新生儿健康管理，新生儿疾病筛查率89.83%，婴儿死亡率2.86‰，新生儿死亡率1.43‰。加强儿童保健管理管理，儿童保健管理率90.67%，全年5岁以下儿童死亡率5.16‰。开展以技术服务为重点的优质服务，完成贫困妇女“两癌”筛查任务6300人，查出宫颈原位癌5人、浸润癌1人；查出乳腺癌2人。

【医政管理】 严格医师执业考试及注册，2019年参加全国执业医师资格考试173人，实践技能考试49人，综合笔试合格36人，过关率分别为28.32%、20.81%，综合笔试占实践技能考试合格率75%。

严格执行医疗机构资格准入和年检，规范医疗机构执业行为。全年新审批准入个体诊所门诊5家，开展医疗机构校验210家。开展医疗乱象专项治理活动，依法打击1家个体诊所非法使用非卫生技术人员1人，立案查处医疗机构超范围执业1家，联合鹤峰县卫健局实施公立医院巡查，对县中心医院实施为期一周的综合巡查，提出整改建议10余条。

以“平安医院建设”为主线，强化优质医疗服务，构建和谐医患关系，着力化解医疗安全风险，责成182家县乡公立医疗机构购买医疗责任保险，县直公立医疗机构均建立警务室，建立内保组织和医患纠纷沟通专门机构，畅通投诉渠道，基层医疗机构也建起门卫室，招录后勤保卫人员，保障临床正常就医和工作秩序，患者投诉率及医患纠纷发生率较同期有所下降，全县无二级以上医疗事故及重大医疗纠纷发生，协助处理医疗投诉5起，配合医疗会化解医疗纠纷11件，成功率达85%以上，全年无暴力伤医及医闹事件发生。

分两批核发具有静脉输液资质医疗机构167家，核准各类医师临床抗菌药物分级使用资格，其中授予特殊使用级20名，限制级使用权限35名，授予35名药学人员临床抗菌药物调剂资格，对抗菌药物实施分级备案管理。会同县市场监督管理局、卫生计生综合监督执法局对全县214医疗机构实施药品质量安全检查，确保人民群众用药安全有效。强化易制毒化学品及毒精神药品管理，印发易制毒化学品管理相关制度。

加强采供血管理，开展无偿献血活动。全年无偿献血2469人次，献血总量824000毫升，实际用血5565.25u，扣合血量1113050毫升，献血占用血比例在95%以上。县中心医院输血科2019年1—10月开展3例自体输血业务，居全州排名靠前。

开展国防动员及征兵体检工作。2019年夏季征兵体检389人，身体合格144人，无身体原因导致的责任退兵现象发生。

【药政管理】 对麻醉药品和精神药品管理人员和使用人员进行培训，并组织考试考核，加强麻醉药品和一类精神药品管理，实行专人、专账、专柜、双人双锁管理；二类精神药品实行专人、专锁、专账管理；与卫生监督局共同完成各乡镇卫生院和妇幼保健麻醉药品空安瓿的清理和销毁工作。对村卫生室药品质量和期效做全面清理，并要求卫生室对近效药品加强管理，严格登记制度。

【卫生执法监督】 2019年卫生行政执法立案49起，结案48起，其中医疗卫生案件结案18起，公共卫生案件结案30起；办理各类行政审批件1433件；全年开展重点问题专项整治活动5次，检查各类单位350家，出动检查人员120人次；下达监督意见书350份，行政立案处罚33家。根据《中共湖北省委印发〈关于防治形式主义官僚主义的若干措施〉的通知》（鄂发〔2018〕37号）、州卫健委关于《关于计划生育“一票否决”事项的请示》的批复（恩施州卫函〔2019〕15号），计划生育一票否决取消，不再开展相关工作；办理独生子女补证6人；办理计划生育婚育证明34份。因机构改革，原县安监局职业健康监管工作于6月划归卫健局，全年完成35家企业的职业病危害因素监测工作，进行一次《中华人民共和国职业病防治法》宣传活动，开展日常监督企业35家，下发监督意见书37份，督促企业开展职业病危害项目申报34家。开展乡镇卫生协管员职业病专项协管培训2次，及时完成上级交办的其他核查任务3件，开展职业病防治违法企业立案查处1例。

【计划生育服务管理】 2019年度全县出生3464人，其中政策内出生3146人，出生政策符合率90.82%。当年出生人口性别比为110.19（女为100）。落实各项扶助政策，体现人文计生，农村计划生育家庭奖励扶助政策2190人，发放扶助金210.24万元；计划生育家庭特别扶助政策223人，发放扶助金151.69万元；计划生育特殊家庭一次性抚慰金政策14人，发放资金9万元；计划生育手术并发症特别扶助政策32人，发放资金7.68万元；企业退休职工计划生育奖励102人，发放资金35.7万元；城镇无业居民独生子女年老父母一次性奖励16人，发放资金5.6万元；采取绝育措施对象奖励86人，发放资金9.3万元；特殊家庭养老保险补贴89人，补贴资金0.89万元；开展计生家庭女孩助学行动，发放资金10.6万元。春节、端午节、中秋节期间走访慰问特扶对象594人次，发放慰问金4.86万元，发放慰问物资折合2.5万元。落实特殊家庭联系人制度达100%，对特殊家庭成员家庭医生签约服务达100%，开通就医“绿色通道”达100%。为特殊家庭成员购买医疗保险2.02万元。

【卫生计生宣传教育】 2019年，在《湖北日报》、荆楚网、《恩施日报》、恩施电视台、来凤新闻网等各级主流媒体刊播稿件296篇，其中省级6篇、州级30篇、州卫计委官网69篇、来凤县新闻135篇、来凤电视台视频新闻52篇、云上来凤4篇。

【卫生健康科教】 开展卫健康科普宣传，着力发展医学教育及职后继续教育。2019年通过加大政策宣传，招录订单定向免费医学本科生3人、临床医学专科生5人，与县人社、县编制部门完成2018年湖北民族学院科技学院定向培养5名学生培训就业协议签订。有效安置恩施卫校2015级订单定向农村医学毕业生11名，充实村医队伍。协助县中心医助理全科规培基地完成助理全科招生13名并顺利开班。逐渐形成医学继续教育制度，启动继续医学教育管理系统，完成晋升中高级专业技人员学分审核30余人。全年参与“健康扶贫荆楚行”“科技卫生下乡”“中医药村村行”等活动4期，深入乡村开展义诊，义务诊疗670余人次，强化健康科普宣传发放健康宣传资料1600余份。

【项目建设】 来凤县康复医院新区开工建设职工专家楼。对漫水乡、百福司镇卫生院门诊楼进行维修改造。全县补短板建设村级卫生室2个，其中新建1个、维修改造1个，建设面积236.6平方米，投资52万元。

【健康扶贫】 全县有建档立卡贫困人口2065户，73893人，建档立卡贫困对象参保率100%。

门诊特殊慢性病（含门诊大病）患者就诊28177人次，发生医疗费用1740.55万元，基本医疗保险报销1171.81万元，大病保险报销184.49元，健康扶贫兜底补偿275.86万元。

全县贫困人口住院、大病、慢性病合计支出健康扶贫兜底资金2592.23万元。县域内住院医疗费用无1例患者自付政策范围内费用超过5000元，无1例住院患者政策范围内费用补偿比低于90%。

2019年开展5次门诊特殊慢性病评审，新增门诊慢性病患者3344人，其中贫困人口新增1132人，确诊城乡居民门诊特殊慢性病患者7481人，其中贫困对象门诊特殊慢性病患者3092人。

全县常住人口累计家庭医生签约98706人，签约覆盖率40%；其中重点人群签约53753人，签约覆盖率60%，建档立卡贫困人口签约61174人，签约覆盖率83%；建档立卡贫困人口健康体检27512人。开展健康扶贫荆楚行大病筛查2次，筛查1293人，确诊231人。

【信访工作】 接待群众来访35人次，处理阳光平台信访案20件（来访3件、领导信箱5件、来信7件、网上投诉5件），回复率100%。领导下访15次，陪访10人次，约访22人次。

【爱国卫生】 开展卫生创建工作，除“四害”密度始终控制在国家标准以内，病媒传播传染病得到有效控制。成功创建除“四害”先进城区，省级卫生县城通过第一轮复审，省级卫生乡镇6个（大河镇、三胡乡、绿水镇、漫水乡、百福司镇、革勒车镇），百福司镇创建国家级卫生乡镇通过省、州级考核验收；创建省级卫生村110个，省级卫生先进单位69个；申报省级无烟政府机关3个、州级无烟政府机关17个均通过州级考核。开展第31个爱卫月活动，32个无烟日宣传活动，发放控烟宣传手册和海报3200份，控烟口杯、口袋、毛巾、雨伞等纪念品1700余份，发放“爱国卫生素养知识读本”2000余本，摆放健康知识展板10余次。2019年，来凤县无害化厕所建改任务23000口，1—7月完成3864口；农村公厕任务84座，1—7月完成36座。完成《来凤县农村“厕所革命”扶贫成效提升方案》《农村“厕所革命”工作调研报告》，起草《2019年农村“厕所革命”行动方案》。组建专班，在各乡镇进行多次集中及现场培训。省2019年“厕所革命”早春行调研组对农村“厕所革命”工作给予充分肯定。4月中旬，县厕建办会同县卫健局、县财政局、县农业农村局对各乡镇农村厕所建改推进情况进行督查。对全县的示范村进行梳理，指导乡镇开展整改提升工作，重点推进枣木桠村、旗鼓寨村、豹子沟村的提升提质工作。按照县人民政府安排，在7月底完成工作职责移交工作。

【东西部扶贫协作】 2019年度，浙江省派往来凤卫生专技术人员15人次，其中半年以上挂职交流1人，建德市人民医院对口帮扶县人民医院先后派驻专家业务骨干6人，拱墅区人民政府选派医疗技术人员两批8人，分别到县卫生计生综合监督执法局、县妇保院及大河镇卫生院、旧司镇中心卫生院等5家医疗机构指导临床、公卫工作。来凤县派往医疗机构中层以上管理人员到杭州短期考察学习20余人次。通过“零零医”等对口帮扶项目的实施，举办乡村医生、公共卫生人员线下业务培训3期，参训基层卫生人员500余人次。2019年涉及卫健系统社会事业类帮扶项目2批7项（不含医疗设备捐赠），资金总额457万元，其中医疗设备采购171台件285万元，基础设施建设项目2个（三胡乡中心卫生院药房阴凉库建设、绿水老鹰岩村卫生建设）32万元，人才培训项目1个40万元。购置大型医疗设备4台件，其中购置医用DR2台、彩超1台、医用螺旋CT1台。小型医疗用品167台（件），村级卫生室专用药品阴凉柜167台。

捐赠医疗设备情况：两批次12台件，总价值17.82万元，其中心电监护仪10台、营养泵1台、数码电子阴道镜1台。以“墅凤列车”服务品牌为载体，基本形成拱墅与来凤卫健系统合作帮扶的长效机制，拱墅区通过派出医疗卫生人才到乡村一线，开展健康大讲堂、现场教学指导、线上学习交流等形式把拱墅特色中医、先进的卫生管理经验移植并扎根来凤，打造贴近贫困群众需求的行业帮带服务。

（黄 隽 胡 超）

来凤县中心医院

【概 况】 来凤县中心医院恩施州中心医院龙凤医疗中心，位于来凤县中心城区，2011年6月22日原来凤县人民和来凤县民族医院人员成建制划入来凤县中心医院（来凤县民族中医院）。是国家二级甲等综合医院，国家中医药管理局“十一五”“十二五”重点专科建设项目单位，分新、老两个院区，相距约3千米。瓦尔高新区一期仁心楼于2014年9月16日正式投入使用，建筑面积约17000平方米，设有12个临床科室、10间净化手术室，二期爱心楼于2017年5月18日正式投入使用，建筑面积约2637平方米，设立门急诊部，以西医预防、保健、康复于一体优势新区。方便病人就医。特色老区（原来凤县人民医院院区）开放床位289张，以民族中医药特色为主，是集中医诊疗、中医康复、预防保健于一体的中西医结合特色院区。实行“一院两区”统一管理，中西医并进协调发展的模式；全力打造优势新区，特色老区。承担着来凤县及周边湘、渝地区近百万民众的医疗服务职责。谢奎、林凤英获得“2019年度恩施州优秀护理管理工作者称号”，被评为“湖北省民族团结进步示范单位”“恩施州优秀基层党组织”“来凤县好医院”“全州老干部工作先进集体”等荣誉称号；医院自主拍摄的《新年大吉》宣传片在湖北省卫生计生“新媒体”上获得原创作品二等奖。

医院有在岗职工798人，其中编制内职工344人、医院自主招聘职工454人。卫生技术人员671人，其中正高级职称5人、副高级职称59人、中级职称179人。拥有万元以上仪器设备300余台件，配备国际一线品牌的1.5T磁共振、64排128层螺旋CT、西门子四维全数字化彩超、奥林巴斯电子耳鼻喉镜系统、新生儿呼吸机、钬激光碎石机、腹腔镜、体外反搏、电子胃肠镜、全自动生化分析仪、血液透析机等高精尖医疗设备。开设有30多个临床医技科室，其中苗医肛肠科为国家级重点专科建设项目，麻醉科与针灸科为省级重点专科，神经内科、心血管内科、泌尿外科、普外科、眼科等19个专业为州级重点专科。

自2013年10月9日恩施州中心医院托管来凤县中心医院，成立恩施州中心医院龙凤医疗中心以来，通过州中心医院的“管理、技术、文化等”移植、造血。着力加强医院硬件设施建设、人才队伍建设、学科建设、文化建设；持续提升医疗服务能力、转变服务模式、提高服务质量，医院各项事业取得长足进步。2019年，医院门（急）诊病人数达28万人次，住院病人数32917人次，开展手术7100台次。人均住院天数7天。全年收入（不含财政）24691万元，比2018年同期增加3408万元，增长16.01%。

【人员引进情况】 2019年，引进各类专业技术人员52人，其中自主招聘37人，公开专项招聘14人，调入1人；医疗专业25人，护理专业26人。年龄结构逐步趋于优化，创新护理人员引进新机制，试行“临时护士”招聘新概念，解决临床护理人员紧缺现状，为医院护理队伍招录和培养建立长效机制。

【医疗水平】 2019年，一批新医疗技术在中心医院得到运用，如：神经阻滞麻醉治疗之硬膜外腔阻滞、宫腔镜检查、经尿道等离子前列腺剜除术、经皮气管切开术在危重患者中的应用等9项新业务新技术通过准入评审；急诊内镜下止血及内镜治疗并发症急诊处理术、经腹腔镜腹膜前铺网固定疝修补术、CRRT在危重患者救治中的应用、急性心肌梗死静脉溶栓术、子宫捆绑缝合加水囊压迫术、脊柱微创和矫形、髋关节及膝关节置换、纤支镜的检查与治疗、POCT、经皮肾镜钬激光碎石术、射频介入镇痛术、中医微创术、神经阻滞治疗、中药外治等业务技术逐步娴熟；绳梯式穿刺、钝针穿刺和人工血管穿刺的成功开展，填补了县级医院的空白，在州内属于先进项目。

在学科建设上，实现呼吸内科与心血管内科、儿科与新生儿科分科，扩容重症监护室，巩固和发展脑卒中、胸痛中心及120急救中心建设。影像科创建成为湖北省县级医院临床重点建设专科，急诊科创建为恩施州“十三五”临床重点专科，中内科创建为恩施州“十三五”中医重点专科，儿科创建为恩施州“十三五”临床重点建设专科。心血管内科等15个专业通过州级临床重点专科复核。医院有2个省级重点专科、1个省级重点建设专科、22个州级重点专科、1个州级重点建设专科，重点专科成绩显著。

加强区域协同医疗救治体系的建设，与武汉协和医院等13个单位组建联盟单位，通过学科建设协作的发展平台，逐步实现不同区域医疗机构间资源互助互补。

【医疗服务】 医院发挥科室医疗质量与安全管理小组的作用，从依法执业管理、医疗质量管控、科室业务指标完成情况3个方面指导科室加强科室一级质控工作。落实核心制度，职能部门设立问题清单，重点问题、重点督导，有目标，有措施，实现医疗质量与安全持续改进。开展护理质量检查，深化优质护理工作。推动公共卫生管理，完成疾病监测控制，采取多种形式开展传染病防控知识培训；加强重点科室、环节院感管控，及时处理预警信息，开展多重耐药、职业暴露、危险因素、手卫生监测，强化工作人员自我防护意识。2019年非计划再次手术发生率0.19%，较2018年下降0.3%；全院住院抗菌药物使用率48.32%，抗菌药物使用强度37.43DDD，门诊抗菌药物使用率12.85%，I类切口手术预防用药比例18%；危急值制度执行合格率96.2%；出院患者当天再入院发生率仅0.014%，远低于湖北省0.4%的基准值；病理诊断与临床诊断符合率91.8%，超声检查阳性率88.84%，CT检查阳性率89.20%；MRI检查阳性率82.51%，出入院诊断符合率96.62%。

完善护理管理体系，健全护理质量评价制度。在病人满意度及护士职业满意度调查中，满意度分别达到96.8%和85.5%。基础护理合格率96%。全年护理会诊60余次，跨专科护理缺陷得以弥补。

【科研与教学】 2019年，省级科研项目实现零的突破，疼痛科开展的《封脐艾熨烫改良治疗非特异性腰痛临床对照研究》被省卫健委确定为2019年度中医药科研项目。神经内科、口腔科、疼痛科分别主持开展的3个科研课题参与2019年度州级科研课题的遴选，有望获批指导性计划项目。皮肤科开展的“一种治疗痤疮的土苗草药”已申请专利。开展院内新业务新技术成果评比，评出三等奖2个、鼓励奖9个；其中有5个项目被州中心医院评为“恩施州龙凤医疗中心业务创新奖”。全年发表期刊论文32篇，其中统计源期刊论文21篇。

申办省级继教项目3项，州级继教项目19项，承办州医学会年会3项，开展院内学术讲座10余次，培训人员达1500人次，2019年全院医务人员继教达标率98%。招录助理全科规培生13名，完成目标计划的130%；2019年助理规培生技能考试通过率100%，执业助理资格考试通过率为80%，较2017年的60%增长20个百分点。选送23名医护人员分别到武汉同济、协和医院、浙江省建德市第一人民医院等三甲医院进修学习，选派医务人员300余人次外出参加短期培训和学术交流。接收各大院校医药护技专业实习进修生180名，其中实习生87人、进修生71人、大学生实习实训22人。初步建立集临床、教学、示教、操作、考核等多功能为一体的技能培训中心，购置教学模具和器材30余件，满足教学工作需要。

【中医特色】 打造特色老区，以传承中医药文化为发展根基，推进中医药医疗技术能力提升。加快“名医堂”“养生堂”“知名中医工作室”二堂一室建设步伐；加强中医学科建设，疼痛科3项新业务、新技术“中医微创技术”“射频镇痛技术”“神经阻滞麻醉之硬膜外腔阻滞”分别获得来凤县中心医院新业务、新技术奖三等奖1次，鼓励奖2次；获得恩施州中心医院龙凤医疗中心新业务新技术创新奖3次。疼痛科主任傅平撰写的《素问·骨空论中膝痛治疗的理论探究》于2019年10月获得中国中医药促进研究会外治分会论文大赛三等奖。“来凤针灸外治联盟”微信群吸纳县内外百余名志同道合中医药从业人员。“封脐艾改良熨烫治疗腰痛的临床对照研究”立项为省卫健委2019—2010年课题，是来凤县第一个立项省级医学科研课题。另外《土家油火灸治疗婴幼儿腹泻的疗效评价》有望得到州科技局立项。研制“三伏贴”开展“冬病夏治”治疗慢性疾病，从而起到“不治已病治未病”目的；疼痛科在中医微创技术、神经阻滞治疗、中药外治（膏药穴位贴敷、中药塌渍等）等技术上下足功夫，两科齐头并进共发展，使得中医药、中医技术在常见病、多发病、慢性病及疑难病症防治中的作用得到进一步彰显。中医临床应用技术研究得到发展，《内热针深刺次髎治疗原发性痛经临床观察》在中国中医药研究促进会获奖。

【志愿医疗服务】 2019年，县中心医院组织临床医疗专家160余人次为翔凤镇、旧司镇、三胡乡、漫水乡的群众进行免费义诊14次，义诊1800余人次，发放健康宣教资料1560余份，免费发放药品价值12500余元。完成政府或上级主管部门指派的各种医疗保健工作23次，尤其高度重视“时代楷模”“共和国勋章”获得者张富清老英雄所做的医疗救护与医疗保健工作。10月，正式启动一站式体检中心，进一步优化体检流程，充分利用医院专家优势，为全县干部职工及人民群众的健康体检做好充分准备。继续开展“警地医疗协作”对口支援工作，为本县现役军人开展急救知识培训，开通门诊住院就医绿色通道，为营区配备常用药品，减免各种医药费及健康体检费用3.5万元。组织举办两期全县“健康大讲堂”宣讲活动。

（田　华　田　杰　田亚滨）

教　育

教育管理

【概　况】 2019年，来凤县有各级各类学校101所，小学46所（其中教学点17所），初中6所（含九年一贯制学校2所），在校小学生25735人，在校初中生12126人。普通高中2所，其中省级重点高中1所，在校学生6095人。中职1所，在校学生1317人。幼儿园46所，其中省示范园1所、州示范园7所，每个乡镇均办有1所公办中心幼儿园，在园幼儿11335人。

在职在编教师小学1272人、初中725人、高中417人。在职在编教师中有特级教师4人，湖北名师1人，省级骨干教师21人、州级骨干教师48人、县级骨干教师103人。

【义务教育】 2019年，全县小学在校学生25735人，入学率和巩固率均为100%；初中在校学生12126人，入学率100%，巩固率95.9%；适龄残疾儿童少年入学率93.5%。全县城区和乡镇公办小学、初中就近划片入学。起始年级班额小学控制在55人以内，初中50人以内。

县委政府通过实施“教育三集中”战略，推进落实城乡义务教育学校“四个统一”（建设标准统一、教师编制标准统一、生均公用经费基准定额统一、基本装备配置标准统一），“一个全覆盖”（城乡义务教育学校“两免一补”全覆盖），实施消除大班额计划，着力消除城镇大班额，落实乡村教师待遇保障，改革控辍保学机制，提高义务教育巩固水平，加强留守儿童关爱保护，促进学生健康成长。落实国家课程，在全州率先推行中小学综合实践活动课程（研学旅行）试验试点，产生良好效应。

【高中教育】 2019年，来凤县普高计划招生2100人，实际招生2141人，完成上级下达高中学段的招生任务。2019年高考，来凤一中一本硬上线117人，高级中学一本硬上线53人，一本、二本、体育本科、艺术本科上线956人。

2019年12月28—29日，来凤县教育局组织实施全省学业水平合格性考试，考试对象为2018级普通高中学生。考试科目有思想政治、历史、地理、物理、化学、生物学6门学科，考生在6门科目中选3门，每科100分，每场考试时间为1小时。来凤县考区设两个考点，来凤一中最多考场数34个，考生1290人；来凤县高级中学最多考场数20个，考生750人。两个考点的考生交叉编号参加考试，考务工作顺利平稳。

全县高中学校按照省、州规定，开齐课程，开足课时，建立学生选修课和学分管理制度，高考改革工作顺利推进。

【职业教育】 2019年，来凤县中等职业技术学校有学生1317人，招收学生450人。学校开设计算机动漫与游戏制作、计算机平面设计、计算机应用、电子技术应用、学前教育、现代农艺技术、汽车运用7个专业。

2019年，该校各个专业就业率达到96.24%以上，对口就业率达到57.71%以上，初次就业起薪月工资1800元以上的占85%，升入高等职业教育比例的占58.87%。

2019年该校技能高考报名人数293人，其中硬上二本科线5人，加分上线1人。上专科人数133人，单招人数108人。另8人被恩施州职院学前教育专业（定向培养）录取。

【学前教育】 来凤县幼儿园有46所，其中省示范园1所、州示范园7所，每个乡镇均办有1所公办中心幼儿园，在园幼儿11335人，学前三年入园率达到86%。

全县有幼儿教师1009人，其中在编教师129人。来凤县学前教育工作初步形成以公办幼儿园为骨干和示范、公办和民办并举的学前教育发展格局。

2015年以来，给予民办幼儿园奖补近350万元，一批建设起点较高、基础设施较好、师资力量较强的民办幼儿园蓬勃兴起，基本建成“布局合理、覆盖城乡、普惠性、保基本、有质量”的学前教育公共服务体系。

【队伍建设】 一是加大教师招录培训增后劲，全年新招录教师103名，从教育部直属师范院校招录教师4名，全年培训各类教师3800人次，其中国培543人次，校本培训2500人次。二是加强教师调配增活力，全年进行教师调配73名，其中调出县外11名、调进县内4名、县内调配43名、公开选考15名。县委编委会正式通过第五轮核编方案。三是加强城乡教师交流，根据《关于进一步加强义务教育学校校长教师交流轮岗的实施方案》，全年校长交流任职8人，交流教师185人，其中骨干教师20人，县域内义务教育教师城乡交流、校际交流人数不低于符合交流条件教师总数的10%。8月，根据《省教育厅办公室关于做好2019年“三区”人才支持计划教师专项计划有关实施的通知》精神，完成15名城乡教师交流。四是组织教师技能大赛，制定《2019年来凤县第二届教师教学技能竞赛工作方案》，各校组织教师进行初赛，由县教研室分学科组织复赛。全县各级各类学校246名教师参加复赛，评选出一等奖45名、二等奖96名、三等奖105名。五是抓好师德师风树形象，深入贯彻落实师德师风建设相关规定和教师职业行为准则，严格落实教师“六不准”要求，全系统师德师风明显好转。1名教师获评全国模范教师荣誉称号，来凤县第二实验小学曾志梅名师工作室被评为“恩施州巾帼文明岗”。

【强化管理】 出台《来凤县中小学章程建设工作方案》，形成学校依法办学、规范管理、自主发展、民主监督的良性运行机制，提高学校管理的制度化、科学化、法治化水平，从而提高学校办学水平和育人质量；开展学校管理“校校行”筹备工作，下发《来凤县中小学“校校行”实施方案》，组织全县的专兼职督学开展中小学教学管理“校校行”活动，促使各校（园）坚持正确的办学方向，让学校办出各自的特色，展示并推广先进经验，争取成为样板和示范，增强广大教育工作者的自信心和荣誉感，促进全县教育整体均衡发展；进一步加强教育督导与考核工作，制定《来凤县教育教学工作督查方案》，全面落实责任督学挂牌督导制度，发挥责任督学的监督、指导和服务作用；开展义务教育小学阶段质量监测工作，组织全县小学五年级和初中三年级的教学质量监测评估工作，确保监测结果的客观性、真实性和科学性；提升学校后勤管理服务水平，以“食品安全、资金安全”作为重点，着力强化食品安全卫生管理，保障学校后勤专业管理人员编制和食堂从业人员聘用经费，加大学校后勤设施设备标准化建设力度，确保学生营养改善计划顺利实施。进一步强化校园安全管理。开学初，与各学校签订安全责任书，严格落实“党政同责、一岗双责、失职追责”责任制，推动完善校园周边环境综合治理组织协调机制，联合综治、公安、交通、食药监等部门开展校园周边环境综合整治工作。深入开展“平安校园”创建活动，加强校园内部安全保卫，推进安全防范标准化建设，落实安全隐患排查整改工作机制。开齐开足安全法治课程，强化应急演练，抓好防溺水、防交通事故、防伤害事故、防校园欺凌等专项治理，不断提高师生安全意识。下发《来凤县教育系统扫黑除恶专项斗争工作方案》，深入开展扫黑除恶专项斗争。

【教育教学】 坚持抓住教育发展这个第一要务和核心要务。优化教育布局，对接上级要求，顺应群众呼声，在近两年陆续开办一中初中部、接龙中学的基础上，2019 年开办大河初中教学点，公办初中从 2017 年的 2 所增加到 5 所，公办初中占比不断扩大，不仅满足广大家长就近入学、免费入学的要求，而且在初中形成比学赶超的有序竞争态势，为下一步教育教学质量稳步提升打下良好基础。

落实备、教、辅、考、改、评等常规教学环节，经常性开展教学研究活动，强化督导检查，推动教育教学质量稳步提升。中考 600 分以上的学生从 2018 年的 269 个增长到 2019 年的 317 个；高考一本硬上线学生从 2018 年的 147 个增长到 2019 年的 170 个，均实现两位数的增长。

开展技能大赛提素质。继续在全县各学校分层分类开展教学技能大赛，倒逼教师上课堂、学教法、提技能。据初步了解，全县有 16 名教师在全州技能大赛中获得不同奖项。

推进城乡教育一体化发展。研究出台《来凤县县域义务教育优质均衡发展方案》和《集团化办学实施方案》等文件，以强带弱、以老带新，不断扩充优质教育资源。

进一步深化教育改革。以中小学章程建设为抓手，全面推进依法治校工作，真正做到以制度管人、靠流程办事，以完善的制度建设保障教育高质量发展；继续深化教育教学评价、小学集团化办学、“三点半”课后托管服务等改革，有序开展中小学社会实践活动；组织开展评选优秀学生、“中华魂”主题教育、禁毒教育演讲比赛、“园丁杯”篮球赛等系列活动，参与全县“张富清杯”篮球赛，男女队分别获得亚军、冠军，教育系统篮球女子队代表来凤县参加四省边区篮球赛；稳步推进高中新课改、新高考改革，强化学生心理引导和职业生涯辅导，强化政策宣传，组织第一次普通高中学业水平合格考试。

【校园建设】 继续实施“义务教育改薄、学前教育三年行动、高中能力提升”三大工程，实质性启动一中扩容工程建设和职校迁建工程，解决土堡小学教学楼、思源实验学校、高平实验学校的运动场建设多年的土地遗留问题；大河小学综合楼、三胡中心小学女生宿舍楼、社谭小学教学楼、活水小学教学楼等工程竣工投入使用，争取县委政府主要领导重视，职校所有项目完成招标工作，各项建设取得实质性突破；民族幼儿园教学楼改造扩容工程实质性动工，2020 年秋季可投入使用，城乡学校面貌发生较大变化。推进学校厕所革命和明厨亮灶工程。完成全县 73 所学校、幼儿园，77 处厨房明厨亮灶建设，完成率 90.9%，明厨亮灶工程基本实现 100% 全覆盖。根据州市场监督局 10 月通报，来凤县明厨亮灶建设从全州倒数第一上升为全州第一。完成全县 40 所学校 48 个旱厕的改造工程；逐步完成全县所有学校师生安全饮水问题。

【校园文化】 一是优化校园内部景观，彰显办学理念。在挖掘学校自身艺术教育资源的基础上，各校创造条件让学生和名校名家交流，既有“请进来”，又有“走出去”，更深层次提高学生对艺术的感悟力。充分利用本土艺术教育资源实行交流合作，同时推进与联盟校和对口帮扶学校的联系，围绕学校的校风、教风、学风和工作目标提炼自己的办学理念，让老师们明白要培养什么样的人，进一步扩大学校知名度和美誉度。二是健全全面发展育人机制。以《中小学德育指南》为根本遵循，深化课程育人、文化育人、活动育人、实践育人、管理育人、协同育人，把“立德树人”作为育人的根本任务，推进素质教育。三是坚持“朝读经典”活动。接龙中学坚持每天师生“悦·阅读”。春晖学校自编经典校本阅读教材，如《增广贤文》《三字经》《弟子规》等。四是利用各种主题教育活动，开展爱国主义、传统文化教育。如“中华魂”演讲比赛、“讲好来凤故事”及“讲好恩施故事”活动等。五是创建“一校一品”，开展精彩纷呈的大课间活动，其中有三胡小学的“挑花灯”、绿水茅坝小学的打“莲香”、百福司小学的跳“摆手舞”、旧司小学的舞“地龙灯”、民族小学的打“竹铃球”等。实验中学、实验小学、民族小学、高平实验学校等举行“庆国庆，迎军运”文化体育艺术节。实验小学还举行少先队建队日活动，实验中学举行“实中好声音”评选活动。

【安全管理】 严格落实安全生产责任制。严格落实“党政同责、一岗双责、失职追责”责任制，推动完善校园周边环境综合治理组织协调机制，联合综治、公安、交通、食药监等部门开展校园周边环境综合整治工作。开展“平安校园”创建活动，创新开展公共安全知识“六进”校园活动，强化校园内部安全保卫，推进安全防范标准化建设，落实安全隐患排查整改工作机制。开齐开足安全法治课程，强化应急演练，抓好防溺水、防交通事故、防伤害事故、防校园欺凌等专项治理，不断提高师生安全意识。

大幅度提升校园安全设施水平。争取县委、县政府重视，投入2500万元推进“配保安、建围墙、添设备、并校点”四项重点工程，新建围墙4668米，新建和改扩建校门6个，新建和维修门卫室34个，各校新配备保安243名，增加校园视频监控设备1128个、存储硬盘277块、主机68台，所有学校均安排一键式报警装置，学校八件套全部配齐，一次性弥补来凤县多年来校园安全存在的重大短板，为学生放心学习、老师安心教书构建一道安全屏障。此项工作被县委、县政府高度肯定，多次在不同场所表扬。县委主要领导指示：校园安全隐患整改工作成效突出，县教育局功不可没，值得充分肯定，望再接再厉，再创佳绩。

强力整治无证幼儿园和社会培训机构。通过县乡联动，周密部署，克服重重困难，按照“审批注册一批、整改提升达标一批和关停并转一批”的基本思路，整改审批注册无证幼儿园15所，取缔分流6所无证幼儿园。对75个社会培训机构进行全面清理，并建立健全幼儿园和社会培训机构的管理机制，消除安全监管跟踪管理不到位的盲区。

服务全县大安全工作。在社会维稳、扫黑除恶、禁毒教育等工作中，教育局和全教育系统履行工作职能，为维护全县社会稳定做出积极贡献。2019年度，全县校园内总体安全、稳定，无重大安全事故发生。

【教育扶贫】 围绕控辍保学、教育资助、结对帮扶等重点工作，提升人力资本素质，提高贫困家庭脱贫能力，遏制贫困代际传递，全力构建到学校、到教师、到学生的教育精准扶贫体系，教育扶贫各项工作深入推进，巩固提升教育脱贫成果。

对口帮扶力度不断加大。抢抓东西部扶贫协作机遇，与杭州市拱墅区、武汉市对接汇报，加大项目落实落地力度、加强两地教师交流学习力度，武汉市、杭州市拱墅区和来凤两地间的多所学校建立对口帮扶关系，签订校际帮扶协议。2019年争取武汉市和杭州市支持全县教育发展资金906万元，争取资金同比增长6倍以上，其中争取拱墅区对口帮扶教育系统资金586万元，分别用于帮扶大河小学美央青年教师工作室、县一中教师子女托儿所、空中课堂建设和大河小学教学楼、三胡小学学生宿舍楼建设；争取武汉市对口帮扶资金320万元，分别用于帮扶县职校、县一中、接龙中学、绿水镇中心小学发展。

加大人才交流力度。4所学校选派6名教师到拱墅区进行为期1个月的跟岗交流学习，1名校长挂职半年跟岗交流学习；大河镇中心小学选派32名骨干教师到拱墅区开展交流学习活动。2019年暑假期间，利用杭州市对口帮扶资金，培训全县中小学、幼儿园教师（保育员）938人次。

建成杭州首个教育帮扶工作室。拱墅区支教老师雷美央在来凤县通过“六个一”工程和“师徒结对”“教师大讲堂”“教学沙龙”“团队活动坊”等，从不同层面推进青年教师成长计划，为山区学校带来不一样的教育理念，将拱墅区有温度的教育带到来凤。“美央青年教师成长工作室”已经成为杭、恩两地教育帮扶的品牌，雷美央老师获评感动杭城“十佳教师”称号。

研究出台全县教育扶贫工作方案，推进控辍保学工作，完善县级助学工作制度，健全资助工作体系，落实从学前教育至研究生教育的全覆盖资助政策，教育扶贫惠民政策精准落实到每一个贫困家庭学生，贫困人口接受义务教育得到有效保障，全县无1名学生因家庭困难而失学。2019年，全县家庭经济困难学生享受国家教育资助人数32212人次（其中建档立卡贫困户学生27601人次），落实资金2344.403万元。其中学前教育贫困生资助3003人次，落实资金152.0875万元；义务教育阶段贫困生资助19271人次，落实资金1076.2625万元；高中助学金2933人次，落实资金438.705万元，高中免学费2894人次，落实资金213.048万元；中职助学金1451人次，落实资金145.1万元，中职免学费2660人次，落实资金319.2万元。县教育资助中心被评为全省标准化资助中心。

（唐孔琪　杨北平　盛　军）

来凤一中

【概　况】 2019年，来凤一中坚持“为学生终生幸福服务”的办学理念，召开职代会，探索改革发展新方向；加强党建工作，以多种方式学习贯彻落实习近平新时代中国特色社会主义思想，党的十九大，十九届三中、四中全会精神，开展以学习全国优秀共产党员张富清和庆祝新中国成立70周年为主题的系列活动；开展法治校园创建工作，狠抓校园安全；建立爱心托儿所和新增学生宿舍楼，关爱师生发展，推进创新教育、特色教育；拓展对外交流平台，加强与高校联系，助力学校发展；落实新课改，完成新高考模式下的选科组班工作，改革优生、临界生培养制度和学科备考制度，重视高考录取工作，完成县政府下达的2019年高考任务，重点院校录取人数突破200人大关。

【教育教学】 2019年，来凤一中以高考备考和适应新高考改革为中心，在教育教学上开展多项活动，提高教学质量，提升教师业务水平，突出依法治校成果，打造平安校园。

教学工作。全年召开全校教学工作专题会议2次（3月14日、9月16日），年级教学工作专题会议3次（2017级3月11日、2016级4月26日、2018级6月22日），青年教师座谈会2次（4月29日、8月26日），明确青年教师发展目标和老带新工作责任制，细化教研活动检查制度和备课、作业批改检查制度，突出“精准课堂”和“教研强师”理念。举行高三誓师大会一次（2月26日）。高三备考会7次（2016级4月3日体育高考动员会、4月17日备考交流会、5月2日三轮复习备考会、2017级6月27日一轮复习备考会、9月4日体育高考备考会、9月8日体育高考动员会、9月21日一轮复习动员会）。高三月考质量分析会4次（2016级2月全州调考、4月联盟调考质量分析会、2017级9月起点考试、10月月考质量分析会）。10月为主题教研活动月，评比主题教研成果。11月为备课组汇报课展示月，高一、高二所有学科18节汇报课向全校教师开放。9月7日，2018级召开家长会，根据省教育厅文件进行选科组合调整，对12月全省第一次学业水平合格性考试作专题讲解和考试动员。10月14日，2020级召开新高一选科组班专题会议，明确选科组合和分班细则。11月4日，2020级召开选科组班专题家长会。11月9日，2020级完成新高考选科组班工作。

高考。学校900名考生报名参加2019年高考，文化生一本上线人数为146人，硬上线117人，占比全县一本硬上线总人数69%，600分以上9人（均不含民族加分），占比全县600分以上总人数82%。理、文科分别有9人、4人位列全县前十名。全国重点院校录取209人，其中985院校录取13人，民航飞行员2人，本科录取682人，录取率76%。

依法治校。2月7日，召开全面依法从严治校专题会议。全年召开“法治进校园讲座”2次（3月25日、9月16日）。6月24日，举行“6·26国际禁毒日”禁毒主题教育活动。8月23—29日，进行为期一周的初一、高一新生国防教育活动，活动内容分军事训练和思想政治学习两部分。8月底，完成包含保安装备、校园监控系统、门禁系统在内的校园安保设备升级工作。9月3日上午，县委书记邢祖训一行到来凤一中检查指导校园安全工作；下午，学工处组织所有安保人员进行安保设备培训工作，安排部分学生参与开展校园防暴防恐应急演练活动。9月17日，召开校园安全专题会议，开展校园安全系列工作。10月15日，学工处组织所有班主任、生活老师和部分科任教师对全校所有教室、寝室进行违纪、违禁物品大清查。组织学生参加全县预防毒品征文、演讲、书画比赛，并于10月16日主办来凤县青少年预防毒品教育演讲比赛。

【对外交流】 2019年，学校继续拓展对外交流平台，加大与高校联系力度，更多地融入与州内高中的合作之中，通过各种交流平台和帮扶对接提升学校发展的影响力。

与高校联系。1月24日上午，华中科技大学校长助理袁汉桥到校调研对口帮扶工作。2月27日至3月4日，2016级高三各科备课组长分时段到华中师范大学参加全省高三二轮复习备考会。4月17日，武汉工程大学与一中对接对口帮扶工作；5月13日，武汉工程大学党委书记程幼金到学校签订结对帮扶协议；5月27日，中南民族大学到学校举行“优质生源基地”授牌仪式。7月18日，武汉工程大学党委副书记郑丹凤一行到来凤一中开展该校机电学院“守初心、担使命、观发展”主题党员暑期社会实践活动。8月底，华中科技大学6位研究生到来凤一中，进行为期1年的支教工作。9月10日，高一年级召开湖北民族大学实习生见面会，安排该校14名大四学生入校进行为期3个月的实习工作。

与中学联系。2月25—26日，2016级年级主任覃黎带领高三各科备课组长到宣恩一中参加全州高三2月调考质量分析会。4月12—13日，武汉二中语文、数学（文）、数学（理）、英语、物理、化学、生物、政治、历史、地理10个学科14位教师进入来凤一中高三年级，开展同课异构教学帮扶活动，并分别进入9个备课组进行高考备考经验交流。4月25日，咸丰一中副校长瞿文安一行5人到学校考察实验室建设。4月29日，2016级年级副主任向恒带队到武汉市常青一中参加武汉市高三四月调考质量分析会。5月22日下午，恩施市一中校长董祖昌一行到学校考察。6月10日，2017级年级主任江明全带队到夷陵中学参加湖北省部分重点中学高三新起点联考质量分析会。7月4日，校长周兴中带队到宣恩清江外国语学校考察学习。5月2日和9月7日，分别派遣易厚顺、李光荣和席孝艳、刘仕秀两组教师到杭州市长征中学进行为期1周的挂职学习。9月9日，学校主办恩施州教学联盟高三年级9月起点考试质量分析会，联盟15所高中主要负责人和高三年级主任到校参会，内容包含备考经验交流会、校长分会、年级主任分会。10月18日，校长周兴中带队到恩施市一中参加恩施州教学联盟德育论坛。11月1—2日，武汉二中校长汪寿光带领语文、数学、英语、物理、化学、生物、政治、历史、地理学科带头人到一中，进行9门学科同课异构活动和高考一轮复习经验交流，并举行“教师的职业情怀和专业成长”专题报告会。

与社会联系。3月21日，县联社张振东向学校图书室捐赠书籍。6月19日，杭州市拱墅区总工会领导吴主席等到校考察托儿所工作。8月10日，武汉市洪山区司法局局长邓爱华一行到学校进行爱心助学活动。8月22日，企业家、慈善家喻友旺资助来凤一中百名毕业生，每人3000元，现场举行捐赠仪式和报告会。9月23日，2019年发展中国家“金融扶贫官员研修班”和“职业培训与劳动转移减贫研修班”联合考察团55名国际友人来到学校参观考察。9月25日，恩施州教科院领导、高中学科教研员及州教学指导委员会部分委员到来凤一中，开展高二、高三生物、数学、地理学科送教及教学视导工作，工作内容包括同课异构、听课评课、学科集体备课指导、2020年高考备考研讨、教师座谈、学科专家点评、专题报告。9月25日，县作协谭成举向图书室捐赠书籍。10月21日，县农村商业银行党委书记、董事长董学军一行对15名贫困学生开展助学活动。12月25日，来凤格力空调公司经理张爱国对12名学生开展助学活动。11月1日，湖北省图书馆（湖北省古籍保护中心）工作人员到学校进行古籍普查和整理工作。11月22—24日，王志勇、吴奕、赵艳丽、刘亚明4位教师受恩施州教科院邀请担任恩施州第二届教师技能大赛高中组评委。

【创新发展】 2019年，来凤一中将创新发展作为学校发展的主方向，在制度创新、课堂高效、学校特色发展、学生个人素养培养等方面进行积极探索。

1月9日，县委、县政府召开来凤一中工作专项会议。2月17日，举行来凤一中第十届一次教代会，表决通过班主任、教学人员、非教学人员的考核细则，以及全员培优、职称评定等一系列方案。2月26日，举行高三年级学生成人礼活动。3月9日，来凤一中教职工子女爱心托儿所开园试运行。4月8日上午，县人大常委会主任邓家斌率人大教育调研组到校调研。5月11日，初中部举行趣味运动会。9月，初中部由老师组织、高中部由学生组织进行学生会干部竞选，初中部开展特色广播操活动。9月13日，开展庆中秋系列活动。10月8日，初中部进行美食节活动。10月17日，初中部举行献礼新中国成立70周年艺术节活动。11月1日，初中部组织参观来凤农业生态科技示范园。11月6—9日，举行秋季运动会，开幕式采取班级或个人特色创新表演形式进行。12月30日，举行第四届教职工迎新春环校健身跑活动。

【党团工作】 2019年，来凤一中党团建设工作以习近平新时代中国特色社会主义思想为指导，以学习贯彻党的十九大、十九届三中全会精神、十九届四中全会精神、新中国成立70周年、中国共产党成立98周年、学习张富清和“不忘初心、牢记使命”主题教育为中心，开展一系列活动，重视政治思想理论学习，强化校党委主体责任，落实法治教育、安全教育和爱国主义教育和作风建设。

全年在道德讲堂组织开展教职工集中思想政治学习11次。1月24日，在绿水香沟村开展文艺轻骑兵扶贫慰问演出活动。4月3日，组织开展清明节烈士陵园扫墓活动。7月1日，组织开展庆祝中国共产党成立98周年活动，发展段庆、覃和平为预备党员。7月4日，举行“老干部讲好中国故事”活动。8月26日，召开廉政学习培训会及廉政工作会议。9月17日，组织开展班级唱红歌活动和“生态小公民”活动。9月18日，举行“九一八”88周年纪念活动。9月19日，召开“不忘初心、牢记使命”主题教育启动会议。9月29日，举行庆祝新中国成立70周年系列活动。10月14日，组织召开习近平在全国教育大会讲话精神解读及学习张富清“坚守初心担使命”先进事迹专题会议。12月25日，举行纪念毛泽东诞辰126周年活动。

【校园建设】 2019年，来凤一中完成一系列工程建设，总投资1089万元。3月，投资45.3万元完成高考标准化口语考场建设；投资4.9万元完成教职工子女托管中心维修改造。8月，投资35.8万元完成运动场塑胶跑道（直道）维修；投资49万元完成校园内太阳能路灯的采购与安装；投资39.8万元完成信息通用技术教室建设及设备安装。9月，投资200万元完成高考标准化考场建设；投资680万元完成学生宿舍一期工程建设（含附属工程）。10月，投资14.3万元完成校内旧车棚改造和新建简易车棚。10月底，学生宿舍一期配套工程完工并投入使用，启动学生宿舍楼二期工程。12月，投资19.8万元完成初中部电脑采购与办公室空调采购；宿舍楼二期工程进入招投标程序。

【荣誉获奖】 12月3日，来凤一中爱心托儿所被湖北省总工会评为“湖北省示范爱心托管班”，奖金3万元。5月20日，向生海、杨春荣两位老师在湖北省教育厅、湖北日报传媒集团主办的“诗润荆楚、翰墨薪传”湖北省中小学师生书法评展中获优秀奖。11月20日，黄黎老师在湖北省第三届中小学体育教学技能比赛中获二等奖。12月10日，在恩施州第二届教师技能竞赛中，田径、廖海云两名老师获一等奖，黄文森、曾萍两位老师获二等奖，吴德军、杨云慧、杨春荣三位老师获三等奖。向玲英、蒋福晋两名学生在湖北省“腾飞的祖国——改革开放四十年”主题教育活动征文比赛中获高中组三等奖。

（覃和平　周兴中）

来凤县高级中学

【概　况】 来凤县高级中学是经恩施州教育局批准，省教育厅备案的一所武陵山区示范性民办公助全日制寄宿学校，位于来凤县翔凤镇土堡瓦尔高，占地7.2公顷，建筑面积6.4万平方米，于2009年3月动工建校，2009年8月正式开学。2019年度有教师217人（编内教师107人），涵盖语、数、英、物、化、生、政、史、地、体、音、美和信息技术13个学科，其中，研究生学历8人，本科学历200余人。有特级教师2人、中学高级教师15人、中级教师41人、初级教师67人，其余为未定级编外教师。在校学生有3692名，其中高一年级1437名、高二年级1222名、高三年级1033人。参加高考一本硬上线53人（不含少数民族加分），本科上线211人（不含一本），全科教师20人，高职高专上线922人，上线率99%。一本院校录取人数为84人，16人被985、211学校录取。

来凤县高级中学历来重视学校德育工作及校园安全工作。开展“国旗下的讲话”“校园之星”评比、爱国主义教育、感恩教育、保护环境教育、消防演习、法制讲座、防溺水安全教育、学雷锋等系列活动，并采用校园讲座、主题班会、黑板报评比、去敬老院慰问、烈士陵园扫墓、作文及演讲比赛等多样化的教育形式进行。

【人才培养】 通过教师自修、同伴互助、专家引领提高教师教育教学能力。有计划地选派教师外出学习或考察，以拓展教育视野，吸取外地教改经验，加速提高专业素质。倡导教师“读、写、说”，读文化教育专著，写教育教学反思、教育叙事、文化教育随笔等，说课、评课、说经验、说困惑、讲普通话，以“读、写、说”提升教育教学能力，提升文化素养。为教师搭建发展平台。开设教师论坛、评选校“骨干教师”“课改优质课”“优秀教育博客”推荐教师参加各级教科研部门组织的公开课、优质课、教学能手、骨干教师、县级名师等评选活动，促进教师健康成长。以听评课和名师评选为平台，集体教研、集体备课和个性化教学为抓手，强化教学互动、经验交流、课程指导及课堂监督，打造效率、效果、效益“三高”课堂。有430人次讲授公开课，参与公开听评课的教师超过4000人次。学校选派各学科教师30人次参加省、州级课改与高考改革培训活动。开展校本培训。4月17日，中国科学院数学所研究员田顺荣应邀到学校讲学。田顺荣教授用9个学时主讲高考数学命题方向、解题方法与技巧。5月20日下午，开展学习习近平新时代中国特色社会主义思想校本培训，县党校石秀梅受邀到学校为全体教职工进行授课。

学校建有健全的教研机构：每个学科都设有教研组组长，教研组组长全面负责整个学科的教研工作，一个学科又按年级分设学科备课组组长，备课组组长全面负责所在年级该学科的教研工作。教研组组长、备课组组长的职责主要是分别制订并执行教研计划、落实集体备课、组织教师听课评课和负责学生竞赛辅导、开展考试研究和成绩分析等。2019年学校教学研究工作取得成绩如下：教师优质课竞赛3人次获国家一等奖，65人次获省奖、26人次获州奖；教师论文评比6人次获国家级一等奖，有70人次获省奖、6人次获州奖；教师开展的国家级课题研究有10人获得国家级一等奖（彭丽萍、唐洪碧、田一超）；竞赛辅导有18人次获省奖、2人次获州奖；学生语、数、英、物多人次获省奖，58人次获州奖。

【全方位培育学生】 2019年，学校开展一系列传统的德育教育活动。召开法治报告会以开展法治教育，组织学生清明节在烈士陵园扫墓以开展革命传统教育，以每周升旗仪式、校会、国旗下讲话和主题班会形式开展爱国主义教育、理想教育、集体主义教育、中华传统优秀文化教育、公民意识教育、生态文明教育、心理健康教育、文明礼仪教育、生命安全教育、感恩教育、行为习惯养成教育等，举行新中国成立70周年纪念活动，开展革命历史教育和社会主义教育。结合学生实际创新德育模式以增强育人实效。在学生中树立先进典型开展教育活动。秋季，学校党支部向全校学生发出“学习肖崇岳、张月、黄荣、周子娟、朱广宇同学”的号召，学校团委向全校共青团员及普通学生发出“向肖崇岳、张月、黄荣、周子娟、朱广宇等同学学习”的倡议，各班团支部、班委会开展“以肖崇岳、张月、黄荣、周子娟、朱广宇等同学为榜样争做优秀学生”的学习活动。学校还开展全面点评活动，点赞学生全覆盖，把赏识教育做到实处。

注重学生个性，分层分类教学。让每一个学生都能得到充分发展，实施分层教学、分类指导的教学策略。根据学生当前基础按实际水平和能力分成4个层次组织教学，依据学生兴趣、特长分文、理、体、艺四类分别指导。注重学生个性差异，采用分层教学、分类指导的教学策略，让学生个性充分发展，特长充分发挥。

学校贯彻落实《中共中央、国务院关于加强青少年体育管理、增强青少年体质的实施意见》，坚持“健康第一”，全面开展体育锻炼。除坚持“两课”“三操”“一活动”外，在春季开展全校性的球类比赛，秋季开展大型田径运动会，冬季开展跑操比赛大会。学生身体素质得到提升，学生体检合格率99%。每个年级均组建体训队，每个体训队有100多名队员，高考体育专项上线率均达80%。

学校坚持“以美育美”的美育思路，多种途径帮助学生培养审美能力和树立美的理想。贯彻落实《学校艺术教育规程》，开设音乐、舞蹈、美术课程，组建音乐、美术、舞蹈、传媒等兴趣小组，举办学生画展、举办大型文艺晚会，艺术教育的实施和学生艺术实践。

学校注重培养学生的劳动精神和实践能力，一方面进行爱劳动宣传活动，另一方面要求学生在寒暑假进行劳动实践并汇报劳动心得。鼓励学生多动手并积极参加校内外志愿活动，如参加六城同创活动等，树立劳动光荣的思想观念。

【平安校园】 2019年加强学校综治工作，采取一系列有效措施并做到五落实：一是组织落实。建立组织机构，成立安全维稳领导小组，领导小组设置工作目标、工作职责和工作纪律；组建治安巡逻队、突出事件应急救援队和义务消防队，制定相关责任，进行业务培训和应急演练。二是制度落实。根据教育局安监股要求和学校实际，建立20余项安全管理制度，制度管理范围做到无盲区、无死角、无留白。三是预案、台账落实。结合学校特点建构可能发生事故应急预案，建立安全教育和事故排查台账。四是措施落实。在高危人员清理监控、专职保安人员及学校安保等制定相应措施。五是硬件配置落实。秋季，学校重新安装视频监控，添置防范器材，满足学校安保硬件要求。

【后勤保障】 学校以“强化教育、规范管理、常抓不懈”为卫生工作管理方针，坚持以班会课、黑板报和橱窗专栏、展板等多种形式开展卫生健康宣传强化学生卫生意识。学校在食品卫生、环境卫生、心理健康卫生等方面制定配套管理制度，并由相关处室依据制度规范管理。实行层层把关、责任到人的采购出售制，保证供应的所有食品完全符合国家卫生标准；采用区域划分，任务到班、统一检查、当天结账的卫生管理办法，做到校园、教室、寝室、食堂时时保持清洁；倡导人人做心理医生；坚持以预防为主，采取培养个人卫生习惯、加强药物预防和定期体检等措施，防控传染病流行。

【招生工作】 2019年，学校招录新生1437人，在2018年招生1354人的基础上新增83人，超额完成招生任务，是开办以来招收学生最多的一年。

【高考工作】 2019年，学校文科上线22人，理科上线31人。文理科上线53人（均不含少数民族加分）。文科最高分606分，理科最高分616分。全县文科前十名，本校占7人，分别是第一、二、三、四、五、六、八名；全县理科前十名中本校有1人（第五名）。全县文理一本上线170人（不含少数民族加分上线）。在来凤县就读高中的2016级学生中考成绩排名前170名的（含招录的县外学生、不含出县就读高中学生）有36人（含县内中途转入学生）在来凤县高级中学就读，占全县前170名的21%；高考一本线53人，占全县一本上线总数31%。

【荆楚“红色文艺轻骑兵”走进来凤慰问演出在县高级中学举行】 6月14日，由湖北省文化和旅游厅主办，中共来凤县委宣传部、来凤县文化和旅游局承办，来凤县南剧传习研究所、来凤县教育局协办，以湖北豫剧团为演出单位的荆楚“红色文艺轻骑兵”走进来凤慰问演出在学校运动场为广大师生献上一出精彩的豫剧表演。

（彭　玮　李作军）

来凤县中等职业技术学校

【概　况】 来凤县中等职业技术学校前身为创建于1987年的来凤县职业高级中学。2000年与县成人中专、县卫生职工中专“三校合一”，组建来凤县中等职业技术学校（简称来凤职校）。学校获得国家级重点职业学校、湖北省农村职业技术教育先进单位、省勤工俭学先进单位、湖北省重点中等职校、湖北省示范职校、省档案管理A级合格单位、省“512工程”合格学校、省安全文明校园、湖北省技能培训定点机构、全省农村劳动力转移培训品牌基地、全省中职学校招生工作先进单位、省语言文字规范化示范校、省学前教育专业办学条件合格学校、州“五四二工程”示范学校、州级最佳文明单位、州基层服务型示范党组织、州学前教育专业组副组长学校等称号。2019年被县教育局评为“教育目标考核优胜单位”。

学校在编教职员工96人，其中，高级教师21人、中级教师36人；大学本科学历81人，硕士研究生学历2人，“双师型”教师12人。

2019年开设计算机应用、电工电子、学前教育、汽车运用与维修、现代农艺技术、旅游服务与管理专业，就业率在95%以上。

【从严治党】 开展先进党组织和“廉政文化进学校”的创建工作。组织中层以上干部进行廉政约谈，与党员干部签订《家庭助廉承诺书》《党风廉政建设责任书》《来凤职校师德师风承诺书》。开展党员发展工作，推荐李鸿舟为预备党员报县组织部；将吴真寿纳入入党积极分子进行培养教育。做好腐败风险预警防控工作，全面部署落实党风廉政建设工作。成立从严治党工作领导小组，印发《来凤县中等职业技术学校关于推进新形势下从严治党工作实施方案》。2019年教师节，吴真寿被表彰为县师德先进个人，杨映霏、蒋爱军、邢秀芳3名教师被表彰为县优秀教师，杨魏被表彰为县优秀班主任。

【教学与科研】 加强教学常规管理，提高课堂教学质量。完善《教师量化考核办法》《高考及各类比赛的奖励方案》《常规教学管理制度》等一系列管理制度和办法，全年无教学责任事故发生。加强师德师风建设。在广大教职工中宣传“十要十不准”要求和“减负增效”五项严规，将各项措施落实到教职工的工作中；每月通过教研组会议开展“师德师风”专题讨论。开展教师培训工作，促进教师专业成长。选派唐彬、蒋爱军等18名教师参加省职业院校教师素质提高计划项目和武汉市对口帮扶培训；完成2019年度教师资格证定期注册工作。

2019年高考成绩稳中有升，通过单招录取108人，定向委培录取8人，技能高考上本科6人。坚持走“提质增效、教科研兴校”之路。鼓励青年教师参加各级各类教育教学竞赛。学校按专业分成8个教研组，每两周组织一次教研活动，全年各教研组活动20次。2019年4月教务处组织“2019年恩施州中职学校教师教学能力大赛来凤职校选拔赛”，评选出杨魏和吴真寿代表学校参加“2019年恩施州中职学校教师教学能力大赛”，并取得州二等奖和三等奖的成绩。在湖北省教育信息化发展中心举行的全省中职教师课件比赛中吴真寿老师获省一等奖，向静华、杨映霏老师获二等奖。组织学生参加州技能大赛。2019年5个专业派出22名选手参加各赛项的角逐，取得6个二等奖、11个三等奖和5个优秀奖的成绩。开展第二课堂活动。组织足球、篮球联赛和课外技能培训等活动，培养学生兴趣，提高学生技能，丰富课余文化生活。

【德育管理】 一是加强德育队伍建设，提升德育工作品位。加强对班主任工作的考核和评估，落实量化管理制度；选派教师参加“班主任工作”“学校德育管理”方面的国培，提高班主任管理水平。二是提升校园文化内涵，营造职业特色校园文化氛围，多种方式呈现校园文化。三是立德树人，强化学生自主管理。以学生会和学生社团为主体，各班值日班长为责任人的学生自主管理模式，培养学生的主人翁责任感。自主管理对学生充分授权，激励学生的自觉性和创造性，学生真正成为学校和班级的主人，实现自我管理。对德、智、体、美、劳等各方面表现优秀的田润等43名学习标兵、吴超等52名优秀学生干部、向海楼等5名优秀实习生进行表彰。四是树立全员全程德育观念，切实加强学生思想道德教育。在师生中树立全员全方位全过程德育观念，借助校园网、广播站、专栏园地、板报橱窗、国旗下讲话等宣传阵地，开展丰富多彩的校园文化活动，各教研组、各班级以“向时代楷模张富清同志学习”为主题开展讨论，加强对师生的爱国主义教育、人生观，弘扬和培育师生民族精神。五是强化法治安全教育，构建平安校园，开展公民成人励志教育。利用橱窗、黑板报、标语、校园广播、升旗仪式、手抄报、宣传画、条横幅等多种媒介，加强中学生法治教育。成立来凤职校预防青少年违法犯罪工作领导小组，组织全体学生重点学习《未成年人保护法》《预防未成年人犯罪法》；印发《来凤职校违规违纪学生处罚条例》《来凤职校手机管理办法》。组织全校所有年级学生观看法治教育碟片，聘请学校法制副校长、翔凤镇派出所所长彭英科，学校法律顾问欧阳律师进行法治宣传教育暨交通安全讲座。加强对预防青少年违法犯罪教育工作，上好法律常识课，让法治教育进课堂。利用班会课、广播站、宣传栏、校园网等各种阵地抓好师生安全教育，积极采取各种预防措施，强化校舍、教育教学设施、食品卫生、师生外出活动、危险品等的安全检查工作。开展扫黑除恶、禁毒等专项活动。六是加强家、校合作，优化德育网络。探索学校教育、家庭教育和社会教育协作运行的德育网络体系有效机制。加强家庭教育工作，明确家庭教育在德育网络研究工作中的重要责任，发挥学校在三位一体教育中的重要作用，加快形成社会支持网络，推动家庭、学校、社会密切配合，构建形成学校、家庭、社会三位一体的家庭教育科学运行机制。

【助学政策】 2019 年，中央和省级财政预拨付免学费资金 253.12 万元，中央和县级配套分别拨付 243 万元和 10.12 万元，地方财政按上级要求配套 10.12 万元；中央和省级财政预拨付国家助学金 145.1 万元，中央和省级分别拨付 111.4 万元和 27.86 万元，地方财政按上级要求配套 5.8 万元。2019 春季免学费 1341 人 131.4 万元，国家助学金 650 人 65 万元；2019 秋季免学费 1319 人 253.12 万元，国家助学金 801 人 80.1 万元。完成“来凤县惠民政策落实智慧监督平台”数据的录入。严格执行县教育局资助中心对学生资助信息管理工作的要求，及时填报中职学生资助相关数据。并按时做好中职学生资助管理系统的月报工作。学校继续对 593 名特困生（精准扶贫）减免代收费，合计金额 23.88 万元。

【招生、就业、实习工作】 通过电话、家访等形式进行宣传工作，进一步增强社会对学校的了解。2019 年有 23 个教学班，其中高一年级 10 个、高二年级 8 个、高三年级 5 个。在籍生 1321 人，其中男生 834 人、女生 487 人。重视学生在校期间的实习工作。将就业指导、职业生涯设计纳入课堂教学之中，学校分管就业领导作“就业形势”报告。完成 54 名 17 级学前教育专业学生到县民族幼儿园、天娇幼儿园开展教学实习工作。组织学生参加由县州政府、州教育局组织的到立讯公司短期实习。11 月在恩施州教育局的安排指导下，学校 90 名学生于 11 月 5 日前往恩施立讯精密仪器公司进行为期两个半月的顶岗实习，学校委派教师驻厂与学生同吃同住，全程参与管理学生。

【普通话水平测试工作】 2019 年春季进行校内学生普通话水平测试 292 人，其中达到二级甲等 22 人、二级乙等 157 人，证书发放到位。秋季进行教师普通话证书的新一轮登记，选派黄朝品老师到州教育局进行最新的普通话测试业务培训。

【社会资助】 拱墅区资助 8 名残疾学生 3560 元（445 元 / 人）。江苏常熟爱心资助人员资助向琴同学 2500 元。2019 年学校对高三考起本科的贫困学生瞿瀚资助 3000 元。江苏常熟爱心资助人员刘伟资助瞿瀚 1 万元，并承诺大学四年每年资助瞿瀚 1 万元。

【结对帮扶工作】 2019 年，武汉软件工程职业学院捐赠40万元用于学校设备添置，捐赠2万元资助学校20名贫困学生；省烟草公司帮扶150万元用于学校新校区建设。武汉供销商业学校帮扶资金15万元，其中5万元用于资助学校50名贫困学生，10万元用于购置4套篮球架和乒乓球桌10套。在武汉供销商业学校和武汉软件工程职业学院的支持下，学校先后派出4名教师参加在古田举行的红色文化教育和杭州举行的中层以上干部培训；派出两名教师在杭州萧山一职进行为期一周的挂职学习，杭州拱墅区的两位老师到学校进行为期一个月的对口支教工作。

【共青团工作】 2019年新发展团员85名；2019年五四评优中，学校团委获得“州五四红旗团委”“县五四红旗团委”荣誉称号，17学前教育班团支部、18学期教育2班团支部、18综合班团支部获得“县五四红旗团支部”荣誉称号，王依老师获得“县五四青年奖章”荣誉称号，唐彬老师和陈红老师分别被评为“县青年岗位能手”“县优秀共青团干部”。学生李乐艺、卢英德、潘婷获得“县优秀共青团员”荣誉称号。学生肖梅获“州优秀学生干部”荣誉称号，学生雷佩峰评为县优秀学生干部，廖宏俊、叶秋香、陈杰、田芹、陈荣、田学洪6名同学被评为县优秀学生。组织开展“团员青年不信教”“学雷锋，树新风”“清明时节”“青春与祖国同在”“世界环境日”“忠孝雅诚”“老师，您辛苦了”“我与祖国共成长”“青春，对毒品说不”等主题团日活动和板报宣传活动。

【文化体育活动】 10月28—30日，举行校田径运动会和高一年级体操比赛，4人破校纪录。10月30日，举办“畅想青春，寻梦远航，我与祖国共成长”大型文艺晚会。12月23日下午，成功举行一年一度的“经典诵读大赛”，来自全校6个专业23个班级的学生参加角逐，评选出一等奖2名、二等奖3名、三等奖6名。校工会组织学校教职工篮球赛，组织与县思源学校男子篮球队、县高级中学女子篮球队间的校际篮球联谊赛；参加县总工会组织的“快乐运动歌唱祖国”职工运动会（1人次徒步获个人奖，拔河比赛获二等奖）、“张富清杯”篮球赛（女子篮球队获得第三名），参加县教育局工会组织的“园丁杯”篮球赛、“我为祖国点赞”、“中华魂”演讲征文比赛（学生杨梓欣、李儒慧分别获奖，教师杨保强、田艳平、张艳琼、杨魏分别获奖）。

【项目建设】 投入资金27万元进行校内线路改造；投入资金56.8万元，新购置专变配电1台、350千瓦发电机组，解决学校用电负荷和停电影响问题；投入资金19.2万元，购置汽车运用与维修专业理论考试在线题库及汽修技能考核一体化操作台；投入资金147万元，购置200台一体式电脑及交换机等其他辅材。投入资金29.6万元，购置汽修专业实训设备。投入资金3万元，采购篮球板、篮圈、不锈钢垃圾桶等其他用品，对校档案室进行安全升级。对食堂操作间墙面及排水沟进行涂料抹面和改造，投入资金2.652万元。投资5.7万元对学生澡堂进行隔断、防滑改造及食堂后面地坪进行抬高硬化改造等。完成技能高考模拟考试系统的升级。项目投入6.8万元，新增一个Access模拟考试模块，更新题库2000道，完善计算机专业技能高考软件建设。投入8.89万元，改造学校大会议室及播音室的音影系统硬件设施，提升办公水平。投入1.66万元，完成“明厨亮灶”建设，改造升级厨房监控等设备，使厨房视频监控全覆盖，为食品卫生安全提供有力保障。投入资金11.8万元采购50台电子钢琴。投入资金65万元采购学生宿舍及教室办公室空调、储物柜。投入资金12.4万元整修教师办公室；投入资金32万元维修女生宿舍；投入资金8.5万元为学生宿舍及教学楼安装防护窗及运动场栏杆、球架去锈刷漆；投入资金5万多元改善门卫值班条件；投入奖补资金17.8万元采购室外电子显示屏；12月完成校园安全隐患排除（校园内住宅户的剥离），投入资金 10.25 万元。利用武汉市供销商业学校帮扶资金 10 万元提前为新校区采购 10 套乒乓球桌和 4 个篮球场球架。争取县环保局奖补资金 10 万元用于食堂煤改电设备采购。

【新职校建设】 来凤县中等职业技术学校建设项目。项目占地总面积 7.972 公顷，总建筑面积 55329.45 平方米，总投资约 18827 万元。2019 年来凤职校建设项目 1 期 1 标段 2 号实训楼和围墙等于 2019 年 11 月 26 日竣工验收，项目 1 期 2 标段 3 号教学楼、4 号实训楼正在施工。项目 1 期 3 标段学生宿舍，4 标段学生食堂及风雨操场，5 标段道路管网、门房及运动场，6 标段综合楼完成施工、监理及检测招标。

【文明创建】 以“五个一”建设、道德进讲堂、文明班级、文明学生、十佳寝室评选、诚信教育等活动为载体，全面推进文明创建、未成年人思想道德建设，深入开展道德领域突出问题专项教育和治理。配合“六城同创”工作，学校申报州文明委对学校创建 2017—2018 年度州级最佳文明单位复审通过。

（向　军　翁明章）

来凤县实验中学

【概　况】 来凤县实验中学是一所非寄宿制公办初级中学。学校始建于 1980 年，前身为城关镇中学，隶属城关镇管辖；1981 年更名为翔凤镇中学；1984 年更名为翔凤镇第一中学；1997 年由镇管改为县管，最终定名为“来凤县实验中学”；2002 年秋季实验中学搬迁到原来凤县师范校址。2019 年，来凤县实验中学开设初中一、二、三年级，39 个教学班，学生 2617 人。学校有 164 名教职工，在编在岗教师 141 人，借调教师 23 人，本科学历 139 人，特级教师 1 人，正高级教师 1 人，全国优秀教师 1 人，省骨干教师 18 人，州级骨干教师 25 人，州名师 1 人，高级职称的教师 50 人。有省优秀教师、州“五一劳动奖章”获得者、州“优秀班主任”、省州县学科带头人、州优秀青年教师、县教坛新秀、县优秀教师等 84 人。

【德育安全工作】 学校以培养德智体美全面发展的社会主义建设者和接班人为宗旨，以提高学生思想道德素质为重点，以开展形式多样的德育活动为载体，进一步用好“三面红旗制度”，强化德育队伍建设，创新德育工作思路，提高德育工作水平，为提升教育教学质量提供保障。2019 年，学校聘请专家组织开展法律知识讲座，组织学生参加禁毒知识讲座，增强学生的法律知识和自我保护意识。

【加强查课、听课力度】 每天检查早读，核实早读上课的情况以及教师的出勤状况，解决早读中发现的问题，针对查课中存在的班级混乱、自习课无老师辅导等问题做出处理。

【加强集体备课】 各备课组制订学期教学研究计划，明确研究重点任务，教务处组织教师备课，加强集体备课的研究。教务处落实常规检查工作，对教师的教学计划、备课、上课、教案、课后反思、听课、作业批改、辅导、考试、手册填写等提出要求和检查方法。教务处组织 4 次作业、教案检查，对检查作业、教案中存在的问题做出反馈，对检查中个别教师教案书写不规范、作业批改不及时等问题在教工例会中做出说明。

【师徒结对】 为提高青年教师的教学水平，教务处开展师徒帮扶结对活动，签订帮扶协议，制定帮扶流程，要求每周互听四节课以上，对授课中存在的问题记录在案，在学期中推荐学徒进行公开课汇报，提高青年教师的教学水平和专业能力的发展，带动学校教研工作的开展。

【学生能力培养和校园文化建设】 9 月、10 月，组织学生志愿者参加“垃圾分类”“文明旅游”活动，参与“六城同创”。秋季学期，开展校园广播台小播音员选拔活动，产生 2 名优秀的小播音员。10月，学校“青春飞扬”校园广播开播，广播台栏目丰富，形式多样：《新闻》《好音（英）推荐》《暖意耳语》《历史长廊》《为你读诗》《地理名胜》……开播以来，深受同学们喜爱。秋季学期，举行来凤县实验中学第八届体育艺术节，文艺会演活动中，全校2700余名师生、部分家长以及教育局相关领导观看演出，表演充满传统文化气息，丰富校园文化生活。

【2019年中考成绩】 总分600分以上学校96人，全县前10名占2人，前20名占5人，前100名占28人，地生会考全县前10名占8人。

【培优辅差】 针对学校的实际，开学初各个班制订培优辅差工作计划，把学生按学科成绩分成不同层次，由任课教师负责这些学生的培优辅差。通过开展培优辅差取得3个方面效果：学生的自信心增强，成绩提高；增进师生间的交流和信任，班风、校风改变；低分人数得到控制。

【“名师工作室”】 “名师工作室”发挥工作室成员智慧，针对教育教学实践中的重点、难点问题进行研究。工作周期内要完成1个县级以上研究课题并取得成果，促进学科教学的理论建设。

【加强安全责任意识】 学校德育处明确职责，开展学校的安全保卫工作，为师生营造安全、和谐的校园环境。以安全法律法规为重点，以安全常识为内容，根据不同季节、气候特点，针对学校实际，开展安全隐患排查与整改，消防安全演练，安全法规、安全常识教育，落实安全责任。学校与派出所、特警中队、社区等单位配合，维护校内秩序，确保学校门口的交通秩序和治安秩序。学校通过集体晨会、发告家长书等方式对学生进行专题安全教育。学校执行《中华人民共和国食品卫生法》《学生集体用餐管理办法》，执行食品、原料的定点采购，索证索照、食品留样、食堂清洁卫生等工作，要求从事食堂服务的工作人员持健康证上岗，搞好个人卫生，不带病、带伤工作。建立健全食品卫生制度，定期检查食堂工作，保证食品卫生和师生的饮食安全。为保证学校教育教学工作的开展，总务处进行相关物资采购、物品维修，加强装备管理，提高后勤保障的能力和水平。

（田帮华　杨文东）

来凤县高平实验学校

【概　况】 来凤县高平实验学校是经来凤县人民政府批准，省教育厅备案，北京平高教育集团在来凤投资创建的武陵山区示范性民办公助的九年一贯制寄宿制学校。学校位于来凤县龙凤科教示范园教育七路，占地面积9.33公顷，建筑面积5.4791万平方米，建成教学楼4栋、科教楼1栋、体艺馆1栋、学生宿舍6栋、教师公寓2栋。学校有小学、初中两个学部，73个教学班，教职工300余人（其中在编在岗教师100余人、临聘200余人），学生人数3700余人。

【办学特色】 学校以“高质量、平民化”为宗旨，本着“健康、专业、诚信、谦和、勤俭、光荣”的校训，以爱国情怀为基础，赏识教育为前提，养成教育为保障，吃苦教育为过程，创业教育为目的，面向全体学生，促进学生全面且有个性的发展，实现“阳光学生、智慧教师、和谐校园、幸福高平”的办学特色。

【党建引领】 2019年，学校开展党课学习，开展支部民主生活会，观看张富清事迹，组织党员讲感悟、写心得，弘扬爱岗敬业的奉献精神，并且组织全体党员开展“不忘初心、牢记使命”主题教育活动。11月11日，学校党支部换届选举，选举产生新一届委员会：支部书记朱江，支部副书记田佑明，组织委员田茂华，宣传委员黄冬生，纪律监察委员田茂辉，任期3年。

【德育工作】 2019年，学校开展的德育教育工作有：开学典礼、清明扫墓、学雷锋系列活动、国旗下演讲、“五四”入团仪式、消防演练、预防地震逃生知识、防煤气中毒知识、防灾减灾主题班会、禁毒知识竞赛、观看张富清“时代楷模”影视资料、爱国主义教育、开展经典诗文诵读、校园征文比赛、手抄报比赛、绘画比赛、组织学生到漫水研学基地开展研学活动、开展班主任论坛、进行班主任业务能力培训学习。

【教学工作】 学校落实一周一小查、一月一大查、期中期末重点检查制度，要求所有教师课前要备课，严格学科组长、年级主任、教务主任、教学校长检查批阅制度，并对每次的检查进行通报，不足之处进行指正，优点进行表扬，要求全体教师对于每次的检查批阅进行反思和总结。同时学校分管领导、查课教师进行不定时巡堂检查，并进行及时通报。2019年中考学校首创佳绩，600分以上人数117人。全县前10名中，来凤高平实验学校占5人，其中贺湘杰以695分获得全县第二名，被中央民族大学附属中学录取。

【教研工作】 2019年，学校开展教师赛课活动，进行教学大比武，教师充分展示各自的教学能力与水平，对于每一堂教研课、示范课、优质课都进行当堂打分。同时学校组织学生开展一系列活动：七年级数学竞赛、生物画图竞赛、“中华魂”主题教育读书活动征文比赛、七年级英语知识竞赛。学校40余名教师在“中华魂”主题教育读书活动、来凤县防毒教育演讲、中考备考会、来凤教研、国培征文等方面获得60多项教研成果，教师分别获得优秀辅导奖、优秀组织奖、优秀个人等荣誉，另外1人获国家级教育教研论文一等奖。

【体育艺术工作】 2019年，学校组织教师参加各项体育赛事，参加全县第七届“园丁杯”篮球赛，获得全县女子第二名，男子第四名，1人获“优秀教练员”称号，2人获得“优秀运动员”称号；参加“民族团结杯”篮球比赛，1人获州级“优秀运动员”称号；参加“张富清杯”篮球赛，1人获县级“优秀运动员”称号；开展绘画比赛，2人获县级“优秀辅导员”称号。

【教师队伍建设】 学校组织开展“青蓝工程”，由经验丰富、教学能力出众的教师，对年轻教师尤其是刚走上工作岗位的教师进行业务知识的学习引导，各教研组组长认真组织，进行一对一指导，在课堂教学、培优辅差、课后作业辅导、考试等方面进行检查指正。同时开展行之有效的校本教研培训，开展国培学习，派教师参加上级教育主管部门开展的各项教研活动。

【安全工作】 学校始终把安全工作放在首位，在安全教育、安全隐患排查及安全事故防范上，做到职责明确，落实到位。组织开展安全疏散演练，开展生命与健康教育，开展禁毒知识讲座，进行预防艾滋病、结核病知识讲座，开展饮食卫生安全知识学习，开展青春期健康知识教育讲座。按要求足额配置保安，配齐安保设备，实现视频监控全覆盖。邀请法制副校长进行“远离校园欺凌”法治讲座。开展禁毒教育，青骄第二课堂的注册率和课时完成率均达到100%。

【校园建设】 2019年8月，学校南大门落成投入使用，解决师生放假、返校时的拥挤问题。学校运动场基础工程于12月完工，师生体育运动场所得以改善。12月，学校档案室正式建成，档案资料的相关整理工作通过上级验收。

（田劲松　田佑明）

来凤县思源实验学校

【概　况】 来凤县思源实验学校位于武陵山龙凤示范区来凤科教园（教育城）内，距来凤老县城中心6.5千米，与湖南省龙山县城隔河相望。学校设图书室阅览室、生化实验室、物理实验室、电脑室和录播室。有室内篮球馆、乒乓球室、羽毛球场、琴房、舞蹈房、心理健康教育中心等多功能活动室。每一个教室都配备一体机、音箱，计算机网络和闭路电视系统连通全校。学校有在编教师235人，学生2305余人，均为住读学生，其中留守学生825人，建档贫困家庭学生1407人，各类残疾学生28人。2019年，学校年度考核为“优秀”。

【学校管理】 学校秉承厚德博学、兴教强校办学理念，设校长1人、副校长5人、工会主席1人、教导主任1人、政教主任1人、后勤主任1人、团委书记1人。

【德育工作】 学校落实安全排查制度，2019年组织8次安全排查工作，下发安全教育事项通知22次，办安全教育宣传栏10期，组织全校教师安全应急管理知识考试2次。进一步加大住宿生管理，平安创建取得新成效。落实“点名制”和“准入制”，加大检查落实力度，取得明显效果；开展2次宿舍设计创新大赛。

评选优秀学生，树立学生榜样。政教处组织“优秀学生”评选活动，评选出杨兰馨等120名优秀学生，对这些优秀学生进行表彰和奖励。加强班主任队伍建设，组织班主任业务测试、班主任德育交流培训会。同时，加大考核力度，强化考核激励作用，采取每周通报、每月考核。纪律帮教工作，德育处加大违纪学生教育力度。在教育方法上采取谈话、批评教育、做思想工作等。2019年，帮教问题学生820余人次。对问题学生的转化，讲究个案处理，专门策划组织集中召开问题学生思想工作会议。座谈形式引导问题学生，制定改进办法，教育效果明显。

【教学工作】 教学常规工作符合要求。全体教师认真备课、超前备课。多数教师教案设计规范，坚持写详案，课后反思针对性强。多数教师加强课堂教学艺术的提高，采用自学、探讨、交流等多种灵活的教学方式，提高学生学习兴趣，发挥学生学习主动性，体现新课改理念。作业布置适量，批改及时。全校老师作业批改次数达到规定的次数。

学生对教师满意率整体较高。教务处坚持每月进行1次学生对教师课堂教学的民意测评，第一学期4次测评中满意率均获得100%的教师有79人。第二学期4次测评中有92人满意率为100%，平均满意率低于90%的只有7人。

开展实验教学管理，演示必做实验、分组必做实验，开出率均达100%，实验开出率、及时率、分组率、成功率、覆盖率均达到规定标准。实验教师按计划完成实验教学，批改学生实验报告，教学档案规范齐全。实验室制度健全，各类管理账目规范，各类仪器分类编号，贴签入柜，摆放科学有序，存取方便；药品、仪器分室分类有序存放；各室防火、防盗、防尘、防锈、防腐设施到位，仪器完好率达98%。

高质量完成各室建设。学校新华书店、图书室、阅览室设施完备，图书品种全，营造良好读书环境。开展教学视导、教学技能大赛、送教下乡等教研和调研活动。2019年5月，学校邀请县教研室全体教研员到思源学校指导教学，田英、张晓艳、刘婧等上展示课和公开课。组织教师参加校、县、州教学技能比赛，刘婧等老师到大河中学送教讲示范课，受到师生好评。课题研究取得成效，学校确定5个课题。向明、黑玲、李雪敏、田科、杨德凤、兰水清、金波、龙首含、贾晓红、兰春芳等的研究论文公开发表。张孝敬、吴辉翔等的课题公开课获得好评，杨洁等的优质课获州级奖。

提升教师素质，组织讲座培训学习、交流探究学习、自身业务学习，各学科合作借鉴学习，参加教研培训学习，派出58名教师到杭州、北京、武汉、黄石、恩施等地考察学习。2019年教学技能大赛，除优质课评比赛外，还增加说课赛。刘婧、黄学平、张星等参加恩施州教师说课比赛，取得较好成绩。

学校组织学生参加各项竞赛。第十四届青少年科技创新大赛，学生余世源、覃孟秋、侯慧获得恩施州青少年科技创新大赛一等奖；黄学平、胡永安等获得优秀科技教师。2019年秋季，杨兰馨同学获来凤县中小学生“中华魂”演讲一等奖，代表来凤县参加恩施州中小学生“中华魂”演讲比赛，获二等奖。李诗林、黄学平参加来凤县“中华魂”征文比赛，分别获得一、二等奖。

加强教师队伍建设。充分发挥教学能手和骨干教师作用，带动教师队伍整体水平提高。覃远恒、刘婧、田成友、何荣、兰春芳等一大批骨干教师工作在教学第一线，发挥骨干带头作用。2019年秋季学期，学校举行青年教师教学技能大赛；2019年10月，学校派刘婧等外出上示范课。在这些教学教研活动中涌现一批优秀教师，如田英、龙灵英、刘杰、蒋晓青等。在学科中选用师德高尚、严守机密、业务精良、善于合作的一名基层学校教师聘用为兼职教研员，协助教研工作。2019年中考，思源学校550人上高中录取线，比2018年大有进步，地生会考成绩也较理想。

【文体社团工作】 学校开设社团涉及艺术类、演讲类、体育类、科技类、手工类、写作类6个类别，参加各社团626人，占全校总人数33%，学生自愿报名择优录取，每个学生都可以根据自己的特长、兴趣，自主选择心仪的社团。学校安排丰富多彩的交流平台，如田径运动会、中华魂演讲比赛、科技节、艺术节等活动，将学校、社团、学生的发展融为一体，丰富校园文化，营造良好育人的氛围，为学生的健康成长提供舞台。学校组织开展群体活动，举办体育节、校运会、年级广播操、乒乓球、羽毛球比赛等一系列体育活动提升学生运动技能，提高学生的身体素质。2019年5月，来凤思源实验学校团委被来凤县文明办和共青团来凤县委员会授予“青年文明号”称号；思源学校教师女队获2019年“园丁杯”篮球赛女子组第一名。

【后勤服务】 遵守财务规章制度，规范收费行为。组织财会人员学习财务规章制度，规范收支两条线，程序合法，财会人员实行无纸化办公。加强收费透明化管理，设立“价格服务进校园”收费公示制，按章收费，实行财务公开。开学初，确保教学第一线的教学用品及时发放到位，保证教学工作正常开展。召开班主任会议，做好报名缴费的周密工作。严格购物制度，教学办公物资的采购工作，“统一采购，统一供应，统一管理”的三统一制度，保证教学正常需求。学校及时对教室内的玻璃、门窗、宿舍水电等进行维修，后勤服务有保障。暑期，学校购买一批电器，保证师生正常工作和学习。加强水电管理，制定工作人员巡视制度，规范水电管理秩序。开展爱国卫生运动，展开校园卫生整治，为美化校园尽职尽责。做好校园绿化美化工作，加强对校园已有花木、草坪的管理，巩固绿化成果。做好绿化长期目标规划，创造良好的工作和育人环境。2019年植树节学校投入必要资金，对校园进行绿化，校园绿树成荫。加快硬件建设，改善办学条件，建设学校运动场。

学校高度重视食堂食品卫生安全工作。学校与食堂管理员签订《食品卫生安全责任书》，每周检查一次食堂卫生及常规管理工作，责任落实到位，管理有序。

【师德师风】 2019年，学校深入实施“名优教师培养”与“教师素质提高”两项工程。把师德师风建设作为学校工作的重中之重，严格执行《教师职业道德规范》，开展“铸师魂、展师风、强师能、树师表”等活动。

（李诗林　李时均）

来凤县第一实验小学

【概　况】 来凤县实验小学始建于清乾隆七年（1742），1988年挂牌“来凤县实验小学”。校园占地面积16668平方米，活动场地3200平方米。2016年秋季分校后，维修教学楼3477.25平方米，改建运动场5712.44平方米，有200米标准环形塑胶跑道1个，篮球场、羽毛球场各2个，另建有跳高、跳远等其他体育设施。2019年1月5日动工修建3号楼，8月26号投入使用。学校功能教室齐全，教学设施完备。有54个教学班、3701名学生，在编在岗教师132人，其中省级骨干教师4名、州教师1名。

办学以来，学校先后被评为“全国现代教育技术实验学校”“全国雏鹰红旗大队”“湖北省教改名校”“湖北省教育科研50强学校”“湖北省电化教育示范学校”“湖北省少先队工作示范学校”“湖北身书画教育示范学校”“湖北省传统体育学校”“湖北省模范职工之家”“湖北省综合治理先进单位”“湖北省优秀现代技术实验学校”“湖北省诗词楹联教育基地”“恩施州最佳文明单位”“恩施州示范学校”等。

【师质建设】 学校以“办好教育为人民，为人民办好教育”为核心，重视教师素质提升工程，制定实施教师素质提升方案，拟订教师培训计划并贯彻落实；加强青年教师培养，帮助新进教师“过关”“拜师学艺”。组织校本培训和校本研究，开展“国培计划”。2019年度派出109人外出参加各学科学习培训，学习名师先进教学理念，与教学实际整合，促进自身的专业发展。在2019年度“一师一优课一课一名师”活动中，学校10名老师的课被评为州优课，校长张文艳的课被评为湖北省优课。

【德育工作】 学校坚持把德育工作放在首位，德育机构健全，有学校德育处、大队部、班主任、科任教师、家长为骨干的德育队伍，以做一个有道德的人主题实践活动为主线，以学生行为规范养成教育为主要内容，以学校少先队活动为载体，以重大节日、纪念活动为契机，开展生动活泼的德育教育活动，加强学生爱国主义、集体主义、特色社会主义思想教育。

开展寻找雷锋足迹，弘扬雷锋精神系列活动；缅怀革命先烈，争当“四好少年”清明扫墓活动；春季学期举办第二届校园读书节，秋季学期继续开展朝诵读经典活动，弘扬传统文化；利用春假、秋假以“寻家乡，展梦想”为主题开展社会实践活动并展示作品。

学校选派优秀班主任到杭州、成都、恩施培训学习，德育处每月召开一次班主任例会，加强班主任管理班级的能力。

【教学工作】 学校推行课堂教学改革，提升教育教学质量，坚持以抓好常规教学为基础，发挥创造优质的教学条件，以教研教改、优化课堂教学为着力点，调动师生教与学的积极性，提高教育教学质量。规范教案，定期抽查，坚持提前备课、二次备课，要求教师对学生作业全批全改，一月一检查一公布、一周一抽查、学期中学期末教学常规大检查，及时通报每次检查情况，2019年度发出教学简报28期。加强高效课堂建设，走进课堂，实行推门听课、适时点评，提高教师业务水平及课堂效率。

在教学工作中，实行量化管理，科学评价教师的各项工作，从备课、课堂教学、两操、作业的批改、教学成绩、教育效果、后进生转化等方面对教师进行全面考核。开展毕业班及调考年级的备考工作，有效提高毕业班及调考年级的教学成绩。组织师生参加“来凤县第十五届科技创新大赛”，上交科幻画作品338幅、科幻作文173篇、科技创新成果2件、科技小制作35件，开展科技实践活动1次，学校被评为“优秀组织单位”。

【科研工作】 学校教研氛围浓，每个教研组每周1次集中业务学习，每学期完成15次业务学习。开展网络联盟教研，学校组织11次与网络联盟校的教研活动，促进城乡教育共同发展。学校承担多项课题研究工作，“数字化教育资源在小学语文教学中的应用和推广”和“数字化环境下小学数学中年级学习方式的研究”准备结题，电教课题“信息技术环境下网络教研有效性研究”开展研究。2019年湖北省教育教学信息化交流展示活动中，张立群、朱晓丹、田小艳、田雪花老师作品获一等奖，13 名老师作品获二等奖，19 名老师作品获三等奖。秋季学期，在全县优质课竞赛中，李金文和卢艳梅老师分别获语文、道法一等奖，张婷老师获科学二等奖。

【安全工作】 学校坚持“以人为本，构建和谐校园”的理念。成立“平安校园”建设工作领导小组，建立保安队组织，负责学校保卫工作。特聘派出所张怡文为法制副校长并开展法制讲座，对师生进行法制、安全教育。学校举办“青少年法制教育图片展”，组织学生参加消防知识竞赛、安全知识竞赛等活动，印发消防安全材料、防溺水安全材料、交通安全、安全知识手册，加强师生法制、安全教育的力度，增强法治观念和安全防范能力。

（田　琼）

来凤县第二实验小学

【概　况】 来凤县实验小学，始建于清乾隆七年（1742），初名城中义学，乾隆二十一年（1756）更名为歧阳书院，光绪二十八年（1902）更名为高等小学堂，民国 3 年（1914）为来凤县高等小学校，民国 34 年（1945）为来凤县城区中心国民学校，1949 年 12 月更名为来凤县城关镇第一小学，1988 年 6 月挂牌为来凤县实验小学。来凤县第二实验小学位于来凤县翔凤镇观城坡路 35 号（老一中校区），学校占地面积 4.53 公顷。是来凤县教育局批准、湖北省教育厅备案的一所公立学校。全校有 69 个教学班，学生 4699 人，在编教师 151 人（含原翔凤镇飞机民族小学 19 人）。

【办学特色】 学校将“雅”作为校园文化建设的核心，在办学上，以“雅言雅行，追逐本真”为理念，以“行于至正，达于大雅”为校训，以“诚信明理，正知雅仪”为校风，以“立德树人，正身雅言”为教风，以“学思蕴美，正言雅行”为学风，以“学生儒雅，教师博雅，校园优雅”为办学目标，致力于为孩子的终生发展和幸福人生奠基。

【党建引领】 2019 年秋季学期，学校组织张富清事迹演讲会，学习张富清先进事迹，传扬张富清精神。在新中国成立 70 周年之际，组织“红歌赛”，弘扬爱国主义精神。组织全体党员开展“不忘初心、牢记使命”主题教育活动。

【德育工作】 2019 年开展的德育教育活动有：开学典礼、清明节扫墓、学雷锋系列活动、文明礼仪伴我行主题班队会竞赛、“六一”庆祝系列活动、名家进校园、各种节假日的主题教育活动（如世界环保日主题教育活动、民族传统节日主题教育），组织部分学生参加张富清“时代楷模”发布仪式、组织学生收看“新时代好少年事迹发布仪式”并组织评选优秀观后感，省儿童中心进校园为五六年级学生进行青春期教育，举行庆祝中国少年先锋队建队 70 周年主题教育活动，生态文明教育系列活动，开展经典诵读，在每周一升旗仪式上进行展示。开展读书活动，评选表彰“读书之星”。加强社会实践活动，组织四、五、六年级学生到漫水研学基地进行研学活动，指导学生参加春、秋假活动，并将学生春、秋假的优秀社会实践作品进行展出。落实校园电视台的德育教育阵地作用，制作 8 期电视节目。

2019 年各班召开 3 次家长会，请校外人士向家长传授家教知识。2019 年 5 月组织开展首届校园开放日活动，邀请 134 位家长到校共商教育事宜。吴碧琼参加国家级的家庭教育教师培训，廖白雪参加全州家庭教育骨干教师培训。

组织学生参加恩施州爱国主义教育读书活动和演讲比赛，学校 504 班吴舒童获得第三名，罗钦月获得才艺展示三等奖。2019 年秋学校在全县中华魂主题教育演讲比赛中，吴舒童获得一等奖，廖白雪获得二等奖。在全县中华魂主题教育征文比赛中，蒋春梅获得一等奖，唐意洋获得二等奖，苏语栖、张语杰、吴春艳获得三等奖。蒋春梅、杨森、吴丹、许春艳分别获优秀辅导老师奖。在全县青少年禁毒主题教育中，罗钦月获得演讲比赛一等奖。

2019年秋，组织11名班主任参加全国中小学骨干班主任能力提升培训，聆听魏书生老师的精彩报告，组织有经验的班主任对新任班主任进行培训。

【常规教学】 落实来凤县教育局《关于进一步加强中小学教学管理的指导意见》。周小查、月大查、期中期末集中检查成常规。在教学过程的监管上从制度建设上着手，建立健全课堂巡堂查与通报制度，学校值日领导巡堂制度，学校领导推门听课制度。做到天天有检查（巡查），周周有通报。全年教务处进行380次课堂巡查，发现并处理8起违纪情况。注重课堂效率及课堂教学改革，实施“236”真雅课堂，将观课及指导的重点放在小组合作学习及自主、探究学习上。2019年全县小学毕业质量检测中，学校成绩突出。语文、数学、英语、品德、科学5科成绩排名，全县单科前5名5科25个，学校占13个。学生个人成绩，总分300分以上的全县137人，学校有47人；总分290分以上全县479人，学校有150人。

【教研工作】 2019年，学校进一步推进“优课”活动，7位教师获州级优课。各年级教研组组织教师参与集体备课、说课、评课及其他研讨。学校“236真雅”课堂教学案例在恩施州教学案例评选中获得第6名（全州19个案例参加评选）。2019年秋季，在全县语文、道法、科学优质课竞赛中，教师金慧、刘婧、刘静均获第一名。李桂平、曾凡琼、杨曼、彭乾参加恩施州教师教学技能比赛，取得3个二等奖、1个三等奖。组织相关学科教师开展语文、数学、英语、科学网络教研10次。全校教师积极参加课题研究，全年申报18个课题。组织师生参加第15届青少年科技创新大赛。学校师生上交科普作文177篇、学生科技创新成果30项、教师科技创新成果11项、学生科幻画232幅、科技实践活动6个。学校由县科协上报为州级先进单位。组织教师向《来凤教研》投稿，2019年秋季学期有12篇文章在《来凤教研》第45期发表。

【体育艺术工作】 2019年春季学期，举办第三届校园足球、篮球联赛，组织学生进行131场足球赛，188场篮球赛。启动实施大课间活动。2019年秋季，举行第三届体育艺术节，从10月上旬持续到11月上旬。在体育艺术节闭幕式中，优秀艺术类获奖项目进行集中展示。作为全国第1批“校园足球”特色学校，学校开展校园足球工作，组织校园足球联赛，学生认识足球、喜欢足球，积极参与足球运动。2019年暑假，学校足球队代表来凤参加州教育局、州文体局举办的州“青运会”，获得第三名。

【教育信息技术工作】 以“236真雅课堂”课题研究为抓手，在课堂实践教学中运用信息技术设备，探讨解决课改过程中出现的问题；将现代教育信息化手段运用在学校构建教学、科研一体化的组织网络中，校园局域网、学校主页建设、校校通平台、家校路路通等工程的全面实施，提升学校信息化建设水平。

组织教师参加各级各类整合课课件、教案、教学设计等比赛。2019年收到各种参赛成果33件。其中湖北省第十四届“教育技术理论与实践”征文暨第十届全国教育技术论文省级评选结果26件，2019年湖北省教育教学信息化交流展示活动评选结果7件，评选结果在全县同级学校名列前茅。2019年被中央电化教育馆评为教育信息技术工作“优秀学校”。

【民主管理】 涉及教职工切身利益的事公开、透明操作，做到民主管理、民主决策。重大事项在全体教职工大会上讨论通过，2019年春季学期，学校召开第一届教职工代表大会第二次会议，通过《学校章程》，修改60多个管理、考核制度，初步完成制度汇编的前期准备工作。关心教职工的身体健康，3月，组织全体教师进行体检，慰问大病、困难教师。学校工会组织教师进行诗词、书画、摄影大赛活动。10月，开展以“不忘初心、牢记使命”和弘扬爱国主义精神为主题的“红歌赛”活动。组织教职工参加全县“园丁杯”篮球赛，学校男、女队均获第四名。组织教师参加献血活动，51名教师参加献血。

【教师队伍建设】 强化师德意识，建立师德工作考评机制。强化责任意识。每学期与教师签订有偿家教、乱订资料乱收费，出现问题严肃追责。强化师德师风教育和管理，落实“恩施州教育局10条禁令”。将师德师风治理的重点放在有偿家教、乱定教辅资料上。以校本教研、“国培计划”、网络研修等为载体，以研培训教师，加强对课堂教学改革的研究，推出“236”真雅课堂教学模式（获全州二等奖）。组织向州教科院进行协同教研基地的课题研究汇报。

组织教师参加各种培训，2019年组织42名教师外出参加语文、数学、英语培训学习，回校后，开展外出学习汇报课教研活动。21名教师参加恩施市硒都民族小学的课堂教学研讨活动。注重对新进教师的培训与培养，建立新进教师培训机制，2019年秋，32名新进教师经历“拜师—拟订拜师计划—开学见面课—长期磨课—期末过关课—拜师总结”的培养过程，通过一个学期的磨合、历练，新进教师的教学理念以及课堂授课能力得到普遍提高。8月，一年级全体教师和部分新进教师听取名师工作室团队成员吴碧琼、杨丽低年级班主任、数学课堂教学专题讲座，曹梅瑜进行低年级语文课堂组织教学的专题培训。

【安全工作】 落实“两重两全”：重教育、重防范，全覆盖、全参与。在安全教育、安全隐患排查及安全事故防范上，做到职责明确，落实到位。坚持组织开展安全疏散演练。坚持开展生命与健康教育、禁毒与防艾滋病、结核病、饮食卫生及青春期保健知识教育。各班的安全委员认真履职。全年无安全责任事故发生。2019年秋，按要求足额配置保安，配齐安保设备，实现视频监控全覆盖。王雪芬老师参加全州消防安全录像课比赛。邀请法制副校长进行“远离校园欺凌”的法制讲座。开展禁毒教育，青骄第二课堂的注册率和课时完成率均达到百分之百。罗钦月获全县禁毒知识演讲比赛第一名，王雪翔、田小露获全县禁毒征文比赛一等奖，张语杰获全县禁毒征文比赛二等奖，彭慧佳获全县禁毒手抄报比赛一等奖，陈郸屹、吕诗涵获全县禁毒手抄报比赛二等奖。

【曾志梅名师工作室】 2019年，名师团队成员深入课堂指导教师的教学，全年工作室成员听随堂课686节，工作室成员讲随堂课512节。在首届“校园开放日”活动中，组织4节名师课堂，吸引全县近300名教师听课观摩。工作室成员指导4位教师的课参加“湖北好课堂”评选，指导11位教师参加各级教学竞赛。工作室调整工作思路，着力于对各学科培养一批骨干教师，有效促进教师的专业成长。11月5日，宣恩县椒园中学校长席建忠一行5人到工作室参观学习；11月7日，宣恩县高罗镇中心小学校长阙道成带领团队到校工作室参观学习。两次活动，杨丽就名师工作室的工作情况向参观老师们作汇报。曾志梅名师工作室被恩施州教育局推荐为湖北省名师工作室（全州3个，另2个为硒都民族小学和恩施市实验小学）。

（吴云辉　覃　芳）

来凤县民族小学

【概　况】 来凤县民族小学位于来凤县城北，始建于1951年，原名北门初小，后更名为翔凤镇第二小学、翔凤镇第一小学，2000年9月升格为来凤县民族小学。学校占地1.46公顷，建筑面积1.32公顷，有音体美专用教室6间、微机室2个、录播室1个、多功能报告厅1个，37个教学班，学生人数2355人，教师112人，其中高级职称6人、中级职称62人、助理级33人、技师1人。

【聚焦课改】 学校聚焦课堂教学改革，着力构建“三三六”和乐课堂教学模式，坚持把课堂主阵地还给学生，课堂和谐快乐，师生共同成长，课堂效率提高，教学质量逐步提升。“三三六”和乐课堂教学模式主要是针对课堂结构、实施载体和教学流程进行研究。“三三六”指三大板块、三大要素、六大环节。“三大板块”就教学结构而言，具体指课前导学、课中探学、课后延学；“三大要素”是课堂教学实施的载体，具体指小组学习、小组评价和导学案；“六大环节”是课堂教学的操作流程，具体指情境导入、自主学习、合作探究、精讲点拨、盘点收获、达标检测。和乐课堂的关键词是：自主、合作、探究、和谐、快乐。营造和乐环境，让环境育人；缔造和乐教室，让梦想扬帆启航。“和乐教室”充盈“三香”，即书卷香、花草香、笔墨香；散发“三味”，即童趣味、家园味、情谊味。丰富学校文化内涵，让教室成为师生共同的成长乐园，让墙壁说话，师生在抬头驻足间受到教育和熏陶。

【德育工作】 学校教育一直秉承“以德树人”和“良好习惯成就美好人生”的思想，注重学生养成良好的行为习惯，利用晨会、班队会、校园专栏、各种节假日开展活动对学生进行思想教育；清明节学校都会组织学生到来凤县烈士陵园缅怀先烈，进行爱国主义教育；“六一”儿童节举行校园文化艺术节庆祝，学生从中感受到幸福生活的来之不易；每周一下午第二节课为班队活动，对学生进行思想教育，培养学生良好品质。

【强化安全意识】 注重安全不放松，在抓好教学工作的同时强化安全工作，为师生提供安全的学习环境，学校和教师层层签订安全责任状，随时对学校的设施设备进行安全检查，不断完善安全应急预案；每周对门卫安保工作进行检查，在安全教育周对学生进行应急疏散演练；“5·12”组织学生进行地震疏散演练；每周星期一下午，班会课校委会成员到各班收缴管制刀具，杜绝安全隐患；确保学校师生安全。

【传承民族特色】 打造民族特色文化，传承民族传统体育项目进校园，学校将摆手舞、踢毽子、跳房子、打陀螺、跷旱船、滚铁环、打飞棒、高脚马、竹铃球、竹竿舞、九子鞭开发为校本教材，引入课堂；体育课堂中除将规定的教学内容完成以外，还须教会学生跳摆手舞、打竹铃球、踢足球。5月、6月开展三至六年级班级足球联赛；10月、11月开展竹铃球联赛体育艺术节活动，锻炼学生健康体质。

【加强教研】 在2019年度的工作中，学校以湖北省特级教师粟菊英的名师工作室为阵地、教研组为单位，每个星期举行教研活动，各个教研组组长组织活动，校委会成员到各自蹲点教研组参加活动，通过活动促进教学工作的开展，提高教师的教学水平，学校有8名老师的论文在省级获奖。2名老师的论文在国家级杂志上发表，1名老师获恩施州“教学能手”称号。

（罗芳锦　杨大芝）

社会生活

概　述

【概　况】全县全体居民人均可支配收入16238元，同比增长9.83%。农村常住居民人均可支配收入11342元，同比增长10.32%，人均生活消费支出9644元，同比增长12.1%，农村居民恩格尔系数39.35%。城镇常住居民人均可支配收入30334元，同比增长9.3%，人均生活消费支出22347元，同比增长11.1%，城镇居民恩格尔系数为32.72%。

2019年末，全县城乡居民社会养老保险参保人数139357人。城镇职工基本医疗保险参保人数17888人；城乡居民基本医疗保险参保人数281720人。工伤保险参保人数13299人；生育保险参保人数5108人；失业保险参保人数7036人。

2019年末，全县社会福利收养性单位13个，收养性床位900张；全县城镇低保人数870人，农村低保人数17062人。

【劳动维权】受理39件劳动争议案件，结案37件，转下一年度2件，当期结案率94.8%，按期结案率100%；登记农民工工资举报投诉111起，其中立案处理3起（移送公安机关2起），协调处理73起，不予受理35起，结案率100%；建设项目开设专户78个，运行安装实名制系统59个，累计缴存工资准备金129487373.74元，通过银行代发农民工工资13627人9675.29万元；198个项目缴纳工资保障金，缴纳总金额1196万元，完工返还保障金项目125个，返还金额549万元，结存项目73个，结存金额646万元。

【行业扶贫】政府代缴全县建档立卡未脱贫应代缴城乡居民养老保险对象579人，代缴金额5.79万元；全县建档立卡60周岁以上发放待遇15150人（其中本地社保发放待遇514人、本地居保发放待遇14598人、本地机保享待1人、县外发放待遇37人），待遇发放率100%。组织有意愿的“两后生”参加职业技能培训5人；挂牌15家扶贫车间，7家扶贫专业合作社，带动贫困户就业312人；发放企业吸纳建档立卡贫困户就业社保补贴8人45861.6元；开发公益性岗位，使用就业专项资金安置贫困人员就业36人；免费开展农村实用技术培训56期5593人（其中建档立卡贫困人员2762人），发放培训补贴838950元；开展东西部劳务协作，举办专场招聘会3场，提供就业岗位4477个，组织输送贫困劳动力转移就业201人（其中转移到杭州就业46人）。

（熊　敏　曾祥慧）

社会保险

【概　况】2019年，全县参加社会保险总人数

60422人次，实际缴费人数44329人次。参加养老保险退休人数18297人。实际征缴各项社会保险费53274万元，实际支付各项社会保险基金60344万元。

【企业养老保险】 企业养老保险扩面1058人；参加企业养老保险人数36358人（其中在职21760人、退休14598人），完成年度任务数35100人的104%；实际征缴企业养老保险费16959万元。支付企业养老保险基金32450万元。

【机关事业养老保险】 参加机关事业单位养老保险10765人（其中在职7080人、退休3685人），人员上线率、参保率均为100%。实际征缴机关事业单位养老保险费计35974万元，支付机关事业单位养老保险基金27361万元。机关事业单位养老保险基金累计结存1843万元。

【工伤险】 参加工伤保险参保人数13299人，完成年度任务数12514人的106%，实际征缴工伤保险费341万元，支付工伤保险基金533万元，工伤保险基金累计结存2054万元。

【降低社会保险费率】 全面落实国家出台的减税降费政策，养老保险降费从5月1日起单位缴费部分从19%降至16%，工伤保险从1月起降低0.5%—1%。全县落实社会保险基金降费1200.24万元。其中，企业职工养老保险降费单位260个5139人，月降费468192.55元，人均降费91.02元；机关事业单位养老保险降费单位185个6639人，月降费1418298.44元，人均降费214.48元；工伤保险降费单位458个12342人，月降费84337.07元。

【退役军人参保工作】 截至12月底，提出申请并通过审核的退役军人将养老保险个人缴费部分缴纳，并由财政配套单位部分，将补缴的养老保险费核定征收入库。完成退役军人参加养老保险任务的73%，超考核指标3%。

（周　勇　陈所华）

劳动与就业

【概　况】 2019年，来凤县公共就业与人才服务局贯彻县委、县政府决策部署，全面落实就业政策，提高就业创业保障和改善民生，推进全县就业创业工作。城镇新增就业4220人，完成目标任务数3600人的117%；城镇登记失业率1.7%；“我选湖北”大学生实习实训903人，完成目标任务数900人的100.3%；新增高校毕业生就业409人，完成目标任务数360人的113.6%，新增返乡创业419人，完成目标任务数405人的103.5%。开展就业创业培训66期6537人。其中创业培训3期174人，致富带头人培训2期100人，职业技能培训5期405人，农村实用技术培训56期5858人（建档立卡贫困人员2762人）。

失业保险参保人数7036人，征缴失业保险金324万元，发放失业保险金326人134.47万元，实施援企稳岗发放补贴企业37家2131人93.12万元。发放创业担保贷款65笔800万元，创业担保贷款贴息229人59.6万元；发放灵活就业社保补贴2237人758.93万元；发放公益性岗位补贴239人340万元。建立高校毕业生就业见习基地2个，接收见习人员51人。

【实施就业政策】 宣传各项就业创业政策，服务重点群体。落实社保补贴政策。继续给就业困难人员办理社保补贴，并按照上级相关政策，将享受补贴女性年龄扩至55周岁。利用网络媒体宣传、通过社保缴费信息比对，电话通知等方式扩大企业享受政策覆盖面。宣传就业创业政策：对全县精准扶贫驻村人员及村支部书记开展就业扶贫政策专题知识讲座；印制4万余份就业创业政策宣传手册，通过各村尖刀班工作人员发至企业和农户手中；鼓励创业带动就业，在各易迁点附近对经营良好、带动就业较多的企业建立扶贫车间，按照相关政策给予扶持。

【现场招聘】 举办“春风行动”“就业援助月”“民营企业招聘周”现场招聘会14场，20家企业参加，提供岗位3550个，求职人员3800人，达成意向协议1275人，发放宣传资料5万份。

【行业扶贫】 2018年度有意愿培训的“两后生”5人参加职业技能培训，“两后生”培训率100%。挂牌15家扶贫车间，7家扶贫专业合作社，带动贫困户就业312人；发放企业吸纳建档立卡贫困户就业社保补贴8人45861.6元。转移到浙江地区实现稳定就业1769人；新增转移到杭州务工人员46人；就近转移就业780人（其中通过产业合作就业109人、公益性岗位安置311人、扶贫车间吸纳174人、其他方式就业186人）。开展农村实用技术联合培训2期267人；创业致富带头人培训2期100人，培训专业为中蜂养殖、茶叶经营销售；劳务品牌培训2期182人，培训专业为保洁、物业。

【东西部劳务协作】 开展来凤与拱墅区两地人社部门座谈会2次，与杭州拱墅区联合举办劳务协作专场招聘会3场，参会杭州企业26家，提供就业岗位1897个，新增转移杭州就业46人，在杭州挂牌成立“来凤县劳务输出就业基地”5家，组织16名贫困学生去杭就读技师技工院校。

【人才服务管理】 接收大中专毕业生档案及其他人事档案442卷；新进事业单位手续办理194人（教育118人、卫生15人、其他事业单位61人）；开具调档函275人次；档案转出手续办理128人次。

【就业培训】 职业技能培训方面，根据培训对象不同需求开展不同类别和层次的技能培训：采用进企业车间、田间地头等方式进行现场讲解；对有意愿外出的，结合市场需求，开展保安、物业、保洁、月嫂等就业培训。创业培训方面，重点对农村致富带头人搞好经营、销售及管理方面的培训。

（舒江华　彭昌政）

医疗保障

【概　况】 2019年，来凤县有281720人参加城乡居民基本医疗保险，参保率99.77%（其中建档立卡贫困户参保人数为73893人，参保率100%），17888人参加职工医疗保险，参保率100%。2019年，城乡居民基本医疗保险按照每人220元的标准进行缴费参保，各级财政按照每人520元补助，筹集医保基金20718.94万元（其中，各级财政补助14571.96万元，居民个人缴费6146.98万元）。

【医保基金管理】 按照国家、省、州相关部门的要求，强化基金预决算管理，推进总额控制下的按单病种、按床日、按人头多元复合式的医保基金支付模式，加强县级定点医疗机构按人头付费和单病种定额付费的管理和考核，强化服务监管和绩效考核。

【参保居民住院补偿支出】 城乡居民住院补偿情况：1—12月，全县参保居民住院72608人次，实际发生医疗费用34416.2万元，实际补偿23048.6万元，实际补偿率67%（不含大病保险补偿金额）。城镇职工住院补偿情况：1—12月，城镇职工住院7349人次，实际发生医疗费用5012.2万元，实际补偿4057.1万元，平均补偿率80.9%（含补充保险和大额医疗保险）。生育保险补偿216人次，补偿金额174.85万元。大病医疗救助65536人次，享受救助金额1636.8万元。健康扶贫“四位一体”补偿56021人次，补偿金额2490.38万元。参加城乡居民医保普通门诊补偿298207人次，个人账户支付2692.1万元；参加城镇职工医保普通门诊补偿345045人次，个人账户支付3832.2万元。

【门诊特殊慢性病补偿支出】 1—12月，门诊特殊慢性病登记8440人（其中参加城乡居民医保慢性病患者7481人，城镇职工医保慢性病患者959人）。城乡居民医保慢性病患者实际补偿59384

人次，补偿费用3375.8万元，城镇职工医保慢性病患者实际补偿13858人次，补偿费用539万元，门诊特殊慢性病合规费用补偿比81.45%，实际报销比81.29%，减轻门诊特殊慢性病患者的医药费用负担。

【定点医疗机构监管】 开展打击欺诈骗保专项行动，依托协议管理，加强日常监管及专项检查，开展普遍巡查与重点巡查，突击检查与针对性检查相结合的方式，对全县“两定机构”检查全覆盖。2019年处理涉及问题两定点医药机构20家（次），其中住院医疗机构6家（次）、诊所3家（次）、卫生室1家（次）、药店10家（次），追回医保基金99024.93元。

【健康扶贫】 按照脱贫摘帽不摘政策要求，组织精干力量负责贫困人口医疗保障兜底工作，全县73893名建档立卡贫困人口逐一核查和身份标识，确保贫困人口100%参加城乡居民基本医疗保险、大病保险。按照县脱贫攻坚指挥部要求，执行“四位一体”健康扶贫机制、落实“985”健康扶贫政策，确保建档立卡贫困人口住院医疗费用实际报销比例达到90%，大病、门诊特殊慢性病医疗费用实际报销比例达到80%，个人年度实际医疗费用负担不超过5000元；加强来凤县建档立卡贫困人口23种门诊特殊慢性病和6种门诊重大疾病的报销管理。2019年，有建档立卡贫困对象27844人住院治疗，发生医疗费用11486.66万元，其中政策范围内医疗费用10557.14万元，综合补偿金额达到10196.43万元，实际费用补偿比为88.77%，合规费用补偿比为96.58%；2019年新增门诊特殊慢性病患者3344人，其中贫困对象新增1132人，来凤县确诊城乡居民门诊特殊慢性病患者7481人，其中贫困对象门诊特殊慢性病患者3092人。2019年，有28177人次享受门诊大病、门诊特殊慢性病待遇，医疗费用1740.55万元，综合补偿1632.16万元，实际补偿比93.71%。2019年支付健康扶贫兜底资金2490.38万元。

【机构改革】 来凤县医疗保障局是按照国家、省、州、县有关机构改革的文件精神，新组建的县人民政府正科级工作部门，于2019年3月11日正式挂牌成立。将来凤县医疗保险局整体成建制从来凤县人社局划转到来凤县医疗保障局，隶属来凤县医疗保障局管理，开展医疗保障经办工作。2019年8月29日，“来凤县医疗保险局”更名为“来凤县医疗保障服务中心”，并明确以下主要职责：贯彻落实中央和省医疗保障政策要求，负责异地就医费用结算、医疗保障定点机构协议管理，开展医疗保障经办机构内控管理和风险防控，并派驻相关人员负责乡镇医疗保障参保登记、资格初审、人员异动、政策宣传等相关工作。

（郭炼军　彭岸敏）

民政工作

【概　况】 2019年3月，机构改革后，来凤县民政局主要负责拟订全县民政事业发展规划，承担对全县社会团体、基金会、民办非企业单位的登记管理和执法监督工作。承担全县城乡居民最低生活保障、特困供养、孤儿救助、临时救助、生活无着落及精神病人员等社会救助工作职责，执行城乡基层群众自治建设和社区治理政策，承担全县行政区划、行政区域界限和地名管理工作，承担婚姻登记管理和推进婚俗改革。协调推进全县殡葬改革，督促指导、监督管理全县养老服务工作，承担全县老年人福利和特殊困难老年人救助工作，组织促进全县福利慈善事业发展，执行志愿服务政策、协调推进社会工作人才队伍建设和志愿者队伍建设。

2019年，全县民政工作立足本职工作，坚持改革创新，聚焦脱贫攻坚，聚焦特殊群体，聚焦群众关切，更好地履行基本民生保障、基层社会治理、基本社会服务等职责。单位表彰为来凤县脱贫指挥部关于表扬2019年全县脱贫先进集体，县人民政府关于2019年度全县平安稳定工作成绩突出集体；张文锦获湖北省第二次全国地名普查领导小组关于表扬全省第二次全国地名普查工作先进个人（湖北省第二次全国地名普查领导小组，鄂地名普查组发〔2019〕3号）。民政局指导三胡乡石桥村“‘转转工’村民自治互助会”项目获得湖北省第五届社区公益创投大赛二等奖，获得中国公益慈善项目大赛百强项目。

【兜底保障】 履行民政扶贫工作职责，全面落实社会救助政策，发挥社会保障政策在精准扶贫中的兜底作用。制定《来凤县2019年精准扶贫社会保障兜底一批方案》《来凤县城乡低保按标施保工作实施方案》《2019年度来凤县农村三留守关爱服务工作实施方案》，为全县社会救助工作的落实提供政策保障。全面落实兜底保障政策，累计发放城乡最低生活保障金6659.05万元，其中农村低保8122户16712人（其中建档立卡贫困户4995户10590人），发放最低生活保障金6160.79万元；1049名困难对象纳入特困供养范围，发放农村特困供养金1007.85万元；临时救助4138人次512.5万元，医疗救助27842人次860.1万元（直接医疗救助8127人次426.37万元、资助参加城乡居民基本医疗保险19715人433.73万元）。加强社会福利机构管理，提升服务水平，政府购买服务81名服务人员，福利机构的围墙建设、监控和安保设施100%。

【社会事务和社会福利】 开展孤弃儿童养育工作专项行动，认定孤儿49人，发放孤儿基本生活费87.53万元。推进城乡居家养老服务设施建设，建成农村互助照料活动中心（幸福院）123个。落实残疾人“两项”补贴工作，发放补贴814万元，其中困难残疾人生活补贴248.43万元，重度残疾人护理补贴565.57万元。开展农村三留守关爱服务工作，新建4个留守儿童之家。加强救助管理，开展“寒冬送温暖”和“夏季送清凉”“全国救助开放日”“寻亲人脸对比”专项活动，救助流浪乞讨人员890人次，救治精神病人450人次。推进殡葬改革，减免低保、优抚和特困群众殡葬基本服务费1.705万元。开展违法违规私建“住宅式”墓地等突出问题专项摸排暨2019年清明节祭扫、殡葬环境改善。全年办理结婚1828对，离婚861对，补发590对。募集慈善善款300万元，与杭州市达成扶贫对口帮扶项目3个，资金145多万元。实施慈善扶贫工程8个，82696人受益。规范发行销售福利彩票，实现销售额5000万元。开展行政审批事项改革，划转行政审批事项48项，取消3项，余95项。

【基层政权】 推进基层政权建设与区划，指导各村（居）委会建立健全基层自治机制和各项制度，依法完善村（居）下属委员会，修订和规范村规民约和居民公约，全县196个村（居）完成修订工作。开展桂花树村的“村改居”工作，拟订关于加强乡镇政府服务能力建设、加强和完善城乡社区治理工作的实施意见。开展全县村（居）民委员会换届工作“回头看”，依法对20个村委选举结束后空缺“两委”职位进行补选。开展基层群众自治与网格化服务管理有效衔接的改革，确定196名网格管理站站长、196名网格管理员、1891名网格员。实施美丽乡村建设，旧司镇大坝村、三胡石桥村、百福司镇堡上村开展农村社区建设试点。完成《地名志》初稿的编纂和地名普查档案整理。推进平安边界的创建，开展湘渝线第四轮行政区域界桩联合检查工作。加强社工人才培养，5人通过初级社工考试，3名中级社工师申报湖北省社工人才专家库。加强社区建设，启动“三区计划”“三助行动”和“牵手计划”社工项目。

【社会组织】 开展社会组织检查清理工作，推进登记管理与党建工作“三同步”。全县有社会组织210个，同比增长8%，其中社会团体94个，民办非企业单位116个。新增社会组织15家，其中社会团体7家、民办非企业单位8家。调动社会组织参与精准扶贫，出台《关于广泛动员社会组织参与精准扶贫工作的通知》，各社会组织通过结对帮扶、捐资捐物、技术服务、投资兴业、合作共建等多种形式参与脱贫攻坚工作。按照《关于进一步做好新形势下行业协会商会涉企收费管理工作的通知》（民发〔2019〕16号），开展行业协会商会涉企收费专项整治，取得实效。

【重点项目】 推动福利机构改扩建。以“平安工程”“冬暖工程”为抓手，投入400余万元维修4所城乡福利院。推进重点项目建设，投资3500万元的县民政综合服务中心（第一期）项目完成投资1700余万元。全面建成绿水镇福利院和精神堡日间照料中心。谋划2019—2020年民政项目4个，计划投资10970万元，包括县流浪乞讨救助站（未成年救助保护中心），县殡仪馆及公墓建设，漫水乡农村福利院建设，县健康服务产业园康复养老中心项目，其中投资3500万元的县殡仪馆完成项目选址和社会稳定风险评估。

（谢易敏　唐国嫱　王世敏）

残疾人保障

【概　况】 全国第二次抽样调查统计，来凤县有各类残疾人26300人，占全县总人口的7.9%，比全国平均水平（6.3%）高出1.6个百分点，其中视力残疾4699人，听力、语言残疾5681人，肢体残疾人7634人，智力残疾2358人，精神残疾人2106人，多重残疾人3822人。截至2019年12月31日，全县办理第二代残疾人证11650人，其中一级1080人、二级3815人、三级2469人、四级4286人。

2019年，残联工作坚持以习近平新时代中国特色社会主义思想为指导，围绕“全面建成小康社会，残疾人一个也不能少”的目标，坚持以党的十九大及各次全会精神为统领，切实履行“代表、服务、管理”残疾人的基本职责，深入开展“两学一做”学习教育活动和“不忘初心、牢记使命”主题教育活动，加强组织建设和软环境建设，狠抓改革落实，持续开展脱贫攻坚，紧密围绕来凤县加快残疾人小康进程规划纲要确定的目标及2019年度《政府工作报告》“健全残疾人关爱体系”要求，坚持补齐民生短板、突出重点，全面落实和完成事业发展新要求新任务。被县脱贫攻坚指挥部授予“扶贫先进集体”称号。

【精准扶贫】 开展文化政策扶志扶行动，印发2000册《脱贫攻坚惠残政策手册》，履行残联部门职能职责，与扶贫部门和乡镇人民政府配合，开展残疾人扶贫攻坚工作，巩固提升脱贫成效，确保“残疾人减贫率不低于当地贫困人口减贫水平”和“残疾人综合贫困发生率低于2%”所有残疾人脱贫对象。国贫系统中，建档立卡贫困残疾人口5578人，2019年初未脱贫的有128名残疾人（翔凤镇41人、绿水镇8人、漫水乡5人、百福司镇13人、旧司镇19人、大河镇17人、三胡乡7人、革勒车镇18人）。至年底除留存12人外，均达到“两不愁、三保障”标准，实现与健全人一道同步脱贫奔小康目标。

【残疾人两项补贴】 2019年1—6月，县残联组织发放残疾人“两项补贴”404.715万元，其中困难残疾人生活补贴4495人135.705万元、重度残疾人护理补贴4480人269.01万元。根据《省民政厅省财政厅省残疾人联合会关于调整残疾人“两项补贴”发放工作机制的通知》（鄂民政发〔2019〕10号）文件要求，2019年7月15日，县残疾人联合会与县民政局办理残疾人“两项补贴”工作手续，7月开始民政局牵头负责残疾人“两项补贴”发放工作。1—12月，实际发放残疾人“两补”金额为801.295万元，其中护理补贴发放金额为534.09万元、生活补贴发放金额267.205万元。有9060名残疾人受益，其中生活补贴发放4576人（惠及建档立卡贫困残疾人3299人），护理补贴发放4484人（惠及建档立卡贫困残疾人2563人）。

【重度残疾人医保】 落实丧失劳动能力残疾人医保资助政策。将符合条件的贫困残疾人按规定纳入城乡医疗救助范围，落实资助建档立卡贫困残疾人参加基本医疗保险政策，确保基本医疗保险全覆盖。县医保局核定县残联2019年应为全县重度残疾人和低保残疾人全额（人均250元/年）代缴城乡居民基本医疗保险费，1480人，金额37万元。资金于12月16日足额缴付到位，解决重度残疾人医疗保障兜底问题。

【康复工作】 残疾人康复工作是残疾人工作的一项长期性基础工程。贯彻落实国务院残工委建立残疾儿童康复救助制度工作会议精神，抓好残疾儿童康复训练救助工作，救助补贴年龄从0—6岁扩大到0—10岁。2019年救助39名残疾儿童，补助资金53.4万元；落实精神病患者服药和住院补助，全年救助151名精神残疾人；完善县残疾人辅具适配管理，制定《来凤县残疾人基本型辅助器具适配补贴实施办法》，规范辅具受理流程，为残疾人提供多样化、个性化的辅具适配服务。为残疾人发放轮椅177台、其他辅助器具106件（拐杖43副、手杖14根、盲杖13根、坐便椅24把、助行器12只）。免费为11例肢体残疾人安装假肢。免费为14名听力残疾人配备助听器。与卫健局密切配合，推动实施贫困残疾人家庭医生签约服务，签约3100名残疾人服务对象。

【办证工作】 2019年，按照新修订的《中华人民共和国残疾人证管理办法》和湖北省管理办法实施细则规定，切实加强组织领导，成立办证工作领导小组，层层落实工作责任制，修订合作协议，定期组织申请办证的残疾人在县人民医院集中开展残疾等级评定工作。一律要求残疾人到指定医院进行评残鉴定，由医院填写“评残鉴定表”，残疾人持“评残鉴定表”和公示证明、身份证或户口本、照片到县残联办证。与定点医疗机构密切协作，开辟绿色通道，为瘫痪在床、居住偏远的疑似残疾人提供上门鉴定服务120人次。2019年新办证618人，其中一级113人、二级218人、三级130人、四级157人。

【残疾人教育就业服务】 保障义务教育。落实一人一案，加大随班就读工作力度，支持来凤县特殊教育学校建设。同步推进县特校和县康复中心建设。义务教育适龄残疾儿童青少年450人（6—14岁办理残疾人证的360人），其中听力和言语障碍有78人、肢体残疾152人、智障81人、视障49人、精神障碍33人、多重残疾57人。入学381人，其中316人到普通学校随班就读，15人特教入学，学校开展送教上门的残疾儿童少年50人。推行扫盲教育。以动态更新数据为基础，结合农村残疾人实用技术培训等职业技能培训，开展残疾青壮年扫盲行动，完成残疾青壮年扫盲教育20人。加强教育救助。经过摸底核实，资助4名贫困残疾大学生和1名贫困残疾人家庭大学生。对接拱墅区残联，签订《拱墅——来凤残疾人爱心助学合作协议（2019—2020）》，获得30万元帮扶资金。按照鄂财法规〔2017〕11号文件有关规定做好残保金的审核征收和使用管理工作，推行用人单位按比例安排残疾人审核公示制度，全县累计征收残疾人就业保障金209万元。全党政机关、企事业单位安排残疾人就业91人。抓实项目实施。2019年双百工程扶持农家小店主、集镇小老板12人，培育残疾人技术能手10人，推荐州级残疾人自强创业3人，申报省级残疾人品牌基地1个。配合完成东西部扶贫协作项目2个，争取到位资金50万元。对77名残疾人进行职业技能培训，其中贫困残疾人44人。录入残疾人就业培训信息5707条。抓实就业培训。对440名农村贫困残疾人进行种植、养殖等实用技术培训，让农村贫困残疾人及其家属掌握1—2门致富技能。

【审　计】 2019年2—3月，全面接受省审计组对2017—2018年度来凤县残疾人事业发展各项补助资金的审计，主要聚焦扶贫领域政策、项目、资金专项整治情况，重点围绕重度残疾人护理补贴、困难残疾人生活补贴、精准康复服务项目补助、“阳光创业扶持”项目补贴、“阳光家园计划”项目补助、农村残疾人实用技术培训项目补助、贫困残疾人家庭无障碍改造项目和残疾人证核发申领等项目，结合审计监督，督查在发放残疾人补贴中是否存在以权谋私、贪占挪用、虚报冒领、骗取套现、优亲厚友、截留私分，资金发放不及时、不到位，已死亡、迁出残疾人多领取补助和在核发管理残疾人证时办理“人情证”“关系证”“假证”，不及时注销已死亡、迁出残疾人证问题。从督查的情况来看，无违纪违规情况。

（杨昌华　田学海）

慈善组织

【概　况】 2019 年，来凤县慈善总会募集善款收入 2895267.52 元，实施 10 个慈善扶贫工程，开展 4 个节点慰问活动。完善和加强财务规范管理，提升社会公信力。

【募集善款】 2019 年，募集善款收入 2895267.48 元，完成计划的 137.87%。其中，乡镇募集 759001.77 元，占总收入的 26.22%；县直募集 869181.3 元，占总收入的 30.02%；县外募集 713415 元，占总收入的 24.64%；大病医疗网上众筹 296060.48 元，占总收入的 10.22%；其他收入 257608.93 元，占总收入的 8.9%。

【慈善扶贫工程】 2019 年，县慈善总会实施 10 个慈善扶贫工程，使 63130 人受益，各类救助受益资金 12870810.48 元。助力脱贫成果巩固。

实施“慈善助学扶贫工程”。救助学生有 464 名，救助资金 82.1 万元。救助一中、高级中学、特困高中生 300 名，救助一中、思源初中、高平初中，特困初中生 110 名，救助 2019 年新考入大学本科特困生 50 名，乡村零散特困生 4 名。

实施“亮眼扶贫工程”。施行以白内障为重点的重度眼疾病患者手术救治复明 675 人，各类救助资金 3037500 元。

实施“肛肠病救治扶贫工程”。施行肛肠病患者手术救治 564 人，各类救助资金 282 万元。

实施“癫痫病救治扶贫工程”。护送癫痫病患者到北京救治 63 人，各类救助资金 1496250 元，使 95% 左右患者基本解除终身痛苦，5% 左右患者发病率大幅下降。

实施“儿童先心病救治扶贫工程”。手术救治儿童先心病患者 59 人，各类救助资金 285 万元。

实施“三重救助扶贫工程”，救助重大疾病患者、重大意外伤害者、重大自然灾害受害者 250 人（户），救助资金 65 万元。

实施“幸福家园扶贫工程”，实施 40 个村，6 万人受益，各类互助资金 60 万元。

实施“扶一把助老扶贫工程”。为 600 名特困不便老人送坐便椅、扶手 600 套，价值 20 万元。

实施“勤劳文明脱贫提质励志扶贫工程”，引导支持 8 个村 100 户（400 人）励志，激发内生动力，向小康奋进。

实施“大病医疗网上众筹扶贫工程”，网上筹款 296060.48 元，救助 35 人。

【慰问活动】 开展 4 个节点慰问活动。在“三八”、“六一”、“九九”、春节节点，8 个慈善分会对留守特困妇女、留守特困小学生、特困老人及特困户的代表进行慰问。

【慈善财务审计】 县审计部门对 2018 年慈善财务进行审计，慈善总会接受省纪检委驻民政厅纪监组检查，接受省审计厅驻来凤审计组审计。针对检查和审计指出的原财务制度的缺失事项进行充实完善，对执行原财务制度不够规范到位的进行举一反三整改，规范执行到位，使县、乡慈善财务管理进一步完善和规范，慈善在全社会公信力得到进一步提升。

（虞保山）

乡　镇

翔凤镇

【概　况】 翔凤镇人民政府下辖沙坨、飞机、土堡、新峡、活水、红花、大沟7个联络处；花园堡、精神堡、育红桥、三官坪4个街道社区；28个村民委员会，230个村民小组。截至2019年底，全镇总人口115980人，其中农业人口71898人，境内主要居住土家族、苗族、汉族、回族、侗族等18个少数民族，少数民族人口占总人口的70%以上。

【精准扶贫】 全镇选派226名干部驻村帮扶，县镇干部结对帮扶，实现贫困户精准包保全覆盖。2019年脱贫63户188人，贫困发生率从11.35%下降到0.08%，全年帮扶贫困户发展生姜28.01公顷，红薯39.67公顷，小水果2.8公顷，生猪养殖1862头，鸡鸭3.4万只，蜜蜂374箱，建设易地搬迁安置点6个，搬迁贫困户249户804人；上报196名雨露计划补助对象，发放补助金49万元；修建农村公路9条，长13.6千米，为建档立卡贫困户857户2935人次，发放低保金515.6万元，为贫困群众免费健康体检3125人次。

【财政税收】 2019年，全镇实现财政收入8051.95万元，比上年增长819.3万元，增长11.32%，其中国税完成2572.08万元，同比增长96.54万元，增长3.9%；地税完成4805.16万元，同比增长180.3万元，增长3.9%；非税收入674.71万元，同比增长542.46万元，增长400.1%。全年财政支出5361.06万元，比上年增加支出207.61万元，增长4.02%。

【工业经济】 2019年，全镇有2000万元以上规模企业17家，500万—2000万元工业企业11家。小进规模企业1家，全年计划完成固定资产投资25000万元，实际完成17810万元，完成年计划的71.24%。新建项目9个，其中重点项目5个。

【农业服务】 发放农作物病虫害防控资料4000余份，监测病虫情报12期，开展农机安全检查6次，举办农村实用技术培训11期，办理农机具补贴10起，补贴金额7690元，完成果蔬农产品抽样1800个，完成水稻保险77.2公顷，核实稻谷补贴面积223.4公顷，核实耕地地力保护面积2124.93公顷。

【基地建设】 完成冬季农业开发水果基地培管面积533.33公顷，新发展水果66.67公顷、药材245.33公顷、生姜308.33公顷、蔬菜699.2公顷，新建大棚蔬菜基地133.33公顷，小水果基地33.33公顷。

【农村改厕】 在旗鼓寨村和小河坪村首先开展农村改厕试点，在村委会附近或人口密集处修建改厕样板供农户改厕时参考。2019年，全镇完成农户改厕3150户，修建农村公厕12座，人居生活环境得到改善。

【畜牧生产】 2019年，全镇发展养殖户1511户，生猪出栏 1.2 万头，存栏 0.8 万头，能繁母猪存栏 231 头，家禽出笼 35 万只，存笼 37 万只，牛出栏 0.16 万头，存栏 0.18 万头，羊出栏 0.12 万只，存栏 0.08 万只。发展嚎猪、家兔、鳝鱼、野鸡等特种养殖业 35 户。“非洲猪瘟”爆发期间，加强疫情防控，设防控检查站（点）11 个，耗用各种消毒药物 20 吨，捕杀生猪 2163 头，境内未发现一起非洲猪瘟疑似病例。同时加强以牲畜口蹄疫高致病性禽流感，高致病生猪蓝耳病等动物疫情为重点的疫情监测，全年给生猪注射猪瘟疫苗 7787 头，口蹄疫疫苗 7787 头，高致病性蓝耳病疫苗 7787 头；禽类注射高致病性禽流感疫苗 45124 羽，注射鸡新城疫疫苗 45124 羽，牛注射口蹄疫疫苗 213 头剂，羊小反刍兽疫注射 232 只。

【植树造林】 2019 年完成种造林面积 200 公顷，其中基地造林 66.67 公顷，基地补植 66.67 公顷，其他造林 66.67 公顷，完成油茶调苗 336300 株，义务植树 2000 株，完成退耕还林 100 公顷。

【水利建设】 加强河道、水库、渠堰和水利工程的管护和治理，投入资金 100 万元治理老虎洞河；投入资金 40 万元对境内 4 条河流进行日常保洁；投入资金 30 万元管护全镇的水利基础设施；投入资金 20 万元，对境内的 1200 米渠道、3 处山塘闸阀、3 处水库闸阀、3000 米渠道进行维修。

【社会保障】 全镇城乡居民养老保险缴费 7085 人，征缴保险费 291.31 万元，参加城乡居民医疗保险 80921 人。新办理退休 255 人，每月为 7048 位 60 岁老人发退休待遇 91.2 万元。失地农民参加养老保险 287 人，征收保障金 957.8 万元。新办理社保卡 4169 张，补办社保卡 1009 张。为原村干部福利基金会退休人员 53 人每月发放退休金 6122.9 万元。

【劳动就业】 组织 20 个村的建档立卡贫困户劳动力进行蔬菜、水果、藤茶、油茶、养殖、家政等农村实用技能培训，参训人员 838 人，为参训人员申报就业补贴 12.57 万元。组织致富带头人培训 18 人次。返乡创业人员信息采集 201 人次，登记城镇新增就业人员 1011 人，对建档立卡贫困户 6506 人进行就业信息统计。

【民政救助】 全镇城镇低保对象 427 户 625 人，发放救助金 310.36 万元；农村低保户 1551 户 2935 人，发放救助金 609.54 万元，其中精准扶贫对象 857 户 1729 人，发放救助金 515.62 万元；“五保”对象 126 人，集中供养 41 人，分散供养 85 人，全年供养费 162.93 万元；孤儿 10 人，每人每月保障金 1200 元，共 14.4 万元；医疗救助 1279 人次，救助金额 107.45 万元；临时救助 956 人次，救助金 112.61 万元，其中精准扶贫对象 166 人次，救助金 19.21 万元；为残疾人发放重度残疾人护理补贴 106.25 万元，困难残疾人生活补贴 48.30 万元。

【文化工作】 镇文化部门多次组织农家春晚、元宵灯会展演、广场舞大赛等文艺演出活动，全年组织红色文艺轻骑兵下基层惠民演出 12 次，节目形式多样，多次组队参加县组织的文化体育比赛活动，全年举办广场舞、健身操、声乐等培训班 4 期，参训 210 人。16 个村级综合文化中心阵地逐步得到完善。

【卫生事业】 全镇有 1 个社区卫生服务中心、4 个社区卫生服务站、33 个村卫生室。2019 年建成规范化村卫生室 22 个。有职工 186 人，其中卫生技术人员 176 人，有副高技术职称 6 人，中级 56 人，镇社区卫生服务中心设有 13 个专业科室，全年业务总收入 1325.81 万元，门诊人次达 90964 次，住院 5332 人次，其中城乡居民医保患者住院 4658 人次，门诊患者 23379 人次，总费用 1077.73 万元。为建档立卡贫困户 2994 户 8840 人实行免费健康体检及签约服务。

【教育事业】 2019 年，全镇有初级中学 1 所，2 个年级 22 个教学班，在校学生 1398 人，有在编教职工80人；有完全小学9所，82个教学班，在校学生3460人，适龄儿童入学率100%，残障少儿入学率100%，有在编在岗教职工183人；除城区外，有民办幼儿园14所，57个教学班，在园幼儿1614人，学前三年教育入学率95%。

办学条件进一步改善，活水小学、土堡小学、新峡小学新建教学楼投入使用，落实各项教育资助政策，通过绿色通道上报196名“雨露计划”补助对象。发放补助49万元。

【计划生育服务】 2019年，全镇出生1147人，其中男孩619人、女孩528人。其中一孩性别比为105（女为100），二孩性别比为119.85（女为100），多孩性别比为165.85（女为100）。

【镇村建设】 2019年，投资2000万元用于村、社区党员群众活动场所及基础设施建设，投资2800万元用于农村文化广场建设；投资6000万元用于农村产业基础设施建设，完成3000万元。全年硬化乡村公路10.2千米，扩建砂石公路1.5千米，大修6千米，投资880万元，用于凉亭桥加固和老虎洞洪山变电站桥重建。新建落水洞库区20座人行桥，老茶村美丽乡村项目通过省验收，达到环境整治合格标准，老虎洞村美丽乡村项目完成工程量250多万元，修建农村公厕12座，完成农村危房改造67户。开展村庄环境整治，推行垃圾集中处理，公路主干道配备垃圾桶420个，钩臂式垃圾箱58个，农村卫生环境得到改善。

【治理“两违”】 2019年，镇成立两违执法中队，加强对违法用地和违法建设的监督处理，查处违法违规建筑26户，下发停工通知书12户，违法建筑自行拆除3户，强制拆除1户。配合机场环境整治拆除违法建筑32栋。

【征地拆迁】 2019年，为黔张常铁路建设完成红线内征地11.1公顷，红线外征地6.23公顷，搬迁坟墓165座，拆迁房屋127栋，化解矛盾294起。

【食品药品监督】 镇食品药品监管部门加强对辖区内食品药品监督管理，全年巡查食品生产企业33家，食品流动商户700余家，餐饮商户853家，小作坊230家，福利院食堂4家，对检查过程中发现的问题现场下达责令限期整改通知书28户，全年完成重点产品440批次的快速检测，检出不合格产品6批次，产品农药残留超标6批次，销毁不合格产品160余千克。

【安全生产】 镇党委加强对安全生产工作的领导，实行安全生产目标责任制，镇与相关单位负责人签订《2019年安全生产工作目标责任状》45份，与烟花爆竹经营户签订安全生产管理责任状16份，与危化品经营户、矿山经营户签订安全管理责任状5份。发放安全生产宣传单5000份，悬挂安全生产横幅100余幅，加强对道路交通、食品药品安全、学校、非煤矿山、渡口、建筑工地、危化品、烟花爆竹、电力、水利等重点行业和部门的安全检查和专项整治。检查处理不合格经营商家7户，查处非法加工2家，非法药店1家，检查学校及幼儿园22所，烟花爆竹经营户16家，危化品经营企业2家，非煤矿山2家。对检查出的安全生产隐患及时下达整改通知书，限期整改，同时对境内道路交通、码头、库塘以及地质灾害点存在的安全隐患进行集中检查和专项整治。

【平安建设】 投资30万元，建成规范的社会治安综合治理中心，整合综治、信访、安全生产、司法、国土、公安、民政、林业等部门联动，建成社情民意收集中心、矛盾纠纷调解中心、群众心理疏导中心、党员群众服务中心，全面提升基层社会治理水平。各社区、村广泛开展社会治安保险工作，全镇有2184户参加社会治安保险，交保险费21.63万元。

【信访工作】 坚持完善信访接待制度，开展信访积案调处化解工作。全年处理重点信访积案87件，接待来访人员294人次，登记信访案件104

件，办结100件，接返劝回赴京、赴省、赴州上访人员164人次。

【扫黑除恶】 镇党委加强对扫黑除恶工作的领导，广泛宣传，发动群众，加强重点区域排查，摸排黑恶线索，不留死角。全镇制作扫黑除恶标语693幅，印制扫黑除恶宣传单6万份，对黑恶势力从严惩治，从源头遏制黑恶势力滋生蔓延，全年排查黑恶势力线索21件，破获刑事案件154起，抓获各类犯罪嫌疑人144人，打击处理涉恶团伙1个，打击处理涉恶人员8人。

【禁毒戒毒】 2019年，在全镇开展全民禁毒，社区戒毒和毒品预防教育进社区、进家庭、进学校、进单位、进场所、进农村宣传活动，在辖区内中小学进行毒品预防教育知识讲座10余场，发放禁毒宣传资料2万余份，受教育师生4万余人，在农村举行15场“扫黑除恶，飓风扫毒”宣传活动，发放宣传资料13000余份，受教育师生和群众3万余人。对境内吸毒人员宣传网格化服务管理，以社区（村）为单位成立32个禁毒工作站，划分301个网格，对排查出的吸毒高风险人员10人，中风险人员196人，低风险人员870人建立分类管控机制，全年吸毒人员到镇中心戒毒社区签订社区戒毒（康复）协议261人，其中自愿戒毒50人、社区戒毒115人、社区康复96人，在加强戒毒工作的同时，不断加大对吸毒人员的查处力度，查处吸毒人员79人，执行强制隔离戒毒39人，责令社区戒毒（康复）46人，刑事处理19人，铲除罂粟146株。

【为民服务】 镇为民服务中心全面实施行政服务标准化，提升服务水平，打造“一张网”网络办事平台，全年为群众办理各类审批及服务事项23335件，其中，镇服务中心窗口办理11361件，社区、村服务室办理11794件，办结率100%，满意率100%，村镇“一张网”办件全部开展办结率100%，满意率100%。

【网格化管理】 加强网格化管理工作，配齐城区83个网格的网格员，28个村实行定补干部兼任网格员，对城乡网格员组织定期培训，提高网格员的思想素质和业务能力，网格员全年成功排查化解矛盾30余起。

【党建工作】 开展党员发展工作，2019年发展党员45名；加强对后备干部的培养管理，确定村（社区）“两委”后备干部120名；加强基层党组织建设，配齐配优村“两委”领导班子，针对28个村党支部普遍存在的55个“短板”问题进行整改，提升基层支部的战斗力；在党员中进行“不忘初心，牢记使命”主题教育，开展“坚守初心担使命，我为群众办实事”活动，镇党委班子成员为民办实事15件，各党支部为民办实事566件。

【党风廉政建设】 加强党风廉政建设宣传，以身边典型案例对全镇党员干部进行警示教育，增强党员干部防腐拒变能力。加强巡视巡查及大数据的核查整改，镇纪委对中央巡视组、省委巡视组巡察反馈的问题进行专项督查，对大数据比对反馈的35项问题逐一核实，对查实的问题实行追责问责，处理相关责任人13名。强化纪检案件、信访件和线索的办理，镇纪委全年受理问题线索8件，其中办结6件、待查2件；受理信访举报件12件，其中办结11件、在办1件，全年接访30余次，化解矛盾10起，立案查处纪检案件5件，处理党员5人，其中党内警告处分3人，开除党籍2人。

【主题教育】 镇党委根据中央和湖北省委的要求，结合实际，在全镇对党员和干部进行主题教育活动，镇“不忘初心、牢记使命”领导小组，制定出主题教育宣传方案，组织全镇党员干部学习习近平总书记在主题教育工作会上的重要讲话精神和《习近平关于“不忘初心牢记使命”重要论述选编》，通过办读书班，召开研讨会，观看电视纪录片以及开展主题教育基层调研活动等形式，学习英雄，宣传英雄，“不忘初心，牢记使命”，教育引导党员干部做合格党员，创优秀业绩。

（杨子林　田征西）

绿水镇

【概　况】绿水镇位于来凤县城西南部，地处北纬29° 22′—29° 32′，东经109° 18′—109° 25′。东与湖南省龙山县白羊乡隔水相依，南与龙山湾塘乡和来凤县漫水乡山水相连，西与百福司镇和大河镇交界，北与旧司镇和翔凤镇接壤。镇政府所在地距县城17千米，境内风景秀丽，山青水绿，故名“绿水”。

2019年末，全镇有17个行政村，1个社区，103个村民小组，人口25982人，主要居住着土家族、苗族、汉族等10多个民族，其中少数民族占全镇总人口70%以上。面积130.05平方千米，农用总面积12747.4公顷，其中耕地2105.6公顷、园地433.3公顷、林地10182.87公顷、农业设施用地26公顷。在饮食、文化方面依然保持传统民族特色。民间文化有土家风情摆手舞、山歌、花鼓、盘歌、彩龙船、狮子舞、彩龙灯、高脚灯、狮子灯、三棒鼓和采莲船等传统文化；饮食方面，有吃社饭、吃糯米粑、喝油茶汤的习惯；婚丧习俗方面：出嫁兴哭、点火把撒筷、丧葬敲锣打鼓唱歌，坐夜通宵达旦。

绿水镇地势自北向南倾斜，地势错综复杂，高山、丘陵、平地，河沟相互交错，酉水河擦境而过，老峡河横穿全境。老峡河是绿水境内主要水系，源于大河镇天山坪东麓龙潭村土地垭，在两河口与白岩山老板沟小溪汇集，向东流至大河坝，经旧司、贵帽山下老峡口穿过四合、老寨、上寨社区、沙子田、梅子树、体河、香沟、田家寨、周家湾9个行政村流于酉水河，全长57.3千米。其绿水段长13.21千米。镇域河流还有胡家湾河和酉水河，胡家湾河是一条小溪，发源于漫水乡新龙坳村张家坡，流经茶园，在沙子田村铁炉湾小溪汇集（汇集处名为两岔河）注入老峡河，全长10.28千米，其中绿水段3.97千米。酉水河（绿水段）长6.5千米，流经周家湾、田家寨和施南坪3个村。老峡河流域水能蕴藏量800万千瓦时，建成老峡、体河2座水电站。酉水河1.12亿千瓦时的落水洞电站年度完工。境内有小（1）型水库3座、小（2）型水库2座、重点山塘4口、一般山塘6口、水轮泵站1个、排灌站8个，渠道全长7.3363千米，其中排渠3条0.4144千米，主干渠8条2.1848千米，支渠45条3.6071千米，网管5处1.15千米。森林资源方面：森林面积10182.87公顷，森林覆盖率81.25%，松、柏、水杉和椿木等树木蕴藏量大。受国家挂牌保护的树木有周家湾村的紫荆树、田家寨村夫妻树、梅子树村古老枫香树、胡家坪的楠木树、新溪沟村红豆杉，楠木树和红豆杉树是绿水的珍贵树种。矿藏资源主要有石灰石、煤矿、铝土、黏土矿等。其中煤矿蕴藏丰富，是全县蕴藏量最丰富地方。

绿水属中亚热带大陆性季风湿润型山地气候，受地势影响，西端与东端气候差异较大。四季分明、雨量充沛、雨热同期。绿水的土质肥沃，适宜多种生物生长，粮食作物以水稻、玉米为主。水旱兼作，一年两到三熟。家禽家畜以猪、牛、羊、鸡、鸭为主。经济作物以油桐、油茶、茶叶、油菜、花生、烟叶、百合、生姜、辣椒和果品为主。生姜，是绿水特产，产量高、质量好、清香、酥脆、爽口，远销10多个省市。野生动物品种繁多，有獐、野猪、野鸡、野鸭、野兔、角角鱼、娃娃鱼和叉口鲶等，绿水角角鱼和叉口鲶肉嫩味鲜，是招待客人的美味佳肴。

2019年，全镇劳动力14893人，农村从业人员14567人，在镇从业人员5337人，其中从事农林牧渔人员3013人，从事二、三产业人员2324人，外出务工人员9230人。全年粮食作物种植面积2532.4公顷，粮食产量11914吨，油料作物播种面积598.3公顷，产量891吨；水稻产量4186吨；玉米产量3119吨；大豆产量190吨；杂豆24吨；薯类产量（五折一计算）4395吨。经济作物方面：油菜籽种植面积598.3公顷，产量891

吨；烟叶种植面积110.13公顷，产量162吨；药材220.4公顷，产量843.65吨；蔬菜种植面积717.8公顷，产量12178吨；其中生姜402公顷，产量6795吨；茶叶产量289吨；园林水果产量1336吨；实际用坚果11.25吨。畜牧业方面，生猪存栏15428头，其中能繁母猪1659头，出栏14929头，猪肉产量1141吨；牛存栏908头，其中能繁母牛743头，出栏477头，牛肉产量71吨；养羊存栏2612只，出栏2593只，羊肉产量37吨；家禽存栏90658只，出笼100171只，禽肉产量140吨，禽蛋产量277吨。水产方面：养殖鱼虾26吨，捕捞鱼虾24吨。农村用电量274万千瓦时；农业化肥使用量1866吨，农用塑料薄膜使用量23.5吨，农用柴油使用量24.4吨，农药21.9吨。工业经济方面：工业企业10家，其中上规模企业4家，年内完成重点项目6个，投资7660万元。全年生产总值5.238亿元、社会消费品零售总额3.2956亿元、财政收入3422.42万元。城镇和常住居民人均可支配收入19845元。农民人均收入10824元。境内金融机构年底存款余额34400万元，其中农商行20600万元、邮政13800万元。

【精准扶贫】 全镇1448户5212人顺利脱贫，综合贫困发生率下降至0.07%。产业扶贫方面：发展藤茶194.6公顷，烟叶73.47公顷，小水果269.47公顷，油茶686.53公顷，药材、蔬菜等其他产业283公顷；发展专业合作社35个，18个村集体经营性公司有小运转，建成藤茶初加工厂2个，辐射带动贫困户1229户。金融扶贫方面：贫困户自贷自用121户，贷款总金额491.8万元；累计落实统贷统还670笔，贫困户受益分红201万元，落实到位159.9万元。医疗方面：累计落实贫困户住院报销2047人，补助金额1485.52万元，报销比例在90%以上；落实慢性病筛查330人，补助金额69.32万元，其中贫困户慢性病筛查178人，补助金额35.62万元。教育扶贫方面：落实义务教育资助，发放春季“雨露计划”补助118人，补助金额29.5万元。住房安全保障方面：全面实施易地扶贫搬迁项目，规划分散安置67户255人、6个集中安置点217户821人，全部搬迁入住。

【村镇建设】 新建公路6处19.8千米，其中拦马山3.4千米，沙子田至桃子坪4.9千米，香沟至施南坪7千米，大坪至小坳3.2千米，花果林至一碗水4.3千米，新溪沟1千米；扩建1处，20千米（上五公路）；实施村道养护工程70.4千米；农村饮水安全大管网建设主管道安装到村到组；改建村级卫生室1个；配电网项目建设完成10千伏绿五线大坪村、小坳村茶厂变压器安装，10千伏绿集线黑山台区改造、茅坝民福养殖场专变安装；建成小坳油茶加工厂1个、大坪光伏发电厂1个、老寨藤茶加工厂1个、小坳油茶加工厂1个；完成渠道维修200米，其中新溪沟村滑坡地段毁坏灌溉渠道80米，完成沙坝水库渠道倒虹吸修复安装DN300闸阀1台；香沟蔬菜大棚基地喷灌工程完工，供水管道DN50PE管1200米；污水处理厂建设完成主体工程。

【畜禽预防】 春防完成免疫猪口蹄疫、高致病性猪蓝耳病、猪瘟4455头，牛口蹄疫448头，羊口蹄疫1978只，羊小刍兽疫1899只，鸡新禽二联93933羽，鸭禽流感3999羽，自主程序化免疫户15户。6月，全县发生生猪“非瘟”疫情，县人民政府启动关于加强重大动物疫病防控的紧急通知，镇党委、镇人民政府制定《来凤县绿水镇防控重大动物疫情应急处置方案》，成立绿水镇防控重大动物疫情应急处置领导小组，召开专题会议，落实各项防控处置措施，安排专人户户消毒，关闭生猪交易市场，向生猪经纪人下发停止销猪通知书。7月1日关闭猪肉市场。7月7日接村生猪病情报告，组织人员在施南坪村3组对可疑生猪进行采血1例，经疾控中心“非瘟”检测呈阳性，7月8日重采1例仍呈阳性。镇指挥部召开非瘟疫情防控处置紧急会议。对施南坪村疫点 69 头生猪进行扑杀烧埋。7 月 9 日上午在新溪沟村 1 组、老鹰岩村各采血 1 例，经检测呈阳性，当天在新溪沟村疫点扑杀生猪 31 头，在香沟村扑杀生猪 9 头，在老鹰岩村扑杀生猪 15 头，扑杀后进行烧埋消毒处理。在“非瘟”疫情防控处置工作中，全镇设消毒检查卡点 9 个，守卡人员 18 人，扑杀“非瘟”生猪 979 头，支付守卡人员工资 11.73 万元。扑杀补助 96 万元。9 月后，镇域生猪“非瘟”疫情得到有效控制；10 月后，生猪和猪肉逐步上市。由于全国范围内没有彻底根治，“非瘟”疫情工作到年底仍在采取稳控措施。

【农业科技】 出动宣传车宣传科技 50 车次，在集镇宣传科技 8 次，张贴科技画册 50 张，发放科技宣传资料 7000 份，培训农业种植大户及专业合作社 4 期 600 人次。与省农科院、植保专家、相关企业在香沟村进行生姜“棉隆脱毒”技术实验示范 0.67 公顷，与县土肥站完成生姜钾肥、生姜氮肥及莴苣钾肥 3 项，与县农业技术推广中心完成“薯玉豆高效模式实验”1 个，年度农产品质量抽样检测 1816 个，合格率 100%。

【林业工作】 义务植树造林 2 公顷，退耕还林 66.67 公顷，调运油茶种苗 20.345 万株，造林面积为 133.33 公顷。天然林管护面积 2397.53 公顷、公益林 2905.98 公顷，新增生态护林员 10 名，签订生态护林员协议 44 份，签订森林防火责任状 18 份、出动护林防火宣传车 20 车次，发放护林防火宣传资料 3000 份，宣传袋 1000 个，宣传口杯 5 箱 3000 个，张贴防火戒严令 132 份，刷写护林防火固定标语 2 条，制作护林防火横幅 7 条，年内未发生森林火灾。病虫防治方面发放通告 115 份，马尾松疫病取样 8 株，排查 2066.67 公顷。查处涉林违法 3 起，销毁违规收购马尾松木材 10 立方米。

【环境保护】 企业环境管理方面：2 家采石场和 2 家化工企业环保问题完成整改。河道保洁方面：制定“一河一策”管理保护方案和巡河巡查方案，实行镇村河长分区域进行常年巡查，镇级河长一月一次巡查、村级河长一星期一巡查，发现问题及时处理，河道垃圾进行常年清理。集镇保洁方面，推进集镇保洁市场化，由 9 名环卫工人实行全天候保洁，垃圾实行一日一清运，洒水车每周一、三、五集（镇、街道）、主公路进行冲洗。改善农村人居环境方面：建立“户分类、组保洁、村收集、镇转运”的保洁管理体系，聘请 38 名保洁员为 18 个村（社区）全天候保洁，实现农村生活垃圾无害化处理。完善环境治理设施方面：新建垃圾转运站 1 个，污水处理厂 1 处（主场区主管网基本建成），新建集镇公厕 2 座，新建农村公厕 7 座，农户厕所改造 484 户，在建 24 户。

【计划生育服务】 年度出生 245 人，其中男孩 117 人、女孩 128 人，政策内 208 人，计生率 84.9%，性别比 91.41（女为 100）。计划生育家庭意外伤害保险投保 886 户。计划生育宣传工作方面：利用宣传车、张贴标语、发放宣传资料等多种形式宣传二孩政策，年度张贴放开二孩政策标语 18 张条，发放计划生育利益导向宣传资料 5000 份，发放计划生育政策调整后宣传资料 3200 份。优质服务方面：开展生殖免费检查和“两癌”筛查活动 2 次，发放生殖健康通知单 400 份，育龄妇女生殖健康检查 351 人次。关爱方面：在传统节日期间为计生困难家庭、特扶家庭、手术并发症家庭发放慰问金 8800 元。利益导向方面：奖扶对象 125 人，特扶对象 11 人，享受采取绝育措施奖励对象 7 人，独生子女保健费发放对象 32 人，独生女和双女户高考奖励对象 6 人。

【医疗服务】 年度接门诊患者 21411 人次、住院患者 1904 人次、出院 1696 人次，平均开放病床 50 张，业务总收入 340.6 万元。健康教育方面：更新宣传栏 184 期，印发宣传资料 135000 份，开展健康咨询活动 18 期 2900 人次，健康讲座 87 期 1390 人次，个性化健康教育 3489 人次。

预防接种方面：免疫规划疫苗接种 2528 剂次，新建卡 1525 人，其中卡介苗接种率

100%、乙肝疫苗接种率98.8%、糖丸疫苗接种率98.81%、百白破疫苗接种率98.86%、白破疫苗接种率98%、A群流脑疫苗接种率97%、A+C群流脑疫苗接种率85%、甲肝疫苗接种率98.22%、乙脑疫苗接种率97.59%、麻风疫苗接种率98.38%、麻腮风疫苗接种率98.38%。

健康管理方面：新建居民健康电子档案412份，累计建档18772份。老年人健康管理1385人，中医药健康指导1385人，免费健康体检1385人；孕产妇健康管理260人，产后访视率93.46%，新生儿童健康管理260人，新生儿访视率93.85%，儿童健康管理率94.96%，0—6岁儿童中医药健康指导900人次。

慢病患者健康管理方面：管理高血压患者1966人，当年新建患者档案102人，规范管理1390人，签约1541人；管理糖尿病患者285人，当年新建患者档案40人，规范管理223人，签约230人；管理严重精神障碍患者98人，失访2人，死亡4人，新确诊15人，免费体检79人；管理结核病患者21例，在治20例。

传染病及突发公共卫生事件报告和处理方面：报告传染病184例。其中乙肝18例、乙肝携带10例、水痘10例、肺结核17例、其他感染性腹泻6例、手足口病20例，报告率100%。

【惠农资金】 发放耕地保护补贴金219.6万元，水稻种植补贴金163.39万元，“退耕还林”补贴金90.7万元，生态公益林补偿资金38.27万元，村集体生态公益林补偿资金23.9万元，教育扶持资金29.5万元，劳动技能就业培训补助金额17.3万元，农户厕所改造资金73.16万元，“非瘟”生猪疫情宰杀生猪补助96万元。

【食药监管】 发放食品安全与保健食品知识宣传资料7000份，安全知识培训5期1980人次。巡查绿水辖区食品药品生产经营户320户次，发现食品药品安全隐患210处，下达巡查整改意见书180份，整改问题130个，没收“三无”及过期食品45千克，当场销毁问题食品20千克。对经营过期食品、不符合食品安全标准的经营户进行立案处罚，立案2起，结案2起，罚款金额7500元。开展食品快检580余批次。开展不同打击重点的专项行动9次。办理食品经营许可证20家，现场核查食品生产企业14家。配合省、州抽检25批次。

【邮政业务】 在代收代缴、网上购物、包裹代投、电商综合营运服务平台建设方面，完成收寄包裹55854件，其中出口包裹1096件，进口投递54758件。报刊发行方面，完成党报党刊312份，其他刊物425份。

【通信业务】 光纤宽带通村到户、4G网络全覆盖，累计宽带安装5553户，其中广电579户、移动联通2264户、电信2710户。

【文化体育】 8个村综合文化服务中心提档升级，完成全镇“村村响”电表安装，组织村级舞蹈培训，放映公益电影，开展“非遗”展演等多种多样文艺活动。开展“开启新征程、续写新篇章”文化下乡舞蹈大赛活动1次，开展“红色文艺轻骑兵”演出活动22场次，举办元宵灯会展演活动1次，在茅坝小学开展文化培训活动1期50人次，在周家湾、香沟、梅子树、社区舞蹈培训1期200人次，组队参加全县“五一”徒步活动30人次，组织“非遗”展演（三棒鼓演唱）1场，公益电影放映200场，文化惠农1万人次。

【幼儿教育】 全镇幼儿园3所，其中公办1所、民办2所，幼师46名，在园幼儿692名。其中镇中心幼儿园（公办）幼师12名，保育员5名，在园幼儿220名；旭日升幼儿园（民办）幼师9名，保育员11名，在园幼儿334名；棒棒糖幼儿园（民办）幼师3名，保育员3名，在园幼儿138名。

【小学教育】 龙嘴小学完成撤并，学生转入中心小学。年度小学4所，班级35个，小学教师123名，入学学生1488名，巩固率100%。年度获来凤县小学语文、数学、英语全能竞赛团体三等奖；

获来凤“中小学第六届田径运动会”团体三等奖；获来凤县教育局举办“学习十九大、逐梦新时代”演讲赛团体二等奖；获来凤县委宣传部、文明办、县教育局举办“贯彻十九大建功新时代”庆“三八”经典诵读赛二等奖。2019年春，六年级质量检测全县乡镇排名第一名；秋季学期县文化馆授予茅坝小学“非遗传承基地”；在“园丁杯”赛中绿水镇中心小学获得团体第三名；10月在县纪委、总工会组织的“廉政文化”润风城节目评选活动中，茅坝小学的九子鞭获得三等奖。

【为民服务】 受理各类事项4408件，办结4408件，其中服务中心受理1941件，办结1941件；村级代办受理2567件，办结2567件。

【社会救济】 落实低保户999户1696人，发放低保金666.06万元，其中城镇低保17户24人，低保金16.78万元；农村低保982户1672人，低保金644.28万元：精准扶贫救助605户1190人，发放救助金48.10万元；发放农村“五保”金65.83万元；发放残补金70.27万元；实施医疗救助1547人，其中大病救助12人，解决救灾资金42500元；解决临时困难救济户244户，发放临时救济金29.22万元。

【安全生产】 发放安全生产手册5000余份，发放安全教育传单300余份，悬挂安全生产横幅标语50余条，设立安全警示牌50余块，粘贴安全宣传知识喷绘1块、安全标语写真30块，安全知识培训1000人次。检查煤矿3家20次，排查出各类安全隐患1条，完成整改隐患1条。关闭煤矿3家。检查采石场2家30次，查出安全隐患12条，整改落实10条，基本整改完毕2条。检查持证烟花爆竹经营店8家10次，发现安全隐患5条，整改落实5条。检查加油站次，发现安全隐患1条，整改完成1条。检查腾升香料厂6次，发现安全隐患4条，整改完成4条。检查学校及幼儿园10次，发现隐患9条，整改完成9条。

【劳动就业和社会保障】 新增就业400人，输送务工人员到恩施立讯19人。劳动力资源基本情况调查13354人，新增返乡创业人员信息采集40人。农村实用技术培训600人，创业致富带头人培训13人。失地农民参保审批28人，缴费34人，城乡居民参保194人。城乡居民社会养老保险系统信息数据导入586条，数据纠错293条，数据核查227条。60岁以上人员退休办理153人，城乡居民丧葬办理140人，参加社保退保11人，缴费人员死亡退保10人，恢复待遇发放82人，基础养老金发放率100%。村主职干部养老金发放10人，村干部福利基金发放40人。

【土地管理】 利用“4·22”地球日和“6·25”土地日，宣传国土资源管理法律法规3场1650人次，制作宣传横幅6条，出动宣传车轮回宣传6车次，发放宣传土地法规宣传资料1500份，发放地质灾害避险明白卡35张。执法监察动态巡查方面：对一级巡查区域每月巡查3次，二级巡查区域每15天巡查1次，三级巡查区域一个月巡查1次，年度发现违法用地3处，及时制止3处，及时查处3起。

【普法教育】 按照《来凤县“七五”普法宣讲团进村入户开展“三学三知”宣传教育活动实施方案》要求，组织村（社区）、镇直机关单位全体人员集体学习宪法、监察法、环境保护法、宗教法等相关法律知识，开展“三学三知”宣传教育活动34场1740人次，发放普法学习资料2400份，年度完成法律援助案件25件，解答各类法律咨询340件（其中“12348”绿水平安法治群解答74件）。年度创建法治示范安置小区院落2个（梅子树安置小区院落、老寨安置小区院落），法治示范村4个（香沟村、周家湾村、梅子树村、老寨村），法治学校1个（绿水中心小学），法治院落4个（欧巴线院落、张家院落、姚家院落、祠堂院落），新时代文明法治实践站2个（周家湾、老寨）。

【社会环境治理】 发放“扫黑除恶”宣传宣传资

料1.4万份，签订《不参与、要举报黑恶势力承诺书》7131份，填写“一感两度”调查问卷4868份，更新张贴《扫黑通告》120份，《有奖举报通告》120份，更新30平方米以上宣传喷绘标语4条，悬挂宣传标语（1.2米 ×2.4米PVC材质）180块，20平方米以上钢架固定宣传标语6条，电子显示屏宣传20块，200平方米扫黑知识宣传栏1块，开展“广场行动”发放扫黑、禁毒、法治等宣传资料2000余份。开展扫黑除恶线索大排查3次，涉黑涉恶线索2条，查否1条，查实1条。抓捕吸毒人员14名，行政拘留寻衅滋事嫌疑人8人。查处违法种植罂粟案件6起，铲除销毁罂粟300株。年度接警205起，同比减少38起，刑事案件立案17起，破案4起，刑事打击5人，抓网上逃犯4人，查处交通违法行为646次，其中现场违法处理349次，交通处罚646人次，查处酒驾5起，办结交通肇事案1起，危险驾驶案1起，交通刑事打击2人。年度排查矛盾纠纷92件，其中城乡建设管理纠纷1件，涉土地、山林、水利等资源权属纠纷2件，人身伤害纠纷3件，婚姻家庭纠纷2件，邻里关系纠纷5件，交通事故纠纷73件，成功调处92件。

【审　判】 受理各类案件129件，结案129件，结案率100%，其中民事诉讼案件结案109件，判决35件，调解、撤诉72件，按撤诉处理1件，特别程序1件。执行案件结案20件，其中执行完毕4件，终结执行程序2件，保全执行5件，终结本次执行程序9件，文书上网率106%。绿水法庭被来凤县人民法院授予先进单位，被湖北省高级人民法院授予集体二等功。

【信　访】 接待信访108批198人次，其中初信初访43批87人次，重复访65批111人次，集体访4批62人次；到县走访66批75人次，其中初信初访21批27人次、重复访45批48人次；到省走访1人次；到京走访1人次。自主录入信访事件46件，办结46件；县信访局录入并转交11件，办结6件；省信访局录入并层层转交6件，办结6件。

【组织建设】 年度镇党委开展主题教育读书班6次，党委中心组学习2次，组织交流研讨4次。全镇各党支部利用主题党日、“三会一课”集中学习2600人次，开展送学上门80人次，邮寄学习资料26人次。党委领导召开组织生活会进行自我批评44条，提出整改措施44条，相互提出批评意见122条，各党支部召开组织生活会，收集对照检查明确差距170条。对全镇5个重点贫困村、2个软弱涣散村选派县直单位干部担任“第一书记”的7人。进行村“两委”干部及后备干部培训2期7天。年度发展党员22人，其中农村一线18人，占发展总数的82%；35岁以下党员19人，占总数的86%。

【党风廉政建设】 签订《党员干部廉政承诺书》78份、《家庭助廉承诺书》73份；组织镇、村两级干部到县看守所开展廉政警把示专题教育60人次，开展整治形式主义、官僚主义行动，严控办会、发文，2019年1—12月同比下降70.43%、33.33%。运用“扶贫领域监察系统”开展监督检查查实15条，走访党员群众、监察对象1382户，收集问题线索146条，组织处理30人次，其中谈话函询1人次，提醒谈话23人次，批评教育2人次，责令作出检查2人次，诫勉谈话2人次。立案审查4人，其中给予党内警告处分2人次。

【宣传工作】 利用宣传车、宣传标语、宣传画和文化墙等形式对党的方针政策进行常年宣传，在宣传党的十九届四中全会精神中，组织宣讲18场312人次，开展“不忘初心、牢记使命”主题教育结合学习张富清先进事迹宣讲19场次，组织干部到来凤县建设银行张富清先进事迹馆学习31人次。在庆祝新中国成立70周年、讲好来凤故事比赛活动中，绿水2名参赛者均获得二等奖。在恩施州禁毒征文比赛中，1名参赛者获得三等奖。在宣传方面：县级新闻媒体上稿87篇（条），州级4篇（条），省级3篇（条）。

（向世友　毛长志　邓　茜）

漫水乡

【概　况】 漫水乡位于来凤县西南部，东南与湖南省龙山县毗邻，西北与百福司镇、绿水镇接壤。东西最宽15千米，南北最长约15千米，全乡面积136.75平方千米，全乡耕地面积2338.7公顷，园地面积205.6公顷，林地面积8140公顷，森林覆盖率65%，植被保护完整。辖1个社区、13个行政村、173个村民小组。2019年底，全乡有23295人。

明朝永乐四年（1406）设漫水土司。清乾隆元年建县后，废漫水土司，设里甲。民国初期，沿袭旧制。民国22年（1933），为来凤县第四区智乐乡，辖10保。民国32年（1943），智乐乡改为漫水乡。民国35年（1946），重新划定乡界，漫水全乡15保114甲，东南与龙山接壤，北到茅坝，西至安抚司乡。1952年，属来凤第四区，辖14乡。1958年，漫水、卯洞合并为卯洞人民公社。1984年6月2日，漫水、洗车、三坝、渔塘、兴隆5个乡（镇）从百福司镇分离出来，设立漫水区。1997年1月撤区设为漫水乡，辖漫水、洗车、渔塘3个管理区。1999年调整为漫水、洗车、兴隆、三坝、渔塘5个管理区。2001年变更为5个工作队。2002年原上渔塘村、下渔塘村、易家沟村合并为渔塘村，全乡下辖1个社区、13个行政村。

民族文化习俗。境内居住着土家族、苗族、汉族3个民族，土家族、苗族人口占78%。少数民族中，以土家族为主，保留着土家族古老传统。农历正月十五元宵、二月二牛王、五月五端午、七月十二鬼节是土家族重要节日；唱山歌、打三棒鼓、吹木叶是群众喜爱的娱乐节目；打糍粑、喝油茶汤、吃腊肉等饮食习惯世代相传；婚丧嫁娶，吹打弹唱，热闹喧天。渔塘村拥有红二军团及苏维埃农会的红色历史文化。

地理位置属二高山地区，最高海拔1076米，最低海拔353米，山地与平坝面积比为7∶1，气候属典型的亚热带季风湿润型山地气候，春夏多雨，冬季干旱，气候温和，春迟秋早。年均降水量约1400毫米，年日照时数1400小时。森林资源丰富。主要以马尾松、杉树、猴栗等树种为主，珍稀树种有银杏、楠木、红桧。省级以上保护动物有大鲵、锦鸡、水獭、猴头鹭、獐子等。

旅游资源丰富。库区阿塔峡风景奇特优美，旅游资源丰富。境内有小河流11条，全部汇入酉水河。酉水河流经漫水东南部渔塘、社里坝、苏家坪、新拱桥、桶子、赵家坡7个村，流程18千米，是旅游观光、假日休闲、垂钓的绝佳场所。赵家坡的茶花樱花基地吸引大批游客到此观赏；油房坳东侧15分钟车程的湖南乌龙山大峡谷，山峦叠嶂，田园舒展；酉水环抱，清风萦绕；原始生境，洞天福地。渔塘庄屋院落、落衣湾传统村落别具风格；苏家坪青少年拓展中心项目多样，是户外拓展的必选；新拱桥花卉基地被誉为来凤县鲜花提供的总后方。

基础设施完好。交通便利，乡政府所在地距县城36千米，248省道（来智路）贯通全境。全乡公路通达率达100%，通畅率达92%。境内建有塘口电站，装机容量1.5万千瓦，2005年扩机增容，库容量达到3800万立方米，装机容量达到2.5万千瓦。

2019年全乡完成社会固定资产投资4800万元，超年度目标任务的14.3%；完成重点项目3个，完成投资额6172万元；财政收入3764.47万元，支出3482.85万元。城乡居民可支配收入达到6131元，同比增长10.2%。

【精准扶贫】 2月，省第三方评估组和扶贫成效考核组考核评估漫水乡东山坪、社里坝、龟塘、渔塘4个村，未发现1例漏评和错退现象，各项检查验收合格。7月，国家脱贫验收第三方考核组考核评估漫水乡胡家坝村、龟塘村、兴隆坳村，未出现影响村出列、户脱贫验收问题，复核检查合格。

对标省、州、县工作要求，紧盯“两不愁三保障”突出问题，围绕“户脱贫、村出列”验收标准，落实“六个清零”“六个全覆盖”，坚定不移地打赢脱贫攻坚战，实现5个重点贫困村出列，1834户7195人脱贫，留存贫困人口5户14人，全乡综合贫困发生率下降到0.06%。完成建档立卡户31户、三类对象8户39户危房改造任务，兑现补助资金68万元。结合短、平、快增收脱贫产业与中、长期致富产业发展，贫困群众有产业基地流转土地、务工增收创造条件和平台，实现“输血式”扶贫向“造血式”扶贫转变。兑现产业发展补助213.935万元，建立稳定增收利益联结机制，全乡建档立卡贫困户1335户挂联农民专业合作社34个，特色产业带动率92.8%。落实教育扶贫政策，2019年发放建档立卡贫困学生教育资助268.9万元，做到应补尽补、不漏1人，无因贫辍学失学情况。推进健康扶贫，全乡贫困人口参保率100%，全面运行“四位一体”康复扶贫系统，实行“一站式服务，一票制结算”，家庭医生（贫困户）签约6765人，开展免费体检6765人，对未达到减免比例的进行单独造册回补，实现应保尽保，病有所医。按照走访全覆盖的要求，2019年，乡党政正职完成走访贫困户1107户，13个村支部书记完成走访或电话访问贫困户1665户，完成率90.29%，有益于拉近干群关系，获得民意支持。

【主题教育】 开展主题教育动员部署会1次，举办读书班7次，累计251人次参加；班子集体研讨5次，累计43人次参加；领导班子集中研讨1次，开展调研成果交流会1次；开展理论宣讲10余次；发放通读书目800余本；开展理论测试党员288人。组织全乡党员干部学习《榜样4》、恩施州三大典型，参观新中国成立70周年大型成就展网上展馆，在学习教育中融入党的十九届四中全会精神。全乡24个党组织（75名党组织班子成员）通过发放意见征求表、召开座谈会、院落会、小组会、开展一对一谈心谈话及入户走访听取群众意见的方式，收集意见建议200余条。全乡党员干部领办民生实事280件，志愿服务21次，各党支部结合“三会一课”、支部主题党日、尖刀班夜学、学习强国广泛开展学习研讨，主题教育取得成效。

【基层党建】 2019年，各党支部分别开展14次支部主题党日活动。全面落实关爱基金帮扶机制和困难党员慰问活动，帮助6名家庭困难的党员向县委组织部申报党员关爱基金1万元。“七一”集中走访慰问困难党员14人，慰问资金7000元。管理教育流动党员，13村党支部通过流动党员网上党小组推送学习资料，邮寄学习资料的流动党员114人，送学上门党员26人。建立“乡土人才库”和“后备干部库”，分别有152人和55人。配齐驻村第一书记队伍，5个重点贫困村选派第一书记。组织62名入党积极分子及发展对象参加专题培训，严格党员发展程序，逐一指导各党支部发展党员工作，发展党员17名，平均年龄30岁。严格落实县领导统率、乡党委牵头、包村干部包保、帮扶单位指导的“四位一体”整顿工作责任机制，夯实基层党建组织基础。

【特色产业】 2019年，创办油房坳村小水果优质培管示范基地、新拱桥村玉米单因子锌肥肥效试验点、葡萄“2+K”钾肥肥效试验点。按照“一村一业、一村一品”发展思路，结合易迁后续产业项目，新发展特色产业基地134公顷，其中：小水果基地20公顷、花卉基地6公顷、蔬菜基地40公顷、紫薯基地33公顷。新发展油茶33公顷，发放油茶苗22万株，补植油茶基地约134公顷，完成油房坳田园综合体项目400余万元投资。抓实抓细“非洲猪瘟”疫情防治，实现畜牧产业健康发展，全年生猪出栏1.1万头、山羊出栏1860

只、家禽13.2万羽。

【民生项目】 开展生态文明建设和项目工作，扎实推进基础设施建设，集中力量补短板、强基础，推进全乡基础设施项目建设。道路交通设施方面，完成2018年27条84.798千米农村公路项目扫尾工作，新建农村公路15.155千米；实施农村公路改扩建公路安防工程15.26千米；完成应急抢险清理塌方2500立方米。完成电力改造10千伏线路5.13千米，低压线路3.62千米。投资76余万元新建村级文化广场7个、社区灯光篮球场1个。完成枣木桠村全县改厕试点工作，全乡新建农村公厕9个，农户改厕2710户。污水处理厂完工，接入农户725户。配备城管专人专车，落实门前“五包”责任制。垃圾中转站投入使用，新建垃圾分类亭2个，配发垃圾桶1200个。全面落实河湖长制，投入资金23万余元动态保洁清理河流5条。完成全乡国家级公益林的整改任务，兑现农户公益林补偿资金779730元。2019年，聘用护林员57人，其中生态护林员44人，专职护林员13人。出动森林防火宣传车200余台次，粘贴悬挂宣传标语500余条。组织技术人员对8个村（社区）700余人开展实用技术培训。完成龟塘村“省级生态村”创建工作。完善医疗服务基础设施，新建特色科室（国医堂）。

【社会保障】 2019年城乡居民基本医疗参保20051人，参保率达98.64%，发放低保金7630人次/475.3万元，发放“五保”金1235人次/95.26万元，发放救助金541人次/40.1万元，发放残疾人两项补贴55.16万元。落实惠农资金的发放工作，2019年耕地地力保护补贴全乡4986户，补贴面积1198.51公顷，补贴金额为2325964.10元，稻谷补贴616户，补贴面积125.77公顷，兑付资金244088.31元。开展农村实用技术培训，全年参训人员582人。文化事业协同发展，完成7个村的全民健身中心建设、5个村级文体广场配套体育器材、篮球架配送，村级文体广场全覆盖。依托文化休闲广场平台，开展“党风廉政宣教，送戏下乡”文艺会演、“最美评选”、“三留守”关爱服务系列活动，鼓励和引导农民群众走进农家书屋，群众开阔视野，增长知识。卫生事业巩固提升，开展医疗卫生健康教育咨询讲座69次，参与群众3000余人，建立居民健康档案13403份，制定家庭医生签约服务领导小组及签约实施方案，成立家庭医生签约服务团队8个。

【基层治理】 开展“扫黑除恶”专项整治行动，社会大局保持稳定，2019年受理交通警情91起，处理纠纷33件，刑事案件14起，破案4起，移送起诉4人，拘留10人，有效打击各类违法犯罪活动。全乡各级调委会、调解小组调处各类纠纷211件，调解成功205件，调解成功率97%，受理各类信访案件53件，其中初信初访44件，答复53件，办结49件，答复率100%，办结率92.45%。接受群众法律咨询300余人次，将各类矛盾纠纷解决在基层。落实重点人员管控要求，把六类人员列为重点，确定“六包一”责任人；司法所完成一人一档，落实帮教责任；卫生院把精神病患者纳入重点管理，12人签订帮扶协议，落实以奖代补政策，发放奖补资金28800元。重点信访人员和群体，制定工作方案，落实包保稳控专班。大力推进“智慧恩施”网格平台运用工作，及时录入重点人员、重要事件。完成漫水乡综治中心建设，综治中心选址于漫水乡集中安置小区D栋一楼，现综治中心配齐矛盾纠纷调解室、信访接待室、视联网视频室硬件设施，配全行政编制人员3人，其中核定专职副主任领导1人。明确10个安全生产专门委员会，签订安全责任书，定期研究布置安全管理工作。开展各行业、各领域的安全检查和隐患排查，确定漫水乡集镇禁鞭范围：来智线北至福利院旁柳衍权家，南至新拱桥李家院子翟家，西至新拱桥托塔湖水池，塘口方向至苏家坪村委会，漫水集镇西水河东岸上至苏家沟，下至西水河大桥。

【纪检监察】 规范微信、QQ群，按照要求清理合并，严格落实减文减会相关要求，同比办文减少50%、办会减少42%。组织全乡各支部纪检委员集中学习培训4次，坚持把查处扶贫领域突出问题作为重任，擦亮监督“探头”，注重把握和运用监督执纪“四种形态”，对扶贫领域的倾向性、苗头性和轻微违纪问题及时提醒、纠正和教育，坚持狠抓干部日常教育监督管理。协助乡党委落实好全面从严治党主体责任，倒逼党委领导班子，特别是“一把手”知责明责、担责履责发放工作提醒书5份，对3名党政班子成员开展谈话提醒，倒逼班子成员落实好“一岗双责”。常态化开展明察暗访和专项检查，先后在上班纪律、违规整酒、公车私用、工作日午餐违规饮酒开展明察暗访和督办检查7次，先后围绕精准扶贫等重点工作开展专项督查5次。

【重要会议】 1月24日，2018年漫水乡述职暨总结大会在乡政府5楼会议室召开，会议由中共漫水乡党委书记向峰主持，乡政府机关干部、乡直站所成员参加，中共漫水乡党委书记向峰传达学习恩施州脱贫攻坚〔2019〕1号令，要求全体干部讲政治、守规矩、干实事。

3月29日，漫水乡第六届人民代表大会第六次会议召开，会议听取乡人大主席陶强发言，听取并通过漫水乡人民政府2018年政府工作报告；听取并通过漫水乡人大主席团工作报告；听取漫水乡2018年财政预算执行情况和2019年财政预算草案，通过漫水乡2018年财政预算执行情况和2019年财政预算报告决议。

4月19日，漫水乡扶贫干部能力提升强化培训暨精准扶贫调度会在乡五楼会议室召开，会议由乡党委副书记杨东平主持，乡班子成员、乡直站所及尖刀班成员参加。培训内容围绕基层党组织建设、社会保障兜底政策讲解、作风建设、扶贫政策讲解、人居环境整治及危房改造、村级财务管理展开。

5月10日，漫水乡召开基层党建培训暨扫黑除恶专项会议。

5月30日，举行张富清先进事迹报告会，会议由中共漫水乡党委书记向峰主持，乡班子成员、退离休干部、群众代表、退役军人、乡直站所及尖刀班成员参加。听取《出生入死的战斗英雄》《无私奉献的人民公仆》《永葆初心的共产党员》3份报告。

6月6日，漫水乡民兵学习张富清先进事迹报告会暨半年工作总结。观看张富清先进事迹报告会视频，表彰6名优秀民兵，乡武装部部长田勇总结整组训练工作。

6月18日，乡安委会成员单位及安全生产大会，乡班子成员、乡直站所成员及村书记参加，观看安全教育警示片，听取安全生产部门工作情况。

7月23日，漫水乡“非洲猪瘟”重大疫情防控工作会召开，县农业农村局工作人员安排部署“非洲猪瘟”防控工作，漫水乡党委副书记、乡长宋宇通报漫水乡“非洲猪瘟”疫情防控情况，要求全乡引起重视、提高防控意识，做好无害化处理，落实工作方案职责。

8月1日，漫水乡召开“八一”退役军人座谈会，44名退役军人参加。

8月22日，全县新时代文明实践中心暨农村精神文明建设现场会在漫水乡油房坳村召开，县委书记邢祖训一行46人参观油坊坳武陵溪上田园综合体。

9月19日，漫水乡“不忘初心、牢记使命”主题教育动员会召开，乡党委副书记覃红宣读中共漫水乡委员会《关于在全乡开展“不忘初心、牢记使命”主题教育实施方案》，安排部署漫水乡“不忘初心、牢记使命”主题教育开展。

10月14日，乡党委书记向峰召开班子会议，讨论研究扫黑除恶、民政、“不忘初心、牢记使命”主题教育及农村生活垃圾分类工作。

11月28日，召开“不忘初心、牢记使命”主题教育专题会，会议听取乡人大代表外出考察团学习汇报，考察内容主要是产业发展和乡镇建设。

【领导检查、调研】 3月29日，县委书记邢祖训、县长候选人李伟到漫水乡兴隆坳村水厂视察。4月9日，县长曾生在漫水乡督办防汛抗旱工作，巡查塘口电站。县人大主席向稼林在漫水乡小学调研工程款工作。4月11日，省民族歌舞团一行35人到漫水乡开展“文化惠民　精准扶贫”文艺会演。4月12日，州军分区司令施岐峰一行到漫水乡检查民兵整组及乡镇武装建设。4月17日，县长李伟一行督办龟塘村驻村点精准扶贫工作，指导油房坳村乡村振兴工作。5月14日，杭州市拱墅区一行到漫水乡油房坳村考察产业，对接东西部扶贫协作事宜。6月6日，恩施州委常委、副州长夏锡璠一行巡查酉水河漫水段，查看防汛抗旱情况。7月6日，县委书记邢祖训到漫水乡检查精准扶贫工作，督办“非洲猪瘟”情况。7月13日，龟塘村、胡家坝村、兴隆坳村代表漫水乡接受国务院贫困县退出专项抽查，顺利通过检查。9月24日，发展中国家扶贫官员到漫水乡福利院、武陵溪上田园综合体考察，亚非拉地区及中国国际扶贫中心61名司处级官员参与。11月17日，来凤县委书记邢祖训在漫水乡调研污水处理厂现场和油房坳村武陵溪上田园综合体现场。

（姚旭丹　姚茂超）

百福司镇

【概　况】 百福司镇是来凤县最西南端集镇，素有“一脚踏三省”之称。境内群山起伏，沟壑纵横，平坝开阔，风光秀美，物产丰富。生态植被良好。全镇总人口32650人，集镇人口8125人，现辖23个行政村、1个集镇社区、217个村民小组。

2019年，百福司镇各项工作取得新成绩。脱贫攻坚成效显著，2月，百福司镇安家堡村、荆竹村、堡上村接受省专项评估第三方检查，顺利通过省验收。7月，安家堡村、高洞村、荆竹堡村接受国贫第三方抽查，顺利通过国家第三方抽查验收；社会治理加强，全镇无矛盾纠纷激发现象，无民转刑案件，无群体事件发生；农业产量提高，生产粮食15000吨、粮油1500吨、蔬菜12000吨、水果2400吨、茶叶140吨；生态环境改善，全镇23个村实现垃圾收集、运转全覆盖，镇内所有河流拾漂、保洁实行市场化，完成农村改厕2935口，建设公厕5座，完成管网安装；文化基础设施建设加强，建设综合文化服务中心，百福司镇辖区内的24个村（社区）综合文化服务中心均设有农家书屋，并配备管理员；团委扶贫有效推进，中秋节为全镇50名困境儿童送学习用品，春节为40名留守儿童送新春关怀；派出所严抓狠管，受理查处治安案件47起，行政拘留违法行为25人，强制隔离戒毒9人，社区戒毒4人，社区康复1人；食药监严把食品质量关，检查学校、单位食堂6户，集贸市场1个，食盐经营户45户；医疗健康扶贫惠及千万家，为1222贫困人口实施健康扶贫医疗救助，救助费1792507万元；民政救助，累计发放低保金7237515元、救助金额235700元、优抚金1042999元。

【精准扶贫】 压实帮扶责任链条。成立百福司镇脱贫攻坚前线指挥部，由副县级领导担任指挥长，成立19个政策落实专班。百福司镇23个驻村尖刀班，184名成员，其中州直单位3家8人、县直单位17家43人、镇直单位21家22人、村两委101人、镇指挥部成员10人。全镇建档立卡贫困户2614户结对帮扶率100%。

落实扶贫到户“五个一批”专项扶贫政策。生产脱贫一批：全镇特色产业基地28308公顷（藤茶7012.22公顷、油茶17479公顷、绿茶870公顷、小水果2947.02公顷），人均经济林0.94公顷。通过专业大户、家庭农场、农民合作社、农业产业化龙头企业利益，联结带动贫困户实现增收1162户。累计实施到户产业补贴4367户次，发放补助金1127.27万元；易地搬迁脱贫一批："十三五"易地扶贫搬迁总任务565户2204人，全部搬迁入住，实施危房改造1873户，其中非"四类"对象424户，危房应改尽改，全部清零；生态补偿脱贫一批：选聘建档立卡贫困户担任生态保护林186人，发放74.4万元管护费，落实生态补偿5972户，补贴金额413.08万元；教育脱贫一批：资助贫困生13204人，发放资助金2258.63万元。实施"雨露计划"995人，发放资助金205.26万元；社会保障兜底一批：落实社会兜底保障，农村低保户7170人，发放低保金2397.2万元，"五保"兜底497人，发放"五保"金238.03万元，残疾人5868人，发放补贴227.86万元，大病救助256人，发放救助金115.1324万元，临时救助1124人，发放救助金150.9万元。

2月，安家堡村、荆竹村、堡上村接受省专项评估第三方检查，无漏评、无错退；全镇建档立卡贫困户2614户9767人，累计脱贫2612户9761人，留存未脱贫2户6人，全镇贫困发生率0.02%，通过省验收。7月，安家堡村、高洞村、荆竹堡村接受国贫第三方抽查验收，无漏评、无错退，通过国家第三方抽查。

【农业生产】 农业技术服务。在沙道湾村、石梁子村、木车坝村、合光村、舍米村开展农业技术培训（农产品安全、小水果栽培、藤茶栽培），采取理论讲课与实地操作相结合；实地指导农业生产及水果管理30次；病虫测报12期，为农业病虫防治工作提供准确的预警数据；配备种子信息员、植物检疫员、农机安全协管员各1名。

粮油生产：全镇粮食种植面积67000公顷，总产15000吨；粮油种植面积13000公顷，总产1500吨；蔬菜种植面积10000公顷，总产12000吨；水果总产2400吨；茶叶总产140吨（其中藤茶120吨）。

基地建设和农业机械：巩固生姜基地1000公顷，新建蔬菜特色基地200公顷，新发展藤茶基地3300公顷，新发展小水果基地1200公顷，全镇特色基地培管率达95%。

农业机械和信息处理：完成机耕面积25000公顷，完成机防面积1公顷，完成机收面积5000公顷；完成农业机械购置补贴3户。上报有质量的农情信息2条；完成农业局和百福司镇安排的各项调查表，数据准确率90%；出动各类宣传车5次。

【生态环境建设】 投入生活垃圾转运费95万元，全镇23个村实现垃圾收集、运转全覆盖，5个村实施垃圾分类试点。安装生活垃圾分类亭24个，购置垃圾分类桶600套，投入资金21万元。

河道投入经费45万元，镇内所有河流拾漂、保洁实行市场化。污水处理管网竣工，完成主管网安装6.499米、支管网安装7.03米，污水处理厂试运行中，日处理污水600吨。

开展农村环境整治工作，全镇完成农村改厕2935口，建设公厕5座；农村秸秆焚烧治理工作取得很好的成效，全镇申报组建秸秆综合利用合作社2个，现场制止处理秸秆焚烧30起。

全面开展镇、村卫生保洁工作，实行街道保洁、道路保洁、河道保洁、村庄保洁全覆盖，全镇有57名保洁员。禁鞭工作取得成效，发放禁鞭倡议书、粘贴禁鞭广告、制作禁鞭警示牌，组织禁鞭宣传车多种形式宣传动员，集镇建设规划区内的红白喜会节假日均未出现燃放烟花爆竹的现象。

【文化建设】 加强农村体育文化基础设施建设。综合文化服务中心建设面积1100平方米，设有图书阅览室、电子阅览室、培训室和多动能室和文化广场。镇辖区内的24个村（社区）综合文化服务中心均设有农家书屋，并配备管理员（由村书记兼职）。结合贫困村脱贫，重点贫困村梅子坳、沙道湾、兴安、堡上、高洞、安家堡6个村均达到基层综合文化服务中心建设“七个一”的标准；岩坝子、冉家、舍米湖、南河、木车坝、安抚司、怯道河、洞塘坝、廖家、新才沟村、荆竹堡、可洞、桂林书院13个村均达到基层综合文化服务建设“五个一”的要求。

百福司镇贯彻《全民阅读三年行动计划》，按照“全民关注、全民参与、全民受益”的原则，开展“书香来凤”全民阅读推广活动。由镇综合文化站牵头，利用“农家书屋”平台，以“读书致富，改变生活”为主题，开展经常性全民阅读精准扶贫扶智活动，并与“争创优秀农家书屋，争当优秀管理员”活动结合起来，建立“农家书屋”长效运行机制。全镇24个村行政村农家书屋及镇综合文化站藏书49850册，各村农家书屋并配备图书管理员。5月9日，县图书馆在百福司镇召开农家书屋管理员培训，并利用流动图书车、宣传展板为广大群众宣传“全民阅读，书香来凤”活动，获得群众好评。

做好辖区内文物古迹保护工作，挖掘整理和推介本土先进文化。镇文化中心，安排专人对舍米湖摆手堂、茶堰坪摆手堂和张家印子屋的重点保护文物进行日常监管，消除安全隐患。文化中心职工深入全镇各村拜访民间艺人，对土家摆手舞、麻舞、山歌、土家语、哭嫁、吹木叶、油茶汤等非物质文化遗产进行挖掘和整理，建立百福司镇乡土文化人才库，同时参与协助各级媒体挖掘张富清老英雄的先进事迹。

【团委工作】 关爱贫困儿童助推精准扶贫。开展“双节双促”工作。2019年，百福司镇及时更新结对帮扶信息，对9名帮扶对象分别电话慰问4次，实地走访关怀2次，捐献爱心帮扶物资2次，征集“微心愿”1次。联合镇妇联“爱心妈妈”协会关爱全镇困境儿童。中秋节为全镇50名困境儿童送去学习用品，并在12月组织志愿者前往安家堡村看望困境儿童汪思源。开展“心手相牵、快乐成长”为主题的“留守儿童”春节慰问活动，为40名留守儿童送新春关怀，引导社会关注留守儿童。

加强阵地建设。建设“妇女儿童之家”，2019年建设24个“妇女儿童之家”，并建设4个示范点，其中沙道湾村为州级示范点。在建设过程中，制定建设方案、规章制度，每个村成立新时代文明实践小队，各村妇联与各村志愿者按照方案和制度具体负责各村“妇女儿童之家”建设工作。加强各村农家书屋建设，将其作为孩子的读书阵地，志愿者带领所有留守儿童在屋内学习、玩耍。在24个村（社区）成立家长学校，开展家庭教育宣讲活动，引导村民树立正确的家庭教育观念，更好地教育孩子成长。

【综治维稳】 矛盾纠纷排查处理工作。全镇排查矛盾纠分234起，调解成功155起，调解成功率66%。截至2019年12月，百福司镇没有矛盾纠纷激化现象，无民转刑案件，无群体事件发生，全镇总体趋势良好。

信访案件化解工作。全镇登记在册信访件226件（含28件上级交办件和信访积案），化解80件（含2件上级交办件和信访积案），化解率35.3%（上级交办件和信访积案化解率7.1%）。实现零进京、零非访的目标。

“扫黑除恶”专项行动。进行毒品宣传工作，营造全民拒毒的氛围。利用宣传窗、横幅标语、宣传单进行覆盖式宣传，使毒品危害家喻户晓。全镇制作、悬挂扫黑除恶固定宣传横幅88条；核查上级交办线索及自行排查线索17条，办理各类行政案件22起，行政拘留10人；刑事立案10起，破案3起，移送起诉4人。

禁毒专项整治工作。行政拘留17人，强制隔离禁毒9人，社区戒毒3人，社区康复1人，刑事立案2起，移送起诉1人，缴获冰毒59.99克，铲除罂粟28株；开展“禁毒工作宣传月活动”。5月30日，镇禁毒办与镇纪委联合开展扫黑除恶惩腐打“伞”开门接访活动暨毒品宣传活动，分发毒品宣传手册，发放宣传资料500份，取得良好的宣传效果；6月11日，杭州拱墅区在百福司镇举办新中国成立70周年文艺演出，演出时开展禁毒问答知识。

【项目建设】 2019年，百福司镇扶贫专项资金项目21个，计划资金1464万元，完工14个，完工率66.67%，报账18个（其中部分项目为进度款），金额1132.84万元，占计划比例的77.38%。其中，3个产业发展项目完工报账，完工率100%；17个基础设施项目中，10个完工报账，4个完工未完成报账，完工率82.35%，2个项目调项；其他民生项目1个，完工未报账1个，完工率100%。

【派出所工作】 镇派出所，各类案件的查处情况。接处警情况：2019年接各类报警224起，立刑事案件21起，受理查处治安案件47起，办结案件38起。调解各类纠纷122起，处理非正常死亡事件8起，送治精神病人32人；刑事案件办理情况：立刑事案件20起（盗窃案10起、诈骗案5起、故意伤害1起、危险驾驶1起、寻衅滋事1起、贩卖毒品2起），破刑事案件6起，移送起诉8人；行政案件受理查处情况：受理查处治安案件47起，行政拘留违法行为25人，强制隔离戒毒9人，社区戒毒4人，社区康复1人。

交通安全管理工作。分别召开5次各类驾驶员培训会，规范管理集镇车辆停放，收集全镇车辆信息，签订“四方一责”责任书389份。排查危险路段53处，强化道路交通巡逻检查，查处各类车辆1900辆，处罚135起，出动警员509人，处理交通事故112起。整治骑乘摩托车不带头盔及违章违法行为，查获骑摩托车不带头盔违法行为96起。组织246人观看《生命没有彩排》《拒绝自杀式骑行》交通宣传片，签订承诺书354份。百福司镇全年无严重交通堵塞、滞留现象。

【食药监工作】 完成食盐质量安全专项检查。专项检查中，出动执法人员94人，检查学校、单位食堂6户，集贸市场1个，食盐经营户45户，发放《大包装食用盐购销风险防范告知书》26份。

开展粉丝面条制品专项整治工作。3月5日，百福司市场监督所出动执法车5台，执法人员24人，检查小区内餐饮服务者9户，蛋糕店3户。查出从业人员健康证明过期2户3人，无小餐饮服务许可证1户；对从业人员健康证明过期的2户3人，限期整改（已整改到位）；对无小餐饮许可证的限期整改（已整改到位）。

开展两会期间食药安全大检查，制定《百福司食药监管所“两会”期间食药安全实施方案》，根据实施方案，辖区内小学、幼儿园食堂，校园超市及集镇经营户开展安全隐患排查。出动执法人员106人，排查小学、幼儿园，食品经营户53户。排查过程中，现场监督销毁过期啤酒1瓶，过期槟榔两小袋。排查出安全隐患11条，现场监督整改9条，限期整改2条（已整改到位）。

开展“非洲猪瘟”防控工作。出动工作人员200人，检查超市2家5次，小学、幼儿园食堂5家，养老机构食堂1家4次，集镇市场2个，餐饮经营户80户，签订《关于禁止使用·厨废弃物（泔水）饲喂生猪的告知书》53份。立案查处无证经营未经检验检疫猪肉案件1起。

【医疗卫生】 健康扶贫方面：全镇有2627户9776名建档立卡对象。卫生院从服务对象的基本医疗报销、基本健康服务体检、农村妇女“两癌”筛查、23种慢性病核查方面开展健康扶贫工作，使国家惠民政策惠及千家万户。卫生院严格遵守首诊负责，分级诊疗制度，落实“先诊疗，后付费”和“一站式服务，一票制结算”机制，为1222贫困人口实施健康扶贫医疗救助，救助费1792507万元（基本医疗报销1526912.2元、大病报销1876.01元、民政救助87525.14元、健康扶贫补充报销58730.41元、医院承担376.2元），为1695名对象提供免费健康体检，为1072名对象进行签约服务。对643名贫困妇女提供“两癌”筛查，80%的妇科疾病患者进行有效治疗。

医疗业务工作方面。加强人员业务知识培训学习，严格规范医疗文书书写，规范治疗常规学习，建立相应的制度及管理措施。通过改善服务态度及医疗环境提高医疗业务发展，2019年接受门诊患者4万人，开放病床使用率60张，住院3200人，彩超收入336912元，心电图收入57161元，放射收入110732元，DR收入183120元，化验收入1371331元，理疗费收入730721元，针灸费22339元，实现医疗总收入5881403元。

【民政工作】 低保保障：全镇有农村低保户1085户2221人，发放低保金7237515元。城镇低保63户105人，发放低保金324870元。定救人员26户27人，发放123594元。临时救助：实施临时生活救助138户179人，救助金额235700元。“五保”救助：全镇有“五保”对象91人，其中集体供养对象45人、分散供养对象46人。

“双拥”工作：全镇有重点优抚对象55人，一般优抚对象136人，全年发放优抚金1042999元，为退役军人解决医疗及生活救助1.2万元。设立百福司镇退役军人服务站，下设1个社区服务站、23个村级服务站。定期走访，上门登记，建立退役军人信息台账，了解服务对象的基本情况。

“三留守”工作：全镇有留守儿童1399人，留守老人534人，留守妇女436人，困境儿童4人。留守儿童信息全部录入全国留守儿童服务系统。制定《百福司镇关于“三留守”人员关爱服务工作的实施方案》，成立由向雪峰为组长，肖锋为副组长的农村“三留守”人员关爱服务领导小组，建立“三留守”工作台账。

残联工作：全镇有残疾人1102人，重度残疾人480人，其中440人享受农村最低生活保障。发放残疾人“两补”金额837250元，护理补贴445人，发放529500元，生活补贴543人，发放307750元。慈善工作：完成慈善一日捐工作，推进“十一个”慈善工作方案落实落地，获得“2019年慈善工作先进单位”称号。

【财政工作】 加强国有资产、惠农政策、政府采购管理。根据《关于价款农村集体产权制度改革相关工作的通知》要求，指导百福镇23个村完成清产核资和集体经济身份确认工作。根据《来凤县关于开展惠民惠农财政补贴资金“一卡通”专项治理工作的通知》要求，开展惠民惠农财政补贴资金“一卡通”专项治理工作，未发生1起涉农资金投诉案件。

强化扶贫资金使用监管。百福司镇财政严格按照相关要求，坚持扶贫资金监管检查，及时发现问题并及时整改上报。协调来凤县财政局资金及时调度，把控好“非洲猪瘟”补贴资金的监管。工作中，服从镇党委、镇政府安排，参与并配合完成计划生育、农业生产、“六城同创”、突发事件处理工作。

【计划生育】 人口基本情况：全镇有32650人，2019年出生339人，符合政策人数318人，出生人口符合政策生育率93.81%，政策外多孩17人，政策外多孩率5%；出生人口中男孩171人、女孩168人，性别比为101.79（女为100）；孕情监测到位率：生育二孩及以上孕情监测到位率54.64%；计生保险征收情况：全镇征收计生家庭意外伤害险总任务是1230户。截至2019年12月，已收850户，代收保费8500元，完成69%。

日常管理情况：办理生育登记216人，其中一孩登记95人、二孩登记121人。办理再生育证13人；完善流动人口服务管理，为流入人口建立健康档案、健康教育、儿童预防接种、传染病防控、孕产妇和儿童保健、优生优育基本公共服务。对流出人口，通过电话访问的形式，落实跟踪服务，重点对已婚育龄妇女的跟踪和信息反馈。落实计划生育特殊家庭开通就医绿色通道、联系人制度、家庭医生签约3个全覆盖。端午节、中秋节、春节前，对计划生育特殊家庭进行走访、慰问，慰问物资8000元。开展计划生育“三查”活动，24个村轮流进行，设立咨询台，发放妇幼保健知识宣传单。9月完成643人的“两癌”免费检查工作。

政策宣传情况：响应二孩政策，宣传相应的政策及生育法规。在政府办公楼、23个村、1个社区拆除老旧且不合时宜的内容30处；全镇印制并下发人口与计划生育宣传折页和全面二孩政策知识问答3000份，下发“计划生育家庭意外伤害险”宣传单1000份，全镇23个村、1个社区悬挂横幅500条。

【上级领导调研】 2月17日，湖北省省长王晓东到百福司镇调研危房改造工作；2月23—25日湖北省第三方评估组（吉首大学）到百福司镇验收精准扶贫工作；3月20日，中央巡视办正处级巡视专员郭风旗到百福司镇调研；5月14日，杭州市拱墅区半山街道党委书记王一平到百福司镇开展东西部协作扶贫工作；6月6日，恩施州副州长夏锡璠到百福司镇开展巡查酉水河工作；6月10日，恩施州纪委常委李士林到百福司镇调研百福司镇纪委、同级监督、形式主义、信访件办理情况、实地调研舍米湖村纪检委员作用发挥情况；6月11日，杭州市拱墅区政协副主席到百福司镇考察东西部协作对口帮扶项目；7月5日，恩施州副州长夏锡璠到百福司镇指导、督办重大动物疫情防控工作；8月13日，湖北省委常委、统战部部长尔肯江·吐拉洪到百福司镇政府机关、南河村、石梁子村调研党建及统战工作，恩施州委书记柯俊陪同调研。

（彭凤云　吴　勇）

旧司镇

【概　况】 旧司镇位于来凤县中部，地处北纬29°26′—29°33′，东经109°09′—109°21′，全镇面积200.74平方千米。境内群山起伏，沟壑切割，老峡河、新峡河之滨平坝错落，田园纵横，地理格局为七山一水二分田。气候属中亚热带大陆性季风湿润型山地气候，温暖湿润，四季分明，雨量充沛，阳光充足，适宜种植业和养殖业发展。

旧司镇是一个以土家族为主多民族聚居地，境内曾经历过漫长土司制度。宋代置大翁迦峒，元至元三十一年（1294）为大旺宣抚司；元末从大旺司中分族置腊壁、东流二蛮夷长官司，为大旺司统领，属散毛司管辖，清初仍之。清乾隆元年（1736）改土归流建县后，改腊壁司为悌恭里，东流司为孝原里。民国初年（1912）两里合并为革旧乡。新中国成立之初为县属第六区，后因原土司治所曾设于集镇，故名“旧司区”。1975年撤区并社，将全区分为旧司、高洞两公社，另划两管理区分别归入革勒车、绿水公社。2001年原旧司乡、高洞乡合并为旧司乡。乡政府设在旧司集镇。2011年1月，在三寨坪村新建的政府办公大楼典礼落成，乡政府迁至三寨坪集镇新区。2012年9月，经省人民政府批准，同意来凤县撤销旧司乡，设立旧司镇，以原旧司乡的行政区域为旧司镇的行政区域，镇人民政府驻旧司。

全镇所辖32个行政村、1个社区、2个集镇、372个村民小组，总人口5万余人。常用耕地面积2616.53公顷，林地面积9088.87公顷。境内居住着17个民族，其中土家族、苗族占85%，以田、向两姓为土家大姓，是典型边远山区和少数民族聚居地。

农村支柱产业以生物质能源林、桑蚕、茶叶、烤烟、楠竹、生猪养殖为主。境内矿产资源丰富，以原煤、大理石、紫萤石、冰周石、重晶石为主，原煤储量大，分布在贵帽山、新乐一线。全镇有原煤生产企业1家，规模以上企业1家。可供招商引资项目有茶叶、桑蚕、板土科白酒等。旧司素有“桑蚕之乡”美称，可兴办大型缫丝厂。地方独特传统产品“板土科”白酒，拥有50多年传统生产工艺，取龙泉洞纯净泉水发酵酿造，含硒量适度，1994年经州质检技术部门鉴定为优质白酒。

旧司是典型土家族居住区，土家文化积淀深厚，民风民俗特色浓郁，有“牛王节”“地龙灯”“三棒鼓”等土家标志性文化传承。旧司三棒鼓、地龙灯艺人们在武汉、张家港、深圳表演和竞赛均载誉而归，分别在中央电视台、湖北电视台、湖南卫视进行绝技绝活表演。旧司先后被国家、省、州命名为“先进文化乡”“先进体育乡”“特色武术乡镇”“民族民间文化艺术之乡”。

2019年，旧司镇紧扣县委、县政府“一区四县”发展目标和特色农业大镇定位，持续打好“三大攻坚战”战略，统筹推进稳增长、促改革、调结构、惠民生、防风险等各项工作，在县委、县政府的领导下，在县直各部门的支持下，全镇各项工作均得到较大发展。

【精准扶贫】 2019年，全镇脱贫64户204人。截至2019年底，脱贫人口3876户13491人，综合贫困发生率为0.16%。全镇危房改造“四类”对象户114户，完成114户，完成验收114户，拨款完成114户。严格落实到户到人政策。2017—2019年兑现到户到人产业扶持资金1015万元，完成中高职“雨露计划”帮扶717人次，累计补助资金179.15万元，完成金融扶贫“111”扶贫41户，资金收益扶贫1209人次，贫困户户贷企用94户，农户自贷自用142户。全镇有公益林5225.43公顷，补偿资金88.18万元，易迁后续产业为村集体经济注入全新活力，项目脱贫成效明显，三寨坪村扶贫车间有效带动当地易地扶贫搬迁对象务工就业，“逐步能致富”成效初显。核实本地户籍在恩施州外就读建档立卡贫困家庭学生教育资助情况，对未享受教育扶贫政策建档立卡贫困家庭学生所在学校发函66件，要求当地学校对旧司镇户籍建档立卡贫困学生给予教育扶贫补助。2月13—28日，旧司镇三寨坪村、觅鸭溪村、四方石村、黑洞塘村通过省扶贫开发工作成效考核暨贫困县退出专项评估检查工作。7月10—15日，旧司镇岩峰窝村、觅鸭溪村、小河村通过贫困县退出抽查工作。

【阵地建设】 黑洞塘、都司、岩朝门3个新建党员群众服务中心完成进驻办公，龙桥、大岩板、锁洞等阵地提档升级及15个村级文体广场配套完善，全镇村级阵地基础设施建设实现质的突破，4个软弱涣散党组织序时整改到位，后备书记培养和下派书记撤离工作有序推进。

【农业产业】 立足“特色农业大镇”发展定位，围绕“两茶一果一蜂一菇”产业发展思路，全镇特色产业基地总面积突破3000公顷。藤茶基地667公顷，油茶1333公顷，干鲜果面积667公顷，蜜蜂2000桶，香菇0.5公顷。同时利用“一、二、三产业融合发展资金”，发展后坝片区蔬菜大棚建设20公顷，小水果基地33公顷。

【公路建设】 2017—2019年，全镇建设公路197.39千米，新修或改扩建沙石路67.21千米，道路硬化130.18千米。2019年，养护农村公路137.5千米，安放固定安全标识108个，临时安全标识24块，争取落实道路安防设施16千米。

【水网建设】 完成水网铺设453.3千米，新建马家沟、高洞、杉木落3个水厂，完成水网入户安装1425户。

【电网建设】 全镇安全用电新建和改造台区41个，完工20个，新添换电杆500余根，基本实现群众生产生活用电全覆盖。完成173个中低压配电网改造项目，完成讨橙线公路改扩建移杆迁移89个，完成辖区11050户智能表免费轮换。

【通信建设】 33个村（社区）全部通广播电视光纤线，广播电视服务改造升级500户，大力推进移动通信信号基站建设，移动4G信号基本实现全覆盖。

【六城同创】 多措并举实施垃圾分类，建成垃圾中转站1座，正式投入使用。下发垃圾桶1000余个，垃圾分类桶60套240个，清理卫生死角80多处，清理乱张贴以及牛皮癣200处，组织生活垃圾集中治理12次，村收集、镇转运、县处理机制收效明显；开展“厕所革命”工作，2019年，户厕完成3177户，乡村公厕完成12座，乡镇公厕完成2座，人居环境不断改善；严格把控森林火灾发生，出动宣传、巡查车116车次，发放宣传资料3000份，张贴森林防火戒严令575份。

【安全生产】 强化全镇重点领域安全检查、隐患排查、专项整治工作并取得实绩，发放宣传资料1600余份，安全排查100余次。2019年未发生一起煤矿及非煤矿山重大安全事故，烟花爆竹行业安全生产形势稳定，道路交通、建筑施工工地、学校、企业等重点领域安定有序。

【扫黑除恶】 开展“扫黑除恶”专项斗争工作，广泛宣传、深挖线索、高压打击，出动扫黑除恶宣传车6台次，连续宣传30余天，发放宣传资料2万余份，制作灯箱广告70余个，通过院落会、赶集会专场宣传5场次。人民群众安全感、满意度不断提升。

【综治维稳】 全年调处信访问题147件，初信初访调处率100%，矛盾纠纷排查化解成效显著，始终将倾听民意、体察民情、解决民忧、温暖民心贯穿工作全过程，完成两会和“迎大庆·保军运”期间安保工作。推进“雪亮工程”建设，镇、村两级24小时值班制度常态化运行，“平安旧司”建设迈出新步伐。

【社会保障体系】 2019年更加注重军人事务工作。完成全镇821户光荣军属挂牌工作；全镇优抚军人276人，其中重点优抚对象58人，60岁以上农村籍退伍军人218人，合计每月发放10.137万元，全年发放127.3643万元。参加城乡居民医疗保险人数4.31万人，参保率达98.9%；截至2018年底，全镇缴费参加城乡居民养老保险人数13613人，缴费参保率86.53%，60岁以上领取养老金人数6954人，社会化发放率100%。建立居民健康档案31348份，档案建档率85%。预防接种人数3972人，居民医保普通门诊13914人，报销费用83.54万余元，收治居民医保住院病人4584人，报销医疗费用555.46万余元。

【干部作风转变】 开展“不忘初心、牢记使命”主题教育。坚持问题导向，按照“为民服务解难题”相关要求，党政班子成员查摆各类涉及民生实事问题26个，形成问题整改台账限期整改落实，解决群众身边“最后一公里”问题30余个，推进“学习型”政府建设。支持纪检机关执纪监督问责。2019年，旧司镇纪委对发现轻微违纪问题运用第一种形态处理干部38人次，立案查处7人，尤其是对一批涉及扶贫领域问题的须严肃处理，坚持纠正损害群众利益行为，党员领导干部带头按规矩办事、按规矩用权，切实增强服务观念和提高办事效率。

【重要会议事件】 2月18日，光谷联交所总经理范蕴玉一行到旧司镇大坝村走访慰问精准扶贫建档立卡贫困户（梁博松、杨昌进、田成军），给群众送上春节祝福。

3月25日，州委副书记、州委政法委书记、州高新区工委书记柯东海一行到旧司镇四方石村调研，入户走访贫困户，查看黄精基地和油茶基地，为旧司脱贫攻坚提出新要求。

3月29日，旧司镇召开第二届人民代表大会第六次会议，69名人大代表、51名列席人员出席会议。会议听取和审议《旧司镇政府工作报告》《旧司镇人大报告》，与会代表们以代表团为单位对报告进行分组讨论，提交议案、意见和建议。全体会议上，以举手表决形式通过各项决议。

5月24日，张富清先进事迹报告会在旧司镇二楼会议室召开，会议由旧司镇镇党委书记尹宾主持，旧司镇班子成员，村（社区）“尖刀班”班长、书记等参加。会上学习张富清先进事迹，会议要求全体人员要增强党性，坚定政治忠诚；

要树立宗旨意识，全心全意为民服务。

7月19日，动物疫情处置消毒知识培训会在旧司镇二楼会议室召开，会议由旧司镇镇党委副书记刘伦兴主持，县农业农村局唐术发培训动物疫情处置相关知识，旧司镇镇党委副书记刘伦兴要求大家做到守土有责、守土尽责、守土负责，激发群众内生动力，形成全民抗疫氛围。

8月27日，恩施市委副书记易善翔一行到旧司镇考察脱贫攻坚工作方案，前往旧司镇大坝村（2018年扶贫成效考核抽样点）参观大坝码头易迁集中安置点；前往觅鸭溪村（贫困县退出第三方评估省检、国检抽样点）考察村级档案资料、迎检工作调度和8、10、11组危房改造工作；前往三寨坪村（贫困县退出第三方评估省检抽样点）考察村级档案资料、后续配套产业项目；前往旧司镇新街村考察非重点贫困村脱贫攻坚工作落实情况；前往旧司镇农园考察易迁后扶项目和新型职业农民技术培训基地。

9月4日，咸丰县委书记郑东来一行到来凤县旧司镇考察脱贫攻坚工作，分别考察旧司镇新街村职业农民技术培训基地、旧司镇三寨坪村（省第三方评估抽样点）危房改造、饮水安全、易地扶贫搬迁集中安置点、后续配套产业项目建设、村庄环境整治、三率一度。

9月11日，恩施市政协副主席李家忠一行到来凤考察脱贫攻坚工作，考察旧司镇三寨坪村（贫困县退出第三方评估省检抽样点）村级迎检、易地扶贫搬迁集中安置点、后续配套产业项目建设，新街村非重点贫困村脱贫攻坚工作落实情况，农园易迁后扶项目和新型职业农民技术培训基地。

9月24日，由第一批13人（省扶贫办：张平、谈可可、毕湦，学员10人）、第二批52人（中国国际扶贫中心：谢中武、李雪鑫、周李丝路，省扶贫办：曾继兵，州扶贫办：万锐，学员47人）组成“2019年发展中国家金融扶贫官员研修班”和“2019年发展中国家职业培训与劳动力转移减贫研修班”到旧司新街村来凤县农业广播电视学校实地考察农业生产项目、职业扶贫培训项目，并召开交流座谈会。会上，陈英明介绍来凤减贫情况，向辉介绍农园农业生产项目、职业扶贫培训项目，大家自由交流发言。

10月15日，州委常委、副州长吴槐庆一行组成杭州市帮扶恩施州工作队组织生活会暨工作例会在来凤召开，考察旧司镇三寨坪鞋业加工厂建设项目和旧司镇新型职业农民培训综合楼建设项目。

10月18日，州委常委、副州长黄璟一行到来凤县旧司镇调研农园（恩施）农业发展有限公司金融扶贫工作。

11月23日，恩施州委书记柯俊一行到来凤县旧司镇调研高洞社区污水处理厂项目、旧司镇三寨坪伟诚鞋业公司、旧司镇农园职业农民培训基地。

11月27日，农业农村部发展规划司党支部副书记、二级巡视员罗东一行到旧司镇后坝村开展调研，了解后坝村图书馆、为民服务中心筹建进展和水果、蔬菜、农旅产业发展情况，推动后坝村结对帮扶措施落实落地。

12月3日，来凤县“两代表一委员”报告平安稳定工作走进旧司镇，各级人大代表、党代表、政协委员参会，会上提取7个单位报告，旧司镇镇党委副书记唐勇评价7个单位报告翔实，号召大家齐心营造平安稳定环境。

【其他工作】 新峡河、老峡河、小河等6条河流全面落实县、镇、村三级“河长”负责制。开展生态文明创建工作，坚决打赢“蓝天保卫战”“净土保卫战”“碧水保卫战”，大力推进农业面源污染防治工作，切实维护长江经济带生态环境安全。推进共青团、妇联、人大、征兵等专项工作，圆满完成县委、县政府有关工作任务。

（向　敏　田　丹）

大河镇

【概　况】 大河镇位于来凤县西部边陲，西南同重庆市酉阳县接壤，西北与咸丰县甲马池、丁寨两乡镇毗邻，东北和东南分别与革勒、旧司和绿水、百福司4个乡镇交界。地跨北纬29° 16′ —29° 32′，东经109° 1′—109° 3′。全镇东西宽16千米，南北长30千米，总面积324.45平方千米，约占全县面积的四分之一。镇政府所在地大河坝集镇，历来是鄂渝边陲物资集散中心，东距县城35千米，南到酉阳县城112千米。省道285（即讨橙线）从东南部穿过集镇，境内里程28千米，是鄂西南进入渝东南的主要交通动脉。

大河镇是一个少数民族为主聚居地区和革命老区。现辖1个社区居委会和40个村民委员会，原国营白岩山林药场改制后，隶属于大河范围。2019年末总人口52600人，其中土家族、苗族等少数民族人口32000余人。

大河是中国工农红军二、六军团在国内革命战争时期的活动地，是来凤县境内具有历史性纪念的最大剿匪战场。在冉家坡剿匪战中牺牲的革命烈士被安葬在芭蕉溪村革命烈士陵园，成为全镇革命传统和爱国主义教育基地。

大河镇地域辽阔，物产丰富，草、木及野生动植物繁多，受国家保护树种有红豆杉、银杏、红松、桢楠、鹅掌楸等。主要动物有兽纲类穿山甲、鹿子、豪猪、水獭、花面猫；鸟纲类：白鹭、白鹰、锦鸡、猴头鹰等54种。两河片区8000公顷被列入湖北省野生动植物保护基地；冷水溪村被评定为中国南方农业生物多样性可持续管理项目示范村。已挂牌保护500年树龄的古树26株。全镇森林覆盖率达70%。

大河境内水资源丰富，大小河流数十条。其中酉水河来凤境内主要支流老峡河、新峡河、劫道河均发源于境内，纵横38个村，流域面积300余平方千米。河床落差大，利于梯级开发。

境内矿产资源丰富，页岩气储量大，开发利用的主要有重晶石、方解石、石灰石、石英石等。

大河自然生态十分优美，民族文化积淀厚重。主要自然风景区为：有南方天池之称的白岩山、有深闺神韵之誉的五道水徐家寨、天然氧吧式的冷水溪、来凤县境内唯一保存完好的龙潭坪牛王庙，以及具有传奇色彩的川湖大界石碑。主要非物质文化遗产有牛王节、打安庆、野猪灯、三棒鼓、薅草锣鼓和民歌民谣等十多种。

努力打造以自然风光和民族文化为主的绿色生态旅游和文化生态旅游业。白岩山景区意向性总体规划。徐家寨古屋古树、古梯田山水田园神韵被旅游主管部门认定，宜居村庄建设受到省内外专家游客肯定，冷水溪传统民居保护和宜居村庄基本竣工，桐子园完成游步行道建设，车洞湖村申报传统古院落。

【精准扶贫工作】 全面巩固脱贫成效，全镇贫困户4648户15824人。2014年脱贫647户2243人。2015年脱贫771户2612人。2016年脱贫674户2257人。2017年脱贫866户3092人。2018年脱贫1690户5415人。2019年脱贫67户199人，留存2户7人。

州、县、镇、村四级干部294人，组成41个尖刀班，成立大河镇2019年精准脱贫巩固提升工作领导专班。摸排并解决贫困户退出“两不愁、三保障”存在的各类突出问题55条，兑现补短板资金223.2万元，完成危房改造153户。实现精准施策全覆盖，依托1330余公顷茶叶基地，新建油茶加工厂1个、绿茶加工厂1个。持续推进香菇产业发展，建成9个香菇产业地基，新建菌棒加工厂1个。加强人居环境整治，推进“厕所革命”，完成农村无害化户厕建改2731户，公厕建设14座。

【经济发展】 大河镇2019年财政决算收入56133860.34元。全力推进重点工业项目建设，注重脱贫工业产业培育，工业经济呈现良好态势。

新建油茶加工厂1个、绿茶加工厂1个；明华农业、光正竹木、创鑫木业等规模以上工业企业发展势头良好。进一步优化营商环境，切实减轻企业负担。

【特色农业】 按照来凤县“三茶一果”发展思路，2019年全镇油茶种植面积800公顷、藤茶805公顷、绿茶313公顷、小水果264公顷。持续推进香菇产业发展，建成香菇产业基地9个，新建菌棒加工厂1个，以香菇产业为主体，多种产业支撑，带动集体创收、农业增效、农民增收，努力打造“香菇小镇”。全年生猪、家禽、肉牛、肉羊出栏分别为39223头、202338万羽、847头、2837头；年末生猪存栏43371头，其中能繁母猪存栏3917头；耕牛存栏2937头；羊存栏6082只；家禽存笼190262只。

【集镇建设与管理】 大河镇污水处理厂建设启动，管网长度25千米，惠及大河坝社区、黑家坝村、大坟山村1600余户群众。聘请专业保洁公司，加强集镇垃圾处理，加强集镇建筑运输车辆、建筑工地现场管理，强化人员队伍建设。整治“两违”现象，整治乱搭乱建现象，规范集镇摊位管理。加强禁鞭巡查，推进集镇内禁鞭工作。

【农村基础设施】 加大便民服务基础设施建设，新建大河坝社区党员群众服务中心1个，维修楠木坪村、老板沟村、牡丹坪村党员群众服务中心3个，完成马家坝村、碧泥湖村等18个文化广场提档升级工作；按县大管网建设布局，建设水厂5个，主管网建设完工。

【社会发展】 全镇年末学校总数10所，其中小学7所（含村完小4所和教学点2所）、幼儿园3所（含私立2所），在编教师175人。全镇幼儿园、学前班、中小学有教学班98个，在校在园学生3827人，其中小学2521人、初中部303人、幼儿园（含学前班）1003人。入学率、巩固率均达100%。在校中小学生一律享受“两免一补”优惠政策。2019年，全镇教师参加省、州、县各级各类论文竞赛，15名教师参加全县教师教学技能大赛，分别获得一、二等奖，38名教师的教学教研成果在国家、省、州、县各级刊物发表或获奖，5名中青年教师吸纳为县书法协会会员，学生在各项竞赛活动中获县级以上奖励85人次。学校在全县中小学第七届“园丁杯”篮球赛中获得小学组冠军，获得全县中小学生第六届田径运动会小学组团体冠军。

全年镇农业服务中心动员38个村725户水稻种植户进行水稻保险投保，投保总面积121.65公顷；召开全镇农安员及生产大户培训大会，受训人员1000余人次，发放宣传资料5000余份，与全镇41个村签订安全工作责任状。全镇有文体事业单位1个，村村建有“农家书屋”，有图书16万余册、音像7000余张。村级文化活动室41个，村级体育健身场所41个，新建4个村文体广场。业余文艺队伍和民间文艺队伍45个，开展各种文艺宣传，民间文艺展示450场次。

全镇有卫生院1个，卫生室27个，在职职工87人，住院病床127张，2019年门诊急诊人次44882次，收住入院病人4254人次。全年农民参加新型农村合作医疗余45982人，参合率90%。启动贫困人口先诊疗后付费，建立基本医疗、大病保险、医疗救助、兜底保障“四位一体、一站式服务、一票式结算”的机制。全镇有福利院2所，在院院民125人，有分散供养“五保”老人119人。全镇有农村低保3651人，全年发放资金903.2万元。全年发放临时救助资金77.3万元，高龄老人补助资金64.6万元，残疾人救助资金64.5万元。

【人口与计划生育工作】 全面清理人口出生情况。2019年全镇总人口52600人，其中非农业1339人、农业51081人、常住流入180人；出生人数589人，其中男孩313人、女孩276人，政策内出生538人，出生政策符合率91.3%；继续加大计生利益导向政策落实力度。其中发放独生子女保健费7

人6000元；落实计划生育家庭助学奖励8人，其中一本对象2人、二本对象6人，发放资金10000元；新增奖扶26人，累计奖扶对象283人，发放资金271680元；新增特扶2人，累计特扶33人，发放资金230640元；开展帮扶关怀活动。实现“三个全覆盖”，即计划生育特殊家庭开通就医绿色通率100%，联系人制度落实率100%，家庭医生签约服务落实率100%，春节、端午节、中秋节三节走访慰问基本落实到位。

【民主法治建设】 制定《大河镇2019年“领导干部大接访”实施方案》，推进“阳光信访、政治信访、责任信访”建设，推动全镇领导干部开门大接访制度化、常态化，进一步畅通信访渠道，营造和谐稳定的社会环境。全镇各级调委会调解矛盾纠纷225件，成功216件，成功率96%。

印发《大河镇扫黑除恶专项行动工作实施方案》《大河镇扫黑除恶专项斗争宣传工作方案》《大河镇扫黑除恶线索摸排工作方案》《大河镇扫黑除恶专项斗争举报奖励办法》和《大河镇扫黑除恶工作督导方案》。强化宣传工作，开展广场宣传活动2次。完成涉黑涉恶涉乱问题线索摸排11条，查实3条，查否7条；强化精准打击，受理刑事案件16起，行政案件16起，涉毒案件7起，社会秩序明显好转，治安环境不断改善，经济发展环境持续优化。

开展法律援助宣传工作，提高群众知晓率。全年解答干部、群众的法律咨询320人次。扎实推进平安创建工作，印发《大河镇平安建设大宣传、政法干部大走访活动实施方案》，完成走访群众1300户。

【党风廉政及作风建设】 强化党委书记抓党建工作首责意识。成立以党委书记为组长，其他班子成员为组员的党建督导组，结合精准扶贫包片驻点要求，对各自所驻村（社区）和分管领域建立包责督导机制，压实党建工作责任。

坚持抓基层、打基础，加强基层组织建设、党员队伍建设，坚决落实“三会一课”、民主评议党员和党员干部民主生活会等制度；发挥基层党组织战斗堡垒作用和党员先锋模范作用，确保把党的路线方针政策和重大工作部署落实。规范党组织“三会一课”、主题党日、党员发展资料。继续开展党组织标准化建设工作。开展人才摸底。深入调查摸底，建立人才信息库，并及时充实完善。强化软弱涣散党组织整顿转化。

（王 宇 杨 媚 黄景能）

三胡乡

【概 况】 三胡乡位于来凤县西北部，东与翔凤镇香花村、宣恩县李家河镇建筑坪村、茅坡村交界，南与翔凤镇青山村、中华山林场、旧司镇新田沟、大岩板村相连，西与革勒车镇大地垄村、豹子沟村、鼓架山村、土家寨村接壤，北与咸丰县忠堡镇幸福村、大捷村毗邻。地跨北纬29° 29′—29° 46′，东经109°22′—109° 51′。南北长19千米，东西宽11千米，地形呈南北狭长，近似梭子形状。

三胡乡属低山、二高山地区，乡域内地势呈北高南低，境内群山起伏，溪沟纵横，境内河流主要为老虎洞水系。最高处海拔1254.5米，最低处海拔495.2米，平均海拔670米。

全乡总面积125.42平方千米，其中耕地面积2770公顷。辖15个行政村、1个社区、221个村（居）民小组，8971户30080人。全乡境内居住着汉族、土家族、苗族、瑶族等9个民族。少数民族占全乡总人口的70%。乡政府位于胡家沟集镇，东距来凤县城13千米，北距咸丰县城30千米，省道248横贯腹地，讨橙路（讨火车至橙木园）、胡革路（三胡至革勒车）境内纵横，15个行政村、1个社区公路全通。

三胡集镇有新、老、二街3条街道，老街全长180米、宽16米。1998年新修街道扩大集镇面积，新街（又名大坝路）全长320米、宽18米。2004年由武昌区投资30万元修建二街（又名武昌路），全长180米、宽8米。至2007年底，三胡集镇形成“四路一巷”，即：大坝路、武昌路、平安路、友谊路和三叉河巷。其中大坝路延伸环绕形成集镇A区（新区）。大坝路、武昌路两条街道全部民房打造完毕。大坝路两边街檐上用石板全部铺成整洁，大坝路延伸环绕形成集镇A区（新区）两边形成桂花树一条街。

【脱贫攻坚工作】 全面推进“八个到村到户”和“六个清零”“六个全覆盖”，综合贫困发生率降至0.05%。三胡乡深入贯彻落实习近平总书记关于精准扶贫的重要讲话精神，2019年，召开乡党委班子会议专题研究扶贫工作24次，召开乡前线指挥部调度会12次，到村现场解决难点问题召开现场会6场次。落实“五级书记”抓扶贫要求，乡党委书记遍访贫困村，走访入户150户次，村书记走访贫困户1980户次户。省、州、县、乡、村五级133名尖刀班人员按照“五天四夜”“三个在村”要求驻村攻坚，组织召开各类院落会60余场次，宣传各类精准扶贫及惠民政策。集中开展政策业务培训3场360人次。完成中央巡视反馈问题整改3类、5项、7个具体问题、30个个性问题，完成举一反三的“两不愁三保障”问题整改64个；完成省委巡视恩施州反馈问题整改3类3个具体问题；完成州委巡察反馈问题整改106个；完成各级督战、暗访反馈问题89个问题整改。2019年10大类39小项到户到人项目报账800户141.06万元。易地扶贫搬迁对象实现应搬尽搬，集中安置点配套用房应建尽建，后续扶持产业配套6个。2019年春季学期雨露计划覆盖160人，秋季学期“雨露计划”覆盖201人；学前及义务教育阶段资助942人。全乡低保户573户1208人，“五保”户101户101人；累计发放低保金124.02万元，发放“五保”金16.38万元；发放残疾人补助15.82万元；民政医疗救助4人15526元，临时救助299人29.857万元。50名建档立卡贫困人员转为生态护林员、天保护林员，发放补助10万元。实现1879户建档立卡贫困户100%参保，实现1348人建档立卡贫困人口享受健康体检和196人建档立卡贫困人口享受慢性病检查。实现782户贫困户与15个市场主体签订收益分红协议，发放扶贫贷款3935万元；发放扶贫小额信贷40户190万元。

【经济发展】 2019年，全乡实现财政预算总收入8730.88万元（含火车站建设项目资金），其中一般公共预算财政拨款收入1899.24万元；政府性基金预算拨款收入3605.24万元；其他收入3145.32万元。

【基层党建工作】 落实从严治党责任，召开党风廉政建设专题研究部署会3次，研究党员干部违纪违规问题2次，对全乡党组织书记廉政谈话32人次，开展基层党建检查3次；乡纪委切实履行监督责任，开展明察暗访工作20余次；运用第一种形态工作提醒15人次，运用第二种形态立案7件；抓好抓实同级监督工作，给乡党委、乡组织办、乡政府机关发出工作提醒书3份。组织全乡24个支部书记开展主题教育集中学习72次，开展班子成员讲党课10场次；坚持和规范“支部主体党日”活动，全面加强全乡党员干部理论学习教育。落实党管意识形态责任，开展中心组学习9次，班子成员带头讲党课超过35次，开展各类理论学习和宣讲活动5次。把纪律和作风挺在前面，开展第20个党风廉政宣教月工作，开展警示教育活动5次，与各相关站所负责人及村干部进行工作提醒15人次。加强基层组织建设，新选派第一书记3名，整顿后进党组织2个，调整村支“两委”成员8名，规范党员管理，发展新党员17人；建立乡土人才库156人；完成讨火、梨园2个村村组织阵地建设，16个村（社区）阵地全部达标；16个村（社区）村集体经济收入全部过万。加强党管武装工作，严格落实党管武装各项制度和任务，完成民兵整组、兵役登记、年度征兵等各项工作。

【基础设施建设】 重点实施农村安全饮水、道路建设、农业基础设施建设等惠民工程，努力让人民群众有更多的获得感。完善金盆、三堡两个水厂建设，实现一、二、三级支管网建设全部铺设到村到组，管网、水表安装入户3025户。完成2019年农村电网改造升级项目2个。新建并投入使用村级卫生室2个，16个村级卫生室全部完成规范升级。完成村级道路建设项目12个，村级公路养护71.14千米。完成东西协作项目1个，项目资金30万元；新建成的狮子村金观音茶厂、官坟村绿茶加工厂、安子村水稻烘干厂全部运营使用。

【生态环境保护】 坚持“绿水青山就是金山银山”的理念，落实环境保护责任。全面落实“河长制”。集中开展河库、堰塘、饮水源地清查整治3次，水环境质量保持优良。完成环保督查反馈问题整改。中央、省、州环保督察反馈问题整改成效明显，协助环保、国土等部门扎实开展环境执法，完成石材产业园区等突出环境问题点的整治整改。开展人居环境整治和4个生态工程。完成2019年农村无害化厕所改厕任务1410户；完成1个集镇公厕建设；完成6个村级公厕建设；农村生活垃圾处理市场化运营扎实有效，乡级垃圾中转站完工，基本实现“村收集、乡转运、县处理”全覆盖；集镇污水处理工程厂区建设基本完成，一、二、三级管网铺设全部完成，集镇居民生活污水实现应收尽收。黄柏园村美丽乡村污水处理及亮化工程投入使用。启动石桥村美丽乡村提档升级试点建设，深入推进石桥村垃圾分类试点工作。石桥村入选全国乡村治理示范村。

【社会治理】 按照州委“一统三治六体系”基层社会治理总体要求，深入贯彻实施基层社会治理二十五条意见，全面落实社会综合治理网格化管理，构建全覆盖的公共法律服务体系。着力推行班子成员、中层干部联系村（社区）党建工作制度，引导各级党组织书记带头解决突出问题，推动组织建设提质升级。新建规范化综治维稳中心和全乡联网的视频会议系统。开展“领导下访、书记陪访”“领导开门大接访”活动，接访43次，约谈重点对象10人次，下访20人次。在全州率先启动“百名律师进村庄”活动，开展“七五”普法活动，持续开展法律援助、司法援助，16个村法律顾问100%覆盖。对辖区内重点人员和群体实行ABC分类管控，包保管控全部到位。完成辖区内205名在册吸毒人员、9名邪教人员、114名精神病障碍患者、43名信访人、157名刑满释放人员、21名社区矫正对象、7名在逃人员摸排走访和包保管控。完成2019年“两节”“两会”“迎大庆、保军运”等节日及重大活动期间的信访工作，社会大局平稳可控。

（何彦泽　田　伟）

革勒车镇

【概　况】 革勒车镇位于来凤县西北部，东与三胡乡交界，南与旧司镇相连，西与大河镇接壤，北与咸丰县毗邻。地跨北纬29°29′—29°38′，东经109°09′—109°18′。南北长15千米，东西宽14.5千米。镇政府驻地为革勒车集镇，归二龙山社区管辖，距县城21千米，是全省唯一以土家俚语命名的乡镇。

1983年，革勒公社有15个生产大队，168个小队。1984年6月，遵照中共湖北省委关于设区建乡的指示精神，全县设8区2个镇52个乡，革勒车区辖文坪、太平、鼓架、百兴木、高山、革勒车镇6个小乡（镇），18个村民委员会，168个村民小组。1995年撤销百兴木乡。1997年1月，机构改革，撤区建乡，5月改小乡（镇）为管理区，将5个小乡（镇）合并为革勒车、高山、太平3个管理区，1998年12月恢复为5个管理区。

2005年成立二龙山社区居委会。2013年11月18日，经省民政厅批准，撤乡设镇。全镇有17个村、1个社区、167个村民小组。截至2017年底，全镇行政格局不变。

全镇面积116.27平方千米，耕地面积3268.22公顷，水域326.4公顷，林地7207公顷。森林覆盖率58.4%。矿产资源有重晶石、萤石、铅锌矿、方解石等矿藏。其中萤石主要分布在长太坪的梅子垭，堰塘的落日溪、堰塘坳，板栗坪的桐木湾，天上坪的洋合湾一带，地质储量33万吨。主要植物有杉、松、柏、油桐、生漆、楠竹等。主要动物有獐、麂、果子狸、獾、野猪、刺猬、穿山甲等。

属中亚热带季风湿润型山地气候，地势北高南低，境内群山起伏，溪沟纵横，最高处海拔1379.4米（天上坪主峰），最低处海拔499米（集镇旁），气候温和，四季分明，年平均气温12℃—14℃，年均降雨量1500—1900毫米。境内河流3条。

【精准扶贫】 全年脱贫39户120人；组成村“尖刀班”，县、镇、村三级有126名干部下沉驻村，实现“一组一干”。

产业发展脱贫方面，全镇有专业合作社32家；2019年发展藤茶241.73公顷、油茶495.67公顷、各类小水果241.4公顷、药材133.33公顷、特色蔬菜100公顷；生猪存栏4200头、牛350头、羊102只、鸡14000只、鸭7000只，养鱼面积3.33公顷、养虾面积5.67公顷；发放“以奖代补”到户产业奖补资金185万元，惠及1060户次；使用东西部协作资金实施土家寨香菇大棚、豹子沟龙虾、泥鳅养殖等项目。

易地扶贫搬迁方面，2016—2018年，全镇有易迁户480户1805人，全部搬迁入住；拆旧复垦拆除323户；17个村建设19个后续配套产业，其中12个后续产业项目建成投产。

生态补偿脱贫方面，清理清查历年来的公益林、“退耕还林”等补贴，2019年从贫困人口中分别聘用44名森林管护员，每人年均增收4000元。

发展教育脱贫方面，全镇适龄儿童入学率100%，无因贫困辍学现象发生；2019年资助建档立卡贫困学生1695人次，发放教育资助92.1万元；309人次享受“雨露计划”政策，发放教育资助77.25万元。

社会兜底脱贫方面，1—12月，对749户1825人实行脱贫兜底，发放低保金536万元，其中贫困户600户、1500人、489.24万元，对97名农村特困供养对象实行脱贫兜底，发放“五保”金75万元；实施临时救助278户、324人、159.6万元；实施医疗救助2974人次137.4万元；为793名残疾人发放“两补”资金55万元，帮扶留守儿童551人，发放救助金0.6万元；救助困境儿童13人，发放救助金26000元；全面落实“四位一体”医疗保障政策，大力开展健康扶贫兜底，1—11月，全镇贫困群众在县外及县内住院（含门诊慢性病）5239人次，合规医疗费用为1075.22万元，综合补偿金额为1005.87万元，政策范围内费用补偿比为93.55%。

【党建工作】 2019年，全镇党员571名，其中机关党员120人，农村党员451名；后备干部76名，乡土人才207名，入党积极分子27名，发展党员20名；举办培训班、讲党课等各种形式的培训班10余场次，培训党员1000多人次，镇党委领导班子成员为广大党员上党课累计35次、带头开展警示教育和研讨活动5次，举办各类培训班9期，组织基层宣讲20余次；开展“不忘初心、牢记使命”主题教育工作，组建12个“心连心”工作指导小组，对全镇26个支部主题教育工作进行指导；出台《支部建设五个规范实施意见》《党员七员管理实施细则》，设立无职党员履职日；修改完善《村集体经济发展计划》，指导17个村形成自己集体经济发展模式，全镇17个村实现村集体经济全覆盖。

【党风廉政】 镇党委、镇政府主要负责人开展集中廉政谈话2次，班子成员与联系站所、所驻村上廉政党课2次、谈心谈话2次；对2018年度民主生活会问题整改情况开展检查1次，发放整改建议书2份；开展专项监督检查2次，日常监督检查10余次，配合县督导组到村督导100余次，发布通报2期，通报批评党支部6个，通报批评个人1人，第一种形态处理13人；全年受理信访件、问题线索20条（包括上级转办和本级受理的信访件13件，县纪委案管室转办问题线索4条，其他类问题线索3条）；立案2起，结案1起，给予党内警告1人；组织通报学习典型案例35期，集中组织纪检委员培训4次，谈心谈话36次，村纪检委员走访党员206人，走访监察对象52人，走访群众1500余户，解决问题98个，化解矛盾纠纷45个。

【综治维稳】 全年办理群众来信来访及网上投诉84件，其中上级交办转办20件，首接件11件；镇接待来访群众64批次，全年排查矛盾纠纷152起，化解各种矛盾纠纷120起；召开扫黑除恶专题培训会议1次，发放《来凤县扫黑除恶专项斗争党员干部读本》《扫黑除恶及十进十建党员干部读本》400份，进行扫黑除恶专项斗争知识考试2次；制作悬挂扫黑除恶专项斗争宣传横幅218条，固定标语22条，电子标语19条；在交通要道制作大型固定扫黑除恶标语2条，张贴宣传通告1000份，发放扫黑除恶宣传材料3000余份，发放扫黑除恶共建平安倡议书1500份，张贴《来凤县扫黑除恶专项斗争有奖举报奖励办法》200份，张贴《中共来凤县委来凤县人民政府关于在全县开展扫黑除恶专项斗争的通知》200份；出动扫黑除恶宣传车12台次，开展扫黑除恶宣传文艺演出3次；全镇统一部署各部门、各村（社区）摸排发掘50余次；2019年新增吸毒人员2人，新增吸毒人员增长率降低到2.6%；2019年查处罂粟苗20余株；执行社区戒毒6人，自愿戒毒10人；“一村一警”入户走访群众200户。

【铁路和公路建设】 胡革路建成并投入使用；胡革线基本建成并通车，完成铺油5千米，拆迁房屋13栋，拆迁面积1726.33平方米，补偿拆迁资金3107603元；公路改扩建硬化工程6.7千米，预算资金3360634元；完成农村公路养护92.06千米，从7月1日至12月31日拨付养护资金13800元；黔张常铁路建成通车。

【村镇建设】 危房改造方面，2019年全镇有64户纳入危改，其中含未脱贫农户51户，已脱贫农户13户，完成所有64户危改农户的工作；“厕所革命”方面，上报农村公厕10座，其中镇南村3座、桐麻村1座、豹子沟村1座、土家寨村1座、岩板村1座、桑树坪小学1座、鼓架小学1座、文坪小学1座，10座全部完工，农村户厕2019年下达任务数2935户，改造2935户，系统录入2935户；完成革勒污水处理厂建设厂区建设，铺设管网3.8千米；全镇发放垃圾桶380个；集镇绿化补植300棵，投放仿古垃圾桶20个；风雨桥主体建设基本完工。

【宣传文化工作】 深入开展学习张富清英雄事迹的活动，以红色文艺轻骑兵小分队为骨干，到村到社区组织开展庆祝新中国成立70周年、张富清先进事迹等文艺宣讲，队伍队员人数40人，进村寨演出活动达20余场次，文艺轻骑兵自编自演各类文艺节目20多个，18个村（社区）现场观众3000人次以上；对全镇24处体育场地开展普查工作，三房沟、大地龙、板栗、天上坪、桐麻及长太坪村的体育器材安装完毕；全镇17个村及二龙社区92组“村村响”建设安装完毕；完成白果村、陈家沟村文化广场提档升级建设任务；17个村及二龙社区的音响配置到位；17个村及二龙社区的“农家书屋”的109套的图书配送到位；完成全镇5355户“户户通”的普查工作。

【医疗卫生】 截至2019年12月20日，建立健康档案13013份，其中65岁以上老人健康档案2244人，高血压患者建档2009人，糖尿病患者建档283人，重症精神病患者建档100人；开展健康知识咨询服务19次，服务1020人次，开办健康知识讲座138次，服务1680人次，更换健康宣教宣传栏128期，发放各种宣传资料32400份。2019年接种一类免疫规划疫苗1594剂次，建立预防接种卡13人。2019年管理儿童总人数1359人，其中新生儿家庭访视人数105人，新生儿满月管理人数84人次，婴幼儿健康管理人次数352人次；管理孕产妇总人数125人，其中孕早期健康管理人次数140人次，孕中期健康管理人次数97人次，孕晚期健康管理人次数145人次，产后访视人数152人，产后42天健康检查人数5人。截至2019年12月底，辖区内管理65岁以上老年人1405人，参加体格体检1389人，辅助检查1656人，健康指导1600人，中医药健康管理1389人，中医药保健指导1389人。2019年登记管理高血压患者登记3141人，纳入规范管理数是2038人，参加体检的人数是1651人，糖尿病登记数是1209人，纳入规范管理数是258人，参加体检的人数是217人。2019年全镇管理严重精神障碍患者95人，规范管理68人，健康体检65人。截至2019年11月底，网络直报报告38例，传染病处置72次，疫点消毒处理72次，协助流行病学调查和随访45次，协助查找管理密切接触者55次。

2019年全镇对辖区内学校8所、公共场所7家、医疗机构16家、计划生育1家、放射1家、水厂1家，进行季度巡查，巡查覆盖率100%。全镇经上级医疗机构确诊并管理肺结核患者11人，管理肺结核病患者11人，管理率100%，完成治疗的肺结核患者10人；从5月底对全镇在家贫困人群开始进行建档立卡贫困人口免费健康体检工作，借用翔凤镇精神堡医院场地，对居住在县城的革勒辖区居民进行免费体检。截至11月底，全镇完成建档立卡贫困人口免费健康体检1396人，体检率19.03%。

【计划生育】 截至2019年9月底，有总人口20549人；期内出生婴儿168人（其中符合政策生育人数157人，符合政策生育率93.45%）；期内死亡人数148人；开展打击“两非”行动，对在孕对象和重点对象实行建卡专人跟踪管理；期内生育二孩及以上对象115人，孕情在4个月内及时上报64人，及时率55.65%；对疑似非法终止妊娠的个案予以打击，期内上报1例线索到县卫生计生综合执法局；落实计划生育利益导向政策，期内为7个符合政策生育女扎家庭申报落实县级一次性奖金7000元；为当年新增奖扶特扶对象申报增加新农保养老金额度（独子及双女户月增30元，独女户月增40元，无子女户月增50元）12人；落实独生子女保健费30户3200元；镇本级落实双（独）女户家庭女孩初升高一次性奖励7人，人均200元共1400元；高升专（本）科一次性奖励6人，人均400—800元3600元；开展计划生育家庭意外伤害保险，为702户计划生育家庭办理计划生育意外伤害保险；计划生育窗口期内办理生育登记事项105件，其中登记生育为第一孩43件，登记生育为第二孩62件，为村民办理证明及审批件78件。

【司法调解】 全镇设置19个调解委员会人民调解员90人，其中乡镇调委会1个调委会成员7人；村级调委会17个调委会成员80人；社区调委会1个，调委会成员3人，组织镇村两级调解委员会成员90名以会代训的形式进行调解知识培训，培训的主要内容是《中华人民共和国人民调解法》《中华人民共和国农村土地承包法》《中华人民共和国反家庭暴力法》；2019年全镇调处各类矛盾纠纷78件（其中村级调委会调处52件、镇调委会调处疑难复杂纠纷26件），成功调处78件，调处成功率100%。截至12月25日，在册社区服刑人员11人，其中缓刑10人、假释1

人；全镇自2015年1月至2019年各类刑满释放人员96名，按照“一人一档一策”的要求建立工作档案，制定帮教措施、落实帮教责任，建立帮教小组96个；将每月的2日、5日、8日（赶集日）定为法律咨询服务日，全年完成咨询案件302项，帮助弱势群众实施法律援助案件25件。2019年全镇全面启动“七五”普法工作，对17个行政村和镇直各单位的168名普法员进行全面系统的培训和“12·4”宪法日宣传活动，宣传《劳动法》《劳动合同法》《工伤保险条例》等内容；开展“三学三知”活动，组织宣讲团在葩坪、堰塘、板栗、土家寨、陈家沟等村开展以法律宣讲活动18场次，发放普法读本800余册，参加群众1100多人，主要内容是《农村土地承包法》《劳动合同法》等与广大人民群众日常生活息息相关的法律法规知识；对各村党员、村组代表以及村支两委成员开展法律知识培训活动，重点是以习近平总书记重要讲话精神、《宪法》、《一准则、两条例》和《监察法》开展学习；利用“3·8”妇女维权周、“3·15”消费者权益保护日等重要节日开展主题法治宣讲活动，开展宣传活动，广泛宣传《妇女权益保障法》《消费者权益保护法》等有关法律法规；在全镇17个行政村普遍建立法律顾问制度，分别与雄震律师事务所签订常年法律顾问协议书，基本实现法律顾问全覆盖。

【畜牧工作】 疫病防控方面，完成春秋两季防疫工作，春季生猪存栏4945头，耕牛存栏271头，羊存栏174只，禽存笼10358只，秋季生猪存栏5288头，母猪存栏312头，耕牛存栏394头，羊存栏162只，禽存笼15850只；猪瘟、猪口蹄疫、猪蓝耳病、牛羊口蹄疫、禽流感注射密度均达到100%；耳标佩标率均达到应注射数的100%；《重大动物疫病免疫告知书》张贴100%；定期给大场大户送达程序化免疫推荐方案17份，动物程序化免疫率100%；猪瘟、猪口蹄疫、猪蓝耳病、牛口蹄疫、羊口蹄疫、禽流感免疫抗体检测合格率达85%以上；完成疫情防控工作，H7N9、H5N6禽流感血清抽样检测200多份，检测结果为阴性；肉羊布病净化血清抽样检测356份，检测结果为阴性。畜牧发展方面，有生猪养殖大户17户，建立1户千头生猪养殖场，另有1户4500头生猪规模养殖场逐渐投入使用；禽类养殖大户10户；草食牧业方面：达到存栏10头能繁母牛的肉牛养殖户8户，存栏30只肉羊以上肉羊养殖户3户；兑现2017冬农开发奖补资金1户；全镇养殖户915户，存栏生猪5288头（能繁母猪312头）、牛394头、羊162只、禽15850只；特种养殖3户，其中豪猪养殖户两户存栏120头，野鸡养殖户一户规模1万只，现存笼5000只；建立一家规范屠宰场，动物产地检疫、屠宰检疫开展面100%；产地检疫600多头次，屠宰检疫1700多头次，动物产品检疫1100多千克，检出的不合格动物和动物产品，以及病死畜禽的无害化处理率100%；对存栏动物50头（只）以上的养殖场（户）签订《畜产品安全生产责任书》19份、《兽药、饲料及饲料添加剂经营质量安全承诺书》20份、《严禁使用“瘦肉精”等违禁物品告知书》20份，不定期进行违禁药物（瘦肉精如沙丁胺醇、盐酸克伦特罗、莱克多巴胺等）尿液抽检，对生猪、肉牛抽检40次125头，结果均为阴性；大场大户的养殖档案监管100%；定期对兽药饲料经营门店清查，市场销售的兽药饲料产品合格率100%；发放“非洲猪瘟”防控宣传手册650份、排查手册85份，张贴省指挥令20份；先后增设立三房沟、干家沟、牯牛坡、豹子沟、干龙洞、龙家垭口、青岗堡7个“非洲猪瘟”临时检查消毒站点。截至9月4日，采样送检26份，疫情发生涉及13个村及二龙社区185户，捕杀生猪1077头（仔猪290头、胚猪229头、肥猪558头），严格按省“五不补”要求进行规范登记，无害化处理全部完成，补偿资金99.78万元。

【林业工作】 2019年，全镇聘请森林管护员114名；全镇经济林总面积1733.33公顷；7月前对全镇营造的1733.33公顷油茶、藤茶、水蜜桃实行抚育培管，对全镇3000户林农、果农、茶农进行技能技术培训；全镇完成人工造林油茶233.33公顷，营造藤茶133.33公顷，营造水蜜桃33.33公顷；国家级生态公益林1218.53公顷，兑现农户1788户，补偿资金233044.5元，本镇县级生态公益林1306.13公顷，补偿资金39184元，核兑农户1170户；天然林保护实行分片包干，7名专职护林员各管一片，同时管好辖区内的兼职护林员，革勒车镇天然林管护面积4866.67公顷，树立固定永久性封山育林牌2块；严格执行采伐办证，凭证采伐，12月20日前受理358户林农采伐申请，办结采伐许可证358份，完成采伐计划427.07立方米，没有超森林采伐限额；发生林政案件3起，查处3起，查处率100%；全镇发生森林火警3起，全部查处。

【“三农”工作】 2019年全镇有油茶425.2公顷、藤茶210.53公顷、小水果136.6公顷、特色蔬菜100公顷、药材80公顷。针对草地贪夜蛾的防控，在正坪村4组、桐麻村2组设立2个监测点，定期监测，组织宣传车进行宣传，发放宣传资料1500余份，张贴彩色挂图40多张。6月19日来凤县农业技术推广中心在桐麻村召开草地贪夜蛾防控现场推进会，免费为参会人员发放草地贪夜蛾防治药剂400小袋；落实农业保险惠民政策，全镇水稻投保面积128.23公顷，涉及全镇17个村606户；在陈家沟村2组做水稻、玉米、红苕3个品种的肥效试验示范；全年完成农产品检测1805个，合格率100%；对农业经营主体和农业生产主体（大户）开展定期与不定期的巡察105次；开具农产品产地证明6份；对全镇辖区内的农业生产大棚房进行清理统计，全镇有农业生产大棚房139个，合计2.87公顷；对辖区内的沼气、太阳能、半气化炉用户进行安全回访服务，免费为农户更换沼气灶具89套，检查维护631户；全年录入农机购置补贴机具4台，享受补贴2万元；与农机手签订农机安全生产责任状14份，发放农机安全操作知识14份。

【食药监管】 全年发现1起经营过期食品问题，1起标识标签不合规定食品问题，1起抽检不合格问题，已立案查处，罚没收入2.35万元；开展“辣条”及鸡蛋专项检查，对辖区内经营的“辣条”类食品进行普查，检查“辣条类”食品32个品种，未发现经营有涉及“3·15”晚会曝光的食品，对鸡蛋销售宣称“土鸡蛋”类食品开展检查，下架退市散养土鸡蛋食品5盒；开展非洲猪瘟防控工作，检查白肉经营摊点（户）183家次，未发现疑似带有非洲猪瘟病毒的白肉流入辖区市场，对各餐饮服务单位进行严禁餐厨垃圾流入生猪饲喂环节进行政策宣传并签订主体责任告知书。开展农村集体聚餐报备工作，开展大型聚餐（千人庖汤宴）安全保障1次；利用“千人庖汤宴”机会，开展大型宣传活动1次，受众2000余人；利用村村响、展板等方式与学校、村（社区）联合开展预防野生菌中毒知识，辖区全覆盖；开展辖区食品生产单位监督检查，完成葩坪村茶厂开工复查，对陈家沟菜籽油作坊巡查2次，督促革勒车精米厂进行场地整改；对1家卫生院特殊药品使用管理开展专项检查，检查结果符合特殊药品管理规定；检查卫生室14家，5家存在由卫生院调拨药品与调拨票据上批号不一致问题，6家卫生室未建立真实完整的药品验收记录，2家卫生室缺少避光设施，均完成整改；对3家药品经营单位进行GSP检查，重点针对处方药销售管理、购进渠道、计算机系统管理、终止妊娠类药品、含特殊药品复方制剂、中药饮片储存养护等方面进行检查，未发现问题。

【邮政储蓄】 2019年收入170.44万元，同比2018年增长6.94%；其中代理金融完成收入127.96万元，占总收入的79.7%。截至12月末储蓄收入104.88万元；保险完成687万元，收入30.99万元；函件6.02万元；包裹快递2.87万元；报刊2.87万元；电子商务0.79万元；分销22.02万元。乡镇、行政村直接通邮率100%，18个建制村（社区）投递频次达标，平信条码化率99.99%，条码平信丢损率0.03‰，有理由申诉同比下降75%；客户申诉处理满意率100%，问题邮件一次解决率93.4%；推进绿色邮政建设，电子面单使用率99%，推广绿色包装箱和瘦身胶带，全面使用新型包装箱。

【土地管理】 2019年，革勒车镇城乡建设增减挂钩项目全镇拆除房屋448户，复垦34.67公顷，投入项目资金总量620.47万元，其中农户补偿资金460.72万元，中介单位服务费资金159.75万元。完成2018—2019年度土地整治项目，资金总量150.52万元；完成革勒车境内葩坪、白果、岩板村3个地质灾害点治理项目，投入项目资金总量为224.25万元；挂牌出让国网湖北省电力有限公司来凤县分公司用地宗，出让价款105万元。

【民政救济】 全镇纳入农村低保831户2049人，全年发放低保金6880860元；城市低保23户31人，全年发放低保金184200元；春节期间为121名重点优抚对象发放慰问金36200元，“八一”期间慰问困难优抚对象67人23360元，全年救助解“四难”对象17人31000元；2019年，全镇救助临时困难人员893人300340元；全镇有10人在州精神病院住院治疗，每人救助资金3600元（车费等所有开支），共计36000元；全镇到北京军海医院治疗癫痫病3人，救助资金70000元；“六一”儿童节为10名留守儿童发放救助金6000元，救助困境儿童16人，救助资金16000元；现敬老院集中供养36人，供养资金396384元，分散供养62人，供养资金491040元。2019年全年发放重度残疾人护理补贴362户、362人、36200元；发放残疾人生活补贴456户、456人、22800元。

【退役军人事务】 截至2019年底，全镇有优抚对象117人，年度发放各类抚恤资金56.5万余元；使用解“四难”资金3.07万元，解决复退军人“四难”问题；“八一”慰问67人，投入资金2.336万元；春节慰问121人（含2018年义务兵家属），投入资金3.62万元。

【人力资源和社会保障】 2019年，全镇城镇新增就业306人，下岗失业人员再就业9人；组织精准扶贫农村实用技术培训9场次，组织精准扶贫农村实用技术培训931人，成功发放劳动误工补贴914人，金额137100元；新增返乡创业12人，全镇推进“扶贫合作社”“就业扶贫车间”2家并且挂牌2家，“草根创业”3家；东西部劳务协作工作中，劳务品牌培训32人，向杭州输送建档立卡贫困人员就业5人，杭州拱墅对口对建档立卡贫困人员实用技术培训55人；完善“两后生”相关信息17人，并引导“两后生”接受职业教育与技能培训，1人到杭州第一技师学院读书；引导农村富余劳动力转移就业4021人，建档立卡贫困人员就业信息调查3050人，全镇农村贫困劳动力核实率100%；对全镇城镇企业职工养老保险待遇领取人员进行生存认证工作，推进手机APP城镇职工养老保险待遇领取生存认证进度，手机APP生存认证率98%，全镇养老保险新增扩面16人，续保82人，宣传好工伤保险和工伤保险的扩面工作；对孚瑞、革勒中小学和革勒医院3家企事业单位的临时劳动用工，进行督促用工单位与职工签订劳动用工合同，维护劳动者的合法权益，劳动合同签订率100%，临时用工单位人员35人数据全部录入恩施州劳动保障大数据云平台，2019年整年全镇无劳动用工纠纷。全镇居民养老保险建档立卡贫困人员参保率100%，其中满60岁及以上参保享受待遇人数3123人（其中建档立卡贫困人员满60岁及以上已享受待遇达100%），城乡居民养老保险满60岁及以上已享受待遇认证率100%；全镇医保参保总人数

17218人，按220元/人计算共3787960元；按县政府下达的17514人的完成任务人数算，全镇医保参保率98.3%，贫困户参保率100%；贫困户7340人，贫困户实缴807400元，县财政配套补贴807400元；由县民政局代缴有2006人（特困供养103人、孤儿2人、特困优抚对象27人、低保1874人），441320元；由县残联代缴一、二级残疾397人87340元；由卫计委代缴重度精神病等124人27280元；普通人员参保7351人1617220元。全镇新生儿登记88人。全年慢性病当年申报通过233人。2019年慢性病年检280人，全镇登记通过的慢性病患者有546人；全镇住院2579人，医疗总费用1040万元，基本医疗报销654万元，大病报销57.8万元，民政医疗救助110.45万元，健康扶贫补助6.5万元；大病门诊，慢性病报销584人，医疗总费用61万元，医保基金统筹支出42万元，大病报销8.4万元，民政医疗救助6.4万元，健康扶贫5896.95元。

（周　洲　姚东舟）

人　物

主要机构及负责人名录

中国共产党来凤县委员会

书记：邢祖训

副书记：杨局成（2 月免）

李　伟（土家族）

洪家进（土家族）

常委：郭玉锋（土家族）　费国华（土家族）

刘　涛（土家族）　向子明（土家族）

甘应绪（土家族）　管民桦（土家族）

林正高（苗族）　刘发勋

刘家军（武汉市挂职，4 月免）

林　林（杭州市拱墅区挂职）

来凤县人民代表大会常务委员

主任：邓家斌

副主任：彭远仪（土家族）

赵昌青（土家族）

向清堂（土家族）　蔡　勇（苗族）

张　钧（苗族）

田　慧（土家族，女）

来凤县人民政府

县长：杨局成（2 月免）

李　伟（土家族，5 月任）

副县长：向子明（土家族）

刘家军（武汉市挂职，4 月免）

林　林（杭州市拱墅区挂职）

赵映年（4 月免）

牟林炎（土家族）

熊　庆（土家族）

曾　军（苗　族）

张家安（省民政厅挂职，9 月免）

郭万钧（武汉市挂职，4 月免）

汪建敏（4 月任）

黄祥平（苗族，8 月任）

杜建斌（农业农村部挂职）

潘　睿（武汉市挂职，4 月任）

宋文建（省民政厅挂职，10 月任）

陈英明（省委组织部专才计划挂职，4 月任，10 月免）

中国人民政治协商会议来凤县委员会

主席：田延初（土家族）

副主席：向　莉（土家族，女，1 月任）

彭云宪（土家族）

廖金芳（土家族，女）

滕建刚（苗族）　张冠华（苗族）

县委序列

中国共产党来凤县纪律检查委员会（来凤县监察委员会）

内设机构：办公室（政策法规研究室）、组织部、宣传部、党风政风监督室、信访室、案件监督管理室、第一纪检监察室（审查调查协调指挥室）、第二至第五纪检监察室、案件审理室、

纪检监察干部监督室、派出第一至第八纪检监察组、警示教育基地（信息化科技化中心）

中共来凤县纪律检查委员会

书记：郭玉锋

副书记：李银凤　董小红（女）

常委：姚　健（女）　向学红　罗　勇

葛　剑

来凤县监察委员会

主任：郭玉锋

副主任：李银凤　董小红（女）

委员：姚　健（女）　向学红　田延军

徐作伟（12月任）

中共来凤县委办公室

内设机构：县委总值班室、文书科、秘书科（法规室）、县委政研室（县委深改办、县委财经办）、县委信息综合室、县委机要和保密局（县密码管理局、县专用通信局）、行政科、人事教育科（政工科）、党建办、县档案局、县委外事办、县委国安办、县委督查室（县考评办）。

2019年核定来凤县委办公室机关编制26名（含县委领导专项编制），工勤编制6名。领导职数8名，其中主任1名，副主任7名，核定改为内设机构对外保留牌子的机构（副科级）领导职数6名。2019年实有在职行政在编人员32人，离退休人员16人。

主任：费国华

常务副主任：王中向（4月任）

副主任：杨吉平（8月任）

吴国新（3月任）　杨耀武

冯公平　胡成林　周荷慧（4月任）

中共来凤县委组织部

内设机构：办公室、政工人事股、财务股、干部股、公务员股、干部教育股、组织一股、组织二股、调研股、干部监督股、干部举报中心、人才工作股、老干部工作股、信息管理股14个股室。行政编制26名，参照公务员法管理事业编制11名，全额拨款事业编制12名。

下设：县老年大学、县老干部活动中心、党员电化教育中心、干部信息管理中心。

常设专项工作办公室：县委党建工作领导小组办公室、县委人才工作领导小组办公室、党代表大会代表联络办公室。

部长：刘　涛

常务副部长：吴平峰

副部长：李龙平　杨　锐　蒋　银

中共来凤县委宣传部

内设机构：办公室、理论科、新闻科、出版科、宣传（国防）教育科、文艺科、网信办、文明办8个科室。

原有编制15名，实有人员15名。2019年新增编制7名，共有编制22名（部机关编制12名、下属二级事业单位理论信息中心编制10名），实有在职在编人员15人（部机关11人、理论信息中心4人），空编7名。退休人员5名。

县委常委、部长：管民桦

常务副部长：张常春

副部长：秦叙常　穆永红

中共来凤县委统一战线工作部

2019年机构改革以后，县委统战部统一管理侨务工作，领导县民族宗教事务局。对外加挂县人民政府侨务办公室、县委台湾工作办公室（县人民政府台湾事务办公室）牌子。部机关内设办公室、党外人士工作科（加挂党外知识分子工作办公室）、台湾工作办公室（台湾事务办公室）、民族宗教工商工作科4个职能科室。机关有行政编制7名，实有人员8人，班子成员3人（常委部长1人、常务副部长1人、副部长1人）。

部长：林正高

常务副部长：洪业炳

副部长：杨昌学

中共来凤县委政法委员会

内设机构：2019 年 3 月因机构改革，撤销原内设机构维稳办、综治办、执法监督科、法制科 4 个科室，原科室实职副科级干部保留原职级待遇。2019 年 8 月内设机构“政工科”更名为“政治处”。行政编制 10 名，工勤编制 1 人。

下设：副科级事单位来凤县社会治理网格化管理服务中心。编制 6 人。

书记：甘应绪

常务副书记：姚海雪

副书记：周习斌　吴　洪

中共来凤县委机构编制委员会办公室

2019 年机构改革后，“来凤县机构编制委员会办公室”更名为“中共来凤县委机构编制委员会办公室”，作为县委工作机关，归口县委组织部管理，编委主任调整为县委书记。核减行政编制 1 名，调整后行政编制 5 名，实有行政编制人员 5 人，全额拨款事业编制（参公）人员 3 人。

内设机构：撤销审改股，调整后内设股室 3 个：综合股、行政机构编制股、事业机构编制股（县事业单位登记管理局）。

二级事业单位：“来凤县机构编制电子政务中心”更名为“来凤县编办电子政务中心”，为隶属县委编办管理的公益一类财政全额拨款副科级事业单位，核定事业编制 5 人，实有事业编制人员 4 人。不再保留县事业单位登记管理局，其行政职能回归机关。

领导职数：核定县编办主任、副主任领导职数各 1 名，核定县编办电子政务中心主任（副科级）领导职数 1 名；核减县行政审批制度改革领导小组办公室常务副主任（副科级）领导职数 1 名，核销原县事业单位登记管理局局长（副科级）领导职数 1 名。有领导职数 3 名。

主任：谭　震

副主任：陈胜春（5 月任）

中共来凤县委巡察工作领导小组办公室

内设机构：综合室、督导室。

巡察组：县委第一巡察组、县委第二巡察组、县委第三巡察组、县委第四巡察组。

主任：邱克权

副主任：肖　冰

来凤县信访局

内设机构：办公室、网上信访股、接访办信股、办案复查股、督查督办股、信访网上投诉受理中心。核编行政编制 8 人，现有 8 人；事业编 4 人，现有 3 人。

局长：张庆军

副局长：姚玉林　田呈祥

群众接访中心主任：陈建辉

督查专员：龙鑫玮

县委直属事业单位

中共来凤县委党校（来凤县行政学校）

内设机构：办公室、组教科、理论科、成教科、行政科、公务员培训办公室 6 个科室。财政拨款事业编制 18 名，在编人数 14 人，其中参公编制人员 7 名，事业编制人员 7 名。

党校第一校长：邢祖训

党校校长：刘　涛

行政学校校长：向子明

县社会主义学院院长：林正高

县委党校、县行政学校、县民族干部学校常务副校长：龙发坤

县委党校、县行政学校、县民族干部学校副校长：姚贤吉

县委党校副校长：刘　峰

来凤县档案馆

2019年3月机构改革，原中共来凤县委县政府史志办公室和原来凤县档案局（馆）合并为来凤县档案馆，加挂来凤县史志研究中心牌子，属县委直属事业单位，内设办公室、档案管理股、档案编研股、方志股、党史股、信息技术股，核定编制18名，在编人员16名，退休人员12名。

党组书记、馆长：唐海泉

党组成员、副馆长：陈光煦　姚元培

王　健

党组成员、总编审：杨　林

来凤县融媒体中心

内设机构：融媒体采访中心、编辑制作中心、媒资运营中心、播控技术中心、后勤保障中心、精准扶贫驻村工作队（革勒车镇正坪村、三胡乡梨园村）。

主任：杨　超

总编辑：叶新燕（女）

副主任：莫北钊　杨玉莲（女）　田青华

刘　佳　张小艳（女）　段新淼

总工程师：张鹏华

来凤县机关事务服务中心

内设机构：办公室、办公用房管理股、公务用车管理股、政务联络股、服务保障股、安全保卫股6个股室及县级机关综合执法应急用车保障中心1个二级单位。

主任：余崇慧（女）

副主任：熊　健　刘　翔

来凤县人大常委会办公室、各委室

县人大常委会设办公室和代表选举人事任免工作委员会、预算工作委员会、民族法制工作委员会、内务司法工作委员会、财政经济工作委员会、教育科学文化卫生工作委员会、农村工作委员会、环境资源保护工作委员会、规范性文件备案审查室；增设代表信息中心，隶属于县人大办公室，设立编制4名。县人大常委会机关在岗人员50人，行政编制35人，工勤编制3人，事业编制3人。

办公室

主任：杨永红（1月任）

副主任：胡大林　吴　杰（女）

代表选举人事任免工作委员会

主任：彭　芳（女）

副主任：李琴菲（女）

预算工作委员会

主任：邱　安

民族法制工作委员会

主任：郦昌军

副主任：李　洁（女，4月免）

舒建华（10月任）

内务司法工作委员会

主任：周光玉

副主任：姚春生

财政经济工作委员会

主任：胡任平

副主任：唐年华

教科文卫工作委员会

主任：向艳萍（女）

副主任：刘鑫鸣　岳　琼（女，4月任）

农村工作委员会

主任：廖兴锋

副主任：吴仲乐　舒建华（4月任，10月免）

环境资源保护工作委员会

主任：刘 伟

副主任：田 伟 侯春莉（女，4月任）

规范性文件备案审查室

主任：向春华（女）

政府序列

来凤县人民政府办公室

县政府办公室内设总值班室、文书科、政府研究室、综合发展科、城镇建设科、工业商贸科、农村经济科、社会事业科、政府督查室、行政科、人事科，专设县金融工作办公室，县贸易促进委员会、县仙佛寺景区管理委员会、县电子政务信息中心、县城市建设投资管理中心、县人民政府驻汉办事处为隶属管理的事业单位。定编35名（含县领导专项编制7名），工勤事业编制7名。

主任：段光明

副主任：谢成建 田瑞华 尤 权 杨小波
李 斌 陈晓勇 陈 宏 余三龙
黄博涵（挂职）

来凤县发展和改革局

党组书记、局长：周 涛

党组成员、县页岩气开发与利用协调办公室主任：田登攀

党组成员、县铁路办主任：金栋才

党组成员、副局长：张海生 陈 煌
姜应峰 张金科

来凤县教育局

局长：朱朝顺

副局长：周新辉 张竹林 刘 艳

来凤县科技技术和经济信息化局

内设机构：办公室、科学技术股、工业经济运行股、商务经济运行股、信息产业股、政策法规股、项目股。在职人员编制46名，其中行政编制22名，事业编制24名。

党组书记、局长：薛劲松

副局长：罗 奎 余立军 吴通华 吴晓玲
覃雪峰

总工程师：贾友坤

来凤县民族宗教事务局

内设机构：办公室、经济发展股、社会发展股、宗教股。编制8人。

下设：来凤县民族研究所。

局长：谭绍军

副局长：张卫东 梁俊杰

来凤县公安局

内设机构：政工监督室（纪委、监察室、督察大队）、警务保障室、指挥中心（办公室）、国内安全保卫大队、刑事侦查大队（视频侦查大队）、交通警察大队、反恐防暴特警大队、治安管理大队（危爆物品监管大队）、经济犯罪侦查大队（食品药品犯罪侦查大队）、内部治安保卫大队、公共信息网络安全监察大队、出入境管理大队、禁毒大队（县禁毒委员会办公室）、法制大队（信访室、行政复议室）、看守所、治安拘留所、行政审批室。编制195人［原198人，2019年6月26日，中共来凤县委机构编制委员会行文（来凤县机编发〔2019〕4号），县纪委监委从县公安局划转3名行政编制］。

下设：翔凤、接龙桥、绿水、漫水、百福司、大河、旧司、三胡、革勒车、桂花10个公安派出所。

副县长、公安局局长：牟林炎

党委副书记、政委：向前顺

党委委员、副局长：李 剑 姚 辉 田兴富

党委委员、交警大队大队长：方登贵

党委委员、政工监督室主任：代新勇

副政委、翔凤派出所所长：彭科英

副局长、刑事侦查大队大队长：

郝凤杰（8月免）

来凤县民政局

内设机构：办公室（县老龄工作委员会办公室）、规划财务股、行政审批股、低保股、民间组织管理股、基层政权建设和区划地名股、社会福利和社会事务股，在职行政人员11人。

下设：县社会救助管理站、县社会救助局、县民政执法大队、县社会福利院4个直属二级事业单位，有在职职工31人。

党组书记、局长：蒲　瑛（女）

党组成员、副局长：鲁帮林　王世敏

来凤县司法局

内设机构：办公室、政治警务处、社区矫正局、普法与依法治理股、政策法规股、行政执法协调监督股、行政复议与应诉股、人民参与和促进法治股、公共法律服务管理股、律师工作股10个股室。

隶属管理的事业单位：来凤县公证处

派驻机构：翔凤司法所、绿水司法所、漫水司法所、百福司司法所、大河司法所、旧司司法所、三胡司法所、革勒车司法所。

局长：明文林

副局长：覃庆武　向泽民　吴柏华　刘晓娟

田　泓

来凤县财政局

内设机构：办公室（理论宣传室）、督查室、财务室、党建办、综合股、农业股、信息股、预算股（财政政策研究室）、绩效评价股、国库股、企业股（商贸股）、金融股（国际股）、教科文股、行政政法股、社保股、经建股（环保股）、投资评审中心、法规税政股、人事教育股、工会、采购办、政府与社会资本合作中心、依法治税办公室23个内设机构。

局属事业单位：农村综合配套改革办公室、国有资产经营管理办公室2个正科级单位；设国库集中收付中心、农村财政管理局、财政监督局、会计事务管理局4个副科级单位；县财政局加挂来凤县人民政府国有资产监督管理局牌子。

下设翔凤镇、绿水镇、漫水乡、百福司镇、三胡乡、革勒车镇、旧司镇、大河镇8个乡（镇）财政所。

党组书记、局长：胡新江

党组成员、副局长：黄　斗　殷　涛　谭建华

党组成员、总会计师：周亚琴

来凤县人力资源和社会保障局

内设机构：办公室、政策法规股、基金规划与监督股、人力资源与人才流动管理股、培训就业股、专业技术人员管理股、劳动权益维护股、职工待遇股。

下设：县社会保险管理局（正科级）、县公共就业和人才服务局（副科级、加挂县培训中心牌子）、县城乡居民社会养老保险管理局（副科级）、县劳动人事争议仲裁院（副科级）、县劳动监察局（副科级）、县人力资源和社会保障信息中心6个二级单位；8个派驻乡（镇）人力资源和社会保障服务中心。

现有在职在编人员（含所属二级单位、乡镇人社中心）116人，退（病）休人员38人。

党组书记、局长：杨学东

党组副书记、社保局局长：李兴国

党组成员、副局长：张　勇　周圣刚

党组成员、总会计师：曾祥慧（女）

来凤县自然资源和规划局

内设机构：内设办公室、行政审批股、自然资源调查监测与确权登记股、测绘地理信息管理

股、自然资源所有者权益与开发利用股、国土空间规划管理股、建设工程规划管理股、国土空间用途管制股、耕地保护与生态修复股、矿产资源管理股、地质勘查与灾害防治股、执法监察股、离退休干部股12个股室。

下设二级单位：8个派驻乡（镇）国土资源管理所及来凤县地质灾害监测防治中心、来凤县国土资源执法监察大队、来凤县不动产登记中心、来凤县国土资源局国土整治办公室、来凤县土地收购储备中心、来凤县国土规划办公室、来凤县林业调查规划设计队（县森林资源评估中心）、县城乡规划管理办公室等8个直属二级事业单位。

局长：陈光艾（4月任）

副局长：曹长柏（土家族，5月任）

　　　　田方平（土家族，5月任）

副局长、总工程师：

谭传凯（土家族，5月任）

副局长：倪卫东（朝鲜族，5月任）

总规划师：曾　勇（土家族，5月任）

国土资源执法监察大队大队长：姚　奎

来凤县住房和城乡建设局

根据县“三定”规定，确定行政编制11名，工勤编制1号，领导职教：局长1名，副局长3名，总工程师1名，县人民防空委员会办公室主任1名（副科级）。

内设机构：局内设8个股室：局办公室（政策法规股）、行政审批股、住房保障股、房地产管理股、建筑工程管理股、人防管理办公室、城乡建设股（测绘管理股）、燃气管理办公室。

下辖：局下辖6个事业单位，1个国有企业；县建筑工程质量监督站、县建设工程安全监督站、县建设装饰装修行业管理中心，县建设工程造价管理站、县人防（民防）指挥信息保障中心、现住房保障中心，县自来水公司。

全系统有职工191人（其中中共党员78人），行政事业单位45人，国有企业单位146人。

党组书记、局长、人防办主任：

　向兴祥（土家族）

党组成员、副局长：

曹洪佑（苗族，3月任）　张永红（苗族）

　田　华（土家族，3月任）

　张中海（4月免）

燃气办主任：周庆春

总工程师：易　健

来凤县城市管理执法局

来凤县城市管理执法局（以下简称县城管局）是负责全县城市管理和城市管理综合执法工作的部门。2010年1月县城管局正式挂牌运行，为县政府直属全额拨款正科级工作部门。2019年3月30日，正式更名为来凤县城市管理执法局，为政府组成部门，内设办公室、法制宣教股、综合管理股和督查室。局下设园林绿化管理局、城市管理执法大队、环境卫生管理所、市政管理所4个全额财政拨款事业单位，城区道路清扫保洁和城区绿化养护实行市场化运作。全局正式员工112人，临聘人员158人。

局党组书记、局长：刘海丰

局党组成员、副局长：张　诚　朱茅地

局党组成员、总工程师：刘安阳

副科级干部：文龙先

来凤县交通运输局

内设机构：办公室、财务审计股、行政审批股、工程计划股、运输安全股、法制监督股

人员编制：行政编制11名，工勤编制1名。领导职数：局长1名，副局长2名，总工程师1名。

下设：公路管理局、农村公路管理局、道路运输管理所、高速公路办公室、交通基本建设质量监督站、交通财会集中核算中心、地方海事处

7个事业单位。

局长：舒镜峰

副局长：林义兵　袁少英

总工程师：谭贤忠

来凤县农业农村局

内设机构：办公室、人事股、计划财务股、发展规划股、法规股（行政审批股）、科技教育股、畜牧兽医股、种植业股（经济作物股）、乡村产业发展股、农产品质量安全监督管理股、农业机械化管理股、农田建设管理股、移民规划安置股、水产与水政水资源股、水利水土与工程建设管理股、河湖长制工作管理股、离退休干部股，核定行政编制21名。

下设：县农业技术推广中心、县生态能源局、县藤茶产业发展局、县农机安全监理站、农业机械化技术推广服务站、农业行政执法大队、种子管理局、水政渔政监察大队、水利规费征收管理站、水土保持局、老虎洞工程管理处、水产技术推广站、来凤县水利水电工程质量监督和安全管理站、来凤县动物卫生监督所、来凤县动物疫病预防控制中心、来凤县畜牧技术推广站、来凤县农业综合开发办公室；各乡镇设农业技术服务中心、畜牧兽医服务中心、水利水产管理站，翔凤镇另设民营经济服务中心。

农办主任、党组书记、局长：邱克柱

党组成员、副局长：张红斌　张仁高

田绍恩　魏　明

田应均　王道松

肖红军

党组成员、总畜牧师：曾　均

党组成员、生态能源局局长：吴胜刚

副局长：刘福江（农业农村部挂职干部）

张崇秀（女，省农业农村厅挂职干部）

来凤县文化和旅游局

2019年3月，原来凤县文化体育新闻出版广电局和来凤县旅游合并，组建“来凤县文化和旅游局”，加挂“来凤县广播电视局”“来凤县体育局”牌子，属财政全额拨款正科级行政单位，核定编制12名，内设股室10个，行政领导职数5名。主要负责全县文化、旅游、体育、广播电视工作。

党组书记、局长：周庆玲（女，土家族）

党组成员、副局长：彭安敏（土家族）

张海妍（女，土家族）

尹　凯（土家族）

赵春峰（苗　族）

肖媛恩（女，土家族）

江　浩（土家族）

党组成员、业余体校校长：刘　林（土家族）

党组成员、文化市场综合执法大队长：

杨　洪（苗族）

副科级干部：向　军（土家族）

主任科员：李胜清（苗族）

林兰英（土家族）

来凤县卫生健康局

内设机构：办公室、党建办、人事股、规划财务与信息股、疾病预防控制股（卫生应急办公室、食品安全标准与检测评估股）、医政医管与体制改革股、中医药综合管理和产业股、基层卫生与妇幼健康服务股、人口监测与家庭发展股、政策法规和综合监督股（行政审批股）、健康来凤办公室。

未独立核算二级单位：卫生系统会计核算中心、流动人口计划生育管理站、红十字会办公室、计划生育协会。

党组书记、局长：向　文（土家族）

党组成员、副局长：

田德义（土家族，10月调出）

田　勇（土家族，12 月调入）

陈所华（苗族）　胡　超（1 月调入）

副科级干部：沈选国（土家族）

县计生协会秘书长：田春慧（女，土家族）

县红十字会专职副会长：文　斌

主任科员：文青山（苗族）

来凤县退役军人事务局

2018 年 11 月 25 日正式挂牌成立。核定行政编制 7 名、工勤编制 1 名，核定领导职数 2 名（局长 1 名、副局长 1 名）。下设 4 个二级事业单位，县自主择业军转干部管理办公室、县军队离退休干部管理所、县烈士陵园管理所、县退役军人服务中心（加挂县光荣院牌子）。

局长：李玖山（女，4 月任）

党组成员：张俊辉　何之厚（3 月任）

来凤县应急管理局

内设机构：办公室、应急指挥中心、政工股、政策法规股（行政审批股）、安全生产基础股、危险化学品安全监督管理股、综合协调股、防灾减灾股。行政编制 17 名，领导职数：局长 1 名，副局长 2 名，总工程师 1 名。

下设：来凤县应急综合执法大队、来凤县应急保障服务中心。

党组书记、局长：沈仕军

党组成员、副局长：彭前进　虞列峰

黎中新（3 月调入）

总工程师：谭　鑫

来凤县审计局

内设机构：办公室、综合与法规股、财政金融审计股、行政事业与工交商贸审计股、固定资产投资与外资审计股（重点建设审计股）5 个职能股（室），设有县经济责任审计局一个专设机构，编制 31 人。

下设：政府投资项目审计中心。

局长：汤东亚

副局长：熊子祥　吴　琼

总审计师：吴　坤

经济责任审计局局长：李松燕

来凤县市场监督管理局

来凤县市场监督管理局于 3 月 11 日揭牌成立，是来凤县政府工作部门，为正科级，加挂来凤县知识产权局牌子。内设办公室、党群办公室、政工人事股、规划财务股、政策法规股、登记注册审批股、信用合同与网络交易监管股、广告和知识产权股、计量与标准化股、特种设备安全监管股、产品质量安全监管股、食品安全监管股、食品安全监测和协调股、药化监管股、消费者权益保护股、价格与市场秩序监管股、离退休干部股。下设来凤县市场监管综合执法大队，为隶属来凤县市场监督管理局管理的副科级公益一类事业单位。来凤县市场监督管理局翔凤市场监督管理所、来凤县市场监督管理局绿水市场监督管理所、来凤县市场监督管理局漫水市场监督管理所、来凤县市场监督管理局百福司市场监督管理所、来凤县市场监督管理局大河市场监督管理所、来凤县市场监督管理局旧司市场监督管理所、来凤县市场监督管理局革勒车市场监督管理所、来凤县市场监督管理局三胡市场监督管理所 8 个副科级派出行政机构。编制 185 人。

党组书记：汪再华（土家族，3 月任）

党组副书记、局长：刘阳（土家族，3 月任）

党组成员、副局长：

田　烨（土家族，3 月任）

向云峰（土家族，3 月任）

汪　伟（土家族，3 月任）

向云生（土家族，3 月任）

杨秋红（苗族，3 月任）

莫先文（苗族，3 月任）

林昌柄（苗族，3月任）
田银凤（女，3月任）
周　勇（土家族，3月任）
总工程师：覃　琪（3月任）

来凤县统计局

来凤县统计局机关核定行政编制11名、行政工勤1名，核定参照公务员管理的事业编制8名（来凤县城市社会经济调查队4名、湖北省统计局来凤经济社会调查队4名），全额拨款事业单位核定事业编制15名（来凤县普查中心11名、来凤县社情民意调查中心4名）。

内设机构：办公室、政策法规股、综合和核算统计股、企业统计股、农村统计股、人口社会科技统计股。

二级单位：来凤县城市社会经济调查队、来凤县普查中心、来凤县社情民意调查中心。

隶属省级管理单位：湖北省统计局来凤经济社会调查队。

局长：向官福
副局长：邓　燕　田　华（3月免）
　　　　梅　桢（3月任）
总统计师：曹银俊（11月任）

来凤县医疗保障局

内设机构：办公室、政策法规与医药价格股、待遇保障与医疗服务管理股、规划统计与基金监管股，核定局机关行政编制6名，设局长1名、副局长1名。

下设：来凤县医疗保障服务中心。

党组书记：彭岸敏
局长：杨　碧
副局长：张　昕

来凤县人民政府扶贫开发办

内设机构：综合股、扶贫股、老区建设与培训股，编制11个（含1个工勤编）。

下设：来凤县精准脱贫服务中心。

主任：彭召元
副主任：田红梅　王胜澎　刘伦兴

来凤县政务服务和大数据管理局

内设机构：办公室、行政审批改革和政务服务管理股、督查考核股、大数据管理和政务公开股、公共资源交易管理股（执法检查股）、离退休干部股。编制17人。

下设：来凤县企业服务中心。

局长：邓异清
副局长：覃　艳（女，土家族）
　　　　刘　红　李鑫琰（女，土家族）

来凤县林业局

现有行政机关2个（林业局机关、森林公安局）；设有1个党组（党组成员4人），1个党总支，4个党支部（机关联合支部、森林公安支部、胡家坪林场支部、老年支部）；设有8个乡（镇）林站和7个二级单位（森林公安局、国有胡家坪林场、天保办、林政稽查队、木材检查站、项目办、林业科技推广中心），6个股室。全系统共设行政编制33人，工勤编制1人，事业编制136人。全系统职工总人数180人，其中行政人员29人（森林公安局22人）、工勤人员1人、退休职工38人（离休1人）、事业人员112人（乡镇林站分流人员14人）。

党组书记、局长：田秀元（3月调入）
党组成员、副局长：田德义（10月调入）
　　　　　　　　　张圣平（9月免）
　　　　　　　　　张中海（3月调入）
党组成员、森林公安局局长：李爱民
总工程师：张兆富

政府直属事业单位

来凤县公共资源交易中心

2019年8月核定，县公共资源交易中心财政全额拨款事业编制18名，设主任1名，副主任2名。2019年底单位实有在编在岗人员14名，其中大专6人、本科7人、研究生1人；其中中级专业技术职称5人、初级专业技术职称4人。

主任：向光辉（土家族）

副主任：张晟荣　黑启明

来凤县公共检验检测中心

主任：江世军

副主任：向代祥（3月任）　潘里程（3月任）

来凤县招商服务中心

主任：田瑞华

副主任：李　辉　韩庆娅

来凤县大数据中心

主任：陈　阳

副主任：郭永权　李　姚

其他事业单位

来凤县贸易促进委员会

内设机构：办公室（兼综合财务股）、对外联络股（兼外企服务股）和会务信息股，编制15人。

主任：龙光树

副主任：何　辉　胡月华　汪清平（女）

来凤县供销合作社联合社

内设机构：办公室、政工股、财会股、综合股。核定编制13人，在编9人。

直属公司：来凤县丰农供销有限责任公司、来凤县丰农供销电子商务有限责任公司。

主任：陈　杨

副主任：邓　华　张　胜（2019年5月调入）

监事会主任：覃洪波

来凤县仙佛寺景区管理委员会

来凤县仙佛寺景区管理委员会是2011年成立的正科级事业单位，内设办公室、发展规划股、文物保护股、宗教事务股、安全保卫股5个股室，核定编制12人。现有人员8人（不含张俊辉调出编制未转），其中财政全额拨款编制6人，自收自支2人。

主任：陈　阳（3月调出）

　　　杨　娟（女，5月调入）

副主任：韩庆娅（女，10月调出）

来凤县公共就业和人才服务局

由办公室、财务股、职业指导股、创业指导股、人才服务股、就业援助股、就业培训中心、失业保险股组成。其中失业保险股于2019年7月由社保局转入。局核定编制为19人，2019年末实际在编在岗19人。

局长：高友宣

副局长：张　军　谷　强

　　　　舒江华（4月调入）

培训中心主任：胡　娣

武陵山经济协作示范区（来凤）办公室

主任：邓家斌（兼任）

常务副主任：严国庆

副主任：田清富　田永贵

来凤县铁路建设委员会办公室

内设机构：综合办、征地拆迁股、规划协调股、护路联防股。编制23人，其中县铁路办12人，其归口管理的县火车站综合服务中心11人。

下设：来凤县火车站综合服务中心。

主任：金栋才

副主任：朱亚飞

农村经济管理局

内设机构：办公室、农民负担监督管理股、农村财务管理股。

下设：来凤县农村土地承包经营纠纷调解仲裁庭。

局长：张东山

副局长：杨连锋

来凤县中心医院

党委书记、院长：田亚滨

党委副书记、副院长：刘　荣

党委委员、纪委书记：满延敏

党委委员、副院长：田　杰　杨义军
马金山　廖　真

副院长：杨先铭　张承中
李光富（州中心医院下派）

来凤县政协办公室、各委室

内设一室八委：办公室、经济委员会、提案委员会、教科文卫体委员会、社会法制委员会、文史资料委员会、人口资源环境委员会、民族宗教委员会、委员工作委员会。2019 年底县政协机关干部职工 43 人，其中在编 17 人，主席 1 人、副主席 5 人。

办公室

主任：伍华银（3 月任）

副主任：吴志清　田秀英　吴　勇

提案委委员会

主任：鲁富成（3 月调入）

副主任：陈小娇

经济委员会

主任：王书华

副主任：游明华（3 月任）

人口资源环境委员会

主任：张贤杰

民族宗教委员会

主任：曾华玉（女）

副主任：田明刚（3 月任）

社会法制委员会

主任：张昌盛

文史资料委员会

主任：龙祖明

副主任：杨吉平（3—10 月）

教科文卫体委员会

主任：周子祥

副主任：胡玉堂

委员工作委员会

主任：陈　平

来凤县人民法院

2019 年 10 月，来凤人民法院内设机构通过改革变更为立案诉讼服务中心（立案庭）、刑事审判庭、民事审判庭、行政审判庭、执行局、政治部、综合办公室、审判管理办公室、司法警察大队，下辖大河、旧司、三胡、绿水、百福司 5 个人民法庭。全院有政法专项编制 81 人，在职干警 78 人，聘用人员 16 人，雇员制司法辅助人员 9 人，离退休干部 35 人。

党组书记、院长：舒业树

党组副书记、副院长：张　伟

党组成员、副院长：田胜国　张少民
夏大胜　曾俊铭

党组成员、执行局长：向世贵

党组成员、政治处主任：向世斌（10 月免）
向建桦（10 月任）

党组成员、纪检组长：向建桦（10月免）

审判委员会专职委员：姚源盛

邓青桥（10月任）

来凤县人民检察院

内设机构：2019年6月，根据省委编委《关于印发〈湖北省基层人民检察院内设机构改革方案〉的通知》，政法专项编制50名以下的检察院设立第一检察部、第二检察部、第三检察部、司法行政事务管理局（办公室）、政治部5个内设机构。根据高检发政字〔2018〕66号文件有关精神，全省基层人民检察院统一设置司法警察大队。改革完成后，内设机构为：第一检察部、第二检察部、第三检察部、司法行政事务管理局（办公室）、政治部、司法警察大队。编制45人。

检察长：田崇忠（土家族，8月调出）

代理检察长：左　静（土家族，8月调入）

副检察长：刘冬生（土家族）

王永春（女，苗族）

粟良成（苗族）

纪检组组长：欧阳群

党组成员：胡朝辉（苗族）

群团组织

来凤县总工会

内设机构：办公室、权益保障部、组织宣教网路部、财务经审部。直属事业单位1个，即来凤县总工会职工服务中心。2019年末在职干部职工15人，其中行政编制8人、事业编制7人，离退休干部职工15人。

主席：林正高

党组书记、常务副主席：向　静

副主席：郑艳平（女）

经审委主任：李　霞（女）

中国共产主义青年团来凤县委员会

书记：田佳凯（土家族，1月任）

副书记：卢丽洁（女，土家族，1月任）

少先队总辅导员：向亚玲（女，土家族）

来凤县妇女联合会

内设机构：办公室（加挂来凤县妇女儿童工作委员会办公室牌子），编制3人。

主席：陈　华（女，土家族）

副主席：袁小燕（女，土家族）

办公室主任：向世源（女，土家族）

来凤县残疾人联合会

2019年，县残联内设机构有综合办公室、康复部、残疾人办证中心、残疾人就业服务所，有在岗工作人员17人，其中行政编制7人（领导班子2人、改非领导3人、参公管理2人），事业编制6人，“三支一扶”2人，临聘合同工2人。退休职工5人。设党组，辖1个党支部，有中共党员13人（含退休人员）。

党组书记、理事长：田学海（土家族）

党组成员、副理事长：杨先明

副理事长：陈　锐（不驻会）

来凤县工商业联合会（来凤县总商会）

县工商联（总商会）一套班子、两块牌子，即工商联和总商会。在职干部7人，退休干部7人。驻会班子一正三副，党组书记由统战部副部长兼任。

工商联主席（总商会会长）：文和海

工商联党组书记（常委副主席）：

杨昌学（土家族）

驻会副主席（副会长）：

王　平（土家族）　田　华（土家族）

李秀明（土家族）

不驻会副主席（副会长）：

彭　健（土家族）　田延富（土家族）

杨　华　蒋正刚　谢连仿　袁明林

谭爱东　邹文祥（土家族）　李玉生

石茂林（苗族）

秘书长：王　平（兼）

来凤县科学技术协会

县科学技术协会（简称县科协）内设办公室、科学技术普及部、学会部，县科技馆为二级事业单位。县科协定编4人，在编5人。科技馆定编4人，在编4人。

主席：唐洪忠

副主席：滕艳萍

兼职副主席：田延富　赵春峰　马金山

挂职副主席：翁明章

来凤县老区建设促进会

内设机构：办公室、财务室、基金管理办公室。

名誉会长：田南山

会长：张宏新

副会长：彭召元　张昌奎　邓国强

秘书长：邓国强（兼）

副秘书长：由志平

基金管理办公室主任：刘宗元

办公室主任：胡耀钢

其他序列

中国人民解放军湖北省来凤县人民武装部

部长：刘发勋

政委：刘　洋

副部长：熊　飞

国家税务总局来凤县税务局

内设机构：办公室、人事教育股、党建工作股、纪检组、财务管理股、税政一股、税政二股、风险管理股、法制股、征收管理股、收入核算股、纳税服务股、社会保险和非税收入股。

派出机构：第一税务分局、第二税务分局、翔凤税务分局、大河税务分局、百福司税务分局、三胡税务分局。

事业单位：信息中心。

党委书记、局长：张宏伟

党委副书记、副局长：陈　勇（苗族）

党委委员、副局长：

舒　勤　舒宝扬（苗族）　谷强亚（白族）

高春华（黎族）　印长平（土家族,7月离任）

兰术军（苗族）　符卫华

党委委员、纪检组组长：王　苗

恩施州生态环境局来凤县分局

在2019年机构改革中，来凤县环境保护局更名为恩施州生态环境局来凤县分局。于2019年4月4日正式挂牌。

内设机构：办公室、行政审批股、污染源防治和总量控制股、自然生态股。

下设：环境监测站、环境监察大队、机动车排污监控中心。

局长：杨天之

副局长：王拥军（土家族）

中国人民银行来凤县支行

内设机构：综合业务办公室、监督管理股、会计国库发行股、保卫股。编制27人。

行长：罗　强（土家族）

副行长：黄仕宏王毅伟（5月调入）

纪检组组长：夏　江

主任科员：吴青春（土家族）

副主任科员：石太禄（苗族，7月任）

恩施银保监分局来凤监管组

2019年，中国银监会恩施监管分局来凤监管办事处机构变更为中国银保监会恩施监管分局来凤监管组，于2019年8月6日正式对外挂牌，标志着保险业机构正式纳入监管范围，监管对象为银行业和保险业。内设机构：来凤监管组属于恩施银保监分局的派驻机构，编制4人。

组长：欧高辉

副组长：谭传福

恩施州住房公积金管理中心来凤县办事处

主任：张　超

副主任：杨　玻

来凤县消防救援大队

大队有行政编制 25 人，政府专职消防员 25 人。下设：华龙大道消防救援站。

大队长：田　欢

教导员：孙　龙

来凤县气象局

来凤县气象局设综合管理科、防灾减灾科 2 个科室；直属事业单位 1 个：来凤县气象台。挂靠来凤县气象局管理的县政府事业单位两个：来凤县人工影响天气办公室、来凤县防雷减灾中心。2019 年底有在职职工 12 人（新入职事业编 1 人、新入职参公编 1 人、编外用工 3 人），退休人员 11 人。

党组书记、局长：张岸奎

党组成员、纪检组组长、副局长：

马建华（苗族）

党组成员、气象台台长：

唐晓玲（女，土家族）

来凤县水文站

站长：张孝杰

副站长：蒲冬祥

湖北来凤经济开发区管理委员会

来凤经济开发区管委会内设 3 个正科级职能机构和 1 个正科级事业单位。即招商发展分局、财政分局和国土建设分局、招商引资服务中心。核定管委会主任 1 名（副县级）兼工委书记、副主任 2 名（正科级）；核定招商发展分局、财政分局和国土建设分局正副局长各 1 名；核定招商引资服务中心主任 1 名、副主任 2 名。核定开发区行政编制 6 名，招商引资服务中心事业编制 16 名。现实际在编在岗人数 24 名。

工委书记、管委会主任：覃玉斌（土家族）

工委副书记、管委会副主任：邓华（苗族）

工委委员、管委会副主任：夏昌林（土家族）

工委委员、财政分局局长：滕召华（苗族）

工委委员、招商发展分局局长：

谭政敏（苗族）

国土建设分局副局长：刘　静（苗族）

招商发展分局副局长：朱　平

财政分局副局长：卢志祥（土家族）

招商引资服务中心副主任：王　诚

招商引资服务中心副主任：姚登洲（苗族）

四级调研员：赵海林（苗族）

闵远国（土家族）

二级主任科员：田维松（土家族）

四级主任科员：吴汉岳（苗族）

乡镇

翔凤镇

下设党政办公室、经济发展办公室、社会事务办公室，在编公务员 64 名，下设站所有：财经所、民政办、计生办、村镇建设管理办、开发办、文化服务中心、人社服务中心、民营企业管理站、水利水产管理站、农业技术推广中心、畜牧兽医管理站、工商所、国土资源管理所、安全生产管理所、两烟生产管理办公室、社会治安综治维稳中心办公室、城乡规划建设办公室、司法所、派出所。

中共翔凤镇委员会

书记：覃玉斌

副书记：田征西　张　明

邓家红（8 月调出）

向国微（8 月调入）

委员：潘泽易　杨通学　吴贤军　张宇超

中共翔凤镇纪律检查委员会
书记：吴贤军（5月调出）潘泽易（5月调入）
副书记：王国龙

翔凤镇人大主席团
主席：田昌林
副主席：覃庆海

翔凤镇人民政府
镇长：田征西
副镇长：吴贤军（5月任）杨通学
潘泽易（5月调出）
罗发强（5月任）
杨　娟（8月调出）

绿水镇

下设党政综合办公室、经济发展办公室、社会事务办公室。在编人员41名，其中公务员在编人员33名、选调生6名、事业人员2名。行政垂管单位有公安派出所、林业公安派出所、司法所和法庭。事业单位有财政所、市场监督管理所、林业工作站、国土资源管理所、卫生院、农业服务中心、文化服务中心、畜牧兽医服务中心、水利水产服务中心、劳动与社会保障服务中心。

中共绿水镇委员会
书记：满　涛
副书记：向寿刚（土家族）黄　孜　李成兵
委员：熊英明　刘玉瑶（女）李　静
邓国海　毛长志

中共绿水镇纪律检查委员会
书记：刘玉瑶（女）

绿水镇人大主席团
主席：李远宏

绿水镇人民政府
镇长：向寿刚（土家族）
副镇长：熊英明　邓国海

绿水镇人民武装部
部长：毛长志

漫水乡
中共漫水乡委员会
书记：向　峰（女）
副书记：宋　宇　覃　红　杨东平
委员：向黎明　李　珍（女）杨　兵
田　勇　姚忠君

中共漫水乡纪律检查委员会
书记：向黎明

漫水乡人大主席团
主席：陶　强

漫水乡人民政府
乡长：宋　宇
副乡长：李　珍（女）姚忠君

漫水乡武装部
部长：田　勇

百福司镇

内设机构：党政办、财政所、林站、水利水厂站、供电所、维稳中心、为民服务中心、农业服务中心、村镇建设管理办、计生办、易迁办、畜牧服务中心、烟草站、移民办、派出所、司法所、人社服务中心、民政办、国土资源管理所、市场监督所、综合文旅服务中心、督查室、组织部、纪检办、武装部、税务分局。

中共百福司镇委员会

书记：向雪峰（土家族）

副书记：刘继任　肖　锋　汤　超

委员：舒　勇　田　华（女，土家族）

李启峰（土家族）　田永友（土家族）

裴达顺

中共百福司镇纪律检查委员会

书记：虞　卿（土家族）

百福司人大主席团

主席：向锡明（土家族）

百福司镇人民政府

镇长：刘继任

副镇长：田　华（女，土家族）

李启峰（土家族）

沈劲余（土家族）　裴达顺

镇长助理：段新森（苗族）

副科级干事：徐明权（土家族）

百福司镇武装部

部长：田永友（土家族）

旧司镇

内设机构：党政办、组织办、易迁办、开发办、纪检办、宣传办、交通办、安监所、综治维稳中心、信访办、建管办、为民服务中心、民政办、计生办、水上交通办、移民办、人社中心。

中共旧司镇委员会

书记：尹　宾

副书记：李尚海　刘伦兴　唐　勇

谭何华（8月离任）

委员：杨学权　张干华　张　微（女）

田冬明

中共旧司镇纪律检查委员会

书记：何　青

旧司镇人大主席团

主席：张卫东

旧司镇人民政府

镇长：李尚海

副镇长：杨学权　张　微（女）

副科级干部：田中元　刘乾昌　向代清

冯　成

旧司镇武装部

部长：田冬明

大河镇

内设机构：党政综合办公室、扶贫开发办公室、组织办公室、纪检办公室（纪检监察室）、建管办公室、民政办公室、计生办公室、易迁办公室、安监所、综治维稳中心、信访办公室、戒毒中心、交通办公室、外宣办公室、人民武装部、退役军人服务站，定编55人，实际在编55人。

中共大河镇委员会

书记：黄祥平（苗族）

副书记：赵　军（土家族）　冯建华

青东明（苗族，9月任）

委员：青东明（苗族，9月免）

张弟彩（8月调出）　吴文友（苗族）

黄景能（土家族）

冉　阳（女，土家族，10月调入）

曾学明（苗族）

中共大河镇纪律检查委员会

书记：青东明（苗族，9月免）

冉　阳（女，土家族，10月调入）

大河镇人大主席团
主席：周　彦
专职副主席：田恩成（土家族）

大河镇人民政府
镇长：赵　军（土家族）
副镇长：曾学明（苗族）
符　敏（女，苗族）　邱智文

三胡乡
中共三胡乡委员会
书记：田　慧（女）
副书记：龙显著　曾　翔　田　政
委员：杨文峰　龙　华　文慧明（女）
唐开云　李海泉

中共三胡乡纪律检查委员会
书记：杨文峰

三胡乡人大主席团
主席：彭吉军

三胡乡人民政府
乡长：龙显著
副乡长：唐开云　文慧明（女）

三胡乡人民武装部
部长：李海泉

革勒车镇
内设机构：党政办、组织办、扶贫开发办、易迁办、宣传统战办、安监所、民政办、综治中心、建管办、纪检办、交通办、为民服务中心、财务室、计生办、铁路办。

中共革勒车镇委员会
党委书记：黄仕华
党委副书记：徐　骏　袁学军　刘　卫
党委委员：黄晓林　张继才　姚东舟
杨　轶　汪宏坤（8月离任）
向国超　田碧波（9月任）

中共革勒车镇纪律检查委员会
书记：黄晓林

革勒车镇人大主席团
主席：余　华

革勒车镇人民政府
镇长：徐　骏
副镇长：姚东舟　汪宏坤（8月离任）
田碧波（9月任职）

学校

来凤一中
内设机构：校党建办公室、校办公室、教务处、学工处、教科处、总务处、信息技术处、课改办公室、培优办公室、高一年级组、高二年级组、高三年级组、校工会、校团委、妇委会。
书记、校长：周兴中（2月任，土家族）
副校长：陈义杰（8月免）　张巨宏（8月免）
李江陵（8月免）
覃　黎（8月任，土家族）
杨　璨（女，苗族）
杨先国（苗族）
纪委书记：张廷军（苗族）

来凤县高级中学
董事长：周　曼
书记、校长：李作军
副校长：王先文　何　斌　龙　静

来凤县中等职业技术学校

书记、校长：翁明章

副校长：刘　融　谢先想　胡家万

来凤县实验中学

内设机构：办公室、财务室、政工科、党办、德育处、教务处、科研处。

校长：杨文东

副校长：田明勇　姚伦江　向开贵　唐　华
刘　斌（10 月任）

来凤县高平实验学校

校长：朱　江

校长助理：田佑明

副校长：青三元　周绍友　周铁钢

来凤县思源实验学校

内设机构：校务办公室、政教处、教务处、科研处、党建办公室、工会办公室、团委办公室、信息技术办公室、总务处。

总支书记、校长：李时均

副校长：覃　杰　覃远恒　向　林　何竹山
刘　婧

第一实验小学

来凤县第一实验小学内设机构 12 个，办公室、教务处、德育处、科研室、后勤处、安检室、党建室、财务室、实验室、门卫室、电教处、少先队大队部，在编在岗 132 人。

校长：张文艳（女）

副校长：胡　恂（女）　陈　丽（女）
刘　伟

来凤县第二实验小学

校长：向国宝

副校长：曾志梅　田　俊　邓支双

来凤县民族小学

内设机构：校长室、办公室、教导处、财务室、后勤处、工会室、书记室、各年级组。

校长：杨大芝

副校长：张　宝　赵　敏　袁　诚　龚　俊

企业

中国工商银行股份有限公司来凤支行

内设机构：办公室、市场营销部、支行营业室、凤翔支行（二级支行）。

支行行长、党支部书记：赵明宏（10 月调出）
谭　昊（10 月调入）

支行副行长、支部纪检委员：涂天义

支行副行长、支部委员：向仲林（4 月调出）
方　勇（4 月调入）

中国农业银行股份有限公司来凤县支行

内设机构：办公室、客户部、营业室。

党委书记、行长：屈钧睿

党委副书记、纪委书记：邓德斌

党委委员、副行长：金罡萍

中国建设银行股份有限公司

中国建设银行股份有限公司来凤支行在职员工 20 人，内设综合部、营业部两个职能部门，有营业网点 1 个、附行式自助银行 1 个、离行式自助银行 2 个。

行长：李甘霖

副行长：饶伟顺　陈雪莲
王　敏（5 月调入）

中国农业发展银行来凤县支行

行长：谢　宇

副行长：何　伟　朱　寅

中国银行来凤支行

行长：张金晖

副行长：胡吉禹　蒲　庆

中国邮政储蓄银行股份有限公司来凤县支行

内设机构：综合管理部，综合业务部。

下设：营业部、凤翔大道支行、百福司支行。

行长：杨吉凤

副行长：陈永红

湖北银行股份有限公司来凤支行

行长：谭亚辉

副行长：马新礼

行长助理：张启琛

湖北来凤农村商业银行股份有限公司

党委书记、董事长：康绍军（4月免）

董学军（7月任）

党委委员、行长：杨　涛

党委委员、纪委书记、监事长：

胡　诚（7月免）

杨革胜（7月任）

党委委员、副行长：张云超（4月免）

曾　俊（7月任）

张　霁（10月任）

恩施兴福村镇银行股份有限公司来凤支行

行长：吴定维

行长助理：周洪仙　郭洋位　刘红英

中国人民财产保险股份有限公司来凤支公司

经理：李劲松

副经理：田文涛　徐克林

经理助理：周　迅

中国人寿保险股份有限公司来凤支公司

2019年经过机构改革，公司现有正式员工16人，退休员工3人，内部转岗2人。保险营销人员160人，公司内部设有经理室、综合部、客户服务部和机构业务部计4个部室。

经理：向光辉

副经理：石冬梅　杨　洁

来凤县邮政分公司

总经理：张立红（女）

副总经理：张伟林　潘　欣（女）

中国移动通信湖北公司来凤分公司

内设机构：综合部、市场部、政企客户中心、技术支持中心4个职能部门。

总经理：马红霞

副总经理：邓代勇

中国联合网络通信有限公司来凤分公司

内设机构：综合支撑中心、政企客户营销中心、城区营服中心、旧司营服中心、百福司营服中心。

总经理：蒋静华

中国电信股份有限公司来凤分公司

内设机构：办公室、网络部、销售服务部、移动销售部、政企客户部。2019年底，企业实有在编合同制员工53人，内部退养员工4人，退休员工52人。

下设：大河、旧司、三胡（革勒车）、百福司、绿水（漫水）5个农村支局，1个城区支局。

总经理：赵　辉

副总经理：吴建军　胡　蓉

中石化湖北恩施来凤石油分公司

中石化湖北恩施来凤石油分公司其前身为来凤县石油公司。2000年随中石化股份有限公司湖北石油分公司一起上市，成为国有控股公司。下辖中心、航空路、黄茅坪、大河、百福司、绿水、旧司、三胡、革勒9座加油站。公司经营汽油、柴油、润滑油以及多项便利店非油品业务。

经理：伍　玮

副经理：万学海

来凤县龙凤旅游开发投资有限公司

内设机构：总经办、财务部、工程部、营销部、导游部。

下设：来凤龙凤文化体育传媒有限公司、湖北仙佛寺景区管理有限公司、湖北杨梅古寨旅游管理有限公司、湖北百福古镇旅游管理有限公司。

执行董事兼常务副总经理：余　容

副总经理：徐彩霞

财务总监：彭英明

来凤县城市建设投资有限公司

内设机构：公司内设综合办公室、人力资源部、财务部、投融资部、资产管理部、工程管理部、项目部、法务审计部、职业经理人工作部9个职能部门，在职职工55人（含子公司），其中：副科级以上5人，大学本科及以上学历26人，大学专科学历21人，高级职称1人、中级职称1人、初级职称3人。

董事长兼总经理：曹轶韬

副总经理：汪清平　黎家军　魏建国
　　　　　魏辉剑

楚天视讯来凤支公司

内设机构：综合办公室（党政办、财务部）、技术项目部、市场城区部（集客、三产）。

下设：绿水、漫水、百福司、大河、旧司、高洞、革勒、三胡8个经营部。

经理：朱德华（7月调出）
　　　袁学文（12月调入）

副经理：付晓林（11月调出）
　　　　周　伟（12月聘任）
　　　　刘仁贵（12月去恩施分公司挂职）

技术负责人：罗章义（12月调入）

国网来凤县供电公司

国网来凤县供电公司属国家电网直供直管企业并实行报账制管理。2019年底公司员工322人（其中有高、中、初级技术人员177人，有高级技师、技师35人）。公司下设大河、旧司、革勒车、三胡、绿水、漫水、百福司供电所和营销部（客户服务中心）、电力调度控制分中心（数据中心）、运维检修部［检修（建设）工区］、办公室（党委办公室）、党委组织部（人力资源部）、财务资产部、发展建设部（物资供应分中心）、安全监察部（保卫部）、党委党建部［党委宣传部、工会、纪委（纪检）办公室、团委］。

党委副书记、总经理：黄　励

党委书记、副总经理：谭学吉

党委委员、副总经理：孙建鸿（3月免）
　　　　　　　　　　王世云
　　　　　　　　　　李　杰（3月任）

党委委员、副总经理、纪委书记、工会主席：
　胡　曼（3月免）　田　丰（3月任）

来凤县烟叶分公司

内设综合办公室、党建工作办公室、财务管理办公室、生产管理办公室、技术质检办公室5个科室。下设大河烟草站、百福司烟草站、雪茄烟烟叶收购点，负责全县烤烟、雪茄烟叶生产发展、收购管理及雪茄烟发酵工作。2019年，全公司职工93名，其中在岗员工55（大专及以上学历者30人，党员21人），内退1人，离退休37人。

党组书记、经理：田煜利

党组副书记、副经理：覃光炯

党组成员、副经理：刘学兵

党组成员、纪检组组长、副经理：伍发明

来凤县烟草专卖局（营销部）

来凤县烟草专卖局（营销部）机关设综合办公室、客户服务中心、专卖管理办公室、财务管理办公室4个科室。下设城区、百福司、大河3个市场部，城区、旧司、百福司3个烟草专卖管理所和一个稽查大队。有职工68名，其中在岗员工42人，内退5人，离退休21人。

党组书记、局长：李亚平

党组成员、副局长：刘登武

湖北盐业集团有限公司来凤分公司

经理：吴　斌

专业人才

2019年晋升副高及以上职称的专业技术人员一览表

表7

单位	姓名	职称
公路局	盛立	路桥高级工程师
翔凤镇林业站	吴启发	林业高级工程师
城乡管理规划办公室	赵德志	建筑高级工程师
武陵山骨科医院	张守军	副主任医师
来凤县疾控中心	高学华	副主任医师
县中心医院	刘田甜	副主任医师
教育系统	李士方　杨大芝　彭水英 陈眷益　刘家华　吴真寿 姚本忠　肖高国　邹国玉 孙　琼　覃冬生　向明利 张　涛　邓支双　夏光明 邱昌学　蒋爱军　石方顺 陈昌玉　向　海　宋孝军 陈小民　罗慧红　代天波 宋晓珍　卢　俊　周红英 覃满云　胡先玉　田红梅 彭召银　田永胜　曾　彬 张宏贵　田　波　田中祥 陈凡鹰　瞿　军　杨建平 何　伟　杨益知　黄中桂 姚祖顺　白爱民　蒋世祥	高级教师

附 录

县委重要发文目录

2019年来凤县委重要发文一览表

表8

序号	文号	文件名	发文机关	发文时间
1	来发〔2019〕1号	中共来凤县委、来凤县人民政府关于坚持农业农村优先发展做好“三农”工作的实施意见	中共来凤县委、来凤县人民政府	2019年9月20日
2	来发〔2019〕2号	中共来凤县委关于印发《中共来凤县委常委会2019年工作要点》的通知	中共来凤县委	2019年3月19日
3	来发〔2019〕3号	中共来凤县委关于印发《中共来凤县委常委会议事和决策规则》的通知	中共来凤县委	2019年1月15日
4	来发〔2019〕4号	中共来凤县委、来凤县人民政府印发《关于大力支持民营经济持续健康发展的实施办法》的通知	中共来凤县委、来凤县人民政府	2019年2月20日
5	来发〔2019〕5号	中共来凤县委、来凤县人民政府关于《来凤县机构改革实施意见》的通知	中共来凤县委、来凤县人民政府	2019年3月1日
6	来发〔2019〕6号	中共来凤县委关于向张富清同志学习的决定	中共来凤县委	2019年4月12日
7	来发〔2019〕7号	中共来凤县委印发《关于在全县开展“不忘初心、牢记使命”主题教育实施方案》的通知	中共来凤县委	2019年9月12日
8	来发〔2019〕8号	中共来凤县委、来凤县人民政府关于巩固脱贫成果推进乡村振兴战略的决定	中共来凤县委、来凤县人民政府	2019年12月25日
9	来文〔2019〕2号	中共来凤县委、来凤县人民政府关于表扬脱贫攻坚榜样的通报	中共来凤县委、来凤县人民政府	2019年1月29日
10	来文〔2019〕4号	中共来凤县委、来凤县人民政府关于2019年度全县政法、禁毒工作成绩突出单位和个人的通报	中共来凤县委、来凤县人民政府	2019年2月27日
11	来文〔2019〕5号	中共来凤县委关于县政府机构党组设置调整的通知	中共来凤县委	2019年3月18日
12	来文〔2019〕6号	中共来凤县委关于2019年度县委常委民主生活会的情况报告	中共来凤县委	2019年3月19日
13	来文〔2019〕8号	中共来凤县委、来凤县人民政府关于全县农业产业发展“领军人才”的通报	中共来凤县委、来凤县人民政府	2019年12月12日
14	来文〔2019〕9号	中共来凤县委关于县委常委会“不忘初心、牢记使命”专题民主生活会的情况报告	中共来凤县委	2019年12月20日
15	来办发〔2019〕1号	中共来凤县委办公室转发《县总工会关于推进全县乡镇、开发区工会改革创新的实施方案》的通知	中共来凤县委办公室	2019年6月5日
16	来办发〔2019〕2号	中共来凤县委办公室关于转发《来凤县纪委监委关于深化派出机构改革的实施意见》的通知	中共来凤县委办公室	2019年7月26日
17	来办发〔2019〕3号	中共来凤县委办公室关于印发《来凤县公务员职务与职级并行制度实施工作方案》的通知	中共来凤县委办公室	2019年8月16日

续表 8

序号	文号	文件名	发文机关	发文时间
18	来办发〔2019〕4 号	中共来凤县委办公室关于印发《来凤县民生实事项目人大代表票决制实施办法（试行）》的通知	中共来凤县委办公室	2019 年 11 月 6 日
19	来办文〔2019〕1 号	县委办公室、县政府办公室关于印发《来凤县 2019 年度县级领导联系重点项目、重点工业企业、重点招商项目工作方案》的通知	县委办公室、县政府办公室	2019 年 1 月 28 日
20	来办文〔2019〕2 号	中共来凤县委办公室关于印发《县委十五届六次全会工作报告任务分解表》的通知	中共来凤县委办公室	2019 年 2 月 2 日
21	来办文〔2019〕3 号	县委办公室、县政府办公室转发《县档案局关于做好全县机构改革中档案工作的实施意见》的通知	县委办公室、县政府办公室	2019 年 2 月 28 日
22	来办文〔2019〕4 号	中共来凤县委办公室关于县委机构编制委员会领导体制及组成人员调整的通知	中共来凤县委办公室	2019 年 3 月 1 日
23	来办文〔2019〕5 号	县委办公室、县政府办公室关于完善重点工作推进机制的通知	县委办公室、县政府办公室	2019 年 3 月 16 日
24	来办文〔2019〕6 号	县委办公室、县政府办公室关于印发《来凤县科学技术和经济信息化局职能配置、内设机构和人员编制规定》的通知	县委办公室、县政府办公室	2019 年 3 月 30 日
25	来办文〔2019〕7 号	县委办公室、县政府办公室关于印发《来凤县自然资源和规划局职能配置、内设机构和人员编制规定》的通知	县委办公室、县政府办公室	2019 年 3 月 30 日
26	来办文〔2019〕9 号	县委办公室、县政府办公室关于印发《来凤县文化和旅游局职能配置、内设机构和人员编制规定》的通知	县委办公室、县政府办公室	2019 年 3 月 30 日
27	来办文〔2019〕10 号	县委办公室、县政府办公室关于印发《来凤县卫生健康局职能配置、内设机构和人员编制规定》的通知	县委办公室、县政府办公室	2019 年 3 月 30 日
28	来办文〔2019〕12 号	县委办公室、县政府办公室关于印发《来凤县应急管理局职能配置、内设机构和人员编制规定》的通知	县委办公室、县政府办公室	2019 年 3 月 30 日
29	来办文〔2019〕13 号	县委办公室、县政府办公室关于印发《来凤县市场监督管理局职能配置、内设机构和人员编制规定》的通知	县委办公室、县政府办公室	2019 年 3 月 30 日
30	来办文〔2019〕14 号	县委办公室、县政府办公室关于印发《来凤县医疗保障局职能配置、内设机构和人员编制规定》的通知	县委办公室、县政府办公室	2019 年 3 月 30 日
31	来办文〔2019〕15 号	县委办公室、县政府办公室关于印发《来凤县政务服务和大数据管理局职能配置、内设机构和人员编制规定》的通知	县委办公室、县政府办公室	2019 年 3 月 30 日
32	来办文〔2019〕17 号	中共来凤县委办公室关于调整县委组织部机构编制事项的通知	中共来凤县委办公室	2019 年 3 月 30 日
33	来办文〔2019〕19 号	中共来凤县委办公室关于调整县委统战部机构编制事项的通知	中共来凤县委办公室	2019 年 3 月 30 日
34	来办文〔2019〕21 号	中共来凤县委办公室关于调整县委机构编制委员会办公室机构编制事项的通知	中共来凤县委办公室	2019 年 3 月 30 日
35	来办文〔2019〕22 号	中共来凤县委办公室关于调整县委巡察工作领导小组办公室机构编制事项的通知	中共来凤县委办公室	2019 年 3 月 30 日
36	来办文〔2019〕23 号	中共来凤县委办公室关于调整县信访局机构编制事项的通知	中共来凤县委办公室	2019 年 3 月 30 日
37	来办文〔2019〕24 号	县委办公室、县政府办公室关于调整县政府办公室机构编制事项的通知	县委办公室、县政府办公室	2019 年 3 月 30 日
38	来办文〔2019〕25 号	县委办公室、县政府办公室关于调整县发展和改革局机构编制事项的通知	县委办公室、县政府办公室	2019 年 3 月 30 日
39	来办文〔2019〕26 号	县委办公室、县政府办公室关于调整县教育局机构编制事项的通知	县委办公室、县政府办公室	2019 年 3 月 30 日

续表 8

序号	文号	文件名	发文机关	发文时间
40	来办文〔2019〕27 号	县委办公室、县政府办公室关于调整县民族宗教事务局机构编制事项的通知	县委办公室、县政府办公室	2019 年 3 月 30 日
41	来办文〔2019〕28 号	县委办公室、县政府办公室关于调整县公安局机构编制事项的通知	县委办公室、县政府办公室	2019 年 3 月 30 日
42	来办文〔2019〕29 号	县委办公室、县政府办公室关于调整县民政局机构编制事项的通知	县委办公室、县政府办公室	2019 年 3 月 30 日
43	来办文〔2019〕30 号	县委办公室、县政府办公室关于调整县司法局机构编制事项的通知	县委办公室、县政府办公室	2019 年 3 月 30 日
44	来办文〔2019〕31 号	县委办公室、县政府办公室关于调整县财政局机构编制事项的通知	县委办公室、县政府办公室	2019 年 3 月 30 日
45	来办文〔2019〕32 号	县委办公室、县政府办公室关于调整县人力资源与社会保障局机构编制事项的通知	县委办公室、县政府办公室	2019 年 3 月 30 日
46	来办文〔2019〕33 号	县委办公室、县政府办公室关于调整县住房和城乡建设局机构编制事项的通知	县委办公室、县政府办公室	2019 年 3 月 30 日
47	来办文〔2019〕34 号	县委办公室、县政府办公室关于调整县城市管理执法局机构编制事项的通知	县委办公室、县政府办公室	2019 年 3 月 30 日
48	来办文〔2019〕35 号	县委办公室、县政府办公室关于调整县交通运输局机构编制事项的通知	县委办公室、县政府办公室	2019 年 3 月 30 日
49	来办文〔2019〕36 号	县委办公室、县政府办公室关于调整县审计局机构编制事项的通知	县委办公室、县政府办公室	2019 年 3 月 30 日
50	来办文〔2019〕37 号	县委办公室、县政府办公室关于调整县林业局机构编制事项的通知	县委办公室、县政府办公室	2019 年 3 月 30 日
51	来办文〔2019〕38 号	中共来凤县委办公室关于调整县委党校机构编制事项的通知	中共来凤县委办公室	2019 年 3 月 30 日
52	来办文〔2019〕39 号	县委办公室、县政府办公室关于调整县公共资源交易中心机构编制事项的通知	县委办公室、县政府办公室	2019 年 3 月 30 日
53	来办文〔2019〕40 号	中共来凤县委办公室关于印发《县委中心组 2019 年度学习计划》的通知	中共来凤县委办公室	2019 年 4 月 17 日
54	来办文〔2019〕41 号	中共来凤县委办公室关于转发《2019 年来凤县纪委监督县委及其委员“1+5”工作方案》的通知	中共来凤县委办公室	2019 年 4 月 28 日
55	来办文〔2019〕42 号	县委办公室、县政府办公室关于调整来凤县扶贫攻坚领导小组（县脱贫攻坚指挥部）组成人员和乡镇脱贫攻坚前线指挥部的通知	县委办公室、县政府办公室	2019 年 4 月 19 日
56	来办文〔2019〕43 号	县委办公室、县政府办公室关于印发《来凤县“比招商、抓项目、强产业、促进位”活动实施方案》的通知	中共来凤县委办公室	2019 年 5 月 16 日
57	来办文〔2019〕44 号	中共来凤县委办公室关于印发《中共来凤县纪律检查委员会、来凤县监察委员会机关职能配置、内设机构和人员编制规定》的通知	中共来凤县委办公室	2019 年 6 月 27 日
58	来办文〔2019〕45 号	县委办公室、县政府办公室关于印发《来凤县新时代文明实践中心试点实施方案》的通知	县委办公室、县政府办公室	2019 年 6 月 27 日
59	来办文〔2019〕48 号	中共来凤县委办公室关于印发《中共来凤县委机构编制委员会办公室职能配置、内设机构和人员编制规定》的通知	中共来凤县委办公室	2019 年 8 月 8 日
60	来办文〔2019〕49 号	中共来凤县委办公室关于印发《中共来凤县委党校机构编制方案》的通知	中共来凤县委办公室	2019 年 8 月 8 日
61	来办文〔2019〕50 号	中共来凤县委办公室关于印发《来凤县档案馆机构编制方案》的通知	中共来凤县委办公室	2019 年 8 月 8 日
62	来办文〔2019〕51 号	中共来凤县委办公室关于印发《来凤县融媒体中心机构编制方案》的通知	中共来凤县委办公室	2019 年 8 月 16 日

续表 8

序号	文号	文件名	发文机关	发文时间
63	来办文〔2019〕52 号	中共来凤县委办公室关于印发《来凤县机关事务服务中心机构编制方案》的通知	中共来凤县委办公室	2019 年 8 月 8 日
64	来办文〔2019〕53 号	县委办公室、县政府办公室关于印发《来凤县公共检验检测中心机构编制方案》的通知	县委办公室、县政府办公室	2019 年 8 月 16 日
65	来办文〔2019〕54 号	县委办公室、县政府办公室关于印发《来凤县公共资源交易中心机构编制方案》的通知	县委办公室、县政府办公室	2019 年 8 月 16 日
66	来办文〔2019〕55 号	县委办公室、县政府办公室关于印发《来凤县招商服务中心机构编制方案》的通知	县委办公室、县政府办公室	2019 年 8 月 16 日
67	来办文〔2019〕56 号	中共来凤县委办公室关于转发《县纪委监委落实中央第二巡视组脱贫攻坚专项巡视反馈意见整改工作方案》《县委组织部落实中央第二巡视组脱贫攻坚专项巡视反馈意见整改工作方案》的通知	中共来凤县委办公室	2019 年 9 月 21 日
68	来办文〔2019〕57 号	县委办公室、县政府办公室关于印发《来凤县 2019 年农村“厕所革命”攻坚实施方案》的通知	县委办公室、县政府办公室	2019 年 10 月 7 日
69	来办文〔2019〕58 号	县委办公室、县政府办公室关于印发《来凤县“12345”公共服务热线平台建设实施方案》的通知	县委办公室、县政府办公室	2019 年 10 月 18 日
70	来办文〔2019〕59 号	中共来凤县委办公室关于做好 2020 年度《人民日报》、《求是》杂志、《湖北日报》和《恩施日报》发行工作进一步规范报刊发行秩序的通知	中共来凤县委办公室	2019 年 11 月 25 日
71	来办文〔2019〕60 号	县委办公室、县政府办公室关于印发《来凤县医疗卫生服务共同体建设实施方案》的通知	县委办公室、县政府办公室	2019 年 12 月 10 日

来政发重要文件目录

2019 年 2 月 21 日，印发《来凤县人民政府关于印发来凤县征地补偿标准调整更新风险防控预案的通知》（来政发〔2019〕2 号）。

5 月 6 日，印发《来凤县人民政府关于印发来凤县 2019 年资金统筹整合方案的通知》（来政发〔2019〕1 号）。

6 月 19 日，印发《来凤县人民政府关于公布来凤县第四批县级非物质文化遗产名录及第三批县级非物质文化遗产项目代表性传承人的通知》（来政发〔2019〕3 号）。

6 月 20 日，印发《来凤县人民政府关于促进藤茶市场营销奖励政策的十条意见（试行）》（来政发〔2019〕4 号）。

8 月 15 日，印发《来凤县人民政府关于同意来凤港总体规划（2018—2035 年）的批复》（来政发〔2019〕5 号）。

9 月 3 日，印发《来凤县人民政府关于印发来凤县政府系统国家工作人员宪法宣誓组织实施办法的通知》（来政发〔2019〕7 号）。

9 月 5 日，印发《来凤县人民政府关于表扬 2019 年教育系统优秀教师、优秀班主任、师德师风先进个人、优秀教育工作者的通报》（来政发〔2019〕8 号）。

9 月 29 日，印发《来凤县人民政府关于印发支持民营企业及工业经济健康发展实施办法的通知》（来政发〔2019〕9 号）。

10 月 22 日，印发《来凤县人民政府关于印发来凤县乡镇财政体制管理（暂行）办法的通知》（来政发〔2019〕10 号）。

来政办发重要文件目录

2019 年 1 月 23 日，印发《来凤县人民政府办公室关于印发来凤县 2019 年春节禁鞭工作专项行动方案的通知》（来政办发〔2019〕3 号）。

1 月 23 日，印发《来凤县人民政府办公室关于印发来凤县2019年道路交通治堵保畅工作方案的通知》（来政办发〔2019〕4号）。

1月25日，印发《县人民政府办公室关于印发来凤县开展整治“保健”市场乱象百日行动实施方案的通知》（来政办发〔2019〕6号）。

2月20日，印发《县人民政府办公室关于印发来凤县城区排水防涝工程实施方案的通知》（来政办发〔2019〕7号）。

2月21日，印发《县人民政府办公室关于印发来凤县2019年易地扶贫搬迁工作实施方案的通知》（来政办发〔2019〕1号）。

3月26日，印发《来凤县人民政府办公室关于印发来凤县普通公路“建养一体化”实施方案的通知》（来政办发〔2019〕8号）。

4月10日，印发《县人民政府办公室关于2019年〈政府工作报告〉重点工作任务责任分解的通知》（来政办发〔2019〕9号）。

4月17日，印发《来凤县人民政府办公室关于调整来凤县乡镇污水处理全覆盖工程和来凤县城市污水处理厂提标升级、扩容改造及污水收集管网扩建工程PPP项目建设领导小组并组建工程建设推进指挥部的通知》（来政办发〔2019〕10号）。

4月26日，印发《县人民政府办公室关于印发来凤县涉农资金统筹整合及财政专项扶贫资金管理暂行办法的通知》（来政办发〔2019〕11号）。

5月21日，印发《县人民政府办公室关于印发来凤县中小实体经济发展资金管理实施细则的通知》（来政办发〔2019〕15号）。

5月22日，印发《县人民政府办公室关于印发来凤县2019年农村公路养护实施方案的通知》（来政办发〔2019〕14号）。

6月4日，印发《县人民政府办公室关于印发来凤县防汛抗旱工作方案的通知》（来政办发〔2019〕16号）。

6月24日，印发《县人民政府办公室关于印发来凤县推进文化旅游融合发展实施方案的通知》（来政办发〔2019〕18号）。

6月26日，印发《县人民政府办公室关于印发来凤县2019年度城乡最低生活保障按标施保工作实施方案的通知》（来政办发〔2019〕17号）。

7月1日，印发《县人民政府办公室关于印发来凤县2019年义务教育起始年级招生入学工作方案的通知》（来政办发〔2019〕19号）。

7月5日，印发《来凤县人民政府办公室关于印发来凤县加强和完善易地扶贫搬迁后续扶持工作实施方案的通知》（来政办发〔2019〕20号）。

7月12日，印发《来凤县人民政府办公室关于印发来凤县2009—2015年批而未供土地处置实施方案的通知》（来政办发〔2019〕22号）。

9月10日，印发《来凤县人民政府办公室关于印发来凤县校园安全隐患专项整治实施方案的通知》（来政办发〔2019〕23号）。

9月20日，印发《来凤县人民政府办公室关于印发来凤县“十四五”规划编制工作实施方案的通知》（来政办发〔2019〕24号）。

10月7日，印发《来凤县人民政府办公室关于印发来凤县化解不动产登记历史遗留问题实施方案的通知》（来政办发〔2019〕25号）。

12月15日，印发《来凤县人民政府办公室关于印发来凤县农村公路工作实施细则的通知》（来政办发〔2019〕28号）。

12月19日，印发《县人民政府办公室印发关于在来凤县各乡镇集镇规划区内开展禁鞭工作实施方案的通知》（来政办发〔2019〕29号）。

12月30日，印发《来凤县人民政府办公室关于印发来凤县2019年产业扶贫暨秋冬季农业综合开发方案的通知》（来政办发〔2019〕31号）。

文件选编

中共来凤县委　来凤县人民政府
关于坚持农业农村优先发展做好“三农”工作的实施意见

来发〔2019〕1号

各乡镇党委，各乡镇人民政府，县人武部党委，经济开发区工委，县委各部委，县级国家机关各委办局，各人民团体：

为深入实施乡村振兴战略，推进农业农村高质量发展，全面贯彻落实《中共中央、国务院关于坚持农业农村优先发展做好“三农”工作的若干意见》（中发〔2019〕1号），根据《中共恩施州委、恩施州人民政府关于坚持农业农村优先发展做好“三农”工作的实施意见》（恩施州发〔2019〕1号），结合我县实际，现提出如下实施意见。

一、坚决打赢脱贫攻坚战

（一）全力巩固脱贫成效。按照“摘帽不摘责任、摘帽不摘政策、摘帽不摘帮扶、摘帽不摘监管”的要求，以“四个巩固”“五个提升”为重点，切实做好脱贫攻坚“后半篇文章”。坚持现行扶贫标准，全面排查解决影响“两不愁、三保障”实现的突出问题，防止盲目拔高标准、吊高胃口，减少和防止脱贫人口返贫，巩固现有脱贫成效。继续争取农业农村部、省直定点扶贫单位、“616”工程对口帮扶单位、武汉市和杭州市拱墅区支持。深化产业扶贫、小额信贷扶贫，巩固教育扶贫成果。完善健康扶贫政策，精准落实对重病慢性病患者、残疾人、孤寡老人等特殊贫困群体帮扶措施。加强一线精准帮扶力量，选优配强尖刀班队伍，广泛动员企业、社会组织、公民个人参与脱贫攻坚。坚持扶贫与扶志扶智相结合，着力解决“等靠要”问题，增强贫困群众内生动力和自我发展能力。

（二）压实脱贫攻坚责任。认真落实县、乡（镇）书记遍访贫困村、贫困户对象要求，推进脱贫攻坚与乡村振兴有机衔接。实行最严格的考核评估，开展常态化约谈，加大问责问效力度，发现问题及时解决。持续开展扶贫领域腐败和作风问题专项治理，严厉查处虚报冒领、贪占挪用和优亲厚友、吃拿卡要等问题。认真抓好中央脱贫攻坚专项巡视反馈问题整改工作，牢牢扛起脱贫攻坚政治责任。

二、加快农业高质量发展

（三）夯实农业生产基础。按照“统一规划、统一标准、统一筹资、统一实施、统一验收、统一入库”原则，高质高效完成高标准农田建设任务。高标准农田建设项目优先向粮食生产功能区、重要农产品生产保护区安排。进一步加强农田水利建设和基层农技推广服务体系建设。提升现代气象为农服务能力和农业防灾减灾能力。

（四）调整优化农业结构。稳定粮播面积，落实“藏粮于地、藏粮于技”战略，全面落实扶持粮食生产各项政策举措。坚持质量兴农、绿色兴农、品牌强农，按照“巩固、增强、提升、畅通”方针要求，深入推进农业供给侧结构性改革。以藤茶为支柱产业，突出做好“两茶一果一蜂一菇”农业特色产业，全力推动中药材基地建设。实施水稻产业提升计划，开发多元化马铃薯主食产品。巩固“大棚房”问题整治成果。完成粮食生产功能区和重要农产品生产保护区划定。优化畜牧养殖区域布局，加快发展以牛羊为主的草食畜牧业。加快特色水产养殖发展。

（五）提高农业科技支撑能力。创新农技推广方式，加大新品种、新技术、新模式的引进和试验示范。发挥好科技特派员、农技推广服务特聘人员和产业发展顾问作用，充分利用专家团队的技术优势，提高农业科技成果转化利用率，推进农业生产信息化。

（六）提升农业灾害预警防控能力。牢固树立“防大汛、抗大洪、抢大险”思想，全力抓好水旱灾害防御工作，加强水雨情预警预报和山洪灾害防治非工程措施监测预警平台管理，及时发布预警预报信息，确保汛期安全。提高病虫灾害预警能力，加快“马铃薯晚疫病监测预警平台”建设，建立覆盖全县马铃薯主产区的马铃薯晚疫病预警监测体系，加大病虫害预警预测网点协作。提高动物疫病防控水平，全面落实基础免疫。完善基层防疫员队伍管理，加强动物疫病防控技术人员培训，指导大场大户搞好程序化免疫，确保不发生重大动物疫情。加大“非洲猪瘟”疫情监测防控，严格落实防控措施，确保产业安全。

三、补齐农村人居环境和公共服务短板

（七）大力推进农村人居环境整治。深入学习浙江“千村示范、万村整治”工程经验，全面实施以农村厕所改造、垃圾治理、污水处理“三大革命”和村容村貌提升为重点的农村人居环境整治。结合农村危房改造工程，实施改厕、改厨、改圈，引导、督促农户扫干净、摆整齐、整敞亮，开展农户房前屋后绿化、美化、亮化行动。加快农村生活垃圾治理，发动群众参与环境整治，实现所有行政村生活垃圾无害化处理全达标。

（八）提升农村基础设施建设。继续实施农村饮水安全巩固提升工程，全力推进来凤县精准扶贫农村安全饮水 PPP 项目建设，到 2020 年实现农村安全饮水全覆盖。全面推进“四好农村路”建设。全力推进农村电网基础实施项目建设，改善农村生产生活用电条件。加快乡村网络建设，实现全县自然村光纤宽带全部通达，实现稳定 4G 网络全覆盖。完善乡村物流基础设施网络。

（九）加强农村污染治理和生态环境保护。持续推进化肥农药减量增效，实现化肥农药使用量负增长。推进畜禽粪污、秸秆、农膜等农业废弃物资源化利用，实现畜禽粪污资源化利用整县治理。全面推行“山长制”“河长制”，强化饮用水水源地保护，完善畜禽养殖“三区”划定。大力开展农业面源污染治理，以化肥零增长、农药减量增效和畜禽粪污、秸秆综合利用为重点，完成 5 万亩酸性土壤治理任务。大力发展生态循环农业，重点建设 2 个生态循环农业基地。扎实推进“裸土复绿”和铁路沿线环境综合整治工作。

四、发展壮大乡村产业

（十）发展乡村特色产业。强化规划引领，切实抓好 10 个县级乡村振兴试点示范村项目建设。打造“一村一品”“一乡一业”发展格局，加快建设大循环线上产业带和国道线上产业带，促进藤茶、油茶、绿茶、水果、食用菌、中药材，特色养殖等产业提档升级。强化农产品地理标志注册使用和商标保护，把地方土特产和小品种做成带动农民增收的大产业，力争全年新增“三品一标”产品 4 个。

（十一）推进全域绿色化生产。推进国家级农产品质量安全县创建，抓好三胡乡全域绿色化示范乡镇建设和茶叶全域绿色化品牌建设。加强农、畜产品质量安全追溯体系建设，保证全县农产品质量安全综合合格率达到 98% 以上。

（十二）创新农产品市场经营制度。进一步加大来凤品牌农产品精品展示街的展示展销力度，打造武陵山区优质农产品目标消费市场。开展农业经贸合作，做好与农业农村部以及武汉、杭州等城市的对接，推动来凤农产品“走出去”，设立优质农产品直销店。大力发展农业电商，打造生产、加工、包装、销售、物流多元一体产业链，推动本地农产品“触网升级”。加快推进一、二、三产业融合发展，健全利益联结机制，让农民更多地分享产业发展增值效益。

（十三）推进实施“三乡”工程。加强统筹协调，搞好顶层设计，科学规划，有序推进，探索适合来凤实际的发展模式。坚持市场化运作，做好城乡资源要素的对接融合，兼顾投资者、商家、农民等多方利益，特别要注重选好能人、保护好农民利益，形成可持续发展的商业模式。注重创新，加强政策支持，整合各类资金，做好示范引领。优化服务环境，完善“马上办、网上办、一次办”的行政审批和服务流程，引导更多市场主体进入“三农”领域，加快城市资金、人才、技术、信息等要素流向农村，促进城乡融合发展。

五、全面深化农村改革

（十四）深化农村土地制度改革。贯彻落实农村土地承包关系稳定并长久不变政策，推进承包地确权登记成果应用，建立健全确权登记信息共享和成果运用机制。深入推进农村土地“三权分置”制度改革，加快推进宅基地使用权和房屋所有权确权登记颁证工作，力争2020年基本完成。稳慎推进农村宅基地制度改革，探索宅基地所有权、资格权、使用权“三权分置”。用好用活耕地指标和城乡建设用地增减挂钩政策。

（十五）推进农村集体产权制度改革。全面推进农村集体资产清产核资和集体经济组织成员身份确认，注重保护外嫁女等特殊人群的合法权利。做好新成立集体经济组织登记赋码工作。落实扶持集体经济组织发展的各项优惠政策。

（十六）完善农业支持保护制度。落实好国家各项农业补贴政策，严格执行稻谷最低收购价政策。实施好政策性农业保险，继续扩大农业大灾保险试点和优势特色农产品保险，积极推进农业商业保险。落实银行业金融机构服务“三农”的激励约束机制。

六、完善乡村治理机制

（十七）增强乡村治理能力。根据国家、省的安排部署，积极参与乡村治理体系建设试点和乡村治理示范村镇创建，创建1个乡村治理体系建设试点乡镇，每个乡镇创建1个乡村治理示范村。开展新乡贤促进乡村治理行动，开展村规民约“大体检”行动，到2020年所有村普遍制定或修订形成务实管用的村规民约。加强乡镇政府服务能力建设，积极打造“一站式”服务的乡村综合服务水平。健全完善公共法律服务体系，推进农村基层依法治理。理顺农业综合执法体制，加强农业综合执法体制建设。

（十八）加强农村精神文明建设。加强理论武装，引导农民践行社会主义核心价值观，深化“中国梦”宣传教育，广泛开展理论宣讲和百姓宣讲活动，巩固党在农村的思想阵地。扎实推进县级融媒体中心建设，建好用好新时代文明实践中心，选树一批文明村镇、最美家庭。持续推进农村移风易俗工作，对婚丧陋习、天价彩礼、薄养厚葬等不良社会风气进行治理。

（十九）持续推进平安乡村建设。深入推进扫黑除恶专项斗争，严厉打击农村黑恶势力，杜绝“村霸”等黑恶势力对基层政权的侵蚀。严厉打击敌对势力、邪教组织等向农村地区的渗透。推进纪检监察工作向基层延伸，坚决查处发生在农民身边的不正之风和腐败问题。加快推进农村“雪亮工程”建设。完善县乡村三级综治中心标准化建设和管理，深化“一村一警”包村联系工作，增强群众安全感。

七、全面加强农村基层组织建设

（二十）强化农村基层党组织领导作用。强化各级党委抓基层党组织建设的主体责任，突出政治功能，对软弱涣散村党组织“一村一策”逐个整顿。落实村党组织5年任期规定，落实村党组织书记县级党委备案管理制度。对村“两委”换届开展“回头看”，坚决把受过刑事处罚、存在“村霸”和涉黑涉恶等问题的村“两委”班子成员清理出去。优化农村党员队伍结构，加大从青年农民、农村外出务工人员中发展党员力度。

全面落实“四议两公开”，健全村级重要事项、重大问题由村党组织研究讨论机制。

（二十一）发挥村级各类组织作用。理清村级各类组织功能定位。村民委员会履行好基层群众性自治组织功能，增强村民自我管理、自我教育、自我服务能力。村务监督委员会发挥在村务决策和公开、财产管理、惠农政策措施落实等事项上的监督作用。强化集体经济组织服务功能，发挥在管理集体资产、合理开发集体资源、服务集体成员等方面的作用。发挥农村社会组织在服务农民、树立新风等方面的积极作用。

（二十二）完善村级组织运转经费保障机制。全面落实村干部报酬待遇和村级组织基本运转经费，建立长效机制。实施扶持壮大村级集体经济工程，引导贫困村、集体经济空壳村和薄弱村壮大集体经济，有效增加村集体和农民收入。

八、加强党对“三农”工作的领导

（二十三）强化党委书记抓乡村振兴的制度保障。县委书记当好“总指挥”，及时研究解决“三农”重大问题；乡镇党委书记发挥好关键作用，集中精力抓重点工作、重点任务落实；村党组织书记立足本村实际，积极主动开展工作，推动各项措施落地。切实加强党委农村工作领导小组办公室建设，充分发挥决策参谋、统筹协调、政策指导、推动落实、督导检查等职能。贯彻落实县党政领导班子和领导干部推进乡村振兴战略的实绩考核意见，制定乡镇党政领导班子和领导干部推进乡村振兴战略的实绩考核办法。巩固和完善乡镇站所改革，强化乡镇为农服务体系建设，确保乡镇有队伍、有资源为农服务。

（二十四）牢固树立农业农村优先发展政策导向。坚持把落实“四个优先”的要求作为做好“三农”工作的头等大事。优先考虑“三农”干部配备，把优秀干部充实到“三农”战线；优先满足“三农”发展要素配置，推动资源要素向农村流动；优先保障“三农”资金投入，坚持把农业农村作为财政优先保障领域和金融优先服务领域；优先安排农村公共服务，推进城乡基本公共服务标准统一、制度并轨，实现从形式上的普惠向实质上的公平转变。

（二十五）加强“三农”工作队伍建设。在全县村干部中深入开展强培训、遍走访、亮承诺、抓落实、树典型活动，倡导求真务实精神，密切联系群众，加深农民感情。坚决纠正脱贫攻坚和乡村振兴工作中的形式主义、官僚主义，让基层干部把精力集中到为群众办实事、办好事上来。建立县域人才统筹使用制度和乡村人才定向委托培养制度，探索通过岗编适度分离、在岗学历教育、创新职称评定等多种方式，引导各类人才投身乡村振兴。

（二十六）发挥好农民主体作用。把发动群众、组织群众、服务群众贯穿乡村振兴全过程，充分尊重农民意愿，弘扬自力更生、艰苦奋斗精神，激发和调动农民群众积极性、主动性。发挥政府投资的带动作用，通过民办公助、筹资筹劳、以奖代补、以工代赈等形式，引导和支持村集体和农民自主组织实施或参与直接受益的村庄基础设施建设和农村人居环境整治等公共事务。加强对农民筹资筹劳的使用监管，防止增加农民负担。创新农村建设管理方式，细化落实村庄建设项目简易审批办法，规范和缩小招投标适用范围。

中共来凤县委　来凤县人民政府

2019 年 9 月 20 日

中共来凤县委
关于向张富清同志学习的决定

（2019年4月12日）

来发〔2019〕6号

张富清，男，汉族，1924年12月出生，陕西洋县人，1948年3月在陕西瓦子街参加中国人民解放军西北野战军，1948年8月加入中国共产党，1955年1月转业到来凤县，先后在县粮食局、三胡区公所、卯洞公社、县外贸局、县建设银行工作，1985年1月离休。

张富清同志在解放大西北系列战斗中英勇善战、舍生忘死，荣立西北野战军特等功一次、军一等功一次、师一等功一次、师二等功一次和团一等功一次，被授予军“战斗英雄”称号、师“战斗英雄”称号和“人民功臣”奖章。他深藏功名六十余载，连至亲好友都不知道他曾经立下过赫赫战功，直到进行退役军人信息采集时，才了解到他是一名功勋卓著的战斗英雄。张富清同志是始终践行共产主义崇高理想的优秀党员，是听党指挥、能打胜仗、作风优良的忠诚战士，是衷心体国、夙夜在公、淡泊名利的先进楷模，是广大党员干部和人民群众的学习榜样。为深入学习张富清同志先进事迹，县委决定，在全县开展向张富清同志学习活动。

向张富清同志学习，就是要学习他对党忠诚、不忘初心的革命本色。不论所处哪种时代、身在哪个岗位，始终保持崇高信仰。在革命战争年代，张富清同志坚决做到“党指到哪儿，就打到哪儿”；在祖国建设时期，坚决做到“党让我去哪就去哪儿，哪里最艰苦就去哪儿”，不讲条件、不计得失，为党分忧、为民解难，牢记宗旨、坚定信仰，真正把对党的绝对忠诚刻进心中、融入血脉，充分发挥了共产党员的先锋模范作用。

向张富清同志学习，就是要学习他不畏艰险、不怕牺牲的战斗精神。在血与火的战争年代，张富清同志矢志不渝听党话、跟党走，面对生死考验、紧急关头，他无私无畏，主动请缨担任突击队员，越是艰险，越要向前，当前锋、打头阵，翻城墙、炸碉堡，与敌人殊死搏斗，负伤不下火线。他以无比坚定的革命意志和不怕牺牲的大无畏精神，彰显了革命军人驰骋疆场、果敢坚毅、一往无前的战斗精神。

向张富清同志学习，就是要学习他胸怀大局、矢志奉献的优良作风。支援地方建设，他响应号召主动申请到条件最艰苦的来凤工作；国家精减人员，他率先动员妻子放弃“铁饭碗”；坚守工作岗位，忠孝未两全成为毕生遗憾。他像革命的一块砖，数十年如一日，在国家最需要的时候挺身而出，在人民最需要的地方主动作为，干一行爱一行，不务虚功、开拓奋进，体现了高度自觉的大局意识、矢志奉献的优良作风。

向张富清同志学习，就是要学习他淡泊名利、廉洁齐家的高尚情操。张富清同志九死一生、功勋卓著，却从不以此为资本要待遇、要名誉、要福利。他珍惜军人荣誉，却选择深藏功名、回归平凡，婉拒媒体采访——“党要我接受采访，我就接受采访”。他珍爱党员身份，始终保持清廉本色，从不利用职务为亲属谋利，教育子女“自强不息、自己奋斗”。他始终坚定信仰、笃定信念，拿起的是责任，放下的是名利，向我们传递着时代的正能量。

向张富清同志学习，就是要学习他艰苦奋斗、乐观向上的人生态度。张富清同志住着老房子，用着老家具，生活清贫却时时想到的是响应党的号召，处处想到的是减轻国家负担。他热爱学习，95岁高龄仍然坚持每天读书看报、看电视新闻，

“工作上离休了，思想政治上不离休”。他珍爱生命，88岁截肢，仍乐观向上、坚持锻炼，靠着假肢和支架重新站了起来。他以奋进不息、积极向上的坚强意志，为“英雄”写下了最好的注解。

当前，全县上下正处于深入学习贯彻习近平新时代中国特色社会主义思想和党的十九大精神、决战决胜全面小康的关键时期，学习张富清同志的先进事迹，对于激励全县广大党员干部在新时代担当新使命、展现新作为，具有十分重要的意义。全县各级党组织要把向张富清同志学习与深入推进“两学一做”学习教育和“不忘初心、牢记使命”主题实践活动结合起来，精心组织、周密部署，广泛开展学习活动，进一步激发广大党员干部不忘初心、履职尽责、无私奉献的精神，为打赢脱贫攻坚战、加快建设“一区四县”、推进来凤经济社会高质量发展做出更大贡献。

中共来凤县委　来凤县人民政府
关于巩固脱贫成果推进乡村振兴战略的决定

（2019年12月25日）

来发〔2019〕8号

实施乡村振兴战略，是党的十九大作出的重大决策部署，是全面建设社会主义现代化国家的重大历史任务，是新时代“三农”工作的总抓手。为深入贯彻落实《中共中央、国务院关于实施乡村振兴战略的意见》（中发〔2018〕1号）、《中共湖北省委、湖北省人民政府关于推进乡村振兴战略实施的意见》（鄂发〔2018〕1号）和《中共恩施州委、恩施州人民政府关于推进乡村振兴战略实施的意见》（恩施州发〔2018〕1号）精神，结合我县实际，现就巩固脱贫成果，推进实施乡村振兴战略作如下决定。

一、明确乡村振兴的目标任务

（一）实施乡村振兴战略，是新时代“三农”工作的总抓手。全县实施乡村振兴战略按照“产业兴旺、生态宜居、乡风文明、治理有效、生活富裕”的总要求，坚持党的领导，坚持新发展理念，坚持规划引领，坚持生态优先，坚持因地制宜，坚持统筹推进，坚持群众主体地位，坚持深化改革，加快推进乡村治理体系和治理能力现代化，加快推进农业农村现代化，逐步实现农业强、农村美、农民富，全力打造乡村振兴来凤版。

（二）到2020年，加强脱贫攻坚与乡村振兴的有效衔接，乡村振兴工作的领导机制进一步健全，制度框架和政策体系基本形成。全县基本建成2个乡村振兴试点乡镇、10个乡村振兴县级试点村。农业综合开发能力稳步提升，推进一二三产业融合发展，农民持续稳定增收；农村对人才吸引力逐步增强，招引、培育、使用人才的工作体系不断完善；农村公共服务水平不断完善；农村人居环境明显改善，“四个三重大生态工程”建设成效明显；农村基层组织建设进一步加强，推进乡村治理，农村小康全面实现。

（三）到2022年，乡村振兴见到显著成效。城乡融合发展体制机制基本健全，现代化乡村产业体系、生产体系和经营体系初步形成；技能人才、新型职业农民、小微创业者等群体不断壮大；土家文化、红色文化得到有效发扬和传承，乡风文明持续改善；创建国家级生态文明示范县，美丽乡村建设持续深化；党建引领基层治理作用明显，现代乡村治理体系基本建立。

二、实施“优品”工程，推动乡村产业振兴

（四）优化农业产业体系，做强现代特色农业。重点优化产业布局，围绕“两茶一果一菇一蜂”等特色农业产业，调整优化农业产业结构，保障农产品稳定供给，推进规模化和标准化经营。培育“一乡一业”，支持藤茶小镇、香菇小镇、中蜂小镇、生姜小镇、蔬菜小镇建设；建设“一村一品”，支持建设油房坳、桐子园、檀木湾等一批集循环农业、创意农业、农事体验于一体的田园综合体，切实抓好示范村建设；发展“一户一园”，支持打造一批有山水特色、有民族风情、有农家温情的名宿、农家乐、手工作坊等休闲产业。实施“11555”产业基地工程，到2022年，藤茶种植面积达到10万亩、油茶培管面积达到10万亩，中蜂养殖规模达到5万群，香菇栽培规模达到500万棒，全县特色产业基地面积达到50万亩。充分依托区域农业特色，打造农产品加工集聚区，建设农产品加工示范园和创业园。推进实施质量兴农战略，推进农产品质量追溯体系建设，创建国家级农产品安全县。充分依托产业特色和生态资源，积极发展休闲农业与乡村旅游，办好来凤杨梅文化旅游节、藤茶文化暨农民丰收节等一批农旅文化活动。

（五）构建农业生产体系，夯实农业生产基础。全面落实最严格的耕地保护及永久农田保护制度，巩固“两区划定”成果。推进农村土地整治和高标准农田建设，实施土地“小块并大块”，到2022年，完成高标准农田建设任务20万亩。发展适度规模经营，推进水毁修复、防汛抗旱、农村饮水、农田灌溉、小型农田水利、生态修复、机耕道路、输配电设施、土壤改良九大方面的工程建设。大力推广适宜山区现代农业发展的新机具、新技术、新模式。用好科技特派员和农技推广服务特聘人员，充分利用专家团队的技术优势，提高农业科技成果转化利用率。健全完善“以钱养事”新机制。强化农林水防灾减灾体系建设，提升气象服务三农能力。

（六）健全农业经营体系，促进农业产销结合。实施新型农业经营主体培育行动，大力培育发展新型农业经营主体和农业产业化联合体，规范农民专业合作，提升农民组织化程度。鼓励和支持家庭农场参与农村土地整理和连片开发并纳入政策扶持范围。加强农业品牌建设，大力推进“三品一标”认证；着力打造“来凤藤茶”“凤头姜”等一批区域公用品牌；强化品牌推介，持续推进“农产品出山”工程，抓好消费扶贫。

三、实施“引凤”工程，推动乡村人才振兴

（七）优化人才发展环境。多措并举搭建干事创业平台，确保人才引得来、留得住。推进实施“三乡工程”。大力引导市民下乡、鼓励能人回乡、促进企业兴乡，积极探索适合来凤实际的发展模式。大力实施“三区人才支持计划”。依托全州“硒谷英才计划”，构建人才用编“绿色渠道”，创新人才招引模式，优化双创环境。实施新乡贤工程。完善新乡贤队伍的制度体系，鼓励退休党员干部、知识分子和工商界人士还乡施展才能。完善管理服务机制。探索特殊人才招聘办法，保障特殊人才待遇。加强对“三农”干部队伍的培养、配备、管理和使用。

（八）创新人才培育机制。建立职业农民制度，培育农民创业带头人。加强农村实用人才培训，支持来凤职校、旧司农园（恩施州职业农民培育基地）和尚蜂寨中华蜜蜂培训学校等主体承担培训，大力培养农业经理人，培育“土专家”和“致富带头人”。加强农业农村科技人才建设，创新农村人才培养模式，为乡村振兴培养专业化人才。充分利用东西部协作、武汉市对口帮扶、农业农村部定点扶贫的优势，深入实施新时代年轻干部成长工程，每年选派100名年轻干部到杭州市、武汉市培训学习。发挥工会、共青团、妇联、科协、残联等群团组织的优势和力量，引导各民主党派人士、工商联、无党派人士等积极参与乡村建设。

四、实施“铸魂”工程，推动乡村文化振兴

（九）传承优秀传统文化。推进特色民族文化品牌传承和文化遗产保护工作。实施文化保护工程，做好仙佛寺石窟、舍米湖摆手堂等文物保护修建。实施乡村“非遗”文化传承发展，健全“非遗”保护名录。深化土家文化研究，加大南剧、摆手舞、地龙灯、三棒鼓等土家文化的宣传力度。办好牛王节、摆手节等传统节会活动，推动优秀文化往山里走、往乡村走、往百姓舞台走。

（十）弘扬经典红色文化。挖掘本地红色资源，发挥英模示范引领作用。大力弘扬张富清精神，加快建成张富清干部学院，打造永久红色教育基地和党员培训基地。精心编排南剧《初心》，把张富清先进事迹搬上舞台。整理贺龙等老一辈革命家在来凤斗争历程，宣传张昌歧、吴郅堂等革命志士英勇事迹，修复板沙界起义遗址、构皮岭战役遗址等重要战斗遗址，推出红色旅游路线。开展英雄故事进学校、进乡村、进社区活动。

（十一）培育乡村公共文化。实施公民道德建设工程，推进社会公德、职业道德、家庭美德、个人品德建设，持续开展“来凤楷模”评选活动；开展寻找最美院落、最美农家、最美公婆、最美儿媳、最美少年等“五美”活动；开展文明村镇、文明校园、文明家庭、星级文明户等创建活动。深入实施“传家训、立家规、扬家风”行动计划，推进移风易俗行动。建立健全村民议事会、道德评议会、红白理事会、禁毒禁赌协会等群众组织，广泛开展乡风评议，褒扬乡村新风。深入开展科技、文化、卫生“三下乡”活动，加强农村科普，抵制封建迷信。

五、实施“宜居”工程，推动乡村生态振兴

（十二）坚决打好三大保卫战。实行最严格的生态环境保护制度，统筹山水林田系统治理。坚决打好“蓝天保卫战”。加强工业、机动车、扬尘“三大污染源”治理，加强露天焚烧监管，推进秸秆综合利用。坚决打好“碧水保卫战”。落实长江经济带绿色发展十大战略性举措，持续开展水污染防治攻坚行动，全面落实山长制、河长制。实施农村生态清洁小流域建设，强化农村饮用水水源保护。加强酉水、蓝河、新峡河等重点水系的生态保护及工程治理。集中开展入河排污口专项整治，实施城区污水处理改扩建工程，强化水质断面监测。推进畜禽养殖废弃物资源化利用。坚决打好净土保卫战。开展农业面源污染综合防治行动，实施耕地质量保护和提升行动。严厉打击非法转移、倾倒和处置固体废物行为，严禁工业和城镇污染向农村转移。加强危废规范管理。严格土壤污染重点行业搬迁改造过程监管，加强土壤污染治理与修复工程环境监管。

（十三）大力推进农村人居环境整治。深入学习浙江“千村示范，万村整治”工程经验。着力推进农村生态环境综合整治，不断建立和完善城乡一体的治理体系。健全生活污水治理体系，全面实施乡镇污水处理全覆盖工程。加快推进农村“厕所革命”，建设一批农村公厕、乡镇公厕、旅游公厕、交通公厕，全面完成农村户厕改造任务，到2022年农村无害化厕所基本普及。健全垃圾处理体系。加快推进九龙盘生活垃圾填埋场无害化治理和生活垃圾焚烧发电项目建设，完善乡镇垃圾中转站运行长效保障机制，逐步扩大垃圾分类试点建设范围，完善“户分类、组保洁、村收集、镇转运、县处理”的生活垃圾收运处理体系。

六、实施“红色”工程，推动乡村组织振兴

（十四）加强农村基层党组织建设。健全新型农村基层党组织体系，持续整顿软弱涣散基层党组织，提升“星级化”管理水平，把农村基层党组织建成乡村振兴的坚强战斗堡垒。大力实施“红色头雁”工程，选好配强村党组织书记，深化村党组织书记专职化管理。实施农村后备干部培养工程，逐步改善基层党组织队伍结构。继续深化基层党建“整县推进、整乡提升”工程，统筹推进基层组织建设、党风廉政建设、意识形态建设、代表联络管理、统一战线及群团等工作。

（十五）提升基层治理能力。健全党建统领，自治、法治、德治相结合的基层治理体系，促进基层社会治理能力显著提升。坚持以自治为基础，健全和创新村党组织领导的村民自治机制。建立健全村民监督委员会，全面落实“四议两公开”工作方法；建立民事民议、民事民办、民事民管的多层次基层协商机制，探索村民小组或自然村的村民自治工作；健全党务村（居）务公开制度，发挥村规民约在乡村治理中的作用。创新基层治理服务体系，打造“一门式办理”“一站式服务”的综合服务平台。坚持以法治为保障，强化法律在维护农民权益、规范市场运行、农业支持保护、生态环境治理、化解农村社会矛盾等方面的权威地位。提高基层政府依法行政水平，推进综合行政执法向基层延伸，推进执法队伍整合、执法力量下沉，依法依规执法和文明执法。深入开展法治文化进乡村活动，加强法治文化广场、院落等阵地建设，提高农民法治素养。健全农村公共法律服务体系，及时对弱势群体进行法律援助。坚持以德治为引领，结合新时代要求，建立道德激励约束机制，引导农民自我管理、自我教育、自我服务、自我提高。发挥乡贤道德感召力量，促进家庭和睦、邻里和谐、干群融洽。

七、加强党的领导，强化工作保障

（十六）强化组织保障。健全党委统一领导、政府负责、农业农村工作部门统筹协调、有关部门各负其责的乡村振兴战略领导工作机制。强化党委书记抓乡村振兴的制度保障，县委书记当好“总指挥”，及时研究解决乡村振兴战略重大问题；乡镇党委书记发挥好关键作用，集中精力抓重点工作、重点任务落实；村党组织书记立足本村实际，积极主动开展工作，推动各项措施落地。建立实施乡村振兴战略工作述职制度，各乡镇党委、政府每年要向县委、县政府报告推进实施乡村振兴战略进展情况。制定乡镇党政领导班子和领导干部推进乡村振兴战略的实绩考核制度，将考核结果作为选拔任用领导干部的重要依据。

（十七）强化规划引领。注重地域特色，尊重文化差异，以多样化为美，把挖掘乡村风貌和引入现代元素结合起来。编制全县乡村空间布局规划，根据不同乡村资源禀赋、产业基础、区位优势的不同，分类推进乡村振兴。加快完成村庄建设规划编制，提高村庄规划的权威性和适用性。以村为单位，细化实化工作重点和具体措施。

（十八）强化政策支持。建立健全实施乡村振兴战略财政投入保障制度，完善涉农资金统筹整合长效机制。完善“一事一议”财政奖补政策，鼓励农民对直接受益的乡村基础设施建设投工投劳。积极探索将财政支农资金采取市场化运作方式，实行滚动、有偿使用。调整和完善土地出让收入使用政策范围，将乡村振兴列为支出重点。研究制定政策引导城市工商资本投入乡村振兴，依托县农旅投资公司，深化“千企帮千村”活动。加强金融支持力度。鼓励和支持金融机构增加涉农贷款投放，推动金融产品及服务创新。创新政策性农业保险品种，持续推进农业保险扩面、增品、提标。

（十九）强化公共服务。加快农村水、电、路、网、物流等基础设施建设和管护。加强“四好农村路”建设，加强农村公路安防工程和危桥改造，实施县乡村交通物流网络，按照“谁受益，谁管护”的机制，提升组级路和户间路的通行能力。健全有利于城乡基本公共服务普惠共享的机制。建立以城带乡、整体推进、城乡一体、均衡发展的义务教育发展机制。推进健康乡村建设。开展基层医疗卫生机构能力建设行动，加强乡镇卫生院标准化建设，加强农村医疗卫生队伍建设，加大村医培训力度，加强村卫生室一体化建设、管理和维护。落实统一的城乡居民基本医疗保险制度和大病保险制度，做好重特大疾病救助工作。推动全民参保工作，健全城乡统筹发展养老保险体系，创立就业扶持机制，完善城乡最低生活保障制度，加大农村福利院建设管理力度。健全城乡公共文化服务体系，巩固省级公共文化服务示范区和全省公共体育服务体系示范区建设成果。

中共来凤县委办公室
关于转发《2019 年来凤县纪委监督县委及其委员“1+5”工作方案》的通知

来办文〔2019〕41 号

各乡镇党委，县人武部党委，经济开发区工委，县委各部委，县级国家机关各委办局党组（党委），各人民团体党组：

经县委同意，现将《2019 年来凤县纪委监督县委及其委员“1+5”工作方案》转发给你们，请认真抓好贯彻落实。

中共来凤县委办公室

2019 年 4 月 28 日

2019 年来凤县纪委监督县委及其委员“1+5”工作方案

为认真贯彻落实《中共恩施州纪律检查委员会关于来凤县纪委监督来凤县委及其委员暂行办法》精神，扎实开展县纪委监督县委及其委员工作，特制定 2019 年来凤县纪委监督县委及其委员“1+5”工作方案。

一、总体要求

深入贯彻落实党的十九大和十九届二中、三中全会精神，以习近平新时代中国特色社会主义思想为指导，坚持党要管党、从严治党，积极探索纪委有效监督县委及其委员的方式、方法、载体、路径，着力解决监督缺位、乏力、偏软等问题，补齐党内监督短板，推动监督工作理论创新、实践创新、制度创新，推动全面从严治党向纵深发展。

二、工作内容

2019 年县纪委监督县委及其委员工作，按照“1+5”工作方案进行，“1”即一份工作清单，重点解决监督什么的问题；“5”即五种监督方式，重点解决怎么监督的问题。

（一）一份工作清单。根据党内法规规定，按照《中共恩施州纪律检查委员会关于来凤县纪委监督来凤县委及其委员暂行办法》等文件要求，确定县纪委监督县委及其委员 2019 年工作清单。

（二）五种监督方式。1. 谈心谈话。县纪委书记与县委书记每月开展谈心谈话，经常与县委常委谈心谈话，对发现存在思想、作风、纪律等方面苗头性、倾向性问题的，及时提醒、批评、帮助，并督促整改。

2. 提出议事决策意见。县纪委书记在参与县委常委会、县委全会等议事决策时，对未经必要的风险评估和合法合规性审查作出“三重一大”决策的，提出审慎决策意见；对违反民主集中制或县委决策议事规则，或以其他会议代替应当由县委全会或者县委常委会会议作出重大决策的，提出按程序决策意见，已作出决定的，作重要事项记录并加强监督检查；发现会议环节违反议事决策规则、所列议题有可能违反党规党纪和法律法规等问题的，提出明确反对意见，如反对意见不被采纳的，会后形成书面意见报县委书记。

3. 用好“四书”。即工作提醒书、“三重一大”自查报告书、廉政预警书、整改建议书。

（1）工作提醒书。县纪委发现县委及其委员存在的苗头性、倾向性问题，县委常委分管领域和所在单位存在苗头性、倾向性问题，县委委员担任“一把手”单位存在苗头性、倾向性问题，发出工作提醒书。

（2）“三重一大”自查报告书。县委常委所在单位每半年对“三重一大”决策情况开展一次自查，并形成自查报告书向县委报告，同时向县纪委报备。

（3）廉政风险预警书。县纪委发现县委及其委员在其分管领域或所在单位“三重一大”决策上存在风险的，及时报告县委书记并发出廉政风险预警书。

（4）整改建议书。县纪委发现县委及其委员在执行落实党中央和上级政策不一致或打折扣、搞变通，在落实过程中存在政策风险，决策执行过程中未按规定程序而作重大调整，发出整改建议书。

4. 开展专项检查。根据《中共恩施州纪律检查委员会关于来凤县纪委监督来凤县委及其委员暂行办法》和县纪委监督县委及其委员工作清单，组织开展各项专项检查。

5. 请示报告。县纪委在履行监督县委及其委员职责时，存在的问题和困难，及时向州纪委请示报告；每年就监督工作情况形成综合报告报州纪委。

三、相关要求

（一）加强领导。成立来凤县纪委监督县委及其委员工作领导小组及办公室，统筹协调开展纪委监督县委及其委员工作。

（二）高度重视。县委及其委员要提高政治站位，率先垂范，对照监督清单内容，主动坦诚接受监督。县纪委要切实履行《党章》赋予的职责，创新监督方式，提高监督能力和水平。

（三）规范程序。县纪委要严格按照《党章》《党内监督条例》及《中共恩施州纪律检查委员会关于来凤县纪委监督来凤县委及其委员暂行办法》3 个办法的规定开展监督工作，发工作提醒书、廉政预警书、整改建议书之前，县纪委书记应先向县委书记报告并与相关常委沟通。

（四）务求实效。县委及其委员应当支持县纪委开展监督工作，加强沟通协调，确保监督工作有序开展。县纪委要围绕职责定位，突出政治监督，细化监督措施，探索有效监督方式，确保监督工作务实管用。各乡镇要按照《中共恩施州纪律检查委员会关于来凤县纪委监督来凤县委及其委员暂行办法》要求，参照《2019 年来凤县纪委监督县委及其委员“1+5”工作方案》，认真开展乡镇纪委监督乡镇党委及其委员工作。

附件：1. 来凤县纪委监督县委及其委员工作领导小组成员名单

2. 2019 年县纪委监督县委及其委员工作清单

附件 1

来凤县纪委监督县委及其委员工作领导小组成员名单

组长：邢祖训　县委书记

副组长：李　伟　县委副书记、代县长

洪家进　县委副书记

成员：

郭玉锋　县委常委、县纪委书记、县监委主任

费国华　县委常委、县委办公室主任

刘　涛　县委常委、县委组织部部长

向子明　县委常委、常务副县长

甘应绪　县委常委、县委政法委书记

管民桦　县委常委、县委宣传部部长

林正高　县委常委、县委统战部部长

刘发勋　县委常委、县人武部部长

林　林　县委常委、副县长

来凤县纪委监督县委及其委员领导小组办公室设在县纪委监委，郭玉锋兼任办公室主任。

附件 2

2019 年县纪委监督县委及其委员工作清单

1. 组织各乡镇和县直部门学习宣传《中共恩施州纪律检查委员会关于来凤县纪委监督来凤县委及其委员暂行办法》《中共恩施州纪律检查委员会关于来凤县纪委履行同级监督职责向州纪委请示报告工作暂行办法》《中共恩施州纪律检查委员会关于州直机关单位支持来凤县纪委正确履行同级监督暂行办法》3 个办法，推动贯彻落实（4 月前完成）。

2. 对县委加强党的政治建设的情况开展监督，重点就县委贯彻落实《中共中央关于加强党的政治建设的意见》的情况开展监督检查（每半年开展 1 次）。

3. 对县委及县委常委所在单位“三重一大”决策情况开展监督检查，重点检查决策制度是否建立，决策范围、事项和权限界定是否恰当，决策程序是否规范，决策过程是否充分发扬民主等（每半年开展 1 次）。

4. 对县委、县委常委所在单位和县委委员担任“一把手”单位执行党规党纪和有关党内监督制度情况、党内政治生活情况等监督检查，及时发现问题并提出建议意见（每年开展 1 次）。

5. 加强党的建设和经济社会发展重要工作监督，发现执行落实党中央和上级政策不一致或打折扣、搞变通的，在落实过程中存在政策风险的，决策执行过程中未按规定程序而作重大调整的，及时向县委提出意见建议（每半年开展 1 次）。

6. 对县委常委会、县委常委所在单位 2018 年度民主生活会问题整改落实情况开展监督；对县委常委及其委员以普通党员身份参加所在支部组织生活情况开展监督（每半年开展 1 次）。

7. 协调县财政局、县机关事务服务中心对县委常委所在单位和县委委员担任“一把手”单位执行中央八项规定精神开展专项检查（每半年开展 1 次）。

8. 协调县审计局对县委常委所在单位和县委委员担任“一把手”单位开展经济责任审计、政府投资工程建设项目审计等监督（制定年度工作计划，分步组织实施）。

9. 协助县委组织开展述职述廉评议，分批组织县委常委、委员接受评议，评议结果在县委常委会会议上公开并报州纪委，存入个人廉政档案（每年开展 1 次）。

10. 县委常委所在单位和县委委员担任“一把手”单位就“三重一大”决策情况开展自查并形成自查报告，书面向县委报告，县纪委对部分单位自查情况进行抽查（每年开展 1 次）。

11. 不定期组织县委第四巡察组对县委常委所在单位和县委委员担任“一把手”单位巡视巡察整改情况开展监督。

12. 对县委、县政府临时性工作机构开展专项检查，检查决策是否规避党内监督和依法监管等问题（每半年检查 1 次）。

13. 县委办与县纪委机关建立“两个责任”联席会商机制，定期会商和调度重点工作（每半年开展 1 次）。

14. 县纪委书记与县委书记建立经常性工作交换意见机制，与县委书记就作风建设、廉政风险、问题线索交换意见，提出监督建议，及时提醒全县党风廉政建设和反腐败斗争存在的问题（每月开展 1 次）。

15. 县纪委副书记协助县纪委书记个别座谈乡镇和县直单位主要负责人，及时收集掌握各级各部门对全面从严治党的建议意见和对县委及常委、委员、候补委员履职尽责情况的评价等（每年开展 1 次）。

16. 对县纪委监督县委及其委员开展监督检查发现的问题，及时发出《工作提醒书》《廉政风险预警书》《整改建议书》。

17. 县纪委就开展同级监督工作情况形成综合报告，报告州纪委（每年报告 1 次）。

18. 协助县委每年向州委常委会汇报 1 次同级监督工作情况。